Einrichten von Internet Firewalls

Einrichten von Internet Firewalls

Sicherheit im Internet gewährleisten

D. Brend Chapman &
Elizabeth Zwicky

Deutsche Übersetzung von
Katja Karsunke & Thomas Merz

O'REILLY™

Cambridge · Köln · Paris · Sebastopol · Tokyo

Kommentare und Fragen können Sie gerne an uns richten:
O'Reilly Verlag
Balthasarstraße 81
50670 Köln
Tel.: 0221/9731600
Fax: 0221/97316015
E-Mail: kommentar@oreilly.de

Die Originalausgabe erschien 1995 unter dem Titel
Building Internet Firewalls im Verlag O'Reilly & Associates, Inc.

Die Deutsche Bibliothek - CIP - Einheitsaufnahme

Chapman, D. Brent:
Einrichten von Internet Firewalls : Sicherheit im Internet gewährleisten
/ D. Brent Chapman & Elizabeth D. Zwicky. Dt. Übersetzung von
Katja Karsunke & Thomas Merz. - 1. Aufl. - Bonn: O'Reilly, Internat. Thomson-Verl., 1996
Einheitssacht.: Building Internet firewalls <dt.>
ISBN 3-930673-31-2
NE: Zwicky, Elizabeth D.:

Übersetzung und deutsche Bearbeitung: Katja Karsunke & Thomas Merz, München
Lektorat: Elke Hansel, Bonn
Satz: Thomas Merz, München
Umschlaggestaltung: Edie Freedman, Boston
Belichtung: Wolfram's Doku-Werkstatt, Attenkirchen
Produktion: TYP*isch* Müller, München
Druck und buchbinderische Verarbeitung: Druckerei Kösel, Kempten

ISBN 3-930673-31-2

Dieses Buch ist auf 100% chlorfrei gebleichtem Papier gedruckt.

Inhaltsverzeichnis

Abbildungsverzeichnis

Vorbemerkung

In jeder Gesellschaft gibt es einen gewissen Prozentsatz von Leuten, die anderen mutwillig schaden. Das Internet umfaßt derzeit schätzungsweise 30 bis 40 Millionen Benutzer. Auch wenn der Anteil böswilliger Benutzer weniger als ein Prozent der Gesellschaft ausmacht, ist er doch groß genug, um sich damit auseinandersetzen zu müssen.

Das Computer Emergency Response Team Coordination Center (CERT-CC) verzeichnet eine von Jahr zu Jahr steigende Anzahl sicherheitsrelevanter Vorfälle – 1989 weniger als 200, 1991 etwa 400, 1993 schon 1400 und 1994 sogar 2241 Fälle. Schätzungen für 1995 gehen von über 3000 Sicherheitsverstößen aus. Diese betreffen Regierungsstellen und militärische Einrichtungen, große Konzerne, ebenso Universitäten und kleine aufstrebende Firmen. Manchmal ist nur eine einzige Kennung auf einem einzigen System gefährdet. In anderen Fällen zielen die Angriffe, z.B. wenn Paketschnüffler im Spiel sind, auf bis zu 100.000 Systeme. Das ist aber nur die Spitze des Eisbergs. Viele Einbrüche werden dem CERT Coordination Center oder anderen vergleichbaren Organisationen gar nicht gemeldet. Zahlreiche sicherheitsrelevante Vorfälle werden nicht bekannt, weil sie entweder überhaupt nicht bemerkt werden oder die geschädigten Organisationen negative Publicity und Vorhaltungen über verantwortungsloses Verhalten befürchten.

Es gibt keine repräsentativen Statistiken darüber, wie viele der tatsächlich verübten Einbrüche von den betroffenen Standorten eigentlich aufgedeckt werden. Die Sicherheitsexperten sind sich einig, daß es sich nur um einen sehr geringen Anteil handelt. Ich möchte eine der wenigen Statistiken erwähnen, die mir bekannt sind: Es gibt ein »Notfallteam«, das seinen Kunden als Dienstleistung Netzeinbrüche anbietet. Mit Erlaubnis des Kunden wird versucht, mit denselben Mitteln, die gewöhnlich von Angreifern benutzt werden, in die Kundensysteme einzudringen. Die Tests ergaben, daß lediglich 4% der getesteten Standorte die Einbruchsversuche bemerkten. Noch beunruhigender ist die Einschätzung von Bill Cheswick von den AT&T Bell Labs, der davon ausgeht, daß bei mindestens 40% aller erfolgreichen Einbrüche auch *root*-Zugang erreicht wird.[1]

Nicht nur die Anzahl der Vorfälle, sondern auch die Raffinesse nimmt zu, mit der die Angriffe durchgeführt werden. Als das CERT Coordination Center in Reaktion auf den Internet-Wurm im Herbst 1988 gegründet wurde, gab es im wesentlichen zwei Methoden, Angriffe durchzuführen: das Erraten von Paßwörtern und das Ausnutzen von Sicherheitslücken in Betriebssystemen und Systemprogrammen. Wenngleich immer noch zu viele

1. *Firewall Digest* vom 31. März 1995

Unternehmen solchen Angriffen erliegen, ist doch bei den meisten aktuelleren Vorfällen eine steigende technische Komplexität zu beobachten. Dies liegt zum Teil am wachsenden Problembewußtsein von Systembenutzern und Systemverwaltern. Benutzer wählen bessere Paßwörter, und Systemverwalter bauen System-Patches schneller ein. Leider führt gesteigertes Sicherheitsdenken nicht zur endgültigen Abschaffung von Angriffen; die Angreifer werden lediglich dazu gezwungen, sich neue Tricks einfallen zu lassen. Moderne Angriffsmethoden sind meist weit entwickelt. IP-Adressen werden gefälscht, d.h. daß Eindringlinge bei bestimmten Netzverbindungen die Sequenznummern und die Bestätigungen zwischen Rechnern erraten. Bei manchen UNIX-Systemen wird die Möglichkeit des Source-Routing von IP-Paketen mißbraucht. Zudem werden offene Terminal- oder Login-Sitzungen gekapert.

Das heißt nicht, daß alle Benutzer und Verwalter über Angriffe im alten Stil ausreichend Bescheid wissen. Es ist noch viel Aufklärung unter Benutzern und Administratoren, aber auch unter Managern notwendig, die spezielle Schulungen zu Sicherheitsfragen zu selten einplanen. Der Cyberspace ist gefährlich, diese Tatsache ist aber nur wenigen Leuten wirklich bewußt. Das ist eine der unangenehmen Auswirkungen, die das Wachstum des Internet mit sich brachte. Früher waren in der Regel nur Standorte ans Internet angeschlossen, denen eine ganze Belegschaft aus Hardware- und Software-Gurus zur Seite stand. Heute ist ein Internet-Anschluß so einfach, daß Unternehmen oft völlig außer acht lassen, welches technische Know-how erforderlich ist, um eine sichere Verbindung einzurichten und auch sicher zu halten.

Vor einigen Jahren arbeitete ich für ein europäisches Unternehmen, in das offensichtlich von einem Standort in den USA aus eingebrochen worden war. Ich sprach also mit der Systemverwalterin des betreffenden Standorts, die mir versicherte, daß bei ihnen überhaupt keine Computer ans Internet angeschlossen seien. Als ich ihr den vollständigen Domänennamen des verdächtigen Systems mitteilte, antwortete Sie mit »Oh, Sie meinen die Sun«. Es stellte sich heraus, daß die Sun nur für den Einsatz einer speziellen Anwendung eingerichtet worden war und jahrelang lief, ohne daß irgend jemandem aufgefallen wäre, daß sie ans Internet angeschlossen war. Die Verwalterin versprach mir, den Rechner vom Internet zu trennen. Am nächsten Morgen erhielt ich von einem der europäischen Manager eine wutentbrannte E-Mail – noch ein Einbruch, und zwar von demselben US-amerikanischen System. Ich rief die Systemverwalterin an. Ja, sie habe alle Modems abgehängt. Ja, sie habe die Terminals abgehängt. Aber trotz allem war das System immer noch mit dem Internet verbunden. Ihr war das nicht bewußt, aber dem Angreifer durchaus, der sich diesen Umstand weiterhin zunutze machte.

Ich habe ständig mit Systemverwaltern zu tun, die durch Einbrüche verunsichert sind, aber nicht einmal elementare Schutzmaßnahmen ergriffen haben. Ein Administrator beklagte sich bei mir, daß er seine Systeme mehrmals neu installiert habe und immer noch angegriffen werde. Es stellte sich heraus, daß er, obwohl er von CERT-Ankündigungen und anbieterspezifischen Sicherheitsbulletins wußte, sich nie die Mühe gemacht hatte, diese auch umzusetzen. Der CERT-Hinweis CA-93:16 beispielsweise wurde im Netz im November 1993 veröffentlicht; er weist die UNIX-Gemeinschaft auf ein Problem in den meisten Sendmail-Versionen hin. Hersteller waren kooperativ und hatten Ersatzprogramme geliefert. Der Hinweis enthielt ein Ersatzprogramm für */bin/sh*, das in der *MProg*-Zeile der Datei *sendmail.cf* verwendet wird. Noch anderthalb Jahre später erhielt CERT Anrufe von Unternehmen, in die unter Ausnutzung dieser altbekannten Sicherheitslücke von Sendmail eingebrochen worden war.

Auch wenn sicherheitsrelevante Vorfälle stetig zunehmen und sich die Angriffsmethoden weiter verfeinern, gibt es für Sicherheitsverantwortliche nicht nur negative Nachrichten. Insgesamt ist ein rasanter Anstieg im Bewußtsein über die Gefahren zu verzeichnen, die ein Internet-Anschluß mit sich bringen kann. Und in bezug auf Sicherheitsfragen gibt es zahllose Aktivitäten. Ein Anzeichen dafür ist das Wachstum des Forum of Incident Response and Security Teams (FIRST), das eine Vielzahl von Response-Teams für Fragen zur Computersicherheit aus Regierungs-, Wirtschafts- und akademischen Kreisen zusammenbringt (es sind bereits über 40). Ebenso ermutigend sind die immer besseren Sicherheits-Tools, die aus dem Kreis der Sicherheitsverantwortlichen stammen und frei verfügbar gemacht werden. Ein Zentrum bildet das Archiv zum Projekt Computer Operations, Audit, and Security Technology (COAST) an der Purdue University, in dem viele dieser Tools gesammelt und getestet werden. In Anhang A finden Sie weitere Informationen zu FIRST und COAST. Schließlich wurden einige ausgezeichnete Bücher und Berichte über Sicherheit im Internet veröffentlicht, die die hart erworbenen Erfahrungen von unmittelbar Betroffenen weitergeben.

In diesen gefährlichen Zeiten stellen Firewalls die beste Möglichkeit zur Absicherung Ihres Standorts dar. Wenn es Ihnen mit dem Internet-Anschluß ernst ist, sollten Firewalls im Mittelpunkt all Ihrer Pläne stehen, selbst wenn Sie andere Arten von Schutzmaßnahmen einbeziehen müssen. Seit die ersten Firewalls im Internet auftauchten, ist Brent Chapman als Firewall-Guru bekannt. Seine Mailing-Liste *Firewalls* und seine Tutorials belegen dies. Elizabeth Zwicky steht, besonders durch ihre Arbeit bei der System Administrators Guild (SAGE), für sichere und vernünftige Systemverwaltung. Gemeinsam haben sie ein Buch verfaßt, daß das Bewußtsein und die Kompetenz in bezug auf Sicherheitsfragen im Internet in beispielloser Weise erweitert.

Ed DeHart
Technischer Berater beim CERT Coordination Center (CERT-CC)
Software Engineering Institute, Carnegie Mellon University
Pittsburgh/Pennsylvania, Juni 1995

Vorwort

Das vorliegende Buch dient als Anleitung zum Aufbau eines eigenen Firewalls. Es erklärt Ihnen in einzelnen Schritten, wie Sie einen Firewall entwerfen und an Ihrem Standort einrichten. Es beschreibt, wie Sie Internet-Dienste wie z.B. elektronische Post, FTP oder das World Wide Web so konfigurieren, daß sie mit einem Firewall einsetzbar sind. Firewalls sind jedoch ein ziemlich komplexes Gebiet, so daß sich nicht alles durch einfache Anleitungen erklären läßt. Zu viele Faktoren hängen von den speziellen Eigenschaften Ihrer Umgebung ab, welche Hardware, welches Betriebssystem und welches Netz Sie verwenden. Relevant ist zudem, welchen Spielraum Sie Ihren Benutzern lassen und wo Sie ihn einschränken möchten. Wir haben uns darum bemüht, Ihnen so viele Regeln, Beispiele und Bezugsquellen an die Hand zu geben, daß Sie offene Fragen gegebenenfalls selbst klären können.

Was ist ein Firewall, und welche Vorteile bringt er Ihnen? Ein Firewall bietet die Möglichkeit, die Kommunikation zwischen dem Internet und Ihrem internen Netz einzuschränken. Sie richten ihn in der Regel dort ein, wo er die größten Effekte erzielen kann, und zwar an dem Punkt, wo Ihr Netz ans Internet angeschlossen ist. Mit einem Firewall läßt sich die Wahrscheinlichkeit erheblich verringern, daß Angreifer von außen in Ihre internen Systeme und Netze eindringen. Zudem kann der Firewall interne Benutzer davon abhalten, Ihre Systeme zu gefährden, indem sie sicherheitsrelevante Informationen wie unverschlüsselte Paßwörter oder vertrauliche Daten nach außen geben.

Die heute zu beobachtenden Angriffe auf ans Internet angeschlossene Systeme sind gravierender und technisch komplexer als früher. Um diese Angriffe abzuwehren, benötigen wir jede erdenkliche Hilfe. Firewalls bilden eine äußerst wirksame Methode, um einen Standort vor Angriffen zu schützen. Deshalb halten wir es für unbedingt notwendig, Firewalls in die Planung der Gesamtsicherheit eines Standorts einzubeziehen. Der Firewall ist jedoch nur ein Teil des Plans. Es ist ebenso wichtig, eine klar definierte Sicherheitspolitik zu verfolgen, starke Rechnersicherheit zu gewährleisten und unter Umständen eigene Geräte zur Authentifizierung und Verschlüsselung einzubeziehen, die mit den einzurichtenden Firewalls kooperieren. Wir werden all diese Themen hier ansprechen, uns aber im wesentlichen auf Firewalls konzentrieren.

Übersicht über dieses Buch

Das vorliegende Buch ist in vier Teile untergliedert:

Teil I, *Sicherheit im Netz*, befaßt sich mit der Sicherheit im Internet und erklärt, inwiefern der Einsatz von Firewalls zu einer effektiven Sicherheitslösung beiträgt.

Kapitel 1, *Wozu braucht man Internet-Firewalls?*, beschäftigt sich mit den Risiken, die heutzutage mit der Nutzung des Internet verbunden sind. Es behandelt, was es wogegen zu schützen gilt, zeigt verschiedene Sicherheitsmodelle und gibt einen Überblick über Firewalls im Hinblick darauf, was sie für die Sicherheit Ihres Standorts leisten können und wozu sie nicht geeignet sind.

Kapitel 2, *Internet-Dienste*, gibt einen kurzen Überblick über die Dienste, die die Benutzer im Internet nutzen wollen oder müssen und faßt die Sicherheitsprobleme zusammen, die durch diese Dienste auftreten.

Kapitel 3, *Sicherheitsstrategien*, zeigt die grundlegenden Sicherheitsprinzipien, die eine Organisation verstehen muß, bevor sie sich für eine Sicherheitspolitik entscheidet und in spezielle Sicherheitsmaßnahmen investiert.

Teil II, *Einrichten von Firewalls*, beschreibt, wie Sie Firewalls aufbauen und Dienste so konfigurieren, daß diese in Kombination mit Firewalls ausgeführt werden können.

Kapitel 4, *Entwurf von Firewall-Systemen*, zeigt die elementaren Komponenten und wichtigsten Architekturen, die beim Entwurf von Firewalls verwendet werden: Dual-Homed-Hosts, überwachte Hosts, überwachte Teilnetze und verschiedene Varianten dieser grundlegenden Architekturen.

Kapitel 5, *Bastion-Hosts*, gibt eine schrittweise Anleitung zum Entwurf und Aufbau des Bastion-Hosts, der in zahlreichen Firewall-Konfigurationen eingesetzt wird.

Kapitel 6, *Paketfilterung*, beschreibt die Arbeitsweise von Systemen zur Paketfilterung und erklärt, welche Aufgaben diese Systeme beim Aufbau eines Firewalls erfüllen können.

Kapitel 7, *Proxy-Systeme*, erläutert die Funktionsweise von Proxy-Clients und -Servern und zeigt, wie Sie diese Systeme beim Aufbau eines Firewalls einsetzen.

Kapitel 8, *Konfiguration von Internet-Diensten*, stellt dar, wie Sie die wichtigsten Internet-Dienste so konfigurieren, daß sie in Kombination mit einem Firewall ausgeführt werden können.

Kapitel 9, *Zwei Beispiele für Firewalls*, zeigt zwei Beispielkonfigurationen für elementare Firewalls.

Kapitel 10, *Authentifizierung und eingehende Dienste*, befaßt sich mit den Schwierigkeiten, die sich ergeben, wenn Sie Benutzern aus dem Internet Zugang zu Ihrem System gewähren. Es behandelt zudem eine Vielzahl von Strategien und Produkten zur Authentifizierung.

Teil III, *Kontinuierlicher Schutz Ihres Standorts*, beschreibt, wie Sie die Sicherheitspolitik für Ihren Standort umsetzen, Ihren Firewall betreuen und den Sicherheitsproblemen begegnen, die selbst bei den wirksamsten Firewalls auftreten können.

Kapitel 11, *Sicherheitspolitik*, erläutert, wie wichtig übersichtliche und gut verständliche Sicherheitspolitik für Ihren Standort ist und welche Aspekte sie berücksichtigen sollte. Es behandelt zudem, auf welche Weise das Management einerseits und die Benutzer andererseits für die jeweiligen Sicherheitsvorkehrungen gewonnen werden können.

Kapitel 12, *Betreuung von Firewalls*, beschreibt, wie Sie die Sicherheit an Ihrem Firewall langfristig aufrechterhalten und sich über neue Gefahren als auch neue Techniken in bezug auf Internet-Sicherheit auf dem laufenden halten.

Kapitel 13, *Reagieren auf Zwischenfälle*, beschreibt, wie Sie auf einen Einbruch reagieren oder was zu tun ist, falls Sie Sicherheitsverstöße vermuten.

Teil IV, *Anhänge*, umfaßt die folgenden Anhänge:

Anhang A, *Ressourcen*, enthält eine Liste mit Bezugsquellen von weiteren Informationen und von Hilfe zu Sicherheitsfragen im Internet: World Wide Web-Seiten, FTP-Standorte, Mailing-Listen, News-Gruppen, Response Teams, Bücher, Berichte und Konferenzen.

Anhang B, *Tools*, gibt eine Übersicht über die besten frei erhältlichen Tools für Internet-Sicherheit mitsamt den Bezugsmöglichkeiten.

Anhang C, *TCP/IP*, enthält Hintergrundinformationen über TCP/IP, die beim Aufbauen und Verwalten eines Firewalls relevant sind.

Leserkreis

Für wen ist dieses Buch gedacht? Obwohl es sich in erster Linie an Personen richtet, die Firewalls einrichten müssen, ist es in weiten Teilen auch für Leute geeignet, die sich allgemein mit der Sicherheit im Internet befassen. Anhand der folgenden Kategorien können Sie entscheiden, welche Abschnitte für Sie von Interesse sind:

Systemverwalter

Sie sollten das Buch vollständig lesen. Wie bereits erwähnt, sind sehr gute Kenntnisse von TCP/IP eine grundlegende Voraussetzung für das Verständnis und den Aufbau von Firewalls. Wenn Sie mit TCP/IP noch nicht vertraut sind, sollten Sie vor allem anderen zumindest Anhang C durcharbeiten.[1]

Manager von Firmen, die einen Internet-Anschluß erwägen
Sie sollten wenigstens Teil I dieses Buches lesen. Teil I gibt Ihnen eine Übersicht über die verschiedenartigen Gefahren im Internet sowie über Internet-Dienste, Sicherheitskonzepte und Sicherheitsstrategien. In einer Einführung über Firewalls erfahren Sie zudem, in welcher Weise Firewalls zur Internet-Sicherheit beitragen und wo ihre Grenzen liegen. Sie sollten außerdem Kapitel 4 lesen, das einen Überblick über verschiedene Firewall-Architekturen bietet. Anhang A beschreibt, woher Sie weitere Informationen und Ressourcen beziehen können.

Manager und Benutzer in Firmen, die bereits ans Internet angeschlossen sind
Sie sollten alle Kapitel lesen, die wir in der vorigen Kategorie empfohlen haben. Für Sie ist darüber hinaus Teil III interessant. Er befaßt sich mit Themen, die längerfristig eine Rolle spielen, z.B. wie eine Sicherheitspolitik zu entwickeln ist, wie man immer auf dem neuesten Stand bleibt und wie auf Angriffe zu reagieren ist.

Plattformen

Die Beschreibungen in diesem Buch sind weitgehend plattformunabhängig. Da in den meisten Fällen grundlegende Prinzipien im Vordergrund stehen, sollten diese - unabhängig von Ihrer speziellen Hardware-Ausstattung, Software und Vernetzung - auch auf Ihre Umgebung übertragbar sein. Die größte Rolle spielen Plattformen bei der Behandlung von Bastion-Hosts in Kapitel 5, wo es darum geht, einen bestimmten Systemtyp als Bastion-Host auszuwählen. Bastion-Hosts wurden erfolgreich mit den verschiedensten Betriebssystemen eingesetzt, darunter UNIX, Windows NT, Macintosh und VAX/VMS.

Zugegebenermaßen beziehen sich die Beispiele in diesem Buch meist auf UNIX. Dafür gibt es mehrere Gründe. Das Buch behandelt den Aufbau von Firewalls, und für diese Aufgabe gibt es unter UNIX gegenwärtig die größte Auswahl frei erhältlicher Tools. Demzufolge werden in Firewalls derzeit vorwiegend UNIX-Systeme als Bastion-Hosts verwendet. Selbstverständlich können viele andere Systemtypen in die Gesamtkonfiguration aufgenommen werden. Wir gehen davon aus, daß sich diese Situation in den nächsten Jahren ändert, wenn zunehmend kommerzielle Software für andere Systemtypen ange-

1. Unbedingt zu empfehlen ist außerdem das ausgezeichnete Buch *TCP/IP Netzwerk Administration* von Craig Hunt, das im O'Reilly International Thomson Verlag erschienen ist. Anhang C wurde aus diesem Buch übernommen.

boten wird. Ein weiterer Grund liegt natürlich darin, daß unsere eigene Erfahrung in erster Linie aus der UNIX-Umgebung stammt.

Kommentare und Fragen

Wenn Sie Anmerkungen oder Fragen zu diesem Buch haben, wenden Sie sich bitte an den Verlag, indem Sie E-Mail an *kommentar@ora.de* oder herkömmliche Post an folgende Adresse senden:

```
O'Reilly/International Thomson Verlag
Lektorat
Königswinterer Straße 418
53227 Bonn
```

Online-Informationen

Informationen zu diesem Buch erhalten Sie über Anonymous-FTP bei:

```
ftp://ftp.greatcircle.com/pub/firewalls-book/
```

oder im World Wide Web bei:

```
http://www.greatcircle.com/firewalls-book/
```

Fehlerkorrekturen finden Sie in:

```
ftp://ftp.greatcircle.com/pub/firewalls-book/Errata
```

Danksagung

Als wir uns an die Arbeit zu diesem Buch machten, hatten wir keine Vorstellung davon, wieviel Zeit und Energie uns dieses Vorhaben kosten würde. Ohne die Hilfe zahlreicher Leute wäre das Buch nicht zustande gekommen.

Besonderen Dank schulden wir Ed DeHart und Craig Hunt. Ed, der die Vorbemerkung verfaßte, arbeitete in der Anfangsphase des Buches mit Brent zusammen. Wir wissen seine Hilfe sehr zu schätzen. TCP/IP ist grundlegend für das Verständnis der elementaren Konzepte beim Aufbau von Firewalls. Craig Hunt, Autor von *TCP/IP Netzwerk Administration*, gestattete uns freundlicherweise, die Kapitel 1 und 2 seines Buches hier in Anhang C zu übernehmen. Damit können wir Lesern, die mit TCP/IP noch nicht vertraut sind, einen schnellen Einstieg bieten.

Dank an alle, die die ersten Entwürfe korrigierten und hilfreiche Vorschläge einbrachten: Fred Avolio, Steve Bellovin, Niels Bjergstrom, Rik Farrow, Simson Garfinkel, Eliot Lear, Evi Nemeth, Steve Simmons, Steve Romig, Gene Spafford, Phil Trubey und Mark Verber. Wir danken außerdem Eric Allman für die Beantwortung zahlreicher Fragen zu Sendmail und Paul Traina für die Beantwortung vieler Fragen zu Cisco.

Dank an alle bei O'Reilly & Associates, die das Manuskript in ein fertiges Buch verwandelten: Mary Anne Weeks Mayo war eine wundervolle, geduldige Projektleiterin und Lektorin; Len Muellner, Ellen Siever und Norm Walsh konvertierten das Buch von Word nach SGML und steuerten ihr Produktions-Know-how bei; Chris Reilley erstellte die vielen ausgezeichneten Abbildungen; Edie Freedman gestaltete den Umschlag, und Nancy Priest entwarf das Innenlayout; John Files und Juliette Muellner waren bei der Produktion behilflich; Seth Maislin erstellte den Index; Sheryl Avruch und Kismet McDonough-Chan nahmen die abschließende Qualitätskontrolle vor.

Danksagung von Brent: Ganz persönlich möchte ich darüber hinaus meinen Freunden und meiner Familie danken, die mir in den anderthalb Jahren während der Arbeit an diesem Buch den Rücken stärkten. Dank auch an meine Mitarbeiter bei Great Circle Associates, die meine Firma am Laufen hielten; Dank an die vielen hundert Leute, die mein Internet Security Firewalls Tutorial besuchten und mir damit die Motivation für all die Mühen verschafften (und mir ermöglichten, meine Rechnungen auch weiterhin zu bezahlen!); Dank auch an Tausende von Abonennten der Internet-Mailing-Liste Firewalls, aus deren Anregungen sich viele Ideen zu diesem Buch entwickelten. Auch Debby Russell, unserer Betreuerin bei O'Reilly & Associates, bin ich für ihre Unterstützung und Anleitung sehr zu Dank verbunden. Unseren Fachkorrektoren danke ich für all die wundervollen Kommentare und Anregungen. Vor allem aber möchte ich meiner guten Freundin und Koautorin Elizabeth Zwicky danken, ohne deren Mitarbeit und Unterstützung dieses Buch wohl nie vollendet oder längst nicht so gut worden wäre.

Danksagung von Elizabeth: Mein Dank richtet sich an meine Freunde, meine Familie und meine Kollegen bei Silicon Graphics, für ihre schier unendliche Geduld mit meiner launischen Art, mich wie besessen dem Buch zu widmen, um dann wieder jede Diskussion über ein auch nur entfernt damit zusammenhängendes Thema abzuwehren. Besonders danke ich Arnold Zwicky, Diana Smetters, Greg Rose, Eliot Lear und Jeanne Dusseault für ihre einfühlsame moralische Unterstützung (oft, als sie selbst in ähnlich gearteten Krisen steckten). Vor allem aber möchte ich mich bei Debby und Brent bedanken, die mir unerwartet die Chance gaben, an einem äußerst lohnenswerten Projekt teilzuhaben.

I Sicherheit im Netz

Teil I befaßt sich mit Sicherheitsfragen im Internet und konzentriert sich dabei auf Firewalls, die eine effektive Schutzmaßnahme darstellen.

Kapitel 1, *Wozu braucht man Internet-Firewalls?*, zeigt die Gefahren auf, die heute mit einem Anschluß ans Internet verbunden sind. Es behandelt verschiedene Sicherheitsmodelle und erläutert, was es wogegen zu schützen gilt. In einem kurzen Überblick über Firewalls erfahren Sie, wie Firewalls zum Schutz Ihres Standortes beitragen und wo ihre Grenzen liegen.

Kapitel 2, *Internet-Dienste*, gibt eine Übersicht über die von Benutzern gewünschten oder benötigten Internet-Dienste, wobei es die Sicherheitsprobleme aufzeigt, die sich durch diese Dienste ergeben.

Kapitel 3, *Sicherheitsstrategien*, beschreibt fundamentale Sicherheitskonzepte, deren Verständnis notwendig ist, um eine Sicherheitspolitik entwickeln und diese in konkrete Schutzmaßnahmen umsetzen zu können.

In diesem Kapitel:
- *Was wollen Sie schützen?*
- *Wovor müssen Sie sich schützen?*
- *Wie können Sie Ihr Firmennetz schützen?*
- *Was ist ein Internet-Firewall?*

1

Wozu braucht man Internet-Firewalls?

Es ist kaum möglich, eine Buchhandlung zu betreten, eine Zeitung oder Zeitschrift zu lesen oder Nachrichten zu hören, ohne dabei irgendwie mit dem Internet konfrontiert zu werden. Vom *Spiegel* bis zur *Titanic* berichtet heute ein breites Spektrum auch nichtwissenschaftlicher Zeitschriften über dieses Thema. Das Internet ist inzwischen so populär, daß man es nicht weiter zu erklären braucht. Während die nicht fachgebundenen Veröffentlichungen noch vom Internet selbst gefesselt sind, konzentrieren sich die technischen zunehmend auf Sicherheitsaspekte. Dies ist ein logischer Schritt; wenn die Begeisterung über einen Super-Highway in der Nachbarschaft erst einmal nachgelassen hat, werden Sie feststellen, daß Sie im Internet nicht nur selber reisen können, sondern auch sehr viele Fremde auftauchen, die Sie nicht unbedingt einladen würden.

Beide Seiten sind richtig: Das Internet ist eine großartige technische Entwicklung, die den Zugang zu und die Veröffentlichung von Informationen revolutioniert. Es bringt aber auch die Gefahr mit sich, Informationen in nie gekanntem Ausmaß zu verfälschen oder gar zu zerstören. Dieses Buch behandelt eine Möglichkeit, die Vorteile und Risiken abzuwägen, d.h. am Internet teilzunehmen und sich trotzdem zu schützen.

Wir werden später in diesem Kapitel verschiedene Sicherheitsmodelle beschreiben, mit denen Daten und Ressourcen im Internet geschützt werden. Dieses Buch beschäftigt sich hauptsächlich mit dem Modell der Netzsicherheit, insbesondere mit dem Einsatz von Internet-Firewalls. Ein Firewall ist eine Art von Schutz, die es ermöglicht, ein Netz an das Internet anzuschließen und dabei ein bestimmtes Maß an Sicherheit beizubehalten. Der Abschnitt »Was ist ein Internet-Firewall?« beschreibt die Grundlagen von Firewalls und gibt einen Überblick über die Möglichkeiten, Ihren Standort mit Firewalls zu schützen. Davor wollen wir aber kurz darauf eingehen, warum Sie überhaupt einen Firewall benötigen. Was muß man auf Systemen schützen? Mit welchen Angriffen und Angreifern haben wir es heutzutage zu tun? Mit welchen Sicherheitsvorkehrungen läßt sich ein Standort schützen?

Was wollen Sie schützen?

Ein Firewall ist im Grunde eine Schutzvorrichtung. Was es zu schützen gilt, ist die erste Überlegung beim Aufbau eines Firewalls. Beim Anschluß an das Internet müssen Sie auf drei Dinge achten:

- Ihre Daten: die Informationen, die Sie auf Ihren Computern speichern
- Ihre Ressourcen: die Computer selbst
- Ihr guter Ruf

Ihre Daten

Ihre Daten müssen in dreierlei Hinsicht geschützt werden:

- *Vertraulichkeit*: Sie wollen sie vor anderen Leuten geheimhalten.
- *Integrität*: Andere Leute sollen sie wahrscheinlich nicht verändern.
- *Verfügbarkeit*: Sie möchten die Daten sicherlich selbst benutzen.

Viele Leute konzentrieren sich auf die großen Risiken, die mit der Geheimhaltung von Daten verbunden sind. Es gibt zahlreiche Organisationen, die ihre wichtigsten Informationen, wie z.B. Produktentwürfe, Bilanzen oder Personaldaten, auf Computern gespeichert haben. Es könnte aber auch sein, daß sich an Ihrem Standort die Rechner mit den brisanten Daten relativ einfach von den Maschinen trennen lassen, die Sie ans Internet anschließen wollen.

Angenommen, Ihre Daten *können* so getrennt werden, daß die geheimen Informationen vom Internet aus nicht zugänglich sind. Warum sollten Sie sich in diesem Fall um die Sicherheit sorgen? Weil Geheimhaltung nicht das einzige ist, was sie erreichen möchten. Sie müssen sich auch über Integrität und Verfügbarkeit Gedanken machen. Falls Ihre Daten nicht geheim sind und es Ihnen egal ist, ob sie geändert werden und wer darauf zugreifen darf, stellt sich die Frage, warum Sie dafür überhaupt Speicherkapazität verschwenden.

Selbst wenn Ihre Daten nicht allzu vertraulich sind, müssen Sie die Konsequenzen tragen, wenn diese zerstört oder verändert werden. Einige dieser Konsequenzen sind klar abzusehen: Verlorene Daten wiederherzustellen verursacht Kosten. Sie werden Umsatzverluste haben, falls Sie die Daten in irgendeiner Form verkaufen wollten. Es spielt dabei keine Rolle, ob Sie die Daten selbst verkaufen, es sich um Produktentwürfe oder Quellcode für Software handelt. Bei jedem sicherheitsrelevanten Vorfall entstehen zudem schwer abzuschätzende Schäden. Am gravierendsten ist der Verlust an Vertrauen in Ihre Systeme und Daten und damit in Ihr Unternehmen. Dies betrifft unter Umständen Benutzer, Kunden, Investoren, Angestellte, Studenten oder die gesamte Öffentlichkeit.

Wurden Ihre Daten verändert?

Sicherheitsvergehen unterscheiden sich von anderen Verbrechen dadurch, daß sie schwer feststellbar sind. Es kann sehr viel Zeit vergehen, bis Sie bemerken, daß jemand in Ihren Standort eingedrungen ist. Vielleicht erfahren Sie es nie. Selbst wenn jemand einbricht und eigentlich nichts an Ihrem System oder Ihren Daten verändert, werden Sie Zeit damit verlieren herauszufinden, ob etwas manipuliert wurde. In vielerlei Hinsicht ist ein brutaler Angriff ohne Rücksicht auf Verluste leichter zu handhaben als ein Einbruch, bei dem auf den ersten Blick kein Schaden entstanden ist. Wenn alles zerstört ist, können Sie die Herausforderung annehmen, auf Backups des Systems zurückgreifen und wie gewohnt weiterarbeiten. Wenn aber scheinbar kein Schaden angerichtet wurde, werden Sie viel Zeit darauf verwenden, immer wieder zu überprüfen, ob Ihr System oder Ihre Daten nicht doch verändert worden sind. Dieses Buch beschäftigt sich in erster Linie mit Sicherheitsvorkehrungen, Kapitel 13 erläutert aber auch allgemeine Richtlinien zur Erkennung, Untersuchung und Bewältigung von sicherheitsrelevanten Vorfällen.

Ihre Ressourcen

Sie interessieren sich vielleicht nicht besonders für Ihre Daten oder finden Gefallen daran, Ihr Betriebssystem jede Woche neu zu installieren, damit die Festplatten nicht einrosten. Trotzdem wollen Sie sicherlich in irgendeiner Art von der Fremdnutzung Ihrer Computer profitieren. Die meisten Leute verwenden Ihre Maschinen am liebsten selbst oder stellen die Fremdnutzung ihrer Systeme in Rechnung. Selbst Betreiber, die Rechenzeit und Festplattenkapazität kostenlos zur Verfügung stellen, versprechen sich davon vorteilhafte Publicity. Eindringlinge werden ihnen dies aber nicht danken. Sie haben wertvolle Zeit und Geld für Ihre Computer-Ressourcen verwendet und sollten deshalb auch bestimmen können, wie sie verwendet werden.

Eindringlinge behaupten oft, sie würden sich nur ungenutzter Ressourcen bedienen und daher entstünden den Opfern keine Kosten. Diese Argumentation ist in zweierlei Hinsicht zweifelhaft.

Erstens ist es für einen Eindringling unmöglich zu entscheiden, ob Ressourcen gebraucht werden oder nicht. Es mag so aussehen, als hätte Ihr System Unmengen leeren Festplattenspeichers und Stunden ungenutzer Rechenzeit, in Wirklichkeit aber beginnen Sie vielleicht gerade mit der Berechnung komplexer Animationen, die jedes Bit und jede Mikrosekunde benötigen. Ein Eindringling kann Ihnen die Ressourcen nicht zurückgeben, wenn Sie sie brauchen. (Zum Beispiel benutze ich meinen Wagen meist nicht zwischen Mitternacht und sechs Uhr morgens. Das heißt aber nicht, daß ich ihn in dieser Zeit ungefragt anderen überlassen will. Ich könnte ja zu einem Notfall gerufen werden oder am nächsten Tag einen sehr frühen Abflugtermin haben.)

Zweitens ist es Ihr gutes Recht, Ihre Ressourcen so zu verwenden, wie Sie möchten - ob Sie nun der Anblick des freien Festplattenspeichers mit innerer Ruhe erfüllt oder Sie die blinkenden Lichter Ihres untätigen Rechners genießen. Computer-Ressourcen sind weder natürliche Ressourcen noch so begrenzt verfügbar, daß sie bei Nichtbenutzung unwiederbringlich verlorengehen.

Ihr guter Ruf

Ein Eindringling tritt im Internet mit Ihrer Identität auf. Alles, was er tut, scheint von Ihnen zu kommen. Was hat das für Folgen?

Meist bestehen die Konsequenzen einfach darin, daß andere Standorte - oder Ermittlungsbehörden - von Ihnen wissen wollen, warum Sie in deren Systeme eindringen. (Das kommt gar nicht so selten vor. An einem Standort richteten die Systemverwalter sogar eine eigene Spalte in ihren Kontierungsbögen ein, in der die Gespräche mit dem FBI über Einbruchsversuche verzeichnet wurden, die von diesem Standort ausgingen.)

Manchmal kosten diese Schwindler weit mehr als nur verlorene Zeit. Ein Eindringling, der es speziell auf Sie abgesehen hat oder auch nur Gefallen daran findet, anderen Leuten das Leben schwerzumachen, verschickt vielleicht E-Mail oder News-Artikel, die angeblich von Ihnen stammen. Im allgemeinen versteigen sich solche Leute in Haßtiraden und sind dabei wenig glaubwürdig. Wenn aber einige Leute diese Nachrichten ernst nehmen, kann die Schadensbegrenzung für Sie langwierig und peinlich werden. Alles, was nicht offensichtlich frei erfunden ist, kann Ihrem guten Ruf auf Dauer schaden.

Vor einigen Jahren verschickte ein Schwindler, der sich als Professor der Texas A&M University ausgab, an Tausende von Empfängern E-Mail mit haßerfülltem, rassistischem Inhalt. Der Schwindler wurde nie gefaßt, der Professor muß sich bis heute mit den Folgen der gefälschten Nachrichten auseinandersetzen. In einem anderen Fall verschickte eines Nachts ein Student in Darthmouth während der Examenszeit E-Mail mit der Signatur eines Professors. Er behauptete, wegen eines familiären Unglücksfalls würden die Prüfungen am nächsten Tag ausfallen, und tatsächlich erschienen daraufhin nur wenige Studenten.

Man kann E-Mail oder News zwar ohne Zugang zu einem Standort fälschen, es ist aber wesentlich leichter, eine Nachricht als Fälschung zu enttarnen, wenn sie außerhalb des angeblichen Standorts erzeugt wurde. Die Nachrichten eines Eindringlings, der Zugang zu Ihrem System erlangt hat, sehen wie Ihre eigenen aus, weil sie genau das *sind*. Im Gegensatz zu einem Fälscher von außen hat ein Eindringling auch Zugriff auf die verschiedensten Detail-Informationen, z.B. die verfügbaren Mailing-Listen oder alle E-Mail-Empfänger.

Ein Einbruch in Ihren Standort schadet Ihrem Ruf selbst dann, wenn der Eindringling Ihre Identität nicht benutzt. Das Vertrauen in Ihre Organisation wird erschüttert. Die meisten Eindringlinge werden außerdem versuchen, von Ihren Maschinen aus Zugang zu anderen zu erlangen. Das kann dazu führen, daß die nächsten Opfer Ihren Standort für einen Hort krimineller Aktivitäten halten. Nach einem erfolgreichen Einbruch mißbrauchen viele Eindringlinge die Standorte zur Verteilung von gestohlener Software und/oder Pornographie, was Sie bei anderen Leuten auch nicht beliebter machen dürfte. Es ist sehr schwer, Ihren guten Ruf wiederherzustellen, wenn Ihr Name erst einmal mit Einbrüchen in andere Standorte, Software-Diebstahl und Pornographie in Verbindung gebracht wurde, selbst wenn diese Unterstellungen unberechtigt sind.

Wovor müssen Sie sich schützen?

Was haben Sie zu befürchten? Welche Angriffe können im Internet auf Sie zukommen, und von welchen Angreifern werden sie durchgeführt? Wie steht es mit einfachen Versehen oder purer Dummheit? In den folgenden Abschnitten behandeln wir diese Themen, ohne auf technische Details einzugehen. Spätere Kapitel beschreiben verschiedenartige Angriffe detaillierter und erklären, wie Sie sich mit Hilfe von Firewalls davor schützen.

Verschiedene Angriffsmethoden

Systeme werden auf verschiedenste Art und Weise angegriffen, und es gibt zahlreiche Möglichkeiten, diese Angriffe in Kategorien einzuteilen. Wir werden in diesem Abschnitt drei grundlegende Kategorien erläutern: Einbrüche, Lahmlegen eines Dienstes und Informationsdiebstahl.

Einbrüche

Einbrüche sind die häufigsten Angriffe. Durch Einbrüche können Fremde Ihre Computer für sich benutzen. Die meisten Angreifer wollen Ihre Computer wie legitime Benutzer verwenden.

Angreifer haben vielfältige Zugangsmöglichkeiten. Am einen Ende des Spektrums liegen Angriffe durch die Manipulation von Benutzern (*social attacks*). Dabei bringt man den Namen eines leitenden Angestellten einer Firma in Erfahrung, gibt sich beim

Systemverwalter als diese Person aus und bittet um die *sofortige* Änderung seines Paßworts, um äußerst wichtige Arbeiten zu erledigen. Eine weitere Variante ist einfaches Raten, wobei Kombinationen aus Benutzerkennung und Paßwort so lange probiert werden, bis die richtige gefunden ist. Es gibt aber auch technisch sehr raffinierte Einbruchsmöglichkeiten, die keine Kenntnisse über Kennung und Paßwort erfordern.

In diesem Buch erklären wir verschiedene Methoden, mit Firewalls Einbrüche zu verhindern. Im Idealfall werden alle Möglichkeiten blockiert, auf ein System ohne Angabe von Benutzerkennung und Paßwort zuzugreifen. Richtig konfiguriert, reduzieren Firewalls die Anzahl der von außen zugänglichen Kennungen, die ja durch einfaches Erraten oder Manipulation von Benutzern gefährdet sind. Um Einbrüche durch Erraten zu verhindern, werden Firewalls meist mit nicht wiederverwendbaren Paßwörtern konfiguriert. Selbst wenn Sie diese in Kapitel 10 beschriebenen Paßwörter nicht benutzen, liefert ein Firewall eine klar definierte Stelle, an der Sie alle Zugriffsversuche auf Ihr System protokollieren und somit Einbrüche durch Erraten einfacher aufdecken können.

Lahmlegen eines Dienstes

Ein Angriff durch Lahmlegen eines Dienstes ist einzig darauf ausgerichtet, Sie an der Benutzung Ihres Computers zu hindern.

Ende 1994 waren die Autoren Josh Quittner und Michelle Slatalla Ziel einer »E-Mail-Bombe«. Offensichtlich als Vergeltung für einen Artikel über die Aktivitäten von Crackern, den sie in der Zeitschrift *Wired* veröffentlicht hatten, brach jemand bei IBM, Sprint und dem Netzanbieter der Autoren ein und modifizierte Programme so, daß deren E-Mail und Telefondienst unterbrochen waren. Eine Flut von E-Mail verstopfte ihren Netzdienst so, daß keine anderen Nachrichten mehr durchkamen und ihre Internet-Verbindung schließlich vollständig zusammenbrach. Auch ihr Telefondienst fiel den Angreifern zum Opfer: Durch Umprogrammierung des Dienstes wurden Anrufer automatisch mit einer anderen Nummer verbunden, unter der Obszönitäten zu hören waren.

Elektronische Sabotage führt in einigen Fällen zur Zerstörung von Daten oder dem Ausfall von Geräten. Meistens aber arbeitet sie mit Informationsüberflutung, wie bei Quitter-Slatalla oder im Fall des Internet-Wurms. Ein Eindringling überlastet ein System oder Netz derart mit Nachrichten, Prozessen oder Netzanfragen, daß keine effektive Arbeit mehr möglich ist. Das System oder Netz vergeudet seine ganze Zeit damit, auf Nachrichten oder Anfragen zu reagieren, ohne sie ausreichend beantworten zu können.

Das Überfluten mit Informationen ist die einfachste und häufigste Art, einen Angriff über das Lahmlegen eines Dienstes durchzuführen. Ein raffinierter Angreifer kann Dienste aber auch deaktivieren, sie umleiten oder ersetzen. Im Fall Quittner-Slatalla beispielsweise wurde der Telefondienst durch Umleiten auf eine andere Nummer unterbrochen. Dieselbe Art von Angriffen ist auch gegen Internet-Dienste möglich.

Es ist nahezu ausgeschlossen, alle Angriffe, die zum Lahmlegen von Diensten führen, zu verhindern. Manchmal ergibt sich für die Angreifer eine Situation, in der sie kaum verlieren können. Viele Standorte richten zum Beispiel Kennungen ein, die nach einer bestimmten Anzahl gescheiterter Login-Versuche ungültig werden. Dies hindert Angreifer daran, Paßwörter so lange durchzuprobieren, bis sie das richtige gefunden haben. Andererseits aber erhalten sie dadurch die Möglichkeit für eine Attacke über die Ablehnung eines Dienstes: Angreifer setzen alle Benutzerkennungen außer Kraft, indem sie sich einfach einige Male einzuloggen versuchen.

Das Risiko solcher Attacken ist meistens unvermeidbar. Ob E-Mail, Telefonate oder Software-Pakete, sobald Sie irgendeine Information von außen annehmen, können Sie auch überflutet werden. Der bekannte Studentenscherz zum Beispiel, einer unbeliebten Person ein oder zwei Pizzas aus jeder Pizzeria in der Stadt zu bestellen, ist eine Art Angriff über die Verweigerung eines Dienstes; während man sich mit 42 Pizzaboten herumstreitet, kann man nicht viel anderes erledigen. Derartige Angriffe können in der Computerwelt gleichermaßen durch Versehen oder mit Absicht verursacht werden (haben Sie schon einmal ein Fax-Gerät erlebt, das hartnäckig versucht, ein Fax an Ihre Telefonnummer zu senden?). Es ist sehr wichtig, Dienste so einzurichten, daß beim Lahmlegen eines einzelnen die übrigen weiter funktionieren, während Sie das Problem suchen und beseitigen.

Zum Glück sind bewußte Angriffe über das Lahmlegen eines Dienstes nicht sonderlich populär. Da sie so einfach durchzuführen sind, gelten sie bei vielen Angreifern als »unsportlich«. Meist sind sie auch leicht zurückzuverfolgen und deswegen für den Angreifer riskant. Außerdem geben sie dem Angreifer weder die Informationen noch die Möglichkeiten, Ihren Computer zu benutzen. Darum aber geht es bei den meisten anderen Angriffen. Beabsichtigte Angriffe über das Lahmlegen eines Dienstes sind das Werk von Leuten, die speziell über Ihren Standort verärgert sind. An den meisten Standorten sind solche Leute aber recht selten.

Sehr viel wahrscheinlicher werden Sie es mit unbeabsichtigten Problemen durch das Lahmlegen von Diensten zu tun haben, wie wir sie in diesem Kapitel im Abschnitt »Dummheit und Unfälle« noch beschreiben werden.

Informationsdiebstahl

Bei einigen Angriffsarten kann sich ein Angreifer von Ihnen Daten besorgen, ohne Ihre Rechner direkt zu benutzen. Normalerweise werden dabei für die Verteilung von Informationen gedachte Internet-Dienste veranlaßt, unbeabsichtigt viele Informationen oder

Informationen an die falschen Leute herauszugeben. Zahlreiche Internet-Dienste sind für die Verwendung in lokalen Netzen konzipiert und verfügen weder über die richtigen noch über ausreichende Schutzmaßnahmen, um sicher über das Internet eingesetzt werden zu können.

Informationsdiebstahl erfordert nicht zwangsläufig aktive Teilnahme oder besonderes Fachwissen. Jemand, der vertrauliche Informationen in Erfahrung bringen möchte, könnte einfach bei Ihnen anrufen und nachfragen, vielleicht sogar unter Vorspiegelung falscher Tatsachen. Dies wäre aktiver Informationsdiebstahl. Oder aber man hört Ihr Telefon ab, was passiven Informationsdiebstahl darstellt. Personen, die sich elektronisch gespeicherte Daten besorgen möchten, könnten ähnlich vorgehen. Entweder fragen Sie die Informationen aktiv ab, vielleicht indem sie einen Rechner oder einen Benutzer mit Zugangsberechtigung vortäuschen. Oder sie zapfen das Netzwerk passiv an und warten auf die interessanten Informationen.

Die meisten Informationsdiebe versuchen, sich Zugang zu Ihren Computern zu verschaffen, sie suchen nach Benutzernamen und Paßwörtern. Dummerweise ist dies die am leichtesten zugängliche Information beim Abhören eines Netzes. Bei vielen Netzwerkinteraktionen befinden sich Benutzername und Paßwort am Anfang und können in derselben Form auch wiederverwendet werden.

Wie würden Sie vorgehen, um herauszufinden, wie sich jemand bei einem Telefonanruf meldet? Eine Wanze zu installieren, wäre ein einfacher und zuverlässiger Weg, und eine Wanze an einem zentralen Punkt im Telefonsystem würde Ihnen in kürzester Zeit die Grußformeln von Hunderten oder gar Tausenden von Leuten liefern.

Wie aber würden Sie über eine bestimmte Person in Erfahrung bringen, wie man den Nachnamen schreibt, wie die Kinder heißen und wie alt sie sind? Das Abhören des Telefons ist diesem Fall langsam und unzuverlässig. Wenn Sie die Wanze an zentraler Stelle anbringen, erhalten Sie diese Informationen sehr wahrscheinlich von irgendwelchen Leuten und bekommen sicherlich nebenbei einiges Vertrauliche zu hören, was sich auf interessante Weise verwerten läßt. Diese Informationen gehen jedoch in Hunderten von Gesprächen unter, in denen man sich zum Essen verabredet oder über das Wetter klagt.

Ähnlich verhält es sich bei Wanzen im Netz, sogenannten *Sniffers*. Sie sind sehr effektiv beim Aufspüren von Paßwörtern, werden aber selten benutzt, um andere Informationen zu ermitteln. Speziellere Informationen über einen Standort erhalten Sie nur mit äußerster Aufmerksamkeit und Geduld, falls Sie nicht genau wissen, wo und wann diese Daten im Netz auftauchen. Angenommen, Sie wissen, daß eine bestimmte Person jeden zweiten Freitag um 14 Uhr die Bank anruft, um Geld vom Girokonto auf das Sparbuch zu überweisen. Dann würde es sich lohnen, das Telefon abzuhören, um Geheim- und Kontonummer ausfindig zu machen. Auf gut Glück das Telefon einer beliebigen Person abzuhören ist sicherlich nicht sinnvoll, da die wenigsten Leute Tele-Banking benutzen.

Ein Netzwerk läßt sich leichter abhören (sogenanntes *network sniffing*) als eine Telefonleitung anzapfen. Üblicherweise werden die Anschlüsse, mit denen ein Computer ans Netz angeschlossen ist, *network taps* genannt, und sie verhalten sich auch wie Zapfhähne (*taps*). Aus diesem Grund heißt das Ausspionieren von Netzen nicht *tapping*. Bei den meisten gängigen Netztechnologien wie Ethernet oder Token Ring kann jeder Rechner im lokalen Netz den gesamten Netzverkehr einsehen. Über das Internet gesendete Daten durchlaufen zahlreiche lokale Netze, und jedes dieser Netze kann einen Schwachpunkt darstellen. Service-Provider und allgemein zugängliche Systeme sind beliebte Angriffsziele. An diesen Punkten plazierte Sniffers können sehr erfolgreich sein, weil durch diese Netze sehr viel Verkehr fließt.

Es gibt verschiedene Möglichkeiten, sich gegen Informationsdiebstahl zu schützen. Ein gut konfigurierter Firewall schützt Sie vor Benutzern, die mehr Informationen zu erlangen versuchen, als Sie herausgeben möchten. Haben Sie jedoch erst einmal beschlossen, Informationen über das Internet zu verbreiten, ist es sehr schwierig zu verhindern, daß diese Informationen in die falschen Hände gelangen. Dies kann durch Vorspiegelung falscher Tatsachen oder durch Abhören des Netzes geschehen. Vor diesen Risiken kann ein Firewall nicht schützen, da sie erst auftreten, nachdem die Informationen Ihr Netz wie beabsichtigt verlassen haben. Wir werden uns im Verlauf dieses Buches trotzdem damit beschäftigen, wo es uns passend erscheint.

Typen von Angreifern

Dieser Abschnitt befaßt sich kurz mit den verschiedenen Typen von Angreifern, die sich im Internet tummeln. Diese lassen sich auf unterschiedliche Arten kategorisieren; wir können kaum alle Varianten berücksichtigen, denen wir in den letzten Jahren begegnet sind. Eine derart knappe Übersicht kann immer nur Stereotypen zeigen, ist jedoch durchaus nützlich, um einen groben Überblick über die wichtigsten Klassen von Angreifern zu bekommen.

Allen Angreifern sind bestimmte Eigenschaften gemeinsam. Sie möchten nicht erwischt werden, und versuchen deshalb, unentdeckt zu bleiben. Wenn sie Zugang zu einem System erlangen, werden sie sich natürlich bemühen, diesen Zugang offenzuhalten. Dazu schaffen sie sich besondere Zugriffswege (und hoffen, daß Sie diese Schleichwege nicht einmal entdecken, wenn Sie die Angreifer selbst aufgespürt haben). Die meisten Angreifer pflegen Kontakte zu Gleichgesinnten, die dieselben Interessen verfolgen (»der Untergrund« ist leicht zu finden). Sie geben die Erkenntnisse aus den Angriffen auf Ihr System aller Wahrscheinlichkeit nach weiter.

Joyrider

Joyrider[1] sind Leute, die sich langweilen und Abwechslung suchen. Sie brechen bei Ihnen ein, weil sie sich interessante Daten erhoffen oder es amüsant finden, Ihre Computer zu benutzen. Oder sie wissen einfach nicht, was sie sonst mit ihrer Zeit anfangen sollen. Diese Leute sind zwar etwas seltsam, aber an sich nicht böswillig. Sie richten in Systemen trotzdem häufig Schaden an, weil sie sich ignorant verhalten oder die eigenen Spuren zu beseitigen versuchen. Bekannte Standorte und ungewöhnliche Computer sind für Joyrider besonders attraktiv.

Vandalen

Vandalen sind auf Zerstörung aus, entweder weil es ihnen Spaß macht oder weil sie etwas gegen Sie haben. Wenn so einer bei Ihnen eindringt, dann bemerken Sie es auch.

Vandalen werden für Sie zu einem ernsten Problem, wenn der Internet-Untergrund Sie zum Feind auserkoren hat (wie z.B. die Telefongesellschaft oder die US-Regierung) oder wenn Sie Personen verärgern, die über Computer und Zeit verfügen (z.B. an eine Universität mit durchgefallenen Studenten, eine Computer-Firma mit verärgerten Kunden oder ein kommerzielles Unternehmen mit aufdringlicher Präsenz im Internet). Sie können auch einfach zur Zielscheibe werden, weil Sie groß und sichtbar sind; wenn Sie in bestimmten Stadtvierteln eine große, weiße Wand hochziehen, wird diese mit Sicherheit bald voller Graffiti sein, obwohl niemand etwas gegen Sie persönlich hat.

Vandalen sind zum Glück recht selten. Sie erfreuen sich nicht einmal bei Leuten aus dem Untergrund besonderer Beliebtheit, die ja nicht grundsätzlich gegen Einbrüche in Computer eingestellt sind. Die Betroffenen scheuen meist keinen Aufwand, Vandalen aufzuspüren und zu stoppen. Im Vergleich zu unauffälligeren Eindringlingen ist Vandalen oft nur eine kurze, aber schillernde Karriere beschieden. Den meisten geht es um reine Zerstörung, die zwar unangenehm, aber relativ auffällig und vergleichsweise leicht zu reparieren ist. Vandalen mögen Ihre Daten löschen oder gar Ihre Computerausstattung ruinieren, aber das ist in der Regel nicht das schlimmste, was Ihnen wiederfahren kann. (Subtile, aber wesentliche Änderungen an Programmen oder finanziellen Daten wären erheblich schwieriger zu entdecken und zu beheben.)

Leider ist es praktisch unmöglich, einen entschlossenen Vandalen zu stoppen; jemand, der Ihrem Standort den Krieg erklärt hat, wird Sie früher oder später auch drankriegen. Manche Angriffe sind nur für Vandalen, nicht aber für andere Angreifer attraktiv. Joyrider interessieren sich beispielsweise nicht für Angriffe über das Lahmlegen von Diensten;

1. A.d.Ü.: Joyrider nennt man Leute, die eine Spritztour in einem gestohlenen Wagen machen.

anwesenden Joyridern ist genauso wie Ihnen daran gelegen, daß Ihre Systeme unbeeinträchtigt laufen und im Internet verfügbar sind.

Punktejäger

Viele pflegen die moderne Neufassung einer alten Tradition. Je größer die Zahl oder Vielfalt der Systeme, in die sie eingebrochen sind, desto mehr Punkte erzielen sie, mit denen sie angeben können.

Wie Joyrider und Vandalen bevorzugen *Punktejäger* meist ganz spezielle Standorte. In einen allgemein bekannten, gut beschützten oder anderweitig reizvollen Standort einzubrechen, ist mehr Punkte wert. Da ihnen jedoch genauso an Quantität wie an Qualität gelegen ist, greifen sie alles an, was für sie erreichbar ist. Punktejäger interessieren sich weder für besondere Eigenschaften Ihres Standorts, noch erhoffen sie sich von Ihnen bestimmte Informationen. Sie werden Ihre Systeme vielleicht beschädigen oder auch nicht. Ganz sicher werden sie Informationen sammeln, um diese bei Gelegenheit zu verwerten, zum Beispiel im Tauschhandel mit anderen Angreifern. Sie werden sich wahrscheinlich Wege offenhalten, um zu einem späteren Zeitpunkt in die Systeme zurückzukehren. Und falls irgendwie möglich, werden sie versuchen, Ihre Computer als Plattform für Angriffe gegen andere zu mißbrauchen.

Punktejäger gehören zu der Art von Einbrechern, die man erst lange nach dem tatsächlichen Einbruch in das System entdeckt. Vielleicht werden Sie erst dann allmählich mißtrauisch, wenn Ihr Computer nicht mehr richtig funktioniert. Oder Sie erfahren von dem Einbruch erst, wenn eine andere Firma oder irgendwelche Ermittlungsbehörden sich bei Ihnen melden, weil von Ihrem System aus andere Standorte angegriffen werden. Es ist auch möglich, daß Sie durch eine Kopie Ihrer eigenen vertraulichen Daten auf den Einbruch aufmerksam gemacht werden, die man am anderen Ende der Welt in einem aufgebrochenen System gefunden und Ihnen zugesendet hat.

Industrie- und andere Spione

Die meisten Leute brechen in Computer aus demselben Grund ein, aus dem andere auf Berge steigen - einfach wegen der Herausforderung. Falls solche Leute sich auch mit Diebstahl abgeben, entwenden sie gewöhnlich Dinge, die sich entweder direkt in Geld umsetzen lassen oder weiteren Zugang ermöglichen (z. B. Zugriff auf Kreditkarten, Telefone oder Netze). Wenn sie geheime Informationen finden, die sich zu Geld machen lassen, so werden sie die Möglichkeit nutzen. Dies ist aber nicht ihre hauptsächliche Beschäftigung.

Soweit man weiß, ist wirkliche Computer-Spionage außerhalb von traditionellen Spionage-Zirkeln sehr selten. Ein Berufsspion und seine Computer werden wahrscheinlich auch von anderen Spionen beobachtet. Spionage ist jedoch weit schwieriger zu entdekken als gewöhnliche Einbrüche. Informationsdiebstahl muß nicht unbedingt Spuren hinterlassen, und selbst Einbrüche werden relativ selten sofort entdeckt. Jemand, der einbricht, Daten kopiert und ohne etwas zu zerstören wieder verschwindet, hat an den meisten Standorten gute Chancen, unentdeckt zu bleiben.

Die meisten Organisationen können den Erfolg von Spionen praktisch nicht verhindern. Die von Regierungen getroffenen Vorkehrungen zum Schutz vertraulicher, elektronischer Daten sind komplex, teuer und umständlich. Sie werden deshalb nur in äußerst sensiblen Bereichen angewendet. Diese Vorsichtsmaßnahmen beinhalten elektromagnetische Abschirmung, sorgfältige Zugangskontrollen und keinerlei Verbindungen zu ungeschützten Netzen.

Was kann man gegen solche Angreifer unternehmen? Sie können es Spionen immerhin schwermachen, über Ihren Internet-Anschluß Informationen zu sammeln. Selbstverständlich soll nicht jeder Halbwüchsige in Ihre Computer eindringen können und gleich Informationen finden, die es offensichtlich wert sind, an Spione verkauft zu werden. Ebensowenig darf jeder beliebige Konkurrent problemlos an Ihre Daten gelangen. Ganz im Gegenteil sollte es teuer und riskant sein, bei Ihnen zu spionieren. Manche Leute sehen nicht ein, daß Daten vor Netzzugriffen so aufwendig geschützt werden müssen, wenn man sie sich auch einfach durch körperliche Anwesenheit am Standort besorgen kann. Dem können wir nicht zustimmen. Physischer Zugang ist für einen Angreifer im allgemeinen teurer und riskanter als der Netzzugang.

Dummheit und Unfälle

Die meisten Katastrophen werden nicht durch Böswilligkeit hervorgerufen, sondern sind die Folge von Unfällen oder dummen Fehlern. In einer vor kurzem erstellten Studie wird geschätzt, daß 55% aller sicherheitsrelevanten Vorfälle durch naive oder schlecht geschulte Benutzer verursacht werden, die Dinge tun, die sie besser nicht tun sollten.[1]

Vorfälle, die zum Lahmlegen von Diensten führen, stellen häufig gar keine Angriffe dar. Bei Apple wurde das E-Mail-System firmenweit für mehrere Tage funktionsunfähig gemacht (und deren Netzanbieter hatte eine schwere Zeit). Ursache war ein Unfall durch eine einzige Mail-Nachricht, die von einem fehlerhaften Mail-Server an eine große Mailing-Liste gesendet wurde. Die Mail löste einer Lawine von Hunderttausenden von Fehlermeldungen aus. Die einzige feindlich gesonnene Person in diesem Zusammenhang war der Systemverwalter - und auch der wurde erst feindselig, als er das Chaos wieder in Ordnung bringen mußte.

1. Richard Power, *Current and Future Danger: A CSI Primer on Computer Crime and Information Warfare*, San Francisco, Computer Security Institute 1995.

Es kommt ebenfalls nicht selten vor, daß Unternehmen ihre Daten selbst zerstören oder sie versehentlich nach außen geben. Gegen derartige Probleme stellen Firewalls keine Hilfe dar. Es gibt kein bekanntes Verfahren, sich gegen Unfälle oder Dummheit zu schützen. Leider unterscheiden sich die Ergebnisse nicht wesentlich, egal ob Leute Sie absichtlich oder versehentlich angreifen. (Daher der Spruch: »Unterstelle niemals böse Absichten, wenn sich etwas auch durch bloße Dummheit erklären läßt«.) Vorkehrungen gegen Übeltäter schützen meist auch vor versehentlichem Fehlverhalten, das wesentlich häufiger anzutreffen, aber gleichermaßen zerstörerisch ist.

Wie können Sie Ihr Firmennetz schützen?

Welche Maßnahmen können Sie zum Schutz gegen die verschiedenen Angriffsmöglichkeiten ergreifen, die wir hier dargestellt haben? Es gibt eine große Auswahl an Sicherheitsmodellen und -konzepten, die von null Sicherheit über Sicherheit einzelner Rechner oder »Sicherheit durch Unsichtbarkeit« bis zu Netzsicherheit reichen.

Keine Sicherheit

Der einfachste Ansatz besteht darin, sich um Schutzmaßnahmen nicht weiter zu kümmern und nur mit den Sicherheitsvorkehrungen zu arbeiten, die ein Hersteller standardmäßig bereitstellt. Je länger Sie in diesem Buch lesen, desto mehr werden Sie von diesem Modell Abstand nehmen.

Sicherheit durch Unsichtbarkeit

Bei einem anderen Sicherheitsmodell, das »Sicherheit durch Unsichtbarkeit« genannt wird, geht man davon aus, daß ein System geschützt ist, weil (angeblich) niemand von ihm weiß - weder von seiner Existenz noch von seinem Inhalt oder seinen Sicherheitsmaßnahmen. Diese Methode funktioniert selten über einen längeren Zeitraum; es gibt einfach zu viele Möglichkeiten, ein attraktives Ziel auch zu finden.

Viele glauben, daß es nicht weiter stört, wenn sie von Angreifern entdeckt werden. Sie gehen davon aus, daß ein kleines Unternehmen oder ein Rechner zu Hause für Eindringlinge nicht besonders interessant sind. Es ist durchaus richtig, daß es Eindringlinge oft nicht auf bestimmte Ziele abgesehen haben; sie wollen einfach in möglichst viele Maschinen einbrechen. Kleine Unternehmen und private Rechner erscheinen ihnen als leichte Beute. Sie werden sich dort nicht lange aufhalten, nichtsdestoweniger einen Einbruch versuchen und möglicherweise beträchtlichen Schaden beim Verwischen ihrer Spuren anrichten.

Um in einem Netz einschließlich des Internet arbeiten zu können, muß ein Standort ein gewisses Mindestmaß an Registrierung durchführen. Solche Informationen sind für jedermann, und gerade für Anfrager, verfügbar. Sobald ein Standort Netzdienste in Anspruch nimmt, wird dies von irgend jemandem - wenigstens vom Dienstanbieter - auch wahrgenommen. Eindringlinge halten nach neuen Verbindungen Ausschau, in der Hoffnung, daß diese Standorte noch keine Sicherheitsvorkehrungen getroffen haben. Einige Standorte haben von automatischen Testversuchen berichtet, die offensichtlich auf die Registrierung eines neuen Standorts hin durchgeführt wurden.

Es ist erstaunlich, auf wie viele verschiedene Arten man sich sicherheitsrelevante Informationen über einen Standort besorgen kann. Wenn Angreifer die bei Ihnen eingesetzte Hard- und Software sowie die Betriebssystemversion kennen, gibt ihnen das wichtige Anhaltspunkte über mögliche Sicherheitslücken. Sie erhalten diese Informationen oft von der Registrierung Ihrer Rechner oder beim Versuch, eine Verbindung zu Ihrem Computer herzustellen. Viele Rechner verraten den Typ ihres Betriebssystems in der Grußformel, die man bereits vor dem Einloggen erhält, so daß ein Eindringling an diese Informationen auch ohne Zugang herankommt.

Eindringlinge haben jede Menge Zeit, so daß sie sich geheime Informationen einfach durch Ausprobieren aller Möglichkeiten beschaffen können. Langfristig gesehen ist es keine besonders raffinierte Methode, sich durch Unsichtbarkeit zu schützen.

Sicherheit einzelner Rechner

Das wahrscheinlich am häufigsten verwendete Sicherheitsmodell ist die Sicherheit einzelner Rechner. Dabei gewährleisten Sie Sicherheit für alle Maschinen getrennt, wobei Sie sich nach Kräften bemühen, alle bekannten Sicherheitsprobleme, die sich auf die einzelne Maschine auswirken könnten, auszuschalten oder abzuschwächen. Welche Nachteile hat die Sicherheit einzelner Rechner? Es ist keineswegs so, daß sie für einzelne Rechner nicht geeignet wäre; sie läßt sich nur schlecht auf eine große Anzahl von Maschinen übertragen.

Das größte Hindernis für effektive Rechnersicherheit in modernen Rechnerumgebungen sind die Komplexität und Vielfalt dieser Umgebungen. Sie beinhalten Rechner von verschiedenen Herstellern, mit den ihnen eigenen Betriebssystemen und Sicherheitsproblemen. Selbst wenn ein Standort nur Rechner eines einzigen Herstellers einsetzt, unterscheiden sich die Sicherheitsprobleme bei den verschiedenen Versionen ein und desselben Betriebssystems doch oft erheblich. Auch wenn alle Maschinen von einem einzigen Hersteller stammen und alle mit einer bestimmten Betriebssystemversion arbeiten, können durch unterschiedliche Konfiguration (z. B. die Aktivierung unterschiedlicher

Dienste) verschiedene Subsysteme einbezogen und damit verschiedene Sicherheitsprobleme verursacht werden.

Sogar wenn die Rechner alle absolut identisch sind, macht ihre schiere Menge es an manchen Standorten schwierig, alle gleichermaßen zu schützen. Es stellt einen erheblichen Aufwand dar, die Sicherheit einzelner Rechner erst einmal effektiv einzurichten und dann langfristig aufrechtzuerhalten. Selbst wenn alle dazu notwendigen Maßnahmen korrekt durchgeführt wurden, weist Rechnersicherheit oft Lücken auf, die auf Fehler in der Software des Herstellers oder einen Mangel an geeigneter Sicherheitssoftware für benötigte Funktionen zurückzuführen sind.

Sicherheit einzelner Rechner stützt sich zudem auf den guten Willen und das Geschick von allen Personen, die privilegierten Zugang zu einer Maschine haben. Mit wachsender Anzahl an Rechnern steigt im allgemeinen auch die Anzahl der privilegierten Benutzer. Einen Computer zu schützen, ist weitaus schwieriger, als ihn an ein Netzwerk anzuschließen; daher können plötzlich unsichere Maschinen in Ihrem Netz auftauchen. Die Tatsache, daß es eigentlich nicht möglich sein sollte, Rechner zu kaufen oder anzuschließen, ohne sich dabei von Ihnen beraten zu lassen, spielt leider nur eine untergeordnete Rolle. Die Leute werden bei Bedarf äußerst erfinderisch, wenn es darum geht, Wege zur Anschaffung und zum Netzanschluß von Rechnern zu ersinnen.

Ein Modell zur Sicherheit einzelner Rechner kann für kleine Standorte oder Standorte mit extremen Sicherheitsanforderungen genau das Richtige sein. Durchaus alle Standorte sollten irgendeine Art von Rechnersicherheit in Ihre allgemeine Sicherheitsplanung aufnehmen. Auch wenn Sie sich für ein Modell zur Netzsicherheit entscheiden (siehe nächsten Abschnitt), werden bestimmte Systeme in Ihrer Konfiguration von stringenter Rechnersicherkeit profitieren. Wir gehen darauf in Kapitel 5 ausführlich ein. Das Problem ist, daß das Modell der Rechnersicherheit allein sich kosteneffektiv nur auf kleine oder einfach strukturierte Standorte anwenden läßt; die Umsetzung in die Praxis bringt einfach zu viele Einschränkungen mit sich und erfordert zu viel Personal.

Netzsicherheit

Mit steigender Anzahl und Vielfalt von Systemumgebungen wird es zunehmend schwierig, Sicherheitsmaßnahmen auf einer rechnerorientierten Basis durchzuführen. Viele Organisationen gehen deshalb zu einem auf Netzsicherheit beruhenden Modell über. Bei diesem Modell sichern Sie die Computer nicht einzeln, sondern konzentrieren sich darauf, den Netzzugang der diversen Rechner und die darauf angebotenen Dienste zu kontrollieren. Konzepte für Netzsicherheit beinhalten Firewalls, die die internen Systeme und Netze schützen, strenge Authentifizierungsverfahren (z. B. nicht wiederverwendbare Paßwörter) sowie Verschlüsselung, die besonders sensitive Daten beim Durchlaufen des Netzes schützen.

Mit einem Modell zur Netzsicherheit kann ein Standort beträchtliche Durchschlagkraft bei der Durchsetzung von Sicherheitssvorkehrungen erzielen. Zum Beispiel kann ein einziger Firewall des in diesem Buch erläuterten Typs Hunderte, Tausende oder sogar Zehntausende von Rechnern gegen Angriffe von außerhalb des Firewalls gelegenen Netzen schützen, unabhängig vom Grad an Rechnersicherheit, über den die einzelnen Maschinen verfügen.

Hinweis

Obwohl sich dieses Buch auf Netzsicherheit konzentriert, sind wir nicht der Auffassung, daß die Sicherheit einzelner Rechner vernachlässigbar ist. Wie bereits erwähnt, sollten Sie an die wichtigsten Rechner möglichst strenge Sicherheitsmaßstäbe anlegen, besonders an Maschinen, die direkt ans Internet angeschlossen sind. Sie sollten an genereller Rechnersicherheit für all Ihre internen Rechner interessiert sein, um Sicherheitsproblemen zu begegnen, die nichts mit Angriffen aus dem Internet zu tun haben.

Es gibt kein Sicherheitsmodell für alle Fälle

Kein Sicherheitsmodell kann alle Probleme lösen. Kein Sicherheitsmodell – außer einem »Hochsicherheitstrakt« – kann eine feindselige Person mit Zugangsberechtigung davon abhalten, Ihrem Standort bewußt Schaden zuzufügen oder vertrauliche Informationen zu entwenden. Um wirksame Vorkehrungen auf der Ebene von Rechner- und Netzsicherheit zu umgehen, kann sich ein berechtigter Benutzer ganz handfester Mittel bedienen. Das Spektrum der Möglichkeiten ist groß: So könnte er zum Beispiel Cola in einen Computer kippen oder vertrauliche Memos mit nach Hause nehmen. Sie können sich zwar vor intern verursachten Unfällen und ignorantem Verhalten schützen und auch vor böswilligen Aktionen von außen. Sie haben jedoch keine Möglichkeit, sich Ihrer legitimen Benutzer zu erwehren, ohne diese drastisch in der Benutzung ihrer Systeme einzuschränken. Spionen gelingt es mit deprimierender Regelmäßigkeit, staatliche Sicherheitmaßnahmen zu durchbrechen, und das trotz zahlreicher Vorschriften und Vorkehrungen, die weit über die Mittel und das Verständnis eines Normalbürgers hinausgehen.

Kein Sicherheitsmodell kann Managementprobleme bewältigen. Maßnahmen zur Computersicherheit halten die Leute nicht davon ab, Zeit zu vergeuden, einander auf die Nerven zu gehen oder Sie in unangenehme Situationen zu bringen. Standorte erliegen oft der Versuchung, sich gegen solche Dinge schützen zu wollen. Wenn die Leute ihre Zeit für die neuesten Usenet-News verschwenden, einander faule Streiche mit Fenstersystemen spielen oder die Firmenangehörigen mit beleidigender E-Mail verärgern, wirkt Computersicherheit wie eine vielversprechende technische Lösung, die auch schwierige Angelegenheiten meistert. Leider gibt es kein Sicherheitsmodell, das in solchen Fällen anwendbar wäre. Es ist teuer und kompliziert, auch nur den Versuch zu unternehmen, diesen Problemen mit Computersicherheit zu begegnen, und Sie wären ein weiteres Mal in der ausweglosen Situation, sich gegen legitime Benutzer schützen zu wollen.

Kein Sicherheitsmodell bietet perfekten Schutz. Sie können erwarten, daß Einbrüche selten und kurz sind und nicht allzu viel kosten; Sie dürfen jedoch nicht davon ausgehen, daß man sie ganz abschaffen kann. Auch die sichersten und in dieser Hinsicht aufmerksamsten Standorte rechnen mit einem sicherheitsrelevanten Vorfall alle paar Jahre.[1]

Weshalb sich also Sorgen machen? Sicherheitsmaßnahmen können nicht gegen jeden einzelnen Vorfall schützen, aber verhindern, daß daraus ernsthafter Schaden entsteht oder Ihre Geschäfte völlig lahmgelegt werden. Bei einer großen Firma mit mehreren Rechenzentren beklagte sich einer der Manager darüber, daß nicht nur in andere, sondern auch in sein System eingebrochen worden war, obwohl es als äußerst sicher galt. Der Unterschied bestand darin, daß sein System in diesem Jahr zum ersten Mal einem Angriff zum Opfer fiel. Der Eindringling hielt sich dort nur acht Minuten lang auf; und das System war nur zwölf Stunden lang ans Internet angeschlossen (von 6 bis 18 Uhr). Nach den Vorfall setzte es seine Arbeit wie gewöhnlich fort, ohne daß die Dienste für die Kunden spürbar unterbrochen gewesen wären. Bei einem der anderen Systeme war es dagegen bereits der vierte Einbruch, und der Eindringling war monatelang anwesend, bevor er entdeckt wurde; die Wiederherstellung des Systems erforderte vier Tage, während derer es nicht einsatzfähig war. Außerdem mußten Kunden vor bereits ausgelieferten Bändern gewarnt werden, die unter Umständen infiltrierte Software enthielten. Sorgfältige Sicherheitsvorkehrungen bewirkten also den Unterschied zwischen einem ärgerlichen Zwischenfall und einer Katastrophe.

Was ist ein Internet-Firewall?

Wie bereits erwähnt, stellen Firewalls eine sehr effektive Methode zur Netzsicherheit dar. In diesem Abschnitt fassen wir kurz zusammen, wie Internet-Firewalls zur Sicherheit Ihres gesamten Standorts beitragen können. Kapitel 4 befaßt sich mit den verschie-

1. Sie können einen Sicherheitsexperten mit der Aussage beeindrucken, daß bei Ihnen in den letzten fünf Jahren nur einmal eingebrochen wurde; wenn Sie ihm erzählen, daß bei Ihnen noch nie eingebrochen wurde, wird seine Begeisterung nachlassen. Er dürfte dann zu dem Schluß gelangen, daß Sie entweder nicht in der Lage sind, Einbrüche aufzudecken oder noch nicht lange genug angeschlossen sind, um irgend jemandem die Chance für einen ernsthaften Angriffsversuch zu geben.

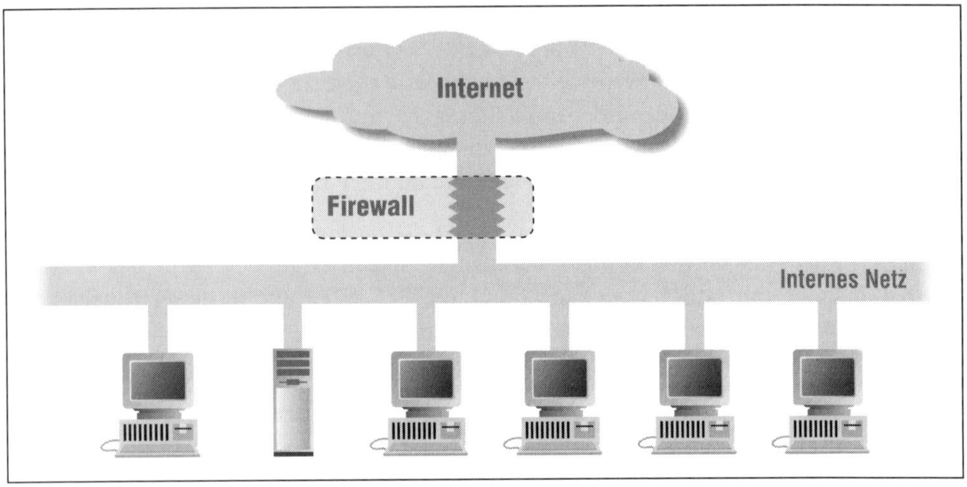

Abb. 1-1: Ein Firewall trennt normalerweise ein internes Netz vom Internet.

denen Arten von Firewalls, die sich derzeit im Einsatz befinden; die anderen Kapitel in Teil II beschreiben ausführlich, wie diese Firewalls aufgebaut werden.

In einem Gebäude dient eine Brandmauer (*firewall*) dazu, das Übergreifen eines Feuers von einem Gebäudeteil auf einen anderen zu verhindern. Im Prinzip verfolgt ein Internet-Firewall einen ähnlichen Zweck: Er verhindert, daß die Gefahren des Internet auf das interne Netz übergreifen. In der Praxis ähnelt ein Firewall eher einem Burggraben als einer Brandmauer in einem modernen Gebäude. Er hat mehrere Funktionen:

- Er gewährt Personen nur an einem streng kontrollierten Punkt Zutritt.
- Er hält Angreifer davon ab, anderen Schutzvorrichtungen zu nahe zu kommen.
- Er sorgt dafür, daß man die Burg nur an einem einzigen Punkt verlassen kann.

Wie Abbildung 1-1 zeigt, wird ein Internet-Firewall meist an einer Stelle eingerichtet, wo das geschützte interne Netz ans Internet angeschlossen wird.

Alle aus dem Internet eintreffenden oder von Ihren internen Netzen ausgehenden Informationen passieren den Firewall. Dies bietet dem Firewall die Möglichkeit sicherzustellen, daß dieser Datenverkehr zulässig ist.

»Zulässig« bedeutet für den Firewall, daß alle Aktionen – E-Mail, Dateiübertragung, Login auf fernen Rechnern und überhaupt alle Arten von Interaktionen zwischen bestimmten Systemen – der Sicherheitspolitik des Standorts entsprechen. Jeder Standort definiert ein eigene Sicherheitspolitik, die mehr oder weniger restriktiv sein kann. Wir gehen darauf in Kapitel 11 genauer ein.

Ein Firewall soll trennen, einschränken und analysieren. Die physikalische Implementierung des Firewalls sieht bei jedem Standort anders aus. Meistens besteht ein Firewall aus verschiedenen Hardware-Komponenten – entweder Router und Computer oder eine Kombination aus Router, Computer und Netz mit geeigneter Software. Diese Komponenten können auf verschiedene Arten konfiguriert werden. Die gewählte Konfiguration hängt von der Sicherheitspolitik des jeweiligen Standorts, dem verfügbaren Budget und den allgemeinen Randbedingungen ab.

Ein Firewall besteht nur sehr selten aus einem einzigen physikalischen Objekt. Einige der neuesten kommerziellen Produkte versuchen jedoch, alles in einem Gehäuse unterzubringen. Im Normalfall besteht ein Firewall aus mehreren Teilen, die neben ihrer Aufgabe als Teil des Firewalls auch noch weitere Funktionen erfüllen können. Die Internet-Verbindung ist fast immer Bestandteil des Firewalls. Selbst wenn ein Firewall nur aus einem einzigen Gerät besteht, kann man ihn nicht unabhängig vom restlichen Netz betrachten oder einfach einhängen.

Wir haben einen Firewall oben mit dem Wassergraben einer mittelalterlichen Burg verglichen. Wie der Wassergraben hat auch der Firewall Schwachstellen. Er schützt nicht vor Leuten, die bereits in der Burg sind; er funktioniert am besten, wenn er mit internen Verteidigungsmaßnahmen kombiniert wird; selbst wenn er von Krokodilen bevölkert wird, schaffen es manche Leute, hindurchzuschwimmen. Auch ein Firewall hat seine Schattenseiten. Der Aufbau verursacht beträchtliche Kosten und erfordert hohen Aufwand. Die Einschränkungen, die ein Firewall für interne Benutzer mit sich bringt, können sehr lästig sein.

Weshalb sollte man bei den Einschränkungen und Nachteilen, die ein Firewall mit sich bringt, überhaupt einen aufbauen? Ein Firewall ist die effektivste Art, ein Netz ans Internet anzuschließen und dennoch zu schützen. Das Internet bietet hervorragende Möglichkeiten; Millionen von Menschen tauschen Informationen darin aus. Die Vorteile liegen auf der Hand: Man erhält Publicity, kann spezielle Dienste für Kunden anbieten und Informationen sammeln. Die wachsende Popularität der Datenautobahn hat zur Folge, daß immer mehr Menschen mitmachen wollen. Doch auch die Risiken sind klar: Wenn Millionen von Menschen aufeinandertreffen, gibt es auch Kriminalität – das gilt für eine Stadt genauso wie für das Internet. Eine richtige Autobahn macht auch nur Spaß, solange man im Auto sitzt. Muß man an der Autobahn wohnen oder arbeiten, so merkt man, daß sie gefährlich und laut ist und stinkt.

Wie kann man von den guten Seiten des Internet profitieren, ohne den schlechten zum Opfer zu fallen? Dazu ist es erforderlich, die Verbindung zwischen dem eigenen Netz und dem Internet sorgfältig zu kontrollieren. Ein Firewall ist ein Werkzeug, mit dem sich das bewerkstelligen läßt. In vielen Situationen stellt ein Firewall sogar die effektivste Möglichkeit dar.

Firewalls haben auch andere Einsatzgebiete. Man kann damit zum Beispiel verschiedene Teile eines Firmennetzes voneinander trennen, wenn die einzelnen Teile unterschiedliche Sicherheitsanforderungen haben. Wir werden solche Anwendungen nebenbei kennenlernen. Der Schwerpunkt dieses Buches liegt jedoch auf Firewalls, die zwischen einem Firmennetz und dem Internet zum Einsatz kommen.

Firewalls bieten große Vorteile, doch sie können nicht jedes Sicherheitsproblem lösen. In den folgenden Abschnitten wollen wir kurz zusammenfassen, was Firewalls zum Schutz Ihrer Systeme und Daten beitragen können und was nicht.

Was können Firewalls?

Firewalls tragen viel zur Sicherheit Ihres Standorts bei. Manche Vorteile von Firewalls gehen sogar über Sicherheitsmaßnahmen hinaus.

Ein Firewall ist das Zentrum für Sicherheitsmaßnahmen

Man kann sich einen Firewall als Engpaß vorstellen. Der gesamte ein- und ausgehende Verkehr muß diesen engen Kontrollpunkt passieren. Ein Firewall gibt Ihnen enorme Gestaltungsmöglichkeiten bezüglich der Sicherheit im Netz, da Sie Ihre Sicherheitsmaßnahmen auf diesen Kontrollpunkt - nämlich die Verbindung zwischen Firmennetz und Internet - konzentrieren können.

Diese Bündelung der Sicherheitsmaßnahmen ist wesentlich effizienter, als die sicherheitsrelevanten Entscheidungen und Technologien über die ganze Organisation zu verteilen und alle Schwachstellen stückweise abzudecken. Die Kosten für den Aufbau eines Firewalls können in die Zehntausende gehen. Dennoch stellen die meisten Organisationen fest, daß die Bündelung der effektivsten Sicherheitshard- und -software billiger und effektiver als andere Sicherheitsmaßnahmen ist. Auf jeden Fall sind Firewalls billiger als unzureichende Sicherheitsmaßnahmen.

Ein Firewall kann die Sicherheitspolitik durchsetzen

Viele der Dienste, die die Anwender vom Internet verlangen, sind von Haus aus unsicher. Der Firewall fungiert als eine Art Verkehrspolizei für diese Dienste und setzt die Sicherheitspolitik des Standorts durch: Er läßt nur »anerkannte« Dienste passieren, und auch diese nur innerhalb der dafür festgelegten Regeln.

Das Management eines Standorts könnte zum Beispiel entscheiden, daß Dienste wie das Network File System von Sun (NFS) und Network Information System (NIS, früher Yellow Pages, YP) zu riskant sind, um sie über den Firewall hinweg zu benutzen. Der Firewall kann potentiell gefährliche Dienste strikt innerhalb des Firewalls halten. Hier können sich zwar immer noch interne Benutzer gegenseitig angreifen, doch das kann der Firewall nicht mehr kontrollieren. Ein anderer Standort beschließt, daß nur ein internes System mit der Außenwelt kommunizieren darf. Wieder ein anderer Standort möchte den Zugang von bestimmten Systemen aus erlauben oder von Systemen einer bestimmten Gruppe. Die Spielarten der denkbaren Richtlinien sind schier endlos.

Ein Firewall kann auch die Aufgabe haben, kompliziertere Richtlinien durchzusetzen. Zum Beispiel dürfen nur bestimmte Systeme innerhalb des Firewalls Dateien vom und zum Internet übertragen. Wenn man den Zugang der Benutzer zu diesen Systemen mit anderen Methoden kontrolliert, kann man die Möglichkeit, Dateien zu übertragen, bestimmten Benutzern zuteilen. Je nach Implementierung des Firewalls kann man solche Richtlinien damit besser oder schlechter durchsetzen.

Ein Firewall kann effizient alle Internet-Aktivitäten protokollieren

Da der gesamte Verkehr den Firewall durchlaufen muß, eignet sich dieser ideal zum Aufzeichnen von Informationen über Gebrauch und Mißbrauch von Netz und Computern. Als einziger Zugangspunkt kann der Firewall protokollieren, was sich zwischen den geschützten Netzen und dem externen Netz abspielt.

Ein Firewall verkleinert die Angriffsfläche

Obwohl dieser Punkt vor allem den Einsatz von internen Firewalls betrifft (siehe Kapitel 4), wollen wir ihn erwähnen. Manchmal trennt ein Firewall zwei Abschnitte eines Firmennetzes voneinander. Damit kann man verhindern, daß sich Probleme innerhalb eines Abschnitts auf das gesamte Netz auswirken. Das kann nötig sein, weil ein Netzabschnitt zuverlässiger ist als die anderen oder weil ein Abschnitt vertraulicher behandelt werden muß. In allen Fällen beschränkt die Existenz eines Firewalls den Schaden, den ein Sicherheitsproblem im Netz verursachen kann.

Was können Firewalls nicht?

Firewalls bieten exzellenten Schutz gegen Bedrohungen aus dem Netz, doch sie stellen keine vollständige Sicherheitslösung dar. Manche Gefahren lassen sich mit Firewalls nicht abwenden. Sie müssen sich daher um andere Schutzmaßnahmen gegen solche Bedrohungen kümmern und physische Sicherheit, Sicherheit der einzelnen Rechner und die Ausbildung der Benutzer in ihren Sicherheitsplan mit aufnehmen. Im folgenden beschreiben wir einige Schwächen von Firewalls.

Ein Firewall kann nicht vor bösartigen Insidern schützen

Ein Firewall kann verhindern, daß ein Benutzer vertrauliche Informationen über die Netzverbindung aus einer Organisation herausschmuggelt. Den gleichen Effekt erreicht man jedoch auch durch Abschalten der Netzverbindung. Der gleiche Benutzer könnte die Daten aber auf Diskette, Magnetband oder Papier kopieren und in der Tasche aus dem Gebäude schaffen.

Befindet sich der Angreifer bereits innerhalb des Firewalls und damit der Fuchs im Hühnerstall, nützt ein Firewall überhaupt nichts. Interne Benutzer können Daten stehlen, Festplatten und Software beschädigen und subtile Änderungen an Programmen durchführen, ohne dem Firewall jemals nahe zu kommen. Angriffe durch interne Benutzer muß man durch interne Sicherheitsmaßnahmen verhindern. Dazu zählen die Sicherheit der einzelnen Rechner und die Ausbildung der Benutzer. Diese Themen übersteigen den Rahmen dieses Buches.

Ein Firewall kann nicht vor Verbindungen schützen, die nicht darüber laufen

Ein Firewall kann den darüber abgewickelten Verkehr effektiv kontrollieren. Mit dem Verkehr, der nicht darüber läuft, kann der Firewall aber gar nichts anfangen. Was passiert zum Beispiel, wenn ein Standort Modemzugänge zu internen Systemen innerhalb des Firewalls zuläßt? Der Firewall hat überhaupt keine Möglichkeit zu verhindern, daß ein Eindringling über eine solche Modemleitung hereinkommt.

Technisch versierte Benutzer oder Systemverwalter richten sich manchmal ihr eigenes temporäres oder permanentes »Hintertürchen« zum Netz ein (etwa eine Modemverbindung), weil sie sich über die Einschränkungen aufregen, die ihnen der Firewall auferlegt. Der Firewall ist dagegen machtlos. Es handelt sich hierbei nicht um ein technisches Problem, sondern ein Personalproblem.

Ein Firewall kann nicht vor völlig neuen Gefahren schützen

Ein Firewall wird so geplant, daß er vor bekannten Gefahren schützt. Ein guter Firewall kann auch vor neuen Gefahren schützen. Wenn der Firewall zum Beispiel nur einige wenige zuverlässige Dienste erlaubt und alle anderen ablehnt, kann niemand einen neuen unsicheren Dienst einrichten. Ein Firewall kann dagegen nicht automatisch vor neuen Bedrohungen schützen, die im Laufe der Zeit auftreten. Es werden immer wieder neue Angriffsmethoden entdeckt, die mit bislang für sicher gehaltenen Diensten arbeiten oder die Tricks verwenden, die bisher einfach nicht benutzt wurden. Man darf nach der Einrichtung eines Firewalls nicht davon ausgehen, daß er für immer angemessenen Schutz bietet. In Kapitel 12 finden Sie Hinweise zur Aktualisierung eines Firewalls.

Ein Firewall kann nicht vor Viren schützen

Ein Firewall kann ein Netz nicht vor PC- oder Macintosh-Viren schützen. Die meisten Firewalls untersuchen zwar den gesamten eingehenden Verkehr, um festzustellen, ob die Daten das interne Netz erreichen dürfen, doch dabei werden nur Quell- und Zieladressen sowie Portnummern untersucht, nicht aber der Inhalt der Daten. Selbst mit der fortgeschrittensten Paketfilterung und Proxy-Software ist ein Virenschutz durch den Firewall praktisch nicht machbar. Es gibt einfach zu viele Arten von Viren und zu viele Möglichkeiten, Viren innerhalb von Daten zu verstecken.

Die Entdeckung von Viren in den Paketen, die einen Firewall durchlaufen, ist sehr schwierig und erfordert mehrere Dinge:

- Man muß erkennen, daß das Paket Teil eines Programms ist.
- Man muß wissen, wie das Programm aussehen sollte.
- Man muß erkennen, daß die Änderung durch einen Virus erfolgt ist.

Schon der erste Punkt stellt eine große Herausforderung dar. Die meisten Firewalls schützen Maschinen unterschiedlichn Typs mit verschiedenen Programmformaten. Ein Programm kann als kompiliertes Binärprogramm oder als Skript vorliegen (z.B. eine Shellskript unter UNIX oder ein HyperCard-Stack auf dem Macintosh). Viele Maschinen unterstützen mehrere Varianten kompilierter Programme. Darüber hinaus werden die meisten Programme zum Transport verpackt und oft auch komprimiert. Software, die per E-Mail oder Usenet-News verschickt wird, wird meist auf eine von mehreren Arten in das ASCII-Format umgewandelt.

Aus diesen Gründen kann es auch beim besten Firewall passieren, daß die Benutzer Viren hindurchschleusen. Selbst wenn Sie Viren am Firewall völlig blockieren könnten, wäre das Virenproblem noch nicht gelöst. Gegen die wichtigeren Infizierungsmöglichkeiten haben Sie noch gar nichts getan: Viel häufiger als infizierte Programme aus dem Internet ist Software, die per Modem aus Mailboxen besorgt wurde; Software, die auf Disketten von zu Hause oder von anderen Standorten mitgebracht wurde und sogar Software, die schon infiziert vom Hersteller kommt. Die Maßnahmen, die Sie gegen solche Bedrohungen einsetzen, betreffen auch jene Software, die durch den Firewall eingeschleust wird.

Die pragmatischste Lösung des Virenproblems sind Virenschutzprogramme auf den einzelnen Rechnern und die Aufklärung der Benutzer über die Gefahren durch Viren und geeignete Vorsichtsmaßnahmen.

Kaufen oder selbst bauen?

Bis vor kurzem mußte eine Organisation, die einen Firewall einrichten wollte, diesen selbst entwerfen und implementieren - sei es mit eigenem Personal oder mit externen Consultants. In den letzten Jahren erschienen jedoch immer mehr kommerzielle Firewalls auf dem Markt. Die Zahl dieser Produkte und deren Funktionsumfang wachsen mit erstaunlicher Geschwindigkeit. Viele Standorte kommen zu dem Schluß, daß eines dieser kommerziellen Produkte ihre Anforderungen erfüllt.

Vor der Entscheidung, ob ein bestimmter kommerzieller Firewall Ihren Anforderungen genügt, müssen Sie diese erst einmal kennen. Selbst wenn Sie sich zum Kauf eines Firewalls entschließen, müssen Sie dessen Aufbau und Funktionsweise verstehen, um eine gute Kaufentscheidung treffen zu können. An vielen Standorten erreicht der Aufwand zur Evaluierung kommerzieller Firewalls den Aufwand für den Selbstbau oder übersteigt diesen sogar.

Wir sagen nicht, daß jede Organisation einen Firewall kaufen oder daß jede ihren eigenen bauen sollte. Wir behaupten nur, daß es nicht unbedingt einfacher ist, einen Firewall zu kaufen, als selbst einen aufzubauen. Das hängt von der jeweiligen Situation und den verfügbaren Ressourcen ab. Standorte, die Geld ausgeben können, aber über wenig Zeit oder Know-how verfügen, entscheiden sich meist für den Kauf; Standorte mit technischer Erfahrung und genügend Zeit, aber geringem Budget neigen meist zum Selbstbau.

Wieviel Erfahrung erfordern Planung und Aufbau eines eigenen Firewalls? Wie so oft lautet die Antwort »kommt darauf an«: Es kommt darauf an, welche Dienste angeboten werden sollen, welche Plattformen zum Einsatz kommen, welche Sicherheitsbedenken bestehen usw. Für die Installation der meisten in diesem Buch beschriebenen Tools sind grundlegende Internet-Kenntnisse zur Beschaffung nötig sowie grundlegende Kenntnisse in der Systemverwaltung zur Konfiguration, Kompilation und Installation. Wenn Ihnen das nichts sagt, verfügen Sie wohl nicht über die erforderlichen Voraussetzungen. Sie können sich natürlich entsprechend weiterbilden, aber das geht über den Rahmen dieses Buches hinaus.

Manche Leute haben ein schlechtes Gefühl beim Einsatz kostenloser Software aus dem Internet, speziell wenn es um sicherheitsrelevante Bereiche geht. Wir glauben jedoch, daß die Vorteile die Nachteile mehr als wettmachen. Sie erhalten zwar keine Herstellergarantie, haben dafür aber die Möglichkeit, den Quellcode zu untersuchen und Informationen mit den vielen Anwendern auszutauschen, die bei der Pflege der Software helfen. In der Praxis wechseln die Herstellernamen häufig, doch die Gemeinschaft der Anwender bleibt bestehen. Die in diesem Buch vorgestellten Pakete kommen sehr häufig zum

Einsatz. Die Firewalls an einigen der größten Internet-Standorte beruhen darauf. In diesen Paketen steckt jahrelange Praxiserfahrung mit dem Internet und seinen Risiken.

Und noch etwas: Man kann einen Firewall zwar vollständig mit kostenloser Software aufbauen, doch niemand zwingt Sie, ausschließlich kostenlose Tools zu verwenden. Diese lassen sich auch hervorragend mit kommerziellen Lösungen kombinieren. Der Kauf eines Firewalls sollte Sie nicht davon abhalten, diesen durch kostenlose Tools zu ergänzen; wenn Sie selbst einen Firewall aufgebaut haben, können Sie ihn durch Zukäufe ergänzen. Sie sollten ein Produkt nicht gleich ausschließen, weil es kommerziell oder kostenlos ist. In beiden Kategorien gibt es sowohl hervorragende Produkte mit großartigem Support als auch schlecht durchdachte Produkte ohne jeglichen Support.

In diesem Kapitel:
- *Elektronische Post*
- *Übertragung von Dateien*
- *Terminal-Zugang und ferne Ausführung von Kommandos*
- *Usenet-News*
- *World Wide Web*
- *Andere Informationsdienste*
- *Informationen über Netzbenutzer*
- *Dienste für Echtzeitkonferenzen*
- *Name-Service*
- *Dienste zur Netzverwaltung*
- *Zeitdienst*
- *Netzweit verteilte Dateisysteme*
- *Fenstersysteme*
- *Druckdienste*

2

Internet-Dienste

In Kapitel 1 behandelten wir recht allgemein, was Sie zu schützen versuchen, wenn Sie sich ans Internet anschließen: Ihre Daten, Ihre Ressourcen und Ihren guten Ruf. Beim Entwurf eines Firewalls wird Ihr Anliegen konkreter. Sie müssen die Dienste schützen, die Sie über das Internet verwenden oder anbieten möchten.

Es gibt einige Standard-Dienste, die von Benutzern erwartet und von den meisten Standorten unterstützt werden. Diese Dienste spielen im Internet eine wesentliche Rolle. Wenn Sie sie nicht verwenden, gibt es eigentlich kaum einen Grund, sich ans Internet anzuschließen. Jeder dieser Dienste bringt jedoch Sicherheitsprobleme mit sich.

Welche Dienste möchten Sie an Ihrem Standort unterstützen? Welche davon können Sie sicher anbieten? Jeder Standort ist anders aufgebaut, verfügt über eine eigene Sicherheitspolitik und eine charakteristische Arbeitsumgebung. Benötigen z.B. all Ihre Benutzer elektronische Post? Müssen alle Anwender Dateien nach draußen senden? Wie steht es mit Dateiübertragung von außerhalb des Firmennetzes? Wer darf sich von fremden Standorten über das Internet auf Ihren Systemen einloggen?

Das Kapitel gibt eine kurze Zusammenfassung der wichtigsten Internet-Dienste, an denen Ihre Benutzer womöglich interessiert sind. Diese Übersicht ist recht oberflächlich und wird in Kapitel 8 vertieft. Keiner dieser Dienste ist wirklich sicher; jeder hat seine Schwächen, die von Angreifern bereits in der einen oder anderen Weise ausgenutzt wurden. Bevor Sie sich für den Einsatz bestimmter Dienste entscheiden, müssen Sie abschätzen, wie wichtig sie für Ihre Benutzer sind und ob eine Gefährdung ausgeschlossen werden kann. Dazu gibt es verschiedene Möglichkeiten: Man könnte die Dienste auf bestimmten geschützten Rechnern ausführen, wobei man besonders sichere Varianten der Standard-Dienste verwendet. Manchmal ist es sinnvoll, Dienste für einige oder alle außerhalb des Firmennetzes gelegenen Systeme in einer oder beiden Richtungen vollständig zu blockieren.

Dieses Kapitel berücksichtigt nicht alle Internet-Dienste - das wäre völlig unmöglich. Es kommen laufend neue Dienste hinzu, wobei viele Dienste weltweit nur für wenige Unternehmen von Interesse sind. Wir werden uns also auf die wichtigsten Dienste beschränken und hoffen, daß Sie genügend Hintergrundinformationen erhalten, um neue Dienste angemessen beurteilen zu können.

Manager und Systemverwalter haben gemeinsam zu entscheiden, welche Dienste in welchem Umfang eingesetzt werden. Kapitel 8 beschreibt, unter welchen Bedingungen die Dienste sicher betrieben werden können und welche Überlegungen hinsichtlich dieser Dienste beim Aufbau eines Firewalls erforderlich sind.

Elektronische Post

Elektronische Post ist einer der beliebtesten und elementarsten Netzdienste. Er birgt kaum Risiken, ist aber nicht völlig ungefährlich. E-Mail zu fälschen ist eine einfache Angelegenheit, genauso wie das Fälschen konventionelle Post. Das Fälschen von E-Mail ermöglicht Angriffe zweierlei Typs: Angriffe, die Ihrem guten Ruf schaden, und Angriffe durch die Manipulation von Benutzern. Im zweiten Fall erhalten Benutzer z.B. scheinbar Post von einem Systemverwalter mit der Aufforderung, ihr Paßwort auf ein bestimmtes anderes Paßwort zu ändern. Das Empfangen von E-Mail bindet Rechenzeit und Plattenspeicher. Außerdem werden Sie anfällig für Angriffe, die alle Dienste lahmlegen, obwohl bei richtiger Konfiguration nur der E-Mail-Dienst ausfällt. Insbesondere bei modernen Multimedia-Mail-Systemen kann E-Mail mit Programmen eintreffen, die bei Ihnen unter unzureichender Aufsicht ablaufen und sich als *Trojanische Pferde* entpuppen.

Das letzte der genannten Risiken bereitet den Leuten oft am meisten Kopfzerbrechen. In der Praxis liegen die Probleme mit E-Mail aber gewöhnlich darin, daß jemand mit unerwünschten Briefsendungen (z.B. Kettenbriefen) überschwemmt wird oder Benutzer die Vertraulichkeit von E-Mail überschätzen und sensitive Daten über das Internet verschikken. E-Mail ist trotz allem relativ sicher, solange die Benutzer ausreichend aufgeklärt sind und der Postdienst soweit von anderen Diensten isoliert ist, daß die Systemfunktionalität durch die Abwehr von Angriffen minimal beeinträchtigt wird.

Einstieg in Internet-Dienste

Schließen Sie sich gerade ans Internet an? Steht Ihre Verbindung bereits, und Sie machen sich Gedanken über Ihre Sicherheit? Wo sollen Sie anfangen? Viele Systemverwalter haben zu hohe Ansprüche. Es wird Ihnen kaum gelingen, gleich das perfekte Firewall-System zu entwickeln, das alle wunschlos glücklich macht. Das Gebiet ist einfach zu komplex, und die Technik ändert sich rapide. Ein so überdimensioniertes Projekt wäre vor seiner »Vollendung« bereits überholt.

Fangen Sie klein an. An vielen Standorten beschränkt man sich auf sechs grundlegende Dienste. Wenn Sie diese Dienste sicher anbieten können, sind die meisten Ihrer Benutzer zufrieden, zumindest für eine gewisse Zeit.

- Elektronische Post (SMTP)
- Übertragung von Dateien (FTP)
- Usenet-News (NNTP)
- Ferner Terminalzugang (Telnet)
- Zugang zum World Wide Web (HTTP)
- Rechnername/Adressen-Ermittlung (DNS): Benutzer verwenden diesen Dienst im allgemeinen nicht direkt. Er liegt den anderen fünf Diensten zugrunde, da er Internet-Rechnernamen auf IP-Adressen abbildet und umgekehrt.

All diese Dienste können auf verschiedene Weise sicher bereitgestellt werden, z.B. über Paketfilterung und Proxies, die wir in Teil II dieses Buches erörtern. Sie bieten Ihren Benutzern Zugang zu den meisten Internet-Ressourcen. Es wird Sie einige Zeit kosten herauszubekommen, wie Sie die übrigen Dienste - z.B. Archie, Gopher und WAIS - verfügbar machen, nach denen Ihre Benutzer gewiß bald fragen werden.

Simple Mail Transfer Protocol (SMTP) ist im Internet das Standardprotokoll zum Senden und Empfangen elektronischer Post. SMTP an sich stellt in der Regel keinen Risikofaktor dar, SMTP-Server dagegen schon. Ein Programm zur Postzustellung muß häufig unter jeder Benutzerkennung ausführbar sein, der auch Post empfangen kann. Dadurch gewinnt es breiten Spielraum und wird für Angreifer zu einem interessanten Ziel.

Als SMTP-Server wird unter UNIX meist Sendmail eingesetzt. Da in Sendmail mehrmals erfolgreich (z.B. mit dem Internet-Wurm) eingebrochen wurde, haben viele Leute einige Vorbehalte gegenüber Sendmail. Viele der verfügbaren Programme gleicher Funktionalität sind jedoch nicht unbedingt besser; der Verdacht liegt nahe, daß sie nur deshalb weniger mißbraucht wurden, weil sie weniger verbreitet und nicht etwa weniger anfällig sind. Ausnahmen bilden Programme, die unter spezieller Berücksichtigung von Sicherheitsaspekten entwickelt wurden. Diese verfügen jedoch nicht über den Funktionsumfang, der zum Senden und Empfangen beliebiger E-Mail erforderlich ist. Manche Aufgaben lassen sich nach wie vor am besten mit Sendmail erledigen, sofern es in einer gesicherten Umgebung läuft.

Übertragung von Dateien

Elektronische Post dient der Datenübertragung von Ort zu Ort, ist aber für kleine Dateien mit (von Benutzern) lesbarem Inhalt ausgelegt. Übertragungsprotokolle für E-Mail dürfen Änderungen in einer Nachricht vornehmen, die für Menschen, aber nicht für Programme annehmbar sind. Sie können z.B. am Zeilenanfang »>« vor dem Wort »from« einfügen, damit der Mailer die Zeile nicht mit einer Header-Zeile verwechselt.[1]

E-Mail-Systeme begegnen Einschränkungen inzwischen mit ausgefeilten Techniken. Große Binärdateien werden auf der Senderseite in kleine Teilstücke zerlegt und kodiert, auf der Empfängerseite dekodiert und wieder zusammengesetzt. Solche Abhilfen sind jedoch unhandlich und fehleranfällig. Zudem möchten die Leute womöglich aktiv nach Dateien suchen, statt darauf zu warten, daß sie ihnen zugesendet werden. Auch wenn Ihnen E-Mail bereits zur Verfügung steht, ist es sinnvoll, wenn auch eine Möglichkeit besteht, Dateien auf Anfrage zu übertragen.

Das Standard-Protokoll für diesen Zweck ist das File Transfer Protocol (FTP). Theoretisch gesehen ist das Hereinkopieren von Dateien nicht riskanter als der E-Mail-Verkehr. Manche Standorte bieten sogar Dienste, mit denen Sie über E-Mail auf FTP zugreifen können. In der Praxis jedoch werden Benutzer wesentlich mehr Dateien übertragen, wenn FTP verfügbar ist, was die Wahrscheinlichkeit für unerwünscht eintreffende Programme und Daten erhöht.

Weshalb sind diese Programme und Daten unerwünscht? Die größte Sorge ist meist, daß Benutzer Software einschleppen, die sich als Trojanisches Pferd erweist. Das ist zwar möglich, wahrscheinlicher ist allerdings, daß Benutzer Computer-Spiele, gestohlene Software und pornographische Bilder hereinbringen, die in der Regel ärgerlich viel Rechenzeit und Plattenspeicher verbrauchen, aber kein großes Sicherheitsrisiko darstellen. Mit folgenden Vorkehrungen ist eingehendes FTP ein angemessen sicherer Dienst, der den Zugang zu wichtigen Internet-Ressourcen erleichtert:

1. »>« vor »from« einzufügen ist so verbreitet, daß in manchen Büchern gelegentlich noch »>from« im Text vorkommt. Das »>« war eingefügt worden, als die Autoren ihre Manuskripte über E-Mail austauschten.

- Machen Sie Ihren Benutzern klar, daß sie jeder mit FTP übertragenen Software mit gesundem Mißtrauen begegnen müssen.
- Vermitteln Sie Benutzern die an Ihrem Standort üblichen Verhaltensmaßregeln in bezug auf sexuelle Belästigung und unternehmensweite Ressourcennutzung.

Wie sieht es in umgekehrter Richtung aus, wenn fremde Benutzer Daten von Ihren Systemen über FTP herunterkopieren? Das ist schon etwas riskanter. Anonymous-FTP ist äußerst beliebt, um fernen Benutzern Zugang zu Dateien zu gewähren, ohne sie in vollem Umfang auf ein System zugreifen zu lassen. Einen FTP-Server können Sie so einrichten, daß Benutzer Dateien aus einem abgetrennten und öffentlich zugänglichen Bereich Ihres Systems abrufen können, ohne sich einzuloggen und womöglich uneingeschränkten Zugang auf Ihr System zu erhalten. Ihr Unternehmen könnte einen Anonymous-FTP-Bereich als öffentliches Archiv vorsehen, das mit Dokumenten, Standards, Software, Graphiken und Bildern sowie anderweitigen Informationen gefüllt ist, die man von Ihnen benötigt und die sie verbreiten möchten. Viele Organisationen, die sich im Internet engagieren wollen, richten zuerst einmal einen FTP-Server ein.

Zum Zugriff auf die von Ihnen bereitgestellten Dateien loggen sich Benutzer mit FTP unter dem Login-Namen »anonymous« auf Ihrem System ein. Meist wird erwartet, daß bei der Paßworteingabe höflichkeitshalber die eigene E-Mail-Adresse angegeben wird, damit der Betreiber des Anonymous-FTP-Server einen Überblick über die Nutzung des Servers erhält. Dies ist aber selten zwingend, da die Richtigkeit einer E-Mail-Adresse schwer zu überprüfen ist.

Beim Einrichten eines Anonymous-FTP-Servers müssen Sie sicherstellen, daß Benutzer keinen Zugang zu anderen Bereichen oder Dateien des Systems erhalten und FTP nicht zum Shell-Zugang auf das System selbst einsetzen. Ein besonderer Fall sind beschreibbare Verzeichnisse im Anonymous-FTP-Bereich, auf die wir in Kapitel 8 näher eingehen werden.

Genauso ist dafür zu sorgen, daß der Server nicht in unerwünschter Weise verwendet wird. Manchmal ist es sehr verlockend, Dateien auf einem FTP-Server abzulegen, damit bestimmte andere Leute sie lesen können. Oft ist den Leuten nicht so recht klar, daß die Dateien dann für jedermann öffentlich zugänglich sind. Gegebenenfalls verlassen sie sich einfach darauf, daß sie durch ihre Unsichtbarkeit geschützt sind. Zum Mißfallen dieser armen Opfer gibt es zahlreiche Tools zum Indizieren von Anonymous-FTP-Servern, denen es häufig gelingt, die Schleier zu lüften.

Vielleicht sind Ihnen noch andere Protokolle zur Dateiübertragung bekannt. Trivial File Transport Protocol (TFPT) ist ein abgemagertes FTP-Protokoll, über das plattenlose Rechner Informationen übertragen. Es ist so einfach, daß es in Hardware implementiert werden kann und demzufolge keine Authentifizierung unterstützt. Es besteht für Sie kein Anlaß, TFTP-Zugang außerhalb Ihres Netzes anzubieten. Die meisten Benutzer übertragen keine Dateien mit TFTP.

UUCP (*UNIX to UNIX CoPy*) ist ein älteres Protokoll zur Dateiübertragung über Modems. Es wird im Internet manchmal noch zur Übertragung von Usenet-News und E-Mail verwendet, insbesondere von Standorten mit temporären Internet-Verbindungen. Solche Standorte stellen temporär eine Netzverbindung her und besorgen sich mit UUCP über TCP ihre E-Mail blockweise vom Service-Provider. Inzwischen bieten nur noch wenige Standorte anonymes UUCP für den Dateizugriff an. Als Dateiübertragungsprotokoll ist es nur noch für Leute interessant, die über keine permanente Internet-Verbindung verfügen und Modems benutzen. Wenn nicht Ihr gesamtes Unternehmen darauf ausgerichtet ist, Informationen zum Download anzubieten, hat UUCP für Ihre externen Benutzer vermutlich keinen Nutzen.

File Service Protocol (FSP) ist ein Protokoll zur Dateiübertragung, das zur Umgehung einiger durch FTP bedingte Einschränkungen entwickelt wurde. Benutzer können keine FTP-Server einrichten, wohl aber FSP-Server. Übertragungen mit FSP kommen selbst dann durch, wenn FTP-Transfers blockiert werden. Ein FSP-Server hat zwei Nachteile:

- Sicherheit spielt für die Entwickler und Benutzer von FSP eine untergeordnete Rolle. FSP an sich sollte die Sicherheit Ihres Rechners nicht vermindern. Es ist jedoch anfällig für dieselbe Art von Fehlern wie FTP, und es wurde nur wenig zu ihrer Behebung unternommen.
- Mit FSP gewinnen Sie unter fremden Systemverwaltern keine Freunde. Der Sinn von FSP liegt ja gerade darin, Benutzern die Übertragung von Dateien auch dann noch zu ermöglichen, wenn man sie an deren Standorten bereits unterbunden hat.

Gegenüber FTP hat FSP einige Vorteile. Da es auf Heimlichkeit ausgelegt ist, nutzt es Ressourcen sehr sparsam. Es gibt jedoch kaum berechtigte FSP-Benutzer, und aufgrund der Vergangenheit von FSP ist es ziemlich unwahrscheinlich, daß sich ihre Zahl wesentlich erhöht.

Innerhalb des Firmennetzes ist es manchmal praktisch, Dateien mit *rcp* zu übertragen. *rcp*, das wir in Kapitel 8 im Rahmen der sogenannten r-Kommandos von BSD beschreiben, ist ein Programm zur Dateiübertragung, das sich wie eine erweiterte Fassung des UNIX-Kommandos *cp* verhält. Für das Internet ist es nicht geeignet, da es ein Authentifizierungsmodell mit vertrauenswürdigen Rechnern verwendet. Es erfordert keine Benutzerauthentifizierung auf dem entfernten Rechner, sondern untersucht die IP-Adresse des Rechners, von dem die Anfrage kommt. Leider ist nicht sicher, daß alle Pakete auch wirklich von diesem Rechner stammen.

Terminal-Zugang und ferne Ausführung von Kommandos

Mit Programmen für fernen Terminalzugang können Sie ein fernes System benutzen, als wäre es direkt als Terminal angeschlossen.

Im Internet ist das Standard-Programm für diesen Zweck Telnet. Es imitiert keine Graphik-Workstation, sondern wirklich ein Terminal, und bietet damit nur Zugriff auf zeichenorientierte Anwendungen. Mit Telnet ermöglichen Sie Ihren Benutzern fernen Zugriff von jedem ans Internet angeschlossenen Standort, ohne daß dazu besondere Vorkehrungen erforderlich wären.

Telnet wurde früher als ziemlich sicherer Dienst angesehen, da sich die Benutzer selbst authentifizieren müssen. Leider aber sendet Telnet all seine Informationen unverschlüsselt, die somit leicht abgehört oder mißbraucht werden können. Aus diesem Grund gilt Telnet inzwischen als einer der gefährlichsten Dienste, wenn es von fremden Systemen zum Zugriff auf den eigenen Standort benutzt wird. In umgekehrter Richtung haben *die anderen* das Sicherheitsproblem, nicht Sie. Telnet gefährdet Ihr System nur dann nicht, wenn der ferne Rechner und alle dazwischenliegenden Netze sicher sind. Im Internet läßt sich aber nicht zuverlässig voraussagen, durch welche Netze die Telnet-Daten befördert werden, geschweige denn, ob diese Netze sicher sind. Trotzdem kann Telnet für den Fernzugriff äußerst nützlich – und sehr kosteneffektiv – sein, wenn Ihre Benutzer regelmäßig mit anderen ans Internet angeschlossenen Standorten zu tun haben. Wenn ein Modem nur teuer, umständlich und langsam wäre, ist es unter Umständen eine gute Alternative, eine vorhandene Internet-Verbindung mit Telnet zu nutzen. Weil es praktisch ist, müssen Sie Telnet vielleicht anbieten, aber dann bitte vorsichtig.

Für ferne Logins gibt es verschiedene Arten der Authentifizierung. (Lesen Sie dazu in Kapitel 10 die Behandlung von einmal verwendbaren Paßwörtern.) Authentifizierung schützt zwar Ihr Paßwort, es kann aber immer noch vorkommen, daß Ihre Sitzung abgehört oder zum Opfer eines Hijacking-Angriffs wird. Kapitel 8 befaßt sich ausführlich mit den Gefahren durch Telnet und beschreibt, wie Sie die Sicherheit dieses Dienstes durch einen Firewall mit Paketfilterung erhöhen können.

Neben Telnet können andere Programme für den Terminalzugang und die ferne Ausführung von Programmen verwendet werden, vor allem *rlogin*, *rsh* und *on*. Diese Programme werden in einer Umgebung vertrauenswürdiger Rechner eingesetzt, damit Benutzer auf fremde Systeme zugreifen können, ohne sich nochmals authentifizieren zu müssen. Der Zielrechner vertraut dabei darauf, daß der Ursprungsrechner den Benutzer korrekt authentifiziert hat. Das Modell der vertrauenswürdigen Rechner ist für das Internet denkbar ungeeignet, da Sie einem Computer außerhalb Ihres Netzes im allgemeinen nicht trauen dürfen. Sie können nicht einmal sicher sein, daß die Pakete wirklich von dem angegebenen Rechner stammen.

Abhängig von Ihren internen Sicherheitsmaßnahmen eignen sich *rlogin* und *rsh* manchmal in einem Netz, das durch einen Firewall geschützt ist. Bei *on* dagegen finden alle Sicherheitsüberprüfungen im Client-Programm statt, so daß sie mit einem modifizierten Client jederzeit umgangen werden können. *on* ist deshalb selbst in einem durch einen Firewall geschützen LAN völlig unsicher. Außerdem kann ein Benutzer alle Kommandos auch unter einer beliebigen anderen Benutzerkennung ausführen. Wie wir in Kapitel 5 beschreiben werden, setzen Sie *on* außer Kraft, indem Sie den Server *rexd* deaktivieren.

Usenet-News

Für Nachrichten an eine andere Person oder einen kleinen Kreis von Leuten, die alle an einem bestimmten Thema interessiert sind, eignet sich elektronische Post am besten. Für die Kommunikation vieler Leute untereinander dagegen eignen sich Newsgruppen, die im Internet das Gegenstück zu Bulletin-Boards darstellen. Mailing-Listen haben denselben Zweck, sind aber nicht so öffentlich und effizient, da es schwierig ist herauszufinden, welche Mailing-Listen überhaupt existieren. Außerdem müssen alle Empfänger eine eigene Kopie jeder Nachricht erhalten. Die größten für Diskussionen eingerichteten Mailing-Listen umfassen Zehntausende von Abonnenten. Dabei handelt es sich um Listen, in denen die Abonnenten miteinander diskutieren und nicht einfach mit Informationen oder Ankündigungen versorgt werden. Die Beteiligung an den beliebtesten Newsgruppen jedoch geht in die Hunderttausende. Usenet-News sind dem Fernsehen recht ähnlich: Es ist viel los, aber das meiste ist von zweifelhafter Qualität; man findet sehr Amüsantes und äußerst Informatives; und alle wollen es haben.

News sind in gleicher Hinsicht riskant wie elektronische Post: Vielleicht nehmen Ihre Benutzer die empfangenen Informationen unkritisch beim Wort oder geben vertrauliche Informationen heraus. Ebenso können Sie mit Nachrichten überschwemmt werden. Falls alles normal verläuft, wächst der News-Umfang rasant. Die meisten Standorte erhalten täglich Hunderte von Megabyte, und es wird fortlaufend mehr – das Volumen verdoppelt sich etwa alle sechs Monate. Sie müssen die News also unbedingt so konfigurieren, daß diese Informationsflut keine Nachteile für andere Dienste mit sich bringt. Da News meist entbehrlich sind, werden diesen Dienst lahmlegende Angriffe gewöhnlich ignoriert, sofern sie sich nur gegen einen einzelnen Standort richten. Die Sicherheitsrisiken bei News sind daher ziemlich gering. Vielleicht möchten Sie keine News einrichten, weil Ihnen die Bandbreite und die Plattenkapazität fehlen. Unter Sicherheitsaspekten gibt es jedoch keine Einwände.

News werden im Internet mit dem Network News Transport Protocol (NNTP) übertragen. Beim Einrichten eines News-Servers müssen Sie berücksichtigen, daß die News auf möglichst sicherem Wege in Ihre internen Systeme gelangen. Sie riskieren sonst, daß NNTP zum Eindringen in Ihr System mißbraucht wird. An manchen Standorten wird der News-Server auf dem Bastion-Host, an anderen auf einem internen System plaziert. Wir gehen darauf in Kapitel 8 genauer ein. NNTP hat nicht viel zu tun, und im Unterschied zu E-Mail, die Sie von überall her empfangen möchten, tauschen Sie News nur mit ganz bestimmten externen Rechnern aus. Es ist also nicht allzu schwer abzusichern.

Die größte Frage in bezug auf die Sicherheit von News ist, wie Sie mit privaten Newsgruppen umgehen. Viele Organisationen legen lokal private Newsgruppen an, um die Diskussion zwischen ihren Benutzern zu fördern. Solche privaten Newsgruppen enthalten häufig sensitive Daten, vertrauliche Informationen oder Firmengeheimnisse. Eine Benutzerin mit Zugang zu Ihrem NNTP-Server erhält möglicherweise auch Zugriff auf die privaten Newsgruppen, die damit unerwünschte Verbreitung finden. Bei privaten Newsgruppen sollten Sie NNTP sehr sorgfältig konfigurieren, um den Zugriff darauf angemessen einzuschränken. Wie NNTP in einer Firewall-Umgebung zu konfigurieren ist, wird ausführlich in Kapitel 8 beschrieben.

World Wide Web

E-Mail, FTP, Telnet und Usenet-News gibt es seit den ersten Anfängen des Internet. Sie stellen eigentlich Erweiterungen von Diensten dar, die bereits angeboten wurden, als das Internet noch gar nicht existierte. Das World Wide Web (WWW) dagegen ist ein neues und völlig auf das Internet ausgerichtetes Konzept, das teilweise auf bestehenden Diensten und zum Teil auf einem neuen Protokoll, dem Hypertext Transfer Protocol (HTTP), beruht.

Oft werden Funktion und Herkunft von WWW, Mosaic und HTTP durcheinandergebracht. Auch in der Terminologie wird nicht sauber zwischen diesen drei Einheiten unterschieden. Die Vermischung ist zum Teil beabsichtigt. Web-Browser schaffen durch verschiedenste Mechanismen eine möglichst nahtlose Schnittstelle zu einer breiten Vielfalt von Informationen. Die Verschleierung der Unterschiede macht die Benutzung, wenn auch nicht das Begreifen einfacher. Im folgenden wollen wir die drei Bestandteile kurz beschreiben.

Im WWW werden die HTTP-Server des Internet zusammengefaßt (siehe unten die Beschreibung zu HTTP). Das explosionsartige Wachstum des Internet ist zu großen Teilen dem Web zuzuschreiben. WWW beruht auf Konzepten, die am europäischen Zentrum für Hochenergiephysik (CERN) in Genf von Tim Berners-Lee und anderen entwickelt wurden. Ein Großteil der grundlegenden Arbeiten an Web-Clients wurde beim National Center for Supercomputing Applications (NCSA) an der University of Illinois in Urbana-Champaign durchgeführt. Inzwischen wird Software für Web-Clients und -Server von zahlreichen Organisationen und Einzelpersonen entwickelt. Von weit mehr Leuten verwendet wird sie für ein schier unbegrenztes Spektrum an Möglichkeiten. Niemand »steuert« das Web, genauso wie es niemanden gibt, der das Internet »steuert«.

Mittels Hypertext-Techniken verbindet das Web Dokumente zu einem losen Gewebe, das aus Text, Graphik und Bildern, Tondateien, Videodateien oder anderen Formaten besteht. Auf der Suche nach Informationen können die Dokumente nicht nur hierarchisch, sondern in beliebiger Weise durchlaufen werden. Mit Hypertext können Sie im Internet von einem Dokument zum nächsten wandern. Benutzer können sich ungehemmt zwischen den Dokumenten bewegen, unabhängig davon, wo sich diese befinden. Sie klikken dazu einfach auf ein Wort oder Bild, zu dem ein Hypertext-Verweis definiert wurde.

HTTP ist das wichtigste Anwendungsprotokoll, auf das sich das World Wide Web stützt: Es gewährt Benutzern Zugang zu den Dateien, aus denen sich das Web zusammensetzt. Wie bereits erwähnt, können die Dateien in vielen unterschiedlichen Formaten wie Text, Graphik, Audio oder Video vorliegen. Das im Web am häufigsten verwendete Format ist jedoch die HyperText Markup Language (HTML). HTML ist eine standardisierte Beschreibungssprache zum Erstellen von Web-Seiten. Sie verfügt über elementare Funktionen zur Dokumentformatierung einschließlich der Möglichkeit zum Einbinden von Graphik. Darüber hinaus können Hypertext-Verweise auf andere Server oder Dateien festgelegt werden.

Mosaic, das beim NCSA von Marc Andreessen und anderen entwickelt wurde, ist ein HTTP-Client, der als Browser für das Web eingesetzt wird. NCSA Mosaic ist frei erhältlich und läuft auf Windows, dem Macintosh und den verschiedensten UNIX-Derivaten. Das Angebot an Web-Browsern ist groß. Der beliebteste unter ihnen war bei Abschluß dieses Buches der Netscape Navigator, ein kommerzielles Produkt, das für nicht-kommerziellen Einsatz, zu Schulungszwecken und auf Probe frei erhältlich ist. Es läuft ebenfalls auf Windows, dem Macintosh und verschiedenen UNIX-Systemen. Weitere Web-Browser sind Lynx, ViolaWWW, perlWWW und MidasWWW. Mosaic versteht nicht nur HTTP. Mosaic-Clients kennen im allgemeinen zumindest auch FTP, Gopher und WAIS. Neben all diesen Protokollen beherrscht Netscape Navigator NNTP und SMTP. Wenn Benutzer sagen, »wir wollen Mosaic« oder »wir möchten Netscape«, bedeutet dies auf Protokollebene, daß sie Zugang sowohl zu den HTTP-Servern, aus denen das WWW besteht, als auch zu den entsprechenden Gopher-, FTP- und WAIS-Servern erwarten (bei Netscape kommen NNTP- und SMTP-Server hinzu).

Web-Browser sind äußerst beliebt, und das zu Recht. Sie bieten eine komplexe graphische Schnittstelle zu zahllosen Internet-Ressourcen. Informationen und Dienste, die bislang unerreichbar oder Spezialisten vorbehalten waren, sind nun problemlos zugänglich. Im Silicon Valley können Sie sich Ihr Mittagessen im Web bestellen, so daß Sie Ihren Rechner nur zum Öffnen der Türe verlassen müssen. Das Web kann man eigentlich nur begreifen, wenn man es einmal selbst ausprobiert. Es bietet das ganze Spektrum dessen, was mit einem Computer möglich ist. Es präsentiert Banales, Geniales und hat einen starken Hang zum Lächerlichen.

Leider sind Web-Browser und -Server nur schwer abzusichern. Das Web zeichnet sich gerade durch seine Flexibilität aus, die jedoch schwer zu kontrollieren ist. Mit einem Web-Browser können nicht nur die nützlichen, sondern auch die bösartigen Programme leichter übertragen und ausgeführt werden als mit FTP. Um Datentypen zu verarbeiten, die sie selbst nicht verstehen, sind Web-Browser auf externe Programme angewiesen, die im allgemeinen »Viewer« genannt werden (auch wenn sie Tondateien abspielen statt Bilder zu präsentieren). Die Browser behandeln grundlegende Datentypen wie HTML, reinen Text und JPEG- sowie GIF-Grafik im allgemeinen selbst. Sie sollten die Viewer, die Sie als Standard konfigurieren, sorgfältig auswählen. Ein Viewer darf keine gefährlichen Aktionen durchführen, da er auf Ihren Computern ausgeführt wird. Er verhält sich wie einer von Ihren Benutzern, der Kommandos aus einer externen Quelle bezieht. Auch müssen Sie die Benutzer davor warnen, Viewer zu ergänzen oder umzukonfigurieren, wenn Ihnen dies von Fremden nahegelegt wird.

Da ein HTML-Dokument leicht mit Dokumenten auf anderen Servern verknüpft werden kann, verlieren die Leute schnell den Überblick darüber, wer genau für ein bestimmtes Dokument zuständig ist. Unerfahrene Benutzer merken unter Umständen nicht, wenn sie sich von internen Dokumenten ihres Standorts zu externen Dokumenten bewegen. Das hat gelegentlich unangenehme Folgen: Zum einen vertrauen sie externen Dokumenten womöglich unkritisch, da sie sie für interne halten. Zum zweiten neigen solche Benutzer dazu, die internen Web-Betreuer für sämtliche Probleme verantwortlich zu machen. Da die Standorte scheinbar nahtlos ineinander übergehen, ist diese Fehleinschätzung weit verbreitet. Für Leute, die das Web kennen, ist das oft schwer nachzuvollziehen.

Die meisten Web-Server sind so, wie sie ausgeliefert werden, ziemlich sicher. Sie arbeiten unter Umständen jedoch mit externen Programmen. Solche Programme sind einfach zu schreiben, aber nur schwer abzusichern. Erweiterungen auf der Server-Seite sollten Sie mit derselben Vorsicht begegnen wie komplett neuen Servern.

Mit Sicherheitsfragen zu Web-Clients und -Servern beschäftigen wir uns ausführlicher in Kapitel 8.

Andere Informationsdienste

Viele Benutzer wünschen sich Zugang zu weiteren Informationsdiensten, wobei Gopher, WAIS und Archie am beliebtesten sind.

Gopher ist ein menügesteuertes, textorientiertes Programm, das Benutzer bei der Informationssuche im Internet unterstützt. »Gopher« ist kein Akronym. Es wurde an der University of Minnesota entwickelt, deren Maskottchen der »Golden Gopher« ist.[1] Auf einem Gopher-Server sind die Informationen in hierarchischen Menüs angeordnet, aus denen Einträge gewählt werden können. Jeder Eintrag entspricht einer Datei, einem Formular oder wiederum einem Menü mit eigenen Einträgen. Es sind verschiedene Gopher-Clients verfügbar, darunter frei erhältliche, Shareware- und kommerzielle Clients für Windows, den Macintosh und UNIX. Ähnlich wie beim Web arbeiten Gopher-Clients und -Server mit einem erweiterbaren Datenschema und unterliegen deshalb vergleichbaren Gefahren.

Wide Area Information Service (WAIS) wurde in Zusammenarbeit mehrerer Unternehmen entwickelt, und zwar von Thinking Machines, Apple, Dow Jones und KPMG Peat Marwick; Entwicklungsleiter war Brewster Kahle. WAIS-Benutzer setzen einfache Anfragen meist mit einen Schlüsselwort oder einem Ausdruck ab. Der WAIS-Server antwortet mit einer Liste aller Dokumente, in denen diese Wörter enthalten sind, wobei er für jedes Dokument eine Bewertung (*score*) vergibt. In diese Bewertung fließen die Häufigkeit der Schlüsselwörter im Dokument sowie die Dokumentlänge ein. Kürzere Dokumente sowie Dokumente mit häufig vorkommenden Schlüsselwörtern erhalten eine höhere Wertung. Die zurückgegebene Dokumentliste ist nach der Bewertung sortiert, so daß mit etwas Glück die am besten passenden Dokumente zuerst angeführt werden. Damit die Suchläufe effizient durchgeführt werden können, hält der Server umfangreiche Indizes über die Inhalte aller auf dem Server vorhandenen Dokumente. Im Internet gibt es derzeit einige hundert WAIS-Server. Auf diese Server können Sie mit Clients für das WAIS-Protokoll oder mit einem Web-Browser auf dem Umweg über einen der Standorte zugreifen, die HTTP-WAIS-Gateways anbieten, z.B. `http://www.ai.mit.edu/the-net/wais.html`.

Archie ist ein Internet-Dienst, der Indizes über Anonymous-FTP-Server nach Datei- und Verzeichnisnamen durchsucht. Archie-Server bieten Ihre Dienste meist nicht nur dedizierten Archie-Clients, sondern auch über Telnet und E-Mail an. Der Zugriff über dedizierte Archie-Clients ist Betreibern von Archie-Diensten am liebsten, da diese den Server am wenigsten belasten. Archie ist außerdem mit Web-Browsern über Standorte erreichbar, die HTTP-Archie-Gateways anbieten, z.B. `http://www.nexor.co.uk/ar-`

1. A.d.Ü.: *gopher* ist die englische Bezeichnung für Taschenratte oder Ziesel.

`chie.html`. Gegenwärtig gibt es weltweit nur etwa 20 Archie-Server. Das liegt zum Teil an den immensen Ressourcen für Rechenleistung, Plattenkapazität, Netzbandbreite und Verwaltungsaufwand, die für den Betrieb eines Archie-Servers erforderlich sind. Ein weiterer Grund ist, daß jeder Archie-Server weite Bereiche des Internet regelmäßig nach mit FTP übertragbaren Dateien durchsucht. Wenn Archie-Server weit verbreitet wären, würden sie auf der Suche nach Ressourcen so viel Bandbreite beanspruchen, daß die Ressourcen nicht mehr genutzt werden könnten.

WAIS und Archie sind weniger gefährdet als HTTP und Gopher, da sie keine Daten beliebigen Typs zurückgeben. Wenn ein WAIS-Server Ihnen zum Thema »Haus und Garten« ein Dokument heraussucht, das sich mit dem hobbymäßigen Anfertigen von Schmuck beschäftigt, ist das vielleicht ärgerlich, aber keinerlei Bedrohung für die Sicherheit Ihrer Systeme. Leider aber besteht beim Anbieten dieser Dienste die Gefahr, daß Sie damit anderweitige Sicherheitslücken öffnen. Ermöglichen Sie Ihren Benutzern z.B. direkten Zugang zu Archie, erhalten Angreifer unter Umständen Zugriff auf Ihre NFS- und NIS/YP-Server. Wir gehen darauf in Kapitel 8 genauer ein.

Der Betrieb von Servern ist etwas riskanter. Im Gegensatz zu Clients akzeptieren Server für diese Protokolle, einschließlich WAIS und Archie, beliebige Anfragen. Sie müssen deshalb sicherstellen, daß dies nicht zu unerwarteten Ergebnissen führt. Jeder Server, der Anfragen potentiell feindlicher Benutzer bearbeitet, ist durch Angriffe gefährdet, die den ganzen Dienst lahmlegen. Auch könnte er zur Ausführung von Kommandos mißbraucht werden, die dann mit den Zugriffsrechten des Server-Programms ablaufen.

Informationen über Netzbenutzer

Im Internet gibt es keinen richtigen Dienst, mit dem man Informationen über die Benutzer des Netzes insgesamt beziehen könnte, wenngleich einige Versuche mit zentralen Verwaltungsstellen gemacht wurden. Auch wenn Sie den wirklichen Namen und den Arbeitsplatz einer Person kennen, finden Sie keinen zentralen Ort, wo Sie den Benutzernamen oder die E-Mail-Adresse dieser Person nachschlagen könnten. Es gibt jedoch zwei verbreitete Dienste, die Ihnen einige Informationen über Benutzer liefern: *finger* und *whois*. Der Dienst *finger* beschafft von einem bestimmten Rechner Informationen über einen Benutzer, der darauf eine Kennung besitzt, unabhängig davon, ob dieser gerade eingeloggt ist oder nicht. Diese Daten zur Person enthalten meist den wirklichen Namen, den Login-Namen, die Telefonnummer, das Büro, Angaben darüber, wo und wann der Benutzer zuletzt eingeloggt war und eine kurze von ihm angefertigte Meldung.

Für *finger* brauchen Sie den Benutzernamen nicht zu kennen; er gibt Ihnen im allgemeinen Informationen über jeden, dessen Benutzername oder wirklicher Name die von Ihnen angegebene Zeichenfolge enthält. Geben Sie keine Zeichenfolge an, so gibt *finger* Informationen über alle auf dem betreffenden Rechner momentan eingeloggten Benutzer zurück. *finger* liefert Eindringlingen unschätzbare Hintergrundinformationen, z.B. die selten eingeloggten Benutzer oder die Namen von Gateway-Systemen. Sie sollten *finger*-Anfragen blockieren oder nur mit spärlichen Informationen beantworten, wenn sie von außerhalb Ihres internen Netzes stammen. *finger* wird von vielen Leuten durchaus rechtmäßig eingesetzt, die lediglich herausfinden wollen, an welchen Benutzernamen die E-Mail für eine bestimmte Person zu schicken ist. Solche Leute benötigen aber nicht alle Informationen, die *finger* im Normalfall herausgibt.

Es ist weniger riskant, einen *finger*-Client zu verwenden, als einen *finger*-Server ablaufen zu lassen. Das Risiko ist jedoch nicht gleich null. Die vom Benutzer beeinflußbare Nachricht könnte Steuerzeichen enthalten, und manche *finger*-Clients rechnen mit der Längenbegrenzung für zurückzugebende Daten, die üblicherweise in den *finger*-Server eingebaut ist. Ein *finger*-Server läßt sich leicht zu einem Angriff mißbrauchen, der den ganzen Dienst lahmlegt. Je nach *finger*-Client und Terminal bzw. Terminalemulation, erzielen Steuerzeichen die verschiedensten Effekte. Das Spektrum reicht von bloßen Ärgernissen bis zu richtigen Katastrophen. Vielleicht piepst es nur wie verrückt, oder der Bildschirm sieht etwas seltsam aus. Im schlimmsten Fall werden womöglich Makros in Ihr Terminal geladen und dann aufgerufen, indem dem Terminal vorgespiegelt wird, Sie hätten die erforderlichen Anweisungen eingetippt. Solche Makros können dieselben Kommandos absetzen wie Sie auch und z.B. die Paßwortdatei versenden oder alle Dateien löschen. Sie sollten deshalb einen *finger*-Client wählen, der keine Steuerzeichen zuläßt.

Der Dienst *whois* ist *finger* recht ähnlich, beschafft aber öffentlich verfügbare Informationen über Rechner, Netze, Domänen und deren Verwalter. *whois*-Clients wenden sich standardmäßig an den Rechner *rs.internic.net* des Network Information Center des Internet (InterNIC), das Informationen über Internet-Domänen und Netzverwalter bereitstellt.[1]

Da *whois* im Internet einem Telefonbuch am nächsten kommt, werden an manchen Standorten Server geschrieben, die Informationen über die dortigen Benutzer anhand des *whois*-Protokolls verbreiten. Wenn Sie sich dazu entschließen, müssen Sie die beim Erstellen von Servern üblichen Umstände berücksichtigen. So sollten die Server nicht zu viele Informationen preisgeben und keine Anfragen gestatten, die sie zur Ausführung beliebiger Kommandos veranlassen.

1. Leute, die lange nicht im Internet waren, erinnern vielleicht die Zeiten, in denen jeder, der im Internet jemand war, in der NIC-Datenbank eingetragen war. Inzwischen reicht dafür der Platz nicht mehr.

Dienste für Echtzeitkonferenzen

Für Echtzeitkonferenzen sind im Internet unterschiedliche Dienste verfügbar, darunter *talk,* IRC und die verschiedenen Dienste, die über das Multicast Backbone (MBONE) angeboten werden. All diese Dienste ermöglichen Benutzern, statt mit Datenbanken oder Archiven mit anderen Benutzern zu kommunizieren. E-Mail und Usenet-News sind darauf ausgelegt, asynchrone Kommunikation zu erleichtern. Sie funktionieren sogar, wenn die Teilnehmer momentan gar nicht eingeloggt sind. E-Mail-Nachrichten und News-Veröffentlichungen können warten, bis Sie sich das nächste Mal einloggen. Dienste für Echtzeitkonferenzen dagegen sind für den interaktiven Einsatz durch unmittelbar Beteiligte vorgesehen.

talk ist das älteste System für Echtzeitkonferenzen, das im Internet eingesetzt wird. Es ist auf den meisten UNIX-Maschinen verfügbar und ermöglicht ein Gespräch zwischen zwei Teilnehmern. Eine Benutzerin leitet eine *talk*-Sitzung mit dem Kommando *talk anderer-benutzer@rechner* ein, indem sie die Adresse des anderen Benutzers im wesentlichen so angibt wie dessen E-Mail-Adresse. Der andere Benutzer erhält auf seinem Bildschirm eine Meldung darüber, daß jemand eine *talk*-Sitzung mit ihm beginnen möchte und wie er zu antworten hat. Sobald der angesprochene Benutzer antwortet (was dem Abheben des Telefonhörers bei einem Anruf entspricht), stellt *talk* eine endgültige Verbindung zwischen der Anruferin und ihrem Gesprächspartner her. Beide Teilnehmer sehen einen geteilten Bildschirm, wobei ihre eigene Eingabe in der oberen und die Eingabe des Gegenübers in der unteren Hälfte erscheint.

talk wird im Internet kaum unter Fremden, aber oft unter Bekannten verwendet, z.B. zwischen Kollegen und Freunden an verschiedenen Standorten oder auch nur in verschiedenen Teilen eines Gebäudes. Manche Leute finden es bequem, nützlich oder vergnüglich, während der Arbeit ein Fenster mit einer *talk*-Sitzung zu einer Kollegin oder einem Freund geöffnet zu haben. Das ist beiläufiger als ein Telefonanruf. Außerdem können Texte bequem übermittelt werden, z.B. auszuführende Kommandos, die Ausgabe von Kommandos, die durch Ausschneiden und Einfügen dem anderen Benutzer sichtbar gemacht wird usw. *talk* selbst beeinträchtigt die Netzsicherheit eigentlich nicht. Sie müssen jedoch sehr raffiniert vorgehen, um *talk* über einen Firewall hinweg zuzulassen, ohne versehentlich anderweitige Sicherheitslücken zu öffnen. Wir gehen darauf in Kapitel 8 genauer ein.

Internet Relay Chat (IRC) ist so etwas wie der CB-Funk des Internet. Es bildet eine eigene Subkultur, an der zahlreiche Leute beteiligt sind. Benutzer greifen auf IRC über dedizierte IRC-Clients zu oder verwenden Telnet zum Zugang zu einem Standort, der einen öffentlichen IRC-Dienst anbietet. IRC-Server stellen Hunderte, manchmal sogar Tausende benannter »Kanäle« bereit, bei denen sich Benutzer einklinken können. Diese Kanäle kommen und gehen, jeder kann einen neuen Kanal einrichten, der dann bestehen bleibt, solange jemand einen Anschluß dazu hat. Einige beliebte Kanäle sind mehr oder weniger dauerhaft. Im Gegensatz zu *talk*, das auf zwei Gesprächspartner beschränkt ist, können an einem IRC-Kanal gleichzeitig unbegrenzt viele Leute teilhaben. Manche IRC-Clients gestatten einem Benutzer, gleichzeitig an mehrere Kanäle angeschlossen zu sein (das ist ungefähr so, als wenn Sie auf einer Party an zwei Gesprächen auf einmal beteiligt sind).

IRC verursacht zahlreiche Sicherheitsprobleme, die sich meist nicht auf das Protokoll selbst, sondern auf die Clients und darauf beziehen, von wem IRC auf welche Weise eingesetzt wird. Viele Clients gestatten den Servern unvernünftig breiten Zugang zu lokalen Ressourcen wie Dateien, Prozessen oder Programmen. Auf einem schwachen Client kann ein böswilliger Server immensen Schaden anrichten. Unter den regelmäßigen IRC-Nutzern gibt es viele Witzbolde und Cracker, die mit IRC technische Informationen untereinander austauschen und versuchen, andere IRC-Benutzer auszutricksen. Sie haben ihren Spaß daran, irgendwelchen Grünschnäbeln unter den IRC-Benutzern zu erzählen »Hey, gib' Deinem IRC-Client dieses oder jenes Kommando, dann zeig' ich Dir ein tolles Spielzeug, was ich gebastelt hab'«. Kaum geht der arglose Benutzer darauf ein, zerlegen die Kommandos sein System. Sie brauchen für IRC auf jeden Fall ein gutes Client-Programm und eine gesunde Portion Mißtrauen und Vorsicht.

Das Multicast Backbone (MBONE) bildet die Basis für eine ganze Reihe neuer Dienste im Internet. Es konzentriert sich darauf, Dienste für Echtzeitkonferenzen, die über textorientierte Dienste wie *talk* und IRC hinausgehen, um Audio, Video und elektronisches Whiteboard zu erweitern. Das MBONE befindet sich noch im Anfangsstadium, wird aber bereits häufig im Internet eingesetzt, um Echtzeitvideos von Fachkonferenzen und programmatischen Verlautbarungen zu senden, z.B. Zusammenkünfte der Internet Engineering Task Force, Vorträge bei USENIX-Konferenzen oder Flugaufnahmen des Space Shuttle. Die üblichen MBONE-Dienste scheinen sich als recht sicher zu erweisen. Das unbeabsichtigte Lahmlegen eines Dienstes ist auch beim MBONE ein Risiko, da Audio und Video immensen Speicherplatz benötigen. Die Methoden, die zur Verbreitung von MBONE über das Internet herangezogen werden, weisen interessante Risiken auf, mit denen wir uns in Kapitel 8 genauer befassen.

Name-Service

Der Name-Service übersetzt von Benutzern verwendete Rechnernamen in von Maschinen verwendete numerische IP-Adressen und umgekehrt. In den Anfangstagen des Internet konnte jeder Standort eine eigene Rechnertabelle mit den Namen und Nummern aller Internet-Rechner halten, die für ihn jemals von Interesse sein könnten. Bei inzwischen Millionen angeschlossener Rechner ist diese Praxis nicht mehr möglich. Statt dessen gibt es den Domain Name Service (DNS), der für einen Standort Informationen über dessen Computer verwaltet und ihm ermöglicht, entsprechende Daten über andere Standorte zu ermitteln. DNS ist an sich kein Dienst für Benutzer, liegt jedoch SMTP, FTP, Telnet und fast allen anderen Diensten zugrunde, die von Benutzern gebraucht werden. Anwender möchten schließlich ungern *telnet 10.100.242.32* statt *telnet irgendetwas.com* angeben. Auch akzeptieren viele Anonymous-FTP-Server Client-Verbindungen nur, wenn sie deren Rechnernamen zu Protokollzwecken über DNS ermitteln können.

Letztendlich müssen Sie den Name-Service sowohl benutzen als auch anbieten, um am Internet teilhaben zu können. Das Hauptrisiko beim Anbieten von DNS besteht darin, mehr Informationen als beabsichtigt preiszugeben. Sie können DNS mit Informationen über die von Ihnen eingesetzte Hardware und Software versorgen, möchten aber sicher nicht, daß diese Angaben in die Hände von Angreifern geraten. Sie sollten auch verhindern, daß ein Angreifer die Namen all Ihrer internen Maschinen erfährt. Wir behandeln in Kapitel 8, wie der Name-Service zu konfigurieren ist, um internen Rechnern die Informationen vollständig, externen Rechnern aber nur auszugsweise zukommen zu lassen.

Wenn Sie DNS intern einsetzen und sich zur Authentifizierung dann auf die Rechnernamen stützen, besteht die Gefahr, daß Angreifer einen DNS-Server einrichten, der falsche Angaben macht. Dem kann durch eine Kombination aus mehreren Methoden begegnet werden, z.B.:

- Einsatz von IP-Adressen statt Rechnernamen bei der Authentifizierung für Dienste, die sicherer sein müssen.
- Authentifizierung von Benutzern statt von Rechnern für die Dienste mit den höchsten Sicherheitsanforderungen, da auch IP-Adressen gefälscht werden können.

Manche Standorte arbeiten mit dem Network Information Service von Sun, früher als Yellow Pages bekannt (NIS/YP), um Rechnerinformationen intern zu verbreiten. Dies ist jedoch nicht notwendig: auf jeder Plattform, die NIS/YP unterstützt, können Sie statt dessen DNS-Clients verwenden. Bei NIS/YP ist die Konfiguration Ihrer internen Maschinen aber unter Umständen bequemer. Es ist weder nötig noch ratsam, externen Maschinen NIS/YP-Dienste anzubieten. Sie sind für die Verwaltung eines einzigen Standorts und nicht für den Datenaustausch zwischen Standorten gedacht und deshalb äußerst unsicher. Über NIS/YP könnten Sie z.B. keine Rechnerinformationen für externe Standorte bereitstellen, ohne dazu auch die Paßwortdatei zugreifbar zu machen.

Dienste zur Netzverwaltung

Es gibt eine Vielzahl von Diensten, die zur Verwaltung und Betreuung von Netzwerken eingesetzt werden. Dabei handelt es sich um Dienste, die die meisten Benutzer nicht direkt verwenden - von denen viele noch nicht einmal gehört haben. Für Netzverwalter dagegen sind sie unentbehrlich.

Die beiden gebräuchlichsten Tools zur Netzverwaltung sind *ping* und *traceroute*. Sie sind nach den UNIX-Programmen benannt, in denen sie erstmalig implementiert wurden. Inzwischen sind sie in irgendeiner Form auf fast allen Internet-fähigen Plattformen verfügbar. Sie besitzen kein eigenes Protokoll, sondern benutzen beide das Internet Control Message Protocol (ICMP). Im Gegensatz zu den meisten der hier behandelten Programme sind *ping* und *traceroute* keine Clients für spezielle Server. ICMP ist auf niedriger Ebene implementiert und gehört zur TCP/IP-Protokollfamilie, die von allen Internet-Rechnern benutzt wird.

ping testet lediglich, ob ein Rechner erreichbar ist. Es teilt Ihnen mit, ob ein Paket von und zu einer bestimmten Maschine übermittelt werden kann und liefert oft weitere Informationen, z.B. wieviel Zeit das Paket für seine Rundreise gebraucht hat. Von *traceroute* erfahren Sie nicht nur, ob ein bestimmter Rechner erreichbar ist und antworten kann, sondern auch die Route, auf der die Pakete dorthin gelangen. Dies ist sehr hilfreich, wenn Sie Netzprobleme analysieren und beheben müssen, die irgendwo zwischen Ihnen und einem Zielrechner liegen.

Da es für *ping* und *traceroute* keine Server gibt, können Sie die Server nicht einfach deaktivieren. Es ist möglich, über Paketfilterung zu verhindern, daß die Pakete von und zu Ihrem Standort übertragen werden. Das ist aber meist nicht notwendig. Das Versenden von *ping*- oder *traceroute*-Paketen ist überhaupt nicht, und das Empfangen nur geringfügig riskant. Es sind zwar Angriffe möglich, die den ganzen Dienst lahmlegen, aber nicht in größerem Umfang als bei anderen Protokollen. Bedrohlicher ist schon, daß sich mit *ping* und *traceroute* feststellen läßt, welche Rechner sich an Ihrem Standort befinden, was zur Vorbereitung eines Angriffs nützlich ist. Aus diesem Grund verhindern oder begrenzen manche Standorte den Empfang entsprechender Pakete.

Das Simple Network Management Protocol (SNMP) wurde entwickelt, um die zentrale Verwaltung von Netzgeräten wie Routern, Bridges, Konzentratoren, Hubs und zu einem gewissen Grad sogar Hosts zu erleichtern. SNMP-Verwaltungsstationen können über SNMP Informationen von Netzgeräten abfragen, z.B. ob eine bestimmte Schnittstelle funktionsfähig ist, wie viele Fehler an dieser Schnittstelle bislang auftraten usw. Außerdem können sie bestimmte Funktionen der Netzgeräte steuern, z.B. eine Schnittstelle aktivieren oder deaktivieren, Schnittstellenparameter setzen usw. Die Netzgeräte können den SNMP-Verwaltungsstationen über SNMP wichtige Informationen zukommen lassen, z.B. daß eine Leitung unterbrochen ist oder an einer Verbindung ungewöhnlich viele Fehler auftreten. Das Hauptrisiko bei SNMP besteht darin, daß es jemandem gelingt, die Kontrolle über Ihre Netzgeräte zu erlangen und sie für seine Zwecke umzukonfigurieren, z.B. Paketfilterung zu deaktivieren, Routing zu ändern oder Ihre Konfiguration einfach über den Haufen zu werfen.

Zeitdienst

Network Time Protocol (NTP) ist ein Internet-Dienst, der die Systemuhr mit hoher Genauigkeit setzt. Die Zeit zwischen verschiedenen Rechnern zu synchronisieren, ist in vielerlei Hinsicht wichtig. Bei der Aufrechterhaltung der Sicherheit sind genaue Zeitangaben in den Protokollen verschiedener Rechner unter Umständen hilfreich, um Einbrüche auf erkennbare Muster hin zu analysieren. Synchrone Zeitgeber sind eine unbedingte Voraussetzung, um Angreifer daran zu hindern, Interaktionen aufzuzeichnen und dann zu wiederholen (ein sogenannter Playback-Angriff). Wenn Zeitstempel innerhalb einer Aktion kodiert sind, stimmen sie bei der Wiederholung einer Transaktion nicht mehr. Die Authentifizierung von Kerberos beispielsweise, die wir in Kapitel 10 beschreiben, ist auf synchron laufende Systemuhren angewiesen. Aus praktischer Sicht sind synchronisierte Zeitgeber auch erforderlich, um NFS erfolgreich einzusetzen.

Sie müssen NTP nicht über das Internet verwenden. NTP wird die Uhren Ihres Firmennetzes aufeinander abstimmen, sofern das für Sie ausreichend ist. Manche Leute benutzen NTP aus dem Internet nur deshalb, weil NTP von einer Reihe von Rechnern mit sehr genauen Uhren angeboten wird, z.B. von Rechnern, die das Zeitsignal mittels Funkuhren von US-amerikanischen Referenz-Atomuhren oder von Atomuhren in den GPS-Satelliten (Global Positioning System) beziehen. Dadurch wird sichergestellt, daß die Zeitgeber nicht nur synchron, sondern auch korrekt laufen. Ohne externen Zeitdienst stellen Sie womöglich fest, daß all Ihre Computer genau dieselbe falsche Zeit angeben. Wenn Sie einen externen Dienst beanspruchen, sind Sie durch Fälschungen gefährdet. Da NTP die Uhren jedoch nicht schlagartig vorstellt, macht eine gefälschte externe Uhr Sie nicht unbedingt anfällig für einen Playback-Angriff, obwohl man Sie damit ärgern könnte, all Ihre Uhren vor- oder nachgehen zu lassen. Andererseits sind für NTP als Bezugsquelle geeignete Funkuhren durchaus bezahlbar. Deshalb sollten Sie sich, falls Sie mit NTP Systemuhren für ein Authentifizierungsprotokoll wie Kerberos synchronisieren, eine eigene Funkuhr zulegen und alle Zeitdienste intern anbieten, anstatt eine externe Referenz zu verwenden.

Netzweit verteilte Dateisysteme

Es gibt mehrere Protokolle, über die Computer Dateisysteme einhängen können, die sich physikalisch auf anderen Rechnern befinden. Dies ist äußerst attraktiv, da es Benutzern ermöglicht, mit fernen Dateien ohne aufwendiges Hin- und Herkopieren und Abgleichen mehrerer Versionen zu arbeiten. Es ist aber auch äußerst gefährlich: Sie gestatten Benutzern das Lesen Ihrer Daten, ohne daß diese sich gegenüber der Maschine authentifizieren, auf der sich die Daten befinden. Die netzweiten Dateisysteme Network File System (NFS) und Andrew File System (AFS) werden unter UNIX am häufigsten eingesetzt. NFS wurde speziell für lokale Netze entwickelt und setzt kurze Antwortzeiten, hohe Zuverlässigkeit, Zeitsynchronisation und ein hohes Maß an Vertrauen zwischen den beteiligten Maschinen voraus. AFS wurde für größere Netze entwickelt und kommt mit schwacher Leistung sowie geringem Vertrauen zwischen Rechnern besser zurecht.

Mit NFS sind gravierende Sicherheitsprobleme verbunden. Wenn Sie NFS nicht einwandfrei konfigurieren, wozu es unter Umständen einiger Tricks bedarf, kann ein Angreifer Ihre Dateisysteme einfach über NFS einhängen. Aufgrund der Funktionsweise von NFS dürfen Client-Rechner auf dem Server gespeicherte Dateien lesen und ändern, ohne sich beim Server einloggen oder ein Paßwort angeben zu müssen. Da NFS Transaktionen nicht protokolliert, erfahren Sie möglicherweise überhaupt nicht, daß jemand vollständigen Zugang zu Ihren Dateien hat.

NFS bietet Ihnen die Möglichkeit zu kontrollieren, welche Rechner auf Ihre Dateien zugreifen dürfen. In der Datei */etc/exports* legen Sie fest, welche Dateisysteme von welchen Maschinen eingehängt werden können. Dateisysteme, die in */etc/exports* nicht erwähnt sind, können auch von keinem Rechner eingehängt werden. Geben Sie ein Dateisystem, aber dazu keine Computer an, darf es von beliebigen Rechnern eingehängt werden.

NFS ist aber auch raffinierteren Angriffen ausgesetzt. Es verfügt über eine äußerst schwache Client-Authentifizierung, so daß ein Angreifer den NFS-Server davon überzeugen könnte, daß eine Anfrage von einem Client stammt, der in der Datei *exports* zugelassen ist. Es sind zudem Situationen denkbar, in denen ein bestehender NFS-*mount* einem Hijacking-Angriff zum Opfer fällt.

Derartige Probleme entstehen meist dadurch, daß NFS mit Rechnerauthentifizierung arbeitet, die leicht getäuscht werden kann. NFS funktioniert im Internet keinesfalls besonders gut, da es von einer wesentlich schnelleren Verbindung zwischen Rechnern ausgeht. Es gibt deshalb kaum einen Grund, NFS zwischen Ihrem Standort und dem Internet zuzulassen. Es wirft Sicherheitsprobleme auf, ohne dafür zusätzliche Funktionalität zu bieten.

AFS benutzt Kerberos zur Authentifizierung und optional auch zur Verschlüsselung und ist für Weitverkehrsnetze einschließlich des Internet gedacht. NFS ist bei den meisten UNIX-Versionen als Bestandteil des Betriebssystems enthalten, während AFS ein Produkt von Fremdanbietern ist. Deswegen, und weil AFS und Kerberos nur mit immensen Fachkenntnissen eingerichtet und betreut werden können, ist AFS außer an einigen großen Standorten kaum verbreitet. Wenn Sie sichere, über Weitverkehrsnetze verteilte Dateisysteme benötigen, sollten Sie sich mit AFS beschäftigen. Es wird hier jedoch nicht weiter behandelt.

Fenstersysteme

Die meisten UNIX-Rechner verfügen inzwischen über Fenstersysteme, die auf dem X11-System basieren. Der Netzzugriff ist eine wichtige Funktion von X11. Da immer mehr Programme graphische Benutzeroberflächen besitzen, wird der ferne Terminalzugriff zunehmend bedeutungslos. Schließlich brauchen Sie Graphik und nicht nur Text. X11 bietet Ihnen ferne Graphik. Leider gewährt es dabei vollen Zugang zu allen Funktionen, die auch Ihnen zur Verfügung stehen, wenn Sie vor der Maschine sitzen.

X11-Server sind attraktive Angriffsziele. Hat sich ein Eindringling Zugang zu einem X11-Server verschafft, kann er unter Umständen Schäden folgender Art anrichten:

Bildschirmabzüge besorgen
: Damit erhält er Kopien all dessen, was auf den Bildschirmen der Benutzer zu sehen ist.

Tastatureingaben lesen
: Darunter fallen womöglich die Paßwörter von Benutzern.

Tastatureingaben einschmuggeln
: Diese Eingaben sehen so aus, als hätte ein Benutzer sie eingetippt. Stellen Sie sich vor, wie gefährlich das in einem Fenster wäre, in dem ein Benutzer eine Shell mit *root*-Berechtigung ausführt.

Standardmäßig verwenden X11-Server eine auf Adressen basierende Authentifizierung, sofern sie überhaupt mit Authentifizierung arbeiten. Da viele Benutzer dies aus Bequemlichkeit deaktivieren, ist X11 über das Internet nicht sicher. Der Server bietet die Möglichkeit zu strengerer Authentifizierung. Sie wird jedoch selten genutzt, da die meisten Clients damit nicht zurechtkommen. Das bedeutet aber, daß man in der Praxis meist völlig auf Authentifizierung verzichtet.

Druckdienste

Sowohl *lp*, das Drucksystem von System V, als auch *lpr*, das Drucksystem der Berkeley Software Distribution (BSD), bieten Möglichkeiten zum fernen Drucken. Damit kann ein Computer auf einem Drucker ausdrucken, der physikalisch an einen anderen Rechner angeschlossen ist. In einem lokalen Netz ist das selbstverständlich sehr angenehm, da Sie nicht für jeden Rechner einen eigenen Drucker benötigen. Bei der Datenübertragung im Internet jedoch ist fernes Drucken nicht nur unsicher, sondern auch ineffektiv. Es gibt deshalb keinen Grund, es zuzulassen. Wenn Sie an einem fernen Standort im Internet drucken oder einem anderen Standort die Nutzung Ihrer Drucker erlauben müssen, können Sie dazu spezielle Mail-Aliasnamen einrichten, die die Mail nach Erhalt ausdrucken. Diese Methode wird von vielen Unternehmen selbst über firmeneigene Weitverkehrsnetze eingesetzt, da sie wesentlich zuverlässiger ist.

In diesem Kapitel:
- *Minimale Zugriffsrechte*
- *Mehrschichtige Verteidigung*
- *Die Passierstelle*
- *Das schwächste Glied*
- *Fehlersicherheit*
- *Allumfassende Beteiligung*
- *Vielfalt der Verteidigung*
- *Einfachheit*

3 *Sicherheitsstrategien*

Bevor wir uns detailliert mit Firewalls befassen, möchten wir einige grundlegende Strategien für den Aufbau von Firewalls und die Durchsetzung von Sicherheitsmaßnahmen verdeutlichen. Dabei handelt es sich nicht um großartige Erkenntnisse, sondern um einfache Konzepte. Sie werden hier vorgestellt, um Ihnen als Vorlage zu dienen, wenn Sie eine Firewall-Lösung in Ihrem Unternehmen realisieren möchten.

Minimale Zugriffsrechte

Vielleicht ist das fundamentalste Prinzip für Sicherheit - und dies nicht nur in bezug auf Computer- und Netzsicherheit - das der *minimalen Zugriffsrechte*. Im Grunde besagt das Prinzip der minimalen Zugriffsrechte, daß jede Einheit - ob Benutzer, Verwalter, Programm, System etc. - gerade so viele Zugriffsrechte erhält, wie für die Erfüllung der anstehenden Aufgaben erforderlich sind. Das Prinzip der minimalen Zugriffsrechte verkleinert die Angriffsfläche und begrenzt den Schaden, der durch gezielte Attacken entsteht.

Einige Autohersteller liefern zwei Schlüssel mit aus, einen für die Türen und das Zündschloß sowie einen weiteren für das Handschuhfach und den Kofferraum. Auf diese Weise können minimale Zugriffsrechte vergeben werden, indem z.B. ein Parkwächter die Möglichkeit erhält, den Wagen abzustellen, ohne Zugang zu den Gegenständen im Kofferraum zu haben. Viele verwenden aus dem gleichen Grund einen aufteilbaren Schlüsselbund. So können sie minimale Zugriffsrechte vergeben, indem sie jemandem den Autoschlüssel aushändigen, ohne den Hausschlüssel ebenfalls mitgeben zu müssen.

Im Zusammenhang mit dem Internet gibt es unzählige derartige Beispiele: Wahrscheinlich benötigt nicht jeder Anwender alle Internet-Dienste. Wahrscheinlich sollte nicht jeder Anwender alle Dateien des Systems abändern oder sogar lesen können. Wahrscheinlich müssen nicht alle Anwender das Superuser-Paßwort ihres Rechners kennen. Wahrscheinlich benötigt nicht jeder Systemverwalter die Superuser-Paßwörter aller verfügbaren Systeme. Wahrscheinlich muß nicht jedes Subsystem auf die Dateien des Gesamtsystems zugreifen.

Um das Prinzip der minimalen Zugriffsrechte anwenden zu können, sollten Sie Wege finden, die Zugriffsrechte entsprechend der unterschiedlichen Aufgabenstellungen einzuschränken. Zum Beispiel:

- Geben Sie nicht das Superuser-Paßwort des Systems bekannt, wenn eine Anwenderin lediglich das Drucksystem neu starten möchte. Schreiben Sie statt dessen ein privilegiertes Programm, welches die Anwenderin für diese Zwecke einsetzen kann.
- Verwenden Sie in einem Programm nicht den *setuid*-Aufruf für *root*, wenn Sie nur eine geschützte Datei abändern möchten. Vergeben Sie vielmehr Schreibberechtigung für die Gruppe der Datei, und rufen Sie *setgid* für diese Gruppe auf.
- Vertrauen Sie einem Ihrer Firewall-Rechner nicht die Aufgabe an, Sicherungskopien Ihres internen Systems zu erstellen. Überlassen Sie es dem internen System, Daten des Firewall-Rechners zu sichern oder - noch besser - statten Sie den Firewall-Rechner mit einem eigenen Bandlaufwerk aus, damit dieser seine eigenen Sicherungskopien anlegen kann.

Viele der allgemeinen Sicherheitsprobleme im Internet können darauf zurückgeführt werden, daß es nicht gelungen ist, das Prinzip der minimalen Zugriffsrechte durchzuhalten. Beispielsweise gab und gibt es eine Vielzahl von Sicherheitslücken in Sendmail, einem großen, komplexen Programm. Jedes vergleichbare Programm wird fehlerhaft sein. Das Problem besteht darin, daß Sendmail - zumindest vorübergehend - *setuid* für *root* verwendet. Viele der Angriffe auf Sendmail bauen darauf auf. Da Sendmail im Superuser-Modus läuft, wird es zu einem begehrten Angriffsziel, dem die Angreifer entsprechend viel Aufmerksamkeit widmen. Die Tatsache, daß es sich um ein komplexes Programm handelt, vereinfacht ein solches Vorhaben noch. Daraus folgt, daß privilegierte Programme so einfach wie möglich sein sollten. Benötigt ein komplexes Programm Privilegien, so sollten Sie die betreffenden Teile auslagern.[1]

Viele Lösungsansätze zum Schutz von Unternehmen bestehen aus Maßnahmen im Sinne der Strategie der minimalen Zugriffsrechte. Beispielsweise besteht die Aufgabe eines Paketfiltersystems darin, diejenigen Pakete durchzulassen, welche zu den von Ihnen gewünschten Diensten gehören. Ein weiteres Beispiel ist der Ablauf von sicherheitskritischen Programmen in einer Umgebung, innerhalb derer nur die absolut notwendigen Zugriffsrechte zur Verfügung stehen. (Das betrifft z.B. Maschinen, die auf irgendeine Art eingeschränkt worden sind.) Dieser Mechanismus stellt die zentrale Eigenschaft eines Bastion-Hosts dar.

---

1. Es ist wichtig zu erkennen, daß Sendmail bei weitem nicht das einzige erwähnenswerte Beispiel ist. Sie finden ähnliche Probleme in fast allen großen, komplexen, privilegiert arbeitenden Software-Teilen.

Bei der Durchsetzung des Prinzips der minimalen Zugriffsrechte ergeben sich zwei Probleme. Zum einen kann sich die Realisierung als sehr aufwendig erweisen, wenn die verwendeten Programme und Protokolle dies nicht bereits vorsehen. Der Versuch, dieser Aufgabe im nachhinein vollständig gerecht zu werden, dürfte sich sehr schwierig gestalten. Einige Fahrzeuge, die die Vergabe von minimalen Zugriffsrechten in Form eines Kofferraumschlüssels ermöglichen, besitzen einen Hebel, mit dessen Hilfe der Kofferraum ohne Schlüssel geöffnet werden kann. Klappbare Rücksitze lassen ebenfalls einen Zugriff auf den Kofferraum unter Umgehung der üblichen Methoden zu. Äußerste Umsicht ist geboten, wenn Sie sicherstellen wollen, daß das Prinzip der minimalen Zugriffsrechte tatsächlich durchgehalten wird.

Zum anderen können sie letztendlich weniger als die minimalen Zugriffsrechte vergeben. Bei manchen Fahrzeugen befindet sich der Hebel zum Öffnen des Benzindeckels im Handschuhfach. Damit sollen Parkwächter daran gehindert werden, Benzin abzuzapfen. Verleihen Sie jedoch Ihr Auto an einen Freund, so soll dieser vermutlich auch tanken können. Wenn Sie Ihrem Freund lediglich den Zündschlüssel aushändigen, dann geben Sie ihm weniger als die minimalen Zugriffsrechte, da es ihm unmöglich ist zu tanken. Überlassen Sie ihm auch den Schlüssel für den Kofferraum und das Handschuhfach, so geben Sie ihm möglicherweise mehr Zugriffsrechte als gewünscht.

Ähnliches kann Ihnen mit Computer-Programmen passieren, die unter minimalen Zugriffsrechten arbeiten. Der Versuch, minimale Zugriffsrechte Menschen gegenüber durchzusetzen, kann noch gefährlicher sein als in Programmen. Sie können ziemlich genau vorhersagen, welche Rechte Sendmail benötigt, um seine Aufgabe zu erfüllen. Menschen sind weniger berechenbar und reagieren wahrscheinlich verärgert oder unangenehm, wenn sie nicht das tun können, was sie wollen. Seien Sie sehr vorsichtig, damit Sie sich Ihre Benutzer nicht zu Feinden machen.

Mehrschichtige Verteidigung

Ein anderes Prinzip für Sicherheit – und wiederum für jede Art von Sicherheit – liegt in der *mehrschichtigen Verteidigung*. Verlassen Sie sich nicht auf einen einzigen Schutzmechanismus, so überzeugend er auch zu sein scheint. Bauen Sie statt dessen mehrere, sich gegenseitig verstärkende Mechanismen ein. Sie haben keinerlei Interesse daran, daß das Scheitern irgendeines einzelnen Mechanismus Ihre Sicherheit völlig demontiert. Sie können die Anwendung dieses Prinzips in anderen Bereichen Ihres Lebens beobachten. Beispielsweise dürfte an Ihrer Haustür sowohl ein Türschloß als auch ein Riegel angebracht sein. Wahrscheinlich verfügt Ihr Auto sowohl über ein Türschloß als auch über ein Zündschloß usw.

Obwohl wir in diesem Buch schwerpunktmäßig Firewalls behandeln, behaupten wir nicht, daß Firewalls eine Komplettlösung für den gesamten Bereich der Sicherheitsprobleme im Internet bieten. Jeder Schutzmechanismus, selbst der scheinbar undurchdringlichste Firewall, kann mit ausreichend Risikobereitschaft und Einsatz durchbrochen werden. Die Kunst besteht darin, das Risiko und die Kosten für den potentiellen Angreifer derart zu erhöhen, daß ein Versuch nicht mehr attraktiv erscheint. Das können Sie erreichen, indem Sie breitgefächerte Mechanismen einsetzen, die sich gegenseitig Rückendeckung und Freiräume bieten: Netzwerksicherheit durch einen Firewall, Rechnersicherheit insbesondere für Ihren Bastion-Host und Sicherheit durch Menschen auf Grund von Anwenderschulungen, sorgfältiger Systemverwaltung etc. All diese Mechanismen sind wichtig und können äußerst wirkungsvoll sein. Verlassen Sie sich jedoch niemals auf einen allein.

Ihr Firewall besteht wahrscheinlich aus mehreren Schichten. Beispielsweise sieht eine Architektur mehrere Paketfilter vor, die unterschiedliche Bereiche abdecken. Allerdings ist es auch üblich, mit Hilfe eines zweiten Filters diejenigen Pakete zurückzuweisen, die der erste bereits abgelehnt haben sollte. Wenn der erste Filter erwartungsgemäß funktioniert, kommen solche Pakete nie beim zweiten an. Ergeben sich jedoch Probleme beim ersten, so sind Sie hoffentlich noch durch den zweiten geschützt. Ein weiteres Beispiel: Falls Sie nicht möchten, daß elektronische Post an Ihren Rechner geschickt wird, sollten Sie nicht nur Pakete herausfiltern. Löschen Sie auch das Mail-Programm an Ihrem Rechner. Sofern nur ein geringer Aufwand damit verbunden ist, sollten Sie immer zusätzliche Abwehrmaßnahmen ergreifen.

Die Passierstelle

Eine *Passierstelle* zwingt Angreifer dazu, einen schmalen Pfad zu benutzen, den Sie überwachen und kontrollieren können. Es gibt viele Beispiele für Passierstellen im täglichen Leben: die Mautstelle an der Autobahn, die Kassen im Supermarkt, der Kartenverkauf im Kino.

Im Zusammenhang mit Netzwerksicherheit stellt der Firewall zwischen Ihrem Unternehmen und dem Internet eine solche Passierstelle dar, sofern dort die einzige Verbindung zwischen Ihrem Unternehmen und dem Internet besteht. Jeder, der Ihr Unternehmen vom Internet aus angreifen will, muß diesem schmalen Pfad folgen. Und der Pfad muß gegen Angriffe verteidigt werden. Sie sollten dort sorgfältig nach Attacken Ausschau halten, um gegebenenfalls sofort reagieren zu können.

Eine Passierstelle wird nutzlos, sobald es eine wirkungsvolle Möglichkeit gibt, sie zu umgehen. Warum sollte man sich abmühen, die verriegelte Haustür aufzubrechen, wenn die Küchentür nach hinten hinaus weit offensteht? Auf Netzwerksicherheit übertragen lautet die Frage: Warum sollte man sich abmühen, den Firewall zu durchbrechen, wenn eine Vielzahl von ungeschützten Modem-Verbindungen besteht, die einfacher und wahrscheinlich erfolgreicher angezapft werden können?

Eine zweite Internet-Verbindung – selbst eine indirekte über eine andere Firma – bietet eine noch gefährlichere Angriffsfläche. Möglicherweise steht Angreifern aus dem Internet kein Modem zur Verfügung oder aber sie haben nicht die Zeit dafür gefunden, sich einen kostenlosen Telefondienst nutzbar zu machen. Aber sie finden sicherlich, selbst über Umwege, eine Internet-Verbindung zu Ihrem Unternehmen.

Bei einer Passierstelle mag der Vergleich naheliegen, man transportiere viele Eier in nur einem Korb, was eine ungeschickte Vorgehensweise wäre. Aber der entscheidende Vorteil liegt darin, daß Sie diesen Korb sorgfältig behüten können. Die Alternative besteht darin, gleichzeitig auf viele verschiedene Angriffsflächen zu achten. Wenn Sie Ihre Aufmerksamkeit derartig aufteilen, steigt die Wahrscheinlichkeit, daß Sie keine der Angriffsflächen angemessen verteidigen können. Jemand könnte dann an einer Stelle eindringen, während Sie eine andere fieberhaft abschotten. Möglicherweise werden Sie sogar gezielt von der eigentlichen Attacke abgelenkt.

Das schwächste Glied

Als grundlegende Regel für Sicherheit gilt: Eine Kette ist nur so stark wie ihr *schwächstes Glied* und eine Mauer wie ihre schwächste Stelle. Geschickte Angreifer versuchen, diese Stelle ausfindig zu machen und richten ihre ganze Aufmerksamkeit darauf. Sie sollten sich der Schwachstellen in Ihrer Abwehr bewußt sein, um Schritte zu ihrer Beseitigung unternehmen zu können bzw. um diejenigen aufmerksam zu beobachten, welche sich nicht beseitigen lassen. Sie sollten alle Aspekte Ihrer Sicherheit gleichermaßen im Auge behalten, damit alle Stellen in etwa gleich gut geschützt sind.

Allerdings wird es immer ein schwächstes Glied geben. Es geht darum, dieses Glied ausreichend zu stärken und die Widerstandskraft dem Risiko anzupassen. Es ist für gewöhnlich z.B. sinnvoll, Angriffe aus dem Netzwerk mehr zu fürchten als körperliche Attacken in Ihrem Büro. Aus diesem Grund können Sie es überlicherweise zulassen, daß Ihre persönliche Sicherheit zum schwächsten Glied wird. Jedoch ist es nicht vernünftig, sie völlig außer acht zu lassen, da es in diesem Bereich immer eine gewisse Bedrohung gibt. Es ist ebenfalls nicht vernünftig, z.B. Telnet-Verbindungen sehr sorgfältig abzusichern und FTP-Verbindungen ungeschützt zu lassen. Dies ergibt sich aus dem ähnlich hohen Risiko, das solche Dienste mit sich bringen.

Modelle zur Rechnersicherheit kranken an einem besonders unschönen Zusammenhang zwischen Passierstellen und schwachen Gliedern: Es gibt keine Passierstelle, was gleichbedeutend ist mit der Existenz von sehr vielen Verbindungen, von denen sich wiederum viele als sehr schwach erweisen können.

Fehlersicherheit

Ein weiteres grundlegendes Prinzip für Sicherheit besteht darin, so weit wie irgend möglich die *Fehlersicherheit* von Systemen zu gewährleisten. Das bedeutet, daß bei Auftreten eines Fehlers Angreifern der Zugang verweigert wird, anstatt ihnen dadurch den Zugang zu ermöglichen. Dies kann dazu führen, daß berechtigte Benutzer ebenfalls abgewiesen werden, solange der Fehler nicht behoben ist. Allerdings wird dieser Nachteil für gewöhnlich akzeptiert.

Das Prinzip der Fehlersicherheit findet in vielen vergleichbaren Bereichen Anwendung. Elektrische Geräte sind so konstruiert, daß sie bei den meisten Fehlfunktionen zum Stillstand kommen. Aufzüge fixieren die Seile, sobald die Stromzufuhr unterbrochen ist. Automatische Türen bleiben normalerweise offen, wenn kein Strom mehr fließt, um zu verhindern, daß Personen in Gebäuden eingeschlossen bleiben.

Die meisten hier erörterten Anwendungen reagieren automatisch fehlersicher. Fällt z.B. ein Router mit Paketfilterung aus, so gibt er keine Pakete weiter. Wenn ein Proxy-Programm abstürzt, leistet es keine Dienste mehr. Im Gegensatz dazu gibt es Host-basierte Systeme zur Paketfilterung, die so konzipiert sind, daß Pakete zu Rechnern gelangen können, auf denen ein Paketfilter und davon unabhängig Dienstprogramme laufen. Manche dieser Systeme reichen Pakete direkt an die Dienstprogramme weiter, wenn der Paketfilter abstürzt oder nie gestartet worden ist. Ein solches Design gewährleistet keine Fehlersicherheit und sollte vermieden werden.

Dieses Prinzip für Netzwerksicherheit findet weitgehend Anwendung, wenn Sie sich in Ihrem Unternehmen für eine Grundhaltung im Hinblick auf Sicherheit entscheiden. Mit Grundhaltung ist im wesentlichen die gesamte Einstellung zum Thema Sicherheit gemeint. Neigen Sie eher dazu, restriktiv oder nachgiebig zu sein? Tendieren Sie zu Sicherheit (manch einer könnte das als Paranoia bezeichnen) oder zu Unabhängigkeit?

Es gibt zwei grundlegende Standpunkte im Hinblick auf Entscheidungen und Strategien zum Thema Sicherheit:

- Die einschränkende Grundhaltung: Legen Sie nur das fest, was Sie zulassen wollen, und verbieten Sie alles andere.
- Die freizügige Grundhaltung: Legen Sie nur das fest, was Sie verbieten wollen, und lassen Sie alles andere zu.

Vielleicht ist es für Sie offensichtlich, welche der beiden Einstellungen die »richtige« Vorgehensweise nahelegt. Im Interesse von Sicherheit muß es die einschränkende Grundhaltung sein. Wahrscheinlich fällt den Anwendern und Managern eine Entscheidung ebenfalls leicht: Sie bevorzugen die freizügige Grundhaltung. Es ist wichtig, Anwendern und Management Ihren Standpunkt klarzumachen und die Beweggründe dafür offenzulegen. Andernfalls riskieren Sie, viel unproduktive Zeit mit Auseinandersetzungen zu verschwenden, während der Sie sich immer wieder fragen: "Wie können die so dumm sein, so etwas vorzuschlagen?" Und all das nur, weil die anderen den Sicherheitsaspekt nicht nachvollziehen können.

Die einschränkende Grundhaltung: Alles ist verboten, was nicht ausdrücklich erlaubt ist

Die *einschränkende Grundhaltung* ist sinnvoll im Hinblick auf Sicherheit, da sie einen fehlersicheren Standpunkt bietet. Sie bezieht mit ein, daß alles Unbekannte möglicherweise gefährlich ist. Sie stellt die naheliegende Option für Personen dar, die mit dem Thema Sicherheit konfrontiert sind, aber sie leuchtet Anwendern für gewöhnlich überhaupt nicht ein.

Mit einer einschränkenden Grundhaltung verbieten Sie zuerst einmal alles. Um zu ermitteln, was Sie zulassen wollen,

- überprüfen Sie die Dienste, die Ihre Benutzer wünschen,
- wägen Sie die Folgen dieser Dienste für den Sicherheitsbereich ab und überlegen Sie, wie Sie die Dienste ohne Risiko bereitstellen können,
- wählen Sie diejenigen Dienste aus, die Sie gut genug kennen, die Sie ohne Risiko bereitstellen können und für die ein berechtigter Bedarf besteht.

Dienste werden vom Einzelfall abhängig zur Verfügung gestellt. Sie beginnen damit, daß Sie die Zuverlässigkeit eines bestimmten Dienstes analysieren und sicherheitsrelevante Begleiterscheinungen gegen die Bedürfnisse der Anwender abwägen. Aufbauend auf dieser Analyse und der Möglichkeit, in unterschiedlichster Weise die Sicherheit des Dienstes zu verbessern, bieten Sie eine angemessene Kompromißlösung an.

Möglicherweise kommen Sie zu dem Schluß, daß ein Dienst von allen Anwendern genutzt werden kann, da die allgemein verfügbaren Paketfilter und Proxy-Systeme ausreichenden Schutz bieten. In einem anderen Fall gelangen Sie zu der Einsicht, daß der Dienst nicht angemessen geschützt werden kann und daß ihn aber auch nur wenige Anwender benötigen. Vielleicht gelingt es Ihnen, lediglich diesem kleinen Personenkreis Zugriff zu verschaffen und durch spezielle Schulung auf die Gefahren aufmerksam zu machen. Benötigen Systeme diesen Dienst, so bieten sich unter Umständen andere

Schutzmaßnahmen an, wie z.B. die Rückendeckung durch Rechnersicherheit. Die Kunst besteht darin, einen Kompromiß zu finden, der der jeweiligen Situation angemessen ist.

Die freizügige Grundhaltung: Alles ist erlaubt, was nicht ausdrücklich verboten ist

Die meisten Anwender und Manager geben der freizügigen Grundhaltung den Vorzug. Sie gehen für gewöhnlich davon aus, daß zuerst einmal alles erlaubt ist und gegebenenfalls bestimmte risikoreiche Handlungen und Dienste unterbunden werden. Zum Beispiel:

- NFS darf nicht den Firewall miteinbeziehen.
- WWW-Zugriff bleibt den Benutzern vorbehalten, die in bezug auf Sicherheitsprobleme geschult worden sind.
- Benutzer können keinen neuen Server einrichten.

Benutzer erwarten von Ihnen, daß Sie auf die - vermeintlich wenigen - gefährlichen und deshalb unzugänglichen Bereiche hinweisen und daß Sie alles andere zulassen. Dies ist zweifellos kein fehlersicherer Standpunkt.

Zum einen wird angenommen, Sie wüßten im voraus genau darüber Bescheid, welche Gefahren im einzelnen drohen, wie Sie diese den Anwendern verständlich machen können und wie Anwender davor zu bewahren sind. Im Grunde ist es unmöglich, alle Fallstricke in einem System oder im Internet zu erraten. Es gibt einfach zu viele potentielle Probleme - wie z.B. neue Sicherheitslücken, neue Vorstöße in alte Lücken usw. - und zu viele Informationen, um auf dem laufenden zu bleiben. Unbekannte Probleme tauchen in Ihrer Liste der Schutzmaßnahmen nicht auf. Dennoch bestehen sie gerade dann als Probleme fort, bis Sie sie registrieren. Und Sie registrieren sie wahrscheinlich deshalb, weil irgend jemand seinen Nutzen daraus gezogen hat.

Zum anderen verleitet die freizügige Grundhaltung dazu, sich als für den Firewall zuständige Person in eine »Aufrüstungsspirale« mit den Benutzern zu begeben. Die Wartungsperson baut Schutzwälle gegen Handlungen und Unterlassungen seitens der Benutzer auf oder beschränkt sich darauf, Verbote auszusprechen. Benutzer entdecken faszinierende neue und sicherheitsgefährdende Vorgehensweisen. Und der Prozeß wiederholt sich immer aufs neue. Die Wartungsperson spielt für immer Fangen. Vom Start des Systems an bis zum Bekanntwerden eines Sicherheitsproblems bzw. bis zur Lösung des Problems entstehen unvermeidbar Phasen der Verwundbarkeit. Wie wachsam und kooperativ jeder auch sein mag, es fällt immer etwas durch die Ritzen: weil die Wartungsperson etwas übersehen hat, weil sie die Konsequenzen für die Sicherheit nicht vollständig erfaßt hat oder einfach weil sie keine Zeit findet, das Problem in Angriff zu nehmen.

Nahezu die einzigen Personen, die von einer freizügigen Grundhaltung profitieren, sind potentielle Angreifer. Dies liegt daran, daß die für den Firewall zuständige Person möglicherweise nicht alle Lücken schließen kann, ständig in »Feuerwehr-Aktionen« verwikkelt ist und wahrscheinlich viel zu beschäftigt ist, um Angriffe wahrzunehmen.

Betrachten wir z.B. das Problem, den Zugriff auf Dateien auch für Mitarbeiter einer anderen Firma zu ermöglichen. Ihren Anwendern kommt wahrscheinlich als erstes in den Sinn, das gleiche Werkzeug einzusetzen wie für den gemeinsamen Dateizugriff innerhalb Ihres Unternehmens: NFS. Das Problem besteht darin, daß NFS viel zu unsicher ist, um es auf einem Firewall zuzulassen. (Die Gründe hierfür werden in Kapitel 2 und in Kapitel 8 erörtert.) Nehmen wir an, Sie vertreten den freizügigen Standpunkt und haben Ihre Anwender nicht ausdrücklich darauf hingewiesen, daß NFS über den Firewall hinweg zu unsicher ist. Vielleicht haben Sie es auch erwähnt, und Ihre Anwender vergessen oder ignorieren das. In diesem Fall werden Sie wahrscheinlich auf Ihrem Firewall NFS vorfinden, weil irgend jemand, der den Sicherheitsaspekt nicht versteht oder ignoriert, das für eine gute Idee gehalten hat. Im Gegensatz dazu scheitert der Versuch Ihrer Anwender, NFS einzusetzen, wenn Sie eine einschränkende Grundhaltung vertreten. Es wird nötig sein, die Gründe hierfür darzulegen, abgesichertere Alternativen - wie FTP - anzubieten und den Umgang mit diesen Alternativen zu erleichertern, ohne dafür Sicherheit einzubüßen.

Allumfassende Beteiligung

Um die bestmögliche Wirkung zu erzielen, benötigen die meisten Sicherheitssysteme eine *allumfassende Beteiligung* der Belegschaft eines Unternehmens. (Zumindest jedoch darf keine aktive Opposition vorhanden sein.) Sobald sich jemand einfach aus Ihren Sicherheitsmechanismen ausklinken kann, besteht für einen Angreifer die Möglichkeit, zuerst das System dieser außenstehenden Person anzugehen, um dann Ihr Unternehmen von innen her anzugreifen. Beispielsweise schützt der beste Firewall der Welt nicht, wenn ihn jemand als unzumutbare Last empfindet und, um ihn zu umgehen, eine Hintertür-Verbindung zwischen Ihrem Unternehmen und dem Internet aufbaut. Der Aufwand kann sich darauf beschränken, ein Modem zu kaufen, freie PPP- oder SLIP-Software aus dem Internet zu beziehen und ein paar Mark im Monat an einen lokalen Internet-Provider zu bezahlen. Dafür reichen die finanziellen Mittel und die technischen Fähigkeiten vieler Anwender und Manager aus.

Noch wesentlich banalere Formen des Widerstands können Ihre Sicherheit zerstören. Sie benötigen jeden als Berichterstatter für merkwürdige, die Sicherheit betreffende Ereignisse. Sie können nicht alles wahrnehmen. Die Leute müssen sich einfallsreiche Paßwörter ausdenken und sie regelmäßig ändern. Und sie dürfen diese nicht an Freunde, Verwandte und Partner weitergeben.

Wie bringen Sie alle anderen dazu mitzumachen? Beteiligung kann freiwillig erfolgen, indem Sie jeden von den Vorteilen überzeugen. Oder aber sie findet unfreiwillig statt, wenn eine Person mit ausreichender Autorität und Macht Zusammenarbeit einfordert. Oder aber es liegt eine Kombination dieser beiden Varianten vor. Es ist offensichtlich, daß freiwillige Beteiligung der unfreiwilligen eindeutig vorzuziehen ist. Denn Sie brauchen Leute, die Ihnen helfen und die nicht nach Wegen suchen, Sie zu umgehen. Das bedeutet, daß Sie möglicherweise in Ihrer Einrichtung als Missionar auftreten müssen, der anderen die Vorzüge von Sicherheit verkauft und der sie davon überzeugt, daß die Vorteile gegenüber den Kosten überwiegen.

Unfreiwillige Teilnehmer gehen erstaunlich weit in ihren Bemühungen, Sicherheitsmaßnahmen zu umgehen. Ein Voice-Mail-System verlangte jeden Monat ein neues Paßwort. Viele Anwender fanden heraus, daß sich das System nur sechs alte Paßwörter merkte. Sie veränderten daraufhin mit sieben Anrufen siebenmal hintereinander das Paßwort, um so das ursprüngliche Paßwort beibehalten zu können. Solche Verhaltensweisen führen zu einem Wettstreit, da die Programmierer nun die Anzahl aufeinanderfolgender Paßwortänderungen begrenzen. Und bald sind zahlreiche Leute in einen rein internen Kampf verstrickt. Sie benötigen Ihre Zeit für wichtigere Angelegenheiten als Ihre Benutzer. Es lohnt sich, viel Energie zu investieren, um die anderen für eine freiwillige Mitarbeit zu gewinnen. Denn Sie benötigen häufig ebensoviel für Zwang, allerdings mit schädlicheren Nebenwirkungen.

Vielfalt der Verteidigung

Sie können die Sicherheit erhöhen, indem Sie verschiedene Systeme im Sinne einer mehrschichtigen Verteidigung einsetzen. Und Sie erlangen ebenso zusätzliche Sicherheit, indem Sie verschiedene Arten von Systemen einsetzen. Wenn all Ihre Systeme zu einem Typ gehören, kann jemand, der weiß, wie er sich zu einem dieser Systeme Zugang verschafft, wahrscheinlich in alle eindringen.

Vielfalt der Verteidigung basiert auf der Idee, der Einsatz von Systemen verschiedener Hersteller senke die Wahrscheinlichkeit, daß ein gewöhnlicher Programmier- oder Konfigurationsfehler alle Systeme bloßlegt. Allerdings müssen dafür mehr Komplexität und höhere Kosten in Kauf genommen werden. Die Beschaffung und Installation von mehreren verschiedenen Systemen ist schwieriger, zeitaufwendiger und teurer als die Beschaffung und Installation eines einzelnen Systems oder auch mehrerer identischer Systeme. Sie müssen mehrere Systeme kaufen (mit niedrigeren Rabatten, da Sie geringere Stückzahlen bestellen) und müssen mehrere Wartungsverträge abschließen. Und es kostet Ihre Abteilung mehr Zeit und Mühe, den Umgang mit diesen unterschiedlichen Systemen zu erlernen.

Hüten Sie sich vor vermeintlicher Vielfalt. Einfach nur UNIX-Systeme von verschiedenen Herstellern einzusetzen, verschafft Ihnen wahrscheinlich keine Vielfalt: Die meisten UNIX-Systeme sind Derivate von BSD-UNIX oder System V. Darüber hinaus leiten sich die meisten Standard-Netzwerk-Applikationen unter UNIX - wie Sendmail, *telnet/telnetd*, *ftp/ftpd* usw. - aus den BSD-Quellen ab. Dies ist unabhängig davon, ob sie unter BSD oder System V laufen. Es gab zahlreiche Fehler und Sicherheitslücken in den Originalversionen, und sie flossen in die meisten der zahlreichen herstellerspezifischen Versionen dieses Betriebssystems mit ein. Viele herstellerspezifischen Versionen von UNIX enthalten immer noch Fehler und Sicherheitslücken, die bereits vor Jahren in anderen Versionen von anderen Herstellern entdeckt worden sind.

Seien Sie sich auch darüber im klaren, daß auf unterschiedlichen Systemen die gleichen allgemeinen Probleme auftreten können, wenn die Systeme von derselben Person oder Personengruppe eingerichtet worden sind und wenn die Probleme eher auf konzeptionelle als auf technische Gründe zurückzuführen sind. Ist das Problem z.B. aus einem falschen Verständnis heraus entstanden, wie ein spezielles Protokoll funktioniert, so können - entsprechend diesem falschen Verständnis - all Ihre verschiedenen Systeme auf dieselbe Art fehlerhaft konfiguriert sein.

Es wird zwar in vielen Unternehmen anerkannt, daß der Einsatz von mehreren Systemarten die Sicherheit erhöhen kann. Doch kommen viele zu dem Schluß, die Vielfalt der Verteidigung bringe mehr Schwierigkeiten als Vorteile mit sich. Der potentielle Nutzen und die Verbesserung der Sicherheitsbedingungen glichen die Kosten nicht aus. Wir bestreiten das nicht. Jedes Unternehmen muß zu diesem Thema seine eigenen Bewertungen vornehmen und seine eigenen Entscheidungen treffen.

Einfachheit

Einfachheit stellt in zweifacher Hinsicht eine Sicherheitsstrategie dar. Erstens bleiben Angelegenheiten, die einfach gehalten sind, verständlicher. Bei fehlendem Verständnis können Sie nie wirklich beurteilen, ob etwas sicher ist oder nicht. Zweitens bringt Komplexität immer Ecken und Ritzen mit sich, in denen sich alles Mögliche verbergen kann. Es ist einfacher, eine Einzimmerwohnung abzusichern als eine Villa.

Komplexe Programme enthalten mehr Fehler, wobei jeder von ihnen zu einer Sicherheitslücke werden kann. Selbst wenn Fehler an sich nicht zu Sicherheitsproblemen führen, akzeptieren Anwender jedoch beinahe jedes Verhalten eines Systems, sobald sie es als unberechenbar kennengelernt haben. Dies macht alle Hoffnungen zunichte, daß Anwender Sicherheitsprobleme erkennen und melden, falls solche auftreten sollten.

II

Einrichten von Firewalls

Teil II beschreibt, wie Firewalls eingerichtet und Dienste so konfiguriert werden, daß sie in Kombination mit Firewalls verwendbar sind.

Kapitel 4, *Entwurf von Firewalls*, zeigt die grundlegenden Komponenten und wesentlichen Architekturen, die beim Entwurf von Firewalls eingesetzt werden - Dual-Homed-Hosts, überwachte Hosts, überwachte Teilnetze und Varianten dieser elementaren Architekturen.

Kapitel 5, *Bastion-Hosts*, gibt eine schrittweise Anleitung zum Entwerfen und Einrichten des Bastion-Hosts, der in zahlreichen Firewall-Konfigurationen zum Einsatz kommt.

Kapitel 6, *Paketfilterung*, beschreibt die Funktionsweise von Paketfiltersystemen und erklärt, welche Aufgaben diese Systeme im Rahmen eines Firewalls durchführen können und wo ihre Grenzen liegen.

Kapitel 7, *Proxy-Systeme*, erläutert die Arbeitsweise von Proxy-Clients und -Servern und erklärt, wie sich diese Systeme beim Aufbau eines Firewalls einsetzen lassen.

Kapitel 8, *Konfiguration von Internet-Diensten*, behandelt, wie die wichtigsten Internet-Dienste so konfiguriert werden, daß sie in Kombination mit einem Firewall ausgeführt werden können.

Kapitel 9, *Zwei Beispiele für Firewalls*, zeigt zwei Beispiele für elementare Firewalls.

Kapitel 10, *Authentifizierung und eingehende Dienste*, befaßt sich mit den Problemen, die sich ergeben, wenn Sie Benutzern aus dem Internet Zugang zu Ihren Systemen gewähren. Außerdem werden die verschiedensten Strategien und Produkte zur Authentifizierung beschrieben.

In diesem Kapitel:
- *Einige Definitionen zu Firewalls*
- *Proxy-Dienste*
- *Architekturen für Firewalls*
- *Varianten von Firewall-Architekturen*
- *Interne Firewalls*

4

Entwurf von Firewall-Systemen

In Kapitel 1 stellten wir Internet-Firewalls vor. Wir faßten kurz zusammen, auf welche Weise Firewalls die Sicherheit im Netzwerk erhöhen, erwähnten aber auch, für welche Zwecke sie nicht geeignet sind. In diesem Kapitel beschreiben wir die wichtigsten Konzepte für Firewalls. Welche Begriffe werden im Zusammenhang mit Internet-Firewalls gebraucht? Welche Typen von Firewall-Architekturen sind derzeit im Einsatz? Wie sehen die Komponenten aus, aus denen gängige Firewall-Architekturen bestehen? In den übrigen Kapiteln dieses Buches gehen wir ausführlich auf diese Komponenten und Architekturen ein.

Einige Definitionen zu Firewalls

Einige der unten angeführten in bezug auf Firewalls relevanten Begriffe werden Sie bereits kennen. Manche wirken auf den ersten Blick vertraut, werden aber in leicht abgewandelter Form verwendet. Wir haben uns um Begriffe bemüht, über deren Bedeutung weitgehend Einigkeit herrscht. Leider ist die Terminologie zu Firewall-Architekturen und -Komponenten nicht völlig einheitlich. Die Begriffe werden in unterschiedlicher oder - noch gravierender - widersprüchlicher Weise verwendet. Zudem haben einige Wörter je nach Netzwerkbereich unterschiedliche Bedeutung. Die folgenden Definitionen gelten also nur im Zusammenhang mit Firewalls.

Die Begriffe werden hier nur oberflächlich definiert; eine ausführliche Beschreibung folgt später.

Firewall
: Eine oder mehrere Komponenten, die den Zugriff zwischen einem geschützten Netz und dem Internet oder zwischen beliebigen anderen Netzen beschränken.

Host
: Ein Computersystem, das an ein Netz angeschlossen ist.

Bastion-Host

Ein Computersystem, das besonders geschützt werden muß, da es für Angriffe prädestiniert ist – in der Regel, weil es dem Internet offensteht und eine wichtige Anlaufstelle für Benutzer interner Netze ist. Der Bastion-Host hat seinen Namen von den stark befestigten Vorsprüngen auf den Außenmauern mittelalterlicher Burgen.[1]

Dual-Homed-Host

Ein für verschiedene Aufgaben ausgelegtes Computersystem mit mindestens zwei Netzschnittstellen.

Paket

Die elementare Kommunikationseinheit im Internet.

Paketfilterung

Die Aktion, bei der ein Gerät den Datenfluß von und zu einem Netz selektiv steuert. Paketfilter lassen Pakete passieren oder halten sie auf, was meist beim Routing zwischen zwei Netzen geschieht (normalerweise zwischen dem Internet und einem internen Netz). Für die Paketfilterung stellen Sie einen Satz von Regeln auf, in dem festgelegt ist, welche Pakettypen zugelassen sind und welche aufgehalten werden, z.B. Pakete von oder zu einer bestimmten IP-Adresse oder einem bestimmten Port. Paketfilterung kann auf einem Router, einer Bridge oder einem einzelnen Host stattfinden. Sie wird manchmal auch als *Screening* bezeichnet.[2]

Grenznetz

Ein Netz, das zwischen ein geschütztes und ein externes Netz eingefügt wird, um eine weitere Schutzschicht zu schaffen. Ein Grenznetz wird manchmal auch DMZ genannt, das für *De-Militarisierte Zone* steht (nach der Zone, die Nord- von Südkorea trennt).

Proxy-Server

Ein Programm, das stellvertretend für interne Clients mit externen Servern kommuniziert. Proxy-Clients unterhalten sich mit Proxy-Servern, die bestätigte Client-Anfragen an die eigentlichen Server weiterleiten und die Antworten zurück an die Clients übermitteln.

1. Marcus Ranum, auf den die Popularität dieses Begriffs unter den Firewall-Profis zurückgeführt wird, sagt, „Bastionen ... überblicken entscheidende Verteidigungsgebiete, besitzen ungewöhnlich starke Mauern, bieten Platz für zusätzliche Truppen und verfügen über den gelegentlich nützlichen Bottich mit siedendem Öl zur Abschreckung der Feinde.“

2. In der Netzwerk-Literatur (insbesondere beim BSD-UNIX aus Berkeley) wird der Ausdruck »Paketfilterung« in völlig anderer Bedeutung gebraucht. Er bezieht sich dort darauf, bestimmte Pakete zu Analysezwecken aus dem Netz auszuwählen, wie es mit den Programmen *etherfind* und *tcpdump* möglich ist.

In den nächsten Abschnitten werden Paketfilter und Proxy-Dienste kurz beschrieben. Sie stellen zwei für den Aufbau von Firewalls wesentliche Konzepte dar.

Paketfilterung

Paketfilter-Systeme routen Pakete zwischen internen und externen Rechnern, gehen dabei aber selektiv vor. Sie lassen bestimmte Pakettypen passieren oder blockieren sie auf eine Art, die die Sicherheitspolitik eines Standortes, wie in Abbildung 4-1 gezeigt, widerspiegelt. Der in einem Paketfilter-Firewall verwendete Routertyp wird Überwachungsrouter genannt.

Wie wir in Kapitel 6 behandeln werden, besitzt jedes Paket eine Anzahl von Headern mit speziellen Informationen. Die wichtigsten darunter sind:

- IP-Quelladresse
- IP-Zieladresse
- Protokoll (ob es sich um ein TCP-, UDP- oder ICMP-Paket handelt)
- TCP- oder UDP-Quellport
- TCP- oder UDP-Zielport
- ICMP-Nachrichtentyp

Abb. 4-1: Paketfilterung mit einem Überwachungrouter.

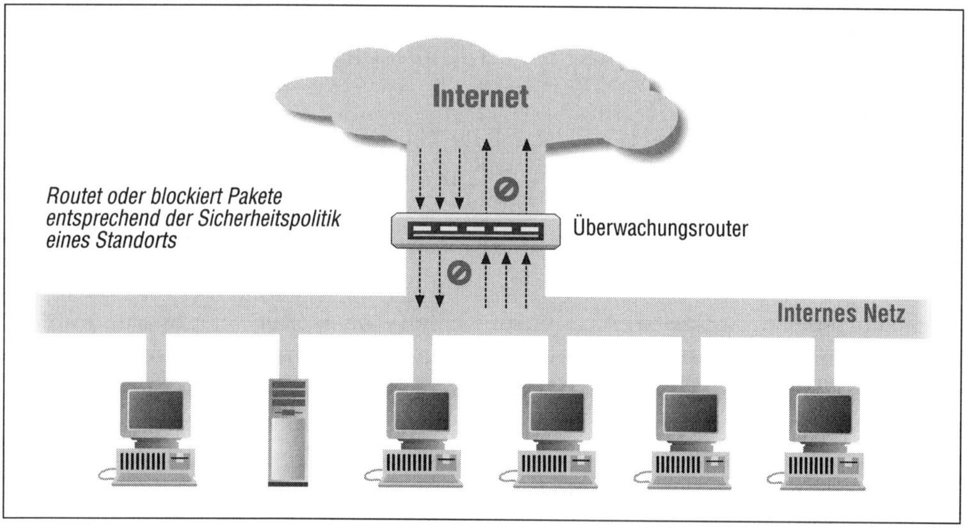

Zusätzlich sind dem Router Informationen über das Paket bekannt, die sich nicht in den Headern zeigen, z.B.:

- die Schnittstelle, an der das Paket ankommt
- die Schnittstelle, an der das Paket hinausgeht

Da die Server bestimmter Internet-Dienste feststehende Portadressen abhören, kann der Router bestimmte Verbindungstypen blockieren oder passieren lassen. Dazu geben Sie im Regelsatz für die Paketfilterung einfach die entsprechende Portadresse an, z.B. TCP-Port 23 für Telnet-Verbindungen. In Kapitel 6 wird ausführlich beschrieben, wie Sie solche Regeln aufstellen.

Im folgenden wird an einigen Beispielen gezeigt, auf welche Arten Sie einen Überwachungsrouter programmieren können, um Pakete selektiv von und zu Ihrem Standort zu routen:

- Blockieren Sie alle Verbindungen von Systemen außerhalb des internen Netzes. Lassen Sie lediglich eintreffende SMTP-Verbindungen passieren, damit Sie E-Mail empfangen können.
- Blockieren Sie alle Verbindungen von und zu Systemen, die Ihnen suspekt sind.
- Lassen Sie E-Mail- und FTP-Dienste zu, blockieren Sie aber so riskante Dienste wie TFTP, das X Window System, RPC und die »r«-Dienste (*rlogin*, *rsh*, *rcp* usw.).

Um die Arbeitsweise von Paketfiltern zu erklären, gehen wir genauer auf die Unterschiede zwischen einem normalen und einem Überwachungsrouter ein.

Ein normaler Router sieht sich einfach die Zieladresse eines jeden Pakets an und wählt den besten ihm bekannten Weg aus, um das Paket in Richtung seines Bestimmungsorts zu senden. Wie das Paket zu behandeln ist, wird nur vom Zielort bestimmt. Wenn der Router weiß, wie er das Paket in Richtung seines Bestimmungsorts senden kann, so tut er dies. Anderenfalls gibt er das Paket mit der ICMP-Nachricht »destination unreachable« an den Ursprungsort zurück.

Ein Überwachungsrouter dagegen sieht sich die Pakete genauer an. Er entscheidet nicht nur, ob er ein Paket in Richtung des Zielorts routen *kann*, sondern auch, ob er es überhaupt *soll*. Welche Pakete er routen soll und welche nicht, wird von der Sicherheitspolitik des Standorts bestimmt, für die der Überwachungsrouter konfiguriert ist.

Wenn Sie, wie in Abbildung 4-1 gezeigt, nur einen Überwachungsrouter zwischen das interne Netz und das Internet stellen, bürden Sie ihm eine enorme Verantwortung auf. Er muß nicht nur das gesamte Routing durchführen und alle damit einhergehenden Entscheidungen treffen, sondern bildet zudem das einzige Schutzsystem. Wenn seine Sicherheitsmaßnahmen scheitern oder bei einem Angriff ins Wanken geraten, ist das interne Netz ohne Schutz. Außerdem kann ein einfacher Überwachungsrouter keine Dienste modifizieren. Er kann einen Dienst zulassen oder ablehnen, aber Operationen innerhalb eines Dienstes nicht einzeln schützen. Wenn ein an sich wünschenswerter Dienst unsichere Operationen enthält oder der Dienst an einem unsicheren Server angeboten wird, bieten Paketfilter allein keinen Schutz.

Zur Erhöhung der Sicherheit bei Paketfilter-Firewalls haben sich eine ganze Reihe weiterer Architekturen herausgebildet. Wir zeigen im Verlauf dieses Kapitels, wie Firewall-Implementierungen in den Architekturen mit überwachtem Host oder Teilnetz um zusätzliche Router, Bastion-Hosts und Grenznetze ergänzt werden können.

Proxy-Dienste

Proxy-Dienste sind spezielle Anwendungs- oder Serverprogramme, die auf einem Firewall-Host ablaufen: entweder auf einem Dual-Homed-Host mit einer Schnittstelle zum internen und einer zum externen Netz oder auf einem anderen Bastion-Host, der Zugang zum Internet hat und von den internen Rechnern aus angesprochen werden kann. Diese Programme greifen die Benutzeranfragen nach Internet-Diensten wie FTP oder Telnet auf und leiten sie an die eigentlichen Dienste weiter, sofern sie mit der Sicherheitspolitik des Standorts vereinbar sind. Die Proxies stellen Ersatzverbindungen her und fungieren als Gateways zu den Diensten. Deshalb werden Proxies manchmal auch *Application-Level-Gateways* genannt.[1]

Proxy-Dienste befinden sich, mehr oder weniger sichtbar, zwischen einem Benutzer im Inneren (im internen Netz) und einem Dienst außerhalb (im Internet). Anstatt sich direkt miteinander zu unterhalten, verständigen sich Benutzer und Dienst über einen Proxy. Die Proxies steuern aus dem Hintergrund die gesamte Kommunikation zwischen Benutzern und Internet-Diensten.

Ein wesentlicher Vorteil von Proxies besteht darin, daß sie dem Benutzer gegenüber verborgen bleiben – sie sind völlig getarnt. Ein Proxy-Server vermittelt dem Benutzer den Eindruck, daß dieser direkt mit dem eigentlichen Server kommuniziert. Und gegenüber dem wirklichen Server tut der Proxy-Server so, als befände sich der Benutzer direkt auf dem Proxy-Host (und nicht auf seinem eigentlichen Computer).

1. Die Firewall-Terminologie ist nicht einheitlich. Den Begriff »Proxy-Dienst« verwenden wir für die gesamte Proxy-Methode, während andere Autoren dafür die Bezeichnung Application-Level-Gateways oder Circuit-Level-Gateways benutzen. Obwohl sich diese Begriffe, auf die wir in Kapitel 7 näher eingehen, in der Bedeutung leicht unterscheiden, beziehen wir uns bei der Behandlung der Proxies auf dieselbe Sorte Techniken, die andere Autoren als Gateway-Systeme bezeichnen.

Hinweis

Proxy-Dienste sind nur wirksam, wenn Sie in Kombination mit einem Mechanismus eingesetzt werden, der die direkte Kommunikation zwischen internen und externen Rechnern beschränkt. Dual-Homed-Hosts und Paketfilterung sind solche Mechanismen. Wenn interne und externe Computer direkt miteinander kommunizieren können, müssen Benutzer die Proxy-Dienste nicht unbedingt verwenden und tun es dann (im allgemeinen) auch nicht. Eine solche Ausweichmöglichkeit ist aber kaum mit Ihrer Sicherheitspolitik vereinbar.

Wie funktionieren Proxy-Dienste? Sehen wir uns den einfachsten Fall an, bei dem wir einen Dual-Homed-Host um Proxy-Dienste erweitern. Wir beschreiben diese Hosts ausführlicher im Abschnitt »Architektur mit Dual-Homed-Host« in diesem Kapitel.

Wie Abbildung 4-2 zeigt, benötigt ein Proxy-Dienst zwei Komponenten: einen Proxy-Server und einen Proxy-Client. In unserem Fall läuft der *Proxy-Server* auf dem Dual-Homed-Host. Ein *Proxy-Client* ist die spezielle Fassung eines normalen Client-Programms (d.h. eines Telnet- oder FTP-Clients), die sich statt mit dem »wirklichen« Server im Internet mit dem Proxy-Server unterhält. Oft können sogar normale Client-Programme als Proxy-Clients eingesetzt werden, sofern Benutzer eine spezielle Anleitung erhalten. Der Proxy-

Abb. 4-2: Proxy-Dienste bei einem Dual-Homed-Host.

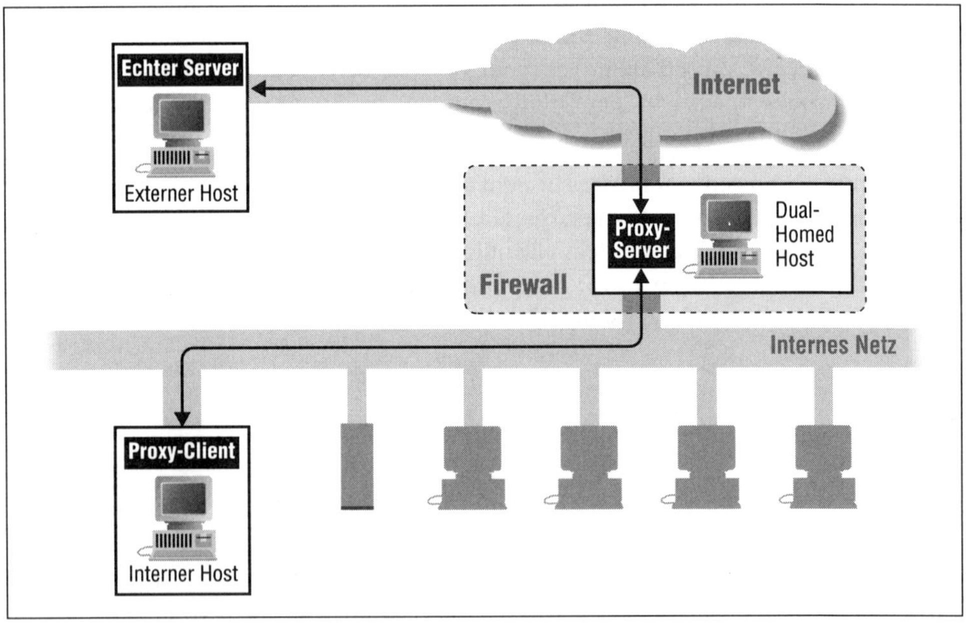

Server wertet die Anfragen vom Proxy-Client aus und entscheidet, welche zu bestätigen und welche abzulehnen sind. Nach Bestätigung der Anfrage nimmt der Proxy-Server anstelle des Clients Kontakt zum eigentlichen Server auf (daher die Bezeichnung »Proxy«[1]) und übermittelt nachfolgende Anfragen und Antworten zwischen dem Proxy-Client und dem eigentlichen Server.

In einigen Proxy-Systemen installieren Sie keine spezielle Client-Proxy-Software, sondern verwenden Standard-Software und richten eigene Prozeduren für die Benutzer ein. (Näheres hierzu erfahren Sie in Kapitel 7.)

Ein Proxy-Dienst ist eine Software-Lösung und nicht an sich schon eine Firewall-Architektur. Sie können Proxy-Dienste in Kombination mit allen Firewall-Architekturen einsetzen, die im Abschnitt »Firewall-Architekturen« beschrieben werden.

Der Proxy-Server leitet die Anfragen vom Benutzer nicht immer einfach an die eigentlichen Internet-Dienste weiter. Er kann die Aktionen der Benutzer steuern, da er über die von ihm bearbeiteten Anfragen entscheiden kann. Entsprechend der Sicherheitspolitik Ihres Standorts können Anfragen zugelassen oder abgelehnt werden. Der FTP-Proxy könnte beispielsweise unterbinden, daß Benutzer Dateien exportieren oder den Import von Dateien nur von bestimmten Standorten gestatten. Kompliziertere Proxy-Dienste sind in der Lage, rechnerspezifisch unterschiedliche Aktionen zu erlauben, so daß eine Einschränkung nicht für alle Rechner gelten muß.

Es gibt ausgezeichnete Software für den Proxy-Einsatz. SOCKS ist ein Toolkit für den Aufbau von Proxies, das eigens dafür entworfen wurde, die Umwandlung bestehender Client-/Server-Anwendungen in Proxy-Versionen zu erleichtern. Das *Trusted Information Systems Internet Firewall Toolkit* (TIS FWTK) enthält Proxy-Server für zahlreiche gängige Internet-Protokolle, darunter Telnet, FTP, HTTP, *rlogin* und X11. Diese Proxy-Server sind so konzipiert, daß sie in Kombination mit eigens für die Benutzer erstellten Prozeduren verwendet werden können. Die Pakete werden in Kapitel 7 behandelt.

Viele Standardprogramme für Client und Server, ob kommerziell oder frei verfügbar, sind inzwischen mit eigener Funktionalität für den Proxy-Einsatz oder mit Unterstützung für Proxy-Systeme wie SOCKS ausgestattet. Diese Funktionalität kann zur Laufzeit oder während der Übersetzung aktiviert werden.

Kombinieren mehrerer Verfahren

Die »richtige Lösung« für den Aufbau eines Firewalls besteht selten aus einer einzigen Technik; es ist meist eine geschickt gewählte Kombination zur Lösung unterschiedlicher

1. A.d.Ü.: Das englische Wort *proxy* bedeutet Stellvertreter.

Probleme. Für welche Probleme Sie Lösungen finden müssen, hängt davon ab, welche Dienste Sie Ihren Benutzer anbieten möchten und in welchem Maße Sie dabei Risiken in Kauf nehmen. Für welche Methoden Sie sich letztendlich entscheiden, hängt davon ab, wieviel Zeit, Geld und Fachwissen Ihnen zur Verfügung stehen.

Einige Protokolle, wie z.B. Telnet und SMTP, eignen sich gut für die Paketfilterung. Andere, wie z.B. FTP, Archie, Gopher und WWW, lassen sich effektiver mit Proxies bearbeiten. Kapitel 8 erläutert, wie die einzelnen Dienste in einer Firewall-Umgebung behandelt werden. Die meisten Firewalls verwenden eine Kombination aus Proxy-Diensten und Paketfilterung.

Architekturen für Firewalls

Dieser Abschnitt zeigt zahlreiche Möglichkeiten, verschiedene Firewall-Komponenten zu kombinieren.

Architektur mit Dual-Homed-Host

Eine Architektur mit Dual-Homed-Host wird um den Dual-Homed-Host herum aufgebaut. Dies ist ein Computer, der über mindestens zwei Netzschnittstellen verfügt. Ein solcher Host ist als Router zwischen den Netzen einsetzbar, an die die Schnittstellen angeschlossen sind, da er IP-Pakete von Netz zu Netz routen kann. Für die Firewall-Architektur mit Dual-Homed-Host jedoch deaktivieren Sie diese Routing-Funktion. IP-Pakete werden somit nicht direkt von dem einen Netz (dem Internet) in das andere Netz (das interne, geschützte Netz) geroutet. Systeme innerhalb des Firewalls und Systeme außerhalb (im Internet) können jeweils mit dem Dual-Homed-Host, aber nicht direkt miteinander kommunizieren. Der IP-Verkehr zwischen ihnen wird vollständig blockiert.

Wie Abbildung 4-3 zeigt, ist die Netzarchitektur für einen Firewall mit Dual-Homed-Host denkbar einfach: Der Dual-Homed-Host sitzt in der Mitte, wobei er mit dem Internet und dem internen Netz verbunden ist.

Dual-Homed-Hosts bieten Kontrolle auf sehr hoher Ebene. Wenn Sie überhaupt nicht zulassen, daß Pakete zwischen externem und internem Netz ausgetauscht werden, und im internen Netz ein Paket mit externem Ursprung auftaucht, dann ist klar, daß ein Sicherheitsproblem vorliegt. In manchen Fällen gestattet Ihnen ein Dual-Homed-Host, Verbindungen zurückzuweisen, die zwar einen bestimmten Dienst für sich beanspruchen, aber nicht die richtige Sorte Daten enthalten. Für ein Paketfilter-System dagegen ist Kontrolle auf dieser Ebene schwierig. Es kostet jedoch beträchtlichen Aufwand, die Vorteile von Dual-Homed-Hosts konsequent zu nutzen.

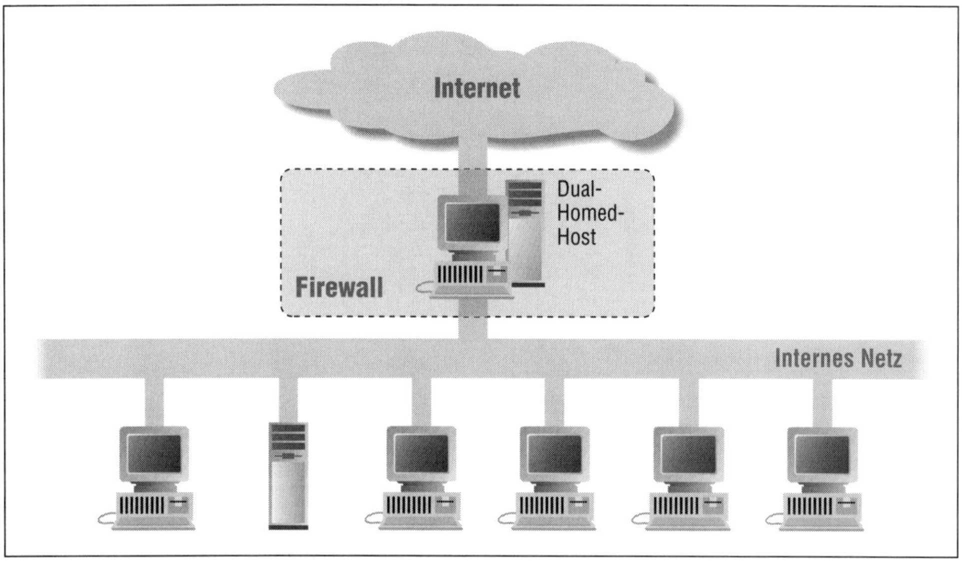

Abb. 4-3: Architektur mit Dual-Homed-Host.

Ein Dual-Homed-Host kann Dienste nur anbieten, indem er Proxies einsetzt oder Benutzer direkt bei sich einloggen läßt. Wie wir in Kapitel 5 beschreiben werden, stellen Benutzerkennungen an sich schon ein Sicherheitsproblem dar. Sie verursachen Probleme auf Dual-Homed-Hosts, wo sie unerwartet zu unsichere Dienste aktivieren können. Außerdem ist es für die meisten Benutzer unbequem, einen Dual-Homed-Host zu nutzen, indem Sie sich bei ihm einloggen.

Proxies sind weit weniger problematisch. Sie sind unter Umständen aber nicht für alle Dienste, die für Sie interessant sind, verfügbar. Kapitel 7 behandelt, wie Sie solche Schwierigkeiten umgehen können, wobei die geschilderten Möglichkeiten nicht in allen Situationen anwendbar sind. Bei der Architektur mit überwachtem Teilnetz, die wir im übernächsten Abschnitt beschreiben, gibt es besondere Methoden, um neue und/oder nicht vertrauenswürdige Dienste anzubieten. Sie können in einem überwachten Teilnetz z.B. einen Rechner unterbringen, der nur einen nicht vertrauenswürdigen Dienst anbietet.

Architektur mit überwachtem Host

Eine Architektur mit Dual-Homed-Host bietet Dienste von einem Rechner an, der an mehrere Netze angeschlossen ist, wobei das Routing abgeschaltet ist. Die *Architektur mit überwachtem Host* (*screened host architecture*) dagegen bietet Dienste von einem

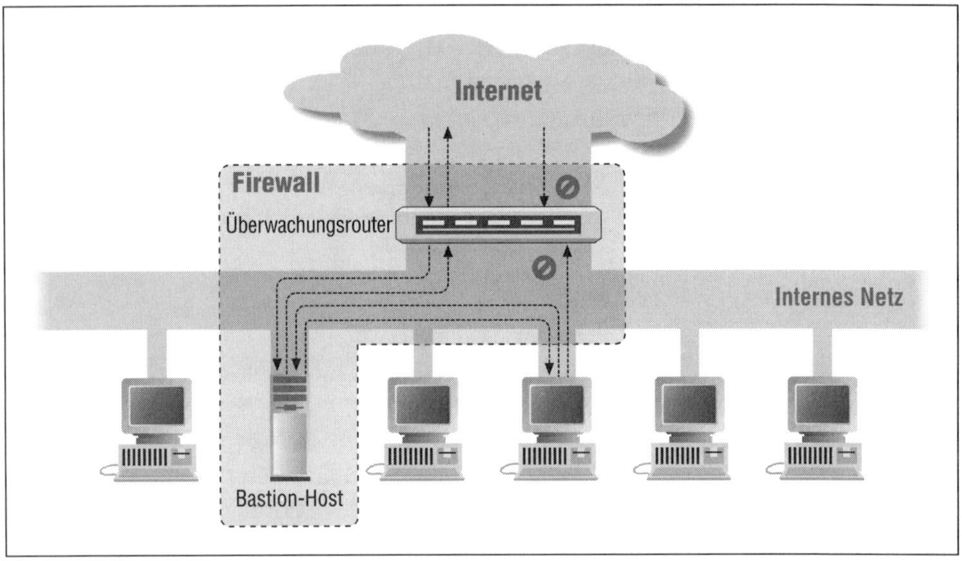

Abb. 4-4: Architektur mit überwachtem Host.

Rechner an, der nur an das interne Netz angeschlossen ist, wobei ein getrennter Router verwendet wird. Bei dieser Architektur wird Sicherheit in erster Linie über Paketfilterung gewährleistet. Paketfilter verhindern beispielsweise, daß Benutzer Proxy-Server umgehen, um direkte Verbindungen herzustellen.

Abbildung 4-4 zeigt eine einfache Variante der Architektur mit überwachtem Host.

Der Bastion-Host befindet sich im internen Netz. Die Paketfilterung auf dem Überwachungsrouter wird so eingerichtet, daß der Bastion-Host das einzige System im internen Netz darstellt, zu dem Rechner aus dem Internet Verbindungen aufbauen können, z.B. um eintreffende E-Mail zuzustellen. Auch dann sind nur ganz bestimmte Verbindungstypen zugelassen. Alle externen Systeme, die auf interne Systeme oder Dienste zugreifen möchten, müssen sich mit diesem Rechner verbinden. Deshalb muß der Bastion-Host höchste Rechnersicherheit gewährleisten.

Die Paketfilterung gestattet dem Bastion-Host, »zulässige« Verbindungen zur Außenwelt herzustellen (was unter »zulässig« zu verstehen ist, bestimmt die Sicherheitspolitik an Ihrem Standort). Der Abschnitt über Bastion-Hosts bei der Behandlung der Architektur mit überwachtem Teilnetz in diesem Kapitel beschreibt die Funktion des Bastion-Hosts genauer. Kapitel 5 enthält ausführliche Informationen über den Aufbau eines Bastion-Hosts.

Für die Konfiguration der Paketfilterung im Überwachungsrouter gibt es zwei Konzepte:

- Anderen internen Rechnern wird erlaubt, zu Rechnern im Internet Verbindungen für bestimmte Dienste herzustellen. Diese Dienste werden über Paketfilterung zugelassen, wie in Kapitel 6 beschrieben.
- Alle Verbindungen von internen Rechnern werden unterbunden. Dies zwingt die Rechner dazu, Proxy-Dienste über den Bastion-Host zu verwenden, wie in Kapitel 7 beschrieben.

Sie können diese Ansätze für verschiedene Dienste kombinieren und aufeinander abstimmen; einige Dienste könnten direkt über Paketfilterung zugelassen werden, während andere nur indirekt über Proxies gestattet sind. All das hängt von der Sicherheitspolitik ab, die an Ihrem Standort durchgesetzt werden soll.

Diese Architektur läßt zu, daß Pakete vom Internet zu den internen Netzen gelangen. Sie scheint deshalb riskanter zu sein als die Architektur mit Dual-Homed-Host, die darauf angelegt ist, kein externes Paket das interne Netz erreichen zu lassen. In der Praxis jedoch ist die Dual-Homed-Host-Architektur fehleranfällig, so daß auch Pakete vom externen ins interne Netz durchdringen. Da diese Sorte Fehlverhalten völlig unvorhersehbar ist, gibt es wahrscheinlich keinen Schutz gegen Angriffe dieser Art. Außerdem ist ein Router einfacher zu verteidigen als ein Host, da er nur eine begrenzte Anzahl von Diensten anbietet. Für die meisten Zwecke bietet die Architektur mit überwachtem Host nicht nur besseren Schutz, sondern auch höhere Benutzerfreundlichkeit als die Architektur mit Dual-Homed-Host.

Verglichen mit anderen Architekturen, wie der im nächsten Abschnitt beschriebenen Architektur mit überwachtem Teilnetz, hat die Architektur mit überwachtem Host einige Nachteile. Am gravierendsten ist, daß einem Angreifer, dem es einmal gelungen ist, in den Bastion-Host einzudringen, keinerlei Maßnahmen zur Netzsicherheit zwischen dem Bastion-Host und den anderen internen Rechnern mehr im Wege stehen. Der Router stellt eine singuläre Schwachstelle dar; wenn er gefährdet ist, steht einem Angreifer das gesamte Netzwerk offen. Aus diesem Grund findet die Architektur mit überwachtem Teilnetz immer weitere Verbreitung.

Architektur mit überwachtem Teilnetz

Die *Architektur mit überwachtem Teilnetz* (*screened subnet architecture*) erweitert die Architektur mit überwachtem Host um eine Sicherheitsschicht, und zwar ein Grenznetz, das das interne Netz weiter vom Internet isoliert.

Weshalb ist das sinnvoll? Bastion-Hosts sind von ihrer Art her die gefährdetsten Rechner in Ihrem Netz. Auch wenn Sie sie mit allen Mitteln zu schützen versuchen, werden Bastion-Hosts doch am ehesten angegriffen. Das liegt einfach daran, daß es sich hier um

Rechner handelt, die angegriffen *werden können*. Wenn Ihr Netz, wie bei der Architektur mit überwachtem Host, Angriffen von Ihrem Bastion-Host ungeschützt ausgeliefert ist, dann stellt Ihr Bastion-Host ein sehr verlockendes Angriffsziel dar. Zwischen ihm und den anderen internen Computern gibt es keine zusätzlichen Schutzmaßnahmen, abgesehen von der Rechnersicherheit, die jedoch meist sehr gering ist. Wenn es einer Benutzerin gelingt, in einer Architektur mit überwachtem Host in den Bastion-Host einzudringen, dann hat sie das große Los gezogen.

Indem Sie den Bastion-Host in einem Grenznetz isolieren, schwächen Sie die Auswirkungen eines Einbruchs in den Bastion-Host ab. Der Eindringling erhält nicht gleich den Hauptgewinn; er gewinnt zwar ein wenig, aber nicht unbeschränkten Zugang.

Bei der einfachsten Art der Architektur mit überwachtem Teilnetz gibt es zwei Überwachungsrouter, die jeweils an das Grenznetz angeschlossen sind. Der eine liegt zwischen Grenznetz und dem internen, der andere zwischen Grenznetz und dem externen Netz, normalerweise dem Internet. Um bei dieser Sorte Architektur in das interne Netz einzubrechen, müßte ein Angreifer an *beiden* Routern vorbeikommen. Selbst wenn er es irgendwie geschafft hat, in den Bastion-Host einzudringen, müßte er noch den inneren Router überwinden. Es existiert keine Schwachstelle, durch die allein das interne Netz gefährdet ist.

Manche Standorte gehen so weit, Grenznetze in mehreren Schichten zwischen die Außenwelt und das interne Netz zu legen. Weniger vertrauenswürdige und eher gefährdete Dienste werden in die äußeren Grenznetze gelegt, am weitesten vom internen Netz entfernt. Damit soll einem Eindringling, der in einen Rechner im äußeren Grenznetz einbricht, der erfolgreiche Angriff auf interne Rechner schwer gemacht werden, da sich weitere Schutzschichten zwischen dem äußeren Grenznetz und dem internen Netz befinden. Diese Maßnahme greift nur, wenn sich die verschiedenen Schichten auch tatsächlich unterscheiden; wenn die Filtersysteme zwischen den einzelnen Schichten unterschiedslos dieselben Aktionen zulassen, dann bieten zusätzliche Schichten keine erhöhte Sicherheit.

Abbildung 4-5 zeigt eine mögliche Firewall-Konfiguration für die Architektur mit überwachtem Teilnetz. In den folgenden Abschnitten werden die Komponenten dieser Architektur beschrieben.

Grenznetz

Das Grenznetz (*perimeter network*) bildet eine weitere Sicherheitsschicht, und zwar ein zusätzliches Netz zwischen dem externen und Ihrem geschützten internen Netz. Wenn ein Angreifer erfolgreich in die äußeren Bereiche Ihres Firewalls eingedrungen ist,

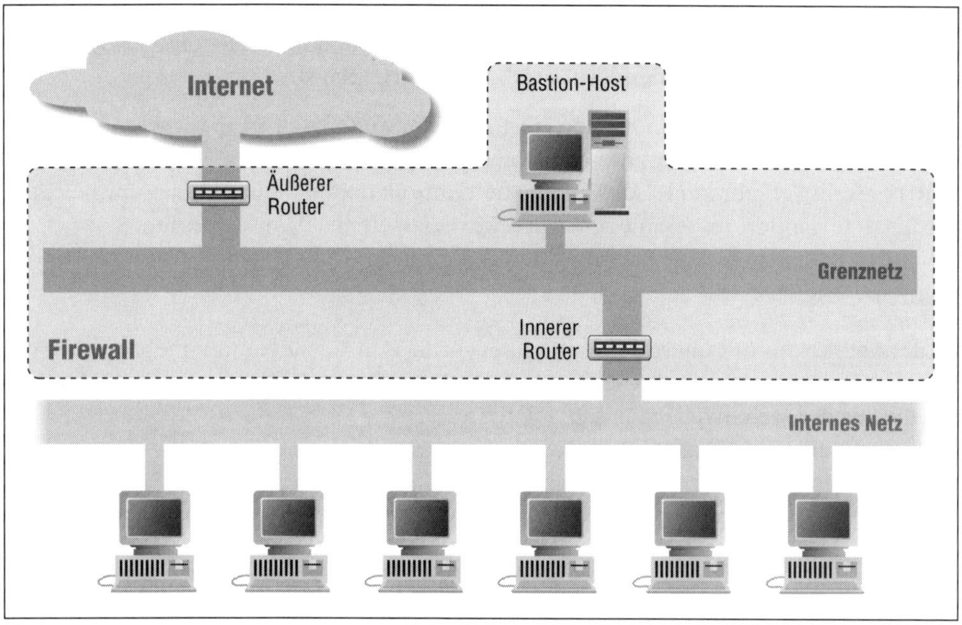

Abb. 4-5: Architektur mit überwachtem Teilnetz (und zwei Routern).

bietet das Grenznetz zusätzlichen Schutz zwischen dem Angreifer und Ihren internen Systemen.

Wir wollen an einem Beispiel zeigen, warum ein Grenznetz sinnvoll sein kann. In vielen Netzinstallationen können alle in demselben Netz liegenden Rechner den Netzverkehr zu den anderen Rechnern beobachten. Das gilt für die meisten auf Ethernet beruhenden Netze, und Ethernet ist die derzeit am weitaus häufigsten eingesetzte LAN-Technologie; das gilt ebenso für einige andere verbreitete Technologien wie Token Ring und FDDI. Schnüffler haben somit die Möglichkeit, Paßwörter abzufangen, indem sie bei Telnet-, FTP- und *rlogin*-Sitzungen danach Ausschau halten. Auch wenn bekanntgewordene Paßwörter keine Gefährdung darstellen, können Schnüffler doch einen Blick auf die Inhalte vertraulicher Dateien werfen, auf die gerade zugegriffen wird, auf interessante E-Mail, die gerade gelesen wird usw.; ein Schnüffler kann im Grunde jedem Netzbenutzer »über die Schulter schauen«.

Wenn jemand in den in einem Grenznetz befindlichen Bastion-Host eindringt, kann er dort nur den in diesem Netz stattfindenden Verkehr abhören. Dieser Verkehr sollte entweder von oder zum Bastion-Host oder zum oder vom Internet erfolgen.

Da kein rein interner Verkehr, d.h. Verkehr zwischen zwei internen Rechnern, der aller Wahrscheinlichkeit nach vertraulich ist, das Grenznetz durchläuft, ist dieser vor neugierigen Blicken sicher, falls in den Bastion-Host eingedrungen wird.

Der Verkehr von und zu dem Bastion-Host oder der Außenwelt ist natürlich noch sichtbar. Ein Teil der Arbeit beim Entwerfen eines Firewalls besteht also darin, sicherzustellen, daß dieser Verkehr keine so vertraulichen Informationen befördert, daß ihr Bekanntwerden den Standort insgesamt gefährdet. Wir befassen uns damit in Kapitel 5.

Bastion-Host

Bei der Architektur mit überwachtem Teilnetz schließen Sie einen oder mehrere Bastion-Hosts an das Grenznetz an. Dieser Host bildet die wichtigste Anlaufstelle für Verbindungen, die aus der Außenwelt stammen, z.B. für:

- eintreffende E-Mail-Pakete (SMTP), um Ihrem Netz elektronische Post zuzustellen
- eingehende FTP-Verbindungen zum Anonymous-FTP-Server an Ihrem Standort
- eintreffende Anfragen an den Domain Name Service (DNS) über den Standort usw.

Hinausgehende Dienste von internen Clients zu Servern im Internet behandeln Sie auf eine der folgenden Arten:

- Sie richten Paketfilterung auf dem äußeren sowie dem inneren Router ein, um internen Clients den direkten Zugriff auf externe Server zu ermöglichen.
- Sie richten Proxy-Server zum Ablauf auf dem Bastion-Host ein, falls Ihr Firewall Proxy-Software verwendet, um internen Clients den indirekten Zugriff auf externe Server zu ermöglichen. Vielleicht richten Sie auch Paketfilterung ein, um internen Clients die Kommunikation mit den Proxy-Servern auf dem Bastion-Host zu ermöglichen, ohne die direkte Kommunikation zwischen internen Clients und der Außenwelt zu erlauben.

In beiden Fällen gestattet die Paketfilterung dem Bastion-Host, Verbindungen zu Internet-Rechnern herzustellen und von diesen zu akzeptieren. Welche Rechner und Dienste zugelassen sind, wird von der Sicherheitspolitik des Standorts bestimmt.

Eine der Hauptaufgaben des Bastion-Hosts besteht darin, als Proxy-Server für die verschiedenen Dienste zu agieren. Dazu wird entweder spezielle Proxy-Server-Software für bestimmte Protokolle wie z.B. HTTP oder FTP verwendet, oder es werden Standard-Server für Protokolle wie z.B. SMTP eingesetzt, die keine zusätzlichen Proxies benötigen.

Kapitel 5 beschreibt, wie Sie den Bastion-Host sichern, und Kapitel 8 erläutert, wie die einzelnen Dienste so konfiguriert werden, daß Sie mit dem Firewall ausgeführt werden können.

Innerer Router

Der *innere Router,* in der Firewall-Literatur manchmal auch *Choke-Router* genannt, schützt das interne Netz sowohl vor dem Internet als auch vor dem Grenznetz.

Der innere Router übernimmt einen Großteil der bei Ihrem Firewall anfallenden Paketfilterung. Er gestattet, daß ausgewählte Dienste aus dem internen Netz ins Internet hinausgehen. Dabei handelt es sich um diejenigen Dienste, die Ihr Standort sicher unterstützen und ungefährdet über Paketfilterung statt über Proxies anbieten kann. Ihr Standort muß selbst definieren, was unter »sicher« zu verstehen ist und dabei die eigenen Anforderungen, Möglichkeiten und Grenzen berücksichtigen. Eine allgemeingültige Definition kann es deshalb nicht geben. Sie haben die Auswahl zwischen Diensten wie Telnet, FTP, WAIS, Archie, Gopher und anderen, deren Nutzung nach außen Sie entsprechend Ihren eigenen Gegebenheiten zulassen können. Ausführlichere Informationen darüber, wie Sie diese Dienste durch Paketfilterung steuern können, finden Sie in Kapitel 6.

Die Dienste, die der innere Router zwischen dem Bastion-Host im Grenznetz selbst und Ihrem internen Netz erlaubt, sind nicht zwangsläufig dieselben Dienste, die er zwischen dem Internet und dem internen Netz gestattet. Manchmal möchte man die Dienste zwischen dem Bastion-Host und dem internen Netz beschränken, um die Anzahl der Rechner und die Anzahl der Dienste auf diesen Rechnern zu reduzieren, die vom Bastion-Host aus angegriffen werden können, falls dieser gefährdet ist.

Sie sollten zwischen dem Bastion-Host und dem internen Netz also nur Dienste gestatten, die Sie auch wirklich benötigen, wie z.B. SMTP (damit der Bastion-Host eingehende E-Mail weiterleiten kann), DNS (damit der Bastion-Host, abhängig von Ihrer Konfiguration, auf Fragen interner Rechner antworten oder diese befragen kann) usw. Auch sollten Sie die Dienste möglichst weitgehend begrenzen, indem Sie sie nur von oder zu bestimmten internen Rechnern zulassen. SMTP könnte beispielsweise auf Verbindungen zwischen dem Bastion-Host und Ihren internen Mail-Servern beschränkt werden. Vernachlässigen Sie keinesfalls die Sicherheitsmaßnahmen auf den internen Computern und Diensten, die noch vom Bastion-Host angesprochen werden können. Ein Eindringling hat es ja gerade auf diese Rechner und Dienste abgesehen - die alles sind, was er überhaupt erreichen *kann* - sofern er es schafft, in Ihren Bastion-Host einzudringen.

Äußerer Router

Theoretisch schützt der *äußere Router,* in der Firewall-Literatur manchmal auch *Access-Router* genannt, das Grenznetz sowie das interne Netz vor dem Internet. In der Praxis jedoch ist es nicht unüblich, daß der äußere Router fast alles aus dem Grenznetz hinausgehen läßt und im allgemeinen kaum Paketfilterung durchführt. Die für die Paketfilterung aufgestellten Regeln zum Schutz der internen Rechner müßten auf dem inneren und äußeren Router im Grunde identisch sein; enthalten die Regeln Schwachpunkte, die einem Angreifer den Zugriff ermöglichen, wird dieser Fehler vermutlich auf beiden Routern vorhanden sein.

Häufig wird der äußere Router von externer Seite wie z.B. Ihrem Internet-Provider angeboten, so daß Ihr Zugriff darauf begrenzt ist. Die externe für die Betreuung des Routers zuständige Organisation wird sich wahrscheinlich darauf einlassen, ein paar allgemeine Regeln für die Paketfilterung aufzustellen, aber kaum dazu bereit sein, einen komplexen oder häufig wechselnden Regelsatz zu verwalten. Außerdem werden Sie diesen Routern vermutlich weniger trauen als Ihren eigenen. Was passiert, wenn der Router ausfällt und ein neuer installiert wird? Werden die Leute daran denken, auch die Filter neu zu installieren? Werden sie Ihnen überhaupt mitteilen, daß der Router ersetzt wurde, damit Sie ihn überprüfen können?

Die einzigen Regeln für die Paketfilterung, die sich speziell auf den äußeren Router beziehen, dienen dem Schutz der Rechner im Grenznetz, d.h. des Bastion-Hosts und des inneren Routers. Im allgemeinen ist jedoch nicht viel Überwachung notwendig, da die Computer im Grenznetz in erster Linie durch Rechnersicherheit geschützt sind, wenngleich Redundanz nie schaden kann.

Die übrigen Regeln, die Sie auf dem äußeren Router plazieren könnten, sind Kopien der Regeln auf dem inneren Router. Diese Regeln sollen verhindern, daß unsicherer Verkehr zwischen internen Rechnern und dem Internet stattfindet. Zur Unterstützung von Proxy-Diensten, bei denen der innere Router den internen Rechnern das Senden bestimmter Protokolle gestattet, sofern die Kommunikation *zum* Bastion-Host *hin* erfolgt, könnte der äußere Router solche Protokolle passieren lassen, sofern Sie *vom* Bastion-Host kommen. Solche Regeln sind erstrebenswert, um eine weitere Sicherheitsschicht einzuführen. Eigentlich halten sie nur Pakete auf, die theoretisch gar nicht existieren können, da sie bereits vom inneren Router blockiert wurden. Treten sie trotzdem auf, hat entweder der innere Router versagt oder ein Computer wurde unerwartet an das Grenznetz angeschlossen.

Was hat der äußere Router dann eigentlich zu tun? Eine der Sicherheitsmaßnahmen, die der äußere Router sinnvoll durchführen kann – eine Maßnahme, die so einfach nicht überall durchführbar ist – besteht im Blockieren von Paketen aus dem Internet, die gefälschte Quelladressen enthalten. Diese Pakete behaupten, aus dem internen Netz zu stammen, obwohl sie in Wirklichkeit aus dem Internet kommen.

Der innere Router könnte diese Aufgabe bewältigen, ist aber nicht in der Lage mitzuteilen, ob Pakete gefälscht sind, die für sich beanspruchen, aus dem Grenznetz zu stammen. Auch wenn man dem Grenznetz nicht vollständig vertrauen sollte, ist es doch immer noch vertrauenswürdiger als die Außenwelt; Pakete von dort zu fälschen gibt einem Eindringling fast denselben Freiraum, den er auch durch das Eindringen in den Bastion-

Host erhält. Der äußere Router bildet eine klarere Schranke. Zudem kann der innere Router Systeme im Grenznetz nicht gegen gefälschte Pakete schützen. Wir befassen uns mit gefälschten Paketen ausführlicher in Kapitel 6.

Varianten von Firewall-Architekturen

In den Abbildungen 4-3 bis 4-5 haben wir die verbreitetsten Firewall-Architekturen vorgestellt. Bei diesen Architekturen sind zahlreiche Varianten denkbar. Sie ermöglichen Ihnen eine hohe Flexibilität, so daß Sie die einzelnen Firewall-Komponenten so zusammenstellen und konfigurieren können, wie es die Erfordernisse Ihrer Hardware, Ihres Budgets und Ihrer Sicherheitspolitik verlangen. Dieser Abschnitt behandelt einige gängige Varianten mit ihren Vor- und Nachteilen.

Mehrere Bastion-Hosts sind OK

Auch wenn wir in diesem Buch meist nur über einen einzelnen Bastion-Host sprechen, kann der Einsatz mehrerer Bastion-Hosts in der Firewall-Konfiguration manchmal sinnvoll sein, z.B. wenn Sie die Leistung steigern, Redundanz schaffen oder Daten bzw. Server getrennt halten möchten. Abbildung 4-6 zeigt eine solche Architektur.

Der eine Bastion-Host könnte die Dienste verwalten, die für Ihre eigenen Benutzer wichtig sind, wie z.B. SMTP- oder Proxy-Server, während ein anderer die Dienste verwaltet, die Sie im Internet anbieten und für die sich Ihre Benutzer nicht weiter interessieren, z.B. einen Anonymous-FTP-Server. Auf diese Weise verhindern Sie, daß die Ihren Benutzern zustehende Leistung durch Benutzer von außen beeinträchtigt wird.

Auch wenn Sie keine Internet-Dienste anbieten, mag es aus Leistungsgründen sinnvoll sein, mehrere Bastion-Hosts einzurichten. Manche Dienste, wie z.B. Usenet-News, verbrauchen immense Ressourcen und können problemlos von anderen Diensten getrennt werden. Aus Geschwindigkeitsgründen ist es manchmal angebracht, dieselben Dienste auf mehreren Bastion-Hosts anzubieten. Die Belastung auszugleichen ist jedoch nicht immer einfach. Die meisten Dienste müssen für bestimmte Server konfiguriert werden, so daß Sie mehrere Hosts für die einzelnen Dienste am besten einrichten können, wenn sich die Nutzung im voraus einschätzen läßt.

Wie steht es mit der Redundanz? Wenn Ihre Firewall-Konfiguration mehrere Bastion-Hosts umfaßt, können Sie diese redundant konfigurieren. Weist ein Host Fehler auf, können die Dienste von einem anderen übernommen werden. Diese Methode wird jedoch nur von einigen Diensten unterstützt.

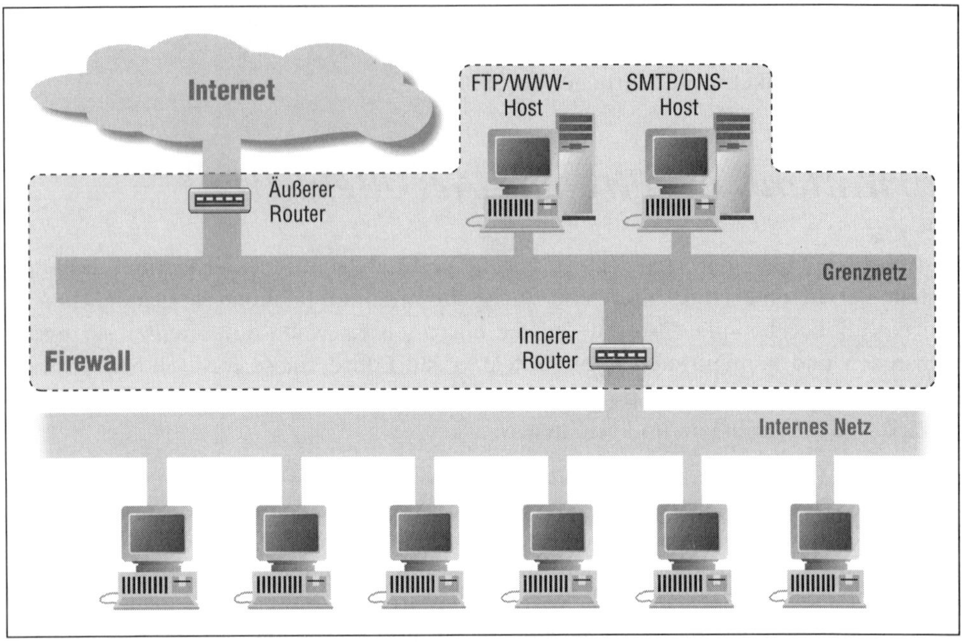

Abb. 4-6: Architektur mit zwei Bastion-Hosts.

Sie könnten beispielsweise mehrere Bastion-Hosts zu DNS-Servern für Ihre Domäne ernennen (über die NS-Datensätze von DNS legen Sie die Namen-Server für eine Domäne fest) und/oder zu SMTP-Servern machen (über die MX-Datensätze von DNS für Mail Exchange legen Sie die Server fest, welche die E-Mail von einem bestimmten Host oder einer bestimmten Domäne empfangen). Ist dann einer der Bastion-Hosts unerreichbar oder überlastet, können die DNS- und SMTP-Aktivitäten auf einen anderen Host zurückgreifen.

Mehrere Bastion-Hosts sind außerdem von Vorteil, wenn Sie die von den Diensten verwendeten Daten klar getrennt halten möchten. Neben der bereits erwähnten Leistungsverbesserung sprechen Sicherheitserwägungen für eine solche Trennung. Vielleicht beschließen Sie, über das Internet einen HTTP-Server für Ihre Kunden und einen anderen zur allgemeinen Nutzung anzubieten. Durch den Einsatz von zwei Servern können Sie Ihren Kunden spezifische Informationen bei höherer Geschwindigkeit bieten, indem Sie einen weniger belasteten und leistungsfähigeren Rechner verwenden.

Sie können auch Ihren HTTP-Server und Ihren Anonymous-FTP-Server auf verschiedenen Rechnern laufen lassen, um die Möglichkeit auszuschließen, daß ein Server zur Ge-

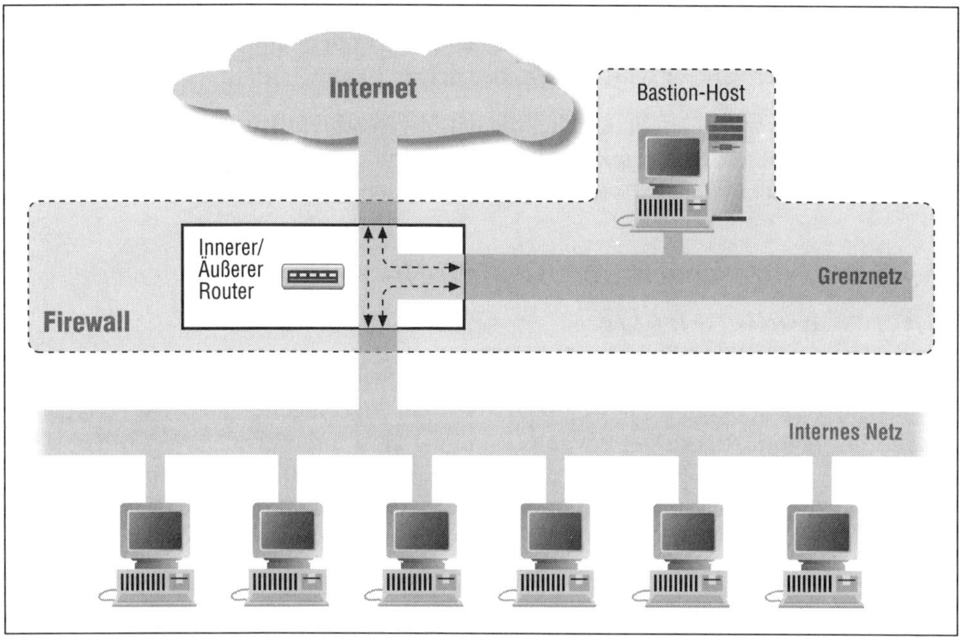

Abb. 4-7: Architektur mit zusammengelegtem inneren und äußeren Router.

fährdung des anderen mißbraucht wird. Wie Sie dazu vorgehen, finden Sie bei der Behandlung der Schwächen von HTTP-Servern in Kapitel 8.

Das Zusammenlegen des inneren und des äußeren Routers ist OK

Sie können den inneren und den äußeren Router zu einem einzigen Router zusammenfassen. Dazu muß der Router aber entsprechende Möglichkeiten und ausreichende Flexibilität aufweisen. In der Regel benötigen Sie einen Router, bei dem Sie an jeder Schnittstelle Filter für ein- und ausgehende Daten definieren können. In Kapitel 6 gehen wir darauf näher ein. Wir beschreiben dort die Probleme, die sich mit der Paketfilterung bei Routern ergeben, die mehr als zwei Schnittstellen besitzen, aber nicht über diese Möglichkeiten verfügen.

Wenn Sie den inneren und den äußeren Router, wie in Abbildung 4-7 gezeigt, zusammenlegen, gibt es immer noch ein Grenznetz (an der einen Router-Schnittstelle) und einen Anschluß an Ihr internes Netz (an einer anderen Router-Schnittstelle). Ein Teil des Verkehrs fließt direkt zwischen dem internen Netz und dem Internet. Das ist der Verkehr, den die für den Router definierten Regeln zur Paketfilterung zulassen. Ein anderer Teil erfolgt zwischen dem Grenznetz und dem Internet oder dem Grenznetz und dem internen Netz. Dieser Verkehr wird von Proxies gehandhabt.

Diese Architektur, wie auch die Architektur mit überwachtem Host, macht den Standort durch die Gefährdung eines einzigen Routers verwundbar. Router sind im allgemeinen zwar leichter zu schützen als Hosts, aber trotzdem nicht undurchdringlich.

Das Zusammenlegen des Bastion-Hosts und des äußeren Routers ist OK

In manchen Situationen werden Sie einen einzigen Dual-Homed-Host sowohl als Bastion-Host als auch als äußeren Router einsetzen. Ein Beispiel: Angenommen, Sie verfügen lediglich über eine SLIP- oder PPP-Wählverbindung zum Internet. Sie werden dann eine Software wie das Morning Star PPP-Paket auf Ihrem Bastion-Host starten und diesen sowohl als Bastion-Host als auch als äußeren Router arbeiten lassen. Die Funktionalität entspricht der Konfiguration mit drei Rechnern (Bastion-Host, innerer Router, äußerer

Abb. 4-8: Architektur mit zusammengelegtem Bastion-Host und äußerem Router.

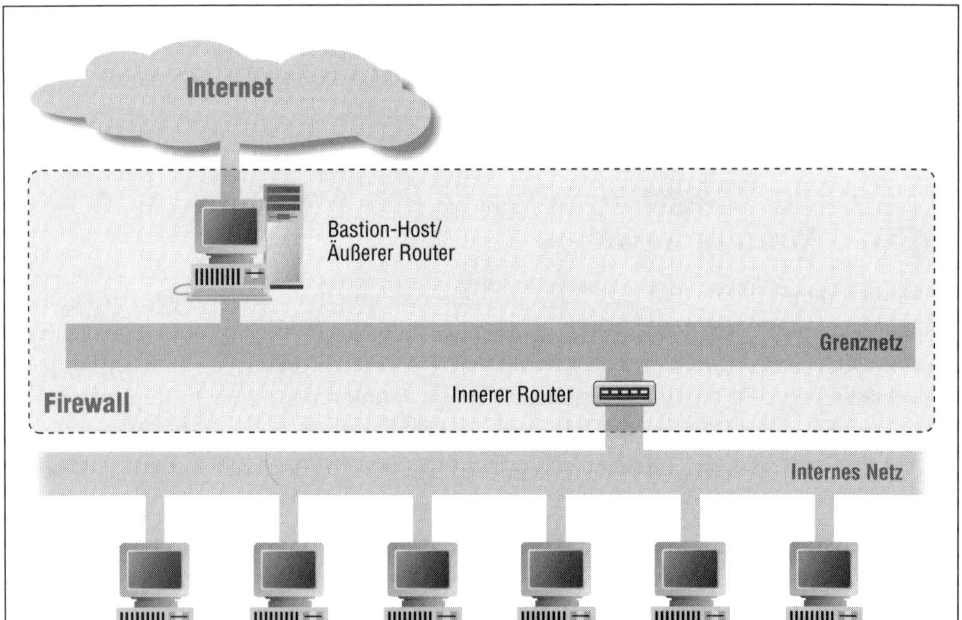

Router), die wir bei der Architektur mit überwachtem Teilnetz in diesem Kapitel besprochen haben.

Ein Dual-Homed-Host kann den Verkehr nicht mit derselben Leistung und Flexibilität routen wie ein dedizierter Router. Bei einer einzigen Verbindung niedriger Bandbreite ist das aber auch nicht notwendig. Abhängig vom Betriebssystem und der verwendeten Software ist Paketfilterung möglich oder nicht. Einige der erhältlichen Pakete für Schnittstellen-Software, wie das erwähnte Morning Star PPP-Paket, verfügen über recht gute Möglichkeiten zur Paketfilterung. Da der äußere Router sowieso kaum Paketfilterung durchführt, spielt es keine besondere Rolle, wenn das verwendete Schnittstellenpaket nur über eine begrenzte Funktionalität zur Paketfilterung verfügt.

Im Gegensatz zum Zusammenlegen des inneren und äußeren Routers entstehen beim Zusammenlegen des Bastion-Hosts mit dem äußeren Router, wie in Abbildung 4-8 gezeigt, keine neuen, bedeutsamen Angriffspunkte. Die exponierte Stellung des Bastion-Hosts wird weiter ausgebaut. Bei dieser Architektur steht der Bastion-Host dem Internet in höherem Maße offen, wobei er nur durch die Filterung geschützt ist, die sein eigenes Schnittstellenpaket durchführt (sofern überhaupt vorhanden). Sie müssen dann für weitere Schutzmaßnahmen sorgen.

Das Zusammenlegen des Bastion-Host und des inneren Routers ist gefährlich

Wie wir im vorigen Abschnitt dargelegt haben, ist das Zusammenlegen des Bastion-Host und des äußeren Routers durchaus in Ordnung. Es ist dagegen keine gute Idee, wie Abbildung 4-9 zeigt, den Bastion-Host und den inneren Router zu vereinen. Die Sicherheit wird dadurch insgesamt gefährdet.

Bastion-Host und äußerer Router haben unterschiedliche Schutzfunktion; sie ergänzen einander, unterstützen einander jedoch nicht direkt. Der innere Router fungiert teilweise als Absicherung der beiden.

Durch das Zusammenfassen von Bastion-Host und innerem Router verändert sich die Firewall-Konfiguration ganz grundlegend. Im ersten Fall bei getrenntem Bastion-Host und inneren Router handelt es sich um eine Firewall-Architektur mit überwachtem Teilnetz. Bei dieser Art der Konfiguration findet im Grenznetz für den Bastion-Host kein rein interner Verkehr statt, so daß dieser Verkehr auch vor Schnüfflern verschont bleibt, wenn der Bastion-Host erfolgreich angegriffen wurde; um in das interne Netz zu gelangen, hat der Eindringling immer noch den inneren Router zu überwinden. Im zweiten Fall bei zusammengelegtem Bastion-Host und inneren Router liegt eine Firewall-Architektur mit überwachtem Host vor. Bei dieser Art der Konfiguration gibt es zwischen Ba-

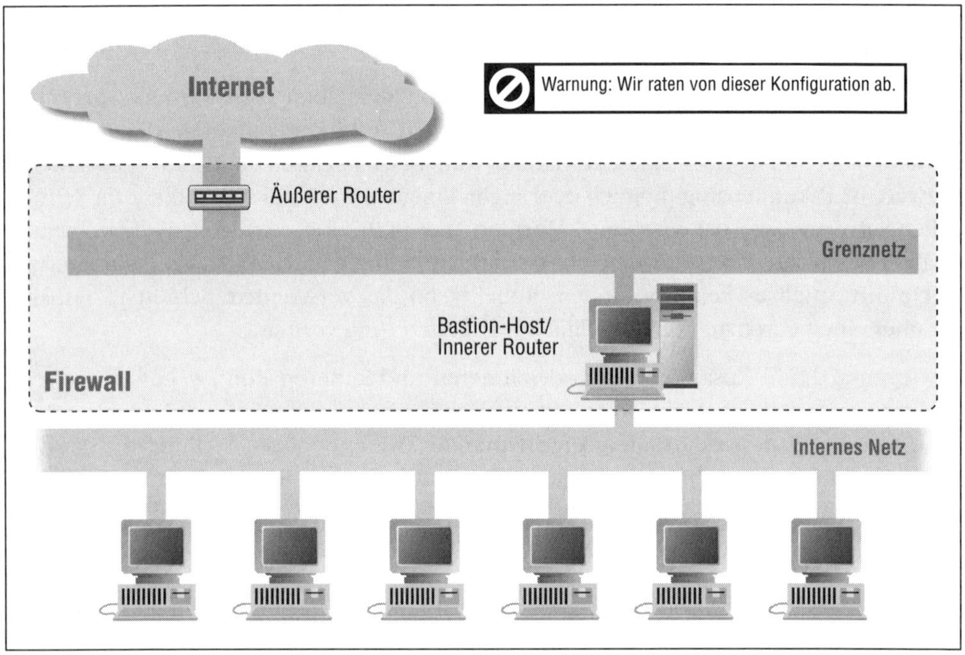

Abb. 4-9: Architektur mit zusammengelegtem Bastion-Host und innerem Router.

stion-Host und innerem Router keine weiteren Sicherheitsbarrieren gegen einen Eindringling in den Bastion-Host.

Eine der wichtigsten Aufgaben des Grenznetzes besteht darin, zu verhindern, daß der Bastion-Host internen Verkehr ausspionieren kann. Wenn Sie den Bastion-Host in den inneren Router verlegen würden, wäre er in der Lage, den gesamten inneren Verkehr zu verfolgen.

Mehrere innere Router sind gefährlich

Es ist prinzipiell keine gute Idee und verursacht in der Regel zahlreiche Schwierigkeiten, das Grenznetz über mehrere Router an verschiedene Teile des internen Netzes anzuschließen.

Die grundlegende Gefahr besteht darin, daß die Routing-Software an einem internen System entscheidet, daß der schnellste Weg zu einem anderen internen System über das Grenznetz führt. Wenn Sie Glück haben, funktioniert dieser Ansatz einfach deshalb nicht, weil er durch die Paketfilterung auf einem der Router blockiert wird. Wenn Sie

Pech haben, ist er erfolgreich und Verkehr mit vertraulichen und rein internen Daten fließt über das Grenznetz. Dort kann er dann von jemandem mitgehört werden, dem es gelingt, in den Bastion-Host einzudringen.

Außerdem ist es schwierig, mehrere innere Router korrekt konfiguriert zu halten. Der innere Router verfügt über den wichtigsten und komplexesten Satz von Paketfiltern. Mit zwei solchen Routern verdoppelt sich die Wahrscheinlichkeit für Fehler in den Regelsätzen.

Trotz allem könnten Sie zu dem Schluß gelangen, daß dies die richtige Lösung für Sie ist. In einem umfangreichen internen Netz schmälert der Einsatz nur eines inneren Routers unter Umständen nicht nur die Leistung, sondern auch die Zuverlässigkeit. Wenn Sie Redundanz zu schaffen versuchen, ist diese singuläre Schwachstelle äußerst ärgerlich. Die sicherste und redundanteste Methode wäre hier, jeden der inneren Router an ein anderes Grenznetz mit eigenem äußeren Router anzuschließen; wir befassen uns im Verlauf dieses Kapitels noch mit dieser Konfiguration. Diese Konfiguration ist komplexer und teurer, erhöht aber sowohl die Redundanz als auch die Leistung. Es ist sehr unwahrscheinlich, daß versucht wird, Verkehr zwischen die inneren Router zu lenken (wenn das Internet die kürzeste Route zwischen zwei Bestandteilen des internen Netzes ist, dann haben Sie weit schlimmere Probleme als die meisten Standorte) und es ist extrem unwahrscheinlich, daß der Versuch erfolgreich ist (vier Sätze von Paketfiltern kümmern sich darum, den Verkehr auszuschließen).

Wenn Sie mehrere innere Router ausschließlich aus Leistungsgründen erwägen, sind die Kosten für getrennte Grenznetze und äußere Router schwer zu rechtfertigen. In den meisten Fällen stellt aber nicht der innere Router den Leistungsengpaß dar. Ist er es doch, liegt eine der folgenden Situationen vor:

- Es fließt viel Verkehr zum Grenznetz, der dann nicht in das externe Netz weiterführt.
- Das äußere Gateway ist wesentlich schneller als das innere.

Im ersten Fall haben Sie etwas falsch konfiguriert. Bei manchen Konfigurationen kann im Grenznetz hin und wieder Verkehr auftreten, der nicht für die Außenwelt bestimmt ist, z.B. DNS-Anfragen über externe Rechner, wobei die Informationen zwischengespeichert werden. Diese Sorte Verkehr sollte jedoch keine Rolle spielen. Im zweiten Fall sollten Sie sich ernsthafte Gedanken über eine Erweiterung des inneren Routers machen, um seine Leistungsfähigkeit an den äußeren Router anzupassen. Die Anschaffung eines zweiten inneren Routers ist hier nicht empfehlenswert.

Abbildung 4-10 zeigt eine grundlegende Architektur mit mehreren inneren Routern.

Mehrere innere Router sind auch dann zu erwägen, wenn Sie über mehrere interne Netze verfügen, die aus technischen, organisatorischen oder politischen Gründen nicht

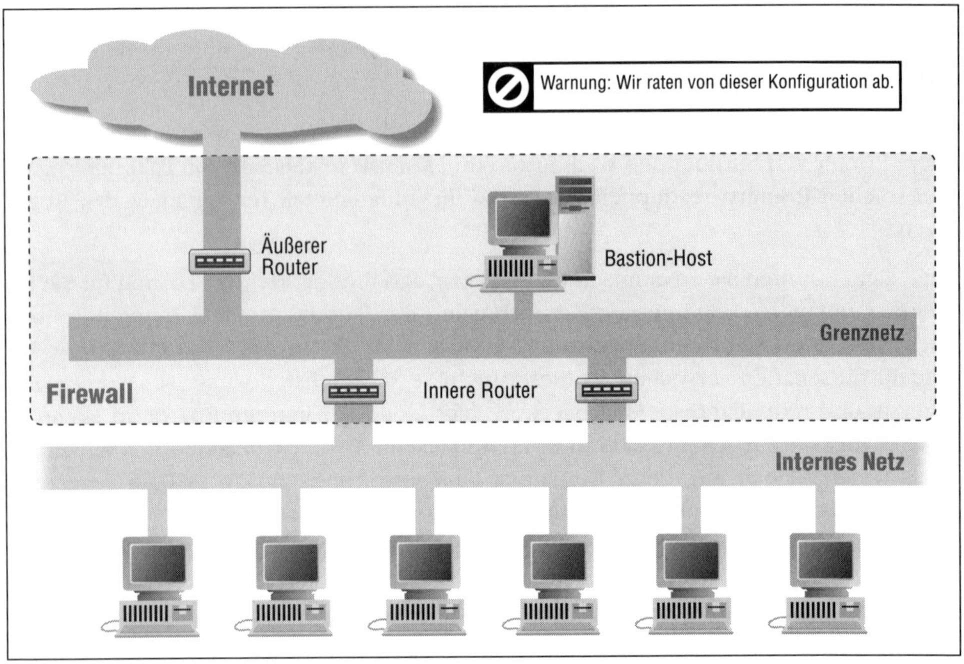

Abb. 4-10: Architektur mit mehreren inneren Routern.

einen einzigen Router gemeinsam benutzen können. Wie Abbildung 4-11 zeigt, lassen sich diese Netze am einfachsten durch getrennte Schnittstellen an ein und demselben Router unterbringen. Die Konfiguration des Routers wird dadurch um einiges komplizierter, wie kompliziert, hängt in erster Linie vom jeweiligen Router ab. Wir gehen darauf in Kapitel 6 genauer ein. Sie vermeiden aber die mit der Konfiguration mehrerer innerer Router einhergehenden Risiken. Wenn die Netze für einen einzigen Router zu zahlreich sind oder die gemeinsame Nutzung des Routers aus anderen Gründen nicht akzeptabel ist, sollten Sie ein internes Backbone in Betracht ziehen und dieses über einen einzigen Router an das Grenznetz anschließen. Abbildung 4-12 zeigt diese Konfiguration.

Vielleicht sind Sie der Ansicht, daß sich verschiedene Sicherheitsmaßnahmen am effektivsten in den verschiedenen internen Netzen durchsetzen lassen, wenn diese über getrennte Router an das Grenznetz angeschlossen sind, z.B. falls ein Netz Verbindungen zuläßt, die ein anderes als unsicher erachtet. In diesem Fall sollte das Grenznetz die *einzige* Verbindung zwischen den internen Netzen darstellen; es sollte kein Verkehr mit vertraulichen Daten zwischen ihnen stattfinden; und die internen Netze sollten einan-

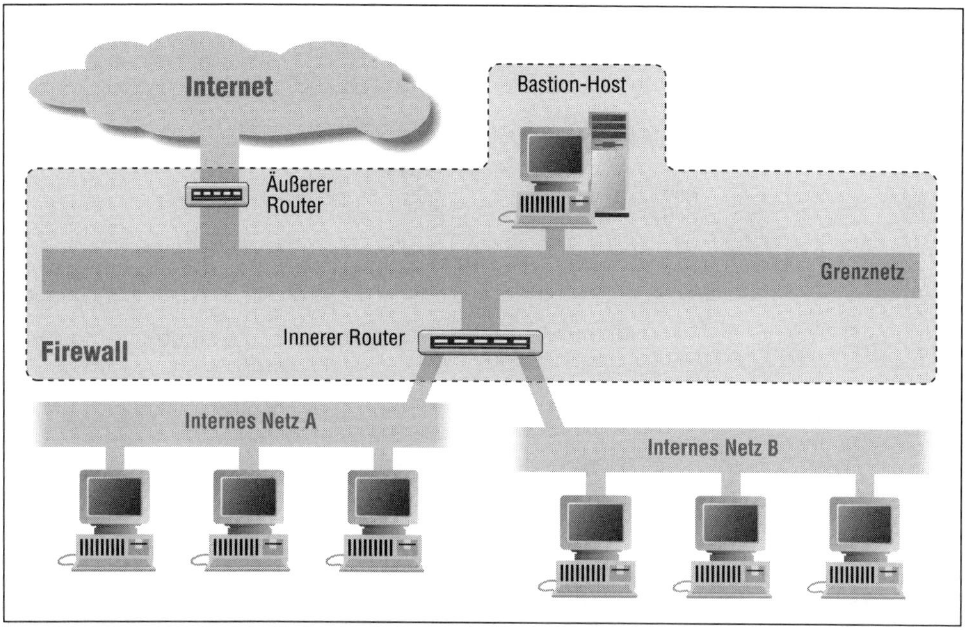

Abb. 4-11: Mehrere interne Netze (getrennte Schnittstellen in einem einzigen Router).

der wie nicht vertrauenswürdige, externe Netze behandeln. Für Benutzer in einem der Netze ist diese Vorstellung wahrscheinlich ziemlich ungewohnt. Alles andere aber würde die Sicherheit des Standorts an sich gefährden oder die Unterscheidung aufheben, wegen der Sie die beiden Router ursprünglich eingerichtet haben.

Wenn Sie sich dazu entschlossen haben, die mit mehreren inneren Routern einhergehenden Risiken in Kauf zu nehmen, können Sie diese Risiken verringern, indem Sie alle inneren Router von derselben Gruppe verwalten lassen, so daß nicht einander widersprechende Sicherheitsmaßnahmen durchgesetzt werden. Sie sollten zudem stets darauf achten, ob interner Verkehr über das Grenznetz stattfindet und, falls vorhanden, sofort dessen Ursache ausfindig machen und beseitigen.

Mehrere äußere Router sind OK

In manchen Fällen ist es sinnvoll, mehrere äußere Router an dasselbe Grenznetz anzuschließen. Abbildung 4-13 zeigt eine solche Konfiguration.

Zwei Beispiele:

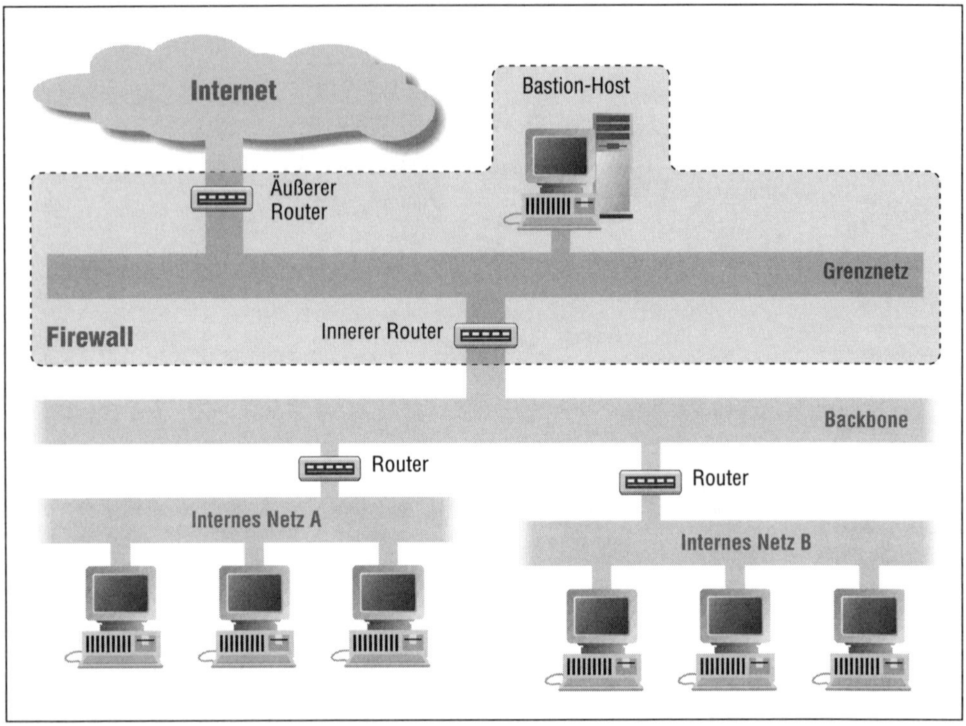

Abb. 4-12: Mehrere interne Netze (Architektur mit Backbone).

- Sie verfügen über mehrere Verbindungen zum Internet, z.B. durch verschiedene Diensteanbieter, um Redundanz zu schaffen.
- Sie besitzen neben einem Internet-Anschluß weitere Verbindungen zu anderen Standorten.

In diesen Fällen könnten Sie auch einen äußeren Router mit mehreren äußeren Netzschnittstellen einsetzen.

Mehrere äußere Router, die in dasselbe externe Netz wie z.B. zu zwei verschiedenen Internet-Providern führen, stellen kein ernsthaftes Sicherheitsproblem dar. Sie können sogar unterschiedliche Filterregeln aufweisen, ohne daß sich dadurch irgendwelche Probleme ergeben. Die Gefahr eines Einbruchs wird mit zwei äußeren Routern zwar verdoppelt, das Eindringen in einen äußeren Router stellt aber keine besondere Bedrohung dar.

Die Situation wird komplizierter, falls die Verbindungen zu verschiedenen Orten führen, wenn z.B. eine ins Internet geht und eine zu einem Standort, mit dem Sie zusammen-

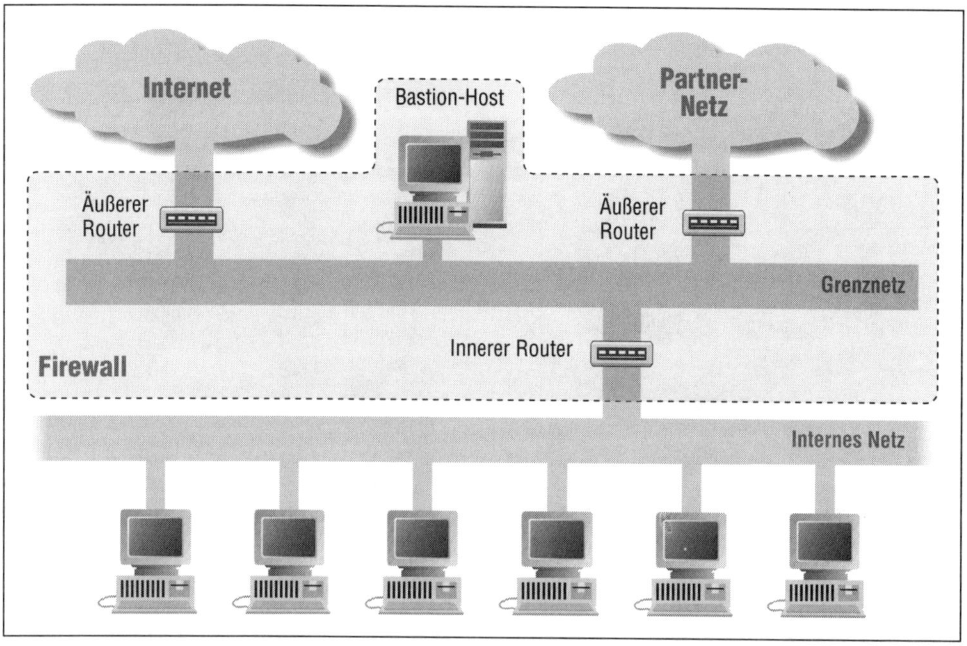

Abb. 4-13: Architektur mit mehreren äußeren Routern.

arbeiten, der aber eine höhere Bandbreite erfordert. Um herauszufinden, ob eine solche Architektur hier angebracht ist, sollten Sie sich folgendes fragen: Welchen Verkehr könnte jemand abhören, wenn er in einen Bastion-Host in diesem Grenznetz einbricht? Kann ein erfolgreicher Eindringling vertrauliche Daten zwischen Ihrem Unternehmen und seinen Zweigstellen oder Filialen ausspionieren? Ist das der Fall, sollten Sie eher die Installation mehrerer Grenznetze erwägen statt mehrere externe Router auf einem einzigen Grenznetz einzurichten. Wir zeigen diese Konfiguration im nächsten Abschnitt.

Beim Einrichten von Verbindungen zu externen Netzen, zu denen Sie besondere Beziehungen haben, gibt es weitere nicht unerhebliche Probleme. Wir befassen uns damit in diesem Kapitel im Abschnitt »Interne Firewalls«.

Mehrere Grenznetze sind OK

Wie bereits erwähnt, ist in bestimmten Situationen eine Konfiguration mit mehreren Grenznetzen sinnvoll. Abbildung 4-14 zeigt diese Architektur.

Vielleicht entscheiden Sie sich für mehrere Grenznetze, um Redundanz zu schaffen. Es ergibt keinen besonderen Sinn, für zwei Internet-Anschlüsse zu zahlen und diese dann

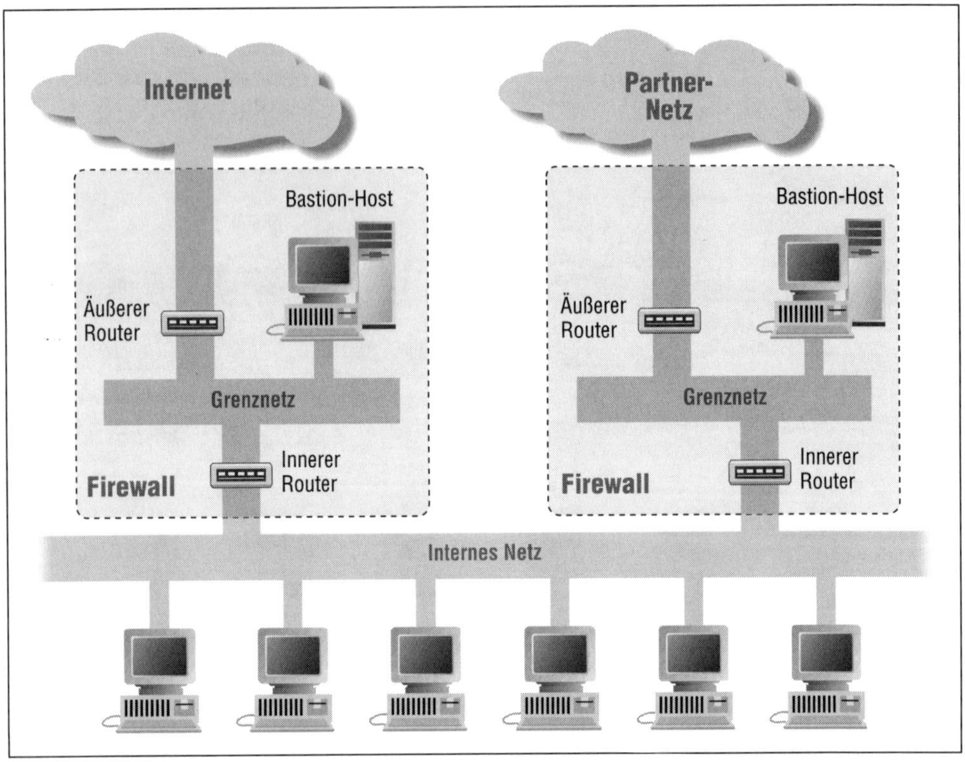

Abb. 4-14: Architektur mit mehreren Grenznetzen (mehrere Firewalls).

über den- oder dieselben Router laufen zu lassen. Mit zwei äußeren Routern, zwei Grenznetzen und zwei inneren Routern stellen Sie sicher, daß zwischen Ihnen und dem Internet keine singuläre Schwachstelle liegt.[1]

Diskretion zu wahren, kann ein weiteres Motiv für mehrere Grenznetze sein. Sie können dann über das eine Grenznetz nicht allzu vertrauliche Daten austauschen und über das andere den Internet-Anschluß herstellen. In diesem Fall können Sie sogar beide Grenznetze an denselben inneren Router anschließen.

Mehrere Grenznetze sind zwar weniger riskant als mehrere innere Router, die im selben internen Netz liegen. Die Wartung aber ist problematisch. Sie werden wahrscheinlich mehrere innere Router einrichten, die dann auch alle gefährdet sind. Diese Router müs-

1. Natürlich unter der Voraussetzung, daß Ihre beiden Internet-Provider unterschiedliche Kabel benutzen, die auch in getrennten Schächten verlaufen. Unterschätzen Sie die Schäden nicht, die bei Bauarbeiten entstehen können.

sen intensiv betreut werden, damit sie geeignete Sicherheitsmaßnahmen durchführen können. Sind beide ans Internet angeschlossen, müssen Sie dieselben Maßnahmen durchsetzen.

Dual-Homed-Hosts und überwachte Teilnetze sind OK

Sie können die Sicherheit erheblich erhöhen, indem Sie die Architektur mit Dual-Homed-Host und die Architektur mit überwachtem Teilnetz kombinieren. Dazu spalten Sie das Grenznetz auf und fügen einen Dual-Homed-Host ein. Die Router bieten Schutz vor gefälschten Daten und vor Fehlern dort, wo der Dual-Homed-Host mit dem Routen beginnt. Der Dual-Homed-Host bietet feiner abgestufte Kontrollmöglichkeiten über die Verbindungen als Paketfilterung. Diese Kombination liefert einen Firewall, der ausgezeichneten und vielschichtigen Schutz gewährleistet. Der Dual-Homed-Host muß jedoch sorgfältig konfiguriert werden, damit alle Möglichkeiten wirklich genutzt werden können. Es hat keinen Zweck, bloß einfache Proxies ablaufen zu lassen.

Interne Firewalls

In diesem Buch gehen wir fast immer davon aus, daß Sie einen Firewall aufbauen, um Ihr internes Netz vor dem Internet zu schützen. In manchen Situationen möchten Sie vielleicht auch verschiedene Abschnitte Ihres internen Netzes voreinander schützen. Dazu gibt es einige Anlässe:

- Sie verfügen über Netze zu Test- oder Versuchszwecken, in denen sich merkwürdige Dinge abspielen.
- Einige Netze an Ihrem Standort sind nicht so sicher, z.B. Netze für Vorführungen und Schulungen, in denen sich ständig Außenstehende aufhalten.
- Einige Netze an Ihrem Standort sind besonders geschützt, z.B. geheime Entwicklungsvorhaben oder Netze, über die finanzielle Daten oder Mitarbeiterbeurteilungen übertragen werden.

Auch in diesen Fällen lassen sich Firewalls sinnvoll einsetzen. Manchmal ist es angebracht, *interne Firewalls* aufzubauen. Solche Firewalls liegen nicht zwischen einer Organisation und dem Internet, sondern zwischen zwei Bereichen ein und derselben Organisation oder zwischen zwei getrennten Organisationen, die ein Netz gemeinsam nutzen.

Es ist häufig zweckmäßig, zwei Bereiche eines Unternehmens voneinander abzugrenzen. Nicht alle Mitarbeiter nutzen dieselben Dienste und Informationen, und Sicherheitsaspekte spielen in manchen Abteilungen wie z.B. dem Rechnungswesen oft eine größere Rolle als in anderen Bereichen.

Viele Tools und Techniken, die zum Aufbau von Internet-Firewalls verwendet werden, sind auch bei internen Firewalls einsetzbar. Zusätzlich sind jedoch einige besondere Bedingungen zu berücksichtigen.

Labornetze

Bei Labor- und Testnetzen wird meist als erstes an eine Abgrenzung durch einen Firewall gedacht, normalerweise nach der schrecklichen Erfahrung, daß etwas aus dem Labor entwichen und Amok gelaufen ist. Wenn die Leute nicht auf Routern arbeiten, kann dieser Typ Firewall recht einfach sein. Es braucht weder ein Grenznetz noch einen Bastion-Host. Schnüffler stellen keine Gefahr dar, da alle Benutzer sowieso intern sind. Außerdem müssen Sie nur wenige Dienste anbieten, da die Rechner nicht die primären Arbeitsplatzrechner der Leute sind. In den meisten Fällen werden Sie einen Router mit Paketfilterung einsetzen, der Verbindungen zum Testnetz uneingeschränkt zuläßt, aber nur bekanntermaßen sichere Verbindungen aus dem Testnetz heraus erlaubt. Was unter »sicher« zu verstehen ist, hängt nicht von den üblichen Sicherheitsüberlegungen, sondern von der speziellen Verwendung des Testnetzes ab.

Manchmal, beispielsweise beim Testen der Netzbandbreite, möchten Sie Verkehr von außen ausschließen, um die Testergebnisse nicht zu verfälschen. Sie unterbinden dann alle eingehenden Verbindungen und lassen hinausgehende Verbindungen zu.

Beim Testen von Routern ist es wohl am besten, ein völlig abgeschottetes Netz zu verwenden. Zumindest sollten Sie verhindern, daß der Firewall-Router Routing-Informationen vom Testnetz mithört. Zum Testen der Router gibt es zahlreiche Möglichkeiten, die vom Aufbau Ihres Netzes, den Testbedingungen und den verhandenen Routern abhängen, z.B.:

- Verwenden Sie ein anderes Routing-Protokoll als das zu testende, und deaktivieren Sie das zu testende Protokoll vollständig.
- Lassen Sie den Router keine Routing-Daten von der zu testenden Schnittstelle empfangen und Pakete aus dem Routing-Protokoll filtern.
- Legen Sie die Rechner fest, von denen der Router aktualisierte Informationen akzeptieren soll.

Wenn Sie mit mehreren Testnetzen zu tun haben, ist es vielleicht angebracht, dafür ein Grenznetz einzurichten. Jedes Testnetz kann über einen eigenen Router an das Grenznetz angeschlossen werden, wobei die Paketfilterung größtenteils auf dem Router zwischen dem Grenznetz und dem Hauptnetz stattfinden sollte. Falls dann ein Testnetz sei-

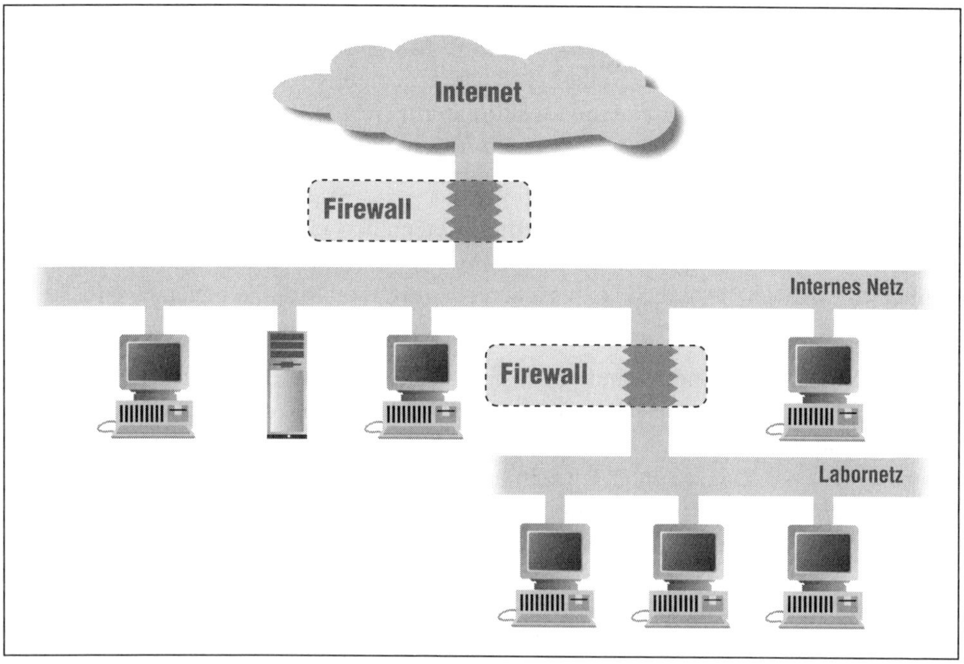

Abb. 4-15: Firewall-Architektur mit einem Labornetz.

nen Router lahmlegt, können die übrigen ohne Beeinträchtigung der Verbindung weiterarbeiten. Abbildung 4-15 zeigt diese Architektur.

Wenn Sie beim Testen externe Verbindungen einbeziehen, muß das Testnetz selbst wie ein externes Netz behandelt werden. Weitere Informationen hierzu finden Sie im Abschnitt »Firewalls für Gemeinschaftsunternehmen«.

Unsichere Netze

Testnetze sind zwar gefährlich, aber nicht unbedingt weniger sicher als andere Netze. In vielen Unternehmen gibt es auch Netze, die ungeschützter sind als die meisten anderen. An einer Universität beispielsweise könnten Netze, die durch die Studentenwohnheime verlaufen, als besonders unsicher erachtet werden; in einem Unternehmen könnten Demonstrationsnetze, Labornetze und Netze für Kundenschulungen als besonders unsicher gelten. Solche unsicheren Netze sind auf jeden Fall enger an die übrigen Unternehmensnetze gebunden als ein wirklich externes Netz.

Zu Netzen, die in Wohnheime und Labors führen, haben Außenstehende erweiterten Zugang und können dort auch eigene Tools einbringen. Solche Netze sind genauso unsicher wie vollständig externe Netze und sollten dementsprechend behandelt werden. Schaffen Sie für solche Netze eine zweite externe Verbindung, d.h. eine neue Verbindung auf Ihrem äußeren Router oder einen neuen äußeren Router, oder richten Sie dafür ein eigenes Grenznetz ein.

Diese Netze haben gegenüber rein externen Netzen den einzigen Vorteil, daß Sie spezielle Software darauf installieren und damit Verschlüsselung effektiv nutzen können. In Kapitel 10 erfahren Sie, wie Sie externen, nicht vertrauenswürdigen Netzen Dienste anbieten.

Vorführ- und Schulungsnetze sind schon zuverlässiger, da Außenstehenden nur ein relativ kurzer Zugang unter Aufsicht gewährt wird und sie keine Tools einspielen können. Dies trifft natürlich nur zu, wenn Sie sicher sein können, daß die Leute wirklich nur einen relativ kurzen Zugang unter Aufsicht haben und keine Tools einspielen können! Um zu verhindern, daß vertrauliche Daten über solche Netze übertragen werden, brauchen Sie noch einen Router mit Paketfilterung oder einen Dual-Homed-Host. Auch werden Sie diese Netze nur an Server anschließen wollen, die Sie für sicher halten. Es könnte jedoch beispielsweise sein, daß Sie von bestimmten Servern NFS-Dienste anbieten wollen. Bei einem Netz, dem Sie überhaupt nicht trauen, wäre das sicher nicht der Fall. Eine Ihrer Hauptaufgaben besteht darin, zu verhindern, daß Ihre vertrauenswürdigen Benutzer unsichere Dinge tun, solange sie in solchen Netzen arbeiten, z.B. sich auf ihrem Rechner einloggen und dann vergessen, sich wieder auszuloggen, oder vertrauliche E-Mail lesen. Um durchzusetzen, daß die unsicherste Art der Nutzung ausbleibt, sollten Sie sich einer Mischung aus Aufklärung und Druck bedienen.

Ein Dual-Homed-Host kann hier auch ohne Proxies gute Dienste leisten. Die Anzahl der Personen, die den Host benutzen müssen, ist eher gering. Dadurch, daß sich die Benutzer einloggen müssen, wird sichergestellt, daß ihnen Warnungen angezeigt werden. Der Host wird zudem keine verlockenden, aber äußerst unsicheren Dienste anbieten. NFS könnten Sie beispielsweise ausschließlich vom Dual-Home-Host aus anbieten, und die Benutzer können die Dateisysteme ihrer primären Arbeitsplatzrechner nicht einhängen.

Besonders sichere Netze

In den meisten Unternehmen gibt es einerseits besonders unsichere Orte und andererseits Stellen, an denen man besonderen Wert auf Sicherheit legt. An Universitäten sind das vielleicht bestimmte Forschungsprojekte oder das Büro des Kanzlers; in kommerziellen Unternehmen betrifft es möglicherweise die Produktentwicklung; fast überall müssen die für Rechnungswesen und Finanzen zuständigen Rechner besonders geschützt werden. Dasselbe gilt für Regierungsgeschäfte, die nicht bereits der höchsten Geheimhaltungsstufe unterliegen.

Netze, die für geheime Aufgaben verwendet werden, müssen - auf jeder Geheimhaltungsstufe - nicht nur sicherer sein, sondern auch allen relevanten gesetzlichen Vorschriften genügen. Ganz allgemein müssen diese Netze von nicht-geheimen Netzen getrennt werden. Auf jeden Fall gehen sie über den Rahmen dieses Buches hinaus. Wenn Sie ein unter Geheimhaltung stehendes Netz einrichten müssen, sollten Sie Ihren Sicherheitsbeauftragten fragen; konventionelle Firewalls genügen den gestellten Anforderungen nicht.[1]

Die zusätzlich erforderliche Sicherheit können Sie erreichen, indem Sie entweder den Verkehr verschlüsseln, der Ihr normales internes Netz durchläuft, oder für den geschützten Verkehr eigene Netze einrichten. Getrennte Netze sind technisch leichter zu bewerkstelligen, solange sich in ihnen getrennte Rechner befinden. Angenommen, Sie haben ein Forschungsprojekt abzusichern, das auf bestimmten Computern realisiert wird, auf denen sich die Leute zur Arbeit an den Projekten einloggen. Dann ist es kein Problem, einen einfachen, aus einem Comptuer bestehenden Firewall einzurichten, wahrscheinlich einen Router mit Paketfilterung. Dieser Firewall behandelt Ihr normales Netz dann wie die unsichere Außenwelt. Da die Laborrechner wohl nur wenige Dienste beanspruchen, ist ein Bastion-Host nicht notwendig. Ein Grenznetz wird nur für äußerst geheime Vorhaben benötigt.

Falls Sie mit Benutzern zu tun haben, deren tägliche Arbeit geschützt ist, die aber über keine eigenen Computer für ihre Arbeit verfügen, wird die Implementierung eines getrennten Netzes schon schwieriger. Wenn Sie die betreffenden Rechner in ein sichereres Netz stellen, können die Benutzer nicht so einfach mit den anderen Leuten am Standort zusammenarbeiten. Außerdem benötigen Sie einige Dienste. Sie brauchen hier also einen kompletten Bastion-Host und damit vermutlich ein Grenznetz, in dem Sie ihn unterbringen können. Es ist bestechend, die Rechner an *zwei* Netze anzuschließen, an das sichere und an das unsichere Netz. Vertrauliche Daten könnten dann über das eine Netz gesendet werden, während die Kommunikation mit den übrigen Bereichen des Standorts über das andere erfolgen würde. Die Konfiguration eines solchen Arrangements wäre jedoch ein Alptraum. Wenn die Computer gleichzeitig an beide Netze angeschlossen wären, wäre im Grunde jeder Rechner ein Dual-Homed-Host-Firewall, mit allen damit einhergehenden Wartungsschwierigkeiten. Falls die Rechner nur an ein Netz gleichzeitig angeschlossen werden können, ist die Sache sicherer. Die Konfiguration der Rechner ist für Sie jedoch umbequem, und für die Benutzer ist es unbequem, ständig hin- und herzuwechseln.

1. Wenn Ihnen kein Sicherheitsbeauftragter zur Seite steht, haben Sie bestimmt auch kein geheimes Netz.

An einer Universität, die in der Regel nicht mit einem einzigen zusammenhängenden Netz beginnen kann, ist es vermutlich möglich, das Büro des Kanzlers und die Finanzleute in sichere Netze zu stellen, die durch Firewalls gegen die übrigen Universitätsbereiche abgeschottet sind. Wenn Sie für ein Unternehmen oder eine Regierungsstelle tätig sind, wo ein Großteil der Leute in derselben Umgebung arbeitet, sollten Sie statt dessen eine Verschlüsselung der Anwendungen ins Auge fassen.

Firewalls für Gemeinschaftsunternehmen

Manchmal schließen sich Unternehmen zweckgebunden zusammen, beispielsweise um ein bestimmtes Projekt gemeinsam zu realisieren. Während der Dauer des Projekts müssen sie Rechner, Daten und andere Ressourcen gemeinsam nutzen können. IBM und Apple haben sich beispielsweise für die Entwicklung des PowerPC zusammengetan (ein Personal Computer mit einem gemeinsam entwickelten Betriebssystem). Dieses Gemeinschaftsprojekt bedeutet für IBM und Apple nicht, daß sie beabsichtigen, ihre Unternehmen zusammenzuschließen oder einander alle Operationen offenzulegen.

Die beiden Parteien bleiben Konkurrenten, auch wenn sie beschlossen haben, einander im Rahmen dieses Projekts zu vertrauen. Sie möchten also nur einen Bruchteil ihrer Systeme und Informationen offenlegen. Das hat nicht unbedingt mit gegenseitigem Mißtrauen zu tun, sondern rührt auch von der Unsicherheit her, einzuschätzen, wie gut die Sicherheitsvorkehrungen der anderen Partei sind. Sie wollen nicht riskieren, daß ein Eindringling, der erfolgreich in das System der jeweils anderen Partei eingebrochen ist, durch das Gemeinschaftsprojekt in die Lage versetzt wird, einen Weg in das eigene System zu finden. Dieser Sicherheitsaspekt ist immer problematisch, auch wenn die Zusammenarbeit nicht unter Konkurrenten stattfindet.

Vielleicht möchten Sie auch eine Verbindung zu einem externen Auftragnehmer herstellen. Eine ganze Reihe von Dienstleistungen ist auf Datenübermittlung angewiesen, von Versandfirmen (Sie teilen mit, was zu vertreiben ist, und man informiert Sie über die durchgeführten Aufträge) über Architekturbüros (Sie liefern die Spezifikationen und erhalten die Entwürfe) bis zu Chip-Herstellern (Sie senden das Chip-Design und beziehen Informationen über das Stadium des Fertigungsprozesses). Diese externen Auftragnehmer stellen in keinerlei Hinsicht eine Konkurrenz dar, arbeiten jedoch häufig auch für diese. Ihre Geschäftspartner sind sich wohl über die Vertraulichkeit der Geschäftsbeziehungen im klaren und bemühen sich so gut sie können, die überlassenen Informationen zu schützen. Läuft das Routing aber irgendwie verkehrt, wandern von Ihnen stammende Daten durch die Netze der Auftragnehmer, die Sie nicht explizit dorthin gesendet haben. Die Auftragnehmer registrieren das vermutlich gar nicht, so daß Ihre Daten gefährdet sind.

Das hört sich ziemlich weit hergeholt an, scheint aber nicht selten vorzukommen. Ein Unternehmen stellte ziemlich verblüfft fest, daß sich in seinem Netz Routen für das interne Netz eines Konkurrenten befanden. Noch rätselhafter war, daß Verkehr auf diesen Routen stattfand. Es stellte sich heraus, daß die kürzeste Route zwischen diesem Unternehmen und seinem Konkurrenten über einen gemeinsamen externen Auftraggeber verlief. Die Daten waren zwar nicht vertraulich, da es sich um Informationen handelte, die über das Internet gesendet worden wären. Die Verbindung zum externen Auftragnehmer wurde aber auch nicht wie eine Internet-Verbindung behandelt. Der Geschäftspartner selbst war nicht ans Internet angeschlossen, und niemand wäre auf die Idee gekommen, daß er ein Zwischenglied zwischen ans Internet angeschlossenen Kunden darstellen könnte. Beide Unternehmen wurden völlig unerwartet mit ungeschützten Schwachstellen konfrontiert.

In solchen Situationen schränkt ein interner Firewall die exponierte Stellung ein. Er bietet einen Mechanismus zur gemeinsamen Nutzung von Ressourcen, wobei er die meisten Ressourcen schützt. Bevor Sie mit dem Aufbau eines internen Firewalls beginnen, sollten Sie sich völlig im klaren darüber sein, was gemeinsam genutzt, was geschützt und was darüber hinaus eingerichtet werden soll. Beantworten Sie sich folgende Fragen:

- Was genau wollen Sie erreichen, wenn Sie ihr Netz an das Netz eines anderen Unternehmens anschließen? Von der Antwort auf diese Frage hängt ab, welche Dienste Sie anbieten müssen und, damit verbunden, welche Dienste blockiert werden sollten.
- Möchten Sie bloß private E-Mail oder Dateien mit dem anderen Unternehmen austauschen, ohne daß dazu eine Kommunikation über das Internet notwendig ist? Wenn das alles ist, brauchen Sie unter Umständen nur eine Wählverbindung für UUCP und keine IP-Verbindung zwischen den betreffenden Netzen.
- Sind Sie gerade dabei, eine vollständige Arbeitsumgebung für ein Gemeinschaftsprojekt einzurichten, in der die teilnehmenden Mitarbeiter beider Unternehmen zusammenarbeiten können und außerdem noch Zugang zu den eigenen Arbeitsplatzrechnern haben, welche vor den übrigen Unternehmensbereichen geschützt werden müssen? In diesem Fall benötigen Sie eigentlich zwei Firewalls: zwischen dem Netz für das Projekt und jeder der beiden Firmen.
- Schwebt ihnen irgend etwas zwischen diesen beiden Modellen vor? Welche Firewall-Techniken für Sie geeignet sind, hängt sehr eng mit Ihren Bedürfnissen und Sicherheitsvorstellungen zusammen.

Ein gemeinsam genutztes Grenznetz für distanzierte Beziehungen

Gemeinsam genutzte Grenznetze sind kein schlechter Weg, um Gemeinschaftsnetze aufzubauen. Jede Partei kann im Grenznetz zwischen den beiden Unternehmen einen Router unter eigener Kontrolle installieren. Bei manchen Konfigurationen gibt es im Grenznetz keinen Bastion-Host, sondern nur diese beiden Router. Das »Netz« könnte dann statt aus Ethernet oder einer anderen Art von lokalem Netz einfach aus einer sehr schnellen seriellen Leitung, d.h. mit 64 KBit/s oder mehr, zwischen den beiden Routern bestehen.

Bei einem externen Geschäftspartner ist die Methode sehr empfehlenswert. Denn diese Leute kennen sich in der Vernetzung meist nicht besonders gut aus und könnten auf die Idee kommen, aus ökonomischen Gründen mehrere Kunden an dasselbe Grenznetz anzuschließen. Ist das Grenznetz ein Ethernet oder etwas Vergleichbares, kann jeder Kunde, der zu seinem in diesem Grenznetz liegenden Router gelangt, auch den Verkehr für die anderen Kunden im Grenznetz abhören. Und bei einigen Anbietern besteht dieser Verkehr fast mit Sicherheit aus vertraulichen Informationen der Konkurrenz. Um gegenseitiges, wenn auch nur versehentliches Abhören zu verhindern, ist es angebracht, als »Grenznetz« zwischen dem externen Auftragnehmer und jedem seiner Kunden eine Punkt-zu-Punkt-Verbindung herzustellen und kein von mehreren Kunden gemeinsam genutztes Grenznetz einzurichten.

Ein interner Firewall mit oder ohne Bastion-Hosts

Im Grenznetz zwischen zwei Unternehmen ist nicht immer ein Bastion-Host notwendig. Ob Sie einen Bastion-Host benötigen, hängt davon ab, welche Dienste für Ihren Firewall erforderlich sind und wie weit die Unternehmen einander vertrauen. Bei Geschäftsbeziehungen zu externen Auftragnehmern sind Bastion-Hosts im Grenznetz selten notwendig. Meist senden Sie die Daten über ein bestimmtes Protokoll und können das angemessen mit einem überwachten Host schützen.

Sofern die Unternehmen einander und darüber hinaus den Sicherheitsvorkehrungen des jeweils anderen halbwegs vertrauen, ist es unter Umständen sinnvoll, Paketfilter zu installieren. Clients der anderen Seite können sich dann direkt mit internen Servern, z.B. SMTP- oder DNS–Servern, verbinden.

Wenn die Unternehmen einander jedoch nicht über den Weg trauen, möchte jedes im Grenznetz vielleicht einen Bastion-Host unter eigener Kontrolle und Verwaltung einrichten. Die Daten würden dann von den internen Systemen der einen Partei zu deren Bastion-Host, von dort zum Bastion-Host der anderen Partei und schließlich zu deren internen Systemen gesendet.

Was die Zukunft bringt

Derzeit kommen die ersten Systeme auf den Markt, die man »Firewalls der dritten Generation« nennen könnte. Diese Firewalls kombinieren die Funktionalität und Leistungsfähigkeit von Paketfilterung und Proxy-Systemen zu etwas qualitativ Neuem.

Immer mehr Client- und Server-Anwendungen werden mit unmittelbarer Unterstützung für Proxy-Umgebungen angeboten. Viele WWW-Clients beinhalten beispielsweise Proxy-Fähigkeiten, und zahlreiche Systeme unterstützen wie das SOCKS-Paket während der Laufzeit oder Übersetzung generische Proxy-Systeme.

Systeme zur Paketfilterung werden immer flexibler und leistungsfähiger, z.B. durch dynamische Paketfilterung. Bei der dynamischen Paketfilterung, wie sie das Produkt Checkpoint Firewall-1, der Morning Start Secure Connect Router oder der KarlBridge/KarlBrouter bieten, werden die für die Paketfilterung aufgestellten Regeln vom Router auf bestimmte Auslöser hin »dynamisch« verändert. Ein hinausgehendes UDP-Paket könnte beispielsweise die Erzeugung einer temporären Regel veranlassen, die ein passendes UDP-Antwortpaket hereinläßt.

Die ersten Systeme, die man der »dritten Generation« zuordnen könnte, erscheinen derzeit auf dem Markt. Die Produkte Borderware von Border Network Technologies und Gauntlet 3.0 von Trusted Information Systems[1] beispielsweise sehen von außen wie Proxy-Systeme aus (alle Anfragen scheinen von einem einzigen Host zu kommen), nach innen jedoch stellen Sie sich wie Paketfiltersysteme dar (interne Rechner und Benutzer meinen, daß sie direkt mit den externen Systemen kommunizieren). Sie bringen dieses Wunder zustande, indem sie intern umfassende Daten über die gerade aktiven Verbindungen sammeln und in großem Maßstab Pakete neu schreiben, um beide Seiten mit den entsprechenden Illusionen zu versorgen. Das Produkt KarlBridge/KarlBrouter erweitert die Paketfilterung in andere Richtungen durch Zusätze für Authentifizierung und Filterung auf Anwendungsebene. Dadurch ist eine wesentlich gezieltere Filterung als bei konventionellen Paketfilterroutern möglich.

Gleichzeitig mit den Firewall-Technologien verändern sich auch die dem Internet zugrundeliegenden Technologien. Diese Veränderungen erfordern entsprechende Anpassungen bei den Firewalls.

Das Protokoll IP, das dem Internet zugrunde liegt, wird zur Zeit gründlich überarbeitet. Eine wichtige Motivation hierfür sind die Beschränkungen, die sich durch die vier Byte breiten Rechneradressen und die Blöcke ergeben, in denen sie verteilt werden (aktuell ist Version 4; das bestehende IP wird manchmal auch IPv4 genannt). Das Internet ist in-

1. Von derselben Crew stammt auch das frei erhältliche TIS FWTK, das wir im Verlauf dieses Buches behandeln.

zwischen so erfolgreich und populär, daß vier Bytes einfach nicht mehr ausreichen, um jedem Rechner, der ans Internet angeschlossen werden soll, auch in den nächsten Jahren garantiert eine eindeutige Adresse zuzuweisen. Das liegt insbesondere daran, daß die Adressen an Unternehmen in relativ großen Blöcken ausgegeben werden müssen.

Versuche, dem begrenzten Adreßumfang durch die Ausgabe kleinerer Adreßblöcke zu begegnen (so daß ein größerer Prozentsatz auch wirklich genutzt wird), führen zu Problemen bei Routing-Protokollen. Für beide Schwierigkeiten gibt es vorübergehend Lösungen, die jedoch nicht auf Dauer tragbar sind. Die Schätzungen, wann dem Internet die Adressen ausgehen, schwanken. Die meisten sind sich einig, daß der Adreßraum oder der Routing-Tabellenbereich oder sogar beides wenige Jahre nach der Jahrhundertwende erschöpft sind.

Während man »im Hintergrund« an einer Lösung des Adressenproblems arbeitet, nutzen die Entwickler des neuen IP-Protokolls die Gelegenheit, weitere Verbesserungen vorzunehmen. Das Protokoll, häufig »IPng« für »IP nächste Generation« genannt, wird offiziell als IP Version 6 oder IPv6 eingeführt, sobald die Standards formal angenommen und ratifiziert worden sind. Durch einige der vorgesehenen Verbesserungen ergeben sich unter Umständen fundamentale Änderungen in der Konstruktion und Betriebsweise von Firewalls. Es ist jedoch noch viel zu früh, um die Auswirkungen im einzelnen abzuschätzen. Von High-Tech-Unternehmen einmal abgesehen, wird IPng für die Standorte im Internet frühestens 1997 interessant, wenn nicht erst später. In Kapitel 6 wird IPv6 etwas genauer beschrieben.

Auch die zugrundeliegenden Netztechnologien sind Änderungen unterworfen. Anfällig für Schnüffler sind gegenwärtig die meisten Netze aus mehr als zwei Rechnern, d.h. fast alles außer Wählverbindungen und Standleitungen. Jeder Netzknoten kann zumindest einen Teil der Pakete mithören, die nicht für ihn gedacht sind. Moderne Netztechnologien wie Frame Relay oder Asynchronous Transfer Mode (ATM) übertragen Pakete direkt vom Ursprungs- zum Bestimmungsort, ohne sie der Schnüffelei durch andere Knoten im Netz auszusetzen.

Private IP-Adressen

In der Regel müssen Standorte mit IP-Adressen arbeiten, die ihnen von ihrem Service Provider oder dem im jeweiligen Land angesiedelten Network Information Center (NIC) zugewiesen werden. Diese koordinierte Adreßzuweisung verhindert, daß Standorte beim Erreichen anderer Standorte in Schwierigkeiten geraten, die sich aus der versehentlichen Verwendung mehrfach benutzter IP-Adressen ergeben. Die Koordination macht darüber hinaus Service Providern und anderen für das Routing im Internet zuständigen Stellen das Leben leichter und die Arbeit effizienter.

Leider haben einige Unternehmen IP-Adressen einfach aus dem Nichts geschöpft, weil sie sich nicht mit der offiziellen Zuweisung von IP-Adressen herumschlagen wollten. Diese Ablehnung mag daher rühren, daß sie nicht die gewünschte Anzahl von Adressen erhalten hätten. An Netze der Klasse A beispielsweise ist *äußerst* schwer heranzukommen, da es weltweit nur 126 Netze der Klasse A gibt. Vielleicht haben solche Unternehmen einfach nicht damit gerechnet, daß ihr Netz jemals ans Internet angeschlossen würde. Wenn sie nun *doch* mit den offiziellen Eigentümern ihrer Adressen kommunizieren möchten, sei es über Direktverbindung oder das Internet, ist dies aufgrund von Adreßkonflikten nicht möglich.

RFC 1597[1] berücksichtigt diese seit langem bestehende Praxis und plant bestimmte IP-Adressen zur privaten Nutzung durch Unternehmen ein (Klasse A: Netz 10; Klasse B: Netze 172.16 bis 172.31; Klasse C: Netze 192.168.0 bis 192.168.255). Diese Adressen werden niemals offiziell zugewiesen und sollten niemals außerhalb eines Firmennetzes verwendet werden.

Wie RFC 1627[2] (eine Weiterführung von RFC 1597) aufzeigt, beschäftigt sich RFC 1597 nicht wirklich mit dem Problem. Das Dokument kodifiziert das Problem lediglich, so daß es später einmal leichter anzugehen ist. Wenn sich ein Standort für diese privaten Adressen entschieden hat, muß er mit Problemen rechnen, sobald er ans Internet angeschlossen wird. Alle Verbindungen müssen dann über Proxy-Dienste verwaltet werden, da die privaten Adressen nicht ins Internet hinausgehen dürfen. Schwierigkeiten ergeben sich auch, wenn das Unternehmen sich mit einem anderen Unternehmen verbinden möchte, das ebenfalls private Adressen verwendet (z.B. weil das eine Unternehmen vom anderen aufgekauft wurde).

Wir empfehlen, nach Möglichkeit mit registrierten IP-Adressen zu arbeiten. Wenn Sie private IP-Adressen benutzen *müssen,* dann sollten Sie die durch RFC 1597 festgelegten Adressen wählen und sich darüber im klaren sein, daß es irgendwann unter Umständen Probleme gibt. In diesem Buch verwenden wir die IP-Adressen aus RFC 1597 in Beispielen, da sie mit keinen unternehmenseigenen IP-Adressen im Internet in Konflikt geraten.

1. RFCs (Requests for Comments) sind Dokumente über Internet-Standards.
2. RFC 1627 wurde inzwischen von RFC 1918 abgelöst und ist damit überflüssig.

5

Bastion-Hosts

In diesem Kapitel:
- *Grundlagen*
- *Besondere Arten von Bastion-Hosts*
- *Auswahl des Rechners*
- *Wahl eines geeigneten Standplatzes*
- *Plazieren des Bastion-Hosts im Netz*
- *Auswahl der Dienste auf dem Bastion-Host*
- *Keine Benutzerkennungen auf dem Bastion-Host!*
- *Einrichten eines Bastion-Hosts*
- *Betrieb des Bastion-Hosts*
- *Schutz der Maschine und Sicherungskopien*

Der Bastion-Host bestimmt Ihr öffentliches Auftreten im Internet. Sie können ihn sich wie das Foyer eines Gebäudes vorstellen: Besucher dürfen weder die Treppe noch den Fahrstuhl benutzen, können das Foyer aber ungehindert betreten und ihre Wünsche vortragen. Ob ihre Wünsche erfüllt werden, hängt von den Sicherheitsvorkehrungen im Gebäude ab. Genauso wie das Foyer in Ihrem Gebäude ist auch ein Bastion-Host potentiell feindlichen Elementen ausgeliefert. Jeder Außenstehende - ob Freund oder möglicher Feind - muß normalerweise erst eine Verbindung zum Bastion-Host herstellen, bevor er auf ein System oder einen Dienst innerhalb des Firewalls zugreifen kann.

Ein Bastion-Host ist bereits durch die bloße Tatsache gefährdet, daß seine Existenz im Internet bekannt ist. Die Sicherheitsvorkehrungen beim Aufbau und bei der Verwaltung eines Firewalls müssen sich deshalb auf den Bastion-Host konzentrieren. Nicht nur während der Aufbauphase, sondern auch bei laufendem Betrieb sollten Sie sich besonders um die Sicherheit auf diesem Host kümmern. Da der Bastion-Host besonders exponiert ist, benötigt er intensiven Schutz.

Wir sprechen in diesem Kapitel und auch sonst im Buch immer nur vom Bastion-Host im Singular. Das bedeutet aber nicht, daß in einer Firewall-Konfiguration prinzipiell nur ein einziger Bastion-Host vorkommt. Ihre Anzahl hängt von den speziellen Anforderungen und Ressourcen eines Standorts ab, wie wir bereits in Kapitel 4 besprochen haben. Alle Bastion-Hosts werden im Prinzip auf dieselbe Weise eingerichtet - nach den gleichen Grundkonzepten und mit denselben Techniken.

Die verschiedensten Firewall-Konzepte und -Architekturen beziehen Bastion-Hosts ein. Dieses Kapitel beschreibt den Aufbau eines Bastion-Hosts, wobei es keine Rolle spielt, ob Sie den Bastion-Host in einem Firewall mit Paketfilterung, Proxy-Diensten oder einer Mischung beider Verfahren einsetzen. Die Prinzipien und Vorgehensweisen sind ähnlich wie beim Absichern anderer Rechner, gehen jedoch darüber hinaus. Sie sind in derselben oder abgewandelter Form auch auf Rechner anwendbar, die besonders geschützt werden müssen oder anderweitig exponiert sind, z.B. größere Server im internen Netzwerk.

Grundlagen

Halten Sie sich beim Entwurf und Aufbau eines Bastion-Hosts an die beiden folgenden Grundsätze: Gestalten Sie den Bastion-Host so einfach wie möglich, und rechnen Sie jederzeit mit einem Angriff.

Gestalten Sie den Bastion-Host so einfach wie möglich

Je einfacher Ihr Bastion-Host aufgebaut ist, desto leichter ist er zu schützen.

Jeder auf dem Bastion-Host angebotene Dienst kann Software- oder Konfigurationsfehler enthalten, die unter Umständen zu Sicherheitsproblemen führen. Deshalb sollte der Bastion-Host möglichst wenige Aufgaben durchführen. Bei minimalen Zugriffsrechten sollte er gerade so viele Dienste anbieten, wie für seine Rolle unbedingt erforderlich sind.

Rechnen Sie jederzeit mit einem Angriff

Auch wenn Sie sich intensiv um die Sicherheit auf dem Bastion-Host bemühen, können Sie Einbrüche nicht völlig ausschließen. Machen Sie sich darüber keine Illusionen. Wenn Sie vom Schlimmsten ausgehen und dementsprechend planen, haben Sie die größte Chance, Schäden zu verhindern. Behalten Sie die Frage »Was tun, wenn der Bastion-Host gefährdet ist?« immer im Hinterkopf, während Sie die einzelnen Schritte zur Absicherung des Rechners und des übrigen Netzes festlegen.

Warum ist uns dieser Punkt so wichtig? Die Anwort liegt auf der Hand: Der Bastion-Host ist für Angriffe prädestiniert, da er den meisten Kontakt zur Außenwelt hat. Außerdem werden Angriffe auf Ihre internen Systeme aller Wahrscheinlichkeit nach vom Bastion-Host aus durchgeführt, da Außenstehende kaum direkt mit Ihren internen Systemen kommunizieren können. Bemühen Sie sich nach Kräften, erfolgreiche Angriffe auf den Bastion-Host abzuwenden. Behalten Sie dabei aber immer die Frage im Hinterkopf »Was tun, wenn es doch passiert?«.

Wird tatsächlich einmal in den Bastion-Host eingebrochen, müssen Sie verhindern, daß dadurch der ganze Firewall gefährdet wird. Sie sollten die internen Rechner deshalb so konfigurieren, daß diese dem Bastion-Host nur soweit vertrauen, wie es zu seiner Funktionsfähigkeit unbedingt notwendig ist. Dazu müssen Sie sich jeden einzelnen Dienst, den der Bastion-Host internen Rechnern zur Verfügung stellt, genau ansehen und feststellen, welche Zugriffsrechte er wirklich braucht.

Nachdem Sie die erforderlichen Entscheidungen getroffen haben, stehen Ihnen verschiedene Methoden zu ihrer Verwirklichung zur Auswahl. Sie können auf den internen Rechnern beispielsweise Standardverfahren zur Zugangskontrolle wie Paßwörter oder Geräte zur Authentifizierung einrichten. Möglicherweise ist es auch angebracht, den Bastion-Host durch Paketfilterung von den internen Rechnern zu isolieren.

Besondere Arten von Bastion-Hosts

Bei den meisten in diesem Kapitel besprochenen Bastion-Hosts handelt es sich um überwachte Hosts oder um Rechner, die in einem überwachten Teilnetz ihre Dienste anbieten. Es gibt aber auch andere Arten von Bastion-Hosts, die zwar ähnlich konfiguriert werden, aber besondere Anforderungen stellen.

Dual-Homed-Hosts ohne Routing

Ein Dual-Homed-Host ohne Routing ist zwar an mehrere Netze angeschlossen, leitet aber keinen Verkehr zwischen diesen Netzen weiter. Ein solcher Host allein kann schon einen Firewall darstellen oder aber Bestandteil eines komplexeren Firewalls sein. Dual-Homed-Hosts ohne Routing werden im wesentlichen wie andere Bastion-Hosts konfiguriert, erfordern aber zusätzliche Maßnahmen, die sicherstellen, daß auch wirklich kein Routing stattfindet. Diese Maßnahmen werden in diesem Abschnitt beschrieben. Wenn Ihr Firewall lediglich aus einem Dual-Homed-Host ohne Routing besteht, müssen Sie bei seiner Konfiguration die einzelnen Schritte, die für den normalen Bastion-Host erforderlich sind, peinlich genau durchführen.

Einsatz eines Rechners als potentielles Opfer

Vielleicht möchten Sie Dienste ausführen, die sich nur schwer über Proxies oder mit Paketfilterung anbieten lassen. Oder die Dienste sind so neu, daß Sie über deren Sicherheitsaspekte noch keine verläßlichen Informationen besitzen. In solchen Fällen ist manchmal hilfreich, einen eigenen Rechner als potentielles Opfer einzusetzen. Diese

Rechner besitzen keinerlei wichtige Daten und haben auch zu anderen Computern keinen Zugang, den ein Eindringling nutzen könnte. Sie verfügen nur über das absolute Minimum, das zum Anbieten der gewünschten Dienste erforderlich ist. Nach Möglichkeit sollte ein solcher Rechner nur einen einzigen unsicheren oder ungeprüften Dienst anbieten, damit unvorhersehbare Wechselwirkungen ausbleiben.

Rechner, die als potentielle Opfer fungieren, sind weitgehend wie normale Bastion-Hosts konfiguriert mit der Ausnahme, daß sie fast immer das Einloggen von Benutzern gestatten müssen. Die Benutzer verlangen meist nach mehr Diensten und Programmen, als Sie auf einem normalen Bastion-Host konfigurieren würden; beugen Sie sich diesem Druck nach Möglichkeit nicht. Schließlich wollen Sie den Benutzern auf dem zu opfernden Rechner keine angenehme Arbeitsatmosphäre schaffen, an die sie sich womöglich gewöhnen. Der eigentliche Zweck dieses Rechners wäre dann hinfällig. Er muß also jederzeit entbehrlich sein, und wenn er gefährdet ist, sollte das niemanden stören. Lassen Sie sich hier auf keine Kompromisse ein!

Interne Bastion-Hosts

Bei den meisten Konfigurationen hat der führende Bastion-Host spezielle Aufgaben mit bestimmten internen Rechnern zu erledigen. Unter Umständen leitet er elektronische Post an einen internen Mail-Server weiter, spricht sich mit einem internen Namensdienst ab oder reicht Usenet-News an einen internen News-Server durch. Diese Rechner arbeiten dann eigentlich als sekundäre Bastion-Hosts und sollten eher wie der Bastion-Host und nicht wie normale interne Rechner konfiguriert und geschützt werden. Womöglich müssen Sie dort auch mehr Dienste aktiv lassen. Sie sollten jedoch denselben Konfigurationsprozeß durchlaufen.

Auswahl des Rechners

Beim Aufbau eines Bastion-Hosts müssen Sie zuerst einmal entscheiden, welche Art von Rechner Sie verwenden möchten. Der Rechner muß zuverlässig sein, da Ihr Internet-Anschluß bei einem Ausfall des Bastion-Hosts praktisch nicht mehr zu benutzen ist. Außerdem sollte er leicht zu warten und zu konfigurieren sein. Dieser Abschnitt erläutert die wünschenswerten Eigenschaften des Betriebssystems, die erstrebenswerte Geschwindigkeit des Bastion-Hosts und die erforderliche Hardware-Konfiguration.

Welches Betriebssystem ist geeignet?

Den Bastion-Host sollten Sie gut kennen. Schließlich werden Sie den Rechner und das Betriebssystem immer wieder anpassen müssen. Es hat wenig Sinn, sich jetzt mit einem völlig neuen System auseinanderzusetzen. Da ein voll konfigurierter Bastion-Host eine sehr eingeschränkte Umgebung darstellt, erledigen Sie Entwicklungsaufgaben besser auf einem anderen Rechner. Es ist dann sehr hilfreich, wenn Sie die Peripherie des Bastion-Host mit Ihren anderen Rechnern austauschen können. (Das ist nur zum Teil eine Frage der Hardware. Es bringt Ihnen ja nichts, wenn Sie Ihre UNIX-formatierte SCSI-Festplatte an einen Macintosh anschließen können, aber die Daten nicht lesbar sind.)

Sie benötigen einen Computer, der zuverlässig das Spektrum von Internet-Diensten anbieten kann, das Sie Ihren Benutzern zur Verfügung stellen möchten. Außerdem wird gefordert, daß gleichzeitig mehrere Verbindungen aktiv sind. Wenn Ihr Firmennetz ausschließlich aus MS-DOS-, Windows- oder Macintosh-Systemen besteht, müssen Sie für Ihren Bastion-Host unter Umständen eine andere Plattform wie z.B. UNIX oder Windows NT wählen. Es ist gut möglich, daß Sie über Ihre bisherige Plattform nicht alle gewünschten Dienste anbieten oder auf diese zugreifen können, da die entsprechenden Tools für diese Plattform nicht verfügbar sind, also z.B. keine Proxy-Server, Systeme zur Paketfilterung oder nicht einmal Server für Basisdienste wie SMTP und DNS existieren.

UNIX ist das Betriebssystem, das für Internet-Dienste am häufigsten verwendet wird. Für den Aufbau von Bastion-Hosts auf UNIX-Systemen gibt es zahlreiche Tools. Wenn Sie bereits UNIX-Rechner im Einsatz haben, sollten Sie die Verwendung von UNIX für Ihren Bastion-Host ernsthaft erwägen. Auch wenn Sie keine für einen Bastion-Host geeignete Plattform besitzen, und sich sowieso mit einem neuen Betriebssystem beschäftigen müssen, sollten Sie es mit UNIX versuchen. Denn für UNIX gibt es die meisten und leistungsfähigsten Tools zum Aufbau von Bastion-Hosts.

Falls Ihre Multiuser- und IP-fähigen Rechner nicht auf UNIX, sondern z.B. auf VMS basieren, wird die Entscheidung schwierig. Sie können als Bastion-Host wohl einen Ihnen gut bekannten Rechner verwenden, der den Vorteil von Vertrautheit und Austauschbarkeit bietet. Es ist jedoch nicht sehr wahrscheinlich, daß Ihnen in diesem Fall ausreichend leistungsfähige und stabile Tools zum Aufbau von Bastion-Hosts zur Verfügung stehen. Sie müssen dann wohl improvisieren. Wenn Sie Glück haben, werden Sie durch Undurchsichtigkeit einiges an Sicherheit gewinnen. Verlassen Sie sich aber nicht darauf; Ihr Betriebssystem ist vielleicht gar nicht so verworren wie Sie denken. Im Gegenzug verlieren Sie unter Umständen genauso viel oder gar mehr an Sicherheit, da Sie nicht von der Entwicklung profitieren können, die auf UNIX basierende Bastion-Hosts bereits durchgemacht haben. Bei UNIX können Sie aus Ihren eigenen sowie aus den Fehlern anderer Leute lernen.

Wir gehen in diesem Kapitel meist davon aus, daß Sie irgendeine Sorte UNIX-Rechner als Bastion-Host verwenden; in den übrigen Kapiteln dieses Buches stellen wir UNIX nicht so sehr in den Vordergrund. Das liegt einfach daran, daß die meisten Bastion-Hosts tatsächlich UNIX-Rechner sind und einige Details stark vom Betriebssystem abhängen. Die grundlegenden Prinzipien gelten jedoch gleichermaßen für alle Betriebssysteme.

Wenn Sie einen UNIX-Rechner besitzen, stellt sich die Frage nach der Betriebssystemversion. Wieder müssen Sie gegeneinander abwägen, welche Version Ihnen am vertrautesten ist und für welche Version geeignete Tools existieren. Wenn an Ihrem Standort nur eine UNIX-Version verfügbar ist, werden Sie sicher diese Version verwenden. Falls Ihr Unternehmen Erfahrung mit unterschiedlichen UNIX-Versionen hat und für all diese Versionen geeignete Tools vorhanden sind, sollten Sie sich für eine Version entscheiden, die möglichst *un*beliebt, aber gerade noch vertretbar ist. Diese Wahl dürfte Sie sehr zufriedenstellen und die Wahrscheinlichkeit sehr gering halten, daß Angreifer auf vorgefaßten Wegen in Ihren Bastion-Host eindringen. Wenn Ihnen UNIX völlig neu ist, können Sie im Prinzip eine beliebige Version wählen. Sie sollten jedoch darauf achten, daß sie einigermaßen verbreitet ist (vermeiden Sie Angebote wie »Müllers UNIX, heute nur 19,98 DM«). Informieren Sie sich im Zweifelsfall, ob es zu der von Ihnen ins Auge gefaßten UNIX-Version eine User-Gruppe gibt. Dann ist die Version aller Wahrscheinlichkeit nach bekannt und damit auch verläßlich genug.

Im Vergleich zu der sehr unterschiedlichen Offenheit, die UNIX-Anbieter in Sicherheitsfragen an den Tag legen, sind die in bezug auf Sicherheit tatsächlich existierenden Unterschiede zwischen den verschiedenen UNIX-Versionen eher gering. Die Aufmerksamkeit, die Sicherheitslücken im allgemeinen gewidmet wird, läßt keine Rückschlüsse auf ihre eigentliche Bedeutung zu. Sie weist vielmehr auf die Verbreitung des Betriebssystems und die Bereitschaft des Anbieters hin, Sicherheitsprobleme einzugestehen und für ihre Beseitigung zu sorgen. Paradoxerweise ist das Betriebssystem mit den beunruhigendsten Gerüchten oft das sicherste, da diese Probleme bereits bekannt und behoben sind.

Welche Rechnergeschwindigkeit ist angemessen?

Der Bastion-Host muß kein schneller Rechner sein. Es ist sogar besser, wenn er nicht allzu leistungsfähig ist. Neben den Kosten gibt es einige gute Gründe, warum es völlig ausreicht, wenn Ihr Bastion-Host gerade fit genug ist, um seine Arbeit zu erledigen. Es bedarf keiner großartigen Leistung, um die Dienste eines Bastion-Hosts anzubieten.

Es ist durchaus üblich, als Bastion-Hosts Rechner in der Kategorie von 2 bis 5 MIPS einzusetzen, z.B. Sun-3, MicroVAX II oder 80386-basierte UNIX-Plattformen. Das ist eine Menge Leistung für ein durchschnittliches Firmennetz, wo der Bastion-Host eigentlich nicht viel zu tun hat. Sein Arbeitstempo wird in der Regel nicht durch die eigene CPU-

Geschwindigkeit, sondern durch die Geschwindigkeit seiner Verbindung zur Außenwelt bestimmt. Ein Prozessor wird für Mail, DNS, FTP und Proxy-Dienste bei einer Leitung mit 64KBit/s oder 1,5 MBit/s nicht allzu ehr gefordert. Mehr Leistung ist notwendig, wenn Sie Programme zur Kompression und Dekompression (z.B. NNTP-Server) oder für

Nützliche UNIX-Eigenschaften

Jedes Betriebssystem verfügt über besondere Fähigkeiten oder Funktionen, die beim Aufbau eines Bastion-Hosts hilfreich sind. Da wir nicht auf die Fähigkeiten aller Systeme eingehen können, beschränken wir uns auf die Beschreibung einiger UNIX-Eigenschaften, da UNIX eine für den Bastion-Host übliche Plattform ist.

setuid/setgid

Jeder UNIX-Benutzer besitzt neben seinem Login-Namen eine numerische Benutzerkennung (*uid*) und gehört zu einer oder mehreren Benutzergruppen, die auch mit Zahlen (*gids*) bezeichnet werden.Anhand der *uid* und der verschiedenen *gids* zu einer Benutzerin stellt der UNIX-Kernel fest, auf welche Dateien diese zugreifen darf. Normalerweise laufen UNIX-Programme mit den Dateizugriffsrechten der Benutzerin, die das Programm ausführt. Über *setuid* kann ein Programm so eingerichtet werden, daß es unabhängig vom Aufrufer stets mit den Zugriffsrechten des Programmeigentümers ausgeführt wird. *setgid* funktioniert ganz ähnlich; das Programm kann Benutzer zeitweise (solange es ausgeführt wird) als Mitglieder in eine Gruppe aufnehmen, zu der sie normalerweise nicht gehören.

chroot

Mit *chroot* kann ein Programm seine Sicht auf das Dateisystem unwiderruflich ändern, indem es sich eine neue Wurzel für das Dateisystem festlegt. Sobald sich das Programm mit *chroot* auf einen bestimmten Ausschnitt des Dateisystems festgelegt hat, nimmt dieser die Rolle des gesamten Dateisystems ein, soweit es das Programm betrifft. Das übrige Dateisystem existiert für das Programm dann nicht mehr.

Ein Programm vererbt Änderungen an der Umgebung, wie sie von *setuid/setgid* und *chroot* durchgeführt werden, an alle seine Sohnprozesse. Häufig beschränkt man die Möglichkeiten der Programme auf dem Bastion-Host, indem man sie in sogenannte »Wrapper«-Programme einkleidet. Die Wrapper-Programme führen erst einmal alle notwendigen Umgebungsänderungen durch und starten dann das eigentliche Programm. Ein geeignetes Wrapper-Programm ist beispielsweise *chrootuid*, dessen Bezugsqellen in Anhang B angegeben werden.

Suchläufe (z.B. einen voll ausgestatteten WWW-Server) laufen lassen oder wenn Sie Proxy-Dienste für Dutzende von gleichzeitigen Benutzern anbieten.

Sollte sich Ihr Standort zu einem Renner entwickeln, ist mehr Leistung notwendig, um all die Anfragen aus dem Internet angemessen beantworten zu können. Vielleicht haben Sie ja etwas anzubieten, auf das jeder unbedingt zugreifen möchte, z.B. die interessanteste Web-Page oder ein beliebtes und reichhaltig ausgestattetes Anonymous-FTP-Archiv.[1] Hier wären dann auch mehrere Bastion-Hosts zu erwägen, wie wir in Kapitel 4 beschrieben haben. Ein großes Unternehmen mit mehreren Internet-Anschlüssen und stark frequentierten Diensten braucht häufig mehrere Bastion-Hosts und dazu große, leistungsfähige Rechner. Glücklicherweise sind die meisten Firmen in dieser Position gleichzeitig Computer-Hersteller.

Der Bastion-Host sollte aus mehreren Gründen nicht überdimensioniert werden:

- Ein langsamer Computer ist kein besonders reizvolles Ziel. Es ist wenig ruhmreich, in eine Sun 3/60 oder eine ähnlich (zumindest für einen Eindringling) langsame Maschine einzubrechen. Es bringt wesentlich mehr an Prestige, die größte und modernste Hardware auszutricksen. Machen Sie aus Ihrem Bastion-Host also kein Prestige-Objekt – eine Cray ist als Bastion-Host z.B. denkbar ungeeignet.
- Nach einem erfolgreichen Einbruch ist ein langsamer Rechner weniger nützlich, um in interne Systeme oder andere Firmennetze vorzustoßen. Er braucht für die Code-Übersetzung länger, ist wenig hilfreich bei Angriffen auf andere Rechner, bei denen Paßwörter anhand von Wörterbüchern gesucht oder willkürlich ausprobiert werden usw. All diese Faktoren vermindern die Attraktivität des Rechners für Angreifer – und genau das wollen Sie erreichen.
- Für interne Benutzer ist es nicht besonders reizvoll, in eine langsame Maschine einzudringen. Ein schneller Rechner, der einen Großteil seiner Zeit damit verbringt, auf eine langsame Netzverbindung zu warten, ist eine Verschwendung. Sie werden dann unter Umständen von Ihren eigenen Benutzern beträchtlich unter Druck gesetzt, die ungenutzte Leistung für andere Dinge einzusetzen, z.B. als Übersetzungs-, Rendering- oder Datenbank-Server. Die Sicherheit auf einem Bastion-Host kann jedoch nur gewährleistet werden, wenn er nicht für andere Zwecke verwendet wird. Ungenutzte Kapazität auf dem Bastion-Host ist immer eine potentielle Gefahr.

1. Wenn Sie sich in dieser Lage befinden oder in eine solche geraten möchten, dann sollten Sie sich das 1995 bei O'Reilly/International Thomson erschienene Buch *Internet-Server – Einrichten und Verwalten* von Cricket Liu et al. besorgen. Es enthält zahlreiche nützliche Informationen und Ratschläge.

Welche Hardware ist zuverlässig?

Zuverlässige Hardware ist ein wichtiger Punkt, Sie sollten deshalb einen bereits gut eingeführten Rechner mit Peripherie verwenden, die nicht eben erst auf den Markt gekommen ist. Die Hardware muß modern genug sein, damit ausreichend Support gewährleistet ist und Ersatzkomponenten problemlos zu besorgen sind. Die Mittelklasse-Rechner von Ihrem bevorzugten Hersteller dürften gerade richtig sein.

Die CPU-Geschwindigkeit ist nicht so entscheidend. Sie brauchen aber einen Computer, der mehrere Verbindungen gleichzeitig verkraftet. Da dies sehr speicherintensiv ist, benötigen Sie umfangreichen Arbeitsspeicher und wahrscheinlich einen großen Swap-Bereich. Proxy-Dienste, die zwischenspeichern, erfordern außerdem viel freien Plattenspeicher für das Caching.

Hier einige Hinweise in bezug auf die Anforderungen an Band und Festplatte:

- Der Bastion-Host sollte seine Sicherungen nicht auf dem Bandlaufwerk eines anderen Rechners erstellen. Er benötigt deshalb ein eigenes Bandlaufwerk geeigneter Größe. Wir gehen darauf in diesem Kapitel noch ein.
- Ein CD-ROM-Laufwerk ist praktisch, um das Betriebssystem zu installieren und unter Umständen Prüfsummen bereitzustellen. Aktuelle Dateien können mit ihrer Originalfassung auf der CD-ROM verglichen werden. Vielleicht benötigen Sie das CD-ROM-Laufwerk nur am Anfang für die Erstinstallation und -konfiguration des Rechners. Ein zeitweilig von einem anderen Computer »geborgtes« Laufwerk mag deshalb durchaus genügen.
- Sie sollten dafür sorgen, daß Sie die Konfiguration zu Wartungszwecken vorübergehend durch eine weitere Festplatte ergänzen können.
- Die Boot-Platte sollte – wieder zu Wartungszwecken – einfach zu entfernen und an einen anderen Rechner anzuschließen sein.

Wie aus obigen Überlegungen hervorgeht, sollten Sie auf dem Bastion-Host dieselben Plattentypen wie auf Ihren anderen Rechnern verwenden. Es ist beispielsweise nicht sehr hilfreich, wenn der Bastion-Host als einziger Computer in Ihrem Firmennetz mit IPI-Festplatten arbeitet.

Der Bastion-Host benötigt keine tolle Grafik und sollte deswegen darauf verzichten. Er ist schließlich ein Rechner für Netzwerkdienste, und niemand braucht ihn sich anzusehen. Schließen Sie ein einfaches Terminal – je einfacher, desto besser – als Konsole an. Grafik verlockt die Leute bloß dazu, den Computer für andere Zwecke einzusetzen, und Sie erliegen möglicherweise der Versuchung, unsichere Benutzeroberflächen wie das X Window System oder dessen Derivate zu installieren.

Wahl eines geeigneten Standplatzes

Der Standplatz für den Bastion-Host muß physikalisch sicher sein.[1] Dafür gibt es zwei Gründe:

- Es ist unmöglich, einen Computer angemessen gegen Eindringlinge zu schützen, wenn diese physikalischen Zugang zu ihm haben. Es gibt dann einfach zu viele Einbruchsmöglichkeiten.
- Der Bastion-Host übernimmt einen Großteil der eigentlichen Funktionalität Ihres Internet-Anschlusses. Wenn er verschwunden, beschädigt oder gestohlen ist, hat Ihr Firmennetz unter Umständen keinen Kontakt zur Außenwelt mehr. Sie verlieren zumindest den Zugang zu einigen Diensten.

Unterschätzen Sie niemals die Macht menschlicher Dummheit. Auch wenn Sie davon ausgehen, daß jeder den Aufwand und Ärger scheut, sich für Einbruchsversuche physikalischen Zugang zum Rechner zu verschaffen, sollten Sie ihn trotzdem schützen. In jedem Unternehmen gibt es grundsätzlich wohlmeinende Leute, die einem Rechner versehentlich jeden Schutz nehmen oder gar völlig lahmlegen.

Plazieren Sie Ihren Bastion-Host in einem verschlossenen Raum mit geeigneter Klimaanlage und Belüftung. Wenn Sie für Ihren Internet-Anschluß eine unterbrechungsfreie Stromversorgung einrichten, sollten Sie das auch für den Bastion-Host tun.

Plazieren des Bastion-Hosts im Netz

Der Bastion-Host sollte in einem Netz plaziert werden, das keine vertraulichen Daten übermittelt, am besten in einem eigens für den Bastion-Host eingerichteten Netz.

Die meisten Ethernet- und Token Ring-Schnittstellen können *alle* Pakete aus dem Netzwerk abfangen, an das sie angeschlossen sind (*promiscuous mode*). Sie können also nicht nur die Pakete sehen, die an ihren Rechner gerichtet sind. Andere Arten von Netzschnittstellen wie z.B. FDDI können zwar nicht beliebige Pakete abfangen, aber abhängig von der jeweiligen Netzarchitektur zumindest einige der nicht an sie adressierten Pakete.

Diese Möglichkeit ist zur Netzwerkanalyse, zum Testen und zur Fehlersuche durch Programme wie *etherfind* und *tcpdump* recht hilfreich. Leider kann sie auch von einem

1. Das bei O'Reilly & Associates 1996 in zweiter Auflage erschienene Buch *Practical UNIX Security* von Simson Garfinkel und Gene Spafford enthält eine ausgezeichnete und ausführliche Beschreibung physikalischer Sicherheit.

Eindringling mißbraucht werden, um den gesamten in einem Netzsegment stattfindenden Verkehr zu beobachten. Dieser Verkehr besteht unter anderem aus Telnet-, FTP- oder *rlogin*-Sitzungen, aus denen Login-Namen und Paßwörter abgefangen werden können. Darüber hinaus kann er vertrauliche E-Mail, NFS-Zugriffe auf sensitive Dateien usw. enthalten. Sie müssen stets mit dem Schlimmsten rechnen: Der Bastion-Host kann gefährdet sein. Und nach einem erfolgreichen Einbruch ist Ihnen sicher nicht daran gelegen, daß der Bastion-Host diesen Verkehr ausspioniert.

Eine Lösung für dieses Problem besteht darin, den Bastion-Host nicht in ein internes Netz, sondern in ein Grenznetz zu stellen. Wie wir in früheren Kapiteln bereits erläutert haben, bildet ein Grenznetz eine weitere Schutzschicht zwischen Ihrem internen Netz und dem Internet. Das Grenznetz wird vom internen Netz durch einen Router oder eine Bridge getrennt. Alles, was der Bastion-Host in einem Grenznetz zu sehen bekommt, sind Pakete an ihn oder von ihm bzw. ins oder vom Internet. Obwohl dieser Verkehr auch sensitive Daten enthalten kann, wird er in der Regel doch weit weniger vertraulich sein als Ihr übliches internes Netzaufkommen. Außerdem gibt es andere Orte, z.B. bei Ihrem Internet Service Provider, wo bereits viel von diesem Verkehr beobachtet werden kann.

Es hat zusätzliche Vorteile, ein Grenznetz zu verwenden, das durch einen Router mit Paketfilterung vom internen Netz getrennt ist: Es verringert Ihre exponierte Stellung für den Fall, daß in den Bastion-Host eingedrungen wird, da es die Anzahl der Rechner und Dienste reduziert, auf die der Bastion-Host zugreifen kann.

Falls Sie den Bastion-Host nicht in ein Grenznetz stellen können, sollten Sie erwägen, ihn in einem Netz unterzubringen, das nicht abhörgefährdet ist. Dazu eignet sich beispielsweise ein intelligenter 10BaseT-Hub, ein Ethernet-Switch oder ein ATM-Netzwerk. Wenn Sie sich für diese Lösung entscheiden, müssen Sie zudem einige Sorgfalt darauf verwenden, sicherzustellen, daß nichts und niemand dem Bastion-Host vertraut, da es keine weitere Schutzschicht zwischen ihm und dem internen Netz gibt. Der Einsatz einer solchen Netztechnologie für das Grenznetz kombiniert das Beste aus beidem: Wie bei einem konventionellen Grenznetz ist der Bastion-Host von den internen Systemen isoliert, kann den Verkehr im Grenznetz aber nicht ausspionieren.

Auswahl der Dienste auf dem Bastion-Host

Der Bastion-Host verfügt über Dienste, die Ihr Unternehmen zum Internet-Zugang benötigt oder die es im Internet anbieten möchte. Diese Dienste sind nicht sicher genug, um direkt über Paketfilterung angeboten zu werden. Abbildung 5-1 zeigt einen repräsentativen Ausschnitt. Sie sollten auf dem Bastion-Host keine Dienste einrichten, die nicht vom

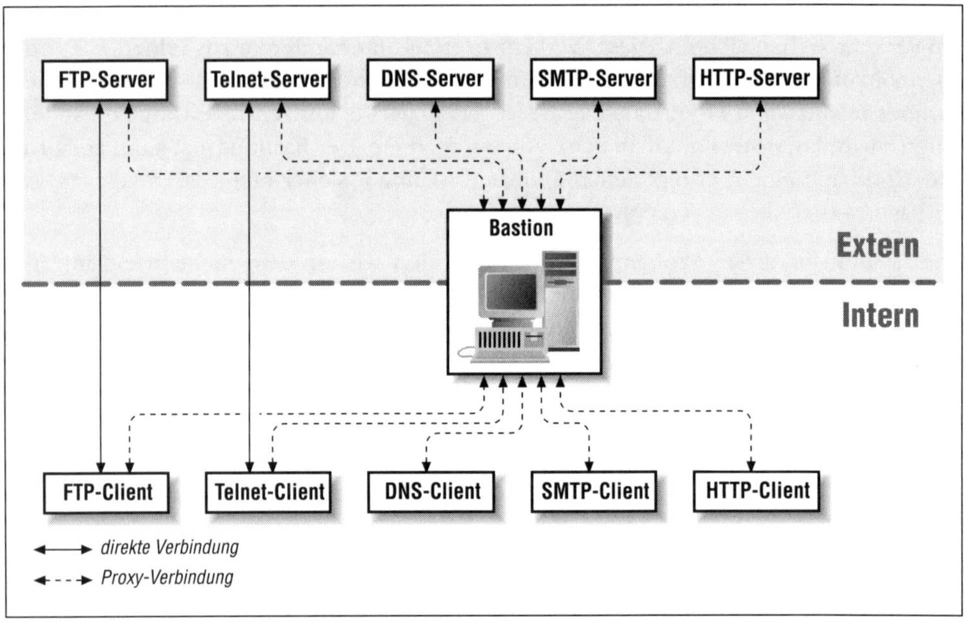

Abb. 5-1: Ein Bastion-Host mit den verschiedensten Internet-Diensten.

oder zum Internet verwendet werden. Er sollte z.B. keine Dienste zum Booten interner Rechner bereitstellen, falls Sie solche Dienste nicht für Rechner im Internet brauchen. Sie müssen immer damit rechnen, daß in den Bastion-Host eingebrochen wird und dann alle Dienste im Internet verfügbar sind.

Die Dienste lassen sich in vier Kategorien unterteilen:

Sichere Dienste
: Dienste dieser Kategorie können über Paketfilterung angeboten werden, falls dieses Konzept eingesetzt wird. Bei einem Firewall, der ausschließlich mit Proxies arbeitet, muß *jeder* Dienst auf dem Bastion-Host angeboten werden, oder man muß darauf verzichten.

Normalerweise unsichere Dienste, die geschützt werden können
: Dienste dieser Kategorie können auf dem Bastion-Host angeboten werden.

Normalerweise unsichere Dienste, die nicht geschützt werden können
: Diese müssen deaktiviert und, falls sie unentbehrlich sind, auf einem Rechner angeboten werden, der als potentielles Opfer eingesetzt wird (siehe oben).

Dienste, die Sie überhaupt nicht oder nicht in Verbindung mit dem Internet benutzen
: Dienste dieser Kategorie müssen Sie deaktivieren.

Wir besprechen die einzelnen Dienste ausführlich in Kapitel 8 und befassen uns hier nur mit den Diensten, die auf Bastion-Hosts am häufigsten angeboten werden bzw. normalerweise nicht erlaubt sind.

Elektronische Post (SMTP) ist ein Basisdienst, den Bastion-Hosts üblicherweise bereitstellen. Zudem möchten Sie vielleicht weitere Informationsdienste anbieten oder auf Sie zugreifen, z.B.:

- FTP - Dateiübertragung
- Gopher - menügesteuerte Recherche
- WAIS - Recherche über Schlüsselwörter
- HTTP - Recherche anhand von Hypertext-Dokumenten (das World Wide Web)
- NNTP - Usenet-News

Um diese Dienste einschließlich SMTP bereitstellen zu können, müssen Sie den Domain Name Service (DNS) anbieten und darauf zugreifen. DNS wird selten direkt verwendet, liegt aber allen anderen Protokollen zugrunde. Er dient der Umsetzung von Rechnernamen in IP-Adressen (und umgekehrt) und liefert zudem andere verteilte Informationen über Standorte und Rechner.

Vielleicht möchten Sie eine Version von *finger* einrichten, die Informationen über Ihr Firmennetz und die Benutzer anbietet. Sie sollten sich genau überlegen, welche Informationen Sie öffentlich machen wollen und den *finger*-Dämon dementsprechend abändern. Kaum einer möchte der ganzen Welt mitteilen, welche Benutzerkennungen auf dem Bastion-Host verfügbar sind und welche davon gerade verwendet werden. Diese Daten sind zwar für Angreifer interessant, nützen aber wirklichen Eindringlingen wenig, da diese an Ihrem gesamten Standort und nicht speziell am Bastion-Host interessiert sind. In Kapitel 8 im Abschnitt über *finger* werden einige modifizierte *finger*-Dämonen beschrieben.

Das bereits erwähnte Buch *Internet-Server - Einrichten und Verwalten* enthält ein interessantes Kapitel darüber, wie Sie Informationen mittels *finger*, *inetd* und Telnet anbieten. Mit einem dort erläuterten Verfahren zum Anlegen von »eingeschränkten Shells« lassen sich standortspezifische Proxy-Dienste mit modifizierten Prozeduren recht einfach erstellen. Diese Dienste ermöglichen es Benutzern innerhalb Ihres Netzes, von einer eingeschränkten Shell auf dem Bastion-Host aus *ping* oder *traceroute* zu externen Rechnern auszuführen.

Zahlreiche LAN-orientierte Dienste haben Schwächen, die Angreifer von außen ausnutzen können. Außerdem bieten alle Dienste Angreifern eine Chance, die erfolgreich in den Bastion-Host eingedrungen sind. Sie sollten deshalb alles deaktivieren, was Sie nicht unbedingt benötigen, und sehr sorgfältig abwägen, was erforderlich ist.

Keine Benutzerkennungen auf dem Bastion-Host!

Falls irgendwie möglich, sollten Sie auf dem Bastion-Host keine Benutzerkennungen zulassen. Solche Kennungen vom Bastion-Host fernzuhalten, bietet den besten Schutz. Dafür sprechen unter anderem folgende Gründe:

- Schwächen der Kennungen
- Anfälligkeit der Dienste, die für die Kennungen erforderlich sind
- Verminderte Stabilität und Zuverlässigkeit des Rechners
- Erschwerte Bedingungen beim Aufdecken von Angriffen

Mit Hilfe von Benutzerkennungen können Eindringlinge relativ leicht in den Bastion-Host einbrechen. Zu einer Kennung gehört üblicherweise ein wiederverwendbares Paßwort[1], das auf die verschiedensten Arten geknackt werden kann, z.B. indem es durch Lauschen im Netz abgefangen wird. Es könnten auch verschiedene Paßwörter willkürlich oder anhand von Wörterbüchern ausprobiert werden.

Um Benutzerkennungen in irgendeiner Form sinnvoll zu nutzen, sind auf dem Bastion-Host Dienste z.B. für Druck oder lokale Postzustellung erforderlich, die anderenfalls deaktiviert werden könnten. Jeder zusätzliche Dienst aber stellt durch Software- oder Konfigurationsfehler einen neuen Angriffspunkt dar.

Benutzerkennungen können darüber hinaus die Stabilität und Zuverlässigkeit des Rechners selbst vermindern. Rechner, die keine Benutzerkennungen unterstützen, laufen relativ vorhersehbar und stabil. Es hat sich vielfach gezeigt, daß Rechner ohne Benutzer fast unbegrenzt ohne Ausfall arbeiten, es sei denn, die Stromversorgung fällt aus.

Auch die Benutzer selbst können auf dem Bastion-Host Sicherheitsprobleme verursachen. Das geschieht zwar (meist) nicht absichtlich, kann das System aber auf vielerlei Arten gefährden. Ein relativ trivialer Fall ist die Auswahl eines ungünstigen Paßworts. Wesentlich komplizierter ist es, wenn ein Benutzer einen nicht genehmigten Informationsserver einrichtet, dessen Auswirkungen auf die Sicherheit unbekannt sind. Benutzer haben selten böse Absichten. Meist versuchen sie einfach nur, ihre Aufgaben schneller und effektiver zu erledigen.

Ob »alles normal läuft«, läßt sich bei einem Rechner ohne Benutzerkennungen meist leichter entscheiden. Denn das Verhalten von Benutzern ist nicht vorhersehbar. Der Bastion-Host aber sollte ein absehbares Gebrauchsmuster aufweisen. Angriffe können dann entdeckt werden, indem auf Abweichungen von diesem Muster geachtet wird.

1. Der Einsatz von nicht wiederverwendbaren Paßwörtern wird in Kapitel 10 beschrieben.

Wenn Sie auf dem Bastion-Host Benutzerkennungen zulassen müssen, dann beschränken Sie sie auf ein Minimum. Sie sollten die Kennungen einzeln hinzufügen, aufmerksam beobachten und in regelmäßigen Abständen überprüfen, ob sie noch gebraucht werden.

Einrichten eines Bastion-Hosts

Nachdem Sie sich darüber klar geworden sind, welche Aufgaben Ihr Bastion-Host erfüllen soll, müssen Sie ihn richtig einrichten. Dazu sind folgende Schritte erforderlich:

1. Sichern Sie den Rechner ab.
2. Deaktivieren Sie alle überflüssigen Dienste.
3. Installieren oder modifizieren Sie die Dienste, die Sie anbieten möchten.
4. Konfigurieren Sie den Computer neu, um ihn aus dem Entwicklungsstadium zu entlassen und für den endgültigen Betrieb vorzubereiten.
5. Führen Sie eine Sicherheitsüberprüfung durch, um eine Ausgangsbasis für Vergleiche zu schaffen.
6. Schließen Sie den Rechner an das Netzwerk an, in dem er eingesetzt werden soll.

Sie sollten unbedingt darauf achten, daß Ihr Rechner bis zum letzten Schritt nicht vom Internet aus zugänglich ist. Wenn Ihr Firmennetz noch nicht an das Internet angeschlossen ist, halten Sie die Internet-Verbindung einfach so lange geschlossen, bis der Bastion-Host vollständig konfiguriert ist. Wenn Sie einen Firewall in ein Firmennetz einfügen, das bereits über einen Internet-Anschluß verfügt, müssen Sie den Bastion-Host als eigenständigen Rechner konfigurieren, der nicht mit Ihrem Netzwerk verbunden ist.

Wenn Ihr Bastion-Host schon während des Einrichtens vom Internet aus angreifbar ist, könnte er sich zu einem Angriffs- statt zu einem Verteidungsmechanismus entwickeln. Ein Eindringling, der sich vor der Basisüberprüfung erfolgreich Zugang verschafft, ist nur schwer zu entdecken und befindet sich in einer hervorragenden Position, um den gesamten Verkehr zwischen Ihnen und dem Internet abzuhören. Es gibt Fälle, in denen in Rechner eingebrochen wurde, nachdem sie nur wenige Minuten an das Internet angeschlossen waren. Das passiert zwar selten, aber es kommt vor.

Die folgenden Abschnitte beschreiben die einzelnen Schritte zum Einrichten eines Bastion-Hosts. Sie befassen sich zudem kurz mit den Maßnahmen, die längerfristig zur Betreuung und zum Schutz des Bastion-Hosts notwendig sind. Auf die Wartung wird ausführlich in Kapitel 12 eingegangen.

Absichern des Rechners

Richten Sie einen Rechner mit einem Standard-Betriebssystem möglichst sicher ein. Beginnen Sie mit einem einwandfreien Betriebssystem, und befolgen Sie die Anleitung in diesem Abschnitt.

Beginnen Sie mit der Minimalinstallation eines inwandfreien Betriebssystems

Beginnen Sie mit der Minimalinstallation eines einwandfreien Betriebssystems direkt vom Datenträger des Anbieters. Sie wissen dann genau, womit Sie es zu tun haben und haben die Gewißheit, keine Problemfälle beseitigen zu müssen. Ein so installiertes System erleichtert zudem die weitere Arbeit. Die meisten Anbieter gehen in ihren Patches für bekanntgewordene Sicherheitsprobleme, Konfigurationsanleitungen und anderer Dokumentation davon aus, daß Sie mit einer unveränderten Installation beginnen.

Installieren Sie das Betriebssystem mit so wenigen Komponenten wie irgend möglich. Es ist wesentlich einfacher, die Installation zu begrenzen, als später alles Überflüssige wieder zu entfernen. Wenn das Betriebssystem erst einmal funktioniert, können Sie bei Bedarf mühelos Komponenten hinzufügen. Installieren Sie optionale Subsysteme nur dann, wenn Sie sie auch wirklich benötigen.

Beheben Sie alle bekannten Systemfehler

Besorgen Sie sich alle Patches und Hinweise zu Sicherheitsproblemen, die sich auf Ihr Betriebssystem beziehen. Finden Sie alle für Ihr spezielles System relevanten Stellen, und beheben Sie die beschriebenen Probleme. Die entsprechenden Informationen erhalten Sie beim Vertrieb oder Support Ihres Anbieters oder aus den User-Gruppen, News-Gruppen und Mailing-Listen, die sich speziell mit Ihrer Plattform befassen.

Eine hilfreiche Liste mit Kontaktadressen ist über Anonymous-FTP im Archiv für die Mailing-Liste »Firewalls« erhältlich:

```
ftp://ftp.greatcircle.com/pub/firewalls/vendor_security_contacts
```

Kümmern Sie sich außerdem unbedingt um alle Ihre Plattform betreffenden Ankündigungen des Computer Emergency Response Team Coordination Center (CERT-CC). Bezugsquellen für die Informationen des CERT-CC finden Sie in Anhang A.

Arbeiten Sie mit Checkliste

Damit Sie beim Sichern Ihres Bastion-Hosts nichts übersehen, sollten Sie sich eine Sicherheits-Checkliste zulegen. Es sind ein paar ausgezeichnete Checklisten in Umlauf. Wählen Sie eine Checkliste, die zu Ihrer Plattform und Betriebssystemversion paßt.

Anhang A des bereits erwähnten Buches *Practical UNIX Security* enthält eine umfangreiche Checkliste, die die meisten UNIX-Plattformen berücksichtigt. Checklisten für spezielle Betriebssystemversionen sind häufig über den offiziellen Support oder informelle Kanäle erhältlich. Erkundigen Sie sich bei Bedarf beim Technical Support Ihres Anbieters oder durchforsten Sie die User-Gruppen, News-Gruppen und Mailing-Listen, die sich mit Ihrer Plattform befassen.

Schützen Sie die Systemprotokolle

Als sicherheitsrelevanter Rechner muß der Bastion-Host ausführliche Protokolle anlegen. Der nächste Schritt beim Aufbau des Bastion-Hosts besteht also darin, einen sicheren Ort für die Systemprotokolle des Bastion-Hosts zu finden. Die Systemprotokolle sind aus den beiden folgenden Gründen wichtig:

- Es gibt kaum eine bessere Methode, um festzustellen, ob sich der Bastion-Host wie gewünscht verhält. Wenn alle Aktionen des Bastion-Hosts aufgezeichnet werden (und das sollten sie), können Sie anhand der Protokolle sehr genau feststellen, ob der Bastion-Host sich wie erwartet verhält. Kapitel 12 beschreibt, wie Sie Systemprotokolle bei der Betreuung Ihres Firewalls nutzen.
- Wenn (nicht falls!) eines Tages jemand erfolgreich in den Bastion-Host einbricht, geben die Systemprotokolle genaue Auskunft darüber, was geschehen ist. Sie können die Aufzeichnungen durchsehen und herausfinden, was schiefgegangen ist und anhand der gewonnenen Erkenntnisse weitere Einbrüche verhindern.

Wohin stellen Sie die Systemprotokolle? Einerseits sollen sie sich an einem bequem zugänglichen Ort befinden, da Sie sie gelegentlich durchsehen möchten, um festzustellen, was der Bastion-Host treibt. Andererseits sollen die Systemprotokolle sicher untergebracht sein, damit Sie sie nach einem erfolgreichen Einbruch unverfälscht zur Rekonstruktion des Tathergangs verwenden können.

Diesen beiden scheinbar widersprüchlichen Anforderungen werden Sie gerecht, indem Sie zwei Fassungen der Systemprotokolle führen - eine für den Normalfall und eine für Katastrophen.

Systemprotokolle für den Normalfall. Die erste Fassung verwenden Sie regelmäßig, um die fortlaufenden Aktivitäten auf dem Rechner zu überwachen. Die hier aufgezeichneten Daten bilden auch die Grundlage für die täglich oder wöchentlich automatisch erstellten Analyseberichte. Sie können diese Systemprotokolle auf dem Bastion-Host oder einem internen Rechner ablegen.

Die Aufzeichnungen auf dem Bastion-Host zu halten, hat den Vorteil, daß Sie die Protokollierung nicht extra auf ein anderes System umlenken und Paketfilter nicht entsprechend konfigurieren müssen. Wenn Sie die Protokolle dagegen auf einem internen Rechner ablegen, wird der Zugang einfach. Sie brauchen nicht auf den Bastion-Host zuzugreifen, der sowieso keine Tools zur Durchsicht der Protokolle besitzt. Und ein Einloggen auf dem Bastion-Host sollten Sie in jedem Fall vermeiden.

Systemprotokolle für den Katastrophenfall. Die zweite Fassung der Systemprotokolle verwenden Sie nur nach einer Katastrophe. Nach einem solchen Ereignis sollten Sie die für den Normalfall vorgesehenen Protokolle nicht verwenden. Unter Umständen sind sie gar nicht mehr verfügbar. Außerdem ist keinesfalls garantiert, daß sie noch die korrekten Aufzeichnungen enthalten.

Eine der einfachsten Möglichkeiten zur Aufzeichnung von Protokollen für den Katastrophenfall besteht darin, einen Zeilendrucker an eine serielle Schnittstelle des Bastion-Hosts anzuschließen und alle Aktivitäten einfach zusätzlich dort aufzuzeichnen. Dieses Konzept hat jedoch einige Schwächen. Zum einen müssen Sie ständig darauf achten, daß der Drucker über ausreichend Papier verfügt, kein Papierstau vorliegt und das Farbband frisch ist. Außerdem können Sie mit den Ausdrucken nichts weiter anfangen, als einen Blick darauf zu werfen. Da sie nicht in elektronischer Form vorliegen, können sie auch nicht automatisch durchsucht oder analysiert werden.

Es ist wesentlich effektiver, statt eines Druckers einen nur zur Protokollierung vorgesehenen PC als ausfallsicheres Protokollgerät an die serielle Schnittstelle des Bastion-Hosts anzuschließen. Der PC könnte dann so konfiguriert werden, daß er nach dem Booten ein Terminal-Programm startet, das die empfangenen Daten auf die Platte schreibt. Die Protokolldateien werden im Rundumverfahren z.B. nach jeweils 100.000 Byte wechselt, damit immer ausreichend Plattenspeicher verfügbar ist. Auf diese Weise werden alle vom Bastion-Host über die serielle Schnittstelle ausgegebenen Daten auf der Festplatte des PCs gespeichert. Solange niemand physikalischen Zugang zum PC hat, befinden sich die Protokolle sicher außer Reichweite. Der PC darf natürlich an kein Netzwerk angeschlossen sein. Die zweite Methode hat gegenüber der ersten den Vorteil, daß die Informationen weiter in elektronischer Form vorliegen. Wenn Sie die Daten dann z.B. nach einem Einbruch durchsehen und analysieren müssen, können Sie sie vom PC abrufen.

Wenn Sie über einen einmal beschreibbaren Datenträger verfügen, so sollten Sie diesen verwenden. Die Protokollierung ist dann technisch einfacher, besonders wenn das Medium ein Dateisystem emulieren kann. Stellen Sie sicher, daß es wirklich nur einmal beschreibbar ist. Einige magneto-optische Laufwerke können Datenträger einfach oder mehrfach beschreiben, wobei der jeweilige Modus softwaremäßig gesteuert wird. Nach

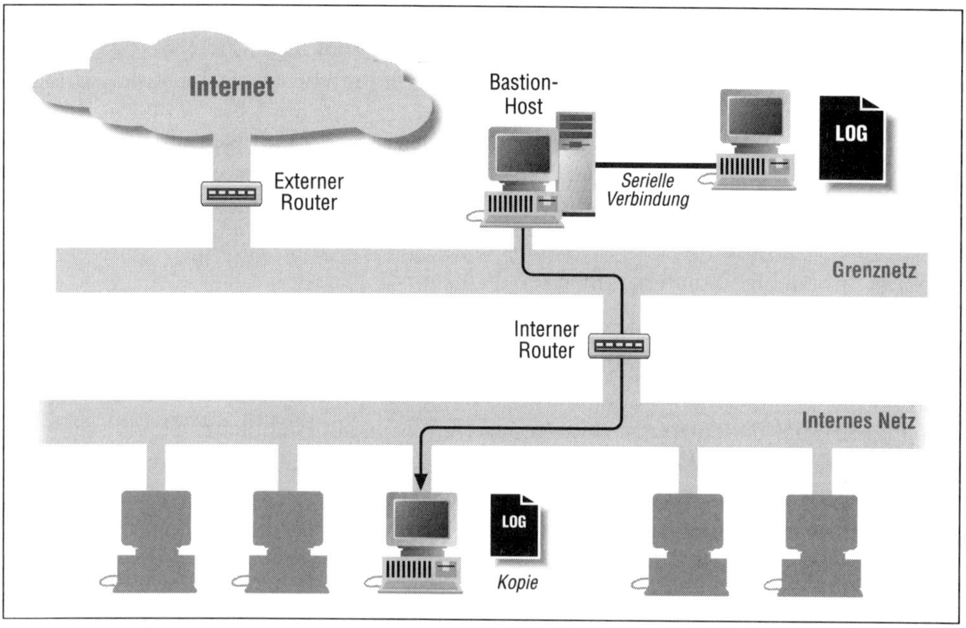

Abb. 5-2: Protokollierung für den Katastrophenfall über eine serielle Schnittstelle zu einem PC.

einem Einbruch in das System ist es unter Umständen möglich, angeblich einmal beschreibbare Medien doch zu überschreiben.

Einige Betriebssysteme (insbesondere BSD 4.4-Lite und Derivate wie aktuelle Versionen von BSDI, FreeBSD und NetBSD) unterstützen Dateien, an die nur angehängt werden kann (append-only files). Sie stellen jedoch keine sinnvolle Alternative zu einmal beschreibbaren Datenträgern oder einem zweiten Rechner dar. Die Implementierung solcher Dateien mag noch so zuverlässig sein. Da die zugrundeliegende Festplatte selbst beschreibbar ist, kann auf sie möglicherweise unter Umgehung des Dateisystems zugegriffen werden. Dies ist insbesondere für Eindringlinge interessant, die die Protokolle zerstören möchten.

Abbildung 5-2 zeigt, wie Sie einen PC zur Protokollierung an Ihr System anschließen können.

Einrichten von Systemprotokollen. Auf UNIX-Systemen erfolgt die Protokollierung über *syslog*. Der *syslog*-Dämon zeichnet Protokollmeldungen von verschiedenen lokalen und entfernten Clients auf. Dabei handelt es sich um Programme, die wichtige Meldungen aufzeichnen möchten. Jede Meldung enthält Codes für die Priorität und die Quelle, aus der die Meldung stammt. Der Code für die Meldungsherkunft teilt *syslog* mit, aus welchem allgemeinen Subsystem die Meldung kommt, z.B. aus dem Mail-System, dem Kernel, dem Drucksystem oder dem Usenet-News-System. Der Code für die Priorität zeigt an, wie wichtig die Nachricht ist. Das Spektrum reicht von Debug-Informationen und Routine-Meldungen über mehrere Ebenen bis zu Notfällen. Über die Datei */etc/syslog.conf* wird festgelegt, wie *syslog* abhängig von Herkunft und Priorität mit den Meldungen umgeht. Eine Meldung kann ignoriert, in einer oder mehreren Dateien aufgezeichnet, zum *syslog*-Dämon auf einem anderen Rechner weitergeleitet oder auf die Bildschirme von bestimmten oder allen eingeloggten Benutzern ausgegeben werden, wobei auch beliebige Kombinationen möglich sind.

Wenn Sie *syslog* so konfigurieren, daß alle Meldungen in Dateien protokolliert werden, sollten Sie dazu entweder nur eine einzige Datei verwenden oder die Meldungen abhängig von Priorität und Herkunft in mehrere Dateien aufspalten. Wenn Sie sich für letzteres entscheiden, sind die einzelnen Protokolldateien zwar übersichtlicher, Sie müssen aber auch mehrere Dateien überwachen. Es ist dann wohl einfacher, alle Meldungen von einem bestimmten Dienst zu finden. Wenn Sie dagegen alles in eine einzige Datei lenken, müssen Sie zwar nur eine, dafür aber wesentlich längere Datei durchsehen.

Viele Nicht-UNIX-Systeme, speziell Netzgeräte wie Router, lassen sich so konfigurieren, daß sie über *syslog* protokollieren. Wenn das auch bei Ihren Systemen möglich ist, können sie alle Systeme auf den Bastion-Host protokollieren lassen und die Meldungen bequem an einer einzigen Stelle sammeln.

Es ist allerdings nicht absolut zuverlässig, über *syslog* auf einem fernen Rechner zu protokollieren, z.B. von einem Router zum Bastion-Host oder vom Bastion-Host auf einen internen Rechner. *syslog* beruht auf UDP, und der Sender eines UDP-Pakets weiß nicht, ob sein Paket erfolgreich angekommen ist, sofern es ihm der Empfänger nicht explizit mitteilt. Der *syslog*-Dämon aber bestätigt den Empfang von Paketen nicht. Auch wenn *syslog* auf TCP aufbauen würde, könnten Sie sich nicht völlig darauf verlassen, daß keine Meldungen verlorengehen. Was geschieht, wenn das Empfängersystem gerade heruntergefahren oder aus anderen Gründen nicht verfügbar ist? Ein lokal angeschlossener Protokollrechner hat den entscheidenden Vorteil, daß er auch wirklich alle *syslog*-Meldungen erhält.

Trotz all seiner Schwächen ist *syslog* ein hilfreicher Dienst, den Sie ausgiebig nutzen sollten.

Deaktivieren überflüssiger Dienste

Nachdem Sie alle elementaren Maßnahmen zum Sichern des Bastion-Hosts durchgeführt haben, können Sie den nächsten Schritt angehen: Deaktiveren Sie alle Dienste, die auf dem Bastion-Host nicht unbedingt erforderlich sind.

Jeder vom Bastion-Host angebotene Dienst kann Fehler oder Konfigurationsschwächen aufweisen, die zu sicherheitsrelevanten Problemen führen. Natürlich werden Sie ein paar Dienste anbieten müssen, sofern sie von den Benutzern gefordert werden und mit der Sicherheitspolitik Ihres Standorts in Einklang stehen. Ersparen Sie sich jeden unnötigen Ärger mit Diensten, die nicht absolut notwendig sind. Wenn sie vom Bastion-Host nicht angeboten werden, können Ihnen auch etwaige Fehler oder Konfigurationsprobleme egal sein.

Schalten Sie jeden Dienst ab, ohne den Sie leben können. Nehmen Sie dabei auch Unbequemlichkeiten in Kauf. Das bedeutet, daß Sie jeden einzelnen Dienst genau betrachten müssen. Sie sollten nicht nur Dienste deaktiveren, die Ihnen völlig unbekannt sind und die Sie nie verwendet haben, sondern auch Dienste, die auf anderen Rechnern durchaus ihren Zweck erfüllen. Sehen Sie sich jeden Dienst genau an, und beantworten Sie die Frage »Kann ich diesen Dienst nicht entbehren? Was geht mir verloren, wenn ich ihn abschalte?«.

Wie werden Dienste verwaltet?

Auf UNIX-Rechnern werden die meisten Dienste auf eine der beiden folgenden Arten verwaltet:

- Es wird gesteuert, wann sie gestartet werden und wer sie benutzen darf.
- Es gibt dienstspezifische Konfigurationsdateien.

Es gibt zwei Möglichkeiten, Dienste auf UNIX-Systemen auszuführen:

- Start beim Hochfahren aus den Systemdateien */etc/rc* heraus
- Aufruf bei Bedarf vom *inetd*-Dämon, der wiederum beim Hochfahren gestartet wird

Einige Dienste wie z.B. Sendmail können für eine oder beide Startmöglichkeiten konfiguriert werden.

Dienste, die aus den Dateien /etc/rc heraus gestartet werden. Dienste dieses Typs sind dazu gedacht, unbegrenzt zu laufen. Sie starten beim Hochfahren des Rechners und beenden sich normalerweise nicht. Sie werden höchstens manchmal vom Systemadministrator abgebrochen oder stolpern selbst über eigene oder fremde Fehler. Server werden auf diese Art geschrieben, wenn sie kurze Transaktionen schnell durchführen sollen oder sich Informationen »merken« müssen. Es gibt keine unerwünschten Verzögerungen, da nicht für jede Anfrage eine neue Kopie des Servers gestartet werden muß.

Server dieses Typs werden aus den UNIX-Systemdateien */etc/rc* heraus gestartet. Dabei handelt es sich um Shell-Skripten, die beim Booten des Rechners ausgeführt werden. Server für NFS, SMTP und DNS gehören normalerweise in diese Kategorie. Bei auf BSD-UNIX beruhenden Versionen sind in */etc* Dateien üblich, die mit »rc.« beginnen, z.B.

/etc/rc.boot. Bei UNIX-Versionen auf Basis von System V sind es statt Dateien normalerweise Verzeichnisse, z.B. */etc/rc.0.d*. Diese enthalten die verschiedenen Startup-Kommandos getrennt in kleinen Dateien.

In beiden Fällen müssen Sie die Startup-Skripten und alle darin aufgerufenen Skripten sorgfältig rekursiv durchgehen. Normalerweise wird zum Hochfahren des gesamten Systems nicht nur ein einzelnes Skript herangezogen. Auf modernen UNIX-Systemen gibt es oft eine Aufrufhierarchie über mehrere Stufen. Vielleicht entdecken Sie ein Startup-Skript, das für die Netzkommunikation ein weiteres Skript aufruft, welches das Starten der Dateidienste wieder an ein anderes Skript delegiert. Manche Startup-Skripten verwenden merkwürdige Optionen bei grundsätzlich vertrauten Kommandos. *ifconfig* beispielsweise wird häufig mit unüblichen Optionen dazu gebracht, sich von obskuren Orten Konfigurationsdaten zu besorgen. Die Bedeutung dieser Optionen sollte Ihnen auf jeden Fall klar sein. Außerdem müssen Sie alle Optionen ersetzen, die den Rechner veranlassen, ihn betreffende Informationen aus dem Netzwerk oder von Diensten zu beziehen, die normalerweise zur Verfügung stehen, aber jetzt abgestellt werden.

Bei einigen UNIX-Versionen wird aus den Dateien heraus zusätzlich ein Prozeß aufgerufen, der zum Neustart von Servern dient, falls diese irgendwie versagt haben. Ein solches Programm startet alle in seiner Konfigurationsdatei aufgeführten Server, auch wenn diese aus den Startup-Dateien bereits entfernt wurden. Sie sollten das Programm deshalb entweder deaktivieren oder in seiner Konfigurationsdatei nur diejenigen Server belassen, die auch in den Startup-Dateien vorkommen. Sie werden dem Programm beim Durcharbeiten der Startup-Dateien begegnen.

Dienste, die von inetd gestartet werden. Manche Server sind dazu gedacht, nur bei Bedarf aufgerufen zu werden. Sie beenden sich, sobald sie eine Anfrage bearbeitet haben. Solche Server werden in der Regel zu Diensten herangezogen, die entweder nur selten beansprucht werden, bei denen die mit dem Start eines neuen Servers einhergehende Verzögerung keine Rolle spielt oder die für jede Anfrage einen eigenen Server-Prozeß benötigen, wie z.B. bei Telnet- oder FTP-Sitzungen, wo für jede aktive Sitzung ein eigener Server zuständig ist.

Server dieses Typs werden gewöhnlich vom *inetd*-Server ausgeführt. Der *inetd*-Server selbst wird aus den Dateien */etc/rc* heraus gestartet, da er unbegrenzt läuft. Dabei wartet er auf Anfragen nach Diensten, die in seiner Konfigurationsdatei */etc/inetd.conf* festgelegt sind. Trifft eine Anfrage ein, startet er den für die Bearbeitung dieser Anfrage zuständigen Server.

Wie Dienste deaktiviert werden

Bevor Sie einen kritischen Dienst deaktivieren, müssen Sie sicherstellen, daß Sie den Rechner danach noch booten können. Es ist sinnvoll, immer eine zweite Festplatte mit einer vollständigen Root-Partition oder ein CD-ROM-Laufwerk mit der CD zur Betriebssysteminstallation zur Hand zu haben. Seien Sie unerbittlich! Wenn Sie etwas Falsches löschen und der Rechner nicht mehr bootet, können Sie Glück haben und werden in Zukunft übertrieben vorsichtig sein. Wenn Sie Pech haben, stehen Sie einem unbrauchbaren Computer gegenüber.

Außerdem müssen Sie vor dem Ändern jeder Datei ihre Originalfassung sichern. Auch wenn Sie bloß einige Stellen zu Kommentaren machen wollen, kann es immer passieren, daß Ihr Finger abrutscht und Sie versehentlich etwas löschen oder unbeabsichtigt ein entscheidendes Zeichen verändern.

Nachdem Sie entsprechend vorgesorgt haben, gehen Sie die Startup-Dateien Ihres Systems Zeile für Zeile durch und machen sich genau klar, was jede einzelne Zeile einschließlich der Optionen bedeutet. Zeilen, die überflüssige Dienste starten, werden mit Kommentarzeichen versehen oder gelöscht. Ideal wäre es natürlich, wenn Sie erst einmal alle Zeilen auskommentieren und dann nur die benötigten wieder hinzunehmen oder neu schreiben könnten. Leider hat das den Nachteil, daß der Rechner nicht neu bootet, wenn er mittendrin abstürzt. Gegenüber dem vorsichtigen Auskommentieren handeln Sie sich für geringfügig mehr Sicherheit jede Menge Ärger ein.

Sie werden feststellen, daß Dienste häufig nur unter der Bedingung gestartet werden, daß eine bestimmte Konfigurationsdatei existiert. Wenn Sie den Dienst nicht ausführen möchten, kommentieren Sie den ganzen Codeabschnitt aus. Lassen Sie den Code nicht stehen, bloß weil Sie davon ausgehen, daß die Konfigurationsdatei *im Moment* ja nicht existiert und der Dienst deshalb *im Moment* auch nicht gestartet wird. Sie müssen immer damit rechnen, daß die Konfigurationsdatei aus irgendwelchen Gründen angelegt wird. Alles auszukommentieren ist sicherer und nicht so riskant.

Ihre Absichten lassen sich besser nachvollziehen, wenn Sie überflüssige Zeilen nicht löschen, sondern als Kommentare stehenlassen. Fügen Sie außerdem Kommentare darüber ein, warum Sie etwas auskommentiert haben. Falls Sie doch etwas löschen sollten, ersetzen Sie es durch einen Kommentar, der die Gründe erläutert. Sorgen Sie für so viel Klarheit, daß jeder, der sich die Dateien später ansieht, sofort merkt, daß Sie alles beabsichtigt entfernt haben, und nicht auf die Idee kommt, Ihre Versehen »wiedergutzumachen«. Wenn Sie den Aufruf eines anderen Skripts auskommentieren, sollten Sie in das betreffende Skript einen Kommentar einfügen, daß und warum es nicht gestartet werden soll. Es kann nicht schaden, es zudem umzubenennen oder seinen Inhalt auszukommentieren, um sicherzugehen, daß das Skript nicht versehentlich doch irgendwo auftaucht.

Auch die Konfigurationsdateien der Dienste, die Sie aktiv lassen möchten, müssen Sie zeilenweise durchsehen. Natürlich werden Sie sich eingehend mit der Konfigurationsdatei von *inetd* beschäftigen, die bei den meisten Systemen */etc/inetd.conf* heißt. Manchmal heißt diese Datei */etc/servers*, schlagen Sie im Zweifelsfall in den Handbuchseiten zu *inetd* nach. Wenn Sie über einen Daemon-Watcher verfügen und diesen nicht deaktivieren möchten, sind auch dessen Konfigurationsdateien von besonderem Interesse.

Generell müssen Sie Ihren Rechner neu booten, nachdem Sie die Konfigurationsdateien geändert haben. Die Änderungen bleiben sonst unwirksam.

Wenn Sie nach erneutem Hochfahren und Testen des Rechners den Eindruck haben, daß er ohne die deaktivierten Dienste funktioniert, sollten Sie auch die Programmdateien für die Dienste entfernen. Es besteht sonst immer die Gefahr, daß sie doch ausgeführt werden, entweder von Ihnen selbst, einem anderen Systemverwalter oder einem Eindringling. Manche Dienste können sogar von normalen Benutzern ohne *root*-Berechtigung ausgeführt werden, wenn sie keine Standardports verwenden.

Falls Sie unsicher sind, ob Sie die Programmdateien entfernen sollen, können Sie sie statt dessen verschlüsseln. Verwenden Sie dazu nicht das UNIX-Standardprogramm *crypt*. Der Verschlüsselungsalgorithmus von *crypt* ist lächerlich einfach und problemlos zu knakken. Besser ist ein Verschlüsselungsprogramm wie *snuffle* oder eines, das mit dem DES- oder IDEA-Algorithmus arbeitet. Wählen Sie einen sicheren Schlüssel, auch wenn Sie ihn leichter vergessen. Das ist schließlich auch nicht schlimmer, als hätten Sie die Dateien gelöscht. Es ist wesentlich schlimmer, wenn ein Eindringling an den Schlüssel gerät.

Welche Dienste sollten aktiv bleiben?

Bestimmte Dienste sind für den Betrieb des Rechners unerläßlich. Sie sollten aktiv bleiben, egal in welcher Weise der Computer konfiguriert ist. Auf einem UNIX-System betrifft das folgende Prozesse:

init, swap und page
: sind die drei Pseudo-Prozesse des Kernels, die der Verwaltung aller anderen Prozesse dienen.

cron
: führt zu festgelegten Zeiten Aufträge aus, z.B. um regelmäßig anfallende Aufgaben zu erledigen.

syslogd
: sammelt und protokolliert Meldungen vom Kernel und anderen Dämonen.

inetd
: startet Netzserver wie *telnetd* oder *ftpd*, sobald ihre Dienste von anderen Rechnern angefordert werden.

Außerdem brauchen Sie die Server-Prozesse zu den Diensten, die Sie auf dem Bastion-Host anbieten möchten, z.B. echtes Telnet oder Telnet über Proxy, FTP, SMTP und DNS.

Welche Dienste sollten deaktiviert werden?

Wie bereits erwähnt, sollten Sie alle außer denjenigen Diensten deaktivieren, die Sie anbieten möchten oder die die ablaufenden Prozesse in irgendeiner Form unterstützen. Es ist nicht immer einfach, festzustellen, welche Dienste die erforderliche Unterstützung leisten, da UNIX-Namen oft nichtssagend oder ziemlich kryptisch sind.

Wie finden Sie heraus, welche Dienste Sie deaktivieren können?

Halten Sie sich an die drei einfachen Regeln:

- Ein Dienst, den Sie nicht benötigen, wird abgeschaltet.
- Ein Dienst, dessen Zweck Ihnen unklar ist, wird deaktiviert (wahrscheinlich brauchen Sie ihn sowieso nicht).
- Gibt es nach dem Abschalten Probleme, verstehen Sie zumindest, wozu der Dienst gut ist. Sie aktivieren ihn wieder, falls er wirklich notwendig ist, oder Sie finden heraus, wie ohne ihn auszukommen ist.

NFS und verwandte Dienste. Beginnen Sie bei NFS und verwandten Netzdiensten – Sie benötigen sie nicht. Kein interner Rechner sollte dem Bastion-Host so weit vertrauen, daß dieser die Platten des internen Rechners über NFS einhängen darf. Auch gibt es auf dem Bastion-Host vermutlich nichts, was Sie über NFS exportieren möchten. NFS ist sehr praktisch, aber sagenhaft unsicher.

NFS-Dienste werden von einer ganzen Palette von Servern angeboten. Ihre Zusammensetzung und die Namen der einzelnen Server sind zwischen den UNIX-Versionen nicht ganz einheitlich. Halten Sie nach folgenden oder ähnlich klingenden Namen Ausschau:

- *nfsd*
- *biod*
- *mountd*
- *statd*
- *lockd*
- *automount*
- *keyserv*
- *rquotad*
- *amd*

Die meisten dieser Dienste werden beim Booten aus den Dateien */etc/rc* heraus gestartet, nur wenige bei Bedarf von *inetd. mountd* fällt ein wenig aus der Rolle. Er wird häufig beim Booten aufgerufen *und* in der Konfigurationsdatei von *inetd* angeführt. Er kann dann erneut gestartet werden, wenn die beim Hochfahren aufgerufene Kopie aus irgendwelchen Gründen abstürzt.

Andere RPC-Dienste. Sie sollten auch die anderen Dienste deaktivieren, die auf dem RPC-System (Remote Procedure Call) aufbauen. Der wichtigste darunter ist NIS/YP (Network Information Service/Yellow Pages), der von folgenden Servern bereitgestellt wird:

- *ypserv*
- *ypbind*
- *ypupdated*

Diese Server werden generell beim Booten aus den Dateien */etc/rc* heraus gestartet.

Deaktivieren Sie außerdem die beiden folgenden auf RPC basierenden Dienste:

- *rexd*, der *remote execution service*, der von *inetd* gestartet wird
- *walld*, der »write all«- oder *wall*-Dämon, der von *inetd* gestartet wird

Alle RPC-Dienste sind abhängig von einem Dienst, der meist *portmap* heißt, auf manchen Rechnern aber auch als *rpcbind* bekannt ist. Nachdem Sie alle RPC-Dienste abgeschaltet haben, können (und sollten) Sie den Dienst *portmap* deaktivieren. Wie erfahren Sie, ob wirklich alle RPC-Dienste außer Kraft gesetzt sind? Bevor Sie *portmap*, aber nachdem Sie (Ihrer Ansicht nach) alle RPC-Dienste deaktiviert haben, booten Sie den Computer neu und setzen das Kommando *rpcinfo -p* ab. Wenn die Ausgabe nur Angaben zu *portmap* selbst enthält, laufen keine weiteren RPC-Dienste. Zeigt sich jedoch, daß noch andere RPC-Dienste laufen, gilt es herauszufinden, was aktiv ist und warum. Falls Sie sich doch dazu entschließen, bestimmte RPC-Dienste zur Verfügung zu stellen, müssen Sie auch *portmap* aktiv lassen. In diesem Fall sollten Sie erwägen, ersatzweise den von Wietse Venema angebotenen *Portmapper*-Dienst zu verwenden, der wesentlich sicherer ist als die Versionen, die mit den meisten UNIX-Systemen ausgeliefert werden. Woher Sie ihn beziehen können, erfahren Sie in Anhang B.

Boot-Dienste. Ihr Bastion-Host wird wahrscheinlich keine Dienste zum Booten anbieten. Niemand sollte dem Host soviel Vertrauen entgegenbringen, daß er bereit ist, von ihm zu booten. In den meisten Fällen können Sie demnach folgende Dienste deaktivieren:

- *tftpd*
- *bootd*
- *bootpd*

Dienste für die r-Kommandos von BSD. Diese Dienste sollten ausnahmslos abgeschaltet werden. Die zugehörigen Server heißen in der Regel *rshd, rlogind* und *rexecd* und werden normalerweise von *inetd* ausgeführt. Die übrigen r-Dienste beruhen auf diesen Diensten und können nicht ohne sie laufen.

routed. Ein weiterer Server, den Ihr Bastion-Host vermutlich nicht benötigt, ist *routed*. Er wird beim Booten aus den Dateien */etc/rc* heraus gestartet, hört Rundrufe mit Routing-Informationen ab und aktualisiert auf dieser Basis die Routing-Tabelle des Kernels.

Sie werden *routed* auf dem Bastion-Host kaum brauchen, da dieser sich am Rand Ihres Netzes befinden dürfte, wo das Routing wohl recht einfach ist. Eine sicherere Methode besteht darin, statische Routen anzulegen, die in Ihre internen Netze weisen, und eine Standard-Route einzurichten, die zu Ihrem Internet-Gateway-Router führt. Dazu tragen Sie entsprechende »route add«-Kommandos in die Dateien */etc/rc* ein, die dann beim Hochfahren ausgeführt werden.

Für dynamisches Routing sollten Sie *gated* statt *routed* verwenden. Bezugsquellen für *gated* finden Sie in Anhang B. *gated* versteht dieselben Routing-Protokolle wie *routed* und noch einige mehr. Während *routed* unterschiedslos alle Informationen akzeptiert, kann bei *gated* festgelegt werden, von wem Daten angenommen werden. Sie müssen deshalb die Konfigurationsdateien für *gated* entsprechend einrichten, um die abzuhörenden Rechner einzuschränken.

fingerd. Der Server für *finger* liefert Informationen über vorhandene Benutzerkennungen auf UNIX-Systemen. Er wird bei Bedarf von *inetd* ausgeführt. Die Daten von *fingerd* können für Cracker wertvolle Informationen über potentielle Ziele enthalten. Zum Beispiel:

- Die vorhandenen Kennungen. Cracker erfahren daraus, zu welchen Kennungen sie die Paßwörter herausbekommen müssen.
- Persönliche Angaben zu den Benutzern, die Kennungen besitzen. Daraus ersehen Cracker, mit welchen Paßwörtern sie es zuerst versuchen können.
- Die Kennungen, die in Gebrauch sind. Cracker wissen diese Kennungen zumindest so lange zu meiden, bis sie nicht mehr benutzt werden.
- Die Kennungen, die in letzter Zeit nicht benutzt wurden. Sie stellen für Cracker gute Angriffspunkte dar, da es den Eigentümern wahrscheinlich nicht auffällt, wenn sie eingesetzt werden.

Andererseits verwenden Internet-Benutzer *finger* oft ganz legitim. *finger* ist das Programm, das mit Ihrem Dämon *fingerd* kommuniziert. Es hilft beim Auffinden von E-Mail-Adressen und Telefonnummern. Statt *fingerd* einfach außer Kraft zu setzen, ist es vielleicht sinnvoll, den Dämon durch ein anderes Programm zu ersetzen. Dieses könnte allgemeine Informationen über Ihr Unternehmen bereitstellen. Zum Beispiel:

- die Telefonnummer Ihrer Zentrale
- den Ansprechpartner bei Fragen zu Produkten und Diensten, die von Ihrem Unternehmen angeboten werden

- Beispiele für E-Mail-Adressen, sofern es an Ihrem Standort für die Benutzer Alias-Namen in einem Standardformat wie *vorname_nachname* gibt.
- den Ansprechpartner bei Netz- oder Sicherheitsproblemen, die Ihr Firmennetz betreffen

Diese Sorte allgemeiner Informationen können Sie jedem präsentieren, der sich Ihr Unternehmen mit *finger* ansehen möchte, unabhängig davon, welche Daten eigentlich abgefragt wurden. Dies läßt sich am einfachsten bewerkstelligen, indem Sie die Informationen in einer Datei speichern, z.B. */etc/finger_info*. Dann ersetzen Sie in */etc/inetd.conf* im Eintrag für *fingerd* das auszuführende Programm z.B. durch */bin/cat /etc/finger_info*. Damit veranlassen Sie, daß der Inhalt der Datei */etc/finger_info* an jeden Benutzer zurückgegeben wird, der sich mit Ihrem *fingerd*-Server in Verbindung setzt.

Im System von Great Circle Associates befand sich beispielsweise in */etc/inetd.conf* ursprünglich die Zeile:

```
finger stream tcp nowait nobody /usr/libexec/fingerd fingerd
```

Die neue Zeile lautet:

```
finger stream tcp nowait nobody /bin/cat cat /etc/finger_info
```

Die Datei */etc/finger_info* hat folgendes zum Inhalt:

```
Great Circle Associates
Phone: +1 415 962 0841
Email: Info@GreatCircle.COM

For more Information, or to report system problems, please
send email or call.
```

ftpd. Wenn Sie Anonymous-FTP auf Ihrem Bastion-Host anbieten, müssen Sie den FTP-Server entsprechend umkonfigurieren. Sie sollten *ftpd* durch ein Programm ersetzen, das sich besser für einen Anonymous-FTP-Dienst eignet als die Standardprogramme für *ftpd*, die von den meisten UNIX-Herstellern mitgeliefert werden. In Kapitel 8 wird beschrieben, wie Sie Anonymous-FTP bereitstellen.

Falls Sie Anonymous-FTP *nicht* anzubieten gedenken, können Sie Ihren FTP-Server wahrscheinlich vollständig deaktivieren. Er wird bei Bedarf von *inetd* gestartet.

Auch wenn Sie den FTP-Server auf dem Bastion-Host abgeschaltet haben, können Sie das Programm für den FTP-Client (meist heißt es einfach *ftp*) verwenden, um Dateien von oder zu anderen Systemen zu übertragen. Sie müssen die Arbeit dann bloß statt von anderen Systemen vom Bastion-Host aus erledigen.

Andere Dienste. Es gibt wohl zahlreiche weitere Dienste, die Sie nicht benötigen und außer Kraft setzen sollten. Welche Dienste dazugehören, hängt von der Sicherheitspolitik sowie den Anforderungen Ihres Standorts und von der verwendeten Plattform ab. Wahrscheinlich sind folgende Dienste überflüssig:

- *uucpd* (UUCP über TCP/IP)
- *rwhod* (gehört in die Kategorie von *fingerd*; er teilt mit, wer auf einem System gerade eingeloggt ist)
- *lpd* (der Druck-Dämon)

Abschalten des Routing

Wenn Sie über einen Dual-Homed-Host verfügen, der nicht als Router gedacht ist, müssen Sie das Routing deaktivieren. Als IP-Router muß ein Dual-Homed-Host Pakete akzeptieren, die an die IP-Adressen anderer Rechner adressiert sind und diese Pakete korrekt weitersenden. Dieser Vorgang heißt *IP-Forwarding* und ist normalerweise auf sehr niedriger Ebene im Betriebssystemkernel angesiedelt. Ein IP-fähiger Rechner mit mehreren Schnittstellen führt diese Aktion üblicherweise ohne spezielle Konfigurationen automatisch durch.

Andere Rechner müssen wissen, daß der Dual-Homed-Host ein Router ist, damit sie ihn als solchen verwenden können. Manchmal lassen sich solche Rechner einfach so konfigurieren, daß sie Pakete für bestimmte Netze immer zum Dual-Homed-Host routen. Dies heißt *statisches Routing*. Es ist jedoch üblicher, den Dual-Homed-Host so zu konfigurieren, daß er seine Routing-Funktionalität über ein Routing-Protokoll wie das Routing Information Protocol (RIP) verbreitet. Andere Rechner hören dann diese Routing-Rundrufe und passen ihre Routing-Tabellen entsprechend an. Dies heißt *dynamisches Routing*. Der Dual-Homed-Host verbreitet seine Routing-Informationen normalerweise mit einem besonderen Programm, das oft eigens eingeschaltet werden muß. Auf UNIX-Systemen wird für solche Rundrufe beispielsweise *routed* oder *gated* verwendet.

Damit ein Dual-Homed-Host als Firewall einsetzbar ist, müssen Sie ihn in einen Dual-Homed-Host verwandeln, der nicht routen kann. Sie besorgen sich einen Rechner mit zwei Netzschnittstellen und konfigurieren ihn so, daß er *nicht* als Router zwischen den Schnittstellen fungieren kann. Dazu sind zwei Schritte erforderlich:

1. Deaktivieren Sie jedes Programm, das als Router fungieren könnte. Das ist meist relativ einfach.

2. Setzen Sie IP-Forwarding außer Kraft. Das ist erheblich schwieriger und erfordert unter Umständen Änderungen im Kernel.

Einige UNIX-Hersteller unterstützen glücklicherweise inzwischen Parameter zum Abschalten des IP-Forwarding. Auch sonst ist das Patchen des Kernels auf den meisten Rechnern kein Problem: Zum Abschalten des IP-Forwarding muß nur der Wert einer Kernel-Variablen geändert werden. Fragen Sie Ihren Anbieter, wie sich IP-Forwarding auf Ihren Rechnern deaktivieren läßt.

Leider ist es nicht immer so einfach, das gesamte Routing abzuschalten, besonders auf BSD-UNIX-Systemen wie SunOS oder Ultrix. Auf diesen Systemen können Sie zum Abschalten des IP-Forwarding zwar den Kernel patchen, die Option für IP-Source-Routing bleibt jedoch eine Sicherheitslücke.

Was ist eigentlich *Source-Routing*? Normale IP-Pakete enthalten im Header nur die Ursprungs- und Zieladresse ohne Informationen darüber, auf welcher Route das Paket vom Ursprungs- zum Zielort gelangen soll. Es ist die Aufgabe der dazwischenliegenden Router, einen günstigen Weg zu bestimmen. Beim Source-Routing dagegen enthält der Header eines IP-Pakets weitere Informationen über die Route, die das Paket durchlaufen soll. Diese zusätzlichen Routing-Daten werden vom Quellrechner festgelegt; daher der Begriff »Source-Routing«.

Wenn ein Router ein Paket mit Source-Routing empfängt, hält er sich an die im Paket angegebene Route, statt selbst einen geeigneten Weg vom Ursprung zum Ziel ausfindig zu machen. Source-Routing hat immer Vorrang vor dem normalen Routing. Der Routing-Code ist bei den meisten UNIX-Kerneln auf eine Art implementiert, daß das Abschalten des IP-Forwarding *nicht* automatisch auch das Forwarding von Paketen mit Source-Routing deaktiviert. Die beiden Funktionen sind völlig unabhängig voneinander. Im Gegensatz zu IP-Forwarding ist Source-Routing im allgemeinen nicht leicht zu patchen. Es kann zwar deaktiviert werden, ist aber wesentlich schwieriger zu bewerkstelligen. (Mit Ausdauer und/oder Zugriff auf den Quellcode können Sie alles deaktivieren.)

Pakete mit Source-Routing können von modernen Anwendungen problemlos erzeugt werden, wie z. B. vom Telnet-Client, der im Internet als Teil der BSD-UNIX-Version 4.4 frei erhältlich ist. Wenn Sie solche Pakete nicht an irgendeiner Stelle blockieren, z.B. an einem Router zwischen dem Dual-Homed-Host und dem Internet, können sie direkt am Dual-Homed-Host vorbei in Ihr internes Netz gelangen.

Noch dazu funktioniert das Source-Routing in beiden Richtungen. Nachdem Pakete mit Source-Routing in ein internes System vorgedrungen sind, wird dieses System mit entsprechenden Paketen in genau die entgegengesetzte Richtung antworten. Auch die Antwort von Ihrem internen System zurück zum Eindringling wird direkt durch den Dual-Homed-Host gelenkt, womit eine zweifache Verbindung durch einen Firewall hergestellt ist, der eigentlich jede Kommunikation verhindern sollte.

Wenn Sie Ihren Dual-Homed-Host nicht überwachen möchten, müssen Sie das Betriebssystem patchen, damit Pakete mit Source-Routing zurückgewiesen werden. Besorgen Sie sich die für Ihre Plattform notwendigen Informationen bei Ihrem Anbieter und/oder aus geeigneten Mailing-Listen, die sich mit Sicherheitsaspekten befassen (siehe Anhang A).

Leider handelt es sich nicht um die Sorte Informationen, die Sie vom Kundendienst schnell und ohne großen Aufwand beziehen können. Bereiten Sie sich also seelisch auf eine längere Aktion vor.

Installieren und Anpassen der Dienste

Für Ihr Betriebssystem gibt es unter Umständen nicht alle Dienste, die Sie anbieten möchten, WWW beispielsweise ist nur selten verfügbar. Manche Dienste sind zwar vorhanden, eignen sich aber nicht für eine sichere Umgebung oder verfügen nicht über den erwünschten Funktionsumfang, wie z.B. die Standardversionen von *fingerd* und *ftpd*. Es wird also im Betriebssystem Ihres Herstellers nicht allzu viele Dienste geben, die sicher und aktuell genug sind. Um die Sicherheit zu erhöhen und Protokollierung zu ermöglichen, sollten selbst diese wenigen Dienste mit dem Paket TCP Wrapper oder dem Programm *netacl* aus dem TIS Firewall Toolkit geschützt werden. TCP Wrapper und *netacl* bieten zwar besseren, aber bei weitem nicht perfekten Schutz. Sie verlassen sich bei der Identifizierung von Rechnern auf die IP-Quelladressen, und IP-Adressen können gefälscht sein.

Ausführliche Informationen über die einzelnen Dienste und die Wahl geeigneter Server für WWW, NNTP und FTP finden Sie in Kapitel 8.

Alle aktiven Dienste sollten möglichst weitgehend von TCP Wrapper oder *netacl* geschützt werden. Wir gehen darauf in den folgenden Abschnitten näher ein. Sie können beispielsweise Ihren Bastion-Host so einrichten, daß er lediglich Telnet-Verbindungen von einer bestimmten Maschine akzeptiert, z.B. von der Workstation, an der Sie normalerweise arbeiten.

Das Paket TCP Wrapper zum Schutz von Diensten

TCP Wrapper von Wietse Venema überwacht den eingehenden Netzverkehr und kontrolliert die Netzaktivitäten. Dieses frei erhältliche Softwarepaket ist einfach aufgebaut, aber sehr effektiv. Es wird so eingerichtet, daß es startet, sobald eine Verbindung zu bestimmten Ports und damit zu bestimmten Diensten hergestellt wird. Für Dienste, die von *inetd* ausgeführt werden, bietet TCP Wrapper über Zugangskontrollisten einfachen Schutz und eine verbesserte Protokollierung.

TCP Wrapper ist leicht einzurichten. Gehen Sie wie folgt vor:

1. Installieren Sie das Paket und richten Sie zwei einfache Zugangskontrolldateien ein, in denen definiert ist, welche Rechner und Netze auf welche Dienste zugreifen dürfen.

2. Konfigurieren Sie *inetd* so um, daß er statt des »eigentlichen« Servers das Hauptpro-

gramm von TCP Wrapper *tcpd* ausführt.

3. Trifft eine Anfrage nach einem Dienst ein, wird *tcpd* von *inetd* gestartet. *tcpd* untersucht die Anfrage und entscheidet anhand der Konfigurationsdateien von TCP Wrapper, ob er die Anfrage aufzeichnen und/oder bearbeiten soll.

Wenn Sie Telnet-Verbindungen beispielsweise nur von einem bestimmten Rechner (172.16.1.2) zulassen und von allen anderen ablehnen möchten, ändern Sie in der Datei */etc/inetd.conf* die Zeile für *telnetd* in etwa so:

```
telnet stream tcp nowait root /usr/local/libexec/tcpd telnetd
```

Dann müssen Sie die Datei */etc/hosts.allow* erzeugen, in der Sie TCP Wrapper bzw. dem Programm *tcpd* mitteilen, von welchem Rechner Verbindungen erlaubt sind:

```
telnetd : 172.16.1.2
```

Schließlich brauchen Sie noch die Datei */etc/hosts.deny*, in der Sie TCP Wrapper veranlassen, standardmäßig alle Verbindungen von allen Rechnern abzuweisen und bei jedem Verbindungsversuch eine E-Mail an *root* zu senden:

```
ALL : ALL : (/usr/local/etc/safe_finger -l @%h | \
    /usr/ucb/Mail -s "PROBE %d from %c" root)&
```

Beachten Sie dabei, daß sich die Datei */etc/hosts.deny* nur auf Dienste bezieht, die von TCP Wrapper geschützt werden. Dazu müssen sie *inetd* so konfiguriert haben, daß er statt der eigentlichen Server *tcpd* ausführt. Anderenfalls kümmert sich TCP Wrapper nicht um diese Dienste.

Auch wenn der Name nicht darauf hindeutet, unterstützt TCP Wrapper neben TCP-Diensten auch Dienste, die auf UDP beruhen. TCP Wrapper kann jedoch nur steuern, wann auf UDP basierende Server *gestartet* werden. Nach dem Start hat er keine Möglichkeit, den Zugriff auf diese Server zu steuern. Viele Server warten nach Bearbeitung der ersten Anfrage noch eine gewisse Zeit auf weitere Anfragen. Sie beenden sich erst, wenn ein bestimmtes Zeitlimit überschritten ist. Nachdem sie durch eine legitime Anfrage aufgerufen worden sind, können Sie durch zulässige Anfragen mißbraucht werden.

Schutz von Diensten mit netacl

netacl aus dem TIS Firewall Toolkit, das in Kapitel 7 ausführlicher beschrieben wird, besitzt in etwa dieselbe Funktionalität wie das Paket TCP Wrapper. Wir zeigen den Einsatz von *netacl* an obigem Beispiel, aber ohne die Möglichkeit, Zugriffsversuche von nicht berechtigten Systemen aufzuzeichnen. Bei *netacl* ändern Sie in der Datei */etc/inetd.conf* die Zeile für *telnetd* wie folgt:

```
telnet stream tcp nowait root /usr/local/lib/netacl telnetd
```

Dann tragen Sie folgende Zeile in die FWTK-Konfigurationsdatei *netperm* Ihres Systems ein:

```
netacl-telnetd: permit-hosts 172.16.1.2 -exec /usr/libexec/telnetd
```

Neukonfiguration für den Dauerbetrieb

Es ist nun an der Zeit, die in der Aufbauphase zweckmäßige Konfiguration aufzugeben und den Rechner für den endgültigen Betrieb zu konfigurieren. Dazu sind folgende Maßnahmen erforderlich:

- Neukonfigurieren und Neuerzeugen des Kernels
- Entfernen aller überflüssigen Programme
- Absichern möglichst vieler Dateisysteme durch Schreibschutz (als »nur lesbar« einhängen)

Nachdem Sie alle Dienste gelöscht haben, die Sie nicht täglich benötigen, werden Sie feststellen, daß auf dem Bastion-Host nur unter großen Schwierigkeiten gearbeitet werden kann, z.B. wenn es um die Installation oder Aktualisierung neuer Software-Pakete geht. Deshalb sollten Sie einige Vorkehrungen für den Fall treffen, daß auf dem Bastion-Host doch umfangreichere Arbeiten anstehen:

- Sichern Sie alle Tools vor dem Löschen auf Band, und spielen Sie sie bei Bedarf ein. Vergessen Sie aber nicht, sie nach jedem Einsatz wieder zu beseitigen.
- Richten Sie eine kleine, externe, alternative Boot-Platte ein, die alle Tools enthält. Immer wenn Sie die Tools benötigen, stecken Sie die Platte ein und booten von dort. Lassen Sie die Platte aber während Routinearbeiten nicht stecken. Ein Angreifer darf nicht die Chance bekommen, die Platte einzuhängen und die Tools gegen Sie zu verwenden.

Außerdem möchten Sie nicht, daß der Rechner angegriffen wird, während Sie daran arbeiten. Um dies zu verhindern, gehen Sie wie folgt vor:

1. Trennen Sie den Bastion-Host vom Netzwerk oder Ihr Netzwerk vom Internet, bevor Sie mit der Arbeit beginnen.

2. Versorgen Sie den Bastion-Host mit allen erforderlichen Tools, so wie wir es oben erläutert haben.

3. Nachdem Sie die Arbeit am Rechner abgeschlossen haben, reduzieren Sie ihn wieder auf seinen normalen Betrieb.

4. Schließen Sie den Bastion-Host wieder ans Netzwerk oder Ihr Netzwerk wieder ans Internet an.

Vielleicht ist es für Sie leichter, einfach die Platte des Bastion-Hosts zu entfernen und an einen anderen internen Rechner als zusätzliche Platte anzuschließen. Sie können dann die Tools dieses Rechners verwenden und brauchen nicht zu befürchten, daß sie immer noch verfügbar sind, wenn der Bastion-Host wieder in Betrieb geht. Diese Methode hat zudem den Vorteil, daß der Bastion-Host während Ihrer Arbeit keinen Angriffen von außen ausgesetzt ist. Denn ohne Platte ist er komplett funktionsuntüchtig, so daß er auch bei einem versehentlichen Wiederanschluß an das Netz nicht gefährdet ist.

Neukonfigurieren und Neuerzeugen des Kernels

Der erste Schritt in dieser Phase besteht im Neuerzeugen des Betriebssystemkernels, um überflüssige Kernelfunktionen zu beseitigen. So abschreckend sich dies anhört, ist es in der Regel doch relativ einfach. Das muß es auch sein, denn Sie benutzen lediglich die Techniken, mit denen Sie auch ein neues Gerät ans System anschließen. Jedes UNIX-System läßt sich von Anfang an in irgendeiner Weise konfigurieren. Die gebotenen Möglichkeiten variieren jedoch erheblich, z. B. inwieweit der Kernel neu konfiguriert werden kann. Durch das Neuerzeugen des Kernels nehmen Sie einem Angreifer jede Chance, diese Funktionalität zu mißbrauchen. Da die Neukonfiguration außerdem die Größe des Kernels reduziert, geben Sie Speicher für andere Zwecke frei.

Manche Fähigkeiten des Kernels sind besonders gefährlich. Folgende Funktionen oder Gerätetreiber sollten Sie auf jeden Fall entfernen:

- NFS und verwandte Funktionen
- Alles, was dem Abhören des Netzes dient, z.B. Network Interface Tap (NIT) oder Berkeley Packet Filter (BPF)

NIT und BPF sind eigentlich zum Testen und zur Fehlersuche gedacht, werden aber häufig von Angreifern eingesetzt. Sie sind gefährlich! Mit ihnen kann ein Rechner aus dem Ethernet nicht nur die ihn betreffenden, sondern wahllos alle Pakete aufgreifen. Unterbinden Sie dies, so läßt sich der Rechner bei manchen Architekturen nicht mehr als Paketfiltersystem einsetzen, so daß Sie womöglich davon absehen müssen.

Wenn es sich bei Ihrem Bastion-Host um einen Dual-Homed-Host handelt, ist jetzt der richtige Zeitpunkt, das IP-Forwarding abzuschalten.

Beim Deaktivieren von Kernel-Funktionen müssen Sie sorgsamer vorgehen als beim Abstellen von Diensten, die von *inetd* oder aus den Dateien */etc/rc* heraus gestartet werden. Zwischen den Kernelfunktionen gibt es zahlreiche wechselseitige Abhängigkeiten. Es ist deshalb oft nicht leicht herauszufinden, wozu genau eine bestimmte Funktion verwendet wird. Eine eigentlich noch benötigte Funktion zu deaktivieren, hat unter Umständen schwerwiegende Folgen, z.B. daß man mit dem neuen Kernel nicht mehr booten kann.

Befolgen Sie beim Aufbauen und Installieren des neuen Kernels auf jeden Fall alle diesbezüglichen Anweisungen Ihres Herstellers. Legen Sie prinzipiell eine Sicherungskopie des alten Kernels an. Diese Sicherung können Sie notfalls zum Hochfahren einsetzen, wenn sich herausstellt, daß mit dem neuen Kernel etwas nicht in Ordnung ist. Bevor Sie es mit dem neuen Kernel versuchen, sollten Sie sich aber darüber informieren, wie ein gesicherter Kernel zu booten ist, und die entsprechende Anleitung durchsehen. Legen Sie den gesicherten Kernel in die Root-Partition; anderenfalls können Sie von ihm nicht booten.

Wenn sich der Rechner neu hochfahren läßt, gehen Sie die Konfigurationsdateien für den Kernel auf dieselbe Art durch wie die Startup-Dateien. Überprüfen Sie Zeile für Zeile, ob die dortigen Angaben Ihren Vorstellungen entsprechen. Damit Sie auch wirklich alle relevanten Konfigurationsdateien berücksichtigen, sollten Sie besonders auf Stellen achten, an denen sich Konfigurationsdateien aufeinander beziehen, und zudem in Ihrer Dokumentation nachschlagen. Oft gibt es eine Datei zum Einbinden der Gerätetreiber und eine oder mehrere Dateien für die Parameter; in letzteren wird auch IP-Forwarding definiert.

Wenn Ihr neuer Kernel funktioniert, werden Sie den alten »voll funktionsfähigen« Kernel wahrscheinlich löschen oder verschlüsseln. Ersetzen Sie ihn durch eine Sicherungskopie des laufenden Minimalkernels. Ein Cracker, der auf irgendeine Art in Ihren Rechner eingedrungen ist, kann den alten Kernel dann nicht einfach zum Booten verwenden und alle Dienste wieder einspielen, die Sie so sorgfältig deaktiviert haben. Aus ähnlichen Gründen ist es angebracht, alle Dateien und Programme zu löschen, die speziell zum Aufbau des neuen Kernels erforderlich waren.

Wenn Ihr Kernel ladbare Module verwendet, läßt sich womöglich nur schwer feststellen, wann diese eingesetzt werden. Einige davon werden Sie wahrscheinlich nicht brauchen und daher löschen oder verschlüsseln. Da diese Module jedoch nicht immer explizit geladen werden, wissen Sie möglicherweise nicht, um welche es sich genau handelt. Stellen Sie deshalb einen anderen Datenträger zum Booten bereit, und verlegen Sie die betreffenden Moduldateien versuchsweise vom Verzeichnis für ladbare Module an eine andere Stelle. Sie sollten sie erst endgültig entfernen oder verschlüsseln, nachdem der Rechner seinen Betrieb über alle Stufen hinweg erfolgreich aufgenommen hat.

Seien Sie vorsichtig! Ihr Hersteller hat an unerwarteten Stellen möglicherweise Kopien »generischer« Kernel hinterlegt, die meist über den vollen Funktionsumfang verfügen und während der Installation des Rechners sowie seiner (nicht vorhandenen) Client-Rechner verwendet werden. Bei SunOS 4.x beispielsweise befinden sich solche Kernel im Verzeichnis */usr/stand*. Durchstöbern Sie alle Verzeichnisse, die Installationsdateien enthalten, sowie alle Verzeichnisse für Clients. Die Dokumentation beschreibt zwar, wo Sie die Client-Kernel finden, hüllt sich aber meist in Schweigen, wenn es um die Einzelheiten des Installationsprozesses geht. Suchen Sie in Ihrer Dokumentation nach Ratschlägen für Maßnahmen im Katastrophenfall; dort erfahren Sie vielleicht, an welchem Ort Reservekopien aufbewahrt werden.

Entfernen nicht unbedingt benötigter Programme

Der nächste Schritt besteht im Entfernen aller Programme, die für den alltäglichen Betrieb nicht unbedingt erforderlich sind. Die eventuellen Fehler eines nicht vorhandenen Programms können von einem Angreifer auch nicht ausgenutzt werden. Besonders *setuid/setgid*-Programme stellen für Angreifer ein attraktives Ziel dar. Sie sollten sich nicht scheuen, Programme zu entfernen, die Sie bislang eigentlich für wichtig gehalten haben. Der Bastion-Host ist nur zum Bereitstellen von Internet-Diensten gedacht und braucht daher keine komfortable Arbeitsumgebung zu bieten.

Fenstersysteme und Compiler sind Beispiele für größere Programme, die Sie entbehren können. Angreifer finden solche Programme sehr nützlich: Fenstersysteme sind ein fruchtbarer Boden für sicherheitsrelevante Probleme, und Compiler lassen sich zum Erstellen eigener Tools mißbrauchen.

Bevor Sie Programme wie Compiler löschen, sollten Sie sich vergewissern, daß Sie sie für Ihre Arbeit nicht mehr benötigen. Überprüfen Sie, ob Sie auch alles auf dem Rechner Erforderliche aufgebaut, installiert und getestet haben, z.B. die Tools zum Auditing des Systems, die wir in diesem Kapitel noch besprechen werden.

Statt wichtige Tools wie Compiler, die für Angreifer möglicherweise von Interesse sind, einfach zu löschen, können Sie sie durch Programme ersetzen, die nach dem Aufruf Alarm auslösen, so z.B. eine Mail senden oder Ihren Pager aktivieren. Vielleicht möchten Sie darüber hinaus, daß die Programme nach dem Alarm das ganze System stoppen, wenn Sie eine Unterbrechung einem Angriff vorziehen. Dies ist zudem eine hervorragende Methode, sich selbst in peinliche Situationen zu bringen. Denn Sie selbst vergessen am ehesten, wo Sie sich befinden, und versuchen, ein verbotenes Kommando auszuführen. Andererseits ist es eine gute Vorbereitung für Angriffe, bei denen Dienste ausfallen.

Zum Entfernen von Dateien sind zwei Suchläufe zu empfehlen:

1. Durchsuchen Sie alle Standardverzeichnisse Ihres Systems nach Binärdateien, d.h. alle Verzeichnisse, die im Pfad von *root* oder im Standardpfad von Benutzern aufgeführt sind. Wenn Sie sich über den Nutzen eines Programms nicht im klaren sind, setzen Sie dessen Ausführrecht für ein paar Tage zurück und warten ab, ob sich Probleme zeigen. Verläuft alles korrekt, können Sie das Programm entfernen oder verschlüsseln. Eine weitere Möglichkeit wäre, den Rechner vor diesem Durchlauf erst

eine zeitlang arbeiten zu lassen und dann aus den Zugriffszeiten der Dateien abzulesen, ob diese inzwischen verwendet wurden.

2. Durchsuchen Sie Ihr System mit *find* nach allen Dateien mit gesetztem *setuid-* oder *setgid*-Bit. Die Argumente für *find* unterscheiden sich grundlegend zwischen den verschiedenen Systemen, das Kommando dürfte jedoch in etwa so aussehen:

```
find / -type f \( -perm -04000 -o -perm -02000 \) -ls
```

3. Bei einigen Versionen von *find* gibt es spezielle Prädikate zum Bezeichnen von *setuid-* und *setgid*-Dateien.

Einhängen von Dateisystemen als nur-lesbar

Nachdem Sie den Bastion-Host fertig konfiguriert haben, sollte die Konfiguration von niemandem, besonders von keinem Eindringling, verändert werden dürfen. Soweit es möglich ist, hängen Sie die Dateisysteme auf dem Bastion-Host als nur-lesbar ein, um sie vor unerwünschten Manipulationen zu schützen. Dies betrifft insbesondere die Dateisysteme mit den Binärdateien von Programmen.

Besser ist es, wenn Sie über hardwareseitigen Schreibschutz verfügen. Denn auch ohne physikalischen Zugang zum Rechner kann ein Angreifer Platten mit Schreibberechtigung neu einhängen. Er wird damit jedoch wenig Erfolg haben, wenn die Platte hardwareseitig schreibgeschützt ist. Die meisten IPI- und SMD-Platten besitzen dafür Schalter. Viele SCSI-Platten besitzen einen »write-disable« Jumper, den Sie setzen können. Wenn Sie es für unzumutbar halten, die Platte abzustecken und aus dem Gehäuse zu entfernen, nur um Schreibzugriff zu erhalten, können Sie ein Kabel vom Jumper zu einem Schalter am Laufwerksgehäuse verlegen.

Sie können natürlich nicht alles mit Schreibschutz versehen. Sie müssen ein beschreibbares Dateisystem mit ausreichend Platz z.B. für Temporärdateien, Systemprotokolle und den Spool-Bereich für Mail bereitstellen. Vielleicht können Sie dazu eine RAM-Disk heranziehen; Sie müssen jedoch sicherstellen, daß die RAM-Disk vom Betriebssystem unterstützt wird und Sie über ausreichend RAM verfügen. Außerdem ist zu bedenken, daß bei jedem Booten Ihres Rechners der Inhalt der RAM-Disk verlorengeht, z.B. E-Mail auf dem Weg von internen Rechnern zum Internet.

Zum Swapping müssen Sie bei den meisten UNIX-Versionen beschreibbaren Festplattenspeicher bereitstellen oder das Swapping abstellen. Bei vielen UNIX-Versionen ist das Abstellen des Swapping nicht zulässig. Es ist aber normalerweise möglich, als Auslagerungsbereich eine eigene Festplatte zu verwenden. Diese Festplatte ist dann auch sicher, wenn sie beschreibbar bleibt. Mit einer RAM-Disk wird Ihr Speicherbedarf vermutlich so groß, daß Sie einen Auslagerungsbereich benötigen.

Systeme, die auf BSD 4.4-Lite basieren, wie z.B. aktuelle Versionen von NetBSD, FreeBSD und BSDI, verfügen über ein neues Attribut »unveränderlich«, das dateiweise gesetzt werden kann. Wenn eine Datei als »unveränderlich« (*immutable*) markiert ist, kann sie nicht einmal mehr von *root* geändert werden, außer wenn sich das System im Einbenutzermodus befindet. Falls Ihr Betriebssystem diese Möglichkeit bietet, sollten Sie damit Ihre Programme und Konfigurationsdateien vor Manipulationen durch Angreifer schützen. (Diese Methode ist nur zu empfehlen, wenn kein hardwareseitiger Schreibschutz möglich ist oder sie als zusätzliche Sicherheitsschicht dient. Da sie in Software implementiert ist, ist sie wesentlich gefährdeter.)

Programme zur Sicherheitsüberprüfung

Nachdem Sie den Bastion-Host neu konfiguriert haben, folgt als nächster Schritt eine Sicherheitsüberprüfung (*audit*). Dafür gibt es zwei Gründe: Zum einen stellt sie sicher, daß Sie beim Einrichten des Systems nichts übersehen haben. Zum zweiten liefert sie ein Basisprotokoll, mit dem Sie spätere Audit-Protokolle vergleichen und auf diese Weise Manipulationen am Rechner aufdecken können.

Auditing-Pakete

Die meisten Auditing-Pakete verfolgen zwei Absichten:

- Testen auf bekannte Sicherheitslücken. Dabei handelt es sich um Lücken, die von Systemverwaltern bereits aufgedeckt, von Angreifern zu Systemeinbrüchen ausgenutzt oder in Büchern und anderen Dokumenten über Computersicherheit beschrieben wurden.
- Einrichten einer Datenbank, die Prüfsummen aller im System existierenden Dateien enthält. Mit der Datenbank können Systemverwalter spätere und insbesondere unerlaubte Änderungen an Dateien erkennen.

Einige sehr gute Pakete zum automatischen Auditing sind im Internet frei erhältlich. Die drei am häufigsten verwendeten sind:

- *COPS* - das »Computer Oracle and Password System« wurde von Dan Farmer und Gene Spafford entwickelt.
- *Tiger* - wurde als Teil des TAMU-Pakets an der Texas A&M University entwickelt.
- *Tripwire* - wurde von Gene H. Kim und Gene Spafford entwickelt.

COPS und Tiger führen Tests auf bekannte Sicherheitslücken durch, wobei es zwischen den beiden Programmen zahlreiche Überschneidungen gibt. Da sie frei erhältlich sind, sollten Sie sich beide besorgen, um möglichst weitgehend abgesichert zu sein. Tripwire ist ein Programm, das die Integrität eines Dateisystems überprüft. Es arbeitet ausschließlich mit Datenbanken aus Prüfsummen; darin ist es wesentlich besser als COPS oder Tiger, die in Grundzügen auch über diese Fähigkeit verfügen; Tripwire dagegen kann nicht auf bekannte Sicherheitslücken testen. Die drei Pakete sind völlig voneinander unabhängig. Es spricht also nichts dagegen und ist wahrscheinlich keine schlechte Idee, sie auf dem Bastion-Host gemeinsam einzusetzen. Woher Sie die drei Programme beziehen können, erfahren Sie in Anhang B.

Da die bekannten Sicherheitslücken in vielerlei Hinsicht betriebssystemspezifisch sind, hängt die Effektivität der Überprüfungsprogramme in hohem Maße vom zugrundeliegenden Betriebssystem und der jeweiligen Betriebssystemversion ab. Wenn das Paket Ihr Betriebssystem und Ihre aktuelle Betriebssystemversion kennt, ist alles in bester Ordnung. Anderenfalls kann es sich nur blind vorwärtstasten und diverse Vermutungen darüber anstellen, welche Lücken existieren könnten. Glücklicherweise haben Angreifer gewöhnlich dasselbe Problem, wenn auch nicht in diesem Ausmaß.

Derzeit erscheinen die ersten kommerziellen Produkte mit ähnlicher Funktionalität auf dem Markt. Sie verfügen jedoch weder über den Funktionsumfang noch die Akzeptanz von COPS, Tiger und Tripwire.

Einsatz der Auditing-Pakete

Wie setzen Sie die verschiedenen Auditing-Pakete zur Überwachung Ihres Systems ein? Da dies in erster Linie vom gewählten Paket abhängt, erhalten Sie eine ausführliche Anleitung in der jeweiligen Dokumentation. Dieser Abschnitt beschränkt sich deshalb auf einige allgemeine Ratschläge.

Sie werden einiges konfigurieren müssen. Gehen Sie nicht davon aus, daß Sie brauchbare Ergebnisse erzielen, wenn Sie das Programm einfach nur installieren und ausführen. Es dürfte eher so aussehen, daß Sie das Auditing-Paket starten, ein paar Warnungen erhalten, daraufhin Ihren Rechner oder das Paket umkonfigurieren, das Paket von neuem starten und diesen Prozeß so lange wiederholen, bis Sie alle Warnungen losgeworden sind. Wenn Sie Warnungen erhalten, müssen Sie entscheiden, ob das Auditing-Paket oder Sie selbst sich geirrt haben. In manchen Fällen ist es das beste, bestimmte Überprüfungen nicht zuzulassen. Dies sollte aber nicht Ihre erste Reaktion auf Schwierigkeiten sein.

Nachdem Sie mit den im vorigen Abschnitt beschriebenen Tools ein Basisprotokoll angelegt haben, speichern Sie die Tools und die Ergebnisse der ersten Überprüfung an einem sicheren Ort.

Die einzige Kopie Ihres Basisprotokolls und auch die Tools sollten Sie keinesfalls auf dem Bastion-Host aufbewahren. Seien Sie immer auf das Schlimmste gefaßt: Falls ein Angreifer erfolgreich in den Bastion-Host eindringt, kann er die Basisergebnisse Ihrer ersten Überprüfung manipulieren. Damit ist Ihnen die Möglichkeit genommen, später verbotene Änderungen am System aufzudecken. Wenn Eindringlingen das Verändern der Auditing-Software gelingt, spielt es keine Rolle mehr, ob sie auch Ihr Basisprotokoll manipulieren können. Sie veranlassen die Auditing-Software dann einfach dazu, eine neue Ausgangsbasis zu erstellen. Um sich dagegen zu schützen, sollten Sie die ersten Überprüfungsergebnisse auf Diskette oder Band speichern und irgendwo sicher verschlossen aufbewahren. Wahrscheinlich möchten Sie Eindringlingen Ihre Auditing-Ergebnisse nicht einmal zeigen; warum sollten Sie ihnen mitteilen, von welchem Zustand des Systems Sie ausgehen und welche Dateien Sie nicht überwachen?

Überprüfen Sie den Rechner in regelmäßigen Abständen, je nach den Notwendigkeiten und Möglichkeiten an Ihrem Standort z. B. täglich oder wöchentlich, und vergleichen Sie das neue Audit-Protokoll mit der Ausgangsbasis. Sollten sich Unterschiede ergeben, müssen Sie auf jeden Fall die Ursachen ermitteln. Am besten wäre es, wenn Sie die periodische Erstellung der Audit-Protokolle automatisieren könnten, damit sie zuverlässig in regelmäßigen Abständen erfolgt. Leider ist das leichter gesagt als getan. Es bedarf einiger Tricks, die Audit-Protokolle so zu automatisieren, daß sie nicht durch »Überspielen« verfälscht werden können. Beim Überspielen schickt Ihnen ein Angreifer, der erfolgreich in Ihr Auditing-System eingedrungen ist, einfach die frühere Aufzeichnung eines beanstandungslosen Audit-Protokolls, sobald das System automatisches Auditing startet. Um sich dagegen zu wappnen, sollten Sie die Audit-Protokolle in so kurzen Abständen erstellen, daß für einen Angreifer kaum Chancen bestehen, in der Zwischenzeit erfolgreich einzubrechen, das Auditing-System auszumachen, zu unterminieren und alle Spuren zu verwischen. Das heißt, daß Sie den Rechner mindestens einmal pro Tag überprüfen lassen.

Auditing mittels Prüfsummen

Prüfsummen sind beim Auditing sehr hilfreich. Ein Eindringling, der ein Programm oder eine Konfigurationsdatei ändert, wird fast sicher auch das Änderungsdatum manipulieren, so daß dies kein verläßliches Kriterium darstellt. Sie umgehen dieses Problem, wenn Sie jede Datei mit einer Basiskopie vergleichen. Das erfordert jedoch viel Zeit, und außerdem benötigen Sie eine Kopie von jeder einzelnen Datei, was Ihren Speicherbedarf genau verdoppelt. Prüfsummen sind hier die beste Methode.

Eine Prüfsumme ist eine Zahl, die aus dem Inhalt einer Datei berechnet wird und sich ändert, sobald die Datei sich ändert. Die Berechnung von Prüfsummen ist zeitaufwendig, aber nicht so aufwendig wie der bitweise Vergleich zweier Dateien. Außerdem verbraucht die Prüfsumme weitaus weniger Platz als die gesamte Datei. Die Prüfsummen von Dateien sind nicht eindeutig, d.h. bei jedem Algorithmus gibt es Fälle, in denen für zwei Dateien dieselbe Prüfsumme berechnet wird. Je besser der Prüfsummenalgorithmus ist, umso geringer ist die Wahrscheinlichkeit, daß Dateien mit derselben Prüfsumme einander in irgendeiner anderen Weise ähneln.

Das UNIX-Kommando *spell* beispielsweise verwendet einen Hashing-Algorithmus, der in dieser Hinsicht dieselben Eigenschaften hat. *spell* entdeckt relativ zuverlässig Rechtschreibfehler in englischen Wörtern, akzeptiert aber häufig auch kompletten Unsinn, da zufällige Buchstabenkombinationen dieselben Hash-Werte wie korrekt geschriebene Wörter besitzen können. Problematisch ist das allerdings nur, wenn Sie zu Fehlleistungen der Art neigen, »qzx« zu tippen, wenn Sie eigentlich »the« eingeben wollen. Genauso kann ein guter Prüfsummenalgorithmus für */bin/login* dieselbe Summe berechnen wie für ein Dokument, das den Text von »Schneewittchen« enthält. Es ist aber praktisch ausgeschlossen, daß er für */bin/login* dieselbe Zahl ermittelt wie für eine andere ausführbare Datei, die auch dem Einloggen von Benutzern dient (insbesondere nicht für eine geänderte Variante von */bin/login*).

Die UNIX-Standardprogramme zur Prüfsummenberechnung wie z.B. */bin/sum* haben nicht diese Fähigkeiten. Sie verwenden einfache CRC-Algorithmen (*cyclic redundancy counter*), die dazu gedacht sind, Bitfehler bei Datenübertragungen zu entdecken. Solche einfachen Algorithmen haben keine Chance gegen die modernen Tools, die Cracker zum Unterwandern konventioneller Prüfsummenprogramme einsetzen. Cracker verfügen heutzutage über Programme, die die in einer Datei ungenutzten Bytes (speziell in ausführbaren Binärdateien) manipulieren, um die Prüfsumme nach ihren Bedürfnissen zu verfälschen. Sie können */bin/login* so verändern, daß es trotzdem dieselbe Prüfsumme behält und *sum* keinerlei Unterschiede feststellt.

Um echten Schutz zu gewährleisten, benötigen Sie einen »kryptographischen« Prüfsummenalgorithmus wie MD5 oder Snefru. Solche Algorithmen erzeugen größere und nicht so leicht vorhersehbare Prüfsummen, die wesentlich schwieriger zu fälschen sind. Die oben beschriebenen Auditing-Pakete COPS, Tiger und Tripwire beinhalten und verwenden für Prüfsummen solche Algorithmen anstelle der dafür üblichen UNIX-Programme.

Anschließen des Rechners ans Netzwerk

Nun, da Sie den Rechner vollständig abgesichert haben, können Sie ihn endlich an das gewünschte Netzwerk anschließen und in Betrieb nehmen. Wählen Sie dazu eine Zeit, zu der Sie sich in der Nähe aufhalten und den Rechner beobachten können. Verabschieden Sie sich nicht unmittelbar danach in den längst überfälligen Urlaub.

Betrieb des Bastion-Hosts

Mit der Inbetriebnahme des Bastion-Hosts hat Ihre Arbeit gerade erst begonnen. Sie müssen den Bastion-Host sehr genau im Auge behalten. In Kapitel 12 finden Sie dazu ausführlichere Informationen; dieser Abschnitt beschränkt sich auf Angelegenheiten, die speziell den Bastion-Host betreffen.

Wie sieht das übliche Gebrauchsmuster aus?

Beim Überwachen des Bastion-Hosts werden Sie nach ungewöhnlichen Begebenheiten Ausschau halten, die auf Einbrüche oder anderweitige Gefahren für das System hindeuten. Sie müssen aber erst ein gewisses Gespür dafür entwickeln, wie der Bastion-Host »normalerweise« angewendet wird. Dazu sind folgende und ähnliche Fragen hilfreich:

- Wie viele Aufträge laufen in der Regel gleichzeitig?
- Wieviel CPU-Zeit beanspruchen diese Aufträge relativ zueinander?
- Mit welcher Belastung ist zu verschiedenen Tageszeiten üblicherweise zu rechnen?

Es ist für Sie wichtig, ein fast intuitives Verständnis davon zu entwickeln, wie sich Ihr System im Normalbetrieb verhält. Sie werden unübliche Aktivitäten dann sehr schnell erkennen und ihnen entgegenwirken können.

Spezielle Software zur automatischen Überwachung

Es ist ziemlich anstrengend, das System gründlich zu überwachen. Die Systemprotokolle enthalten zwar jede Menge nützlicher Informationen, das Datenvolumen ist aber oft so immens, daß entscheidende Informationen darin untergehen. Die Protokolle werden häufig erst *nach* einem Einbruch durchgesehen, wo sie doch eigentlich dazu beitragen könnten, Einbrecher auf frischer Tat zu ertappen oder sogar Einbrüche zu vereiteln.

Da sich die Betriebssysteme und die Firmennetze unterscheiden, ist auch jeder Bastion-Host anders konfiguriert, und jeder Standort hat eigene Vorstellungen davon, wie ein Überwachungssystem reagieren soll. Es könnte E-Mail senden, seine Ausgabe zu einem vorhandenen, auf SNMP beruhenden Managementsystem lenken, den Pager des Systemverwalters aktivieren und vieles mehr. Die Überwachung ist in den Einzelheiten meist stark vom Standort und vom Rechner abhängig. Es gibt trotzdem einige nützliche Tools, die Sie konfigurieren und an die eigenen Gegebenheiten anpassen können. Ein gutes Beispiel ist das SWATCH-Paket (Simple WATCHer).

SWATCH wurde von Stephen E. Hansen und E. Todd Atkins entwickelt und automatisiert die Überwachung von UNIX-Systemen. Es stellt in vielerlei Hinsicht eine Erweiterung der *syslog*-Funktionalität dar (zu *syslog* siehe Abschnitt »Schützen Sie die Systemprotokolle«). SWATCH sichtet die von *syslog* erzeugten Protokolle und reagiert auf bestimmte Arten von Meldungen mit besonderen Aktionen. Es könnte z.B. einen Alarm auslösen, wenn wiederholt erfolglos versucht wird, sich unter ein und derselben Kennung einzuloggen, oder wenn die Meldung »file system full« auftritt. Um die Protokollierung effektiver zu machen, enthält SWATCH zudem Varianten zahlreicher Dämone, z.B. von *fingerd, ftpd, ruserok, rshd* und *login. login* beispielsweise wurde so geändert, daß es nur drei Login-Versuche zuläßt. Erfolglose Login-Versuche meldet es *syslog* mit »Incomplete login attempt«, wiederholte Login-Versuche mit »Repeated Login Attempt« und abgewiesene Root-Logins mit »root login refused«. Darüber hinaus erfaßt es, unter welchen Kennungen und von welchen Rechnern Logins versucht wurden. SWATCH kann außerdem Dateien beobachten, die nicht von *syslog* generiert wurden. Seine Bezugsquellen finden Sie in Anhang B.[1]

SWATCH ist in Perl geschrieben, das für den Bastion-Host leider viel zu leistungsfähig ist. Es bietet einem Eindringling fast alle Möglichkeiten eines Compilers außer der Fähigkeit, neue Kernel aufzubauen. Es ist wohl besser, SWATCH nicht auf dem Bastion-Host selbst, sondern auf dem Rechner auszuführen, auf dem sich der Bastion-Host einloggt.

Schutz der Maschine und Sicherungskopien

Nach abgeschlossener Konfiguration und Inbetriebnahme des Bastion-Hosts müssen Sie den Rechner physikalisch schützen und sicherstellen, daß Backups nicht abhanden kommen oder anderweitig beeinträchtigt werden können.

Verfolgen Sie erneutes Booten aufmerksam

Wie erfahren Sie davon, daß Sicherheitsvorkehrungen durchbrochen werden? Manchmal ist ein Einbruch einfach nicht zu übersehen, in anderen Fällen aber müssen Sie das Verhalten des Systems analysieren. Unerklärliches Booten oder unmotivierte Ausfälle des Systems lassen Rückschlüsse zu. Viele Angriffe, wie z.B. das Modifizieren des Kernels, können nur mit erneutem Hochfahren des Systems erfolgreich abgeschlossen werden.

Abstürze und erneutes Booten sollten auf dem Bastion-Host nur selten vorkommen. Nach abgeschlossener Konfiguration und Inbetriebnahme ist der Bastion-Host eigentlich ein stabiles System, das oft Wochen oder Monate ohne jegliche Probleme läuft. Falls das System doch einmal abstürzt oder neu hochgefahren wird, sollten Sie sich sofort an die

1. Aus den USENIX/SAGE LISA-Tagungen 1993 und 1994 gingen zahlreiche Berichte über andere Tools zur automatischen Überwachung hervor, welche ursprünglich für Systemverwalter gedacht waren, aber durchaus auch zur Überwachung der Systemsicherheit angepaßt werden können.

Ursachen machen und herausfinden, ob ein eher harmloses Problem oder irgendeine Art von Angriff dahintersteckt.

Unter Umständen ist es angebracht, den Bastion-Host so zu konfigurieren, daß er nach einem Reboot-Versuch nicht automatisch hochfährt. Wird nun ein Absturz oder erneutes Booten des Rechners provoziert, bleibt es Ihnen nicht verborgen: Der Rechner wartet so lange untätig, bis Sie ihn wieder hochfahren. Ohne Ihre Hilfe ist er nicht in der Lage, seine Arbeit fortzusetzen. Manche Systeme lassen nicht zu, automatisches Booten zu deaktivieren. Sie können es üblicherweise aber sabotieren, indem Sie den Rechner so konfigurieren, daß er automatisch von einer nicht existierenden Platte bootet.

Legen Sie sichere Backups an

Sicherungen sind auf einem Bastion-Host nicht so leicht durchzuführen, da erst geklärt werden muß, wer eigentlich wem vertraut. Wem können Sie vertrauen?

Sie möchten sicher nicht, daß interne Maschinen dem Bastion-Host soweit vertrauen, daß er auf deren Bandlaufwerke sichern kann. Dies könnte zu einer Katastrophe führen, wenn der Bastion-Host in irgendeiner Weise gefährdet ist. Sie wollen aber auch nicht, daß der Bastion-Host den internen Rechnern vertraut. Dies könnte zu einer Unterwanderung des Hosts durch (wohlmeinende) interne Benutzer führen oder zu Angriffen von einem Rechner aus verleiten, der sich als internes System ausgibt.

Gängige Verfahren für ferne Sicherungen, wie z.B. die von den BSD-UNIX-Programmen *dump* und *rdump* eingesetzten Mechanismen, werden vermutlich sowieso durch die Paketfilterung zwischen dem Bastion-Host und den internen Systemen blockiert. (Wir beschäftigen uns mit diesem Thema in Kapitel 6.)

Sie werden Sicherungen daher normalerweise auf einem Bandgerät erstellen, das direkt an den Bastion-Host angeschlossen ist. Auf keinen Fall sollten Sie den Bastion-Host auf Platten sichern, die dauerhaft mit dem Bastion-Host verbunden sind. Die Backups müssen unbedingt vom Bastion-Host entfernt werden, damit sie für einen Angreifer nicht zugänglich sind.

Da am Bastion-Host glücklicherweise selten Änderungen vorgenommen werden, sind Sicherungen nicht häufig erforderlich. Nach abgeschlossener Konfiguration und Inbetriebnahme sollte er sehr stabil laufen. Eine wöchentlich oder monatlich von Hand durchgeführte Sicherung dürfte deshalb ausreichen.

Ein Backup des Bastion-Host hat nicht nur den Zweck, sich gegen bekannte Katastrophen wie Plattenausfälle zu schützen. Sie sind auch ein Mittel, anhand dessen Sie spätere Einbrüche oder andere sicherheitsrelevante Vorfälle aufklären können, indem Sie den zu diesem Zeitpunkt aktuellen Inhalt der Festplatte mit dem Zustand vor dem betreffenden Vorfall vergleichen.

Wenn Sie den Bastion-Host nur wöchentlich oder monatlich sichern, wird es interessant, wie Sie die Protokollierung durchführen. Sofern der Bastion-Host nicht täglich gesichert wird, *müssen* Sie Ihre Protokolle auf einem anderen System halten. Nach einem Unfall spielen sie eine entscheidende Rolle bei der Rekonstruktion der Ereignisse. Stellt sich nach einem erfolgreichen Angriff heraus, daß die Protokolle einzig auf dem (angegriffenen) Bastion-Host gespeichert und seit drei Wochen nicht mehr gesichert wurden, beeinträchtigt dies Ihre Untersuchungen erheblich.

Wie bei Backups allgemein üblich, müssen Sie die Sicherungen Ihres Bastion-Hosts genauso sorgsam schützen wie den Rechner selbst. Die Sicherungen enthalten schließlich alle Konfigurationsdaten des Bastion-Hosts. Ein Angreifer, der bis zu den Backups vorstößt, könnte die Sicherheitsvorkehrungen analysieren, ohne jemals an den Bastion-Host herangekommen zu sein. Mit den aus den Sicherungen gewonnenen Informationen ist er dann möglicherweise in der Lage, in den Bastion-Host einzudringen, ohne Alarm auszulösen.

6

In diesem Kapitel:
- *Wozu braucht man Paketfilterung?*
- *Konfigurieren eines Routers zur Paketfilterung*
- *Aufbau eines Pakets*
- *Was macht der Router mit Paketen?*
- *Aufstellen von Paketfilterregeln*
- *Filterung nach Adressen*
- *Filterung nach Diensten*
- *Wahl eines Routers zur Paketfilterung*
- *Wo plaziert man Paketfilter?*
- *Beispiele für Paketfilterung*

Paketfilterung

Paketfilterung ist ein Netzwerk-Sicherheitsmechanismus, der überprüft, welche Daten an ein Netz und aus einem Netz weitergereicht werden dürfen. Wir geben hier eine sehr kurze Einführung in IP-Netzwerkkonzepte, da dies für das Verständnis von Paketfilterung notwendig ist. Sollten Sie mit diesem Thema nicht vertraut sein, so verweisen wir auf die ausführlichere Beschreibung in Anhang C.

Um Informationen in einem Netzweitergeben zu können, müssen sie in kleine Portionen zerlegt und als solche einzeln verschickt werden. Auf diese Weise erhalten viele Systeme die Möglichkeit, am Netzverkehr teilzunehmen, indem jedes dieser Systeme aufeinanderfolgende Portionen verschickt. In einem IP-Netzwerk heißen solche kleinen Datenportionen *Pakete*. Jeder Datenaustausch innerhalb eines IP-Netzwerks erfolgt in Form von Paketen.

Die Basiseinheit, die IP-Netze miteinander verbindet, wird *Router* genannt. Als Router dient entweder eine nur für diesen Zweck vorgesehene Hardware. Oder aber es handelt sich um Software, die auf einem allgemein genutzten UNIX- oder PC-System (MS-DOS, Windows, Macintosh o.ä.) läuft. Pakete, die ein Inter-Netz – ein Netz aus Netzwerken – durchlaufen, reisen so lange von Router zu Router, bis sie ihr Ziel erreicht haben. Das Internet selbst ist eine Art Urahn der Inter-Netze, das »Netzwerk der Netzwerke« schlechthin.

Ein Router muß für jedes Paket, das bei ihm eintrifft, über den nächsten Wegabschnitt entscheiden. Er muß bestimmen, wie das Paket in Richtung Ziel weiterzuleiten ist. Im allgemeinen enthält ein Paket außer der IP-Adresse seines Zielrechners keine Informationen, die dem Router bei seiner Entscheidung helfen. Das Paket teilt dem Router mit, wohin es will, aber nicht, wie es dorthin gelangt. Router verständigen sich untereinander über »Routing-Protokolle«, wie dem Routing Information Protocol (RIP) und dem Open Shortest Path First (OSPF). Mit deren Hilfe bauen Router *Routing-Tabellen* im Speicher auf, die es ihnen ermöglichen, den Weg der Pakete zu ihren Zielrechnern zu ermitteln. Muß ein Paket weitergeleitet werden, so vergleicht ein Router die Zieladresse des Pakets mit den Einträgen in der Routing-Tabelle und verschickt das Paket entsprechend den dortigen Angaben. Häufig gibt es keine spezielle Routenangabe zu einem bestimmten Ziel. In diesem Fall verwendet der Router eine »Standardroute«. Im allgemeinen leitet solch eine Standardroute die Pakete an Router weiter, die leistungsfähiger oder besser verbunden sind. In den meisten Unternehmen verweisen die Standardrouten ins Internet.

Ein normaler Router betrachtet lediglich die Zieladresse eines Pakets, um zu ermitteln, wie er das Paket in Richtung Ziel weiterzuleiten hat. Er fragt lediglich: »Wie kann ich das Paket weiterleiten?« Ein Router mit Paketfilterung stellt sich auch die Frage: »Soll ich das Paket weiterleiten?« Der filternde Router beantwortet diese Frage anhand der Sicherheitspolitik, die in Form von Paketfilterregeln in den Router einprogrammiert ist.

Hinweis

Einige untypische Pakete enthalten Routing-Informationen, die darüber Auskunft geben, wie das Ziel erreicht werden soll. Sie verwenden die IP-Option »source route«. Diese Pakete mit *Source-Routing* werden im Abschnitt »IP-Optionen« behandelt.

Wozu braucht man Paketfilterung?

Paketfilterung ermöglicht es Ihnen, den Datentransfer zu steuern, ihn zuzulassen oder zu unterbinden. Als Grundlage dienen:

- die Adresse, von der die Daten (angeblich) kommen
- die Adresse, zu der die Daten gelangen sollen
- die verwendeten Sitzungs- und Anwendungsprotokolle

Die meisten Paketfiltersysteme werten die Daten selbst nicht aus. Es findet keine Entscheidung auf Grund der Inhalte statt.[1] Mittels Paketfilterung können Sie festlegen:

> Lasse nicht zu, daß sich jemand über Telnet (einem Anwendungsproto3koll) von außen anmeldet.

1. Einige Software-Pakete, wie FireWall-1 von CheckPoint, bilden die wenigen Ausnahmen von dieser Regel.

Oder:

> Ermögliche jedem, uns E-Mail via SMTP (einem weiteren Anwendungsprotokoll) zu schicken.

Oder sogar:

> Jener Rechner kann uns Nachrichten über NNTP (noch ein Anwendungsprotokoll) übermitteln, alle anderen jedoch nicht.

Sie können allerdings nicht festlegen:

> Dieser Benutzer kann sich über Telnet von außen anmelden, alle anderen nicht.

Denn »Benutzer« gehört nicht zu den Einheiten, die ein Paketfiltersystem identifizieren kann. Und es ist unzulässig, zu sagen:

> Du kannst diese Dateien übertragen, jene aber nicht.

Denn »Datei« stellt ebenfalls keine unterscheidbare Größe für das Paketfiltersystem dar.

Der wesentliche Vorteil von Paketfilterung besteht in ihrer Durchschlagkraft: Paketfilterung versetzt Sie in die Lage, ausgehend von einer einzigen Stelle detaillierte Schutzmaßnahmen für das gesamte Netzwerk zu ergreifen. Betrachten Sie z.B. den Telnet-Dienst. Unterbinden Sie die Verwendung von Telnet, indem Sie an jedem Host den Telnet-Server ausschalten, so müssen Sie immer noch befürchten, daß jemand in Ihrer Organisation einen neuen Rechner mit eingeschaltetem Telnet-Server installiert oder Telnet auf einem bestehenden Rechner wieder aktiviert.

Demgegenüber ist jeder neue Rechner von Beginn an geschützt, wenn Telnet durch einen Router mit Paketfilterung abgewiesen wird und zwar unabhängig davon, ob der Telnet-Server läuft oder nicht. Dies ist ein Beispiel für das Prinzip der »Fehlersicherheit«, wie wir sie in Kapitel 3 erörtert haben.

Router stellen außerdem eine nützliche Passierstelle für alle Daten dar, die im Netz ankommen oder das Netz verlassen. »Passierstellen« haben wir ebenfalls in Kapitel 3 behandelt. Selbst wenn Sie aus Gründen der Redundanz über mehrere Router verfügen, gibt es sie wahrscheinlich in wesentlich geringerer Anzahl und unter viel strengerer Kontrolle als normale Rechner.

Gewisse Schutzmechanismen können ausschließlich durch Router mit Paketfilterung bereitgestellt werden und dies auch nur, wenn sie an bestimmten Stellen in Ihrem Netzwerk eingesetzt sind. Beispielsweise ist es sinnvoll, alle Pakete mit internen Quelladressen zurückzuweisen. Damit sind jene Pakete gemeint, die vorgeben, von einem Ihrer Rechner zu stammen, obwohl sie in Wahrheit von außen kommen. Solche Pakete gehören für gewöhnlich zu Angriffen durch Adreßmogeleien. Im Zuge solcher Attacken er-

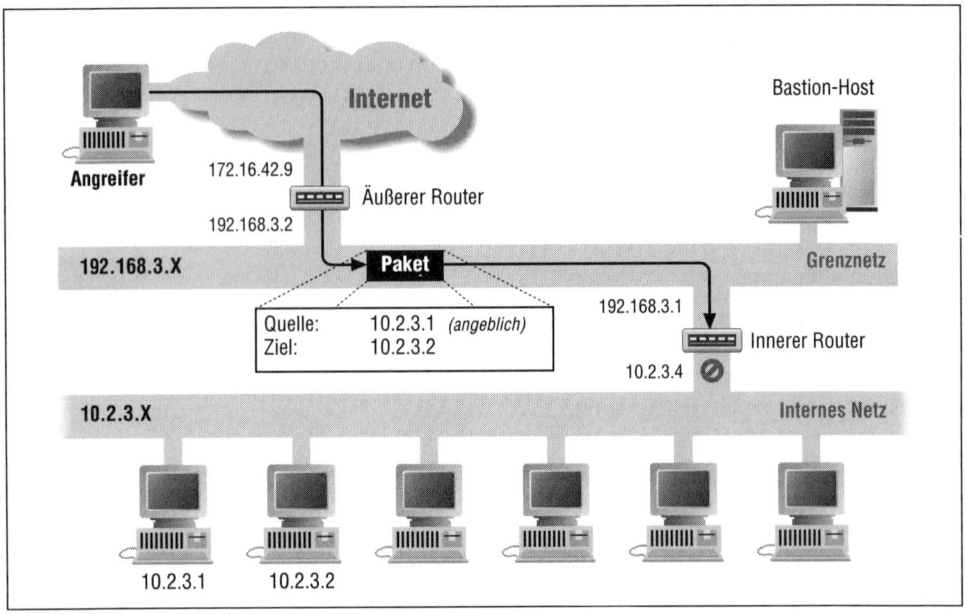

Abb. 6-1: Fälschung der Quelladresse.

weckt ein Angreifer den Anschein, er agiere von einem netzinternen Rechner aus. Nur ein Router mit Paketfilterung, der sich am Rand Ihres Netzes befindet, kann dies entscheiden. Nur dort - per Definition an der Grenze zwischen »innen« und »außen« - ist der Router in der Lage, solche Pakete anhand der Quelladresse zu erkennen. Nur dort kann er unterscheiden, ob ein Paket von innen (von der internen Netzschnittstelle) oder von außen (von der externen Netzschnittstelle) kommt. Abbildung 6-1 veranschaulicht diese Art Fälschung der Quelladresse.

Vorteile der Paketfilterung

Paketfilterung bringt eine Reihe von Vorteilen mit sich.

Ein einziger Überwachungsrouter kann dazu beitragen, ein ganzes Netz zu schützen

Einer der entscheidenden Vorteile der Paketfilterung besteht darin, daß ein einziger, strategisch geschickt plazierter Router mit Paketfilterung dazu beitragen kann, ein ganzes Netz zu schützen. Gibt es nur einen Router, der Ihr Unternehmen mit dem Internet verbindet, so erzielen Sie unabhängig von der Größe Ihres Unternehmens eine ungeheure

Wirkung im Hinblick auf Netzsicherheit, wenn Sie diesen Router zur Paketfilterung einsetzen.

Paketfilterung benötigt kein Anwenderwissen und keine Mitarbeit

Anders als bei der Proxy-Technik, die in Kapitel 7 beschrieben wird, bedarf es für Paketfilterung keiner Software-Anpassung und keiner Konfiguration auf den Client-Rechnern. Ebensowenig sind spezielle Schulungen oder Prozeduren für Anwender erforderlich. Beschließt ein Router mit Paketfilterung, ein Paket durchzulassen, so unterscheidet ihn nichts von einem normalen Router. Im Idealfall nehmen Benutzer seine Existenz nur wahr, wenn sie etwas - vermutlich Sicherheitskritisches - tun, was die Filterungsstrategie des Routers zurückweist.

Diese »Transparenz« bedeutet, daß Paketfilterung ohne Mitarbeit und häufig ohne Wissen der Anwender abläuft. Damit ist nicht gemeint, sie heimlich hinter dem Rücken Ihrer Anwender einzusetzen. (Obwohl ein solches Vorgehen manchmal notwendig ist - was völlig von den jeweiligen Umständen abhängt - kann es politisch äußerst brisant sein.) Vielmehr geht es darum, daß Sie die Anwender nicht dazu veranlassen müssen, etwas Neues zu lernen oder etwas Spezielles zu tun bzw. zu unterlassen, damit Paketfilterung funktioniert.

Paketfilterung steht auf vielen Routern zur Verfügung

Die Funktionalität der Paketfilterung ist in vielen Hard- und Software-Routern enthalten. Dies gilt sowohl für kommerzielle Produkte als auch für die frei erhältlichen aus dem Internet. Die meisten Unternehmen können über die im Einsatz befindlichen Router bereits Paketfilterung vornehmen.

Die meisten kommerziellen Router, wie die Router von Livingston Enterprises oder von Cisco Systems, schließen Paketfilterung mit ein. Paketfilterung steht ebenso über Software-Pakete wie Drawbridge, KarlBridge und *screend* zur Verfügung. Sie sind im Internet frei erhältlich und werden in Anhang B vorgestellt.

Hinweis

> Im Rahmen dieses Buches ist es unmöglich, eine vollständige Liste aller kommerziellen und frei verfügbaren Software-Pakete aufzuführen. Ständig kommen neue Produkte auf den Markt und bestehende werden um Paketfilterung erweitert. Statt dessen konzentrieren wir uns in diesem Kapitel darauf, allgemeine Eigenschaften und Fähigkeiten von Paketfilterung zu erörtern und die Folgen aufzuzeigen, falls bestimmte Funktionen vorhanden sind bzw. fehlen. Dadurch können Sie die derzeit zur Verfügung stehenden Produkte selbst bewerten.

Nachteile der Paketfilterung

Obwohl Paketfilterung viele Vorteile bietet, bringt sie auch einige Nachteile mit sich:

Die angebotenen Filterwerkzeuge sind nicht perfekt

Obwohl Paketfilterung in den verschiedensten Hard- und Software-Paketen zur Verfügung steht, ist sie noch kein perfektes Werkzeug. Die Paketfilterfunktionen vieler Produkte weisen mehr oder weniger dieselben allgemeinen Unzulänglichkeiten auf:

- Paketfilterungsregeln sind häufig schwer formulierbar. Der Schwierigkeitsgrad reicht meist von etwas verwirrend bis völlig undurchschaubar.
- Einmal zusammengestellt, erweisen sich Paketfilterungsregeln als mühsam zu testen.
- Die Paketfilterfunktionen vieler Produkte sind unvollständig und erschweren oder vereiteln die Realisierung von bestimmten, äußerst wünschenswerten Filtern.
- Auch Paketfilterprodukte können Fehler enthalten. Die Wahrscheinlichkeit, daß solche Fehler sicherheitskritisch sind, ist höher als bei fehlerhaften Proxy-Systemen. Üblicherweise hört ein Proxy im Fehlerfall auf, Daten weiterzureichen. Demgegenüber läßt ein fehlerhaftes Paketfilterungsprogramm unter Umständen Pakete zu, die es hätte abweisen müssen.

Einige Protokolle eignen sich schlecht für Paketfilterung

Sie werden feststellen, daß sich manche Protokolle selbst bei perfekten Paketfilterungsprogrammen nicht für Sicherheitsmaßnahmen durch Paketfilterung eignen. Die Gründe hierfür werden wir später in diesem Buch erläutern. Zu diesen Protokollen gehören die r-Kommandos von BSD-UNIX (*rcp, rlogin, rdist, rsh* usw.). Ebenso zählen dazu die auf RPC basierenden Protokolle, wie NFS und NIS/YP. Welche Probleme entstehen, wenn Paketfilterung mit diesen Protokollen konfrontiert ist, behandeln wir in Kapitel 8.

Manche Maßnahmen können von normalen Routern mit Paketfilterung nicht ohne weiteres durchgesetzt werden

Möglicherweise reichen die Informationen, die einem filternden Router zur Verfügung stehen, nicht aus, um einige wünschenswerte Regeln festzulegen. Pakete geben z.B. Auskunft darüber, von welchem Rechner sie kommen, wogegen sie im allgemeinen keine Informationen über den Benutzer enthalten. Aus diesem Grund können Sie keine Einschränkungen für bestimmte Benutzer durchsetzen. Auch geben Pakete an, zu welchem Port sie gehören, nicht aber zu welcher Anwendung. Möchten Sie Einschränkungen in bezug auf Protokolle der höheren Schichten festlegen, so müssen Sie dazu die Portnummer verwenden. Dabei kann man nur hoffen, daß nichts anderes über den Port läuft, den Sie einem bestimmten Protokoll zugewiesen haben. Böswillige Eingeweihte können diese Art von Kontrolle jedoch leicht hintergehen.

Konfigurieren eines Routers zur Paketfilterung

Um einen Router mit Paketfilterung einzurichten, müssen Sie zuerst festlegen, welche Dienste Sie zulassen und welche Sie zurückweisen wollen. Danach übersetzen Sie Ihre Entscheidungen in Regeln für Pakete. Wahrscheinlich interessieren Sie sich überhaupt nicht für die Details in den Paketen. Vielmehr sollen bestimmte Aufgaben erfüllt werden. Beispielsweise wollen Sie Mail aus dem Internet erhalten. Ob dies über Pakete oder durch schwarze Magie bewerkstelligt wird, ist bedeutungslos. Andererseits kümmert sich der Router nur um Pakete und nur um sehr kleine Teile daraus. Um die Regeln für Ihren Router zusammenstellen zu können, müssen Sie die allgemeine Aussage »Empfange Mail aus dem Internet« übersetzen in eine Beschreibung der Art von Paketen, die der Router durchlassen soll.

Die folgenden Abschnitte zeigen allgemeine Konzepte auf, die Sie im Hinterkopf behalten sollten, wenn Sie Entscheidungen über Dienste in Regeln für Pakete übersetzen. Die einzelnen Dienste werden in Kapitel 8 ausführlich beschrieben.

Protokolle sind gewöhnlich bidirektional

Protokolle verlaufen üblicherweise bidirektional. Es sind fast immer zwei Seiten beteiligt: die eine Seite verschickt eine Anfrage oder einen Befehl, worauf die andere Seite eine irgendwie geartete Antwort zurücksendet. Beim Entwurf der Paketfilterregeln sollten Sie daran denken, daß sich Pakete in beide Richtungen bewegen. Es ist z.B. nutzlos, nach außen verschickte Telnet-Pakete zuzulassen, die die Tastatureingabe für einen entfernten Rechner enthalten, wenn Sie die zurückkommenden Pakete mit der zugehörigen Bildschirmausgabe unterbinden.

Umgekehrt bringt es nichts, nur eine Seite einer Verbindung zu blockieren. Viele Angriffe können erfolgreich durchgeführt werden, wenn Pakete in Ihr Netzwerk gelangen. Die Angreifer benötigen häufig keine Antwort. Dies ist darauf zurückzuführen, daß die Antworten möglicherweise ausreichend berechenbar sind. Damit kann der Angreifer seine Seite der Unterhaltung aufrechterhalten, ohne überhaupt Antworten zu bekommen. Sind die Reaktionen vorhersagbar, so muß sie der Angreifer nicht sehen. Zwar ist es ihm dann nicht möglich, Informationen direkt zu beziehen, aber vielleicht ist er dazu in der Lage, indirekt an die Daten heranzukommen. Beispielsweise könnte er durch einen Befehl veranlassen, daß ihm eine Kopie der Datei */etc/passwd* zugeschickt wird, obwohl er die Datei nicht direkt einsehen kann.

Gehen Sie sorgfältig mit der Bedeutung von »nach innen gerichtet« und »nach außen gerichtet« um

Während der Planung Ihrer Paketfilterstrategie sollten Sie sorgfältig mit den Begriffen »nach innen gerichtet« und »nach außen gerichtet« umgehen. Es empfiehlt sich, klar zu unterscheiden zwischen nach innen bzw. nach außen gerichteten *Paketen* und nach innen bzw. nach außen gerichteten *Diensten*. Ein nach außen gerichteter Dienst, z.B. der oben genannte Telnet-Dienst, benötigt sowohl nach außen gerichtete Pakete (Ihre Tastatureingabe), als auch nach innen gerichtete Pakete (das Ergebnis, das an Ihrem Bildschirm erscheinen soll). Die meisten Menschen denken aus Gewohnheit an *Dienste*. Sie sollten sich bewußt sein, daß es bei der Paketfilterung um *Pakete* geht. Falls Sie sich mit anderen über Filterung unterhalten, klären Sie immer wieder im Gespräch ab, ob Sie über nach innen bzw. nach außen gerichtete Pakete oder über nach innen bzw. nach außen gerichtete Dienste sprechen.

Einschränkende versus freizügige Grundhaltung

In Kapitel 3 haben wir zwischen zwei Grundhaltungen unterschieden, die Sie in bezug auf Ihre Sicherheitspolitik einnehmen können: die einschränkende Grundhaltung (was nicht ausdrücklich erlaubt ist, ist verboten) und die freizügige Grundhaltung (was nicht ausdrücklich verboten ist, ist erlaubt). Die Einstellung, zuerst einmal alles einzuschränken, ist wesentlich sicherer. In Ihren Paketfilterregeln sollte sich diese Grundhaltung widerspiegeln. Beginnen Sie wie weiter oben erläutert damit, grundsätzlich alles zu unterbinden. Formulieren Sie dann Regeln, die nur diejenigen Protokolle zulassen, die sie brauchen, deren Auswirkungen auf den Bereich der Sicherheit klar sind und die Sie Ihrem Gefühl nach und Ihrer Einstellung entsprechend ausreichend sicher bereitstellen können.

Die einschränkende Grundhaltung ist viel sicherer und effektiver als die freizügige Grundhaltung. Letztere läßt zuerst einmal alles zu, um dann diejenigen Bereiche zu blokkieren, von denen Sie wissen, daß Sie zu Problemen führen. In Wirklichkeit jedoch erfassen Sie nie alle Probleme. Aus diesem Grund können Sie mit einem solchen Vorgehen Ihre Aufgabe niemals vollständig erfüllen.

Konkret bewirkt die einschränkende Grundhaltung, daß Ihre Filterregeln aus einer kurzen Liste der Bereiche bestehen, die Sie zulassen. Vielleicht streuen Sie im Interesse des logisch korrekten Ablaufs hier und da einige sehr spezielle Einschränkungen ein, auf die dann die generelle Einschränkung für alle übrigen Fälle folgt. Im Verlauf dieses Kapitels erklären wir im einzelnen, wie solche Regeln wirken.

Aufbau eines Pakets

Um Paketfilterung verstehen zu können, müssen Sie wissen, was Pakete sind und wie sie in den einzelnen Schichten des TCP/IP-Protokollstapels behandelt werden:

- Anwendungsschicht (z.B. FTP, Telnet, HTTP)
- Transportschicht (TCP oder UDP)
- Internet-Schicht (IP)
- Netzzugangsschicht (z.B. Ethernet, FDDI, ATM)

Wie die Schalen einer Zwiebel sind die für eine bestimmte Verbindung benötigten Protokollschichten um die Pakete gewickelt.

In jeder Schicht setzt sich ein Paket aus zwei Teilen zusammen: dem Kopf (*header*) und dem Datenteil (*body*). Der Header enthält die für die Schicht relevanten Protokollinformationen. Der Body besteht aus den Daten für diese Schicht, die oft das ganze Paket für die nächste Schicht im Stapel enthalten. Jede Schicht behandelt die Informationen, die sie von der darüberliegenden Schicht bekommen hat, als Daten, denen sie ihren eigenen Header hinzufügt. In jeder Schicht enthält das Paket alle Informationen der darüberliegenden Schicht. Nichts geht verloren. Dieses Vorgehen, bei dem die Daten erhalten bleiben und ein neuer Header angebracht wird, nennt man *Kapselung* (*encapsulation*).

In der Anwendungsschicht besteht das Paket lediglich aus den Daten, die es zu übertragen gilt. Das könnte z.B. ein Teil einer Datei sein, der innerhalb einer FTP-Sitzung verschickt werden soll. In der Transportschicht angelangt behält das *Transmission Control Protocol* (TCP) bzw. das *User Datagram Protocol* (UDP) die Daten der darüberliegenden Schicht bei und fügt einen Header hinzu. In der nächsten Schicht betrachtet IP das gesamte Paket als Daten, die nun aus dem TCP- oder UDP-Header und den ursprünglichen Daten bestehen. IP bringt seinerseits einen eigenen Header an. Schließlich, in der Netzwerkszugangsschicht, nimmt Ethernet oder ein anderes Netzwerkprotokoll das ganze durchgereichte IP-Paket als Daten und hängt seinen eigenen Header mit an. Abbildung 6-2 zeigt, wie dieser Prozeß vonstatten geht.

Auf der anderen Seite der Verbindung kehrt sich dieses Vorgehen um. Bevor die Daten von einer Schicht zu der nächst höherliegenden hinaufgereicht werden, wird der zur aktuellen Schicht gehörende Header - die Schale der Zwiebel - entfernt. So eliminiert z.B. das Programm der Internet-Schicht den IP-Header, bevor es die gekapselten Daten an die Transportschicht (TCP oder UDP) weitergibt.

Die für die Paketfilterung wichtigen Informationen befinden sich in den Headern der verschiedenen Schichten. Die folgenden Abschnitte führen einige Beispiele zu unterschiedlichen Pakettypen auf und beschreiben den jeweiligen, vom filternden Router überprüften Header. Wir setzen gewisse Kenntnisse über TCP/IP-Grundlagen voraus und

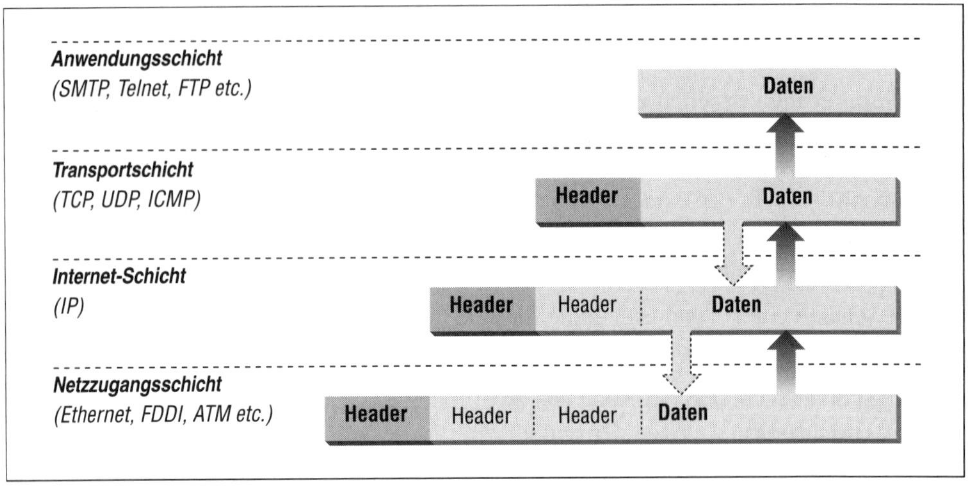

Abb. 6-2: Kapselung von Daten (encapsulation).

konzentrieren uns auf diejenigen Aspekte, die für Paketfilterung relevant sind. Eine detaillierte Einführung in TCP/IP finden Sie in Anhang C.

Die folgende Erörterung beginnt mit einem einfachen Beispiel, das TCP/IP über Ethernet veranschaulichen soll. Danach fahren wir mit den Eigenschaften von IP-Paketfilterung fort, erklären Protokolle oberhalb von IP (etwa TCP, UDP, ICMP und RPC), untersuchen Protokolle unterhalb von IP (wie Ethernet) und stellen schließlich andere Protokolle neben IP (z. B. AppleTalk und IPX) vor.

Beispiel für TCP/IP im Ethernet

Betrachten wir ein konkretes TCP/IP-Paket in einem Ethernet, z.B. eines, das zu einer Telnet-Verbindung gehört. Es gibt für uns vier interessante Schichten: die Ethernet-Schicht, die IP-Schicht, die TCP-Schicht und die Datenschicht. In diesem Abschnitt behandeln wir die Schichten von unten nach oben und beschreiben die Header-Inhalte, die vom Router mit Paketfilterung untersucht werden.

Ethernet-Schicht

In der Ethernet-Schicht besteht das Paket aus zwei Teilen: dem Ethernet-Header und dem Ethernet-Datenteil. Im allgemeinen ist keine Paketfilterung auf Grund der Informationen im Ethernet-Header möglich. Der Header enthält im wesentlichen:

- *Die Art des Pakets.* Wir nehmen für dieses Beispiel an, daß es sich um ein IP-Paket handelt, im Gegensatz zu einem AppleTalk-, Novell-, DECNET- oder sonstigen Paket.

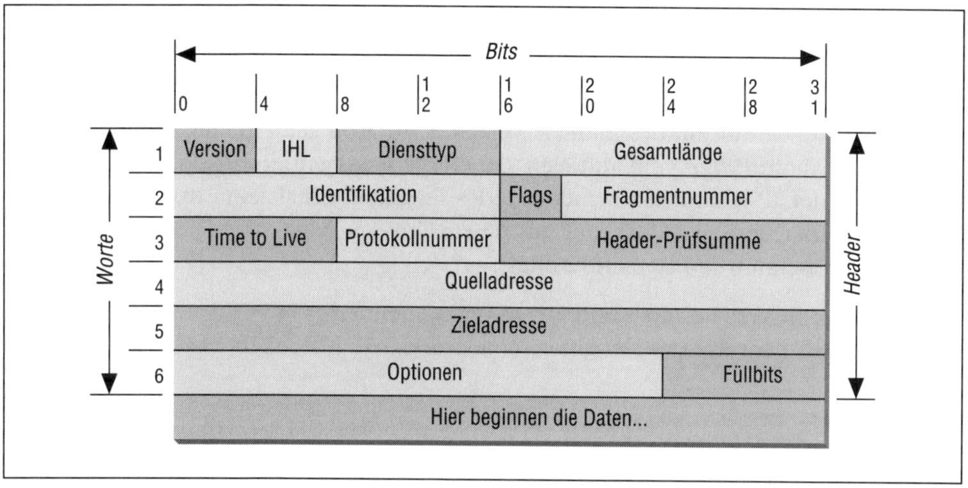

Abb. 6-3: IP-Header und IP-Datenteil.

- *Die Ethernet-Adresse des Rechners, der das Paket zu diesem speziellen Ethernet-Netz befördert hat.* Das ist der Ursprungsrechner, falls er zu diesem Netzsegment gehört. Oder aber es handelt sich um den zuletzt durchlaufenen Router auf dem Weg vom Ursprungsrechner bis hierher.
- *Die Ethernet-Adresse vom Ziel des Pakets innerhalb des aktuellen Ethernet-Netzes.* Das kann der endgültige Zielrechner sein, wenn er zu diesem Netzsegment gehört. Anderenfalls ist damit der nächste Router auf dem Weg von hier zum Zielrechner gemeint.

Da wir in diesem Beispiel IP-Pakete betrachten, wissen wir, daß der Ethernet-Datenteil ein IP-Paket enthält.

IP-Schicht

In der IP-Schicht setzt sich das IP-Paket aus zwei Teilen zusammen: dem IP-Header und dem IP-Datenteil (siehe Abbildung 6-3). Der IP-Header enthält vier für die Paketfilterung interessante Informationen:

- Die IP-Quelladresse. Sie umfaßt vier Byte. Charakteristisch ist die Schreibweise 172.16.244.34.
- Die IP-Zieladresse. Sie wird wie die Quelladresse geschrieben.
- Der IP-Protokolltyp. Er weist den IP-Körper als TCP-Paket aus, im Gegensatz zu einem UDP-, ICMP- oder sonstigen Paket.

- Die IP-Option. Dieses Feld bleibt fast immer leer. Es wird benötigt, falls Pakete zusätzliche Eigenschaften wie IP-Source-Routing oder IP-Sicherheit aufweisen (siehe auch Abschnitt »IP-Optionen« weiter unten).

IP kann Pakete, die für ein bestimmtes Netzwerk zu groß sind, in eine Reihe kleinerer Pakete, sogenannte *Fragmente* aufteilen. Durch die Fragmentierung eines Pakets bleibt die Struktur der IP-Schicht unverändert. Jedes Fragment erhält eine Kopie des IP-Headers. Der Körper besteht jedoch nur aus einem Teil des Pakets für die nächste Schicht (siehe auch Abschnitt »IP-Fragmentierung«).

Der IP-Körper unseres Beispiels enthält ein unfragmentiertes TCP-Paket. Allerdings könnte es sich ebenso um das erste Fragment eines zerlegten TCP-Pakets handeln.

TCP-Schicht

In der TCP-Schicht umfaßt das Paket wiederum zwei Teile: den TCP-Header und den TCP-Datenteil. Eine Darstellung des TCP-Headers finden Sie in Anhang C in Abbildung C-8.

Der TCP-Header enthält drei für Paketfilterung interessante Einträge:

- Den TCP-Quellport. Das ist eine zwei Byte lange Nummer, die angibt, von welchem Client- oder Server-Prozeß des Ursprungsrechners das Paket kommt.
- Den TCP-Zielport. Er ist wie der TCP-Quellport aufgebaut.
- TCP-Flags.

Das Feld für TCP-Flags enthält ein für die Paketfilterung relevantes Bit: das ACK-Bit. Ein Router mit Paketfilterung kann am ACK-Bit erkennen, ob ein Paket das erste einer TCP-Verbindung ist. In diesem Fall ist das ACK-Bit nicht gesetzt. Handelt es sich um ein weiteres Paket, so ist das ACK-Bit gesetzt. Das ACK-Bit gehört zum TCP-Mechanismus, der die Zustellung der Daten sicherstellt. Das ACK-Bit ist immer dann gesetzt, wenn die eine Seite einer Verbindung Daten von der anderen Seite erhalten hat. Sie bestätigt so den Empfang der eingegangenen Daten. Damit ist das ACK-Bit in allen Paketen in beide Richtungen gesetzt, mit Ausnahme des allerersten Pakets vom Client zum Server.

Der TCP-Datenteil enthält die eigentlichen Daten, die es zu übermitteln gilt. Das wäre in einer Telnet-Sitzung z.B. die Tastatureingabe oder die Bildschirmausgabe und während einer FTP-Verbindung die zu übertragenden Daten oder Befehle.

IP

IP dient im Internet als gängiges Protokoll der mittleren Schicht. Darunter liegen viele verschiedene Techniken, wie Ethernet, Token Ring, FDDI, PPP oder Carrier Pigeon.[1] Oberhalb von IP variieren die Protokolle sehr stark, wobei TCP, UDP und ICMP – zumindest außerhalb von Forschungseinrichtungen – zu den weitaus häufigsten zählen. In diesem Abschnitt behandeln wir die Eigenschaften von IP, soweit sie für die Paketfilterung von Bedeutung sind.

IP-Optionen

Wie bereits bei der Beschreibung der IP-Schicht weiter oben erwähnt, schließt der IP-Header ein Feld für Optionen mit ein. Es bleibt für gewöhnlich leer. Ursprünglich war das IP-Optionsfeld dafür vorgesehen, spezielle Informationen oder Handlungsanweisungen aufzunehmen, für die es kein eigenes Feld im Header gibt. Die Entwickler von TCP/IP jedoch haben so umfassend Felder für alle nötigen Einträge bereitgestellt, daß das Optionsfeld fast immer ungenutzt bleibt. Außer für Einbruchsversuche und - sehr selten - um Netzwerkfehlern auf die Spur zu kommen, spielen die IP-Optionen in der Praxis kaum eine Rolle.

Die IP-Option, mit der Firewalls am häufigsten konfrontiert sind, ist IP-Source-Routing. Source-Routing ermöglicht dem Ursprungsrechner, die Route der Pakete in Richtung Ziel selbst festzulegen. Auf diese Weise kann verhindert werden, daß jeder betroffene Router anhand seiner Routing-Tabelle bestimmt, wohin das Paket als nächstes zu schikken ist. Source-Routing setzt die Anweisungen der Routing-Tabellen außer Kraft. Theoretisch dient die Option für Source-Routing dazu, Router mit zerstörten oder fehlerhaften Routing-Tabellen zu umgehen. Falls man die Route der Pakete kennt und die Routing-Tabellen zerstört sind, kann man sich über die falschen Informationen in den Routing-Tabellen hinwegsetzen, indem man die passenden IP-Source-Routing-Optionen in alle Pakete einträgt. In der Praxis jedoch wird Source-Routing häufig von Angreifern eingesetzt, die versuchen, Sicherheitsmaßnahmen durch ungewöhnliche Paketrouten zu umgehen.

Viele Paketfiltersysteme begegnen solchen Angriffen, indem sie alle Pakete mit IP-Optionen verwerfen, ohne erst den Versuch zu machen, die Art und die Bedeutung der Option herauszufinden. Im allgemeinen scheint das problemlos zu funktionieren.

IP-Fragmentierung

Eine weitere, hinsichtlich der Paketfilterung interessante Eigenschaft auf IP-Ebene ist die Fragmentierung. Eine der Funktionen von IP besteht darin, große Pakete in kleinere, sogenannte *Fragmente,* aufzuteilen. Ohne diese Fähigkeit könnten große Pakete bestimmte Netze nicht durchqueren, in denen die Paketgröße begrenzt ist. Der Zielrechner setzt die Fragmente wieder zu einem vollständigen Paket zusammen. Diese Aufgabe übernimmt nicht der Rechner am Ende der eingeschränkten Verbindung. Ist ein Paket erst einmal zerlegt, so bleibt es das, bis es sein Ziel erreicht hat.

1. Beachten Sie auch RFC1149 vom 1. April 1990, in dem das Avian Transport Protokoll definiert wird. RFCs vom 1. April sind meistens lesenswert.

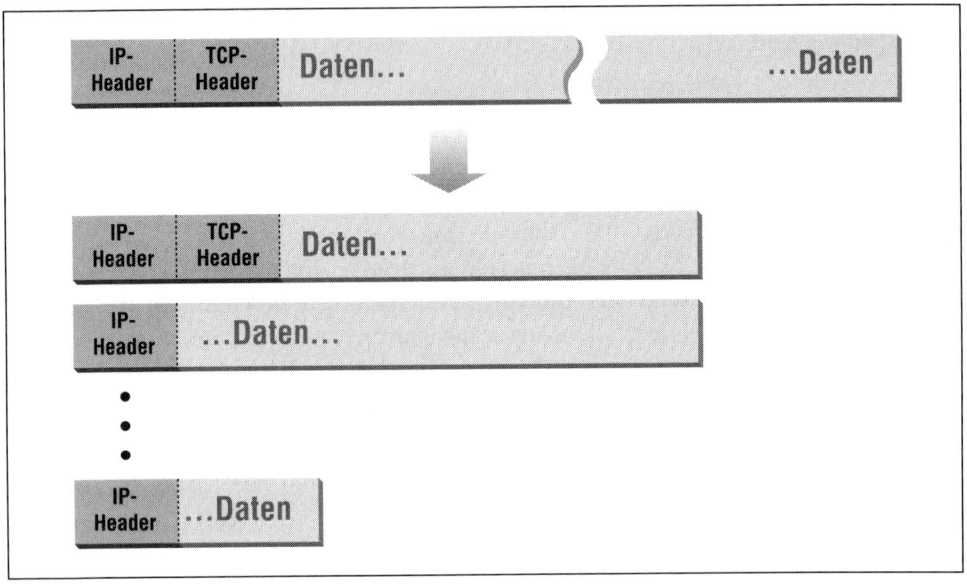

Abb. 6-4: Daten-Fragmentierung.

Abbildung 6-4 illustriert IP-Fragmentierung.

Aus Sicht der Paketfilterung entsteht durch Fragmentierung das Problem, daß lediglich das erste Fragment die Header-Informationen des darüberliegenden Protokolls – z.B. TCP – enthält. Paketfilterung benötigt jedoch diese Informationen, um zu entscheiden, ob das vollständige Paket durchgelassen werden darf. Das übliche Vorgehen der Paketfilterung bei Fragmentierung besteht darin, das erste Fragment eines Pakets zu überprüfen und alle weiteren ungeprüft passieren zu lassen. Dieser Mechanismus garantiert ausreichend Sicherheit, da das Zielsystem das Originalpaket nicht ohne das erste Fragment aus den Restfragmenten zusammensetzen kann und zwar unabhängig davon, wie viele weitere Fragmente es empfängt. Ist es für das Zielsystem unmöglich, das ursprüngliche Paket zu rekonstruieren, so verwirft es das nicht vollständig zusammengesetzte Paket.

In Erwartung des fehlenden Teils bewahrt der Zielrechner die Fragmente eine Zeitlang im Speicher auf. Dies macht es möglich, fragmentierte Pakete bzw. die darauf folgende Ablehnung eines Dienstes für Angriffe zu nutzen. Irgendwann gibt der Zielrechner den Versuch auf, das Paket zusammenzusetzen. Er schickt die ICMP-Meldung »packet reassembly time expired« (Zeit für Paketrekonstruktion abgelaufen) an den Ursprungsrechner zurück. Die Meldung bestätigt einem Angreifer, daß der Rechner existiert und gibt den Grund für das Scheitern einer Verbindung an. Ein Angriff über die Ablehnung eines Dienstes läßt sich nicht vermeiden. Sie können jedoch die ICMP-Meldung herausfiltern.

Es wäre denkbar, daß nach außen gerichtete Fragmente Daten enthalten, die nicht jedem zugänglich sein sollen. Nach außen gerichtete NFS-Pakete z.B. müssen fast immer zerlegt werden. Dies legt die Informationen einer vertraulichen Datei offen. Solange es sich dabei um ein Versehen handelt, dürften keine Probleme daraus entstehen. Im allgemeinen lungert niemand herum, um sich die Daten irgendwelcher Pakete anzusehen, in der Hoffnung, interessante Informationen vorzufinden. Denn es kann lange dauern, bis zufällig ein Fragment mit spannendem Inhalt eintrifft.

Verschickt jemand von Ihrem Netz aus absichtlich fragmentierte Daten nach außen, so gibt es offensichtlich feindselige Benutzer innerhalb des Firewalls. Kein Firewall kann solch einem Problem erfolgreich begegnen. Davon abgesehen handelt es sich wahrscheinlich nicht um sehr intelligente Bösewichte, da es einfachere Möglichkeiten gäbe, Daten hinauszuschleusen.

Gefährlich werden können nach außen gerichtete Fragmente nur dann, wenn Sie eine Anfrage hineinlassen und die Antwort nach außen abblocken. In diesem Fall gelangen Folgefragmente der Antwort hinaus, die ein potentieller Angreifer aus gutem Grund abzufangen versucht. Sie können das unterbinden, indem Sie nicht nur die Antworten, sondern immer auch die Anfragen filtern.

Protokolle oberhalb von IP

IP dient als Grundlage für unterschiedliche Protokolle. Bei weitem die gängigsten sind TCP, UDP und ICMP. Außerhalb von Forschungseinrichtungen finden Sie wahrscheinlich sogar nur diese IP-basierten Protokolle vor.

Wir behandeln in diesem Abschnitt auch Remote Procedure Calls (RPCs), obwohl RPCs streng genommen auf TCP oder UDP aufbauen und nicht auf IP selbst. Dennoch ist es sinnvoll, RPCs hier miteinzubeziehen, da sie - wie TCP und UDP - als Allzweckprotokoll der Kommunikationssteuerungsschicht und als Unterbau für Protokolle der Anwendungsschicht vorgesehen sind.

Zusätzlich erläutern wir kurz IP-über-IP, z.B. ein IP-Paket, das den Datenteil eines weiteren IP-Pakets bildet. Dieses Vorgehen wird in erster Linie angewandt, wenn es gilt, Multicast-IP-Pakete durch ein IP-Netz ohne Multicast-Fähigkeit zu schleusen.

TCP

TCP ist das am weitesten verbreitete Protokoll für Internet-Dienste. Beispielsweise basieren Dienste wie Telnet, FTP, SMTP, NNTP und HTTP auf TCP. TCP stellt eine zuverlässige, bidirektionale Verbindung zwischen zwei Endpunkten her. Der Aufbau einer TCP-Verbindung verläuft wie ein Telefonanruf: Sie wählen die Nummer, und nach einer kurzen Aufbauphase besteht eine einigermaßen zuverlässige Verbindung zwischen Ihnen und dem angewählten Partner.

TCP ist insofern *zuverlässig*, als es der Anwendungsschicht drei Eigenschaften garantiert:

- Das Ziel erhält die Anwendungsdaten in der Reihenfolge, in der sie abgeschickt wurden.
- Das Ziel erhält die Daten vollständig.
- Das Ziel erhält keine Anwendungsdaten doppelt.

TCP bricht eine Verbindung eher ab, als daß es eine dieser Grundregeln verletzt. Gehen TCP-Pakete im Verlauf einer Sitzung auf dem Weg zu ihrem Ziel verloren, so fordert die TCP-Schicht diese Pakete erneut an, bevor sie die Daten an die Anwendungsschicht weiterreicht. TCP gibt die Daten, die nach den fehlenden Paketen kommen, erst dann nach oben, wenn es die fehlenden Teile durchgereicht hat. Können Daten trotz wiederholter Versuche nicht wiederhergestellt werden, bricht TCP die Verbindung ab und teilt der Anwendungsschicht das Scheitern der Datenübertragung mit. Damit wird sichergestellt, daß keine lückenhaften Daten an die Anwendungsschicht übermittelt werden.

Das Einhalten dieser Grundregeln kostet in zweierlei Hinsicht: Zum einen verlängert sich die Aufbauphase, da beide Seiten der Verbindung Startinformationen bereitstellen müssen, bevor sie mit dem eigentlichen Datentransfer beginnen können. Zum anderen wird die Durchlaufgeschwindigkeit reduziert. Denn beide Seiten müssen den Zustand der Verbindung überwachen, um gegebenenfalls Daten erneut zu verschicken und damit eine Lücke im Dialog zu schließen.

Sobald eine Verbindung besteht, ist TCP insofern bidirektional, als ein Server dem Client über den gleichen Kanal antworten kann. Sie müssen keine getrennten Verbindungen für Anfragen oder Befehle des Clients zum Server und für Antworten des Servers zurück zum Client herstellen.

Um eine TCP-Sitzung zu unterbinden, so genügt es, das allererste Paket zu blockieren. Ohne dieses Paket und vor allem die darin enthaltenen Startinformationen setzt der Empfänger keine Folgepakete zu einem Datenstrom zusammen. Die Sitzung findet damit gar nicht erst statt. Das nicht gesetzte ACK-Bit im TCP-Header kennzeichnet ein Paket als erstes einer Serie. In allen weiteren Paketen einer Verbindung ist das ACK-Bit gesetzt und zwar unabhängig davon, welcher der beiden Kommunikationspartner das Paket geschickt hat.

Dadurch, daß die jeweils ersten TCP-Pakete einer Verbindung zu unterscheiden sind, kann man Anfragen von internen Clients an externe Server zulassen und die Kontaktaufnahme von externen Clients mit internen Servern unterbinden. Dies läßt sich reali-

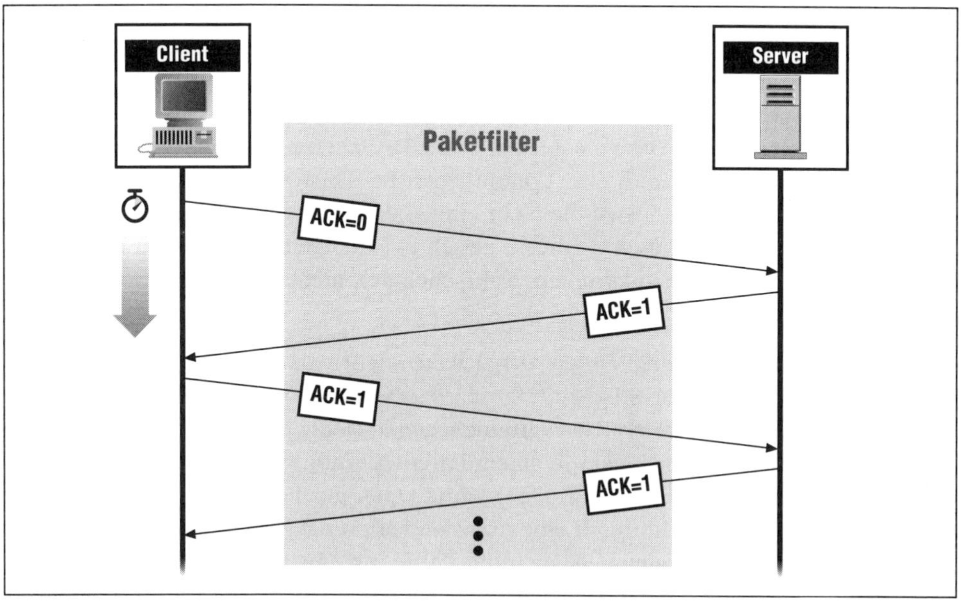

Abb. 6-5: ACK-Bits in TCP-Paketen.

sieren, indem man TCP-Startpakete ohne ACK-Bit nur von innen nach außen und nicht von außen nach innen weiterleitet. TCP-Startpakete dürfen von internen Clients an externe Server, nicht aber von externen Clients an interne Server geschickt werden. Auf diese Weise wird es Angreifern unmöglich gemacht, die Paketfilterung auf das erste Paket zu umgehen, indem sie in ihrem TCP-Startpaket das ACK-Bit setzen. Denn es ist gerade das Fehlen des ACK-Bits, das ein Paket als erstes einer Verbindung ausweist.

Paketfiltersysteme unterscheiden sich in der Art, wie sie das ACK-Bit behandeln und welche Zugriffsmöglichkeiten sie Ihnen darauf gewähren. Einige ermöglichen z.B. durch das Schlüsselwort »ack« in einer Paketfilterregel den direkten Zugriff auf das ACK-Bit. Andere bieten indirekten Zugang. Das Cisco-Schlüsselwort »established« beispielsweise bewirkt eine Auswertung des ACK-Bits. »established« ist »true«, wenn das ACK-Bit gesetzt ist und »false«, wenn es nicht gesetzt ist. Schließlich gibt es Implementierungen ohne die Möglichkeit, das ACK-Bit abzufragen.

Abbildung 6-5 zeigt, wann das ACK-Bit in Paketen einer TCP-Verbindung gesetzt ist.

UDP

Der Datenteil eines IP-Pakets kann aus einem UDP- statt einem TCP-Paket bestehen. UDP stellt die sparsame Alternative zu TCP dar.

UDP enthält insofern wenig Überflüssiges, als es im Gegensatz zu TCP keine Zuverlässigkeit in bezug auf Vollständigkeit, Reihenfolge und einmaliges Vorkommen der Pakete garantiert. Aus diesem Grund benötigt es auch keine Mechanismen dafür. Jedes UDP-Paket stellt eine unabhängige Einheit dar. UDP-Pakete sind nicht wie TCP-Pakete Bestandteil eines »virtuellen Kreislaufs«. Das Verschicken von UDP-Paketen läßt sich vergleichen mit dem Einwurf von Postkarten in einen öffentlichen Briefkasten: Werfen Sie 100 Postkarten in einen Briefkasten, so haben Sie nicht einmal dann die völlige Gewißheit, daß alle ankommen, wenn alle an dieselbe Adresse gerichtet sind. Ebenso entspricht die Reihenfolge, in der die Postkarten ankommen, wahrscheinlich nicht der, in der sie die Karten abgeschickt haben.

Im Gegensatz zu Postkarten können UDP-Pakete mehrmals eintreffen. (Und sie sind nicht zerfetzt, was normalerweise eine Postkarte sein müßte, die mehrfach ankommt.) Solche Kopien entstehen, wenn das zugrundeliegende Netzwerk Duplikate eines Pakets anlegt. Zum Beispiel wird ein Paket in einem Ethernet erneut verschickt, wenn der Router annimmt, daß es einer Ethernet-Kollision zum Opfer gefallen ist. Hat sich der Router geirrt, und ist das Paket nicht durch eine Kollision verlorengegangen, so erreichen unter Umständen sowohl das Original als auch die Kopie ihr Ziel. Ebenso kann eine Anwendung die gleichen Daten zweimal verschicken, weil sie z.B. nicht die erwartete Antwort auf die erste Ausgabe bekommen hat.

All das passiert auch mit TCP-Paketen. Allerdings erfolgt eine Korrektur, bevor die Daten an die Anwendung weitergereicht werden. Bei UDP ist die Anwendung dafür verantwortlich, aus den Paketen konsistente Daten zu rekonstruieren.

Die Struktur von UDP-Paketen ähnelt sehr der von TCP-Paketen. Ein UDP-Header enthält die UDP-Quell- und Zielportnummer, entsprechend der TCP-Quell- und Zielportnummer im TCP-Header. Jedoch gibt es im UDP-Header nichts mit dem ACK-Bit Vergleichbares. Das ACK-Bit gehört zum TCP-Mechanismus, den zuverlässigen Transfer von Daten zu gewährleisten. Da UDP dies nicht garantiert, benötigt es auch kein ACK-Bit. Damit kann ein Router mit Paketfilterung nicht anhand des Headers eines UDP-Pakets erkennen, ob es sich bei dem Paket um das erste von einem externen Client an einen internen Server handelt oder um die Antwort von einem externen Server an den internen Client.

Einige Paketfiltersysteme wie das FireWall-1-Produkt Janus von CheckPoint, SecureConnect Router von Morning Star und KarlBridge/KarlBrouter besitzen die Fähigkeit, sich nach außen geschickte UDP-Pakete »zu merken«. Dadurch besteht für sie die Möglichkeit, nur erwartete Antworten durch den Filtermechanismus passieren zu lassen. Für sie gelten nur diejenigen Pakete als Antwort, die vom selben Rechner und vom selben Port kommen, an den die Anfrage ursprünglich gerichtet wurde und deren Ziel derselbe Rechner und derselbe Port ist, von dem die Anfrage ausging. Diese Funktion wird oft als *dynamische Paketfilterung* bezeichnet, da der Router im konkreten Einsatz tief-

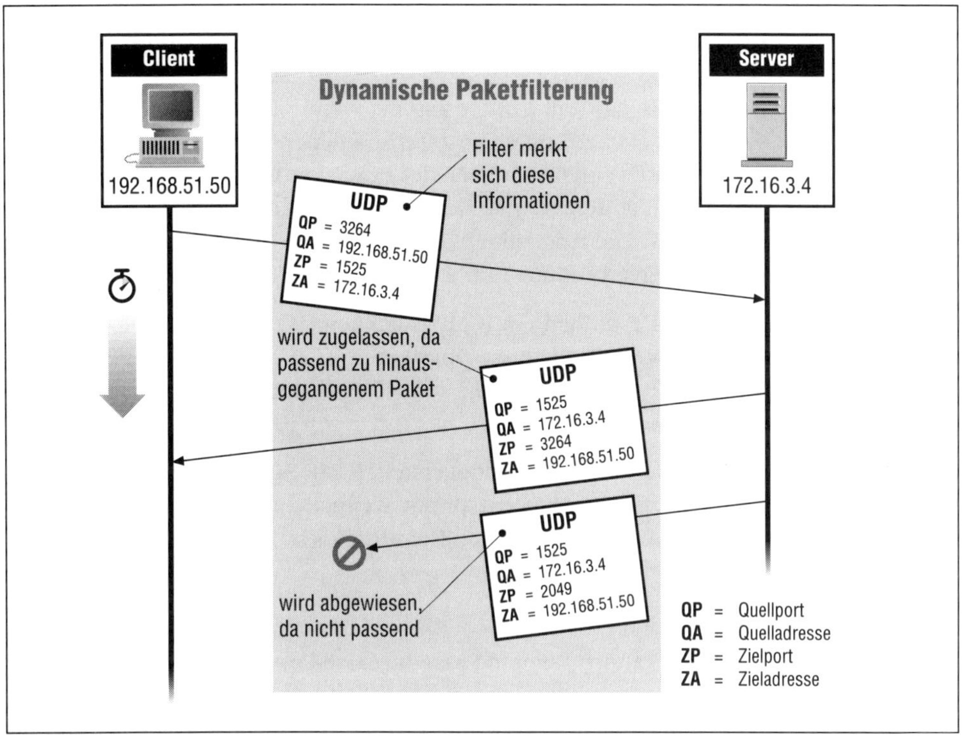

Abb. 6-6: Dynamische Paketfilterung in der UDP-Schicht.

greifende Änderungen an den Filterregeln vornimmt, um die zurückkommenden Pakete einordnen zu können. Die Regeln für zulässige Antworten gelten nur vorübergehend. Nach ein paar Sekunden oder Minuten ist ihre Zeit abgelaufen. Von dynamischer Paketfilterung kann immer dann gesprochen werden, wenn sich die Paketfilterregeln ändern, ohne daß explizit die Konfiguration angepaßt worden wäre. Die verfügbaren Filter unterstützen diesbezüglich unterschiedliche Funktionen.

Abbildung 6-6 veranschaulicht dynamische Paketfilterung in der UDP-Schicht.

ICMP

ICMP übermittelt IP-Status- und Kontrollmeldungen. Wie TCP und UDP befinden sich ICMP-Pakete im Körper von IP-Paketen. Folgende Beispiele gehören zum ICMP-Meldungsumfang:

- *echo request* schickt ein Rechner, wenn Sie *ping* aufrufen.
- *echo response* sendet ein Rechner als Reaktion auf ein »echo request«.

- *time exceeded* meldet ein Router zurück, falls er annimmt, daß ein Paket im Kreis herumgereicht wird. Eine verständlichere Bezeichnung dürfte *maximum hopcount exceeded* sein.
- *destination unreachable* gibt ein Router zurück, wenn ein Paket nicht zu seinem Ziel gelangen kann. Dies liegt z.B. an einer unterbrochenen Netzverbindung.
- *redirect* meldet ein Router einem Rechner, der ein Paket ungünstig verschickt hat. Der Router reicht das Paket dennoch an denjenigen Router weiter, der es eigentlich hätte bekommen sollen. Die Umlenkmeldung teilt dem Rechner für zukünftige Transfers die bessere Wegverbindung mit.

Im Gegensatz zu TCP und UDP enthält ein ICMP-Paket keine Quell- oder Zielports. Auch gibt es keine weiteren Protokollschichten oberhalb von ICMP. Der ICMP-Meldungsumfang besteht aus einer festgelegten Menge von Typkennungen. Die jeweilige Kennung gibt an, wie der Rest des ICMP-Pakets zu interpretieren ist.

Viele Paketfiltersysteme geben Ihnen die Möglichkeit, ICMP-Pakete über das Typfeld einer ICMP-Meldung herauszufiltern. Dies entspricht weitgehend der Filterung von TCP- oder UDP-Paketen auf Grund ihres Quell- oder Zielportfelds.

RPC

Es gibt mehrere als RPC bekannte Remote-Procedure-Call-Protokolle. Das verbreitetste wird manchmal »Sun-RPC« genannt, da es ursprünglich bei Sun Microsystems entwickelt worden ist. Wir gehen auf diese RPC-Variante genauer ein und beziehen den Begriff »RPC« in den meisten Fällen auf sie. Andere Implementierungen für Remote-Procedure-Calls gehören zu speziellen UNIX-Ablegern oder -Gruppen. So verwendet z.B. OSF-DCE ein eigenes Remote-Procedure-Call-Protokoll. Im Detail unterscheiden sich solche Varianten von RPC, doch sind alle mit vergleichbaren Problemen konfrontiert.

Streng genommen ist der RPC-Mechanismus nicht oberhalb von IP, sondern oberhalb von UDP und TCP anzusiedeln. Doch wird RPC wie TCP und UDP von vielen Anwendungsprotokollen (wie NFS und NIS/YP, wie wir in Kapitel 8 darlegen werden) als Allzweck-Transportprotokoll eingesetzt. Aus diesem Grund ist es sinnvoll, RPCs an dieser Stelle zu behandeln. Vom Sicherheitsstandpunkt her betrachtet zählen NFS und NIS/YP zu den verwundbaren Diensten. Ist es einem Angreifer gelungen, sich Zugang zu Ihrem NFS-Server zu verschaffen, so kann er wahrscheinlich jede Datei Ihres Systems einsehen. Ein Angreifer mit Zugriff auf Ihren NIS/YP-Server verschafft sich vermutlich Ihre Paßwortdatei, auf Grund derer er Paßwörter knacken und das System bloßlegen kann.

Im TCP- und UDP-Protokoll belegen die Portnummern zwei Byte. Das bedeutet, daß lediglich 65.536 Portnummern an TCP- und UDP-Dienste zu vergeben sind. Der Wertebereich der Portnummern ist zu klein, um jedem Dienst und jeder Anwendung nach Bedarf eine eindeutige, allgemein bekannte Portnummer zuzuweisen. RPC hebt u.a. diese Begrenzung auf. Jeder RPC-Dienst erhält eine eindeutige vier Byte lange RPC-Service-Nummer. Auf diese Weise können 4.294.967.296 verschiedene Dienste durch eine spezielle Nummer ausgewiesen werden. Dies reicht bei weitem aus, um allen möglichen, eventuell benötigten Diensten und Anwendungen eine eindeutige Nummer zuzuweisen.

RPC baut auf TCP und UDP auf. Damit müssen die RPC-Service-Nummern der auf RPC basierenden Server eines Rechners auf die jeweils verwendeten TCP- oder UDP-Ports abgebildet werden. An dieser Stelle kommt *portmapper* zum Einsatz.

portmapper erhält als einziger Server der RPC-Welt eine feste TCP- und UDP-Portnummer. In beiden Protokollen ist die Nummer 111 für *portmapper* reserviert. Startet ein RPC-basierter Server wie z.B. NFS oder NIS/YP, so teilt er sich selbst einen beliebigen TCP- und/oder UDP-Port zu. Manche benötigen den einen, manche den anderen, manche beide.[1] Danach beauftragt der Server den Portmapper des Rechners, sich seine eindeutige RPC-Service-Nummer und den/die momentan zugehörigen Ports zu »merken«.

Bevor ein RPC-basierter Client mit einem bestimmten RPC-basierten Server Kontakt aufnimmt, wendet er sich an den Portmapper auf dem Rechner des Servers. Wohlgemerkt, *portmapper* läuft immer über den TCP- bzw. UDP-Port 111. Der Client teilt *portmapper* die eindeutige RPC-Service-Nummer des gewünschten Servers mit, worauf *portmapper* entweder antwortet: »Es tut mir leid, aber der Dienst steht auf diesem Rechner momentan nicht zur Verfügung.« Oder aber der Client erfährt: »Der Dienst ist derzeit an diesem Rechner über den TCP- (oder UDP-)Port *N* zu erreichen.« Im zweiten Fall kontaktiert der Client über die angegebene Portnummer den Server und setzt ohne weiteres Zutun von *portmapper* die Unterhaltung direkt mit dem Server fort. Abbildung 6-7 illustriert diesen Vorgang.

Es ist ausnehmend schwierig, RPC-basierte Dienste mit Paketfilterung zu kontrollieren, da nicht bekannt ist, welchen Port der Dienst an einem bestimmten Rechner benutzt. Wie es der Zufall will, ändert sich der Port bei jedem Neustart des Rechners. Es genügt nicht, den Zugriff auf *portmapper* zu verhindern. Möchte ein Angreifer eine Anwort von einem RPC-basierten Server wie NFS oder NIS/YP erhalten, so kann er *portmapper* umgehen, indem er alle TCP- und/oder UDP-Ports einfach durchprobiert. 65.536 mögliche Ports an einem Rechner zu überprüfen dauert nicht länger als ein paar Minuten.

---

1. Die meisten der uns bekannten NFS-Implementierungen benutzen derzeit den Port 2049. Jedoch nehmen wir nicht an, daß NFS diesen Port immer und in jeder Version beibehalten wird. Vielmehr ist in der Spezifikation des NFS-Protokolls RFC 1094 zu lesen: »Das NFS-Protokoll verwendet im Moment die UDP-Portnummer 2049. Da es sich dabei nicht um einen offiziell zugeteilten Port handelt, werden spätere Versionen des Protokolls auf die *Portmapping*-Funktion von RPC zurückgreifen.«

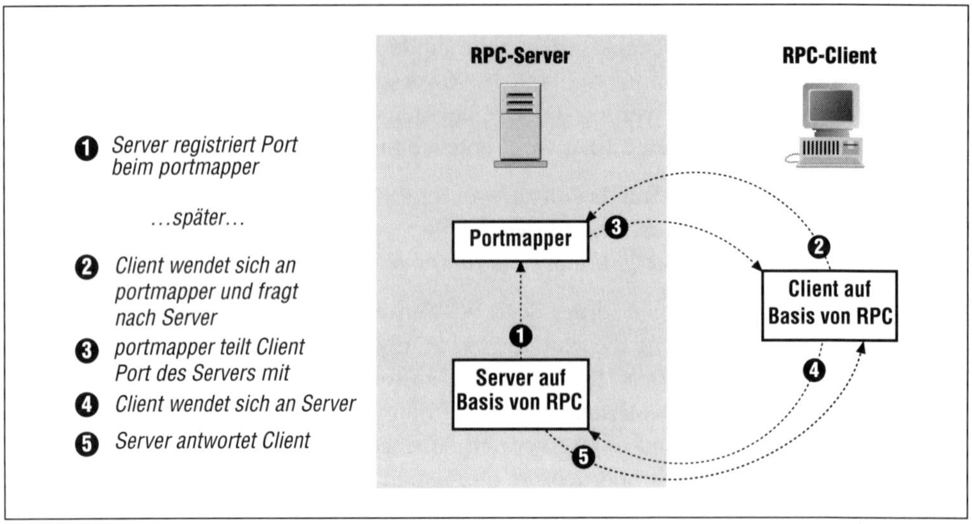

Abb. 6-7: RPC und der Portmapper.

Einige der neueren Paketfilterprodukte kommunizieren mit *portmapper*, um zu erfahren, welche Dienste wo vorhanden sind, und filtern anhand dieser Informationen. Beachten Sie, daß diese Informationen bei UDP-Diensten pro Paket eingeholt werden müssen. Der Paketfilter muß jedesmal, wenn er ein Paket empfängt, mit *portmapper* Kontakt aufnehmen, da der Dienst nach einem Neustart andere Nummern verwenden kann. Demgegenüber orientiert sich TCP an der Verbindung und interessiert sich nur einmal pro Sitzung für die Portnummer. Der Einsatz eines solchen Filtermechanismus bei UDP-Diensten hat einen enormen Zusatzaufwand zur Folge. Es empfiehlt sich daher nicht, ihn für datenintensive Anwendungen wie NFS zu verwenden.

Hinweis

Obwohl es nicht ausreicht, den Zugang zu *portmapper* zu sperren, sollten Sie es dennoch tun. Denn einige Versionen von *portmapper* können von Client-Prozessen eines Angreifers als Proxy verwendet werden.

Wie können nun auf RPC basierende Dienste geschützt werden? Dazu einige Beobachtungen: Erstens arbeiten die »gefährlichsten« RPC-Dienste - insbesondere NIS/YP und NFS - nur über UDP. Zweitens dürften die meisten Dienste, auf die Sie durch den Paketfilter hindurch zugreifen möchten, auf TCP- und nicht auf UDP basieren. Nennenswerte Ausnahmen bilden DNS, NTP, *syslog* und Archie. Auf Grund dieser Beobachtungen werden in vielen Unternehmen Pakete im Zusammenhang mit RPC wie folgt gefiltert: UDP wird insgesamt abgeblockt mit Ausnahme von speziellen und streng kontrollierten

»Schlupflöchern« für DNS, NTP, *syslog* und Archie (siehe auch die Beschreibung dieser Dienste in Kapitel 8).

Bei dieser Vorgehensweise müssen Sie alle auf TCP basierenden RPC-Dienste zulassen, wenn Sie auch nur einen zur Verfügung stellen möchten. Zwar gibt es NFS-Server, die auf TCP aufbauen, doch sind sie noch nicht weit verbreitet. Falls Sie einen solchen verwenden, müssen Sie Ihre Paketfilterregeln entsprechend anpassen.

IP-über-IP

Unter bestimmten Umständen werden zur Datenübertragung IP-Pakete in andere IP-Pakete verkapselt. Man nennt dies »IP-über-IP«. IP-über-IP wird vorwiegend eingesetzt für Multicast-IP-Pakete mit mehreren Zieladressen, falls Multicast-fähige Netze durch Netze ohne Multicast-Fähigkeit verbunden sind. Vor der Durchquerung solcher Zwischennetze verkapselt ein spezieller Multicast-Router - oder *mrouter* - pro Multicast-Netzwerk die Multicast-IP-Pakete. Damit schickt er ein normales IP-Paket an andere *mrouter*. Diese wiederum entfernen das äußere Einzelpaket und übernehmen die Weiterleitung des darin enthaltenen Multicast-Pakets.

Multicast-IP erfreut sich zunehmender Beliebtheit im Internet. Das liegt vorwiegend an MBONE-Diensten wie der Konferenzschaltung. Wir behandeln MBONE und Multicast-Dienste eingehender in den Kapiteln 2 und 8.

Protokolle unterhalb von IP

Theoretisch besteht die Möglichkeit, anhand von Informationen unterhalb der IP-Schicht zu filtern. Dies gilt z.B. für die Ethernet-Hardware-Adresse. Allerdings nützt dies kaum etwas, da meistens alle Pakete von außen dieselbe Hardware-Adresse enthalten, nämlich die des für Ihre Internet-Verbindung zuständigen Routers. Außerdem sind viele Router für mehrere Verbindungen mit unterschiedlichen Protokollen der unteren Schichten zuständig. Das bedeutet, daß ein Filter mehrere Schnittstellen mit jeweils andersartigen Regeln für die unterschiedlichen Protokolle der unteren Schichten benötigt. Sie können nicht eine Regel auf alle Schnittstellen eines Routers anwenden, wenn dieser zwei Ethernet- und eine FDDI-Verbindung aufweist. Denn die Header von Ethernet- und FDDI-Paketen sind zwar ähnlich, aber nicht identisch. In der Praxis dient IP als unterste Schicht, in der Pakete gefiltert werden.

Protokolle der Anwendungsschicht

In den meisten Fällen kommt ein weiteres anwendungsspezifisches Protokoll oberhalb von TCP oder UDP zum Einsatz. Protokolle dieser Schicht weisen deutlich unterschiedliche Eigenheiten auf. Es existieren Hunderte, wenn nicht Tausende und beinahe ebensoviele, wie es Netzanwendungen gibt. Einige der neueren Paketfiltersysteme bieten die Möglichkeit, in der Anwendungsschicht im Hinblick auf bestimmte allgemein bekannte Anwendungen zu filtern. Sie werten z.B. eine spezielle Information einer FTP-Übertragung aus, um die dynamische Filterung in Gang zu bringen. Oder sie überprüfen anhand der Informationen in einem Paket, ob das Paket zu der Anwendung gehört, zu der es geschickt werden soll. Damit wird sichergestellt, daß es sich bei Paketen, die an einen DNS-Port adressiert sind, tatsächlich um DNS-Pakete handelt.

IP-Version 6

Die aktuelle IP-Version zum Zeitpunkt der Erstellung dieses Buches lautet offiziell IP-Version 4. Wann immer wir ohne nähere Angaben über IP schreiben, meinen wir diese Version. Derzeit ist jedoch eine neuere Version von IP - IP-Version 6 oder kurz IPv6 - in Arbeit. Wozu benötigen wir eine neue IP-Version und inwiefern betrifft Sie IPv6?

Wie bereits im Abschnitt »Was die Zukunft bringt« in Kapitel 4 erwähnt, gab ein einfaches Problem den Anstoß für die Implementierung von IPv6: Das Internet sprengt den IP-Adreßumfang. Das Internet erfreut sich inzwischen so großer Beliebtheit, daß die IP-Netzwerknummern nicht mehr ausreichen. Dies betrifft besonders Netzwerknummern der Klasse B, die - wie sich herausgestellt hat - in den meisten Unternehmen benötigt werden. Man schätzt, daß das Internet 1995 oder 1996 an die IP-Adreßgrenzen gestoßen wäre, wenn man nichts unternommen hätte. Glücklicherweise wurde das Problem erkannt und entsprechend darauf reagiert. Zwei Dinge geschahen: Erstens wurden Maßnahmen ergriffen und Leitlinien veröffentlicht, um die noch freien Adressen so gut wie möglich zu nutzen. Zweitens entsteht eine neue IP-Version, die dauerhaft mit dem Thema Adreßengpaß umzugehen vermag.

Wenn angesichts des Adreßengpasses eine neue Version von IP entstehen soll, so könnte die Gelegenheit dazu genutzt werden, eine ganze Palette von weiteren Problemen und Begrenzungen in Angriff zu nehmen. Dazu gehören die Bereiche Verschlüsselung und Authentifizierung, Source-Routing und dynamisches Konfigurieren. Steve Bellovin von den AT&T Bell Labs, ein im Internet bekannter Experte für Firewalls und einer der Designer von IPv6, meint:[1]

> Die Grundlage für IPv6 bildet das Konzept der verschachtelten Header. Auf diese Weise werden Verschlüsselung und Authentifizierung realisiert. Das Feld »nächstes Protokoll« nach dem IPv6-Header spezifiziert den Header für die Verschlüsselung bzw. Authentifizierung. Die darauffolgenden Protokollfelder verweisen im allgemeinen auf IPv6 oder eines der gängigen Transportprotokolle wie TCP oder UDP.

1. Steve Bellovin, Artikel in der Mailing-Liste Firewalls, 31. Dezember 1994.

Verschachteltes IP-über-IP funktioniert auch ohne Verschlüsselung oder Authentifizierung. Damit wirkt es wie eine Art Source-Routing. Effizienter ist es jedoch, auf den Source-Routing-Header zurückzugreifen, der aussagekräftiger ist als die entsprechende IP4-Option. Wahrscheinlich kommt er wesentlich häufiger zum Einsatz, besonders bei mobilem IP.

Einige Auswirkungen auf Firewalls fallen sofort ins Auge. Ein Paketfilter muß sich die ganze Kette aus Headern entlanghangeln und jeden einzelnen kennen und verarbeiten. Dadurch kann das Überprüfen von Portnummern durchaus aufwendiger werden. Eine angemessene vorsichtige Grundhaltung erfordert, daß ein Paket mit unbekanntem Header - ob von innen oder von außen - abgewiesen wird. Auch bringt die Tatsache, daß Source-Routing einfach zu bewerkstelligen und weit verbreitet ist, die zwingende Notwendigkeit einer kryptographischen Authentifizierung mit sich. Es ist beabsichtigt, Authentifizierung zu einem obligatorischen Bestandteil zu machen. Verschlüsselte Pakete sind undurchsichtige Einheiten und können deshalb nicht untersucht werden. Dies gilt zumindest derzeit, wobei es in der Praxis auch nur wenige Verschlüsselungsprogramme gibt. Das wird sich ändern. Bedenken Sie auch, daß die Verschlüsselung von Rechner zu Rechner, von Rechner zu Gateway oder von Gateway zu Gateway erfolgen kann. Dies verkompliziert die Analyse noch zusätzlich.

Filterung nach Adressen ist von den automatischen Konfigurationsmechanismen ebenfalls teilweise betroffen. Eine Filterregel funktioniert nur dann, wenn ein Rechner, dessen Adresse im Filter erwähnt wird, immer dieselbe Adresse zugewiesen bekommt. Obwohl sich Standardmechanismen daran halten sollten, ist bei Eigenentwicklungen, Einwähl-Servern etc. Vorsicht geboten. Auch können sich die oberen Adreß-Bits ändern, um providerspezifische Adressierung mit einfachem Leitungswechsel zu kombinieren.

Schließlich unterstützt IPv6 »Flüsse« (*flows*). Flüsse sind im wesentlichen virtuelle Kreisläufe auf IP-Ebene. Sie können für Video, für den Wechsel auf zwischenliegende ATM-Verbindungen usw. eingesetzt werden. Auch für Firewalls sind sie von Nutzen, sofern eine geeignete Authentifizierung vorhanden ist: Das Problem mit UDP-Antworten dürfte gelöst sein, wenn die Anfrage eine Flußkennung enthält, auf die sich die Antwort bezieht. Das ist übrigens eine unausgegorene Idee von mir. Bisher gibt es keine allgemeingültigen Vorgaben, wie dies bewerkstelligt werden könnte. Das reguläre Protokoll für die Eröffnung eines Flußdialogs funktioniert nicht, da es zu aufwendig ist. Doch könnte ein Header für die Durchquerung von Firewalls diese Aufgabe erfüllen.

Dies macht deutlich, daß IPv6 spürbare Folgen für Firewalls und besonders für die Paketfilterung haben kann. Zum Zeitpunkt der Erstellung dieses Buches wäre es jedoch verfrüht, die genauen Auswirkungen zu beschreiben und einen Termin zu nennen, ab dem sie zu spüren sind.

Bedenken Sie, daß IPv6 nicht über Nacht zum Einsatz kommt. Die Zeit von IPv4 ist noch lange nicht abgelaufen. Viele Unternehmen werden in nächster Zukunft weiterhin IPv4 verwenden. Die Designer von IPv6 nehmen das Thema Versionswechsel sehr ernst; möglicherweise stehen den Unternehmen mehrere Übergangsstrategien zur Verfügung.

Weitere Protokolle neben IP

Andere Protokolle in der gleichen Schicht wie IP, z.B. AppleTalk und IPX, liefern ähnliche Informationen wie IP. Allerdings unterscheiden sich deren Header und Funktionen und dadurch auch deren Paketfilterungseigenschaften grundlegend. Die meisten Paketfiltersysteme unterstützen lediglich IP-Filterung und weisen andere Pakete in dieser Schicht ab. Einige Produkte stellen eine begrenzte Paketfilterung für Nicht-IP-Protokolle zur Verfügung, die jedoch wesentlich weniger flexibel und leistungsfähig ist als die IP-Filterfunktionalität des Routers.

Derzeit sind Werkzeuge zur Paketfilterung von Nicht-IP-Protokollen weniger verbreitet und ausgefeilt. Dies dürfte daran liegen, daß solche Protokolle selten außerhalb einer Organisation über das Internet hinweg eingesetzt werden. Das Internet ist per Definition ein Netzwerk aus IP-Netzen. Nicht-IP-Protokolle spielen eher eine Rolle für Firewalls innerhalb einer Organisation. Nur in diesem Fall benötigen Sie ein Produkt, das die Filterung von Nicht-IP-Protokollen unterstützt.

Im Internet werden Nicht-IP-Pakete in IP-Paketen verkapselt. Meistens bleibt Ihnen nur die Möglichkeit, verkapselte Pakete insgesamt zuzulassen oder zu blockieren. Sie können alle AppleTalk-UDP-Verbindungen akzeptieren oder zurückweisen. Einige wenige Produkte, die Nicht-IP-Protokolle unterstützen, sind in der Lage, solche verkapselten Kombinationen zu erkennen und die Felder für eine Paketfilterung auszuwerten.

Was macht der Router mit Paketen?

Was geschieht mit einem Paket, nachdem es von einem Router mit Paketfilterung untersucht worden ist? Der Router hat die beiden folgenden Möglichkeiten:

- Er leitet das Paket weiter. Hat das Paket die Bedingungen der Paketfilterregeln erfüllt, so reicht der Router es normalerweise in Richtung seines Ziels durch. Er verhält sich in diesem Fall wie ein gewöhnlicher und nicht wie ein filtender Router.
- Er verwirft das Paket. Entspricht das Paket den Kriterien der Paketfilterregeln nicht, geschieht das Naheliegende: der Router ignoriert das Paket.

Protokollierung

Unabhängig davon, ob ein Paket weitergeleitet oder verworfen wird (»permitted« oder »denied«, wie es in manchen Paketfiltersystemen heißt), möchten Sie vielleicht, daß das jeweilige Vorgehen mitprotokolliert wird. Dies ist besonders dann von Bedeutung, wenn der Router ein Paket verwirft, das Ihren Paketfilterregeln nicht entspricht. Es könnte für Sie von Interesse sein, welcher Versuch an Ihrem Verbot gescheitert ist.

Wahrscheinlich benötigen Sie nicht für alle Pakete Einträge, sondern nur für bestimmte. Sie interessieren sich z.B. für die jeweils ersten Pakete aller TCP-Verbindungen. Auf diese Weise können Sie sich einen Überblick über die eingehenden und nach außen gerichteten TCP-Anfragen verschaffen. Nicht alle Paketfiltersysteme protokollieren zulässige Pakete mit.

Was aufgezeichnet wird, hängt vom jeweiligen Paketfiltersystem ab. Manche hinterlegen lediglich bestimmte Informationen, andere reichen ein Paket entweder weiter oder tragen alle Informationen zu einem abgelehnten Paket ein. Üblicherweise geben Sie in der Konfiguration Ihres Paketfilters an, an welchem Rechner der Paketfilter über den *syslog*-Dienst mitprotokollieren soll. Es ist nicht wünschenswert, nur ein Exemplar des Protokolls auf dem Paketfilter zu halten, denn dieser könnte bloßgelegt werden. Auch bleibt die Paketfilterung meist speziellen Routern überlassen, die selten über die für die Protokollierung benötigte Plattenkapazität verfügen. (Weitere Informationen zur Protokollierung finden Sie in den Kapiteln 5 und 12.)

ICMP-Fehlermeldungen zurückgeben

Wird ein Paket verworfen, kann der Router eine ICMP-Fehlermeldung zurückschicken und damit auf den Grund des Scheiterns hinweisen. Die ICMP-Fehlermeldung warnt den sendenden Rechner davor, das Paket noch einmal zu senden. Dadurch soll der Netzverkehr minimiert und Zeit für den Benutzer am entfernten Rechner eingespart werden. Sobald eine ICMP-Fehlermeldung eintrifft, gilt die Verbindung als beendet. Ohne Meldung vergeht eine gewisse Zeit - unter Umständen mehrere Minuten - bis der Transfer abgebrochen wird.

Es stehen zwei Gruppen von ICMP-Fehlermeldungen zur Auswahl:

- Meldungen, die besagen, daß das Ziel nicht erreichbar ist. Im einzelnen sind dies die Meldungen »host unreachable« und »network unreachable«.
- Meldungen, die besagen, daß das Ziel aus administrativen Gründen nicht erreichbar ist. Im einzelnen sind dies die Meldungen »host administratively unreachable« und »network administratively unreachable«.

Der Entwurf von ICMP sieht vor, daß die erste Gruppe von ICMP-Fehlermeldungen auf ernste Probleme im Netzwerk hinweist: Entweder ist der Zielrechner nicht erreichbar, oder aber eine zwingende Verbindung zum Zielrechner kann nicht hergestellt werden. Diese Fehlermeldungen gab es auch schon vor dem Einsatz von Firewalls und Paketfiltersystemen. Probleme ergeben sich dann, wenn Rechner vor allem mit älteren UNIX-Versionen die Meldungen wörtlich nehmen. Bei einer Meldung »host unreachable« nehmen sie an, daß der Zielrechner insgesamt unerreichbar ist. Sie schließen daraufhin alle offe-

Filterung anhand der Schnittstelle

Es gibt eine für Ihre Paketfilterregeln zentrale Information, die nicht aus den Headern der Pakete hervorgeht, nämlich die Schnittstelle, über die ein Paket in den Router gelangt bzw. über die es nach außen geht. Diese Information ist insofern wichtig, als sie dem Router ermöglicht, gefälschte Pakete zu entdecken.

Unproblematisch ist es, wenn der einzige Router zwischen Ihrem internen Netz und der Außenwelt ein Paket mit einer internen Quelladresse von der internen Schnittstelle bekommt. Zu allen Paketen von innen gehört eine interne Quelladresse. Erhält der Router jedoch ein Paket mit einer internen Quelladresse von der externen Schnittstelle, so ahmt entweder jemand ein internes Paket nach, vermutlich um Sicherheitsmaßnahmen zu umgehen. Oder aber mit Ihrer Netzwerkkonfiguration stimmt etwas ernstlich nicht.

Solche Pakete müssen nicht gefälscht sein. Beispielsweise kann jemand eine zweite Verbindung zwischen Ihrem Netz und der Außenwelt aufgebaut haben. Dies könnte eine Modemverbindung auf dem Schreibtisch einer Ihrer Benutzer sein, die wahrscheinlich kaum oder gar nicht den Sicherheitsanforderungen genügt. Als Folge davon »sickert« der Transfer, der innerhalb Ihres Netzes stattfinden sollte, über die zweite Verbindung nach außen, geht über das Internet und versucht, über die »Vordertür« wieder zurückzukehren. Sie können kaum etwas tun, um diese verbotenen »Hintertür«-Verbindungen aufzuspüren, solange die zugehörigen Pakete nicht wieder von außen hereinkommen. Das beste dürfte sein, sich klar und deutlich dagegen auszusprechen und soviele der gewünschten Dienste wie möglich über die Vordertür - den Firewall - zur Verfügung zu stellen, damit erst gar nicht das Bedürfnis aufkommt, sich eigene Hintertüren zu schaffen.

Interne Pakete von außen sollten mitprotokolliert und sehr ernst genommen werden. Handelt es sich um Fälschungen, so versucht jemand ernsthaft, Sie anzugreifen. Bei Paketen, die über eine Hintertür entwischten und jetzt zurückkehren, ist Ihre Sicherheit auf Grund des zweiten Internet-Anschlusses in Gefahr. Es könnte auch ein Routing-Problem vorliegen: Ein Rechner, der so tut, als gehöre er zu Ihrem internen Netz und falsche Routen für sich selbst beansprucht, droht, Ihren gesamten internen Netzverkehr an sich zu ziehen. Auf eine PPP-Verbindung wirkt sich das schlecht aus, da sie die Datenmenge wahrscheinlich nicht bewältigen kann. Noch verheerender sind die Folgen, falls es überhaupt keine Verbindung zu Ihrem Netzwerk gibt. In diesem Fall verschwinden die für Ihr Netz bestimmten Daten teilweise oder ganz.

nen Verbindungen zu diesem Zielrechner und damit auch diejenigen, die die Paketfilterung zuläßt.

Die zweite Gruppe von ICMP-Fehlermeldungen, die ein Router zurückgeben kann, nämlich "host administratively unreachable" und "network administratively unreachable", wurde vor einigen Jahren zur offiziellen Liste von Fehlermeldungen hinzugefügt. Sie stellt Paketfiltern Rückgabewerte zur Verfügung für den Fall, daß der Filter ein Paket verworfen hat. Viele Systeme erkennen diese Meldungen noch nicht, wobei das nicht zu Problemen führen dürfte, da unbekannte ICMP-Fehlermeldungen ignoriert werden sollten. Sie sind zu behandeln, als hätte der Router keine Fehlermeldung geschickt. Allerdings halten sich viele Router nur ungenügend an Standards. Es könnte sich also um eine Situation handeln, mit der ein Gerät nicht umgehen kann. Auch wenn der Standard vorsieht, eine unbekannte Fehlermeldung solle ignoriert werden, so kann ein System trotzdem fatal darauf reagieren. Der Standard stellt nur sicher, daß Sie die Schuld am Verhalten eines Systems glaubwürdig von sich weisen können.

Es gibt mehrere Punkte, die Sie beachten sollten bei der Entscheidung, ob Ihr Paketfiltersystem ICMP-Fehlermeldungen zurückgibt oder nicht:

- Welche Meldungen schicken Sie zurück?
- Können Sie sich den Zusatzaufwand leisten, der durch das Erzeugen und Verschikken von Fehlermeldungen entsteht?
- Erhalten Angreifer durch die Fehlermeldungen zu viele Informationen über Ihre Paketfilter?

Welche Gruppe von Fehlermeldungen ist für Ihren Standort sinnvoll?

Die Rückgabe der alten Meldungen »host unreachable« und »network unreachable« ist technisch nicht korrekt. Bedenken Sie, daß die Erreichbarkeit eines Rechners entsprechend der Paketfilterstrategie davon abhängt, welcher Rechner auf welchen Dienst zugreift. Zudem lösen diese Fehlermeldungen bei manchen Systemen extreme Reaktionen wie den Abbruch aller Verbindungen zu Ihrem Rechner bzw. zu Ihrem Netz aus.

Die Rückgabe von »host administratively unreachable« oder »network administratively unreachable« stellt klar, daß Ihr Unternehmen über ein Paketfiltersystem verfügt. Ob Sie das wünschen, bleibt Ihnen überlassen. Auch diese Meldungen können extreme Reaktionen bei fehlerhaften IP-Implementierungen auslösen.

Es gibt noch einen weiteren Aspekt zu bedenken: Der filternde Router muß zusätzlichen Aufwand betreiben, um Fehlermeldungen zu generieren und zurückzuschicken. Es wäre vorstellbar, daß ein Angriff über die Ablehnung eines Dienstes erfolgt, indem der Router mit unzulässigen Paketen überflutet wird, für die er dann ICMP-Meldungen zu erzeugen versucht. Kritisch dabei ist nicht die Leistungsfähigkeit des Netzes, sondern die CPU-Auslastung am Router. Solange der Router damit beschäftigt ist, ICMP-Meldungen zu generieren, kann er z.B. Filterentscheidungen nicht so schnell treffen. Auf der anderen Seite intensiviert der Verzicht auf ICMP-Meldungen den Netzverkehr, wenn das sendende System ein abgewiesenes Paket erneut verschickt. Dieser Mehraufwand dürfte jedoch nicht allzusehr ins Gewicht fallen, da die Anzahl der vom Paketfilter zurückgewiesenen Pakete nur einen Bruchteil der insgesamt bearbeiteten Pakete ausmachen sollte. Handelt es sich nicht nur um einen kleinen Teil, so liegen ernsthaftere Probleme vor. In diesem Fall versucht jemand offenbar häufig, »verbotene« Aktionen durchzuführen.

Wenn Sie für jedes Paket, das Ihrer Filterstrategie zuwiderläuft, eine ICMP-Fehlermeldung zurückschicken, geben Sie einem Angreifer die Möglichkeit, Ihr Filtersystem auszutesten. Er kann beobachten, welche Pakete ICMP-Fehler auslösen, um herauszufinden, welche Art von Paketen Ihre Strategie verletzt und welche nicht, bzw. welche Pakettypen keinen Zugang zu Ihrem Netzwerk haben und welche schon. Sie sollten diese Informationen nicht aus der Hand geben, da diese einem Angreifer die Arbeit deutlich erleichtern. Ein Angreifer weiß, daß Pakete, auf die keine Fehlermeldung erfolgt, irgendwohin gelangen. Er kann sich dann auf diejenigen Protokolle konzentrieren, die tatsächlich verwundbar sind. Für Sie wäre es deutlich vorteilhafter, wenn ein Angreifer viel Zeit damit verbringt, Ihnen Pakete zuzuschicken, die Sie gelassen verwerfen können. ICMP-Meldungen erhöhen auch die Durchlaufgeschwindigkeit von angreifenden Programmen, da durch sie keine Zeitüberschreitungen nach ungültigen Versuchen abgewartet werden müssen.

Insgesamt betrachtet dürfte es am sichersten sein, Pakete zu verwerfen, ohne ICMP-Fehlermeldungen zurückzugeben. Falls Ihr Router die entsprechende Flexibilität bietet, können Sie ICMP-Fehlermeldungen an interne Systeme schicken. Denn diese sollten erfahren, daß etwas nicht in Ordnung ist, ohne auf die Zeitüberschreitung warten zu müssen. Dies gilt jedoch nicht für externe Systeme, da Angreifer auf Grund dieser Informationen die Filterkonfiguration Ihres Firewalls austesten können. Falls Ihr Router nicht über die nötige Flexibilität verfügt, erzielen Sie dasselbe Ergebnis, wenn Sie mit Hilfe von Paketfilterregeln ICMP-Pakete nach innen zulassen und nach außen verbieten.

Aufstellen von Paketfilterregeln

Der Rest dieses Kapitels und Kapitel 8 behandeln diejenigen Regeln eines Paketfilters, die den Paketfluß ins Netz und aus dem Netz heraus steuern. Zu diesen Regeln gibt es einiges zu bemerken.

Um Verwirrung zu vermeiden, enthalten die Beispielregeln nach Möglichkeit abstrakte Beschreibungen anstelle von konkreten Adressen. Statt echter Quell- und Zieladressen, wie z.B. 172.16.51.50, verwenden wir für die betroffene Netzwerkart die Begriffe »in-

Tips und Tricks zur Paketfilterung

Die folgenden Tips und Tricks können Ihnen helfen, Paketfilterregeln effektiver einzusetzen und sicherer zu machen.

Bearbeiten Sie Ihre Regeln nicht über das Filtersystem

Die meisten Systeme bieten nur minimale Möglichkeiten zur Bearbeitung der Filterregeln. Ebenso ist manchmal nicht klar, wie neue Regeln mit bereits existierenden zusammenspielen. Besonders mühsam gestaltet es sich häufig, Regeln zu löschen oder in der Mitte eines bestehenden Regelsatzes einzufügen.

Es dürfte bequemer sein, Ihre Filter als Textdatei auf einem UNIX- oder PC-System zu halten und Ihrem Lieblings-Editor zu bearbeiten. Danach laden Sie die Datei in Ihr Filtersystem, als handele es sich um Befehle, die Sie über die Konsole eingegeben haben. Wie dies zu bewerkstelligen ist, hängt vom jeweiligen System ab. In Cisco-Produkten können Sie z.B. Kommandodateien über TFTP vom Server übertragen. (Behalten Sie jedoch sorgfältig im Auge, von wo aus Zugriffe auf den TFTP-Server möglich sind. Beachten Sie auch die Beschreibung von TFTP in Kapitel 8. Denken Sie über den Einsatz von TCP-Wrapper o. ä. nach, mit dem Sie Rechner überwachen können, die den TFTP-Server in Anspruch nehmen.) In Livingston-Produkten steht ein Programm namens *pmcommand* zur Verfügung, das Befehle zum Gerät überträgt. Bei anderen Produkten gibt es wieder andere Mechanismen.

Die Verwaltung von Filtern in einer externen Datei bringt einen weiteren Vorteil mit sich: Sie können in die Datei Kommentare eintragen, die Sie bei Bedarf aus der Kopie für den Router entfernen. Die meisten Filtersysteme beseitigen die Kommentare zwischen den Befehlen. Wenn Sie später die an Ihrem System aktiven Filter durchsehen, werden Sie feststellen, daß die Kommentare verschwunden sind.

Laden Sie die Regelsätze jedesmal neu

Als erste Aktion sollte die Datei alle vorher gültigen Regeln außer Kraft setzen, damit Sie bei jedem Laden der Datei den Regelsatz von vorn aufbauen. Auf diese Weise müssen Sie sich keine Gedanken darüber machen, wie die neuen Regeln mit den alten zusammenspielen. Danach legen Sie die gewünschten Regeln fest und fügen die Befehle hinten an, die die Regeln den entsprechenden Schnittstellen zuordnen.

Verwenden Sie immer IP-Adressen und niemals Rechnernamen

Bezeichnen Sie Rechner und Netzwerke in Ihren Filterregeln immer über IP-Adressen und niemals über Rechner- oder Netzwerknamen, falls Ihr Filtersystem das überhaupt unterstützt. Enthalten die Filterregeln Rechnernamen, so kann Ihre Filterung unterlaufen werden, indem jemand versehentlich oder absichtlich die Übersetzung des Namens in eine Adresse verhindert. Dies geschieht z.B. dann, wenn ein DNS-Server falsche Daten erhält.

tern« und »extern«. Die zur Zeit verfügbaren Paketfiltersysteme verlangen üblicherweise die Angabe von Adreßbereichen. Die Syntax variiert von Router zu Router.

Alle Beispiele gehen davon aus, daß der Router pro Paket die Regeln der Reihe nach durchläuft. Hat er eine passende gefunden, führt er die dort spezifizierte Aktion aus. Wir setzen eine implizite »Ablehnung« voraus, falls keine Regel greift. Allerdings empfiehlt es sich, diesen Standardfall explizit zu definieren (was wir für gewöhnlich auch tun).

Syntaktisch legt in unseren Filterbeispielen eine Zahl nach einem Schrägstrich (/) fest, wie viele signifikante Bits für einen Adreßvergleich relevant sind. Damit umfaßt 10.0.0.0/8 alle Adressen, die mit 10 beginnen. Dies entspricht 10.0.0.0 zusammen mit der UNIX-Netzmaske 255.0.0.0 oder 10.0.0.0 zusammen mit der Maske mit Cisco-Platzhaltern 0.255.255.255 oder Dateinamen-Schreibweise 10.*.*.*.

Wir versuchen zwar, unsere Beispiele so genau wie möglich zu halten. Doch ist es unmöglich, Ihnen exakt vorzugeben, was Sie für Ihr spezielles Paketfilterprodukt angeben müssen. Der den Paketfilterregeln zugrundeliegende Mechanismus hängt weitgehend vom konkreten Produkt ab. Einige Produkte, wie z.B. das *screend*-Paket, bieten die Möglichkeit, einen einzigen Satz von Regeln für alle das System durchlaufenden Pakete festzulegen. Bei anderen, wie Telebit NetBlazer, können Sie Regeln für spezielle Schnittstellen vereinbaren. Wieder andere, wie die Livingston- und Cisco-Produkte, ermöglichen es Ihnen, Regelsätze zu implementieren und diese über einen Namen bestimmten Schnittstellen zuzuordnen. Auf diese Weise können Sie z.B. einen Regelsatz für mehrere Schnittstellen zusammenstellen, wogegen Sie diejenigen Regeln, die nur für eine bestimmte Schnittstelle gelten, in einem anderen Satz festlegen.

Folgendes Beispiel soll die Unterschiede verdeutlichen. Wir haben diese drei Systeme nicht aus einer speziellen Vorliebe heraus gewählt, sondern weil sie verschiedene Vorgehensweisen bei der Erstellung von Filtern wiedergeben. Andere Systeme ähneln diesen im wesentlichen. So sind z.B. Cisco-Produkte vergleichbar mit denen von Livingston, da Sie in beiden Fällen zuerst Regelsätze erstellen, um sie dann Paketen in einer bestimmten Richtung über eine spezielle Schnittstelle zuzuordnen. Die Syntax unterscheidet sich im Detail, z.B. in bezug auf Rechneradressen und Bit-Masken.

Nehmen wir an, Sie möchten jeglichen IP-Verkehr zwischen einem zuverlässigen externen Rechner (Host 172.16.51.50) und Rechnern Ihres internen Netzwerks (Netz der Klasse C 192.168.10.0) zulassen. In unserer Schreibweise sieht der Fall wie folgt aus:

Regel	Richtung	Quelladresse	Zieladresse	ACK gesetzt	Aktion
A	ein	vertrauenswürdiger externer Rechner	intern	beliebig	zulassen
B	aus	intern	vertrauenswürdiger externer Rechner	beliebig	zulassen
C	beliebig	beliebig	beliebig	beliebig	verbieten

Bei *screend* würden Sie schreiben:

```
between host 172.16.51.50 and net 192.168.10 accept ;
between host any and host any reject ;
```

Beim Telebit NetBlazer müssen Sie zudem angeben, auf welche Schnittstelle eine Regel anzuwenden ist und ob die Regel sich auf eintreffende oder hinausgehende Pakete bezieht. Für eine externe Schnittstelle mit der Bezeichnung »syn0« würde die Regel lauten:

```
permit 172.16.51.50/32 192.168.10/24 syn0 in
deny 0.0.0.0/0 0.0.0.0 syn0 in

permit 192.168.10/24 172.16.51.50/32 syn0 out
deny 0.0.0.0/0 0.0.0.0 syn0 out
```

Bei den Livingston-Modellen PortMaster und IRX legen Sie einen Regelsatz fest und ordnen diesen Satz einer Richtung und einer Schnittstelle zu. Für eine externe Schnittstelle mit der Bezeichnung »s1« sehen die Regeln in etwa wie folgt aus:

```
add filter s1.in
set filter s1.in 1 permit 172.16.51.50/32 192.168.10.0/24
set filter s1.in 2 deny 0.0.0.0/0 0.0.0.0/0
set s1 ifilter s1.in

add filter s1.out
set filter s1.out 1 permit 192.168.10.0/24 172.16.51.50/32
set filter s1.out 2 deny 0.0.0.0/0 0.0.0.0/0
set s1 ofilter s1.out
```

Auf einem Cisco-Router definieren Sie ebenfalls einen Regelsatz und wenden diesen Satz auf eine Richtung und eine Schnittstelle an. Für eine externe Schnittstelle mit der Bezeichnung »serial1« lauten die Regeln:

```
access-list 101 permit ip 172.16.51.50 0.0.0.0 192.168.10.0 0.0.0.255
access-list 101 deny ip 0.0.0.0 255.255.255.255 0.0.0.0 255.255.255.255
interface serial 1
access-group 101 in
```

```
access-list 102 permit ip 192.168.10.0 0.0.0.255 172.16.51.50 0.0.0.0
access-list 102 deny ip 0.0.0.0 255.255.255.255 0.0.0.0 255.255.255.255
interface serial 1
access-group 102 out
```

Detailliertere Informationen zur Syntax eines speziellen Pakets oder Produkts finden Sie in der zugehörigen Dokumentation. Haben Sie erst einmal die Syntax des jeweiligen Systems verstanden, so dürfte es nicht allzu schwer sein, unsere Tabellen in dessen Schreibweise zu übersetzen.

Hinweis

Achten Sie auf implizite Standardaktionen. Die einzelnen Filtersysteme gehen unterschiedlich vor, falls sich keine der festgelegten Regeln auf ein Paket anwenden läßt. Manche Systeme verwerfen solche Pakete. Andere verwenden die Umkehrung der letzten Regel als Standardaktion. Lautet die letzte Regel z.B. »zulassen«, so werden alle Pakete, auf die keine der Regeln paßt, verboten. Blockiert die letzte Regel, läßt die Standardaktion alle sonstigen Pakete zu. Es ist in jedem Fall sinnvoll, explizit eine Standardaktion am Ende der Regelliste anzugeben. Damit brauchen Sie sich keine Gedanken über das implizite Verhalten des Systems zu machen.

Filterung nach Adressen

Pakete anhand der Adresse zu filtern ist zwar nicht die gängigste Vorgehensweise, aber die einfachste. Sie können so den Paketfluß auf Grund der Quell- und/oder Zieladresse regulieren, ohne die beteiligten Protokolle zu berücksichtigen. Mit Filterung anhand der Quelladresse kann man z.B. eine Verbindung zwischen bestimmten externen Rechnern und bestimmten internen Rechnern ermöglichen oder einen Angreifer daran hindern, gefälschte Pakete mit manipulierter Quelladresse in Ihr Netzwerk einzuschleusen.

Nehmen wir an, Sie möchten ankommende Pakete mit gefälschter Quelladresse abblokken. Die zugehörige Regel lautet wie folgt:

Regel	Richtung	Quelladresse	Zieladresse	Aktion
A	ein	intern	beliebig	verbieten

Beachten Sie, daß die Richtung relativ zum internen Netz angegeben wird. Am Router zwischen dem internen Netzwerk und dem Internet können Sie diese Regel entweder auf die an der Internet-Schnittstelle ankommenden Pakete oder auf die an der internen Schnittstelle hinausgehenden Pakete anwenden. In beiden Fällen erzielen Sie dieselbe

Wirkung in bezug auf den Schutz Ihrer internen Rechner. Der Unterschied betrifft den Router: Filtern Sie die hinausgehenden Pakete, so bleibt der Router selbst ungeschützt.

Risiken bei der Filterung nach Quelladresse

Quelladressen sind nicht unbedingt zuverlässig, da sie gefälscht sein können. Ohne kryptographische Authentifizierung können Sie sich nie ganz sicher sein, ob Sie mit dem gewünschten Rechner kommunizieren oder mit einem anderen, der sich verstellt. Die oben beschriebenen Filter wehren externe Rechner ab, die so tun, als gehörten Sie zu Ihrem internen Netz. Sie schützen jedoch nicht vor externen Rechnern, die sich als ein anderer externer Rechner ausgeben.

Es gibt zwei Angriffsarten, die sich der Fälschung bedienen, nämlich Fälschung der *Quelladresse* und *man in the middle*.

Bei einem Angriff durch die Fälschung der Quelladresse (siehe Abbildung 6-1) schickt Ihnen ein Angreifer Pakete, die vorgeben, von einem vertrauenswürdigen Rechner zu kommen. Er hofft, auf Grund dieses Vertrauens Handlungen ausführen zu können, für die er keine Antwortpakete benötigt. Da ihn die Antwortpakete nicht interessieren, muß er sich nicht zwischen Ihnen und der vermeintlichen Quelladresse befinden, sondern kann überall sein.

Ihre Antwort geht dorthin, wo der Angreifer vorgibt zu sein und nicht an seinen tatsächlichen Standort. Ist die Antwort vorhersagbar, so muß er sie nicht zu sehen bekommen. Die meisten Protokolle sind für einen geübten Angreifer ausreichend berechenbar. Es gibt viele Angriffsmöglichkeiten, deren Erfolg nicht davon abhängt, ob der Angreifer das Ergebnis direkt zu sehen bekommt. Das gilt z.B. dann, wenn ein Angreifer auf Ihrem System den Befehl absetzen kann, ihm über E-Mail die Paßwortdatei zu schicken. Gelingt das, muß er während des Angriffs die Paßwortdatei nicht zu sehen bekommen.

Häufig – besonders bei TCP-Verbindungen – reagiert der Rechner, für den sich der Angreifer ausgibt, auf Ihre Pakete. Angesichts der Pakete zu einem unbekannten Dialog versucht er, die fehlerhafte Verbindung neu aufzubauen. Dies kommt dem Angreifer natürlich ungelegen. Er muß sicherstellen, daß der Angriff abgeschlossen ist, bevor der echte Rechner Ihre Pakete erhält bzw. bevor Sie ein Initialisierungspaket von diesem Rechner empfangen. Es gibt mehrere Möglichkeiten, das zu gewährleisten. Beispielsweise kann

- der Angriff vorgenommen werden, wenn der echte Rechner nicht einsatzbereit ist
- vor dem Angriff ein Absturz des echten Rechners herbeigeführt werden
- der echte Rechner während des Angriffs mit Informationen überflutet werden
- das Routing zwischen dem echten Rechner und dem Angriffsziel verändert werden
- ein Angriff unternommen werden, für den lediglich das erste Antwortpaket von Bedeutung ist (so daß Initialisierungspakete keine Rolle spielen).

Lange galten Angriffe dieser Art als theoretische Probleme mit geringer Auswirkung auf die Praxis. Mittlerweile jedoch kommen sie so häufig vor, daß sie als Bedrohung ernst genommen werden. Generell sollten theoretisch mögliche Angriffe nie völlig ignoriert werden, da sie zu tatsächlichen Attacken heranwachsen können. Der oben genannte Angriff ist seit Jahren theoretisch bekannt. Dennoch machte sich kaum jemand die Mühe, sich dagegen zu schützen.

Beim Angriff *man in the middle* gibt man sich als vertrauenswürdiger Rechner aus und führt einen kompletten Dialog durch. Dazu muß der angreifende Rechner sowohl Pakete verschicken als auch die Antwortpakete abfangen. Einer der folgenden Eingriffe ist dafür notwendig:

- Der angreifende Rechner wird unbemerkt in den Pfad zwischen Ihnen und dem echten Rechner eingehängt. Dies ist am Endes des Pfades äußerst einfach zu bewerkstelligen. Sich in der Mitte des Pfades einzuklinken, gestaltet sich auf Grund der Struktur von modernen IP-Netzen äußerst schwierig, da sich der »mittlere« Pfad jederzeit ändern kann.
- Der Pfad zwischen den ursprünglich beteiligten Rechnern wird so angepaßt, daß er über den angreifenden Rechner führt. Der Schwierigkeitsgrad dieses Vorgehens hängt von der Netztopologie und dem Routing-System Ihres Netzes, des fernen Netzes und den Internet-Providern zwischen den beiden Netzen ab.

Obwohl dieser Angriff »man in the middle« heißt, geht er relativ selten von der Mitte außerhalb der beiden Standorte aus. Nur Netzanbieter wären dazu in der Lage, wobei der Anreiz für sie gering ist. Diejenigen Personen, die Netzanbieter für Angriffe einsetzen, versuchen das in großem Stil. Die Auswertung der Pakete ermöglicht ihnen einen schnellen Zugriff auf die Daten von vielen Rechnern, während Angriffe »von der Mitte aus« nur auf einen Standort zielen. Wahrscheinlicher ist es, daß böswillige Benutzer mit direktem Zugang zu einem der beiden Netze beteiligt sind. Das gilt z.B. dann, wenn es sich bei einem der Standorte um eine Universität handelt.

Wem können Sie also vertrauen? Im Extremfall niemandem, außer Sie trauen den betroffenen Rechnern und dem dazwischenliegenden Pfad. Wenn Sie zwar die Rechner für zuverlässig halten, nicht aber den Pfad, so können Sie mit Hilfe von Verschlüsselung eine sichere Verbindung über einen unsicheren Pfad hinweg aufbauen. Wie wir in Kapitel 10 zeigen werden, gibt es leider noch keine weit verbreiteten und allgemein verfügbaren Werkzeuge dafür. Einige Standorte experimentieren jedoch mit improvisierten Lösungen. Auch erscheinen bereits die ersten kommerziellen Produkte auf dem Markt.

Filterung nach Diensten

Wie bereits erläutert, wird nur dann ausschließlich nach Adressen gefiltert, wenn gefälschte Pakete abgewehrt werden sollen. In den meisten anderen Fällen bezieht Paketfilterung die etwas komplizierte Überprüfung von Diensten mit ein.

Welche Eigenschaften haben die Pakete für bestimmte Dienste im Hinblick auf Paketfilterung? Als Beispiel wollen wir Telnet genauer betrachten. Mit Telnet kann sich ein Benutzer wie über ein direkt angeschlossenes Terminal auf einem anderen System einloggen. Telnet eignet sich gut als Beispiel, da es relativ verbreitet, recht einfach und hinsichtlich der Paketfilterung repräsentativ für einige andere Protokolle wie SMTP und NNTP ist. Wir müssen nach außen und nach innen gerichtetes Telnet untersuchen.

Eine ausführliche Beschreibung der Paketfilterungseigenschaften anderer Protokolle finden Sie in Kapitel 8.

Nach außen gerichtetes Telnet

Betrachten wir zunächst nach außen gerichtetes Telnet, über das ein lokaler Client bzw. Benutzer mit einem fernen Server kommuniziert. Wir müssen hier hinausgehende und eintreffende Pakete berücksichtigen. Abbildung 6-8 zeigt eine vereinfachte Skizze für nach außen gerichtetes Telnet.

Die hinausgehenden Pakete für diesen nach außen gerichteten Dienst enthalten die Tastatureingabe des Benutzers und haben folgende Eigenschaften:

- Die IP-Quelladresse ist die IP-Adresse des lokalen Rechners.
- Die IP-Zieladresse gibt die IP-Adresse des fernen Rechners an.
- Da Telnet auf TCP basiert, ist der IP-Pakettyp TCP.

Abb. 6-8: Nach außen gerichtetes Telnet.

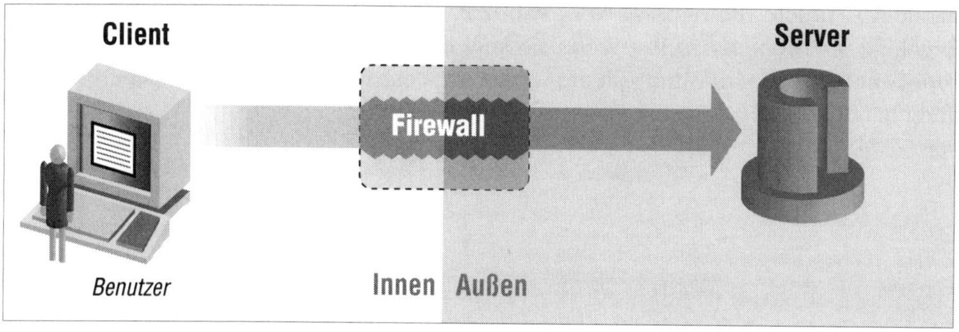

- Die TCP-Zielportnummer ist 23, die von Telnet-Servern verwendete Standard-Portnummer.
- Die TCP-Quellportnummer, die wir in diesem Beispiel »Y« nennen, ist eine scheinbar zufällig gewählte Zahl über 1023.
- Im Gegensatz zu den nachfolgenden Paketen hat das erste hinausgehende Paket, das die Verbindung herstellt, das ACK-Bit nicht gesetzt.

Die bei diesem nach außen gerichteten Dienst eintreffenden Pakete enthalten die Daten, die auf dem Bildschirm des Benutzers angezeigt werden sollen, z.B. die Eingabeaufforderung »login:«. Sie haben folgende Eigenschaften:

- Die IP-Quelladresse ist die IP-Adresse des fernen Rechners.
- Die IP-Zieladresse gibt die IP-Adresse des lokalen Rechners an.
- Die IP-Pakettyp ist TCP.
- Der TCP-Quellport ist 23. Diese Nummer wird vom Server verwendet.
- Der TCP-Zielport entspricht dem »Y«, das wir als Quellport für abgehende Pakete verwendet haben.
- Alle eintreffenden Pakete haben das ACK-Bit gesetzt. (Wie bereits erwähnt, ist nur beim ersten Paket, das die Verbindung herstellt, das ACK-Bit nicht gesetzt. In diesem Beispiel ist das erste Paket ein nach außen gehendes und kein eintreffendes Paket).

Beachten Sie die Gemeinsamkeiten in den Header-Feldern von hinausgehenden und eintreffenden Paketen für Telnet. Es werden dieselben Adressen und Portnummern verwendet, nur daß sie einmal die Quelle und sonst das Ziel angeben. Wenn Sie hinausgehende und eintreffende Pakete vergleichen, werden Sie feststellen, daß Quell- und Zieladressen sowie Quell- und Zielportnummern vertauscht sind.

Warum muß der Client-Port – also der Quellport bei hinausgehenden und der Zielport bei eintreffenden Paketen – größer als 1023 sein? Dies ist eine Hinterlassenschaft von BSD-UNIX, auf das fast der gesamte UNIX-Netzwerkcode zurückgeht. Bei BSD-UNIX sind Portnummern zwischen 0 und 1023 lokal für *root* reserviert. Diese Ports werden normalerweise nicht von Clients, sondern nur von Servern verwendet. (Eine wichtige Ausnahme bilden die r-Kommandos von BSD-UNIX wie *rcp* und *rlogin*, die wir in Kapitel 8 behandeln.) Andere Betriebssysteme wie z.B. Macintosh und MS-DOS haben diese Regelung übernommen, selbst wenn sie kein entsprechendes Konzept für privilegierte *root*-Benutzer kennen. Wenn Client-Programme eine Portnummer zur eigenen Verwendung benötigen, erhalten sie eine Portnummer über 1023.

Nach innen gerichtetes Telnet

Sehen wir uns nun den nach innen gerichteten Telnet-Dienst an, bei dem ein ferner Client bzw. Benutzer, mit einem lokalen Telnet-Server kommuniziert. Auch hier müssen wir eintreffende und hinausgehende Pakete berücksichtigen.

Die für nach innen gerichtetes Telnet eintreffenden Pakete enthalten die Tastatureingaben des Benutzers und haben folgende Eigenschaften:

- Die IP-Quelladresse ist die Adresse des fernen Rechners.
- Die IP-Zieladresse gibt die Adresse des lokalen Rechners an.
- Der IP-Pakettyp ist TCP.
- Der TCP-Quellport entspricht einer zufällig gewählten Portnummer größer 1023, die wir in unserem Beispiel »Z« nennen.
- Der TCP-Zielport ist 23.
- Im Gegensatz zu nachfolgenden Paketen hat das erste eintreffende Paket, das die Verbindung herstellt, das ACK-Bit nicht gesetzt.

Die hinausgehenden Pakete für diesen nach innen gerichteten Telnet-Dienst enthalten die Antworten vom Server, also die dem Benutzer anzuzeigenden Daten, und haben folgende Eigenschaften:

- Die IP-Quelladresse ist die IP-Adresse des lokalen Rechners.
- Die IP-Zieladresse gibt die IP-Adresse des fernen Rechners an.
- Der IP-Pakettyp ist TCP.
- Der TCP-Quellport ist 23, da die Pakete vom Telnet-Server stammen.
- Der TCP-Zielport entspricht dem zufällig gewählten Port »Z«, den wir als Quellport für die eintreffenden Pakete verwendet haben.
- Das ACK-Bit ist bei allen hinausgehenden Paketen gesetzt.

Beachten Sie auch hier die Gemeinsamkeiten in den Header-Feldern von hinausgehenden und eintreffenden Paketen. Quell- und Zieladressen sowie Quell- und Zielports sind vertauscht.

Zusammenfassung zu Telnet

Die folgende Tabelle zeigt die verschiedenen Pakettypen, die bei nach innen und nach außen gerichtetem Telnet verschickt werden.

Dienst-richtung	**Paket-richtung**	**Quell-Adresse**	**Ziel-Adresse**	**Paket-typ**	**Quell-Port**	**Ziel-Port**	**ACK gesetzt**
nach außen	aus	intern	extern	TCP	Y	23	[a]
nach außen	ein	extern	intern	TCP	23	Y	ja
nach innen	ein	extern	intern	TCP	Z	23	[a]
nach innen	aus	intern	extern	TCP	23	Z	ja

a. Im ersten Paket dieses Typs (Aufbau der Verbindung) ist ACK nicht gesetzt, in den restlichen Paketen jedoch schon.

Beachten Sie, daß Y und Z aus der Sicht des Paketfiltersystems zufällig gewählte Portnummern über 1023 sind.

Um nach außen gerichtetes Telnet und sonst nichts zu ermöglichen, müßte man den Paketfilter folgendermaßen einrichten:

Regel	**Richtung**	**Quell-Adresse**	**Ziel-Adresse**	**Proto-koll**	**Quell-Port**	**Ziel-Port**	**ACK gesetzt**	**Aktion**
A	aus	intern	beliebig	TCP	>1023	23	beliebig	zulassen
B	ein	beliebig	intern	TCP	23	>1023	ja	zulassen
C	beliebig	beliebig	beliebig	beliebig	beliebig	beliebig	beliebig	verbieten

- Regel A erlaubt Pakete zu fernen Telnet-Servern.
- Regel B gestattet, daß zurückgegebene Pakete eintreffen. Da überprüft wird, ob das ACK-Bit gesetzt ist, kann Regel B von einem Angreifer nicht dazu mißbraucht werden, eingehende TCP-Verbindungen von Port 23 der Angreiferseite zu Ports über 1023 an Ihrer Seite zu erlauben. Ein Beispiel hierfür wäre ein X11-Server an Port 6000.
- Regel C ist die Standardregel. Wenn keine andere Regel greift, wird das Paket blokkiert. Wie bereits erläutert, sollten alle abgewiesenen Pakete protokolliert werden. Dem Absender des Pakets kann gegebenenfalls eine ICMP–Meldung zurückgeschickt werden.

Risiken beim Filtern nach Quellport

Die Filterung nach dem Quellport birgt einige Gefahren. Es gibt bei dieser Art der Filterung ein fundamentales Problem: Sie können dem Quellport nur so weit vertrauen, wie auch der Quellrechner zuverlässig ist.

Angenommen, Sie haben fälschlicherweise damit gerechnet, daß ein Quellport mit einem bestimmten Dienst verbunden ist. Es wäre möglich, daß sich jemand mit *root*-Zugang zu einem UNIX-System oder einfach mit einem vernetzten PC Kontrolle über den Quellrechner verschafft. Er könnte dann einen beliebigen Client oder Server an einem »Quellport« laufen lassen, den Sie über Ihr sorgfältig konfiguriertes Paketfiltersystem zugelassen haben. Wie wir bereits behandelt haben, können Sie sich nicht unbedingt darauf verlassen, daß Ihnen die Quelladresse zuverlässig den richtigen Quellrechner mitteilt. Sie haben keine Gewißheit, daß Sie wirklich mit dem Computer zu dieser Adresse kommunizieren und nicht mit einem Angreifer, der sich als jener Rechner ausgibt.

Wie verhalten Sie sich in solchen Fällen? Sie sollten die lokalen Portnummern weitgehend einschränken, und zwar unabhängig davon, wie viele fernen Ports darauf zugreifen dürfen. Angenommen, Sie lassen nur eingehende Verbindungen an Port 23 zu und mit Port 23 ist ein vertrauenswürdiger Telnet-Server verbunden, d.h. ein Server, der nur Aufgaben erledigt, die ihm ein Telnet-Client auftragen kann. Es spielt dann keine Rolle mehr, ob dieser Server von einem echten Telnet-Client angesprochen wird oder nicht. Ihre Aufgabe besteht darin, eingehende Verbindungen auf Ports für vertrauenswürdige Server zu beschränken und sicherzustellen, daß Ihre Server wirklich vertrauenswürdig sind. Kapitel 8 behandelt, wie Sie dies für die verschiedenen Dienste erreichen.

Da zahlreiche Dienste zufällig gewählte Portnummern über 1023 für Clients und manche Dienste Portnummern über 1023 für Server verwenden, müssen Sie häufig eingehende Pakete an Ports akzeptieren, über die unter Umständen unsichere Server laufen. Bei TCP können Sie eingehende Pakete akzeptieren, ohne die nach innen gerichteten Verbindungen zuzulassen, indem Sie verlangen, daß das ACK-Bit gesetzt ist. Bei UDP gibt es diese Möglichkeit nicht, da dort keine Entsprechung des ACK-Bits existiert. Glücklicherweise basieren nur wenige Protokolle im Internet auf UDP.

Wahl eines Routers zur Paketfilterung

Es gibt eine ganze Reihe mehr oder weniger guter Router mit Paketfilterung. Fast alle spezialisierten Router unterstützen Paketfilterung in irgendeiner Weise. Außerdem ist Paketfilter-Software für viele allgemein einsetzbaren UNIX- und PC-Plattformen verfügbar, die sich als Router verwenden lassen.

Wie finden Sie den Paketfilter-Router, der sich für Ihren Standort am besten eignet? Dieser Abschnitt beschreibt die wichtigsten Fähigkeiten eines Paketfilter-Routers. Sie müssen nun herausfinden, welche dieser Merkmale für Sie maßgeblich sind und ein Filtersystem wählen, das zumindest über diese Funktionalität verfügt.

Welche Geschwindigkeit ist zur Paketfilterung erforderlich?

Viele Leute machen sich unnötige Sorgen über die Geschwindigkeit der Paketfilterung. In den meisten Internet-Firewalls wird die Leistung von der Geschwindigkeit der Internet-Verbindung und nicht von der des Paketfiltersystems begrenzt. Deshalb sollten Sie nicht danach fragen, wie schnell das Paketfiltersystem ist, sondern danach, ob seine Leistung für Ihre Zwecke ausreicht.

Internet-Verbindungen finden normalerweise über Leitungen mit entweder 64 KBit/s oder 1,544 MBit/s (T1) statt. Paketfilterung wird paketweise durchgeführt. Je kleiner die Pakete sind, desto mehr Pakete werden pro Sekunde behandelt und desto mehr Entscheidungen muß ein Paketfiltersystem pro Sekunde treffen. Das kleinste zulässige IP-Paket, also ein leeres Paket, das nur einen IP-Header und keine Daten enthält, hat eine Länge von 20 Byte (160 Bits). Eine Leitung mit 64 KBit/s kann somit pro Sekunde höchstens 400 Pakete übertragen und eine Leitung mit 1,544 MBit/s (z.B. eine T1-Leitung) höchstens 9.650 Pakete. Die folgende Tabelle gibt eine Übersicht:

Verbindungstyp	Bit/s (ungefähr)	Pakete/s (à 20 Byte)	Pakete/s (à 40 Byte)
Modem v.32bis	14.400	90	45
Standleitung mit 64 KBit/s	64.000	400	200
T1-Standleitung	1.544.000	9650	4.825
Ethernet (Praxis)	3.000.000	18.750	9375
Ethernet (Theorie)	10.000.000	62.500	31.250
T3-Standleitung	45.000.000	281.250	140.625
FDDI	100.000.000	625.000	312.500

Leere IP-Pakete werden allerdings kaum vorkommen, es befindet sich immer irgendeine Information im Datensegment (z.B. TCP-, UDP- oder ICMP-Pakete). In der Regel passieren TCP/IP-Pakete einen Firewall, da die meisten Internet-Dienste auf TCP basieren. Die minimale Größe eines TCP/IP-Pakets, das nur den IP-Header, den TCP-Header und keine wirklichen Daten enthält, beträgt 40 Byte. Dies halbiert die maximale Übertragungsrate bei einer Leitung mit 64 KBit/s auf 200 Pakete pro Sekunde und bei einer Leitung mit 1,544 MBit/s auf 4825 Pakete pro Sekunde. Realistische Pakete mit Daten sind entsprechend umfangreicher, was die Übertragungsrate weiter reduziert.

Diese Paketübertragungsraten werden von vielen der Paketfiltersysteme erreicht, die derzeit im Internet kommerziell oder frei erhältlich sind. Manche erzielen wesentlich höhere Geschwindigkeiten.

In einem Firewall, der sich innerhalb eines Firmennetzes befindet, hat die Geschwindigkeit einen höheren Stellenwert. Ein solcher Firewall muß LAN-Geschwindigkeit erreichen, die theoretisch bei mindestens 10 MBit/s liegt und auch wesentlich darüber liegen kann. Firewalls lassen sich in einem Netz mit Übertragungsraten im Gigabit-Bereich nicht einsetzen. Solche Netze sind jedoch noch recht selten.

Ein Firewall mit mehr als zwei Verbindungen benötigt unter Umständen eine höhere Geschwindigkeit. Bei zwei Verbindungen richtet sich die maximal erforderliche Geschwindigkeit nach der langsameren Verbindung. Bei drei Anschlüssen kann die erforderliche Geschwindigkeit steigen. Wenn Sie auf einem externen Router beispielsweise eine zweite Internet-Verbindung einrichten, muß er beide Verbindungen mit voller Geschwindigkeit versorgen, damit er nicht zum einschränkenden Faktor wird. Wenn Sie ihn an zwei interne Netze anschließen, muß er sich an die höhere LAN-Geschwindigkeit anpassen, um zwischen den beiden internen Netzen zu routen.

Ein spezialisierter Router oder ein normaler Computer?

Rechnen Sie nicht damit, daß Sie ein einziges Gerät sowohl als Paketfilterrouter als auch für Aufgaben einsetzen können, die mit dem Firewall nichts zu tun haben. Sie können ein Gerät verwenden, das neben Paketfilterung Proxy-Dienste oder ausgewählte Bastion-Host-Dienste oder alles zusammen leistet. In der Praxis jedoch läuft es meist auf einen spezialisierten Router mit Paketfilterung hinaus. Das heißt aber nicht, daß Sie sich unbedingt einen speziell für diesen Zweck vorgesehenen Router zulegen müssen. Als Alternative können Sie einen normalen Computer, also einen Computer mit einem verbreiteten Betriebssystem, einsetzen und diesen nur für Routing-Aufgaben vorsehen. Welche Vor- und Nachteile haben diese beiden Möglichkeiten?

Bei zahlreichen Netzen oder verschiedenen Protokollen werden Sie wohl einen speziellen Router benötigen. Denn die Routing-Pakete für normale Computer bieten für gewöhnlich nicht die ausreichende Geschwindigkeit und Flexibilität. Außerdem brauchen Sie unter Umständen einen unangemessen großen Rechner, um alle erforderlichen Schnittstellenkarten unterzubringen.

Wenn Sie aber nur einen einzigen Internet-Anschluß filtern, ist möglicherweise nichts weiter zu tun, als IP-Pakete zwischen zwei Ethernet-Segmenten zu routen. Das liegt durchaus im Rahmen eines 486er-Computers oder eines damit vergleichbaren Rechners, der wesentlich preiswerter als ein spezieller Router ist. Wenn ein solcher Rechner in Ihrer Organisation bereits verfügbar ist, kostet es Sie überhaupt nichts. Software für Routing und Paketfilterung ist für MS-DOS und die meisten UNIX-Varianten erhältlich. In Anhang B finden Sie Informationen über verfügbare Software-Pakete.

Unabhängig davon, welche Hardware Sie als Paketfilter-Router einsetzen, sollte dieser Router ausschließlich Aufgaben im Zusammenhang mit dem Firewall übernehmen. Soweit möglich sollten Sie ein Gerät z.B. nicht als Paketfilter-Router und als Backbone-Router einsetzen, der mehrere getrennte interne Netze zusammenführt. Statt dessen verwenden Sie ein Gerät zum Verbinden Ihrer internen Netze und davon getrennt ein anderes wesentlich kleineres als Router mit Paketfilterung. Je komplexer der Filter-Router und seine Konfiguration sind, desto höher ist die Wahrscheinlichkeit von Konfigurationsfehlern, die erhebliche Auswirkungen auf die Sicherheit haben können. Durch die Filterung wird die Geschwindigkeit eines Routers womöglich so beeinträchtigt, daß er die für interne Netze erforderliche Leistung nicht mehr erbringt.

Einige kommerzielle Firewall-Pakete kombinieren Paketfilterung und Proxy-Dienste und sind für Rechner gedacht, die sich wie spezielle Router verhalten. Andere Pakete kombinieren Paketfilterung mit Proxy-Diensten oder Bastion-Host-Diensten und eignen sich für leistungsfähigere normale Rechner. Zweiteres ist durchaus interessant, stellt jedoch höhere Anforderungen an die Geschwindigkeit, so daß Sie dazu keinen kleinen Computer einsetzen können. Abhängig von den vorhandenen Rechnern ist dies für Sie von Vorteil (Sie besorgen sich eine einzige große Maschine statt mehrerer Rechner mittlerer Größe) oder von Nachteil (Sie erwerben eine einzige große Maschine, anstatt eine vorhandene Konfiguration um einen kleinen Rechner zu ergänzen). Wie bereits in Kapitel 4 erläutert, ist es aus Sicherheitsgründen sinnvoll, den Bastion-Host mit einem externen Paketfilter zu kombinieren.

Regeln sollten möglichst einfach aufzustellen sein

Es sollte Ihnen möglich sein, die Regeln für die Paketfilterung möglichst einfach zu fassen. Berücksichtigen Sie diesen Aspekt bei der Auswahl eines geeigneten Geräts. Paketfilterung ist an sich schon nicht einfach einzurichten und wird durch die Eigenheiten der verschiedenen Protokolle weiter verkompliziert. Das Paketfiltersystem darf Ihnen neben den bereits vorhandenen Schwierigkeiten nicht noch weitere Komplikationen bereiten. Insbesondere ist es sinnvoll, Regeln auf einer gewissen Abstraktionsebene aufstellen zu können. Wählen Sie keine Implementierung, die Pakete einfach als unstrukturierte Bitfolgen auffaßt, so daß Sie gezwungen sind, Ihre Regeln anhand von Offset und Status bestimmter Bits in den Paket-Headern festzulegen.

Wie bereits erläutert, sollte es im Falle eines speziellen Routers zudem möglich sein, die Regeln von einem anderen Rechner zu übernehmen. Sie benötigen aber trotzdem eine Benutzeroberfläche, mit der Sie die Regeln ohne große Umstände aufstellen und bearbeiten können, da dies wohl immer wieder erforderlich ist.

Regeln sollten zu beliebigen Header- oder Meta-Informationen aufzustellen sein

Regeln müssen zu allen Header-Informationen oder Meta-Informationen aufgestellt werden können, die zu einem Paket vorhanden sind. Header-Informationen sind unter anderem:

- IP-Quell- und IP-Zieladresse
- IP-Optionen
- Protokoll, z.B. TCP, UDP oder ICMP
- ICMP-Nachrichtentyp
- Bei TCP-Paketen Angaben über den Verbindungsaufbau (ACK-Bit)

Ähnliche Informationen gibt es auch für andere Protokolle, die Sie vielleicht filtern möchten. Zu den Meta-Informationen eines Pakets gehören alle Informationen über das Paket, die dem Router bekannt sind, aber nicht in den Headern selbst stehen. Dies wäre z.B. die Router-Schnittstelle, über die das Paket eintrifft oder weitergeleitet wird. Sie sollten die Möglichkeit haben, Regeln anhand einer Kombination aus Header- und Meta-Informationen aufzustellen.

Bei vielen Produkten können Sie aus diversen Gründen Paketfilterung nicht anhand des TCP- oder UDP-Quellports durchführen. Dies schließt bestimmte Filterungsarten aus. Einige Hersteller, die TCP/UDP-Quellports als Filterkriterium nicht zulassen, behaupten, daß diese Sorte Filterung sowieso nicht sinnvoll oder es »zu gefährlich« sei, wenn Kunden sie einwandfrei zu benutzen verstehen (wie wir bereits ausgeführt haben, sind Informationen über den Quellport nicht zuverlässig). Wir halten das für einen Trugschluß und denken, daß man eine solche Entscheidung lieber den gut informierten Kunden überlassen sollte.

Betrachten wir den Zugriff auf Archie-Server als Beispiel für eine Situation, in der die Filterung nach dem Quellport nützlich ist. Wie wir in Kapitel 8 behandeln, bringt der Zugriff auf Archie schwerwiegende Probleme mit sich. Am gravierendsten ist, daß das ursprüngliche Archie-Protokoll auf UDP basiert und Internet-Firewalls UDP im allgemeinen insgesamt blockieren (mit Ausnahme winziger »Schlupflöcher« für DNS, NTP und Archie). Diese völlige Ablehnung von UDP soll Außenstehende davon abhalten, RPC-Dienste wie NIS/YP und NFS anzugreifen. RPC-Dienste laufen nicht an festgelegten Portnummern. Damit können Sie den Zugriff auf diese Ports nicht einfach unterbinden, da Sie deren Nummern nicht kennen. Im Gegensatz zu TCP gibt es bei UDP keine ACK-Bits, so daß Sie nicht anhand des Verbindungsaufbaus filtern können. Das Paketfiltersystem sieht einem eintreffenden Paket nicht an, ob dieses die Anwort eines externen Servers für einen internen Client ist oder ob es sich um ein Kommando und möglicherweise um ein Angriffsprogramm handelt, das von einem externen Client an einen internen Server z.B.

für NIS/YP oder NFS gerichtet ist. Wie können Sie bei all diesen Hindernissen einen Regelsatz für den Zugriff auf Archie konstruieren?

Eine Besonderheit von Archie besteht darin, daß es weltweit nur etwa 20 Archie-Server gibt. Aus Geschwindigkeitsgründen werden Ihre Benutzer nur mit einigen dieser Server kommunizieren wollen, die sich in der Netztopologie »in der Nähe« Ihres Standorts befinden. In den USA stehen beispielsweise nur fünf Server zur Verfügung. Unter bestimmten Voraussetzungen in bezug auf die Sicherheit von Archie-Servern, die wir in Kapitel 8 erläutern, können Sie Ihren Benutzern den Zugang zu Archie gestatten. Dazu filtern Sie nach dem Quellport und lassen zu, daß Pakete zu den Archie-Servern gesendet werden und von dort eintreffen.

Dies ist nicht ohne Risiko. Wenn jemand Pakete von Port 1525 eines Archie-Servers zu einem internen NFS-Server fälscht, gelingt es ihm, von Ihnen Antworten zu erhalten. Um das zu erreichen, muß er irgendwelche Anhaltspunkte dafür haben, daß Sie solche Pakete überhaupt zulassen. Er muß die Adresse eines internen Rechners und den Port, an dem der NFS-Server läuft, herausbekommen, dann die Pakete fälschen und schließlich die Antworten abfangen. Nichts davon stellt einen Angreifer vor unlösbare Aufgaben. Es ist aller Wahrscheinlichkeit nach aber so aufwendig, daß viele Angreifer davor zurückschrecken werden, zumindest was die meisten Standorte betrifft. Beachten Sie, daß NFS-Pakete normalerweise aus Fragmenten bestehen, und Fragmente die Paketfilterung normalerweise passieren können. Angreifer haben somit gute Chancen, an Daten heranzukommen (nur nicht an das jeweils erste Fragment eines NFS-Pakets), selbst wenn Ihr Paketfilter so klug ist, ausgehendes NFS durch Überprüfung von Protokollinformationen auf der Anwendungsschicht zu blockieren. Wenn die Angreifer nur entschlossen genug sind, sind sie auch durch diese Art der Filterung nicht abzuwehren.

Die folgende Tabelle zeigt einen einfachen Regelsatz, der internen Clients die Kommunikation mit einem bestimmten Archie-Server erlaubt und alles andere verbietet. Wir setzen voraus, daß die Regeln für jedes Paket in der angegebenen Reihenfolge ausgewertet werden, bis eine passende Regel und die entsprechende Aktion gefunden ist.

Regel	**Richtung**	**Quell-Adresse**	**Ziel-Adresse**	**Protokoll**	**Quell-Port**	**Ziel-Port**	**Aktion**
A	aus	intern	Archie-Server	UDP	>1023	1525	zulassen
B	ein	Archie-Server	intern	UDP	1525	>1023	zulassen
C	beliebig	beliebig	beliebig	beliebig	beliebig	beliebig	verbieten

- Regel A erlaubt den Clients, Anfragen an den Archie-Server zu senden.
- Regel B gestattet, daß die Clients Antworten vom Archie-Server empfangen.
- Regel C ist die Standard-Regel, die alles weitere verbietet.

Voraussetzung für diese Art von Regeln ist, daß das Paketfiltersystem nach dem Quellport filtern kann.

Regeln sollten in der vorgegebenen Reihenfolge angewandt werden

Das Paketfiltersystem sollte die Regeln, die Sie ihm mitgegeben haben, in definierter Reihenfolge anwenden. Dabei wäre es naheliegend, die Regeln in derselben Reihenfolge abzuarbeiten, in der Sie als für die Router-Konfiguration zuständige Person die Regeln festgelegt haben. Leider wählen manche Produkte nicht diesen Weg, sondern ordnen Regeln um oder vermischen sie, um sie effizienter anwenden zu können. Dies verursacht verschiedene Probleme:

- Wenn die Regeln umgeordnet werden, wird es für Sie schwierig nachzuvollziehen, wie sich der Router bei einem bestimmten Regelsatz verhält. Ein Paketfiltersystem zu konfigurieren ist schon kompliziert genug und wird nicht gerade überschaubarer, wenn das System Regeln umordnet oder zusammenlegt.
- Wenn das Mischen oder Umordnen der Regelsätze irgendwelche Ungereimtheiten oder Fehler aufweist, was nicht selten vorkommt, da diese Funktionalität äußerst schwer zu testen ist, gibt es keine Chance herauszufinden, wie das System einen bestimmten Satz von Filtern abarbeitet.
- Am gravierendsten ist, daß durch Umordnen der Regeln Regelsätze mit anderen Auswirkungen entstehen können.

Betrachten wir hierzu ein Beispiel: Angenommen, Sie arbeiten in einem Unternehmen und führen ein bestimmtes Projekt mit einer in der Nähe gelegenen Universität durch. Ihre Firma besitzt ein Netz der Klasse B mit der Nummer 172.16, d.h. IP-Adressen von 172.16.0.0 bis 172.16.255.255. Die Universität verfügt über ein Netz der Klasse A mit der Nummer 10, d.h. über IP-Adressen von 10.0.0.0 bis 10.255.255.255.[1]

Für die Zusammenarbeit schließen Sie Ihr Netz über einen Router mit Paketfilterung direkt an das Netz der Universität an. Über diese Verbindung soll keinerlei Internet-Zugriff möglich sein. Dieser erfolgt statt dessen durch Ihren Internet-Firewall. Für das Projekt mit der Universität wird das Teilnetz 172.16.6 Ihres Klasse-B-Netzes verwendet, d.h. IP-Adressen zwischen 172.16.6.0 und 172.16.6.255. Sie möchten, daß alle Teilnetze der Universität auf dieses projektbezogene Teilnetz zugreifen können. Es gibt an der Univer-

1. 172.16 und 10 sind reservierte Netznummern, die einem Unternehmen oder einer Universität nicht zugewiesen würden. Sie werden hier nur als Beispiele verwendet. Nicht alle IP-Adressen im zulässigen Netzbereich sind gültige Rechneradressen: Adressen, deren Rechneranteil nur aus Einsen oder Nullen besteht, sind reserviert und können Rechnern nicht zugeordnet werden, so daß sich die gültigen Rechneradressen in unserem Fall auf den Bereich zwischen 172.16.0.1 und 172.16.255.254 reduzieren.

sität das Acht-Bit-Teilnetz mit der Nummer 10.1.99, in dem bekanntermaßen feindselige Aktivitäten stattfinden. Ihnen ist deshalb daran gelegen, daß Benutzer dieses Teilnetzes nur das für das Projekt vorgesehene Teilnetz erreichen. Mit den drei folgenden Paketfilterregeln werden Sie all diesen Anforderungen gerecht. (Wir befassen uns in diesem Beispiel nur mit den Regeln für bei Ihrem Standort eintreffenden Datenverkehr; für hinausgehende Pakete sind entsprechende Regeln aufzustellen.)

Regel	Quelladresse	Zieladresse	Aktion
A	10.0.0.0/8	172.16.6.0/24	zulassen
B	10.1.99.0/24	172.16.0.0/16	verbieten
C	beliebig	beliebig	verbieten

- Regel A erlaubt der Universität, auf das projektbezogene Teilnetz zuzugreifen.
- Regel B sperrt das feindselige Teilnetz der Universität aus allen anderen Bereichen Ihres Netzes aus.
- Regel C unterbindet Internet-Zugriff auf Ihr Netz.

Betrachten wir nun, was geschieht, wenn die Regeln in unterschiedlicher Weise angewandt werden.

Anwendung der Regeln in der Reihenfolge ABC

Für den Fall, daß die Regeln in der Reihenfolge ABC, also in der vom Benutzer festgelegten Reihenfolge angewandt werden, zeigt die folgende Tabelle anhand verschiedener Beispiele, wie Pakete behandelt werden.

Paket	Quelladresse	Zieladresse	Beabsichtigte Aktion	Tatsächliche Aktion
1	10.1.99.1	172.16.1.1	verbieten	verbieten (B)
2	10.1.99.1	172.16.6.1	zulassen	zulassen (A)
3	10.1.1.1	172.16.6.1	zulassen	zulassen (A)
4	10.1.1.1	172.16.1.1	verbieten	verbieten (C)
5	192.168.3.4	172.16.1.1	verbieten	verbieten (C)
6	192.168.3.4	172.16.6.1	verbieten	verbieten (C)

- Paket 1 befindet sich auf dem Weg von einem Rechner im feindseligen Teilnetz der Universität zu einem zufällig ausgewählten Rechner in Ihrem Netz (nicht in dem für das Projekt eingerichteten Teilnetz). Es soll abgelehnt werden, was wegen Regel B auch tatsächlich geschieht.

- Paket 2 stammt von einem Rechner im feindseligen Teilnetz der Universität und ist an einen Rechner in Ihrem Projektteilnetz gerichtet. Es soll zugelassen werden, was aufgrund von Regel A auch passiert.
- Paket 3 kommt von einem zufällig gewählten Rechner der Universität und ist für einen Computer in Ihrem Projektteilnetz gedacht. Es soll erlaubt werden, was durch Anwendung von Regel A auch stattfindet.
- Paket 4 befindet sich auf dem Weg von einem zufällig ausgewählten Rechner an der Universität zu einem Rechner, der nicht in das Projekt eingebunden ist. Es soll verboten werden, was wegen Regel C auch tatsächlich geschieht.
- Paket 5 stammt von einem beliebigen Rechner im Internet und ist an einen Ihrer Rechner gerichtet, die nicht für das Projekt herangezogen werden. Es soll blockiert werden, was aufgrund von Regel C auch passiert.
- Paket 6 kommt von irgendeinem Rechner im Internet und ist für einen Ihrer in das Projekt eingebundenen Computer gedacht. Es soll abgelehnt werden, was durch Anwendung von Regel C auch stattfindet.

Wenn die Regeln in der Reihenfolge ABC angewandt werden, haben sie genau den erwünschten Effekt.

Anwendung der Regeln in der Reihenfolge BAC

Angenommen, der Router ordnet die Regeln anhand der Anzahl der signifikanten Bits in der Quelladresse so um, daß speziellere Regeln zuerst herangezogen werden. Regeln, die sich auf bestimmte IP-Quelladressen, d.h. auf einen relativ kleinen Adreßbereich beziehen, werden dann den Regeln für weniger spezifische IP-Quelladressen vorgezogen. In einem solchen Fall werden die Regeln in der Reihenfolge BAC angewandt.

Regel	Quelladresse	Zieladresse	Aktion
B	10.1.99.0/24	172.16.0.0/16	verbieten
A	10.0.0.0/8	172.16.6.0/24	zulassen
C	beliebig	beliebig	verbieten

Die folgende Tabelle zeigt, welche Auswirkungen es auf unsere sechs Beispielpakete hat, wenn die Regeln in der Reihenfolge BAC angewandt werden. Die Aktionen, die sich vom vorigen Fall unterscheiden, in dem die Regeln in der vom Benutzer festgelegten Reihenfolge abgearbeitet wurden, sind fett gedruckt.

Paket	Quelladresse	Zieladresse	Beabsichtigte Aktion	Tatsächliche Aktion
1	10.1.99.1	172.16.1.1	verbieten	verbieten (B)
2	10.1.99.1	172.16.6.1	zulassen	**verbieten (B)**
3	10.1.1.1	172.16.6.1	zulassen	zulassen (A)
4	10.1.1.1	172.16.1.1	verbieten	verbieten (C)
5	192.168.3.4	172.16.1.1	verbieten	verbieten (C)
6	192.168.3.4	172.16.6.1	verbieten	verbieten (C)

Bei Anwendung der Regeln in der Reihenfolge BAC wird Paket 2, das eigentlich zugelassen werden sollte, fälschlicherweise durch Regel B abgelehnt. Selbstverständlich ist es sicherer, wenn versehentlich zu viel verboten als zu viel erlaubt wird. Es wäre aber besser, wenn das Filtersystem sich einfach wie beabsichtigt verhielte.

Ein ähnliches Beispiel ließe sich für Systeme konstruieren, die Regeln anhand der Anzahl der signifikanten Bits in der Zieladresse umordnen. Dies ist eine weitere, recht verbreitete Methode.

Regel B ist eigentlich überflüssig

Wenn Sie das Beispiel aufmerksam betrachten, wird Ihnen auffallen, daß die Behandlung des feindseligen Teilnetzes, aus der Regel B entstand, eigentlich nicht erforderlich ist, um das gewünschte Ergebnis zu erzielen. Regel B soll bewirken, daß das feindselige Teilnetz lediglich auf Ihr Projektteilnetz zugreifen kann. Regel A aber beschränkt die gesamte Universität einschließlich dieses Netzes bereits auf das Projektteilnetz. Wenn Sie Regel B weglassen, werden die Regeln in der Reihenfolge AC angewandt, unabhängig davon, ob sie vom System anhand der Anzahl der signifikanten Bits in der IP-Quelladresse umgeordnet werden. Die folgenden Tabellen zeigen, was in beiden Fällen geschieht:

Regel	Quelladresse	Zieladresse	Aktion
A	10.0.0.0/8	172.16.6.0/24	zulassen
C	beliebig	beliebig	verbieten

Paket	Quelladresse	Zieladresse	Beabsichtigte Aktion	Tatsächliche Aktion
1	10.1.99.1	172.16.1.1	verbieten	verbieten (C)
2	10.1.99.1	172.16.6.1	zulassen	zulassen (A)

Paket	Quelladresse	Zieladresse	Beabsichtigte Aktion	Tatsächliche Aktion
3	10.1.1.1	172.16.6.1	zulassen	zulassen (A)
4	10.1.1.1	172.16.1.1	verbieten	verbieten (C)
5	192.168.3.4	172.16.1.1	verbieten	verbieten (C)
6	192.168.3.4	172.16.6.1	verbieten	verbieten (C)

Regeln für die Paketfilterung aufzustellen, ist schwierig

Es ist eine knifflige Angelegenheit, Filterregeln korrekt aufzustellen. Unser Beispiel zeigt eine relativ einfache Situation, und sogar hier haben wir es geschafft, einen Regelsatz aufzustellen, der einen kleinen Fehler enthält. In der Realität sind Regelsätze weitaus komplexer und umfassen oft Hunderte von Regeln. Es ist fast unmöglich, die Implikationen und Wechselwirkungen all dieser Regeln nachzuvollziehen, wenn sie nicht einfach in der festgelegten Reihenfolge angewandt werden. Sogenannte »Hilfe« von einem Router durch Umordnung von Regelsätzen kann einen überspezifizierten, aber funktionierenden Regelsatz leicht arbeitsunfähig machen. Sie sollten unbedingt darauf achten, daß der von Ihnen gewählte Paketfilterrouter Regelsätze nicht umordnet.

Es ist durchaus in Ordnung, wenn der Router eine Optimierung durchführt, solange diese keinen Einfluß auf die Auswirkungen der Regeln hat. Sehen Sie sich sehr genau an, welche Art von Optimierungen die Paketfilterungs-Software durchzuführen versucht.

Für jede Schnittstelle getrennte Regeln für eintreffende und hinausgehende Pakete aufstellen

Um maximale Flexibilität, Funktionalität und Geschwindigkeit zu erzielen, sollten Sie für jede Schnittstelle getrennte Regeln zu eintreffenden und hinausgehenden Pakete festlegen können. Wir zeigen in diesem Abschnitt anhand eines Beispiels, welche Schwierigkeiten sich bei Routern ergeben können, die nicht so flexibel sind.

Eine leider bei vielen Paketfiltersystemen anzutreffende Einschränkung besteht darin, daß Pakete nur beim Verlassen des Systems überprüft werden können. Dies ist in dreierlei Hinsicht problematisch:

- Das System steht immer »außerhalb« seiner eigenen Filter.
- Gefälschte Pakete sind schwierig oder gar nicht zu entdecken.
- Die Konfiguration solcher Systeme ist äußerst mühsam, wenn sie mehr als zwei Schnittstellen besitzen.

Betrachten wir zunächst den ersten Punkt. Wenn Sie nur Pakete untersuchen können, die den Router verlassen, werden Pakete, die an den Router selbst gerichtet sind, niemals einer Filterung unterzogen. Folglich ist der Router selbst durch die Paketfilter nicht geschützt. Das stellt in der Regel kein allzu großes Problem dar, da es auf dem Router meist nur wenige Dienste gibt, die angegriffen werden könnten und sich Dienste auch auf andere Weise schützen lassen. Telnet ist ein Beispiel für einen Dienst, der auf diese Art angreifbar wäre. Sie können dem Routing-Problem jedoch begegnen, indem Sie den Telnet-Server deaktivieren oder indem Sie steuern, welche eintreffenden Verbindungen er akzeptiert. SNMP ist ein weiteres Beispiel für einen weit verbreiteten und gefährdeten Dienst.

Nun zum zweiten Problem: Wenn ein Router nur hinausgehende Pakete filtern kann, ist es schwierig oder gar unmöglich, gefälschte Pakete zu ermitteln, die von außen hereingeschmuggelt werden, d.h. Pakete, die von außen kommen, aber interne Quelladressen vortäuschen. Abbildung 6-1 zeigt diese Situation. Fälschungen lassen sich am besten an der nach innen gerichteten Schnittstelle aufdecken, wenn die Pakete im Router eintreffen. Das Erkennen von Fälschungen an der nach außen gerichteten Schnittstelle wird durch Pakete erschwert, die vom Router selbst generiert werden, da diese interne Quelladressen besitzen, sofern der Router selbst eine interne Adresse hat. Die Sache wird außerdem durch rechtmäßige interne Pakete verkompliziert, die fälschlicherweise an den Router gerichtet werden, also Pakete, die eigentlich von ihrer internen Quelle direkt ans interne Ziel gesendet werden sollten. Sie werden statt dessen zum Paketfilterrouter geleitet, z.B. von Systemen, die eine Standardroute zum Paketfilterrouter benutzen.

Das dritte Problem einer rein nach außen gerichteten Filterung besteht darin, daß die Paketfilterung auf einem Router mit mehr als zwei Schnittstellen unter Umständen nur sehr schwierig zu konfigurieren ist. Wenn der Router lediglich über zwei Schnittstellen verfügt, ist ausgehende Filterung nicht weiter kompliziert. Es führen dann nur zwei Wege durch den Router, von der ersten Schnittstelle zur zweiten und umgekehrt. Pakete in der einen Richtung können an der ersten Schnittstelle als hinausgehende Pakete gefiltert werden, und Pakete in die andere Richtung dementsprechend an der zweiten Schnittstelle. Betrachten Sie demgegenüber einen Router mit vier Schnittstellen: eine für den Internet-Anschluß des Standorts, eine zu einem Netz für finanzielle und zwei zu Netzen für technische Angelegenheiten. In einer solchen Umgebung ist folgende Strategie denkbar:

- Die beiden technischen Netze können uneingeschränkt miteinander kommunizieren.
- Die beiden technischen Netze und das Internet können unter bestimmten Bedingungen miteinander kommunizieren.
- Die beiden technischen Netze und das Finanznetz können bei gewissen Einschränkungen miteinander kommunizieren, wobei sich die Einschränkungen hier von denen für die technischen Netze und das Internet unterscheiden.
- Das Finanznetz kann unter keinen Umständen mit dem Internet kommunizieren.

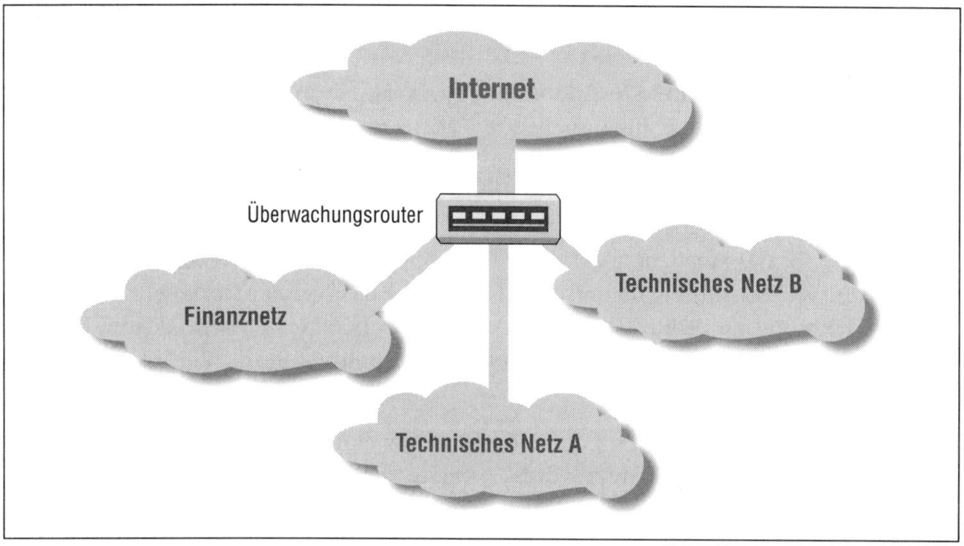

Abb. 6-9: Einschränkungen durch Paketfilterung für verschiedene Schnittstellen.

Abbildung 6-9 zeigt diese Konstellation.

12 Wege führen durch den Router hindurch: von jeder der vier Schnittstellen zu jeder der drei verbleibenden Schnittstellen. Allgemein gibt es durch einen Router mit N Schnittstellen N * (N - 1) Wege. Bei einem System mit rein nach außen gerichteter Filterung müßten Sie an den verschiedenen Schnittstellen folgende Filter einrichten:

- Technisches Netz A - Filter fürs Internet, Filter fürs Finanznetz, Filter für das technische Netz B
- Technisches Netz B - Filter fürs Internet, Filter fürs Finanznetz, Filter für das technische Netz A
- Finanznetz - Filter fürs Internet, Filter für das technische Netz A, Filter für das technische Netz B
- Internet - Filter für das technische Netz A, Filter für das technische Netz B, Filter für das Finanznetz

Es kann sehr knifflig sein, an einer einzigen Schnittstelle gleichzeitig verschiedene Anforderungen an die Filterung zu erfüllen. Je nach Komplexität der Filter und der Flexibilität des Filtersystems ist es in manchen Situationen sogar unmöglich.

Ein weniger offensichtliches Problem bei dieser Konstellation liegt darin, daß durch die Paketfilterung überflüssige Arbeit zwischen den beiden technischen Netzen anfällt, was die Geschwindigkeit erheblich beeinträchtigen kann. Der Router muß alle Pakete überprüfen, die zwischen den technischen Netzen ausgetauscht werden, selbst wenn er diese in keinem Fall blockiert.

Betrachten wir nun dasselbe Szenario unter der Annahme, daß das Paketfiltersystem sowohl eintreffende als auch hinausgehende Pakete untersuchen kann. In diesem Fall könnten Sie:

- Alle Filter für das Internet auf die Schnittstelle zum Internet legen, unabhängig davon, ob sie sich auf die technischen Netze oder das Finanznetz beziehen.
- Alle Filter für das Finanznetz auf die Schnittstelle zum Finanznetz legen, unabhängig davon, ob sie sich auf die technischen Netze oder das Internet beziehen.
- Keine Filter auf die Schnittstellen zu den technischen Netzen legen, damit der Verkehr zwischen diesen Netzen mit maximaler Geschwindigkeit fließen kann, ohne Filter passieren zu müssen.

Wie sieht die Situation aus, wenn ein Paketfilter nur eintreffende, nicht aber hinausgehende Pakete filtert? Dieses System würde das erste der oben angesprochenen Probleme lösen: Ein Router mit einer rein nach innen gerichteten Filterung *kann* durch seine eigenen Filter geschützt werden. Das zweite, gravierendere Problem wäre jedoch nicht gelöst. Das Kombinieren von Filterregeln für mehr als zwei Schnittstellen bliebe immer noch schwierig.

Zugelassene und abgelehnte Pakete sollten protokolliert werden können

Vergewissern Sie sich, daß Sie am Paketfilter-Router die Möglichkeit haben, abgewiesene Pakete zu protokollieren. Sie sollten einen Überblick darüber haben, welche Pakete von den Paketfilterregeln verboten werden. In diesen Regeln schlägt sich Ihre Sicherheitspolitik nieder, und Sie wollen bestimmt erfahren, wenn die Sicherheit in irgendeiner Weise verletzt wird. Die einfachste Methode hierfür besteht in der Protokollierung.

Außerdem ist es hilfreich, eine Auswahl der erlaubten Pakete aufzeichnen zu können. Vielleicht möchten Sie z.B. den Beginn jeder TCP-Verbindung protokollieren. Die Aufzeichnung aller zugelassenen Pakete würde im Normalbetrieb zu überflüssig vielen Daten führen, ist aber manchmal bei der Fehlersuche oder der Verfolgung von Angriffsversuchen sinnvoll. Sie werden vermutlich auch am Bestimmungsort des Pakets Protokolle anlegen. Diese Protokollierung wird aber nicht funktionieren, wenn in den Zielrechner eingebrochen worden ist, und sie wird keine Pakete zeigen, die den Paketfilter passiert haben, aber kein gültiges Ziel besitzen. Diese Pakete sind interessant, weil Sie Versuchsobjekte eines Angreifers darstellen könnten. Ohne Informationen vom Router bekommen Sie kein vollständiges Bild von der Vorgehensweise eines Angreifers.

Die Protokollierung sollte flexibel sein. Es sollten Aufzeichnungen über *syslog* und auf die Konsole oder in eine lokale Datei möglich sein. Es ist zudem hilfreich, wenn die Protokollierung die Möglichkeit bietet, auf bestimmte Ereignisse hin SNMP-Traps zu generieren.

Sie sollten über gute Test- und Validierungsmöglichkeiten verfügen

Beim Einrichten eines Firewalls fällt Ihnen die wichtige Aufgabe zu, sich selbst und andere davon zu überzeugen, daß Sie Ihre Arbeit gut gemacht und nichts übersehen haben. Dazu müssen Sie Ihre Konfiguration testen und validieren. Die derzeit erhältliche Paketfilter-Software verfügt aber meist über keine oder nur geringe diesbezügliche Möglichkeiten.

Das Testen und Validieren läßt sich letztendlich auf zwei verwandte Fragen reduzieren:

- Haben Sie den Router korrekt konfiguriert?
- Verhält sich der Router wirklich so, wie Sie ihn konfiguriert haben?

Leider lassen sich diese Fragen bei vielen der heutzutage erhältlichen Produkte nur schwer beantworten. Bei den wenigen Produkten, die über Testmöglichkeiten verfügen, ist nicht garantiert, daß der Test anhand eines bestimmten Pakets wie angegeben erfolgt. Dies liegt häufig an versteckten Fehlern im Caching oder in der Optimierung. An manchen Standorten (es gibt hoffentlich auch einige Hersteller!) hat man Filtertestumgebungen konstruiert, mit deren Hilfe man an der einen Seite eines Filterrouters Testpakete generieren kann, um dann zu beobachten, was auf der anderen Seite ankommt. Dies liegt jedoch jenseits der Möglichkeiten und Ressourcen der meisten Standorte. Am besten wählen Sie eine bekanntermaßen zuverlässige Software, für die es auch Support gibt, wenn doch einmal etwas schiefgehen sollte.

Wo plaziert man Paketfilter?

Wenn Sie sich die in Kapitel 4 besprochenen Firewall-Architekturen betrachten, werden Sie feststellen, daß Paketfilterung an den verschiedensten Stellen durchgeführt werden kann. Welches ist die geeignetste Stelle? Die Antwort ist einfach: Überall dort, wo es möglich ist.

Viele der Architekturen, z.B. die Architektur mit überwachtem Host oder die Architektur mit überwachtem Teilnetz und einem Router, sehen nur einen einzigen Router vor. Da Paketfilterung nur auf diesem Router erfolgen kann, gibt es in solchen Fällen nicht viel zu entscheiden.

Andere Architekturen aber, z.B. die Architektur mit überwachtem Teilnetz und zwei Routern oder einige der beschriebenen Varianten, umfassen mehrere Router. Sie können die Paketfilterung auf einem oder allen Routern durchführen.

Wir empfehlen, die Paketfilterung möglichst ausgiebig an allen in Frage kommenden Orten zu nutzen. Damit findet das Prinzip der minimalen Zugriffsrechte Anwendung, das wir in Kapitel 3 erläutert haben. Legen Sie für jeden zum Firewall gehörenden Router fest, welche Art von Paketen ihn passieren dürfen und richten Sie die Filter so ein, daß Sie ausschließlich diese Pakete zulassen. Mit *screend, ipfilterd* oder TCP Wrapper können Sie Paketfilterung auch am Zielrechner vornehmen. Für Bastion-Hosts ist dies sehr zu empfehlen.

Unter Umständen gibt es dann auf mehreren Routern dieselben Filter, d.h. Sie filtern an mehreren Stellen nach denselben Kriterien. Das ist in Ordnung. Diese Redundanz schützt Sie eines Tages vielleicht, wenn Sie Probleme mit einem der Router haben, wenn z.B. etwas wegen unsauberer Konfiguration, Fehlern oder irgendwelcher Sicherheitsverstöße nicht wie vorgesehen funktioniert. Sie bietet mehrschichtige Verteidigung und Fehlersicherheit, jene weiteren Strategien, mit der wir uns in Kapitel 3 befaßt haben.

Wenn Filterung eine so gute Maßnahme darstellt, warum wird sie dann nicht auf allen Routern, sondern nur auf den zum Firewall gehörenden eingesetzt? Dies hat im wesentlichen mit Geschwindigkeit und Wartung zu tun. Wir haben uns bereits damit auseinandergesetzt, was bei einem Paketfiltersystem am Rand des Netzes unter »schnell genug« zu verstehen ist. Die am Rand Ihres Netzes erforderliche Geschwindigkeit, wo der eigentliche Engpaß vermutlich die Geschwindigkeit des Internet-Anschlusses darstellt, reicht innerhalb Ihres Netzes kaum aus, wo sich meist zahlreiche geschäftige LANs aus Ethernet, FDDI oder vielleicht sogar schnelleren Techniken befinden. Wenn Sie auf all Ihren Routern Filter einrichten, wird es außerdem sehr aufwendig, die entsprechenden Filterlisten zu betreuen. Die Verwaltung von Filterlisten bleibt überschaubar, wenn es sich um einen oder wenige Router handelt, die Bestandteil des Firewalls sind. Mit wachsender Anzahl an Routern verlieren Sie jedoch schnell den Überblick. Es wird noch problematischer, wenn sich darunter rein interne Router befinden. Warum? Weil Sie in der Regel mehr Dienste innerhalb Ihres Netzes als zwischen Ihrem Netz und dem Internet zulassen. In diesem Fall müssen Sie umfangreichere Regelsätze aufstellen, die entsprechend schwieriger zu warten sind, oder bei solchen internen Filtern von einer »einschränkenden Grundhaltung« zu einer »freizügigen Grundhaltung« übergehen, was die Sicherheit erheblich einschränkt. Sie erreichen oft schnell den Punkt, ab dem die Kosten den Nutzen immer weniger rechtfertigen, wenn Sie Filter nicht nur am Rand Ihres Netzes, sondern auch intern großzügig einsetzen.

Router mit Paketfilterung sind an bestimmten Grenzen innerhalb des LANs manchmal sinnvoll, z.B. zwischen Netzen mit unterschiedlicher Sicherheitspolitik oder Netzen, die zu verschiedenen Unternehmen gehören. Solange sie sich an klar definierten Grenzen befinden und nicht zu Laufzeitproblemen führen, stellt das kein Problem dar. Ob Sie die externen Regeln für die internen Paketfilter übernehmen, hängt davon ab, wie stark Sie den externen Paketfiltern vertrauen und wieviel komplexer und aufwendiger die Sache wird.

Beispiele für Paketfilterung

Dieser Abschnitt zeigt anhand weiterer Beispiele, wie viele der in diesem Kapitel erläuterten Konzepte sich in der Realität wiederfinden. Die Paketfilterungseigenschaften der einzelnen Protokolle werden ausführlich in Kapitel 8 beschrieben.

In diesem Abschnitt möchten wir darstellen, wie ein Regelsatz entsteht. Die Filter werden schrittweise entwickelt und nicht gleich in ihrer endgültigen Fassung angeführt. Es ist nicht unsere Absicht, einen kompletten Regelsatz für einen bestimmten Standort aufzubauen. Die Standorte unterscheiden sich zu sehr, und Sie könnten völlig entmutigt werden, wenn Sie nicht sofort verstehen, wie sich die Paketfilterung in Ihrer speziellen Umgebung im einzelnen auswirkt. Wir möchten erreichen, daß Sie jeden ihrer Schritte genau überdenken und nicht blind irgendwelche Passagen aus einem Buch - nicht einmal aus unserem - übernehmen, ohne dabei sorgfältig zu abzuwägen, inwieweit sich die Maßnahmen auf die eigene Situation übertragen lassen. Um eine Komplettlösung für einen Standort zu entwickeln, muß man sich auf jeden Fall mit Paketfilterung, Proxy-Diensten und Konfigurationsfragen auseinandersetzen. In Kapitel 9 wird gezeigt, wie Sie dazu vorgehen.

Beginnen wir mit einem einfachen Beispiel: Angenommen, Sie erlauben ausschließlich nach innen und nach außen gerichtetes SMTP, damit elektronische Post versendet und empfangen werden kann. Dazu beginnen Sie mit folgendem Regelsatz.

Hinweis

Wir gehen in diesem Beispiel davon aus, daß Ihr Filtersystem die Regeln auf jedes Paket in der vorgegebenen Reihenfolge anwendet. Es beginnt mit der ersten Regel und fährt so lange fort, bis es eine Regel findet, die auf das Paket paßt. Dann führt es die zugehörige Aktion durch.

Regel	Richtung	Quell-Adresse	Ziel-Adresse	Proto-koll	Ziel-Port	Aktion
A	ein	extern	intern	TCP	25	zulassen
B	aus	intern	extern	TCP	>1023	zulassen
C	aus	intern	extern	TCP	25	zulassen
D	ein	extern	intern	TCP	>1023	zulassen
E	beliebig	beliebig	beliebig	beliebig	beliebig	verbieten

- Die Regeln A und B erlauben eingehende SMTP-Verbindungen (eintreffende E-Mail).
- Die Regeln C und D lassen hinausgehende SMTP-Verbindungen zu (hinausgehende E-Mail).
- Regel E ist die Standardregel, die angewandt wird, wenn keine der anderen Regeln greift.

Betrachten wir nun anhand einiger Beispiele, wie Pakete behandelt werden. Angenommen, Ihr Rechner besitzt die IP-Adresse 172.16.1.1, und jemand möchte Ihnen Post von einem fernen Rechner mit der IP-Adresse 192.168.3.4 senden. Ferner benutzt der SMTP-

Abb. 6-10: Paketfilterung: nach innen gerichtetes SMTP (Beispielpakete 1 und 2).

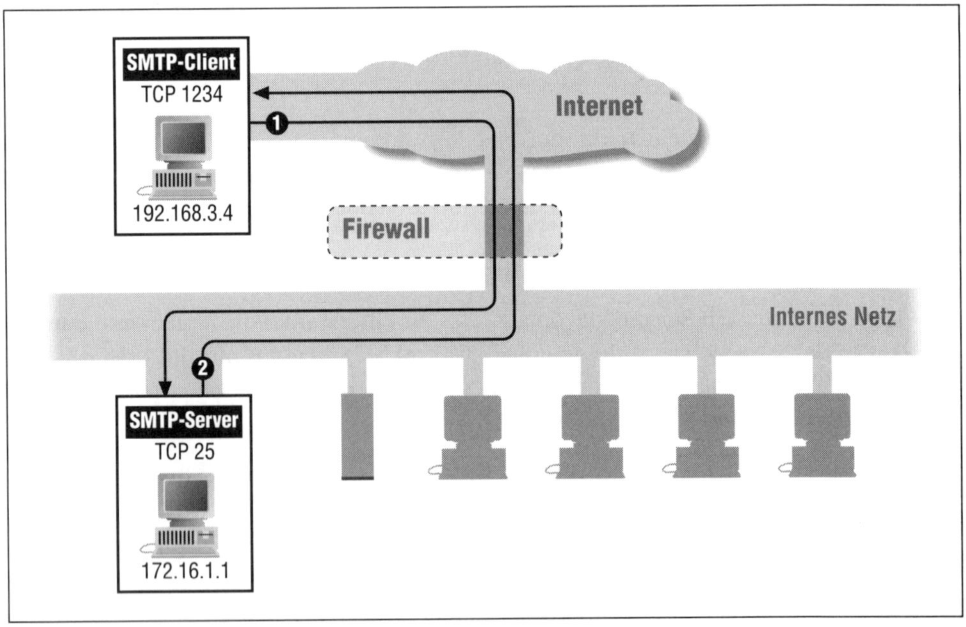

Client des Absenders Port 1234, um mit dem SMTP-Server an Port 25 zu kommunizieren. Wie in der Beschreibung von SMTP in Kapitel 8 erwähnt, benutzen SMTP-Server die Standardportnummer 25.

Paket	Richtung	Quell-Adresse	Ziel-Adresse	Proto-koll	Ziel-Port	Aktion (Regel)
1	ein	192.168.3.4	172.16.1.1	TCP	25	zulassen (A)
2	aus	172.16.1.1	192.168.3.4	TCP	1234	zulassen (B)

Abbildung 6-10 zeigt diesen Fall.

Die Paketfilterregeln erlauben bei Ihnen eingehende E-Mail:

- Regel A läßt zu, daß Pakete vom SMTP-Client des Absenders bei Ihrem SMTP-Server eintreffen (siehe Paket Nummer 1).
- Regel B erlaubt, daß Ihr Server dem Client des Absenders antwortet (siehe Paket Nummer 2).

Wie steht es mit von Ihnen ausgehender E-Mail? Angenommen, Ihr SMTP-Client kommuniziert über Port 1357 mit einem SMTP-Server:

Abbildung 6-11 zeigt diesen Fall.

Abb. 6-11: Paketfilterung: nach außen gerichtetes SMTP (Beispielpakete 3 und 4).

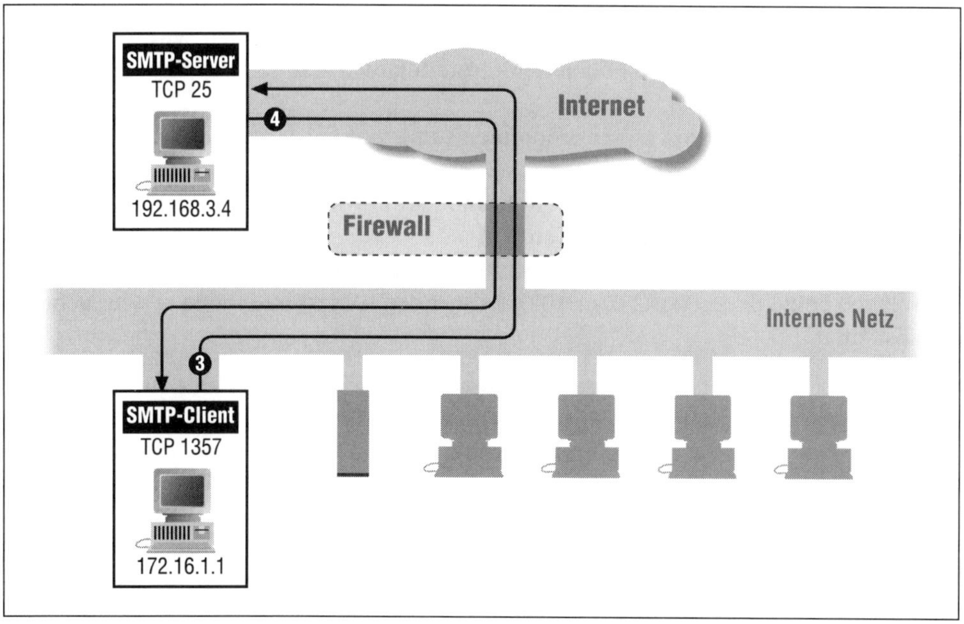

Paket	Richtung	Quell-Adresse	Ziel-Adresse	Proto-koll	Ziel-Port	Aktion (Regel)
3	aus	172.16.1.1	192.168.3.4	TCP	25	zulassen (C)
4	ein	192.168.3.4	172.16.1.1	TCP	1357	zulassen (D)

In diesem Fall gestatten die Paketfilterungsregeln bei Ihnen abgehende E-Mail:

- Regel C läßt ausgehende Pakete von Ihrem SMTP-Client zu einem SMTP-Server zu (siehe Paket Nummer 3).
- Regel D erlaubt Antworten vom Server zurück zu Ihrem Client (siehe Paket Nummer 4).

Gestalten wir die Sache nun etwas aufregender. Was geschieht, wenn jemand von außen z.B. von Rechner 10.1.2.3 versucht, zu Angriffszwecken eine Verbindung von Port 5150 auf seiner Seite zum X11-Server an Port 6000 eines Ihrer internen Systeme, z.B. 172.16.3.4, herzustellen? (Kapitel 8 beschreibt X11 und einige seiner Schwächen.)

Paket	Richtung	Quell-Adresse	Ziel-Adresse	Proto-koll	Ziel-Port	Aktion (Regel)
5	ein	10.1.2.3	172.16.3.4	TCP	6000	**zulassen (D)**
6	aus	172.16.3.4	10.1.2.3	TCP	5150	**zulassen (B)**

Abbildung 6-12 zeigt diesen Fall.

Der oben angeführte Regelsatz erlaubt diese Verbindung! Tatsächlich wird jede Verbindung zugelassen, sofern beide Enden der Verbindung Ports über 1023 verwenden. Woran liegt das?

- Die Regeln A und B zusammengenommen tun genau das gewünschte, um eingehende SMTP-Verbindungen zuzulassen.
- Die Regeln C und D funktionieren in Kombination wie gewünscht, um hinausgehende SMTP-Verbindungen zu gestatten.
- Regel B aber bewirkt gemeinsam mit Regel D, daß *alle* Verbindungen erlaubt sind, solange beide Enden Ports über 1023 verwenden. Das ist von Ihnen gewiß nicht beabsichtigt.

An Ihrem Standort gibt es vermutlich zahlreiche verwundbare Server, die Ports über 1023 abhören. Beispiele hierfür sind X11 (Port 6000), OpenWindows (Port 2000) und Datenbanken wie Sybase, Oracle und Informix, die im allgemeinem standortspezifische Ports über 1023 verwenden. Sie müssen einen Regelsatz deshalb im ganzen betrachten und dürfen nicht davon ausgehen, daß er schon in Ordnung ist, wenn jede Regel oder Teilmenge von Regeln wie gewünscht funktioniert.

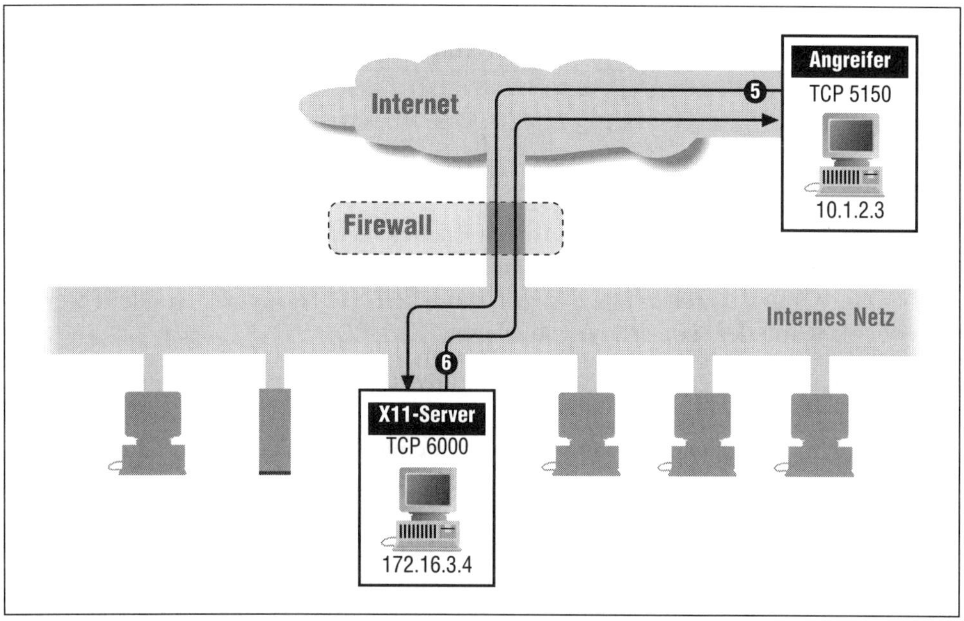

Abb. 6-12: Paketfilterung: nach innen gerichtetes SMTP (Beispielpakete 5 und 6).

Was können Sie also tun? Wie wäre es, wenn Sie den Quellport in die Filterung einbeziehen würden? Die folgende Tabelle zeigt die fünf Ausgangsregeln mit dem Quellport als zusätzlichem Kriterium:

Regel	**Richtung**	**Quell-Adresse**	**Ziel-Adresse**	**Protokoll**	**Quell-Port**	**Ziel-Port**	**Aktion**
A	ein	extern	intern	TCP	>1023	25	zulassen
B	aus	intern	extern	TCP	25	>1023	zulassen
C	aus	intern	extern	TCP	>1023	25	zulassen
D	ein	extern	intern	TCP	25	>1023	zulassen
E	beliebig	beliebig	beliebig	beliebig	beliebig	beliebig	verbieten

Und nun unsere sechs Beispielpakete, die mit den neuen Regeln gefiltert werden:

Paket	**Richtung**	**Quell-Adresse**	**Ziel-Adresse**	**Protokoll**	**Quell-Port**	**Ziel-Port**	**Aktion (Regel)**
1	ein	192.168.3.4	172.16.1.1	TCP	1234	25	zulassen (A)
2	aus	172.16.1.1	192.168.3.4	TCP	25	1234	zulassen (B)
3	aus	172.16.1.1	192.168.3.4	TCP	1357	25	zulassen (C)

Paket	Richtung	Quell-Adresse	Ziel-Adresse	Proto-koll	Quell-Port	Ziel-Port	Aktion (Regel)
4	ein	192.168.3.4	172.16.1.1	TCP	25	1357	zulassen (D)
5	ein	10.1.2.3	172.16.3.4	TCP	5150	6000	verbieten (E)
6	aus	172.16.3.4	10.1.2.3	TCP	6000	5150	verbieten (E)

Wie Sie sehen, gehören die problematischen Pakete, wenn auch der Quellport als Kriterium herangezogen wird, nicht mehr zu den von den Regeln A bis D zugelassenen Paketen (Nummer 5 und 6 stellen einen Angriff auf einen X11-Server dar), sondern werden schließlich anhand der Standardregel abgelehnt.

Was passiert, wenn Sie es mit einem etwas raffinierteren Angreifer zu tun haben? Wenn dieser Angreifer an seinem Ende Port 25 als Client-Port verwendet? Er könnte dazu den SMTP-Server auf einem von ihm kontrollierten Rechner beenden und dessen Port benutzen. Oder aber er startet den Angriff von einem Rechner aus, der nie als erstes einen SMTP-Server aufruft. Dies könnte zum Beispiel ein PC sein. Wenn er dann versucht, eine Verbindung zu Ihrem X11-Server herzustellen, sehen Sie folgende Pakete:

Paket	Richtung	Quell-Adresse	Ziel-Adresse	Proto-koll	Quell-Port	Ziel-Port	Aktion (Regel)
7	ein	10.1.2.3	172.16.3.4	TCP	25	6000	zulassen (D)
8	aus	172.16.3.4	10.1.2.3	TCP	6000	25	zulassen (C)

Abbildung 6-13 zeigt diesen Fall.

Wie Sie sehen, würden die Pakete zugelassen, und der Angriff wäre wahrscheinlich erfolgreich (die Sicherheitsvorkehrungen von X11 sind äußerst schwach).

Was können Sie dagegen tun? Die Lösung dieses Problems besteht darin, auch das ACK-Bit als Filterkriterium einzubeziehen. Ein weiteres Mal also unsere sechs Regeln, die jetzt um das ACK-Bit ergänzt werden:

Regel	Richtung	Quell-Adresse	Ziel-Adresse	Proto-koll	Quell-Port	Ziel-Port	ACK gesetzt	Aktion
A	ein	extern	intern	TCP	>1023	25	beliebig	zulassen
B	aus	intern	extern	TCP	25	>1023	ja	zulassen
C	aus	intern	extern	TCP	>1023	25	beliebig	zulassen
D	ein	extern	intern	TCP	25	>1023	ja	zulassen
E	beliebig	beliebig	beliebig	beliebig	beliebig	beliebig	beliebig	verbieten

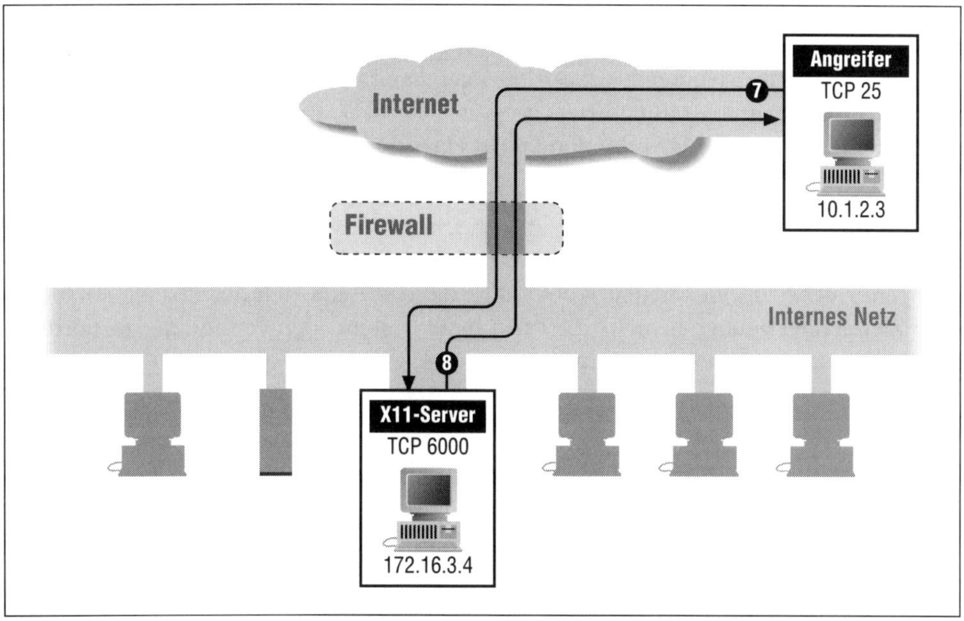

Abb. 6-13: Paketfilterung: nach innen gerichtetes SMTP (Beispielpakete 7 und 8).

Paket 7, das Paket des Angreifers, der eine Verbindung zu Ihrem X11-Server aufzubauen versucht, scheitert nun:

Paket	Rich-tung	Quell-Adresse	Ziel-Adresse	Proto-koll	Quell-Port	Ziel-Port	ACK gesetzt	Aktion (Regel)
7	ein	10.1.2.3	172.16.3.4	TCP	25	6000	nein	verbieten (E)

Im letzten Regelsatz sind nur die Regeln B und D verändert. Regel D spielt dabei eine größere Rolle, da sie die in Ihrem Standort eingehenden Verbindungen steuert. Regel B dagegen bezieht sich auf von Ihrem Standort ausgehende Verbindungen. Im allgemeinen interessieren sich Standorte mehr für die Steuerung eintreffender Pakete als für die Überprüfung nach außen gerichteter Pakete.

Regel D besagt jetzt, daß eintreffende Pakete akzeptiert werden, die aller Wahrscheinlichkeit nach von SMTP-Servern stammen, da sie von Port 25 kommen. Zusatzbedingung ist aber, daß das ACK-Bit gesetzt ist, d.h. die Pakete gehören zu einer Verbindung, die von innen heraus, also von Ihrem Client zu einem Server aufgebaut wurde.

Beim Versuch, eine TCP-Verbindung von außen zu öffnen, ist im ersten Paket das ACK-Bit nicht gesetzt. Dieses Merkmal gehört zum Aufbau einer TCP-Verbindung. Weitere Informationen zum ACK-Bit finden Sie bei der Behandlung von TCP im Abschnitt »Protokolle oberhalb von IP« in diesem Kapitel. Wird das einleitende Paket abgelehnt, in unserem Beispiel ist das Paket Nummer 7, blockiert man damit die ganze TCP-Verbindung. Ohne besondere Informationen in den Headern des ersten Pakets - insbesondere die TCP-Sequenznummern - kann die Verbindung nicht eingerichtet werden.

Warum kann ein Angreifer dieses Hindernis nicht einfach überwinden, indem er das ACK-Bit im ersten Paket setzt? Tut er das, durchläuft das Paket zwar die Filter, am Ziel wird jedoch angenommen, daß das Paket zu einer bereits vorhandenen Verbindung gehört (und nicht zu einer neuen Verbindung, die das Paket neu aufzubauen versucht). Dem Zielrechner gelingt es nicht, das Paket einer bestehenden Verbindung zuzuordnen, da keine entsprechende Verbindung existiert. Damit wird das Paket ignoriert.

Hinweis

Als Faustregel gilt, daß jede Filterregel, die eintreffende TCP-Pakete zu nach außen gerichteten (d.h. von internen Clients initiierten) Verbindungen erlaubt, das gesetzte ACK-Bit einfordern sollte.

In diesem Kapitel:

- *Wozu braucht man Proxy-Dienste?*
- *Wie funktionieren Proxies?*
- *Verschiedene Arten von Proxy-Servern*
- *Proxies für Internet-Dienste*
- *Proxy-Dienste ohne Proxy-Server*
- *Proxy-Dienste mit SOCKS*
- *Proxy-Dienste mit dem Internet Firewall Toolkit von TIS*
- *Wenn Sie keinen Proxy einsetzen können*

7

Proxy-Systeme

Proxy-Systeme bieten Internet-Zugang zu einem einzigen oder einigen wenigen Rechnern, erwecken dabei jedoch den Anschein, Zugriff auf all Ihre Rechner zu gewähren. Die Rechner mit Zugriffsmöglichkeiten dienen als Stellvertreter (Proxies) für die Maschinen ohne Zugang, für die sie die gewünschten Aufgaben erledigen.

Ein Proxy-Server für ein oder mehrere Protokolle läuft auf einem Dual-Homed-Host oder einem Bastion-Host, also einem Rechner, der sowohl mit den Benutzern als auch mit der Außenwelt kommunizieren kann. Das Client-Programm des Benutzers wendet sich an den Proxy-Server und nicht direkt an den »echten« Server draußen im Internet. Der Proxy-Server sieht sich die Anfragen vom Client an und entscheidet, welche weiterzureichen und welche zu ignorieren sind. Wird eine Anfrage zugelassen, kontaktiert der Proxy-Server stellvertretend für den Client den eigentlichen Server (daher der Name Stellvertreter bzw. Proxy) und leitet die darauf folgenden Client-Anfragen zum echten Server und dessen Antworten zurück zum Client.

Für Benutzer ist nicht zu unterscheiden, ob sie mit dem Proxy-Server oder dem echten Server zu tun haben. Der echte Server hat den Eindruck, mit Benutzern auf dem Rechner zu kommunizieren, auf dem sich der Proxy-Server befindet. Er weiß nicht, daß die Benutzer in Wirklichkeit ganz woanders arbeiten.

Der Einsatz von Proxies setzt keine besondere Hardware voraus, für die meisten Dienste ist aber spezielle Software erforderlich.

Hinweis

Proxy-Systeme arbeiten nur dann effektiv, wenn Sie in Kombination mit einem Verfahren eingesetzt werden, das den Netzverkehr zwischen den Clients und den eigentlichen Servern auf IP-Ebene einschränkt. Dazu wäre ein Überwachungsrouter oder ein Dual-Homed-Host geeignet, der keine Pakete routet. Besteht zwischen den Clients und den echten Servern eine Verbindung auf IP-Ebene, können die Clients, und damit wahrscheinlich auch jemand von außen, das Proxy-System umgehen.

Wozu braucht man Proxy-Dienste?

Ein Internet-Anschluß hat wenig Sinn, wenn Ihre Anwender ihn nicht nutzen dürfen. Andererseits ist keinerlei Sicherheit gewährleistet, wenn zwischen dem Internet und allen Rechnern Ihres Firmennetzes ungehinderte Kommunikation möglich ist. Man muß also einen geeigneten Kompromiß finden.

Am nächstliegenden wäre, einen Rechner einzurichten, über den allein all Ihre Benutzer auf das Internet zugreifen dürfen. Diese Lösung ist jedoch nicht sehr befriedigend, da solche Rechner für die Benutzer nicht transparent sind. Es ist Benutzern in diesem Fall nicht möglich, auf Netzdienste direkt zuzugreifen. Sie müssen sich erst auf dem Dual-Homed-Host einloggen, dort alle Arbeiten erledigen und die Ergebnisse dann irgendwie auf ihre eigenen Workstations übertragen. Bestenfalls sind die Benutzer über diesen mehrstufigen Prozeß nur verärgert, da sie mehrere Übertragungen durchführen und ohne den gewohnten Komfort arbeiten müssen.

Das Problem verschärft sich an Standorten, die verschiedene Betriebssysteme einsetzen. Wenn Sie normalerweise mit einem Macintosh arbeiten, der Dual-Homed-Host aber unter UNIX läuft, wird Ihnen das UNIX-System wahrscheinlich völlig fremd vorkommen. Sie sind auf die Tools beschränkt, die der Dual-Homed-Host gerade zu bieten hat und die sich womöglich gänzlich von den Tools unterscheiden, die Sie von Ihrem eigenen System gewohnt sind.

Dual-Homed-Hosts, die ohne Proxies konfiguriert sind, rufen oft den Unwillen von Benutzern hervor und bieten längst nicht alle Vorteile, die Benutzer von der Internet-Verbindung haben könnten. Gravierender noch ist, daß sie in der Regel ungenügende Sicherheit gewährleisten. Eine Maschine mit vielen Benutzern ist kaum angemessen zu schützen, besonders wenn diese Benutzer auf jeden Fall mit der Außenwelt zu kommunizieren gedenken. Sie können die Auswahl an verfügbaren Tools nicht wirksam begrenzen, da Ihre Benutzer sich jederzeit Tools der gewünschten Funktionalität von anderen internen Rechnern besorgen können. Auf einem Dual-Homed-Host läßt sich beispiels-

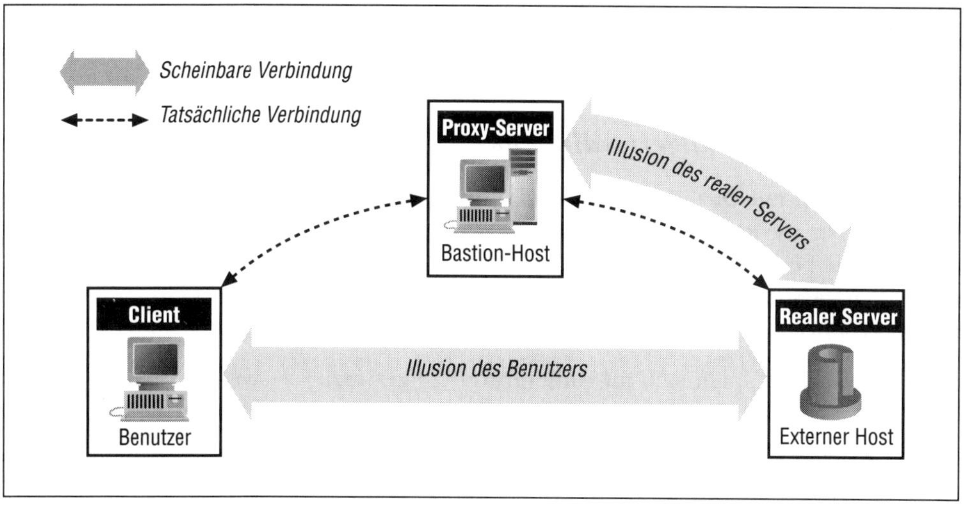

Abb. 7-1: Proxies - Wirklichkeit und Illusion.

weise nicht garantieren, daß die Übertragung von Dateien protokolliert wird, da die Benutzer eigene Übertragungsprogramme verwenden können, die keine Aufzeichnungen machen.

Mit Proxy-Systemen ersparen Sie sich frustrierte Benutzer und die Sicherheitsprobleme eines Dual-Homed-Hosts. Proxies stellen Benutzer zufrieden, indem sie die Interaktionen mit dem Dual-Homed-Host automatisieren. Sie befreien den Benutzer von der direkten Kommunikation mit dem Dual-Homed-Host und sorgen dafür, daß alle Interaktionen im Hintergrund stattfinden. Die Benutzerin gewinnt den Eindruck, direkt (oder jedenfalls fast direkt) auf den eigentlich gewünschten Server im Internet zuzugreifen. Es ist nur noch ein Minimum an direkter Kommunikation mit dem Dual-Homed-Host erforderlich. Abbildung 7-1 zeigt den Unterschied zwischen Wirklichkeit und Illusion bei Proxy-Systemen.

Proxy-Systeme beugen Sicherheitsproblemen vor, indem sie keine Benutzer-Logins auf dem Dual-Homed-Host und Verbindungen nur durch gesteuerte Software zulassen. Da die Proxy-Software keine Logins von Benutzern erfordert, ist der Host vor den durch mehrere Logins bedingten Zufälligkeiten sicher. Auch kann niemand Software installieren, die ihm einen unkontrollierten Internet-Zugang ermöglicht. Der Proxy fungiert als Kontrollstelle.

Vorteile von Proxy-Diensten

Der Einsatz von Proxy-Diensten hat einige Vorteile.

Proxies bieten Benutzern »direkten« Zugriff auf Internet-Dienste

Bei der Lösung mit Dual-Homed-Host muß sich eine Benutzerin erst auf dem Host einloggen, bevor sie irgendwelche Internet-Dienste nutzen kann. Da dies oft recht unbequem ist, suchen besonders frustrierte Benutzer möglicherweise nach Wegen, den Firewall zu umgehen. Proxy-Dienste vermitteln Benutzern den Eindruck, unmittelbar mit den Internet-Diensten zu kommunizieren.

Selbstverständlich spielt sich im Hintergrund einiges mehr ab, was von den Benutzern aber in der Regel nicht wahrgenommen wird. Proxy-Dienste gestatten Benutzern, von ihren eigenen Systemen auf Internet-Dienste zuzugreifen. Dabei erlauben sie aber keineswegs, daß Pakete direkt zwischen den Benutzersystemen und dem Internet ausgetauscht werden. Pakete gelangen nur auf Umwegen ans Ziel, entweder durch einen Dual-Homed-Host oder eine Kombination aus Bastion-Host und Überwachungsrouter.

Proxies bieten effektive Möglichkeiten zur Protokollierung

Da Proxy-Server das zugrundeliegende Protokoll kennen, ermöglichen Sie eine besonders effektive Protokollierung. Statt beispielsweise alle übertragenen Daten aufzuzeichnen, protokolliert ein FTP-Proxy-Server nur die abgesetzten Kommandos und die vom Server empfangenen Antworten. Dadurch fallen die Aufzeichnungen nicht so umfangreich und wesentlich übersichtlicher aus.

Nachteile von Proxy-Diensten

Der Einsatz von Proxy-Diensten hat auch einige Nachteile:

Proxy-Dienste hinken hinter normalen Diensten her

Proxy-Software ist für ältere und einfachere Dienste wie FTP und Telnet weit verbreitet, stabile Software für neuere und seltenere Dienste ist aber nicht so leicht zu finden. Es vergeht meist ziemlich viel Zeit, bis für einen neu eingeführten Dienst auch ein Proxy-Server angeboten wird. Die Verzögerung bemißt sich in erster Linie daran, wie gut der Dienst zum Proxy-Einsatz geeignet ist. Damit wird es für einen Standort schwierig, neue Dienste unmittelbar nach Ihrer Einführung anzubieten. Solange keine geeignete Proxy-Software verfügbar ist, muß ein System mit neuen Diensten womöglich außerhalb des Firewalls untergebracht werden. Dies birgt jedoch das Risiko von Sicherheitslücken.

Proxies erfordern unter Umständen für jeden Dienst einen eigenen Server

Unter Umständen benötigen Sie für jedes Protokoll einen anderen Proxy-Server, da dieser das Protokoll kennen muß, um seinen Aufgaben nachgehen zu können. Der Proxy-Server muß schließlich entscheiden, was erlaubt und was verboten ist und sich gegenüber dem echten Server als Client und gegenüber dem Proxy-Client als echter Server ausgeben. Es kann sehr mühsam sein, all diese Server zu suchen, zu installieren und zu konfigurieren.

Die angebotenen Produkte und Pakete unterscheiden sich deutlich in der Einfachheit der Konfiguration, aber wo die Sache an einer Stelle einfacher ist, wird sie womöglich an anderer Stelle umso umständlicher. Beispielsweise weisen besonders leicht zu konfigurierende Server meist nur geringe Flexibilität auf. Ihre Konfiguration ist einfach, da sie bestimmte Bedingungen festschreiben, die für Ihren Standort mehr oder weniger zutreffend und geeignet sein können.

Für den Einsatz von Proxies müssen gewöhnlich Clients und/oder Prozeduren geändert werden

Außer wenigen, im Hinblick auf den Proxy-Einsatz geschriebenen Diensten, machen Proxy-Server Änderungen an Clients und/oder Prozeduren erforderlich. Jede Art von Änderung hat gewisse Nachteile. Benutzer können die sofort verfügbaren Tools nicht immer mit den gewohnten Anweisungen verwenden.

Aufgrund dieser Änderungen funktionieren Proxy-Anwendungen nicht so gut wie andere. Nicht selten legen sie Protokollspezifikationen zu frei aus. Außerdem unterscheiden sich die angebotenen Clients und Server in der Flexibilität.

Für manche Dienste sind keine Proxies möglich

Für den Proxy-Einsatz muß die Möglichkeit bestehen, den Proxy-Server zwischen den Client und den eigentlichen Server zu legen. Das ist nur praktikabel, wenn die Interaktionen zwischen den beiden relativ einfach sind. Ein Dienst wie *talk* weist so komplizierte und verwickelte Interaktionen auf, daß es für ihn nie einen Proxy-Dienst geben wird. Wir beschäftigen uns in Kapitel 8 ausführlicher mit *talk*.

Proxy-Dienste schützen nicht vor Schwächen im Protokoll

Als Sicherheitslösung baut der Proxy-Einsatz auf der Möglichkeit auf festzustellen, welche Operationen in einem Protokoll sicher sind. Das ist nicht bei allen Protokollen einfach. Das Protokoll von X11 beispielsweise besitzt zahlreiche unsichere Operationen. Es ist schwierig, diese Operationen zu blockieren und gleichzeitig die Funktionsfähigkeit aufrechtzuerhalten. HTTP ist auf eine effektive Zusammenarbeit mit Proxy-Servern eingestellt, aber auch auf schnelle Erweiterbarkeit ausgelegt. Es erreicht dies, indem es Daten überträgt, die später ausgeführt werden sollen. Ein Proxy-Server kann Sie vor solchen Daten unmöglich schützen. Er müßte irgendeine Vorstellung vom Inhalt der weiterzureichenden Daten haben und daran ermessen, ob sie gefährlich oder harmlos sind.

Wie funktionieren Proxies?

Wie Proxies im einzelnen arbeiten, hängt vom jeweiligen Dienst ab. Manche Dienste funktioneren einfach oder automatisch mit Proxies. Bei anderen Diensten ändern Sie die Konfiguration der normalen Server. In den meisten Fällen jedoch ist auf der Serverseite spezielle Proxy-Server-Software erforderlich. Auf der Client-Seite gibt es zwei Alternativen:

Angepaßte Client-Software
: Bei diesem Ansatz muß die Software wissen, wie sie bei einer Benutzeranfrage den Proxy-Server anstelle des eigentlichen Servers anspricht (z.B. für FTP oder Telnet). Außerdem muß sie dem Proxy-Server mitteilen, zu welchem echten Server eine Verbindung hergestellt werden soll.

Modifizierte Verfahren für Benutzer
: Bei dieser Methode kommuniziert der Benutzer anhand von Standard-Client-Software nicht direkt mit dem eigentlichen Server, sondern mit dem Proxy-Server, den er anweist, eine Verbindung zum echten Server herzustellen.

Angepaßte Client-Software für den Proxy-Einsatz

Der erste Ansatz besteht darin, angepaßte Client-Software für den Proxy-Einsatz zu verwenden. Dabei gibt es einige Probleme.

Geeignete Client-Software ist häufig nur für bestimmte Plattformen erhältlich. Wenn sie für eine Ihrer Plattformen nicht verfügbar ist, haben Ihre Benutzer einfach Pech gehabt. Das Paket *Igateway* von Sun (geschrieben von Jim Thompson) ist beispielsweise ein Proxy-Paket für FTP und Telnet. Sie können es nur auf Sun-Rechnern einsetzen, da es nur vorkompilierte Sun-Binaries gibt. Wenn Sie Proxy-Software einsetzen möchten, müssen Sie sich um Software bemühen, die die benötigten Plattformen unterstützt.

Auch wenn es entsprechende Software für Ihre Plattformen gibt, muß sie Ihren Benutzern noch lange nicht gefallen. Für den Macintosh beispielsweise können Sie aus Dutzenden von FTP-Client-Programmen wählen. Einige davon besitzen eindrucksvolle graphische Benutzeroberflächen, während Sie bei anderen zusätzliche nützliche Funktionen finden. Das Programm *anarchie* beispielsweise stellt eine Kombination aus einem Archie- und einem FTP-Client dar, so daß Sie auf einer einzigen konsistenten Oberfläche mit Archie nach einer Datei suchen und sie dann mit FTP zu übertragen können. Wenn Sie Pech haben, unterstützt der von Ihnen gewählte Client aus irgendwelchen Gründen Ihren speziellen Proxy-Server-Mechanismus nicht. Manchmal können sie den Client entsprechend modifizieren, was voraussetzt, daß Ihnen der Quellcode und die Tools zur erneuten Übersetzung zur Verfügung stehen. Nur wenige Client-Programme unterstützen irgendeine Art von Proxies.

Eine positive Ausnahme von dieser Regel sind WWW-Client-Programme wie Mosaic. Viele dieser Programme unterstützen Proxies verschiedenster Art (in der Regel SOCKS und den CERN HTTP-Dämon). Die meisten sind recht neu und wurden somit erst geschrieben, nachdem Firewalls und Proxy-Systeme im Internet häufig zu finden waren. Die Entwickler waren sich der neuen Umgebung bewußt und berücksichtigten den Proxy-Einsatz bereits beim Programmentwurf.

Client-Änderungen für den Proxy-Einsatz zu verwenden, schafft keine vollständige Transparenz für die Benutzer. Die meisten Standorte werden unveränderte Clients für interne Verbindungen und modifizierte nur für externe Verbindungen einsetzen. Benutzer müssen also darauf achten, für externe Verbindungen das modifizierte Programm zu verwenden. Wenn Sie sich aber versehentlich an ihre gewohnte Vorgehensweise oder Anleitungen aus Büchern halten, werden sie durch den immer wiederkehrenden Effekt verwirrt, daß interne Verbindungen erfolgreich sind und externe scheitern. Es ist im Prinzip möglich, den modifizierten Client auch intern einzusetzen. Dies erzeugt jedoch unnötige Abhängigkeiten auf dem Proxy-Server, und wird deshalb meist vermieden.

Wenn Sie mit einigem Aufwand das richtige Programm gefunden haben, werden Ihre Benutzer vielleicht feststellen, daß weitere Konfiguration erforderlich ist, da der Proxy-Client erfahren muß, wie der Proxy-Server zu kontaktieren ist. Dies sollte keine allzu große Belastung darstellen, ist jedoch ein weiterer Punkt, an dem etwas schiefgehen könnte.

Modifizierte Verfahren für Benutzer beim Proxy-Einsatz

Bei dieser Methode sind die Proxy-Server so ausgelegt, daß sie mit Standard-Client-Software zusammenarbeiten. Sie verlangen von Benutzern der Software aber eine spezielle Vorgehensweise. Die Benutzerin weist den Client an, sich mit dem Proxy-Server zu verbinden und teilt diesem dann mit, an welchen Rechner er sich wenden soll. Da nur wenige Protokolle mit dieser Art von Informationen zurechtkommen, muß sich die Benutzerin nicht nur den Namen des Proxy-Servers merken, sondern auch, auf welche Weise der Name des anderen Rechners übermittelt wird.

Wie funktioniert das? Sie müssen Ihren Benutzern für jedes Protokoll eine andere Vorgehensweise zeigen. Sehen wir uns zum Beispiel FTP an. Angenommen, ein Benutzer möchte eine Datei von einem Anonymous-FTP-Server übertragen, z.B. von *ftp.greatcircle.com*. Dazu geht er wie folgt vor:

1. Statt sich direkt an den Anonymous-FTP-Server zu wenden, stellt der Benutzer mit einem FTP-Client eine Verbindung zu Ihrem Proxy-Server her, der wahrscheinlich auf dem Bastion-Host, dem Gateway zum Internet, ausgeführt wird.
2 An der Eingabeaufforderung für den Benutzernamen gibt er nicht nur einen Benutzernamen, sondern auch den Namen des eigentlichen Servers an, zu dem er eine Verbindung herstellen möchten. Will er z.B. auf den Anonymous-FTP-Server auf *ftp.greatcircle.com* zugreifen, tippt er an der Eingabeaufforderung des Proxy-Servers nicht bloß »anonymous«, sondern »anonymous@ftp.greatcircle.com« ein.

Ein ausführlicheres Beispiel finden Sie bei der Behandlung des TIS Internet Firewall Toolkit in diesem Abschnitt.

Genauso wie spezielle Software verändertes Benutzerverhalten erfordert, ist die Auswahl an Clients begrenzt, die bei speziellen Verfahrensweisen für Benutzer verwendet werden können. Manche Clients führen Anonymous-FTP automatisch durch und könnten deshalb nicht über einen Proxy-Server verwendet werden. Andere sind vielleicht ganz einfach deshalb nicht zu gebrauchen, weil in ihrer graphischen Oberfläche das Eingabefeld für den Benutzernamen nicht groß genug ist, um den Benutzernamen und den Rechnernamen aufzunehmen.

Das Hauptproblem besteht jedoch darin, daß Sie Ihren Benutzern eine andere Vorgehensweise beibringen müssen. Wenn der Benutzerkreis klein und technisch versiert ist, dürfte das kein Problem darstellen. Bei 10 000 Benutzern, die über vier Kontinente verteilt sind, wird es wohl schwierig. Auf der einen Seite gibt es Hunderte von Büchern, Tausende von Zeitschriftenartikeln und Zehntausende von Usenet-News-Veröffentlichungen, ganz zu schweigen von der Ausbildung und Erfahrung der einzelnen Benutzer. All diese Publikationen versuchen Benutzern eine Standardmethode zu vermitteln, wie grundlegende Internet-Dienste wie FTP anzuwenden sind. Auf der anderen Seite stehen Sie als Einzelkämpfer, der den Benutzern ein Verfahren nahelegen möchte, das im Widerspruch zu allen anderen diesbezüglichen Informationen steht. Noch dazu müssen sich Ihre Benutzer den Namen Ihres Gateways und Einzelheiten über dessen Gebrauch merken. In einem hinreichend großen Unternehmen ist diese Methode nicht praktikabel.

Verschiedene Arten von Proxy-Servern

Dieser Abschnitt beschreibt verschiedene Arten von Proxy-Servern.

Application-Level- und Circuit-Level-Proxies

Ein *Application-Level-Proxy* kennt die Anwendung, für die es Proxy-Dienste leistet. Es versteht und interpretiert die Kommandos im Anwendungsprotokoll. Ein *Circuit-Level-Proxy* schließt einen Kreis zwischen Client und Server, ohne das Anwendungsprotokoll zu interpretieren. Die extremste Variante eines Application-Level-Proxies ist eine Anwendung wie *Sendmail*, die ein »Store-and-Forward«-Protokoll implementiert. Die extremste Variante eines Circuit-Level-Proxies bilden moderne Mischformen aus Proxy und Gateway, die nach außen wie ein Proxy und nach innen wie ein filternder Router wirken.

Application-Level-Proxies arbeiten im allgemeinen mit modifizierten Verfahren, während Circuit-Level-Proxies modifizierte Clients verwenden. Dies hängt mit den praktischen Einzelheiten beim Einsatz von Proxies zusammen. Um eine Verbindung über einen Proxy herzustellen, müssen Sie wissen, wohin die Verbindung letztendlich führen soll. Ein Hybrid-Gateway kann Verbindungen einfach abfangen, wogegen ein Rechner mit Proxies nur an ihn selbst gerichtete Verbindungen empfangen kann. Er muß auf irgendeine Art erfahren, wohin die Verbindung fortzusetzen ist. Ein Application-Level-Proxy kann diese Informationen aus dem Anwendungsprotokoll beziehen, entweder durch Ausnutzung seiner Protokollkenntnisse oder Neuinterpretation der vom Benutzer gelieferten Daten. Ein Circuit-Level-Proxy kann das Anwendungsprotokoll nicht interpretieren und muß die Informationen auf andere Art erhalten, z.B. über einen modifizierten Client, der dem Server die Zieladresse übergibt. Da es praktisch ist, unveränderte Clients einzusetzen, sind Application-Level-Proxies im allgemeinen so geschrieben, daß sie ihre Kenntnisse des Anwendungsprotokolls nutzen und modifizierte Verfahren verwenden. Circuit-Level-Proxies dagegen arbeiten mit angepaßten Clients, da sie normalerweise keine Möglichkeiten zu modifizierten Verfahren haben.

Es gibt zwar keine bekannten Application-Level-Proxies für angepaßte Clients, aber Circuit-Level Proxies mit modifizierten Verfahren. *plug-gw* beispielsweise, das in diesem Kapitel im Abschnitt »Generische Proxies beim TIS FWTK« noch beschrieben wird, ist ein Circuit-Level-Proxy und verwendet modifizierte Verfahren, bei denen die Verbindung zum Proxy-Server statt zum Zielrechner aufgebaut wird. Es ermittelt das Ziel rein anhand der Quelladresse sowie des Quell- und Zielports der Verbindung.

Der Vorteil eines Circuit-Level-Proxies liegt darin, daß er Dienste für eine Vielzahl verschiedener Protokolle bietet. Die meisten Server für Circuit-Level-Proxies sind zugleich generische Proxy-Server, so daß sie an fast alle Protokolle angepaßt werden können. Sie können jedoch nicht problemlos alle Protokolle behandeln. Bei Protokollen wie FTP, die Portinformationen vom Client an den Server übermitteln, muß auf Protokollebene eingegriffen werden, was Kenntnisse auf Anwendungsebene voraussetzt. Server für Circuit-Level-Proxies haben den Nachteil, kaum Steuerungsmöglichkeiten dafür zu bieten, was sich am Proxy abspielt. Wie Paketfilter steuern Sie Verbindungen anhand von Herkunft und Ziel, so daß sie nicht einfach feststellen können, ob die durchkommenden Kommandos sicher sind oder überhaupt im erwünschten Protokollformat vorliegen. Circuit-Level-Proxies werden leicht durch Server getäuscht, die an Portnummern eingerichtet werden, die eigentlich anderen Servern zugeordnet sind.

Generische und dedizierte Proxies

Obwohl die Begriffe »Application-Level« und »Circuit-Level« häufig herangezogen werden, unterscheiden wir doch eher zwischen »dedizierten« und »generischen« Proxy-Servern. Ein *dedizierter Proxy-Server* bedient ein einziges Protokoll, während ein *generischer Proxy-Server* mehrere Protokolle bedient. In der Praxis entsprechen erstere den Application-Level- und letztere den Circuit-Level-Proxies. Je nach Auslegung der Begriffe ist ein generischer Application-Level-Proxy-Server vorstellbar, der die verschiedensten Protokolle versteht, oder ein dedizierter Circuit-Level-Proxy-Server, der nur einen Dienst bietet, aber nichts über dessen Protokoll weiß. Diese beiden Fälle treten in der Praxis jedoch nicht auf. Wir verwenden »dediziert« und »generisch« einfach deshalb, weil sie uns intuitiver verständlich erscheinen als »Application-Level« und »Circuit-Level«.

Intelligente Proxy-Server

Ein Proxy-Server kann wesentlich mehr, als einfach Anfragen weiterzureichen. Er wird dann als *intelligenter Proxy-Server* bezeichnet. Der CERN HTTP-Proxy-Server beispielsweise hält Daten in einem Cache, so daß Anfragen nach denselben Daten nicht jedesmal ins Internet gesendet zu werden brauchen. Proxy-Server, insbesondere Application-Level-Server, bieten im Prinzip bessere Protokollierung und Zugangskontrolle als andere Methoden, wenngleich dieses Potential nur von wenigen der verfügbaren Server voll ausgeschöpft wird. Aber mit fortschreitender Entwicklung werden diese Möglichkeiten in rasch wachsendem Umfang genutzt. Nachdem nun verschiedene Proxy-Zusammenstellungen mit elementaren Funktionen verfügbar sind, beginnt ein Wettbewerb in zusätzlicher Funktionalität. Zusätzliche Intelligenz ist für einen dedizierten Application-Level-Proxy-Server kein Problem. Ein Circuit-Level-Proxy dagegen ist in seinen Fähigkeiten beschränkt.

Proxies für Internet-Dienste

Da Proxies sich in die Kommunikation zwischen Client und Server einschalten, müssen sie an jeden Dienst individuell angepaßt werden. Manche normalerweise einfachen Dinge werden durch einen Proxy wesentlich komplizierterter.

Ideal für den Proxy-Einsatz ist ein Dienst, der eine unidirektionale TCP-Verbindung herstellt und außerdem nur sichere Kommandos besitzt; der einen Block vom Benutzer festgelegter Daten variabler Länge an den Server weiterleitet und von einem internen Client zu einem externen Server verwendet wird. Die folgenden Abschnitte beschäftigen sich mit diesen Idealfällen und einigen Situationen, die nicht ganz so ideal sind.

TCP und andere Protokolle

Da es sich bei TCP um ein verbindungsorientiertes Protokoll handelt, ist der Aufwand zum Einstellen des Proxies nur einmal erforderlich, und die hergestellte Verbindung kann weiter benutzt werden. UDP kennt kein Konzept für Verbindungen. Jedes Paket wird in einer getrennten Transaktion versendet, so daß der Proxy-Server jedesmal neu entscheiden muß. Proxies für TCP sind somit leichter zu erstellen. Es gibt jedoch auch einen generischen UDP-Proxy-Server, und zwar den UDP Packet Relayer. ICMP befindet sich auf so niedriger Ebene, daß es sich kaum zum Proxy-Einsatz eignet.

Uni- und bidirektionale Verbindungen

Es ist für einen Proxy-Server nicht schwer, den Verbindungsaufbau von einem Client zu einem Server abzufangen. In umgekehrter Richtung ist das schon komplizierter. Entweder müssen sich beide Kommunikationspartner der Existenz des Proxy-Servers bewußt sein, oder der Server muß in der Lage sein, das Protokoll zu interpretieren und zu ändern, um eine korrekte Rückverbindung zu gewährleisten. Bei normalem FTP zum Beispiel muß der Proxy-Server das PORT-Kommando abfangen, das der Client an den Server sendet, eine Verbindung an diesem Port vom Proxy zum Client öffnen und an den wirklichen Server ein anderes PORT-Kommando für ein Port auf dem Proxy senden. Auf dem Rückweg darf der Proxy-Server das PORT-Kommando nicht einfach nur lesen, da der Port unter Umständen gerade benutzt wird. Ähnliche Probleme ergeben sich in allen Protokollen, die eine Rückverbindung benötigen.

Komplexere Angelegenheiten als eine ausgehende Verbindung mit Erwiderung in der Rückrichtung sind noch schwieriger. Ein Beispiel ist der Dienst *talk* mit einem unüberschaubaren Gewirr von Verbindungen, die sich kaum über einen Proxy abwickeln lassen. Es hilft nicht viel, daß *talk* zum Teil auf UDP basiert; auch wenn es ausschließlich auf TCP beruhen würde, wäre es der Alptraum eines jeden Proxy-Entwicklers. Weitere Informationen zu *talk* finden Sie in Kapitel 8.

Protokollsicherheit

Einige Dienste lassen sich zwar ohne technische Probleme über Proxies anbieten, werden dadurch aber in keiner Weise sicherer. Wenn ein Protokoll an sich ungeschützt ist, wird es auch durch den Einsatz von Proxies nicht sicherer. X11 zum Beispiel ist mit ein paar Tricks über Proxies einsetzbar, was wir ausführlich in Kapitel 8 erläutern. Warum es trotzdem kaum mit Proxies über Firewalls hinweg verwendet wird, hat nichts mit technischen Fragen zu tun. Proxy-Server für X11 sind zur Erweiterung der X11-Funktionalität nicht unüblich. Der eigentliche Grund besteht darin, daß X11 dem Client einige äußerst unsichere Funktionen bietet. Das Proxy-System für einen Firewall aber muß unsichere Operationen abfangen und dem Benutzer zumindest die Möglichkeit geben, sie zu verhindern. Wie der Proxy *x-gw* aus dem TIS FWTK zeigt, ist das bei X11 ganz gut möglich, aber es erfordert mehr Kenntnisse über die Anwendung, als für ein sichereres Protokoll erforderlich wären.

Proxies sind keine brauchbare Lösung, wenn sich die Operationen in einem Protokoll schwer in sicher und unsicher einteilen lassen oder der Dienst nicht mehr einsatzfähig ist, sobald alle unsicheren Operationen unterbunden sind. In solchen Fällen gibt es unter Umständen überhaupt keine gute Lösung, so daß Sie keine andere Wahl haben, als einen Rechner eigens als potentielles Opfer einzusetzen. Wir haben uns bereits in Kapitel 5 damit beschäftigt. Manche Leute halten HTTP für ein Protokoll dieser Kategorie, da es jederzeit Programme übertragen kann, die vom Client transparent ausgeführt werden.

Vom Benutzer übergebene Daten

Wenn Sie Proxies mit modifizierten Verfahren verwenden möchten, muß dieses Verfahren zu Teilen modifizierbar sein. Programme wie FTP- und HTTP-Clients, in denen der Client eine lange, vom Benutzer eingegebene Zeichenfolge an den Server übergibt, eignen sich perfekt. FTP-Clients übergeben dem Server einen Benutzernamen, HTTP-Clients einen URL. Ein Programm wie *ping*, in dem der Client keinerlei Daten an den Server weiterreicht, kann über Proxies nur mit einem modifizierten Client verwendet werden.[1]

1. Manche Leute behaupten, daß eine extreme Variante des Proxy-Einsatzes mit modifiziertem Verfahren darin besteht, Benutzer zum Einloggen auf einem Bastion-Host zu zwingen. Das ist eindeutig ein modifiziertes Verfahren, bloß der »Proxy«-Part ist schwer auszumachen.

Interne und externe Clients

Die meisten Proxy-Server sind für Situationen gedacht, in denen sich der Client innerhalb und der Server außerhalb des Firewalls befindet. Das liegt daran, daß die meisten Proxy-Server auf der Client-Seite einige Kooperation voraussetzen, und sich die zu modifizierenden Clients und die zu schulenden Benutzer aller Wahrscheinlichkeit nach innerhalb des Firewalls befinden. Proxies für externe Clients funktionieren nur in wenigen Fällen:

- Einsatz von modifizierten Verfahren, um eingehende Dienste für Ihre eigenen Benutzer anzubieten. Weitere Informationen zu dieser Situation finden Sie in Kapitel 10.
- Verwenden eines mit *plug-gw* vergleichbaren Proxies, um Verbindungen vom Proxy-Server zu einem internen Rechner umzuleiten. Ein Programm dieser Sorte unterstützt beliebig viele Clients, sofern sich diese an denselben internen Server wenden.
- Anbieten eines bestimmten Dienstes, zu dem Sie Clients verteilen. Wenn Sie einen eigenen Internet-Dienst schreiben, können Sie die Clients problemlos so konzipieren, daß sie mit Proxies zusammenarbeiten.

Proxy-Dienste ohne Proxy-Server

Einige Dienste, darunter insbesondere die sogenannten »Store-and-Forward«-Dienste wie SMTP, NNTP und NTP unterstützen Proxies bereits aufgrund Ihrer Funktionsweise. Diese Dienste sind so angelegt, daß Nachrichten (E-Mail bei SMTP, Usenet-News-Veröffentlichungen bei NNTP und Zeiteinstellungen bei NTP) von einem Server empfangen und so lange gespeichert werden, bis sie an einen oder mehrere andere geeignete Server weitergeleitet werden können. Bei SMTP werden E-Mail-Nachrichten in Richtung Bestimmungsort gesendet, während die Nachrichten bei NNTP und NTP zu allen benachbarten Servern gelangen. Bei einer solchen Verfahrensweise dienen im Endeffekt alle dazwischenliegenden Server als Proxies für den ursprünglichen Absender oder Server.

Die »Received:«-Header von aus dem Internet eintreffender E-Mail verfolgen, auf welchem Weg eine Nachricht vom Absender zum Empfänger gelangt. Bei der Durchsicht dieser Header werden Sie feststellen, daß nur wenige Nachrichten auf direktem Wege ankommen. Es ist inzwischen vielmehr üblich, daß eine Nachricht mindestens vier Rechner durchläuft:

- den Rechner des Absenders,
- das Gateway für abgehende Post am Standort des Absenders oder seines Providers,
- das Gateway für eintreffende Post am Standort des Empfängers
- und schließlich den Rechner des Empfängers.

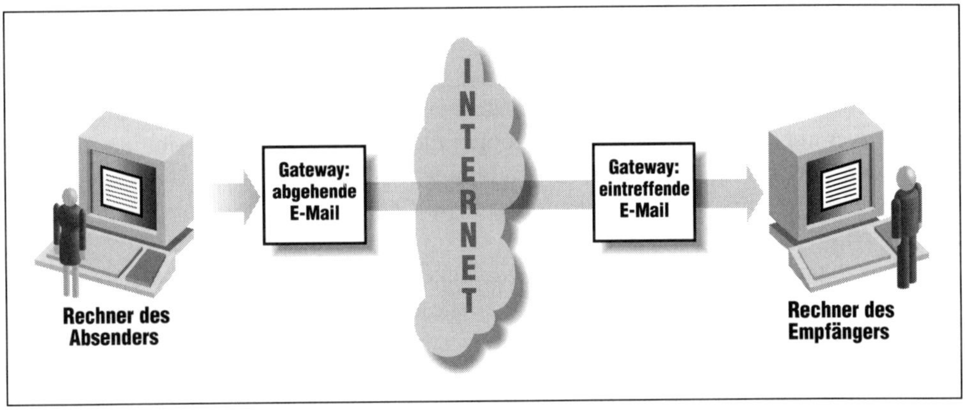

Abb. 7-2: Store-and-Forward-Dienste wie SMTP arbeiten von Natur aus als Proxies.

Alle dazwischenliegenden Server (die Mail-Gateways) dienen als Proxy-Server für den Absender, auch wenn dieser mit ihnen nicht direkt zu tun hat. Abbildung 7-2 zeigt eine solche Situation.

Proxy-Dienste mit SOCKS

Das SOCKS-Paket wurde ursprünglich von David Koblas und Michelle Koblas entwickelt und wird gegenwärtig von Ying-Da Lee betreut. Es ist ein Beispiel für einen Proxy, der angepaßte Clients erfordert. SOCKS ist frei erhältlich und wurde zum De-facto-Standard für Proxy-Dienste im Internet. Das Paket befindet sich auf dem Weg zum offiziellen Internet-Standard: Es gibt bereits einen Request for Comments (RFC), der gerade das Genehmigungsverfahren durchläuft. In Anhang B erfahren Sie, woher Sie SOCKS beziehen können.

Um die Unterstützung neuer Clients zu erleichtern, ist SOCKS äußerst generisch. Die Popularität von SOCKS ist zum Teil dieser Eigenschaft zu verdanken, sie hat jedoch den Nachteil, daß intelligente Protokollierung und Zugangskontrolle nicht durchführbar sind. SOCKS bietet Protokollierung, sie findet jedoch größtenteils auf dem Client statt. Dies macht es schwierig, die Aufzeichnungen an einem zentralen Ort zu sammeln, um sie analysieren zu können. SOCKS protokolliert Verbindungsanfragen auf dem Server; es bietet Zugangskontrolle anhand des Quell- und Zielrechners sowie des Protokolls; zudem ermöglicht es konfigurierbare Reaktionen auf abgelehnte Zugriffsversuche. SOCKS kann z.B. so konfiguriert werden, daß der Verwalter von eintreffenden Zugriffsversu-

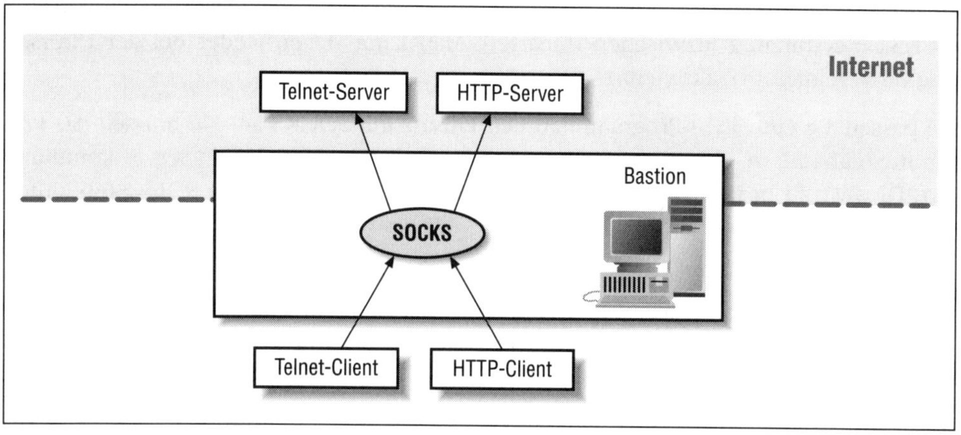

Abb. 7-3: Einsatz von SOCKS als Proxy-Dienst.

chen unterrichtet wird und Benutzer erfahren, warum Zugangsversuche nach draußen abgelehnt wurden.

Einer der Nachteile von SOCKS besteht darin, daß es nur mit TCP- und nicht mit UDP-Clients funktioniert. Bei einem UDP-Client, z.B. Archie, müssen Sie sich gegebenenfalls ein anderes Paket wie den UDP Packet Relayer besorgen. Dieses Programm bietet für UDP-Clients im wesentlichen dieselbe Funktionalität wie SOCKS für TCP-Clients. UDP Packet Relayer ist wie SOCKS im Internet frei erhältlich.

Der Hauptvorteil von SOCKS liegt in seiner Beliebtheit. Da SOCKS weit verbreitet ist, gibt es eine große Auswahl an Server-Implementierungen und »SOCKSifizierten« Clients, d.h. Varianten von Programmen wie FTP oder Telnet, die für den Einsatz mit SOCKS entsprechend umgeschrieben wurden. Auch Hilfestellung ist problemlos zu finden. Das breite Angebot hat auch seine Kehrseiten. Es wurde von Fällen berichtet, in denen Eindringlinge in Standorten mit Firewalls ihre eigenen SOCKS-fähigen Clients installierten.

Das SOCKS-Paket enthält folgende Komponenten:

- Den SOCKS-Server, der auf einem UNIX-System ausgeführt werden muß. Er wurde jedoch auf viele verschiedene UNIX-Derivate portiert.
- Die SOCKS-Client-Bibliothek für UNIX-Rechner.
- SOCKSifizierte Varianten von UNIX-Standard-Clients wie FTP und Telnet.

Darüber hinaus sind getrennte Pakete mit Client-Bibliotheken für den Macintosh und Windows verfügbar.

Abbildung 7-3 zeigt, wie SOCKS als Proxy-Dienst eingesetzt wird.

Bei vielen kommerziellen oder frei erhältlichen Programmen für Internet-Clients ist SOCKS-Unterstützung inzwischen integriert. Man kann sie entweder bei der Übersetzung oder beim Aufruf aktivieren.

Wie passen Sie ein Client-Programm an den Einsatz mit SOCKS an? Sie müssen das Programm so abändern, daß es statt mit der Außenwelt mit dem SOCKS-Server kommuniziert. Dies ist zu bewerkstelligen, indem Sie das Programm mit der SOCKS-Bibliothek neu übersetzen.

Ein Client-Programm läßt sich gewöhnlich recht einfach zum Einsatz von SOCKS ändern. Das SOCKS-Paket macht bestimmte Annahmen über die Arbeitsweise von Client-Programmen, und die meisten Clients entsprechen diesen Vorstellungen. Eine vollständige Aufstellung der Voraussetzungen auf Client-Seite finden Sie in der Datei *What_SOCKS_expects* im SOCKS-Paket.

Bei der Anpassung eines Client-Programms müssen Sie alle Aufrufe von Standard-Netzfunktionen durch Aufrufe von entsprechenden SOCKS-Varianten dieser Funktionen ersetzen. Dabei sind folgende Funktionen betroffen:

Standard-Netzfunktion	**SOCKS-Variante**
connect()	Rconnect()
getsockname()	Rgetsockname()
bind()	Rbind()
accept()	Raccept()
listen()	Rlisten()
select()	Rselect()

Diese Ersetzungen können Sie normalerweise vornehmen, indem Sie die »CFLAGS=«-Zeile im entsprechenden Makefile einfach folgendermaßen ergänzen:

```
-Dconnect=Rconnect
    -Dgetsockname=Rgetsockname
    -Dbind=Rbind
    -Daccept=Raccept
    -Dlisten=Rlisten
    -Dselect=Rselect
```

Danach übersetzen Sie das Programm neu und binden es mit der SOCKS-Client-Bibliothek.

Der Client-Rechner benötigt nicht nur die an SOCKS angepaßten Clients, sondern auch Informationen darüber, für welche Dienste er sich an welche SOCKS-Server wenden soll. Auf UNIX-Systemen befinden sich diese Daten in der Datei */etc/socks.conf*. Wenn Sie den Benutzerzugriff kontrollieren möchten, muß auf dem Client-Rechner zusätzlich

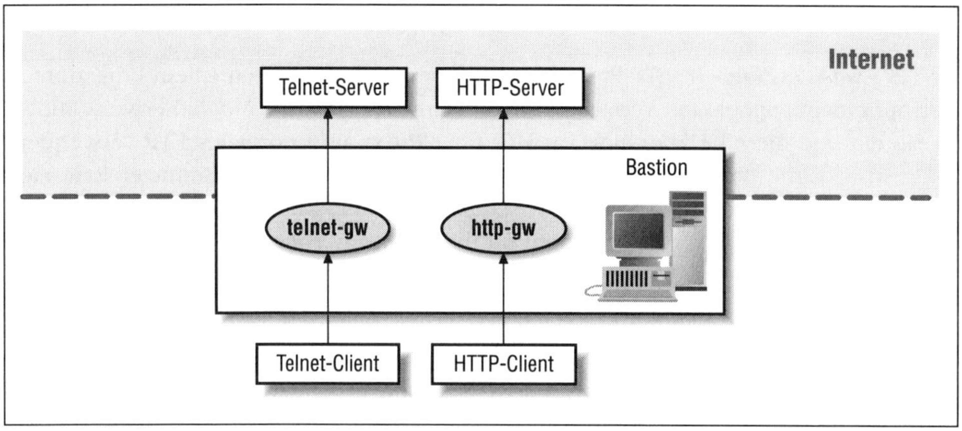

Abb. 7-4: Proxy-Dienste mit dem TIS FWTK.

identd laufen. Dieser ermöglicht dem SOCKS-Server, festzustellen, welcher Benutzer den Port steuert, von dem die Verbindung ausgeht. Der SOCKS-Server hat keine Möglichkeit zu überprüfen, ob der Server *identd* verläßlich ist. Auf *identd* ist kein Verlaß, wenn es jemand darauf anlegt, ihn zu umgehen.

Proxy-Dienste mit dem Internet Firewall Toolkit von TIS

Das frei erhältliche TIS FWTK von Trusted Information Systems enthält Proxy-Server verschiedenster Art. Es bietet darüber hinaus Tools zur Authentifizierung und für andere Zwecke, die wir im Verlauf dieses Buches an den jeweils passenden Stellen beschreiben. In Anhang B erfahren Sie, woher Sie das TIS FWTK beziehen können.

Während mit SOCKS der Versuch unternommen wird, einen einzigen allgemein verwendbaren Proxy anzubieten, besteht das TIS FWTK aus getrennten Proxies für die häufigsten Internet-Dienste (siehe Abbildung 7-4). Dahinter verbirgt sich die Idee, kleine unabhängige Programme mit einer gemeinsamen Konfigurationsdatei einzusetzen. So können intelligente Proxies, die nachweislich sicher sind, bei gleichzeitiger zentraler Steuerung angeboten werden. Das Ergebnis ist ein äußerst flexibles Toolkit - und eine ziemlich umfangreiche Konfigurationsdatei.

Proxy-Einsatz für FTP mit dem TIS FWTK

Das TIS FWTK ermöglicht FTP-Proxies entweder mit modifizierten Client-Programmen oder mit einem angepaßten Verfahren für die Benutzer (*ftp-gw*). Möglicherweise möchten Sie ein und dieselbe Maschine für FTP über Proxy und normales FTP verwenden, z.B. wenn externe Benutzer im Internet Dateien abrufen und Ihre Benutzer FTP nach draußen nur über Proxy einsetzen sollen. Das Toolkit unterstützt diese Konstellation, Sie müssen aber mit modifizierten Verfahren für die Benutzer arbeiten.

TIS FWTK wird meist für modifizierte Benutzerprozeduren konfiguriert. Es unterstützt modifizierte Client-Programme nur halbherzig, so werden z.B. keine modifizierten Clients oder Bibliotheken mitgeliefert. Da es sich hier um einen dedizierten FTP-Proxy handelt, kann er protokollieren, Zugang verwehren und gesonderte Authentifizierung für bestimmte Kommandos durchführen.

Proxy-Einsatz für Telnet und rlogin mit dem TIS FWTK

Die Proxies für Telnet (*telnet-gw*) und *rlogin* (*rlogin-gw*) aus dem TIS FWTK unterstützen nur modifizierte Verfahren für Benutzer. Diese stellen über Telnet oder *rlogin* eine Verbindung zum Proxy-Rechner her und erhalten statt einer »login«-Eingabeaufforderung für diesen Rechner eine Aufforderung vom Proxy-Programm. Dort geben sie ein, zu welchem Rechner Sie eigentlich eine Verbindung herstellen möchten. Wenn die Software *x-gw* installiert ist, können die Benutzer auch angeben, daß sie eine X-Verbindung einrichten möchten. Wir befassen uns damit im Abschnitt »Andere Proxies aus dem TIS FWTK«.

Generische Proxies beim TIS FWTK

Das TIS FWTK enthält den rein generischen Proxy *plug-gw*, der zwar keine Änderungen an Clients erfordert, bei dem aber die Anzahl der unterstützten Protokolle und den Einsatzmöglichkeiten begrenzt ist. Er untersucht die Adresse, von der eine Verbindung hergestellt wurde, und den Port, von dem die Verbindung ausgeht, und baut eine Verbindung zu einem anderen Rechner an einem geeigneten Port auf. Sie können dabei nicht festlegen, zu welchem Rechner diese Verbindung erfolgen soll. Dies wird durch den Rechner bestimmt, von dem die Verbindung zu *plug-gw* aufgebaut wird. *plug-gw* eignet sich deshalb nicht für Dienste, die von Benutzern eingesetzt werden, da diese sich selten an immer denselben Rechner wenden. Er verfügt über Protokollierung, aber keine anderweitigen Verbesserungen der Sicherheit und muß deshalb auch in eigentlich passenden Situationen wie z.B. NNTP-Verbindungen mit Vorsicht verwendet werden.

Andere Proxies aus dem TIS FWTK

Das TIS FWTK bietet Proxy-Dienste für HTTP und Gopher mit dem Programm *http-gw*. Dieses Programm unterstützt modifizierte Clients und modifizierte Verfahren für Benutzer. Die meisten HTTP-Clients sind mit Proxies einsetzbar: Sie teilen ihnen lediglich mit, wo sich der Proxy-Server befindet. Wenn Sie *http-gw* mit einem HTTP-Client einsetzen, der nicht für Proxies gedacht ist, fügen Sie am Anfang des URLs einfach `http://firewall/` ein. Bei einem Gopher-Client ohne Proxy-Unterstützung wird es schon komplizierter, da alle Rechner- und Portinformationen in die Pfadangabe aufgenommen werden müssen.

x-gw ist ein X-Gateway. Es bietet minimale Sicherheitsvorkehrungen, indem es vom Benutzer eine Bestätigung verlangt, bevor es eine Verbindung von einem fernen X-Client erlaubt. Sie starten das X-Gateway, indem Sie eine Verbindung zum Telnet- oder *rlogin*-Proxy herstellen und dann »x« eingeben. Daraufhin wird ein Kontrollfenster angezeigt.

Wenn Sie keinen Proxy einsetzen können

Es gibt drei Gründe, aus denen Sie einen Dienst nicht über Proxies anbieten könnten:

- Es ist kein Proxy-Server verfügbar.
- Der Proxy sichert den Dienst nicht ausreichend.
- Sie können den Client nicht modifizieren, und das Protokoll gestattet Ihnen nicht, modifizierte Verfahren für Benutzer zu verwenden.

Wir beschreiben die drei Fälle in den folgenden Abschnitten.

Kein Proxy-Server verfügbar

Wenn der Dienst über Proxies eingesetzt werden kann, für Ihre Plattform aber kein Server mit modifizierten Benutzerverfahren oder keine geänderten Clients zu finden sind, können Sie die Arbeit immer noch selbst erledigen. Es ist relativ simpel, ein durchschnittliches TCP-Client-Programm an SOCKS anzupassen. Sofern die SOCKS-Bibliotheken für die betreffende Plattform verfügbar sind, müssen lediglich ein paar Funktionsaufrufe geändert und das Programm neu übersetzt werden. Sie brauchen dazu aber den Quellcode des Client.

Einen eigenen Server mit modifizierten Verfahren zu entwickeln ist erheblich schwieriger, da der Server völlig neu geschrieben werden muß.

Mangelhafter Schutz durch den Proxy

Wenn Sie einen Dienst einsetzen müssen, der an sich unsicher ist, hilft Ihnen ein Proxy nicht weiter. Sie müssen dann einen Rechner eigens als potentielles Opfer einrichten (siehe Kapitel 5) und den Dienst dort anbieten. Das könnte schwierig werden, wenn Sie einen Dual-Homed-Host ohne Routing für einen Firewall verwenden, wo alle Verbindungen über Proxies laufen müssen. Der zu opfernde Rechner muß dann auf der Internet-Seite des Dual-Homed-Host plaziert werden.

Vielleicht schafft ein intelligenter Application-Level-Server Abhilfe, der unsichere Kommandos herausfiltert. Er muß jedoch äußerst vorsichtig eingerichtet werden und macht unter Umständen große Teile des Dienstes funktionsunfähig.

Clients oder Verfahren nicht modifizierbar

Es gibt Dienste, bei denen die Benutzerprozeduren einfach nicht geändert werden können, z.B. *ping* und *traceroute*. Glücklicherweie sind Dienste, bei denen der Benutzer keine Daten an den Server übergeben kann, in der Regel klein, primitiv und sicher. Es ist gut möglich, daß Sie sie auf dem Bastion-Host sicher anbieten können. Die Benutzer dürfen sich dann auf dem Bastion-Host einloggen, erhalten aber eine Shell, mit der sie ausschließlich die Dienste verwenden können, die nicht über Proxies einsetzbar sind, die aber unterstützt werden sollen.

In diesem Kapitel:

- *Elektronische Post*
- *Übertragung von Dateien*
- *Terminal-Zugang (Telnet)*
- *Ferne Ausführung von Kommandos*
- *Network News Transfer Protocol (NNTP)*
- *World Wide Web (WWW) und HTTP*
- *Andere Informationsdienste*
- *Suchdienste*
- *Echtzeit-Konferenzsysteme*
- *Domain Name System (DNS)*
- *syslog*
- *Netzverwaltungsdienste*
- *Network Time Protocol (NTP)*
- *Network File System (NFS)*
- *Network Information Service/ Yellow Pages (NIS/YP)*
- *X Window System (X11)*
- *Druckprotokolle (lpr und lp)*
- *Analyse anderer Protokolle*

8

Konfiguration von Internet-Diensten

In diesem Kapitel beschreiben wir die wichtigsten Internet-Dienste: ihre Funktionsweise, ihre Eigenschaften hinsichtlich Paketfilterung und Proxies, die Sicherheitsauswirkungen im Hinblick auf Firewalls und ihr Einsatz in Kombination mit einem Firewall. Die Beschreibung soll Ihnen bei der Entscheidung helfen, welche Dienste Sie in Ihrem Firmennetz anbieten und zeigen, wie sie diese so konfigurieren, daß sie in Ihrer Firewall-Umgebung so sicher und vollständig wie möglich funktionieren.

Dieses Kapitel ist hauptsächlich als Referenz gedacht - sie müssen es nicht unbedingt vollständig lesen. Beim Überfliegen werden Sie jedoch bestimmt viele interessante Dinge entdecken.

Wir gehen im folgenden davon aus, daß Ihnen die verschiedenen Internet-Dienste bekannt sind, und beschränken uns darauf zu erklären, wie man diese Dienste durch einen Firewall hindurch anbietet. Eine Einführung in die Internet-Dienste finden Sie in Kapitel 2.

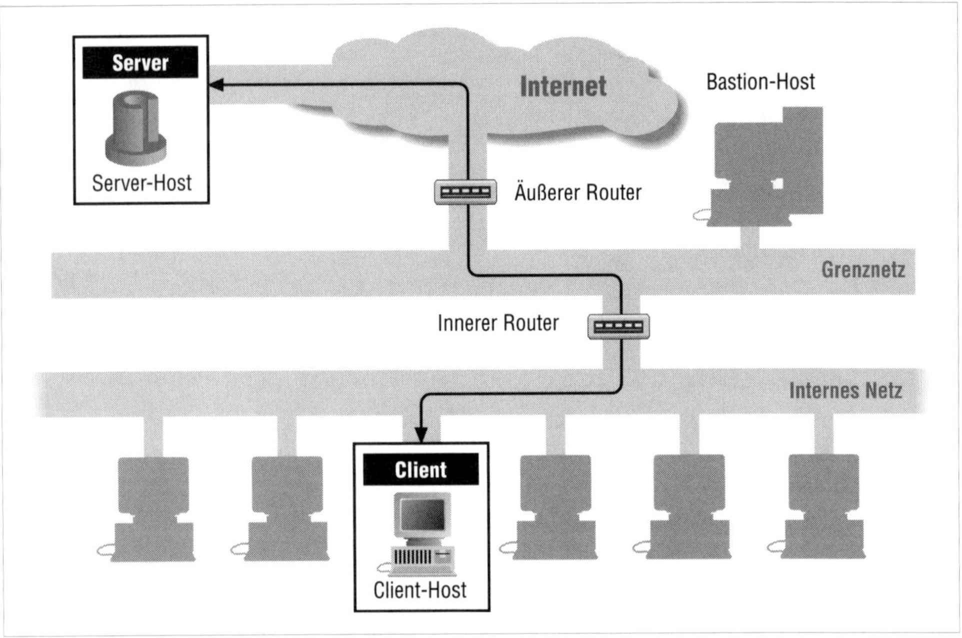

Abb. 8-1: Ein generischer direkter Dienst.

Wir benutzen bei der Behandlung der Paketfilterungseigenschaften der verschiedenen Dienste das gleiche Tabellenformat wie in Kapitel 6. Sie müssen dabei Abstraktionen wie »intern«, »extern« usw. in die für Ihre Konfiguration passenden Werte übersetzen. In Kapitel 6 können Sie nachlesen, wie abstrakte Regeln in Regeln für spezielle Produkte umzusetzen sind. Dort finden Sie auch weitere allgemeine Informationen über Paketfilterung.

Bei der Beschreibung der Proxy-Eigenschaften der Dienste benutzen wir die Konzepte und Begriffe aus Kapitel 7.

In diesem Kapitel erläutern wir für jeden Dienst, wie seine Pakete durch einen Firewall fließen. Die Abbildungen 8-1 und 8-2 zeigen den grundlegenden Paketfluß beim direkten Betrieb eines Dienstes bzw. beim Betrieb mit einem Proxy. Die anderen Abbildungen dieses Kapitels stellen Varianten für einzelne Dienste dar. Falls es für einen bestimmten Dienst keine eigenen Abbildungen gibt, wird er durch diese allgemeinen Abbildungen beschrieben.

In den Anhängen A und B finden Sie Hinweise zu Ressourcen und Werkzeugen.

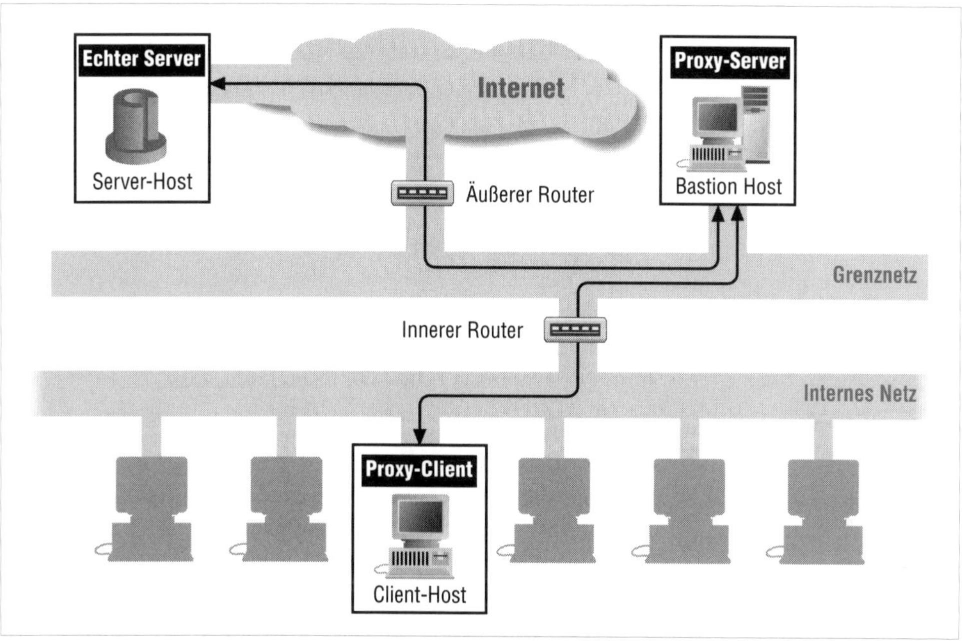

Abb. 8-2: Ein generischer Proxy-Dienst.

Hinweis

Wir beschreiben die Portnummer von Clients oft als »beliebige Portnummer über 1023«. Bei manchen Protokollen ist dies eine zwingende Voraussetzung, bei anderen hat es sich einfach als Konvention durchgesetzt. Andere Plattformen haben diese Vereinbarung von UNIX übernommen, wo ein normaler Benutzer Portnummern unterhalb 1024 nicht benutzen kann. Obwohl es theoretisch möglich ist, daß Clients auf Nicht-UNIX-Systemen Portnummern unterhalb von 1024 benutzen, kommt es extrem selten vor. Es ist so selten, daß sich viele Firewalls - auch solche an großen öffentlichen Standorten mit vielen unterschiedlichen Clients - auf diese Unterscheidung verlassen und deswegen trotzdem nie Verbindungen abweisen müssen.

Elektronische Post

Elektronische Post ist aus der Sicht eines Benutzers vielleicht der elementarste Dienst im Internet. Leider stellt E-Mail auch den schwächsten Punkt dar. Mail-Server sind die verlockendsten Ziele für Angriffe, da sie beliebige Daten von beliebigen externen Rechnern akzeptieren.

Ein Mail-System besteht aus drei Teilen, die durch ein einziges oder mehrere getrennte Programme implementiert sein können.

- Ein Server tauscht Mail mit externen Rechnern aus.
- Ein »Delivery Agent« stellt die Mail auf dem lokalen Rechner in die korrekte Mailbox.
- Mit einem »User Agent« kann der Empfänger die Mail lesen schreiben.

Jeder dieser Teile ist aus unterschiedlichen Gründen angreifbar:

- Der Server akzeptiert direkt Kommandos (zur Zustellung von Mail) von externen Rechnern. Daher kann es passieren, daß der Server einem Angreifer sofort die gleichen Zugriffsrechte gibt, die er selbst hat, falls er nicht sicher ist.
- Der Delivery Agent braucht besondere Berechtigung, da er in die Mailboxen aller Benutzer schreiben muß. Der Delivery Agent muß zwar keine Verbindung zur Außenwelt aufnehmen; wird er aber irgendwie ausgetrickst, erhält der Eindringling sehr breiten Zugang.
- Der User Agent läuft unter einer normalen Benutzerkennung und nimmt keine Verbindung zur Außenwelt auf, so daß er nur über eingeschränkte Fähigkeiten verfügt. Er kann allerdings (abhängig von den eingegangenen Daten) beliebige andere Programme aufrufen.

Da der Server mit der Außenwelt kommuniziert, ist er durch Kommandos angreifbar, die er von dort erhält. Man spricht dabei von Angriffen über den Kommandokanal. Delivery Agent und User Agent erhalten zwar keine direkten Kommandos, sie sind jedoch durch den Inhalt von E-Mail-Nachrichten gefährdet. Man spricht daher von datengesteuerten Angriffen. Darüber hinaus besteht bei jedem Programm Mißbrauchsgefahr, wenn jemand aufgrund von *command line bugs* dessen Ausführung steuern kann. Das betrifft die Aufrufargumente des Programms, die Benutzerkennung, unter der es läuft, sowie die benutzten Dateien.

Der Internet-Wurm von Morris griff Sendmail über den Kommandokanal an: Er setzte ein spezielles Sendmail-Kommando zur Fehlersuche ab, mit dem er Sendmail anweisen konnte, jedes beliebige Programm auszuführen.

Datengesteuerte Angriffe können sich gegen den Delivery Agent, den User Agent oder den Benutzer richten. (Der Server beachtet die Daten im allgemeinen nicht). Auf UNIX-Maschinen benutzen zum Beispiel die meisten Versionen von Sendmail */bin/mail* als lokalen Delivery Agent. */bin/mail* fungiert zusätzlich als User Agent und kann beliebige Kommandos ausführen. (Wenn Sie nur ein einziges Terminal haben und beim Verfassen einer Mail-Nachricht die Ausgabe eines anderen Kommandos sehen wollen, ist es sehr nützlich, wenn der User Agent das Kommando für Sie ausführen kann.) Leider ist diese Funktionalität nicht immer deaktiviert, wenn */bin/mail* als Delivery Agent läuft. Da sie manchmal durch den Inhalt einer Nachricht ausgelöst werden können, kann jemand von außen beliebige Kommandos auf Ihrem System ausführen, indem er Ihnen einfach eine geeignet formatierte Mail-Nachricht schickt.

User Agents können selbst dann mißbraucht werden, wenn sie bestimmungsgemäß als reine User Agents fungieren. Moderne Multimedia-Mailprogramme sind für Angriffe dieser Art besonders anfällig, da sie zur Verarbeitung einer Nachricht andere Programme aufrufen (z.B. ein Graphikprogramm zur Darstellung eines Bildes oder ein Audioprogramm zum Abspielen angehängter Sound-Daten). Aber auch ältere Mailprogramme sind verwundbar. Ein Großteil des IBM-Firmennetzes wurde um die Weihnachtszeit einmal durch einen datengesteuerten Angriff lahmgelegt. Die Benutzer erhielten - meist von jemandem, den sie kannten und dem sie vertrauten - eine Nachricht, die sie einfach zum Start des mitgelieferten Programms aufforderte. Da die Nachricht von einem Freund zu kommen schien, folgten die meisten Leute dieser Aufforderung. Daraufhin wurde ein Christbaum angezeigt, und die Nachricht sandte sich selbst an alle Leute, die im Adreßbuch (der Alias-Datei) des Benutzers eingetragen waren. Die Mail-Nachricht verbreitete sich sehr rasch, und das Netz brach unter der Last von Millionen Kopien zusammen.

Doch selbst wenn Server, Delivery Agent und User Agent fehlerfrei arbeiten, können manche datengesteuerten Angriffe erfolgreich verlaufen, indem sie den Benutzer gezielt dazu bringen, eine vom Angreifer gewünschte Aktion auszuführen. Manchmal geht es darum, das Programm auszuführen, das der Angreifer mit der Mail geschickt hat. Oft ist es jedoch viel direkter: Angreifer baten die Benutzer in einer scheinbar vom Systemverwalter kommenden Mail darum, ihr Kennwort auf einen bestimmten Wert abzuändern. Folgen die Benutzer dieser Aufforderung, hat der Angreifer Zugriff auf ihre Kennung.

Wie gut schützt ein Firewall gegen diese verschiedenen Angriffsmöglichkeiten?

Angriffe über den Kommandokanal
: Ein Firewall kann vor Angriffen über den Kommandokanal schützen. Er kann die Anzahl der Maschinen beschränken, zu denen ein Angreifer einen Kommandokanal öffnen kann und auf diesen Maschinen einen gesicherten Server zur Verfügung stellen.

Datengesteuerte Angriffe
: Gegen datengesteuerte Angriffe kann ein Firewall nicht viel ausrichten: die Daten müssen irgendwie durch, denn sonst könnten Sie überhaupt keine Mail mehr empfangen. Manchmal lassen sich »gefährliche« Zeichen aus den Mail-Adressen ausfiltern,

wenn sich diese irgendwie erkennen lassen. Am besten betreiben Sie immer die aktuellsten Delivery Agents und User Agents und klären Ihre Benutzer über die möglichen Risiken auf. Dadurch schützen Sie sich vor den meisten datengesteuerten Angriffen. Da es bei solchen Angriffen im allgemeinen sehr schwer ist, Informationen zurückzusenden, sind sie relativ selten.

Aufruffehler
Gegen Aufruffehler kann ein Firewall nichts ausrichten, denn sie können nur von jemandem ausgenutzt werden, der bereits Kommandos auf Ihrem System ausführen kann. Ein Ziel von Firewalls besteht darin zu verhindern, daß ein Angreifer diese Möglichkeit erhält.

Die folgenden Abschnitte beschreiben die beiden Protokolle SMTP und POP, die üblicherweise zur Zustellung elektronischer Post benutzt werden, sowie die MIME-Erweiterungen.

Simple Mail Transfer Protocol (SMTP)

Im Internet erfolgt der Austausch elektronischer Post zwischen Mail-Servern mittels SMTP. Der SMTP-Server auf einem Rechner nimmt Mail entgegen und entscheidet anhand des Headers, ob er sie lokal zustellt oder an eine andere Maschine weiterreicht. Bei lokaler Auslieferung paßt er den Mail-Header und die Zustelladresse für das lokale Zustellprogramm geeignet an und übergibt ihm dann die Mail. Bei Weiterleitung der Mail an einen anderen Rechner verändert der SMTP-Server den Header, nimmt Verbindung mit der anderen Maschine auf, und leitet die Mail weiter. Die Verbindung erfolgt gewöhnlich über SMTP, manchmal auch über UUCP oder ein anderes Protokoll.

SMTP arbeitet nach dem Durchreichprinzip. Solche Systeme eignen sich gut für Firewalls, speziell solche mit Proxy-Diensten. Abbildung 7-2 in Kapitel 7 zeigt, wie Mail von der Workstation eines einzelnen Benutzers erst an ein Gateway gesandt wird, bevor sie das Netz des Benutzers verläßt. In einem Netz eintreffende Mail landet erst auf einem Gateway, bevor sie an einzelne Benutzer auf anderen Rechnern weitergeleitet wird.

SMTP unter UNIX: Sendmail

Sendmail ist der gebräuchlichste Mailer auf UNIX-Systemen. Sendmail ist sehr leistungsfähig, es gibt zu diesem Programm jedoch eine lange und beunruhigende Historie kleinerer und größerer Sicherheitsprobleme. Obwohl auch andere Mailer verfügbar sind (z.B. smail 3, MMDF und Z-Mail), scheint keiner davon wesentlich sicherer zu sein als eine moderne Version von Sendmail.

Im Gegensatz zu anderen Mailern wurden die Sicherheitsprobleme von Sendmail weithin diskutiert. Die mangelnde öffentliche Diskussion über andere Mailer sollte Sie jedoch nicht zu der Annahme verleiten, diese seien sicherer als Sendmail. Einige davon wurden zwar mit der Absicht entwickelt, die Sicherheitsprobleme von Sendmail zu beheben - eine Garantie dafür bekommen Sie jedoch nicht. Die meisten dieser Alternativ-Mailer sollen die extrem umständlichen Konfigurationsdateien von Sendmail abschaffen, von Sendmail nicht immer eingehaltene Standards implementieren oder Funktionen bieten, die es in Sendmail nicht gibt. Zusätzliche Sicherheitsfunktionen wurden aber oft erst im nachhinein implementiert und wurden nicht von Anfang an beim Entwurf berücksichtigt. Diese Mailer werden einfach nicht so häufig benutzt wie Sendmail. Daher gibt es auch weniger Leute, die (mit guten oder bösen Absichten) die entsprechenden Sicherheitsprobleme aufdecken. Diese Tatsache ist mehr als jede vermeintliche Überlegenheit der Grund für die scheinbar größere Sicherheit dieser alternativen Mailer: Es gibt nicht weniger Probleme, sondern nur weniger Leute, die darüber Bescheid wissen.

Die Tatsache, daß Sendmail so weit verbreitet ist, ist gleichzeitig Vorteil und Nachteil: Einerseits tauchen Probleme in Sendmail auf, weil viele Leute an dieser Stelle Probleme suchen (eben weil es so häufig eingesetzt wird). Andererseits werden die entdeckten Probleme aus dem gleichen Grund meist auch sehr schnell behoben. Sendmail wird in punkto Sicherheit sehr gut unterstützt.

Weshalb hat Sendmail Sicherheitsprobleme?

Eine Ursache für die Sicherheitsprobleme von Sendmail ist die Komplexität des Programms. Es führt mehrere unterschiedliche Funktionen aus und braucht dazu bestimmte Zugriffsrechte. Sendmail braucht aus mehreren Gründen root-Berechtigung. Damit kann Sendmail z.B.

- den privilegierten Port 25 auf eingehende SMTP-Verbindungen abhören.
- unter einer bestimmten Benutzerkennung arbeiten, um die Dateien *.forward* und *:include:* dieses Benutzers zu lesen und darin aufgeführte Programme auszuführen.
- bestimmte Systemaufrufe des Kerns ausführen, die (in manchen UNIX-Versionen) nur Programmen mit root-Berechtigung erlaubt sind (z.B. zur Ermittlung des freien Plattenspeichers zum Speichern eingehender Nachrichten).
- Dateien in der Mail-Warteschlange (durchlaufende Nachrichten) vor dem Ausspionieren durch nicht privilegierte Benutzer schützen.

Diese root-Berechtigung kann jedoch auch zu einer Belastung werden, wenn Sendmail als SMTP-Server arbeitet. Ein Angreifer, der über eine SMTP-Verbindung einen Fehler ausnutzt, hat nun Kontakt zu einem Prozeß mit root-Berechtigung. Dieser Prozeß kann jetzt auf der Zielmaschine alle Wünsche des Angreifers erfüllen. Sendmail bemüht sich zwar, seine Rechte aufzugeben, wenn sie nicht zwingend erforderlich sind. Trotzdem gab es im Laufe der Jahre eine Reihe von Fehlern im Zusammenhang mit Benutzerrechten.

Auf einem Bastion-Host sollte es möglich sein, Sendmail unter einer von root verschiedenen Kennung laufen zu lassen. Sie können für eingehende SMTP-Verbindungen einen alternativen SMTP-Server benutzen (das weiter unten behandelte *smap*-Paket), damit Sendmail nicht den Port 25 überwachen muß. Da es auf dem Bastion-Host keine Benutzer geben sollte, ist es nicht nötig, Sendmail unter spezifischen Kennungen ablaufen zu lassen, um geschützte *.forward*- und *:include:*-Dateien zu lesen. Unter Umständen gibt es auf Ihrem System keine privilegierten Systemaufrufe, die für den Ablauf von Sendmail zwingend erforderlich wären. Manchmal müssen Sie Sendmail jedoch aus den Quelldateien neu übersetzen, um solche Aufrufe zu unterbinden. Also brauchen Sie nur noch dafür zu sorgen, daß die Zugriffsrechte in der Mail-Warteschlange konsistent bleiben und zu verhindern, daß nicht privilegierte Benutzer durchlaufende Meldungen ansehen können (die es auf dem Bastion-Host sowieso nicht geben sollte). Dieses Problem sollte durch Einrichten einer speziellen Kennung für Sendmail gelöst sein, der das Verzeichnis für die Warteschlange gehört.

Jede dieser Aufgaben sollte im Idealfall sicherer gelöst werden. Dazu wäre jedoch eine vollständige Überarbeitung und Neuimplementierung von Sendmail nötig. Bisher wollte allerdings niemand diese Herausforderung annehmen - unter anderem aus der Angst heraus, dadurch könnten neue Mängel entstehen. Statt dessen erhalten wir einen Patch nach dem anderen für die bekannt gewordenen Schwachstellen. Der Spruch vom »aktuellen Sendmail-Patch« wurde daher unter Sicherheitsverantwortlichen bereits zum geflügelten Wort.

In Sendmail traten alle Arten der Probleme eines Mailers auf, die wir oben beschrieben. Durch Korrekturen wurden die meisten behoben oder abgeschwächt. Es war z.B. einfach, als normaler Benutzer Aufruffehler in Sendmail auszunutzen. Neuere Versionen schränken daher einfach die Anzahl der Optionen ein, die nicht privilegierten Benutzern zur Verfügung stehen. Sieht man sich die bisherige Geschichte des Programms an, so scheint es jedoch ziemlich sicher, daß noch weitere Schwachstellen entdeckt werden. Außerdem entstanden durch Korrekturen für alte Probleme manchmal neue.

Erhöhte SMTP-Sicherheit mit smap und smapd

Ein Firewall kann die Sicherheit wesentlich erhöhen, indem er verhindert, daß Angreifer direkt an Sendmail SMTP-Anweisungen übergeben, und statt Sendmail einen Ersatzserver verwendet. Diese Möglichkeit ist zum Glück realisierbar. SMTP steht für »Simple Mail Transport Protocol« - und das Protokoll ist wirklich einfach. Ein SMTP-Server muß nur rund ein halbes Dutzend Kommandos dieses Protokolls implementieren, um eingehende Mail entgegennehmen zu können.

Sie sollten den Einsatz des *smap*-Pakets erwägen, das Bestandteil von TIS FWTK ist und als »Verpackung« für Ihren SMTP-Server dient (sei es nun Sendmail oder ein anderer). Das Paket enthält die beiden Programme *smap* und *smapd*.

smap ist ein sehr kurzes, einfaches Programm, das nur eingehende SMTP-Verbindungen behandeln soll. Im Gegensatz zu Sendmail, das aus etwa 30000 Code-Zeilen besteht, enthält *smap* nur etwa 700 Zeilen. Diese relative Einfachheit von *smap* bedeutet, daß man es im Gegensatz zu Sendmail leicht unter die Lupe nehmen und in seiner Gesamtheit auf Sicherheitsprobleme hin abklopfen kann. Darüber hinaus wurde es so entworfen, daß es mit möglichst wenig Rechten auskommt. Das Programm *smap* läuft ohne root-Berechtigung. Es wird von *inetd* gestartet, der vor dem Start die Bindung an Port 25 erledigt. Daher muß *smap* nicht mehr unter der root-Kennung ablaufen. Es wechselt mit *chroot* in ein spezielles Warteschlangenverzeichnis und kann daher auf keine Daten außerhalb dieses Verzeichnisses zugreifen. Das Programm hat einzig und allein die Aufgabe, aus dem Internet eingehende Nachrichten mittels SMTP entgegenzunehmen. Es versteht nur die allernötigsten SMTP-Kommandos und speichert die empfangenen Nachrichten in einer eigenen Datei im Warteschlangenverzeichnis.

Das zweite Programm *smapd* verarbeitet regelmäßig (meist einmal pro Minute) die Dateien im Warteschlangenverzeichnis und reicht sie normalerweise an Sendmail weiter, das die Zustellung besorgt.

Der Einsatz dieses Ersatzservers für SMTP-Verbindungen hat zur Folge, daß ein Angreifer niemals eine direkte SMTP-Verbindung zu Sendmail oder einem anderen komplexen SMTP-Server aufbauen kann. Ein solches System bietet keinen Schutz gegen datengesteuerte Angriffe, aber mit solchen Lücken hat jedes Firewall-System Schwierigkeiten. Zum Glück scheinen Probleme mit datengesteuerten Angriffen in Sendmail ohnehin sehr rar zu sein. Bis heute gab es nur einen einzigen Fall.[1]

Mit dem Einsatz des *smap*-Pakets geben Sie einige Möglichkeiten auf, da *smap* absichtlich nur die minimal erforderlichen SMTP-Kommandos behandelt. So können Sie das Protokoll Extended SMTP (ESMTP) nicht mehr benutzen. ESMTP unterstützt verschiedene Erweiterungen zu SMTP, etwa bessere Behandlung von MIME-Nachrichten (siehe unten) und Nachrichten, die Binärdaten enthalten. Der SMTP-Basisdienst unterstützt nur 7-Bit-Daten. Daher müssen 8-Bit-Daten vor der Übertragung mit *uuencode* oder einem ähnlichen Programm konvertiert werden. Der Empfänger hat also das Problem, die Daten wieder zurückzukonvertieren. Diese Einschränkung stellt aber kein allzu großes Problem dar, da zur Zeit nur wenig Clients und Server ESMTP unterstützen. Jene mit ESMTP-Unterstützung haben außerdem einen Kompatibilitätsmodus, in dem sie normales SMTP

1. Dieser wird im CERT-Hinweis 93:16 behandelt. In Anhang A stehen die Bezugsquellen für CERT-Hinweise.

benutzen. ESMTP wird jedoch immer gebräuchlicher, so daß das Problem im Laufe der Zeit schlimmer wird. Es ist natürlich möglich, daß die ESMTP-Unterstützung eines Tages in das *smap*-Paket eingebaut wird, sobald dieser Punkt kritisch wird. Wie in vielen anderen Sicherheitsfragen, müssen Sie beim Einsatz von *smap* zwischen Funktionalität und Sicherheit abwägen.

Paketfilterungseigenschaften von SMTP

SMTP ist ein Dienst, der auf TCP basiert. SMTP-Empfänger benutzen Port 25. SMTP-Sender benutzen eine beliebige Portnummer über 1023.

Richtung	**Quell-Adresse**	**Ziel-Adresse**	**Protokoll**	**Quell-Port**	**Ziel-Port**	**ACK gesetzt**	**Bemerkungen**
ein	extern	intern	TCP	>1023	25	[a]	Eingehende Mail, Absender an Empfänger
aus	intern	extern	TCP	25	>1023	ja	Eingehende Mail, Empfänger an Absender
aus	intern	extern	TCP	>1023	25	[a]	Ausgehende Mail, Absender an Empfänger
ein	extern	intern	TCP	25	>1023	ja	Ausgehende Mail, Empfänger an Absender

a. Außer im ersten Paket dieses Typs (Aufbau der Verbindung) ist ACK bei allen Paketen gesetzt.

Normalerweise werden Sie Ihre Paketfilter so konfigurieren, daß ein- und ausgehende SMTP-Verbindungen nur zwischen externen Rechnern und dem Bastion-Host zulässig sind sowie zwischen dem Bastion-Host und Ihren internen Mail-Servern. Externen Rechnern sollte nicht erlaubt werden, über SMTP Verbindung zu internen Rechnern aufzunehmen. Wie dargelegt, können nur speziell dafür konfigurierte Rechner SMTP-Verbindungen sicher entgegennehmen.

Wenn eine Filterung bezüglich des ACK-Bits nicht möglich ist, können Sie ausgehende SMTP-Verbindungen direkt von internen Rechnern aus nicht ohne Sicherheitsrisiken zulassen, wie wir im letzten Beispiel von Kapitel 6 zeigten. Ist eine Filterung bezüglich des ACK-Bits möglich, so können Sie internen Rechnern das Versenden von Mail an externe Rechner erlauben, doch dies bringt keinen großen Vorteil. Ihre Verwundbarkeit erhöht sich dadurch zwar nicht, jedoch steigt die Wahrscheinlichkeit, daß Sie falsch formatierte Mail absenden. Wenn Ihre Maschinen falsch konfiguriert sind, ist dies nach außen hin sichtbar. Die Chance, daß alle internen Maschinen alle Mail-Header korrekt behandeln (vor allem zu den Adressen die vollständigen Domänennamen und »Message-ID:«-Zeilen hinzufügen), ist nicht sehr hoch. Wird die ausgehende Mail dagegen vom Bastion-Host

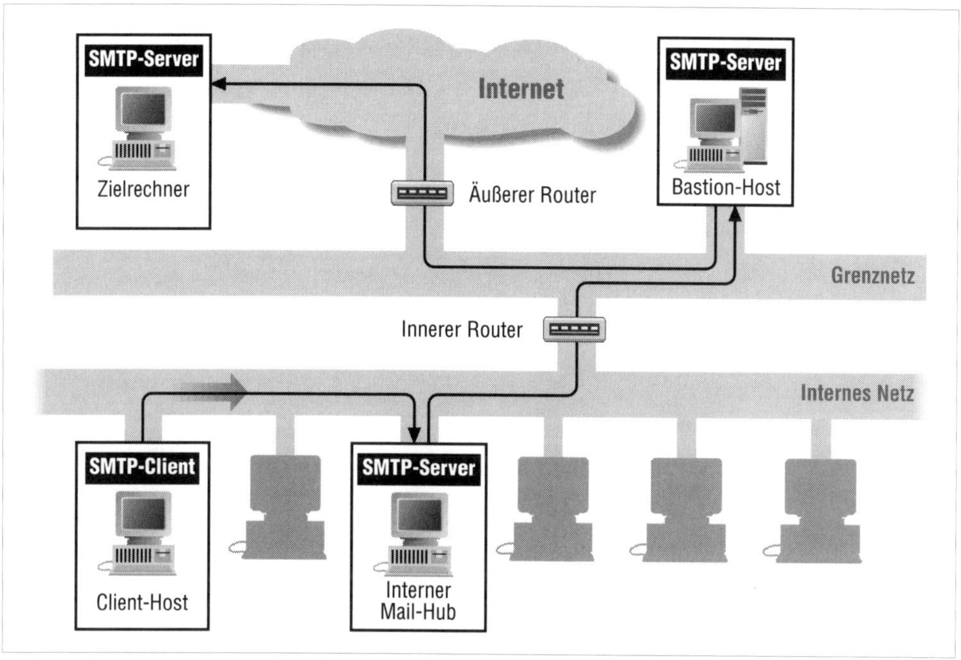

Abb. 8-3: SMTP nach außen.

abgesandt, hat dieser die Möglichkeit, die Header zu bereinigen, bevor die Mail nach außen gelangt.

Die Abbildungen 8-3 (SMTP nach außen) und 8-4 (SMTP nach innen) zeigen, wie die Paketfilterung mit SMTP funktioniert.

Proxy-Eigenschaften von SMTP

SMTP arbeitet nach dem Durchreichprinzip und eignet sich daher für den Einsatz eines Proxies. Da jeder SMTP-Server als Proxy fungieren kann, wird nur selten ein separater Proxy dafür eingerichtet. Statt dessen wickeln die meisten Standorte SMTP-Verbindungen auf einem Bastion-Host ab, auf dem ein sicherer SMTP-Server als Proxy fungiert.

Firewall-Pakete, die Proxy-Dienste anbieten, können dies für SMTP tun (man kann nicht erwarten, daß sie einen vollständigen SMTP-Server laufen lassen). Die Konfiguration ist relativ einfach, da SMTP nur eine einzelne Verbindung benutzt. In dieser Konfiguration ist es sinnvoll, die SMTP-Verbindungen des Proxies weiterhin zu einem einzelnen sicheren SMTP-Server auf einem Bastion-Host aufzubauen, der als zweiter Proxy fungiert. Der Einsatz eines Proxies schützt Sie vor unerwünschten Verbindungen, aber nicht vor dem

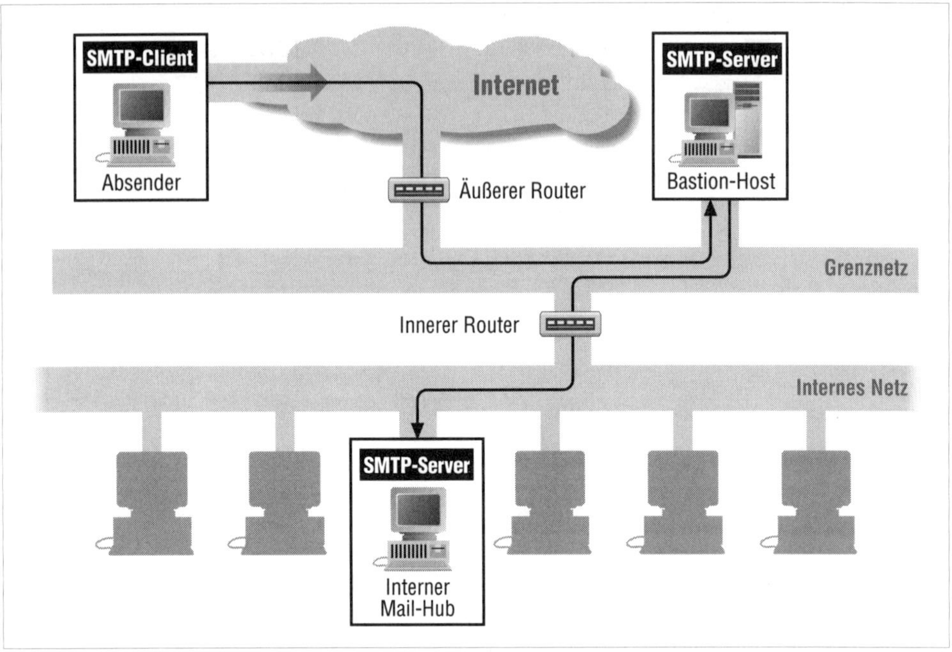

Abb. 8-4: SMTP nach innen.

Mißbrauch von Verbindungen. Externe Rechner sollten nicht mit normalen ungesicherten SMTP-Servern sprechen können, auch nicht durch einen Proxy.

Konfiguration von SMTP mit einem Firewall

Da alle Mail-Nachrichten durch den Bastion-Host laufen sollen, müssen Sie Ihr Mail-System besonders konfigurieren. Die wichtigsten Schritte dabei sind:

1. Geben Sie mit Mail Exchange (MX)-Datensätzen von DNS an, daß alle einlaufenden Mail-Nachrichten an Ihren Bastion-Host (oder die Bastion-Hosts) gerichtet werden sollen.[1]

2. Konfigurieren Sie den Mailer auf dem Bastion-Host so, daß er die Zieladressen der empfangenen Mail überprüft. Geht die Mail an einen externen Rechner, sollte der Bastion-Host sie wie üblich behandeln. Geht die Mail an einen internen Rechner,

1. In den Büchern *TCP/IP Netzwerk Administration* von Craig Hunt (O'Reilly International Thomson Verlag, 1994) und *DNS and BIND* von Paul Albitz und Cricket Liu (O'Reilly & Associates, 1992) finden Sie eine ausführliche Beschreibung der MX-Datensätze, ihrer Arbeitsweise und ihrer Verwendung.

sollte der Bastion-Host sie einfach an einen internen Mail-Server zur weiteren Behandlung leiten. Wenn der Bastion-Host eingehende Mail an einen einzigen internen Server weiterleitet, muß er interne Aliasnamen und interne Mail-Konfigurationen selbst nicht mehr kennen. Das bedeutet, daß Sie die Mail-Konfiguration auf dem Bastion-Host nicht mehr so oft ändern müssen. Reicht der Bastion-Host die eingehende Mail nur an einen einzigen oder einige wenige interne Server weiter, kann das Filtersystem SMTP-Verbindungen des Bastion-Hosts auf diese wenigen Rechner beschränken. Dadurch vermindert sich die Anzahl der internen Systeme, die über SMTP vom Bastion-Host aus angegriffen werden können, falls in diesen eingebrochen wurde.

3. Konfigurieren Sie die internen Systeme so, daß alle ausgehenden Mail-Nachrichten an den Bastion-Host gerichtet werden.

Es ist außerdem sinnvoll, das Mail-System so zu konfigurieren, daß ausgehende Mail mit einer zentralen Adresse als Absender versehen wird und nicht mit den Namen einzelner Rechner. So soll zum Beispiel die Mail Ihrer Benutzer als *person@bigcompany.com* erscheinen und nicht als *person@littlemachine.bigcompany.com*. Da sowieso alle eingehenden Nachrichten (Antworten auf obige Adressen in ausgehender Mail) über den Bastion-Host laufen, werden dadurch keine notwendigen Informationen entfernt. Das Verfahren garantiert, daß die Mail korrekt an den Bastion-Host geht, selbst wenn es Probleme mit den MX-Datensätzen für einzelne Maschinen gibt. Außerdem erhalten die Empfänger der Mail konsistente Informationen.

Zusammenfassung: Empfehlungen für SMTP

- Benutzen Sie die üblichen Funktionen von SMTP zur Speicherung und Weiterleitung, um alle ein- und auslaufenden Mail-Nachrichten über den Bastion-Host zu leiten.
- Beschränken Sie SMTP-Verbindungen von externen Rechnern mittels Paketfilterung auf den Bastion-Host.
- Beschränken Sie SMTP-Verbindungen vom Bastion-Host aus mittels Paketfilterung auf einen oder einige wenige interne Server.
- Sorgen Sie dafür, daß alle internen Systeme auslaufende Mail an den Bastion-Host senden.
- Benutzen Sie auf dem Bastion-Host und eventuell auch auf den internen Mail-Servern *smap* anstelle von Sendmail als SMTP-Server.
- Besorgen Sie immer die aktuellsten Patches für Delivery Agents und User Agents.
- Klären Sie Ihre Benutzer immer über die neuesten Tricks auf, etwa Anweisungen, bestimmte Programme ablaufen zu lassen oder das Kennwort auf einen vorgegebenen Wert zu ändern.

Post Office Protocol (POP)

SMTP dient zum Austausch von Mail zwischen Servern. Die Benutzer erhalten Ihre Mail normalerweise als Datei (direkt oder mit NFS o.ä.) auf der Maschine, auf der sie zugestellt wird. Manchmal ist es jedoch sinnvoll, die Mail mit einem speziellen Protokoll vom Server an den Benutzer zu senden.

POP ist ein Client/Server-Protokoll für die Behandlung der elektronischen Briefkästen der Benutzer. Beim Einsatz von POP wird der Briefkasten des Benutzers (die Mailbox, also die Datei, die die eingehende Mail des Benutzers für späteren Zugriff enthält) nicht auf der eigenen Maschine des Benutzers gespeichert, sondern auf einem Server. Der Server ist für eingehende Mail meist besser erreichbar als die persönliche Maschine des Benutzers - speziell dann, wenn die »persönliche Maschine« ein tragbarer Rechner ist, den der Benutzer bei sich hat und der nur zeitweise mit dem Netz verbunden ist. Möchte der Benutzer seine Post lesen, greift er mit einem Client-Programm (etwa Eudora oder Z-Mail) auf seiner eigenen Maschine mittels POP darauf zu.

Beim Einsatz von POP im Internet treten zwei sicherheitsrelevante Probleme auf. Erstens sollten Sie sich darüber im klaren sein, daß POP-Clients und -Server das POP-Paßwort des Benutzers unverschlüsselt über das Internet senden. Schnüffler, die die Verbindung überwachen, könnten es abfangen und später selbst benutzen. Meistens ist das POP-Paßwort mit dem Login-Paßwort des Benutzers identisch, so daß ein Lauscher nicht nur Zugriff auf die Mail dieses Benutzers bekommt, sondern all seine Rechte erhält. Es gibt zwar sicherere Varianten von POP, die Kerberos unterstützen (oft KPOP genannt) oder mit Paßwörtern arbeiten, die nur einmal benutzt werden können (oft APOP genannt), doch diese sicheren Varianten sind nicht sehr weit verbreitet. Es kann schwierig sein, eine Kombination von Clients und Servern zu finden, die diese Varianten unterstützen und sich für Ihren Standort eignen.

Zweitens sollten Sie neben der Frage der Zugangsberechtigung auch die Vertraulichkeit der Mail berücksichtigen, auf die Ihre Benutzer mittels POP über das Internet zugreifen. Jede E-Mail, auf die die Benutzer zugreifen, ist für Schnüffler sichtbar, die die jeweilige POP-Sitzung überwachen. Sie müssen sich daher überlegen, wie vertraulich E-Mail in Ihrer Umgebung sein kann. Viele Netzverwalter sind der Meinung, daß die interne Mail der Benutzer - unabhängig von den Zugangsberechtigungen - zu vertraulich ist, um das Risiko einzugehen daß Schnüffler POP-Sitzungen überwachen. Solche Standorte führen meist alternative Zugangsmethoden ein - etwa Wählverbindungen, die bei weitem nicht so anfällig für Schnüffelei sind. Wenn Sie Ihren Benutzern die Möglichkeit geben, das Netz innerhalb des Firewalls zu erreichen (etwa per Modem und PPP oder SLIP), können Sie Zugriffe von unterwegs per POP erlauben, ohne daß diese über das Internet stattfinden.

Paketfilterungseigenschaften von POP

POP ist ein Dienst auf Basis von TCP. POP-Server für die aktuelle Version des POP-Protokolls (die als POP3 bezeichnet wird und bei weitem am häufigsten benutzt wird) benutzen Port 110. Server für das ältere POP2-Protokoll benutzen Port 109. POP1 fand nie größere Verbreitung. POP-Clients benutzen Ports über 1023.

Richtung	Quell-Adresse	Ziel-Adresse	Protokoll	Quell-Port	Ziel-Port	ACK gesetzt	Bemerkungen
ein	extern	intern	TCP	>1023	110 109[a]	[b]	Eingehende POP-Verbindung, vom Client zum Server
aus	intern	extern	TCP	110 109[a]	>1023	ja	Eingehende POP-Verbindung, vom Server zum Client
aus	intern	extern	TCP	>1023	110 109[a]	[b]	Ausgehende POP-Verbindung, vom Client zum Server
ein	extern	intern	TCP	110 109[a]	>1023	ja	Ausgehende POP-Verbindung, vom Server zum Client

a. Moderne POP-Server (POP3) benutzen Port 110, ältere POP2-Server dagegen Port 109.
b. Außer im ersten Paket dieses Typs (Aufbau der Verbindung) ist ACK bei allen Paketen gesetzt.

Mit einer hinausgehenden POP-Verbindung können Benutzer ihre Mail von anderen Standorten abholen. Dies ist nicht gefährlicher als eine ausgehende Telnet-Verbindung, so daß Sie solche POP-Verbindungen bei Bedarf erlauben können. Andererseits ist POP über das Internet so selten, daß wahrscheinlich niemand an ausgehenden POP-Verbindungen interessiert is t und deshalb nichts für die Verwendung spricht.

Mit eingehenden POP-Verbindungen können Leute in anderen Netzen Mail lesen, die ihnen an ihrem »Heimatnetz« zugestellt wurde. Wie bereits beschrieben, sollten Sie eingehende POP-Verbindungen verbieten. Falls Sie sie zulassen wollen, sollten Sie POP-Verbindungen auf einen POP-Server auf einem einzelnen Rechner beschränken. Dies vermindert die Anzahl verletzbarer Benutzerkennungen und die Informationen, die über das Internet weitergegeben werden. Bisher sind zwar keine Sicherheitsprobleme in POP-Servern bekannt, doch falls solche gefunden werden, müssen Sie nur auf einem Rechner Patches einspielen, ohne sich um alle anderen internen Rechner Sorgen zu machen. Da POP Benutzerkennungen benötigt, sollten Sie es nicht auf Ihrem normalen Bastion-Host betreiben. Obwohl Sie verhindern können, daß sich Benutzer mit POP-Kennungen anmelden, stellen diese ein Verwaltungsproblem dar.

Abbildung 8-5 zeigt, wie POP zusammen mit einem Firewall funktioniert.

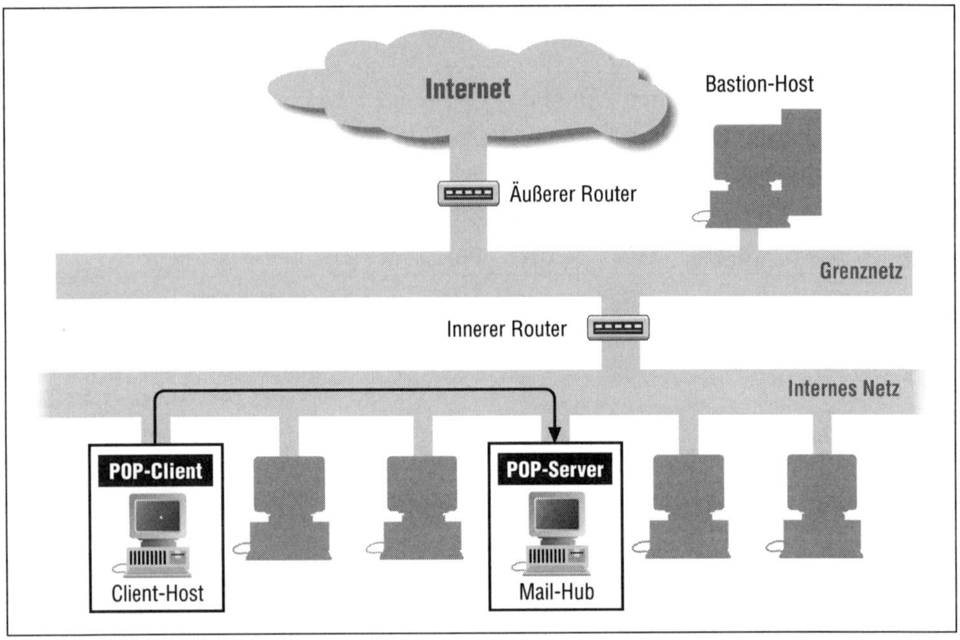

Abb. 8-5: POP und Paketfilterung.

Proxy-Eigenschaften von POP

Da POP nur mit einer einzelnen Verbindung arbeitet, ist der Einsatz eines Proxies einfach. Vorkompilierte POP-Clients mit Proxy-Unterstützung z.B. für SOCKS stehen allerdings noch kaum zur Verfügung. Dies liegt vor allem daran, daß POP zwar auf LANs häufig genutzt wird, im Internet jedoch eher selten ist. POP-Clients für UNIX stehen als Quelltext zur Verfügung und lassen sich leicht an Proxy-Systeme anpassen. Bei Implementierungen für PCs ist die Beschaffung des Quellcodes im allgemeinen schwieriger, die Anpassung jedoch ebenso einfach.

Es gibt keine einfache Möglichkeit zum Einsatz eines Proxies bei Verbindungen zwischen internen Clients und externen Servern oder externen Clients und internen Servern - es sei denn, alle Clients nehmen Verbindung zum gleichen Server auf. In diesem Fall können Sie ein generisches TCP-Proxy-Programm (etwa *plug-gw* aus dem TIS FWTK) auf dem POP3-Port Ihres Bastion-Hosts laufen lassen. Es wird so konfiguriert, daß es alle Verbindungen zum einzigen POP-Server weiterleitet. Die Clients werden so konfiguriert, daß sie auf den »POP-Server« auf dem Bastion-Host zugreifen, der in Wirklichkeit das Proxy-Programm ist.

Falls der Zugang auf mehrere POP-Server erforderlich ist und sichergestellt werden kann, daß alle Client-Verbindungen von einer bestimmten IP-Adresse oder Domäne an einen speziellen Server gerichtet werden, können Sie auch mit einer komplexeren Konfiguration arbeiten. Dabei leitet das Programm *plug-gw* die Verbindungen abhängig von der Ursprungsadresse an den jeweiligen Server weiter. Mit dem zur Zeit verfügbaren Code ist es nicht möglich, daß mehrere Benutzer auf dem gleichen Client-Rechner (oder den gleichen Rechnern) über einen Firewall hinweg auf verschiedene POP-Server zugreifen. Man könnte einen eigenen POP-Server mit Proxy-Unterstützung schreiben, der die Kennung des Benutzers überprüft, entscheidet, auf welchen Server dieser Benutzer zugreifen muß und dann ohne weiteres Zutun in klassischer Proxy-Manier die Daten durchschleust. Es wäre jedoch schwierig, dieses Verfahren mit nicht wiederverwendbaren Paßwörtern zu implementieren.

Zusammenfassung: Empfehlungen für POP

- Erlauben Sie Ihren Benutzern nicht, Mail von Ihrem Standort mittels POP über das Internet zu übertragen. Ausnahme: Sie können ausschließen, daß wiederverwendbare Paßwörter offengelegt werden, und die Mailinhalte sind nicht vertraulich bzw. sie werden verschlüsselt.
- Wenn Benutzer Mail von anderen Standorten mittels POP übertragen wollen, können Sie dies mit Paketfilterung zulassen, eventuell eingeschränkt auf Verbindungen von bestimmten Standorten oder zu bestimmten Rechnern auf Ihrer Seite.
- Der Einsatz eines Proxies wäre eine wirksame Lösung für einige Probleme mit POP, aber dazu müssen Sie zumindest kleinere Code-Änderungen durchführen.

Multimedia Internet Mail Extensions (MIME)

MIME bezeichnet eine Reihe von Erweiterungen des grundlegenden Formats für elektronische Mail-Nachrichten im Internet. Es unterstützt

- Von ASCII abweichende Zeichensätze
- Zusätzlich zu Textdaten auch Bilder und Audio-Elemente
- Formatierte Texte, also Nachrichten mit unterschiedlichen Schriftarten und -größen im Gegensatz zum einfachen unformatierten Text mit konstanter Schriftart
- Mehrteilige Nachrichten (Nachrichten, die mehrere Einzelteile in unterschiedlichen Formaten enthalten).

MIME-Unterstützung ist vor allem eine Sache der Clients, für Mail-Server und Transport-Systeme sind MIME-Nachrichten einfach ganz normale Nachrichten. Entscheidend ist, ob ein bestimmter Client ausgehende MIME-Nachrichten erzeugen sowie eingehende MIME-Nachrichten erkennen und richtig verarbeiten kann.

Die MIME-Richtlinien definieren einige grundlegende Datentypen, etwa einfachen Text, formatierten Text, Audio usw. Da MIME erweiterbar ist, lassen sich bei Bedarf neue Datentypen hinzufügen. MIME-fähige Mail-Clients verstehen im allgemeinen einige Datentypen (oft nur mehrteilige Nachrichten und einfachen Text) und verlassen sich für die Verarbeitung anderer Datentypen auf spezielle Programme (z.B. Graphikprogramme zur Darstellung von Bildern und Sound-Programme zum Abspielen von Audio-Clips). Die Clients benutzen meist eine Liste externer Programme, die für bestimmte Datentypen zuständig sind. Der Benutzer kann diese Liste erweitern oder verändern.

Ironischerweise kommt MIME nicht vorwiegend in Mail-Systemen, sondern im World Wide Web zum Einsatz. Die meisten Mail-Systeme unterstützen MIME wenig oder überhaupt nicht, während MIME eine Schlüsseltechnologie für das World Wide Web darstellt. Ein WWW-Server beschreibt mit MIME das Format jeder Web-Seite, die er an einen Client sendet; Die WWW-Clients ermitteln mit MIME, wie die empfangenen Daten darzustellen oder anderweitig zu verarbeiten sind.

Da MIME im WWW intensiver genutzt wird als bei elektronischer Post, behandeln wir es im Abschnitt über WWW, obwohl es theoretisch auch mit Mail zu tun hat. Wenn Ihre E-Mail-Clients MIME unterstützen, haben sie die gleichen Schwachstellen, die im Abschnitt »Was kann ein bösartiger Server Ihren Clients antun?« im Web-Teil weiter unten in diesem Kapitel behandelt werden.

Ein Unterschied zwischen E-Mail-Clients und WWW-Clients bezüglich der MIME-Unterstützung besteht darin, wie beide die Daten erhalten. Bei einem WWW-Client entscheidet der Benutzer, auf welche Daten zugegriffen wird. Bei E-Mail greift der Benutzer auf alles zu, was ihm irgend jemand geschickt hat. Daher sind E-Mail-Clients theoretisch anfälliger, da man nicht steuern kann, was einem die Leute so alles zusenden. In der Praxis spielt dieser Unterschied jedoch keine Rolle, da man einen Web-Surfer sehr leicht dazu überreden kann, auf etwas Bestimmtes zuzugreifen. Sie müssen deshalb sorgfältig darauf achten, welche Datentypen Ihre Clients verstehen und wie sie diese Daten verarbeiten. Diese Frage wird im Web-Teil ausführlich behandelt.

Übertragung von Dateien

FTP ist der De-facto-Standard zur Übertragung von Dateien im Internet. Daneben gibt es noch einige spezielle Protokolle für Anwendungen, bei denen FTP ungeeignet ist: TFTP wird von manchen Geräten zur Übertragung von Konfigurationsdateien benutzt; FSP ist ein Protokoll auf Basis von UDP, das zum Einsatz kommt, wenn TCP-Verbindungen nicht möglich oder nicht erlaubt sind. UUCP dient zur stapelweisen Übertragung, speziell über Telephonleitungen.

File Transfer Protocol (FTP)

FTP dient zur Übertragung von Dateien von einer Maschine zu einer anderen. Mit FTP lassen sich beliebige Arten von Dateien übermitteln, z.B. ausführbare Programme, Graphikdateien, ASCII-Text, PostScript, Sound- und Videodateien usw. Es gibt zwei Arten von FTP-Zugang: FTP mit Benutzerkennung und Anonymous-FTP. Im ersten Fall braucht der Benutzer eine Kennung auf dem Server und kann damit auf alle Dateien zugreifen, auf die er auch bei einem normalen Login unter dieser Kennung Zugriff hätte. Anonymous-FTP ist für Leute ohne Benutzerkennung gedacht und bietet allen Internet-Benutzern Zugang zu bestimmten Dateien.

Anonymous-FTP ist bei weitem die häufigste Verwendung von FTP im Internet. Server für Anonymous-FTP sind die Standardmethode zur Verteilung von Programmen und Informationen, die eine Organisation dem gesamten Internet zur Verfügung stellen will. Wenn ein Standort einen Server für Anonymous-FTP anbietet, kann jeder Internet-Benutzer eine FTP-Verbindung zu diesem Server aufbauen, sich mit der Kennung »anonymous« beim FTP-Server anmelden und auf alle Dateien zugreifen, die die Betreiber des Servers innerhalb eines beschränkten Bereichs zur Verfügung stellen.

Paketfilterungseigenschaften von FTP

FTP benutzt zwei getrennte TCP-Verbindungen: eine für Kommandos zwischen Client und Server sowie deren Ergebnisse (diese Verbindung wird meist als *Kommandokanal* bezeichnet), und eine zweite Verbindung, auf der Verzeichnislistings und Dateien übertragen werden (der *Datenkanal*). Auf der Seite des Servers benutzt der Kommandokanal Port 21 und der Datenkanal gewöhnlich Port 20. Der Client verwendet für Kommando- und Datenkanal jeweils Portnummern über 1023.

Um eine FTP-Sitzung einzuleiten, reserviert der Client zunächst zwei TCP-Ports mit Portnummern über 1024 für sich selbst. Auf dem ersten öffnet er den Kommandokanal zum Server und setzt dann das FTP-Kommando PORT ab, um dem Server die Nummer des zweiten Ports mitzuteilen, den der Client zur Datenübertragung benutzen will. Daraufhin öffnet der Server die Verbindung auf dem Datenkanal. Diese Verbindung verläuft in der entgegengesetzten Richtung als bei den meisten anderen Protokollen, bei denen der Client eine Verbindung zum Server öffnet. Dieses »rückwärts« gerichtete Öffnen verkompliziert die Angelegenheit bei Firmennetzen, die alle Pakete zum Start einer Verbindung ausfiltern wollen, um sicherzustellen, daß TCP-Verbindungen immer von innen eingeleitet werden; externe FTP-Server werden versuchen, Datenverbindungen zu internen Clients aufzubauen, nachdem diese internen Clients eine Kommandoverbindung geöffnet haben. Zudem richten sich diese Verbindungen an Ports, deren Portnummern in einem unsicheren Bereich liegen. Abbildung 8-6 zeigt diese Art einer FTP-Verbindung.

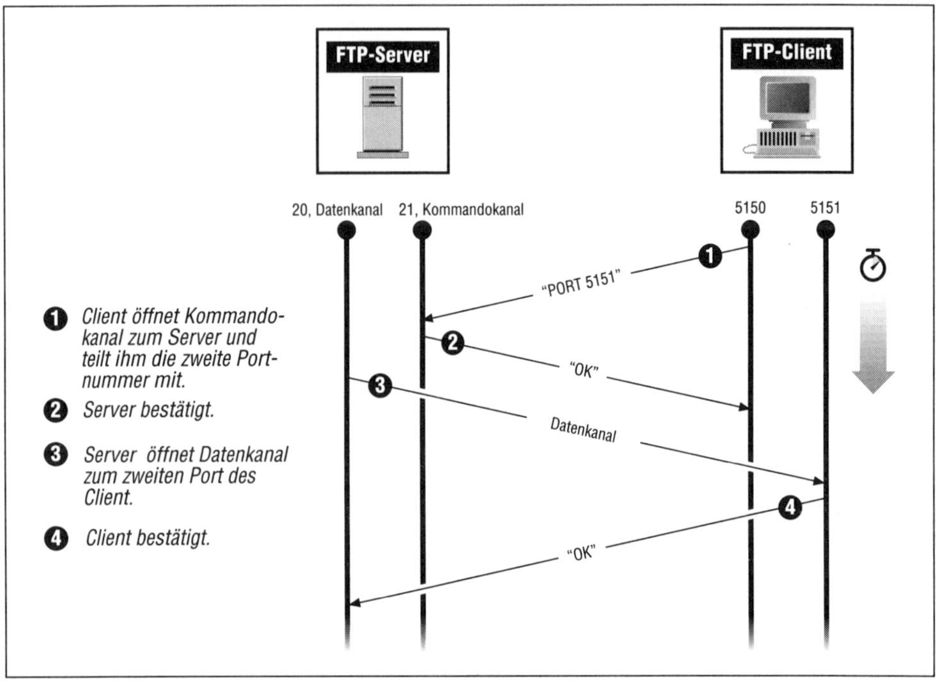

Abb. 8-6: Eine FTP-Verbindung im normalen Modus.

Die meisten FTP-Server (darunter jene an den größeren Standorten für Anonymous-FTP im Internet) und viele FTP-Clients unterstützen einen alternativen Modus, in dem der Client sowohl den Kommando- als auch den Datenkanal zum Server öffnet. Dieser Modus wird als »passiver Modus« oder PASV (nach dem FTP-Kommando, mit dem der Client diesen Modus beim Server einleitet) bezeichnet. Wenn sowohl Ihr FTP-Client als auch der gewünschte FTP-Server den passiven Modus unterstützen, können Sie anstelle des normalen Modus damit arbeiten. Auf diese Art vermeiden Sie Probleme bei der Filterung von Paketen zum Start einer Verbindung, da alle Verbindungen vom Client ausgehen, also von innen.

Im passiven Modus reserviert ein FTP-Client zwei TCP-Ports zum eigenen Gebrauch und nimmt wie beim normalen Modus über den ersten Port Kontakt zum FTP-Server auf. Anstatt dem Server jedoch mit dem Kommando PORT den zweiten Port mitzuteilen, setzt der Client das Kommando PASV ab. Auf dieses Kommando hin reserviert der Server selbst einen zweiten Port für den Datenkanal und teilt dem Client die Nummer dieses Ports mit. Aus Designgründen benutzen Server dafür beliebige Portnummern über 1023 und nicht Portnummer 20 wie im normalen Modus; zwei Server auf der gleichen Ma-

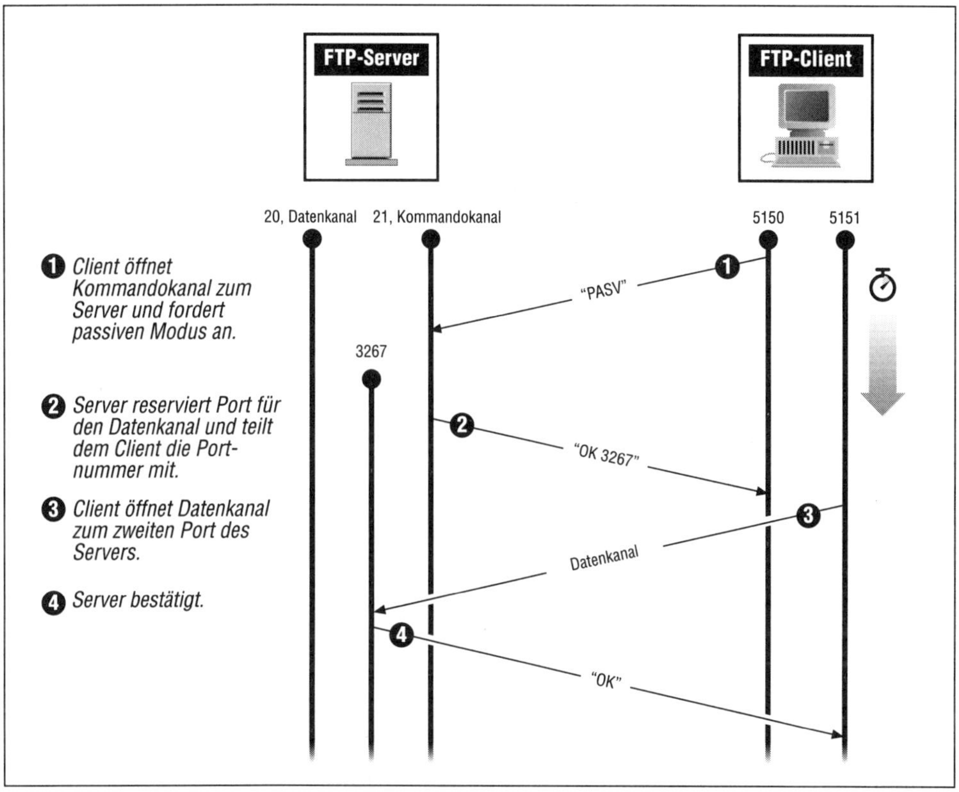

Abb. 8-7: Eine FTP-Verbindung im passiven Modus.

schine könnten im passiven Modus nicht gleichzeitig Port 20 auf eingehende Datenverbindungen abhören. Jetzt öffnet der Client die Datenverbindung von seinem Port zu dem Datenport, dessen Nummer ihm der Server eben mitgeteilt hat. Abbildung 8-7 zeigt eine FTP-Verbindung im passiven Modus.

Nicht alle FTP-Clients unterstützen den passiven Modus. Unterstützt ein bestimmter Client den passiven Modus, wird das in der Dokumentation besonders erwähnt. Manche Clients unterstützen sowohl normalen als auch passiven Modus und geben dem Benutzer die Möglichkeit, den gewünschten Modus festzulegen. Wenn Sie keine Clients für den passiven Modus finden, sollten Sie daran denken, daß die eingebauten FTP-Clients vieler WWW-Browser (z.B. Netscape Navigator) den passiven Modus benutzen. Wahrscheinlich wollen Ihre Benutzer diese Browser sowieso für den WWW-Zugang haben, so daß Sie ihnen auch zeigen können, wie man die Browser als FTP-Clients nutzt.

Da der passive Modus erst in jüngster Zeit populär wurde, haben oft auch solche Server Probleme mit dem passiven Modus, die diesen eigentlich unterstützen. Sie werden vielleicht feststellen, daß manche Kombinationen von Client und Server bei Übertragungen im passiven Modus gelegentlich hängenbleiben, selbst wenn sie im normalen Modus problemlos funktionieren.

Wenn Ihr FTP-Client oder einer der FTP-Server, mit denen Sie kommunizieren wollen, den passiven Modus nicht anbietet und Sie FTP über Paketfilterung (und nicht über einen Proxy) unterstützen wollen, müssen Sie für diesen Sonderfall eine Ausnahmeregel in Ihre Paketfilterungsregeln einbauen. Diese Zusatzregel erlaubt dem Server das Öffnen eines Datenkanals zum Client. In diesem Fall sind Sie aber anfällig für Angreifer, die eine Verbindung von Port 20 auf Seite des Angreifers zu einem Port über 1023 auf Ihrer Seite öffnen (etwa einem X-Server). Port 20 ist zwar eigentlich der FTP-Datenkanal, aber auf einem Rechner, die Sie nicht kontrollieren können, ist das nicht garantiert. Aus diesem Grund sollten Sie die Ausnahme möglichst eng fassen, indem Sie sie z.B. auf die Adresse des speziellen Client oder Server beschränken, der den passiven Modus nicht unterstützt. Selbst wenn Sie nur für einen einzigen Server eine Ausnahme machen, sind Sie anfällig für gefälschte Verbindungen von diesem Server.

Einige Implementierungen zur dynamischen Paketfilterung (etwa FireWall-1 von Check-Point Software) überwachen die Kommandos auf dem FTP-Kommandokanal und stellen fest, welches PORT-Kommando der Client zum Server sendet. Dieses Kommando teilt dem Server mit, auf welchem Port der Client auf das Öffnen des Datenkanals durch den Server wartet. Diese Implementierungen fügen auch eine temporäre (zeitlich beschränkte) Ausnahme in die Paketfilterungsregeln ein, die es dem Server erlaubt, den Datenkanal zum Client zu öffnen.

Richtung	Quell-Adresse	Ziel-Adresse	Protokoll	Quell-Port	Ziel-Port	ACK gesetzt	Bemerkungen
ein	extern	intern	TCP	>1023	21	[a]	Eingehende FTP-Anfrage
aus	intern	extern	TCP	21	>1023	ja	Antwort auf eingehende Anfrage
aus	intern	extern	TCP	20	>1023	[a]	Einrichten des Datenkanals für eingehende FTP-Anfrage, normaler Modus
ein	extern	intern	TCP	>1023	20	ja	Antworten im Datenkanal für eingehende FTP-Anfrage, normaler Modus
ein	extern	intern	TCP	>1023	>1023	[a]	Einrichten des Datenkanals für eingehende FTP-Anfrage, passiver Modus

Richtung	Quell-Adresse	Ziel-Adresse	Protokoll	Quell-Port	Ziel-Port	ACK gesetzt	Bemerkungen
aus	intern	extern	TCP	>1023	>1023	ja	Antworten im Datenkanal für eingehende FTP-Anfrage, passiver Modus
aus	intern	extern	TCP	>1023	21	[a]	Ausgehende FTP-Anfrage
ein	extern	intern	TCP	21	>1023	ja	Antwort auf ausgehende Anfrage
ein	extern	intern	TCP	20	>1023	[a]	Einrichten des Datenkanals für ausgehende FTP-Anfrage, normaler Modus
aus	intern	extern	TCP	>1023	20	ja	Antworten im Datenkanal für ausgehende FTP-Anfrage, normaler Modus
aus	intern	extern	TCP	>1023	>1023	[a]	Einrichten des Datenkanals für ausgehende FTP-Anfrage, passiver Modus
ein	extern	intern	TCP	>1023	>1023	ja	Antworten im Datenkanal für ausgehende FTP-Anfrage, passiver Modus

a. Außer im ersten Paket dieses Typs (Aufbau der Verbindung) ist ACK bei allen Paketen gesetzt.

Proxy-Eigenschaften von FTP

Wegen der Probleme mit dem passiven Modus und Schwierigkeiten im Zusammenhang mit dem Namensdienst (»double-reverse lookups«, die wir im Abschnitt »Domain Name Service (DNS)« behandeln) sind Proxies für ausgehendes FTP besonders attraktive. Mit einem Client im normalen Modus und einem Proxy können Sie zuverlässig Verbindung zu externen Servern aufnehmen, ohne eingehende TCP-Verbindungen für den Datenkanal auf anderen Rechnern als dem Bastion-Host zuzulassen, der als Proxy fungiert. Es ist daher selbst dann sinnvoll, einen FTP-Proxy einzurichten, wenn die meisten anderen Protokolle direkt über einen Firewall mit Paketfilterung abgewickelt werden. Es gibt FTP-Proxies sowohl für modifizierte Clients als auch für modifizierte Prozeduren.

Das SOCKS-Paket enthält einen an SOCKS angepaßten FTP-Client für UNIX. Da es bei FTP mehrere simultane TCP-Verbindungen gibt, ist es aufwendig, andere FTP-Clients selbst anzupassen.Aufwendiger als die Anpassung der Clients für einfache Protokolle mit einer einzelnen Verbindung wie SMTP oder POP.

Das TIS FWTK enthält einen Proxy-FTP-Server, der mit modifzierten Clients oder modifizierten Benutzerprozeduren arbeitet. Er bietet zusätzliche Funktionen zur Protokollierung, Ablehnung von Diensten und Benutzerauthentifizierung. Diese Funktionen erlauben eine bessere Steuerung als Paketfilter oder der Proxy-Einsatz mit SOCKS.

Wenn Sie modifizierte Clients mit dem FTP-Proxyserver des TIS FWTK benutzen wollen, müssen Sie alle Anpassungen selbst durchführen. Es gibt keinen modifizierten Client, nicht einmal eine Client-Library. Beim Einsatz modifizierter Clients mit dem FTP-Proxy-Server des TIS FWTK müssen Sie außerdem auf der Maschine, die als Proxy-Server dient, auf einen Standard-FTP-Server verzichten. Einige Versionen des FWTK enthielten einen FTP-Server, der als Proxy-Server und als regulärer FTP-Server fungieren kann. Da es damit jedoch einige Probleme gab, ist nicht klar, ob er auch in neueren Versionen des Toolkit enthalten sein wird.

Manche FTP-Clients sind nicht flexibel genug für den Einsatz mit modifizierten Benutzerprozeduren im Zusammenhang mit dem FTP-Proxy-Server des TIS FWTK. Bei der üblichen Prozedur müssen die Benutzer erst eine FTP-Verbindung zu der Maschine öffnen, auf der der Proxy-Server läuft und sich dann als *anonymous@host.some.net* auf dem FTP-Proxy-Server anmelden. Dabei ist der Name des Rechners, mit dem sie Verbindung aufnehmen wollen, als Teil der Login-Kennung anzugeben. Bei manchen FTP-Clients ist die Kennung »anonymous« bereits fest verdrahtet oder die Länge des Login-Felds beschränkt, so daß es zu kurz für »anonymous@« plus Rechnername ist.

So gut wie alle kommerziellen Proxy-Pakete unterstützen Proxy-Dienste für ausgehendes FTP, weil FTP im Internet so weit verbreitet ist.

Manche Standorte setzen sowohl Proxies als auch Paketfilterung für FTP ein. Manchmal können Sie die Anzahl der benötigten modifizierten Clients reduzieren, indem Sie für Verbindungen im normalen Modus einen Proxy einsetzen und für Verbindungen im passiven Modus Paketfilter. Sie können die Sicherheit auch durch eine Kombination beider Lösungen erhöhen: Ein Proxy-FTP-Server benutzt für externe Verbindungen immer den passiven Modus, egal in welchem Modus der interne Rechner arbeitet. Der Proxy wandelt alle Verbindungen durch den Firewall in den passiven Modus um, so daß Sie die Paketfilter zum Schutz des Proxy-Rechners restriktiver festsetzen können. Allerdings kommen nur solche in Frage, die den passiven Modus unterstützen.

Anbieten von Anonymous-FTP

Bei Anonymous-FTP meldet sich ein Benutzer auf dem FTP-Server als »anonymous« an. Er wird daraufhin nach einem Paßwort gefragt und muß mit seiner vollständigen E-Mail-Adresse antworten. Die meisten Standorte bestehen jedoch nicht auf dieser Regelung, so daß die Benutzer eingeben können, was sie wollen – es muß nur wie eine E-Mail-Adresse aussehen. Selbst wenn die Angaben eingetippt werden, werden sie meist nur protokolliert und nicht verifiziert, abgesehen von einer oberflächlichen Plausibilitätskontrolle, etwa ob die Adresse das Zeichen »@« enthält. Viele Standard-FTP-Server, etwa die der meisten UNIX-Versionen, protokollieren noch nicht einmal die Angaben des Benutzers.

Wenn Sie Anonymous-FTP anbieten wollen, besteht die Herausforderung darin, sicherzustellen, daß der FTP-Server nur die Informationen zur Verfügung stellt, die Sie auch wirklich bereitstellen wollen, und jemandem von außen keinen Zugang zu anderen privaten Daten auf der Maschine erlaubt.

Beim Einrichten von Anonymous-FTP können Sie vorsorglich die Informationen auf der Maschine beschränken, die Anonymous-FTP anbietet. Sollte es ein Angreifer schaffen, den Bereich für Anonymous-FTP zu verlassen, so findet er auch an anderen Stellen nichts Interessantes auf der Maschine oder in Verzeichnissen, die per NFS oder mit anderen Mechanismen eingehängt werden.

Viele FTP-Server führen *chroot* zum FTP-Bereich durch, bevor sie Kommandos eines anonymen Benutzers entgegennehmen. Um jedoch sowohl normales als auch Anonymous-FTP zu unterstützen, brauchen FTP-Server Zugang zu allen Dateien. Folglich bedeutet der Aufruf von *chroot*, der normalerweise extrem sicher ist, bei einem FTP-Server nicht viel, da der Server nicht immer in der *chroot*-Umgebung arbeitet.

Um dieses Problem zu umgehen, können Sie die Konfiguration von *inetd* so verändern, daß er den FTP-Server nicht direkt startet, sondern erst *chroot* aufruft und dann den FTP-Server startet (mit dem Programm *chrootuid*, das in Anhang B beschrieben wird). Bei FTP ist der Zugriff meist nur für anonyme Benutzer begrenzt, normale Benutzer genießen ihre üblichen Zugriffsrechte. Der *chroot*-Aufruf vor dem Start des FTP-Servers bewirkt aber, daß auch Benutzer mit Kennungen eingeschränkt werden. Das spielt keine Rolle, falls es auf Ihrem FTP-Server keine solchen normalen Benutzer gibt (was eigentlich der Fall sein sollte).

Wie ein Server für Anonymous-FTP im einzelnen eingerichtet wird, hängt vom Betriebssystem und dem jeweiligen FTP-Dämon ab. Beginnen Sie mit den Anweisungen auf den Manualseiten zum FTP-Dämon (falls vorhanden). Damit sollten Sie die meisten herstellerspezifischen Schritte meistern können. Wenn Sie alle dort beschriebenen Schritte durchgeführt haben, besorgen Sie sich die CERT-Anweisung 93:10. Sie beschreibt, wie man beim Einrichten eines Servers für Anonymous-FTP die Sicherheitslücken schließt, die die Anleitungen der meisten Anbieter offenlassen[1]. (Hinweise zum Bezug der CERT-Empfehlungen finden Sie in Anhang A.)

1. Viele Hersteller liefern Beschreibungen aus, in denen entscheidende Punkte fehlen. Diese reichen von Sicherheitslücken bis zu Einschränkungen der FTP-Funktionalität, weil Anweisungen fehlen.

Meist können anonyme Benutzer nur deswegen unbefugt auf nicht für sie bestimmte Dateien zugreifen, weil ein interner Benutzer die Dateien nichtsahnend per Anonymous-FTP zur Verfügung stellt - unter der Annahme, dies sei sicher genug. Der interne Benutzer erwartet dabei gewöhnlich Sicherheit durch Unsichtbarkeit: Er nimmt einfach an, daß niemand die Dateien bemerken wird. Das ist aber ein Trugschluß. Die Dateien fallen auf, vor allem dann, wenn sie aussagekräftige Namen haben. An beliebten FTP-Standorten suchen neugierige Leute ziellos herum und bemerken neue Dateien fast sofort. Aus purer Neugier übertragen sie diese Dateien. Auf weniger bekannten FTP-Standorten bleiben die Dateien vielleicht unerkannt, bis sie von einem Archie-Server indiziert werden. Falls Sie nicht explizit dafür gesorgt haben, daß Ihr FTP-Standort übergangen wird, sollten Sie mit einer Indizierung rechnen. Archie ist bei der Suche nach Standorten sehr geschickt.

Am besten stellt man Dateien nur dann per Anonymous-FTP zur Verfügung, wenn sie auch wirklich von der ganzen Welt gelesen werden dürfen. Ansonsten sollten Sie alternative Methoden zur Übertragung der Dateien benutzen. Kommt dies nicht in Frage, so installieren Sie einen modifizierten FTP-Server, etwa den *wuarchive*-Server. Er erlaubt halbanonymen Zugang, bei dem ein anonymer Benutzer ein zusätzliches Paßwort angeben muß, um Zugriff auf bestimmte Verzeichnisse zu erhalten. Sie können die Dateien auch in Verzeichnisse stellen, die zwar ausführbar, aber nicht lesbar sind. Dann können solche Benutzer, die den Verzeichnisnamen kennen, die Dateien übertragen. Für andere Benutzer sind die Dateien nicht sichtbar.

Egal, welche Methode Sie benutzen: Stellen Sie sicher, daß alle Leute an Ihrem Standort, die Dateien per Anonymous-FTP anbieten, auch wissen, daß sie keine vertraulichen Dateien dorthin stellen dürfen, wo sie für alle lesbar sind. Ein einfache Möglichkeit, dies zu erreichen, besteht darin, den internen Benutzern den Schreibzugriff auf die Verzeichnisse für Anonymous-FTP ganz zu verbieten. Statt dessen müssen sie sich an einen Systemverwalter wenden, der die Datei zur Verfügung stellen kann.

Der FTP-Dämon wuarchive

Viele große und kleine Internet-Standorte, die Anonymous-FTP anbieten, betreiben die *wuarchive*-Version des FTP-Servers für UNIX, der an der Washington University in St. Louis entwickelt wurde (daher die Buchstaben »wu« im Namen). Dieser Server bietet eine Reihe von Funktionen, die bei einem Anonymous-FTP-Server besonders nützlich sind. Dazu gehört neben vielem anderen:

- Bessere und vollständigere Protokollierung. Der Server kann alle Up- und Downloads oder alle empfangenen Kommandos aufzeichnen oder die Anzahl der Zugriffe pro Benutzerklasse protokollieren (z.B. für alle anonymen Benutzer).

- Meldungsdateien für jedes Verzeichnis. Diese werden einem Benutzer angezeigt, der in das jeweilige Verzeichnis wechselt. Sie enthalten wichtige Angaben über den Inhalt des Verzeichnisses (z.B. »Diese Version ist nicht mehr aktuell«).
- Die Möglichkeit, Benutzerklassen zu definieren. Abhängig von der Kennung, unter der sich die Benutzer auf dem Server anmelden und/oder dem Rechner, von dem aus sie zugreifen, können Sie festlegen, auf welche Dateien die Benutzer zugreifen können und wann sie sich anmelden dürfen.
- Einschränkungen für bestimmte Benutzerklassen. *wuarchive* kann zum Beispiel die Anzahl der gleichzeitig aktiven anonymen Benutzer beschränken, die auf den Server zugreifen. Das Limit kann sich abhängig von Tageszeit und Wochentag ändern. Mit solchen Einschränkungen steuern Sie die Auslastung des FTP-Servers.
- Die Möglichkeit, Dateien bei der Übertragung automatisch zu komprimieren, in ein Tar-Archiv zu packen oder anderweitig zu verarbeiten.
- Zugang für nichtanonyme Benutzer in einer *chroot*-Umgebung. Dies ist für solche Benutzer gedacht, die nur eingeschränkten Zugang zu Ihren Maschinen brauchen. Damit können Sie einer bestimmten Kennung Zugang zu Dateien gewähren, die für anonyme Benutzer nicht zugänglich sind, ohne daß diese Kennungen Zugriff auf andere Bereiche Ihrer Platte haben.

In Anhang B erfahren Sie, woher Sie den FTP-Dämon *wuarchive* beziehen. Achten Sie darauf, die Originalversion in der aktuellen Fassung zu installieren. Dieses Programm wurde in der Vergangenheit von Angreifern verteilt, die Hintertürchen eingebaut hatten. Bei älteren Versionen könnte es außerdem Sicherheitsprobleme geben, die inzwischen behoben sind.

Sie sollten sich jedoch darüber im klaren sein, daß der Preis für den zusätzlichen Funktionsumfang von *wuarchive* eine größere Anfälligkeit für Sicherheitsprobleme ist. Je größer und komplexer ein Programm ist, umso höher ist auch die Fehlerwahrscheinlichkeit. Handelt es sich um ein sicherheitsrelevantes Programm (und dazu zählen FTP-Server), können viele dieser Fehler die Sicherheit beeinträchtigen. Einige Funktionen des *wuarchive*-Servers vertragen sich außerdem nicht mit allen Clients (manche Clients verkraften z.B. die angezeigten Meldungen nicht und bleiben hängen). Es gibt zwar auch dafür Fehlerbehebungen, wenn jedoch ein Großteil Ihrer Benutzer mit solchen Clients arbeitet, sollten Sie nicht mit *wuarchive* arbeiten.

Der FTP-Dämon aus dem TIS FWTK

Als Alternative zur *wuarchive*-Version des FTP-Servers kommt auch der FTP-Server aus dem TIS Internet Firewall Toolkit in Frage. Der FTP-Dämon aus dem TIS FWTK setzt andere Schwerpunkte als der *wuarchive*-Dämon. Die *wuarchive*-Version enthält zusätzlichen Code zur Unterstützung von Anonymous-FTP. Im Gegensatz dazu vereinfacht die

Version aus dem TIS FWTK den Server vor allem und macht ihn sicherer, indem er auf die minimalen Fähigkeiten reduziert wird, die zum Einsatz für Anonymous-FTP nötig sind. Dennoch spielten die Betreuer des FWTK mit dem Gedanken, den Server ganz zu entfernen; sie sind trotz des investierten Aufwands nicht davon überzeugt, daß der Server so sicher ist, wie sie ihn gerne hätten (obwohl er bestimmt der sicherste Server ist). Es kann daher sein, daß er nicht mehr Bestandteil des Pakets ist, wenn Sie dieses Buch lesen.

Sie müssen selbst entscheiden, ob Sie die erweiterten Funktionen des *wuarchive*-Servers brauchen (und deren potentielle Auswirkungen auf die Sicherheit akzeptieren können) oder ob Sie zu Lasten der Funktionalität lieber die sicherere Version aus dem TIS FWTK nehmen (falls diese noch verfügbar ist). Viele Benutzer haben sich an den *wuarchive*-Server gewöhnt und brauchen dessen Funktionalität. Unter Umständen ist es gar nicht durchführbar, einen größeren Standort für Anonymous-FTP mit dem Server aus dem TIS FWTK zu betreiben. Für einen Standort, der nur gelegentlich Anonymous-FTP anbietet, ist der FWTK-Server jedoch eine sichere und zuverlässige Variante.

Achten Sie auf beschreibbare Verzeichnisse in dem Bereich für Anonymous-FTP

Unabhängig vom benutzten FTP-Dämon werfen Server für Anonymous-FTP eine besonders lästige Frage auf, nämlich beschreibbare Verzeichnisse in dem Bereich für Anonymous-FTP. Viele Standorte stellen in diesem Bereich beschreibbare Verzeichnisse zur Verfügung, so daß Benutzer von außen sowohl Dateien hineinkopieren als auch von dort holen können. Die Kunden einer Software-Firma könnten zum Beispiel gebeten werden, nach einem Programmabsturz Crash-Dateien (die zu groß für E-Mail sind) hineinzukopieren, damit sie in der Firma analysiert werden können.

Beschreibbare Bereiche können sehr nützlich sein, haben jedoch auch ihre Schattenseiten. Die Untergrund-Szene des Internet wird solche beschreibbaren Verzeichnisse mit Sicherheit entdecken und als Speicher- und Verteilungsbereich für illegales Material mißbrauchen. Dazu gehören vor allem raubkopierte Software und pornographische Bilder.

Diese Leute sind erstaunlich gut organisiert und schwer zu finden. Sie benutzen ihre eigenen Kommunikationsmittel, um sich gegenseitig über neue Standorte - also Plätze, wo sie ihre Sachen speichern können - auf dem laufenden zu halten, ohne ihre Identität preiszugeben. Wenn Sie einen neuen Standort entdeckt haben, legen sie meist ein verstecktes Unterverzeichnis an, in dem sie ihre Dateien und Bilder ablegen. Das Unterverzeichnis erhält einen harmlosen Namen, etwa ».. « (Punkt, Punkt, Leerzeichen, Leerzeichen). Wenn Sie einen Bereich für Anonymous-FTP oberflächlich überprüfen, wird Ihnen ein solcher Name wahrscheinlich gar nicht auffallen. Solche Namen sind besonders leicht zu übersehen, weil Datei- und Verzeichnisnamen mit einem führenden Punkt vom UNIX-Kommando *ls* ignoriert werden; es sei denn, man gibt eine spezielle Option an oder läßt es unter der *root*-Kennung laufen.

An manchen Standorten, an denen Eindringlinge dieses Spiel spielen, kann man einen regelrechten Tauschhandel beobachten: Jemand hinterläßt eine Nachricht, die besagt, daß er ein bestimmtes Paket oder eine Datei sucht und außerdem angibt, was er im Austausch dafür zu bieten hat. Kurze Zeit später kommt ein anderer, lädt die gewünschten Dateien und hinterläßt eine weitere Nachricht mit seinen eigenen Wünschen.

Es gibt mehrere Probleme bei solchem Mißbrauch Ihres Anonymous-FTP-Bereichs:

- Ihre Ressourcen werden verbraucht, etwa Plattenkapazität und Netzbandbreite (speziell bei Ihrer Internet-Anbindung). Die legitime Nutzung dieser Ressourcen wird eingeschränkt. Es handelt sich also um einen Angriff zum Lahmlegen von Diensten.
- Sie riskieren (möglicherweise nichtsahnend) eine Anzeige wegen Beihilfe zu Software-Piraterie, Pornographie oder gar sexuellem Mißbrauch von Minderjährigen. Selbst wenn solche Anzeigen nur geringe Erfolgschancen haben, werden Ihnen Ihre Anwälte wahrscheinlich klarmachen, daß Sie das Problem besser ganz vermeiden und erst gar keinen Prozeß riskieren.
- Auch wenn keine rechtlichen Schritte eingeleitet werden, kann ein solcher Vorfall erhebliche negative Publizität zur Folge haben und Ihre Firma oder Organisation in die Schlagzeilen bringen. Erscheint Ihr Name einmal im Zusammenhang mit Software-Piraterie oder Kinderpornographie, haben Sie selbst dann große Schwierigkeiten, wenn Sie völlig unschuldig sind.

Wie können Sie Ihren Bereich für Anonymous-FTP vor solchem Mißbrauch schützen? Als erstes sollten Sie sich die Frage stellen, ob Sie in Ihrem Bereich wirklich beschreibbare Verzeichnisse brauchen. Oft gibt es auch andere Möglichkeiten, wie Ihnen Benutzer Dateien zukommen lassen können (etwa per E-Mail). Wenn Sie in Ihrem Bereich für Anonymous-FTP dennoch beschreibbare Verzeichnisse anbieten müssen, so gibt es mehrere Schutzmöglichkeiten, die wir im folgenden beschreiben.

Machen Sie das Eingangsverzeichnis nur beschreibbar. Der nächstliegende Ansatz bei einer UNIX-Maschine als Bastion-Host besteht darin, das Eingangsverzeichnis nur beschreibbar, aber nicht lesbar zu machen (Zugriffsmodus 773 oder 733, entsprechend »rwxrwx-wx« oder »rwx-wx-wx«). Achten Sie darauf, daß das Verzeichnis nicht der Kennung »ftp« gehört (bzw. der Kennung, unter der Ihr FTP-Server bei Anonymous-FTP läuft). Beim Modus 773 statt 733 müssen Sie außerdem darauf achten, daß die Gruppe des Verzeichnisses nicht die Standardgruppe des »ftp«-Logins ist.

Das Problem bei diesem Ansatz besteht darin, daß Sie nur die Dateien im obersten Verzeichnis unsichtbar machen können. Die Unterverzeichnisse sind immer noch sichtbar, und böswillige Benutzer können auch auf Dateien und Verzeichnisse im obersten Verzeichnis zugreifen, wenn sie untereinander deren exakte Namen austauschen (und das können Sie leider per Mail oder über andere Kommunikationsmittel). Daher ist dieser Ansatz nicht besonders wirksam.

Verbieten Sie das Anlegen von Verzeichnissen und bestimmten Dateien. Eine andere Möglichkeit besteht darin, das Anlegen von Verzeichnissen und von Dateien mit ungewöhnlichen Namen (etwa mit einem Punkt am Anfang) in Ihrem FTP-Server zu unterbinden. Je nach verwendetem Server können Sie das über eine Konfigurationsdatei erreichen oder aber den Quellcode des Servers modifizieren. Beim wuarchive-Server können Sie z.B. verbieten, daß anonyme Benutzer bestimmte Arten von Dateien löschen, überschreiben oder anlegen. Eine solche Änderung ist nicht ganz trivial und erfordert daher einen geübten C-Programmierer.

Upload nur nach Vereinbarung. Ein anderer Ansatz wird häufig bei Standorten verwendet, die Benutzern den »Upload« von Dateien ermöglichen wollen, allerdings nur nach Vereinbarung. Dabei schlägt man den Untergrund quasi mit seinen eigenen Waffen, indem man versteckte schreibbare Unterverzeichnisse anlegt, auf die nur Eingeweihte zugreifen können. Die Angreifer können sie nicht sehen und wissen daher gar nicht, daß es etwas Interessantes für sie gibt.

Falls Ihr FTP-Server auf einem UNIX-System läuft, gehen Sie wie folgt vor:

1. Legen Sie das Eingangsverzeichnis »incoming« an.
2. Legen Sie darin ein Unterverzeichnis mit einem geheimen Namen an, den Sie nach Art eines Paßworts wählen - also etwas, das man nicht erraten kann.
3. Machen Sie das Unterverzeichnis mit dem geheimen Namen beschreibbar.
4. Geben Sie dem übergeordneten Verzeichnis »incoming« nur Ausführrechte (Modus 111, also --x--x--x).

Beispiel:

```
unix# cd ~ftp/pub
unix# mkdir incoming
unix# cd incoming
unix# mkdir b2b_Free
unix# chmod a+w b2b_Free     # oder "chmod 0777 b2b_Free"
unix# cd ..
unix# chmod a=x incoming     # oder "chmod 0111 incoming"
```

Jetzt können die Benutzer Dateien nur dann im beschreibbaren Verzeichnis ablegen, wenn Sie (von Ihnen) dessen geheimen, Paßwort-ähnlichen Namen kennen. Sie können beliebig viele dieser geheimen Unterverzeichnisse anlegen und sie je nach Bedarf ändern oder löschen. Wenn an Ihrem Standort ein Top-Level-Index des FTP-Bereichs erstellt wird (z.B. eine Datei mit der Ausgabe von »ls -lr ~ftp«), müssen Sie darauf achten, daß die versteckten Unterverzeichnisse dort nicht sichtbar sind. Dies läßt sich am einfachsten bewerkstelligen, wenn Sie den Index-Befehl als Benutzer *ftp* ausführen, da Sie in diesem Fall dieselben Zugriffsrechte wie ein anonymer FTP-Benutzer haben.

Bei manchen FTP-Clients mit graphischer Oberfläche kann der Benutzer nur auf Verzeichnisse zugreifen, die der FTP-Client auch »sieht«. Der Benutzer hat keine Möglichkeit, blind zu einem Verzeichnis zu springen, das nicht im Verzeichnislisting erscheint. Solche Clients funktionieren bei diesem Ansatz nicht, da ja die Unterverzeichnisse mit den Daten nicht sichtbar sein sollen. Auf UNIX-Maschinen können die Clients meist damit umgehen; für die meisten anderen Plattformen gibt es ebenfalls frei verfügbare Clients ohne diese Einschränkung. Mit solchen Clients können Sie das Problem umgehen.

Entfernen Sie die Dateien. Es gibt eine weitere Möglichkeit, die vor allem dann sinnvoll ist, wenn Sie bereits festgestellt haben, daß Ihr FTP-Bereich mißbraucht wird und Sie wissen wollen, welche Daten die Leute dort ablegen: Lassen Sie ein kurzes Shell-Skript einmal pro Minute als *cron*-Job laufen, das die Dateien aus dem beschreibbaren Eingangsverzeichnis in ein anderes Verzeichnis verschiebt, das außerhalb des Bereichs für Anonymous-FTP liegt. Damit stellen Sie sicher, daß die Eindringlinge nicht sehen können, welche Dateien abgelegt wurden. Eventuell müssen Sie die Dateien umbenennen, um zu verhindern, daß Dateien mit gleichem Namen überschrieben werden. Da die Dateien nicht sichtbar sind, kommt es leicht zu nicht beabsichtigen Namenskonflikten (vor allem dann, wenn Sie Speicherabzüge (*core dumps*) von den Benutzern bekommen, die alle die gleichen Namen haben).

Achten Sie darauf, daß das neue Verzeichnis im gleichen Dateisystem liegt, damit das Betriebssystem die Daten nicht kopieren muß. Aufgrund der Funktionsweise des UNIX-Dateisystems funktioniert das selbst dann, wenn die Datei beim Verschieben noch beschrieben wird. Voraussetzung ist allerdings, daß das alte und das neue Verzeichnis im gleichen Dateisystem liegen (in diesem Fall werden beim Verschieben einer Datei keine Daten verschoben, sondern die Datei wird nur umbenannt).

Damit läßt sich allerdings der »Ressourcenfraß« nicht verhindern, denn die Leute können ihre Festplatten immer noch füllen. Sie werden sogar mehrere Uploads versuchen (da die Dateien ja immer auf mysteriöse Art verschwinden) und so unwissentlich Ihre Festplatten verstopfen.

Zusammenfassung: Empfehlungen für FTP

- Wenn Ihre FTP-Clients den passiven Modus korrekt unterstützen, dann erlauben Sie internen Rechnern den Kontakt zu externen FTP-Servern mit Paketfilterung. Das ist dann sicher, wenn Sie bezüglich des ACK-Bits von TCP filtern können, um nur ausgehende TCP-Verbindungen von Ports über 1023 zu Ports über 1023 zuzulassen.
- Wenn Sie FTP-Clients haben, die passiven Modus nicht unterstützen, dann benutzen Sie einen Proxy-Server für FTP, etwa den aus dem TIS Internet Firewall Toolkit.
- Ziehen Sie in Betracht, den FTP-Zugang sowohl über Paketfilterung als auch über Proxies anzubieten. Mit Paketfilterung unterstützen Sie den passiven Modus, mit den Proxies den normalen Modus.

- Wenn Sie eingehende FTP-Verbindungen erlauben wollen, verwenden Sie Paketfilter, die eingehende FTP-Verbindungen nur auf Ihrem Bastion-Host gestatten.
- Wenn Sie eingehende FTP-Verbindungen zulassen (anonym oder mit Benutzerkennungen), setzen Sie einen aktuellen FTP-Server ein.
- Wenn Sie anonymen FTP-Benutzern Schreibzugang gewähren, sollten Sie den beschreibbaren Bereich schützen, um zu verhindern, daß Dritte darin Dateien austauschen können.
- Achten Sie darauf, wer innerhalb Ihrer Organisation Dateien für Anonymous-FTP zur Verfügung stellen kann, und machen Sie diese Leute auf mögliche Probleme aufmerksam.
- Wenn Sie FTP mit Benutzerkennungen erlauben, beachten Sie die Beschreibung der Paßwort- und Zugangsprobleme in Kapitel 10.

Trivial File Transfer Protocol (TFTP)

TFTP ist ein einfaches Protokoll zur Übertragung von Dateien. Es ist einfacher als FTP und wurde zur Implementierung im ROM für den Boot-Vorgang plattenloser Systeme entworfen, z.B. bei X-Terminals, plattenlosen Workstations oder Routern. Bei TFTP gibt es keine Zugangskontrolle. Ein TFTP-Client baut einfach eine Verbindung zum Server auf und fordert eine Datei an, ohne mitzuteilen, für wen die Datei ist. Kann der Server auf die Datei zugreifen, stellt er sie dem Client zur Verfügung. Aus diesem Grund müssen Sie sehr genau darauf achten, worauf Ihr TFTP-Server zugreifen kann (sofern Sie einen haben) und welche Clients auf diesen Server zugreifen können.

Es gibt im allgemeinen keinen Grund, TFTP über einen Firewall hinweg zuzulassen, selbst wenn Sie das Protokoll intern benutzen: plattenlose Systeme im Internet werden Sie nicht booten wollen, und Benutzer übertragen keine Dateien per TFTP.

Paketfilterungseigenschaften von TFTP

TFTP ist ein Protokoll auf Basis von UDP. Server benutzen Port 69 für das erste Paket, das zum Aufbau einer TFTP-Sitzung vom Client zum Server gesendet wird. Für alle weiteren Pakete der Sitzung verwenden sie ein Port über 1023. Clients verwenden Portnummern über 1023.

Proxy-Eigenschaften von TFTP

TFTP eignet sich nicht gut für den Einsatz von Proxies. Da TFTP-Clients oft in Hardware implementiert sind und es keine Benutzer gibt, sind modifizierte Clients oder modifizierte Benutzerprozeduren im allgemeinen nicht möglich. Ein transparenter Proxy könnte TFTP sehr einfach unterstützen und den gleichen minimalen Schutz bieten wie TFTP über Paketfilter.

Richtung	Quell-Adresse	Ziel-Adresse	Protokoll	Quell-Port	Ziel-Port	ACK gesetzt	Bemerkungen
ein	extern	intern	UDP	>1023	69	[a]	Eingehende TFTP-Anfrage (erstes Paket vom Client)
aus	intern	extern	UDP	>1023	>1023	[a]	Antwort auf die eingehende Anfrage
ein	extern	intern	UDP	>1023	>1023	[a]	Nachfolgende Pakete vom Client
aus	intern	extern	UDP	>1023	69	[a]	Ausgehende TFTP-Anfrage
ein	extern	intern	UDP	>1023	>1023	[a]	Antwort auf die ausgehende Anfrage
aus	intern	extern	UDP	>1023	>1023	[a]	Nachfolgende Pakete zum Client

a. Bei UDP-Paketen gibt es kein ACK-Bit.

Zusammenfassung: Empfehlungen für TFTP

- Erlauben Sie TFTP nicht über Ihren Firewall hinweg.

File Service Protocol (FSP)

FSP ist ein Protokoll zur Übertragung von Dateien, das die Einschränkungen von FTP beheben soll. Nur sehr wenig Standorte unterstützen FSP-Dienste. Die meisten FSP-Server werden von Benutzern oder Angreifern eingerichtet, ohne daß der Verwalter der Maschine davon weiß oder damit einverstanden ist. FSP ist sogar oft ein Hinweis darauf, daß Angreifer in einem Standort einbrechen konnten. Angreifer übertragen ihre Dateien nämlich oft mittels FSP von einem Standort zum nächsten. Es kann jedoch sehr schwer sein, FSP-Aktivitäten zu entdecken, da FSP-Clients und -Server keine Standard-Portnummern benutzen, wie wir noch sehen werden.

Paketfilterungseigenschaften von FSP

FSP läßt sich durch Paketfilterung absichtlich schwer unterdrücken. Wenn Sie alle außer den tatsächlich benötigten UDP-Diensten unterdrücken und die erlaubten Dienste auf bestimmte Rechner beschränken, werden Sie FSP tatsächlich los – außer auf den Rechnern, auf denen Sie auch andere UDP-Dienste zulassen. Es ist sehr einfach, FSP zu erlauben: Wenn ein Rechner auf jeder Portnummer UDP-Pakete senden und empfangen kann, kann er auch als FSP-Server und/oder -Client fungieren.

FSP ist ein Protokoll auf Basis von UDP. Es gibt keine Standard-Portnummer, unter der der Server läuft. Der Betreiber eines Servers wählt die Portnummer selbst, die der Server benutzen soll. Bei *root*-Berechtigung wählt man oft Portnummer 21, das UDP-Gegenstück des TCP-Ports für FTP. Ohne *root*-Berechtigung muß der Betreiber des Servers eine Portnummer über 1023 nehmen, die der Systemverwalter nicht wissen kann. Clients verwenden im allgemeinen Portnummern über 1023.

Richtung	Quell-Adresse	Ziel-Adresse	Protokoll	Quell-Port	Ziel-Port	ACK gesetzt	Bemerkungen
ein	extern	intern	UDP	>1023[a]	[a]	[b]	Eingehende FSP-Anfrage
aus	intern	extern	UDP	[a]	>1023[a]	[b]	Antwort auf die eingehende Anfrage
aus	intern	extern	UDP	>1023[a]	[a]	[b]	Ausgehende FSP-Anfrage
ein	extern	intern	UDP	[a]	>1023[a]	[b]	Antwort auf die ausgehende Anfrage

a. Bei FSP gibt es keine Standard-Portnummern. Betreiber von FSP-Servern benutzen jedoch oft Portnummer 21, falls sie *root*-Berechtigung haben (analog zu FTP-Servern, die auf dem TCP-Port 21 arbeiten). Clients verwenden gewöhnlich Portnummern über 1023, allerdings nicht immer.
b. Bei UDP-Paketen gibt es kein ACK-Bit.

Proxy-Eigenschaften von FSP

Der Einsatz generischer Proxies für UDP-Anwendungen ohne Standard-Portnummer ist genauso schwierig wie der Versuch, Pakete solcher Anwendungen mit Paketfiltern zu unterdrücken. FSP wird von keinem Standard-Proxy-Paket unterstützt. Es ist möglich, einen speziellen FSP-Proxy zu schreiben.

Zusammenfassung: Empfehlungen für FSP

- Erlauben Sie FSP nicht über Ihren Firewall hinweg. Blockieren Sie alle UDP-Pakete bis auf wirklich erwünschte Dienste, etwa DNS.

Unix-to-Unix Copy Protocol (UUCP)

UUCP wurde zur Übertragung von Dateien, einschließlich Mail und News, zwischen UNIX-Maschinen entworfen. Es ist das ursprüngliche Vernetzungssystem von UNIX. UUCP dient hauptsächlich als Protokoll für Wählverbindungen (als Protokoll für eine Modemverbindung). An manchen Standorten, speziell solchen mit temporärer Wählverbindung zum Internet, dient UUCP über TCP zur Übertragung von Mail und News vom Service Provider. Der Service Provider sammelt und speichert dabei Mail und News für den Standort. Sobald der Standort seine Internet-Verbindung hergestellt und mittels UUCP Kontakt zum Service Provider aufgenommen hat, kann dieser die angesammelte Mail und die News komplett übertragen.

Manche Standorte mit wesentlich schnellerer permanenter Internet-Anbindung (z.B. 64

Kilobit pro Sekunde) übertragen auch Usenet-News mit UUCP über TCP, da UUCP über TCP zu diesem Zweck die Bandbreite wesentlich effizienter nutzt als NNTP. (In letzter Zeit wird es immer schwieriger, die Meldungen aller Newsgruppen über eine Leitung mit 64 Kb/s per NNTP zu übertragen; die Bandbreite genügt einfach nicht. Da der Umfang der Usenet-News permanent steigt, wird dieses Problem immer gravierender.)

Eine nützliche Funktion von UUCP besteht darin, daß nach dem Aufbau einer Verbindung zwischen zwei Standorten alle anstehenden Daten zwischen beiden übertragen werden; unabhängig davon, von welcher Seite der Verbindungsaufbau ausging. Es ist daher möglich, nur ausgehende UUCP-Verbindungen zuzulassen und regelmäßig eine Verbindung zum Service Provider herzustellen (z.B. stündlich), um sowohl Ihre auslaufende Mail abzuschicken als auch die eingehenden Meldungen abzuholen.An vielen Standorten kommt UUCP überhaupt nicht mehr zum Einsatz.Wenn UUCP nicht unbedingt nötig ist, können Sie UUCP über Ihren Firewall einfach ganz verbieten.

Da UUCP mit wiederverwendbaren Paßwörtern arbeitet, kann ein Angreifer Ihre UUCP-Sitzungen ausspionieren, später eine Verbindung zu Ihrem Service Provider herstellen und sich als Sie ausgeben oder umgekehrt eine Verbindung zu Ihnen aufbauen und Ihren Service Provider mimen. Da die Paßwörter meist unverschlüsselt in den Konfigurationsdateien der anrufenden Maschine stehen, ist dies eventuell auch möglich, ohne vorher eine Verbindung auszuspionieren. Sie können sich dagegen mit verschiedenen Mechanismen schützen, die von der UUCP-Version abhängen, die Sie und Ihr Service-Provider benutzen.[1]

Paketfilterungseigenschaften von UUCP

Es ist klar, daß UUCP über TCP ein Dienst auf Basis von TCP ist. Server arbeiten mit Port 540, Clients mit Portnummern über 1023.

Richtung	Quell-Adresse	Ziel-Adresse	Protokoll	Quell-Port	Ziel-Port	ACK gesetzt	Bemerkungen
ein	extern	intern	TCP	>1023	540	[a]	Eingehende UUCP-Verbindung, vom Client zum Server
aus	intern	extern	TCP	540	>1023	ja	Eingehende UUCP-Verbindung, vom Server zum Client
aus	intern	extern	TCP	>1023	540	[a]	Ausgehende UUCP-Verbindung, vom Client zum Server
ein	extern	intern	TCP	540	>1023	ja	Ausgehende UUCP-Verbindung, vom Server zum Client

a. Außer im ersten Paket dieses Typs (Aufbau der Verbindung) ist ACK bei allen Paketen gesetzt.

1. Eine ausführlichere Behandlung finden Sie in dem Buch *Managing UUCP and Usenet* von Tim O'Reilly und Grace Todino (O'Reilly & Associates, 1992).

Proxy-Eigenschaften von UUCP

UUCP ist ein Durchreichprotokoll und wird daher nicht zusammen mit Allzweck-Proxies benutzt. Statt dessen wird es so konfiguriert, daß es selbst als Proxy fungiert. Es ist ein einfaches Protokoll mit einer einzelnen Verbindung zu wenigen Clients und eignet sich daher gut für Proxies mit modifizierten Clients oder modifizierten Prozeduren. Es gibt allerdings keine speziellen Proxies, da der Bedarf dafür sehr gering ist. Generische Proxy-Server wie das Programm *plug-gw* aus dem TIS FWTK sollten funktionieren, wenn Sie anhand des Clients, von dem die Verbindungsanforderung kommt, entscheiden können, mit welchem echten Server eine Verbindung hergestellt werden soll (mit anderen Worten, wenn alle Verbindungen zum gleichen Server gehen oder ein bestimmter Client-Rechner immer Verbindung zum gleichen Server aufnimmt).

Zusammenfassung: Empfehlungen für UUCP

- Wahrscheinlich ist es an Ihrem Standort nicht nötig, UUCP über TCP zu erlauben. Wenn Sie es dennoch benutzen wollen, beschränken Sie den Zugang durch Paketfilter auf einen Bastion-Host.

Terminal-Zugang (Telnet)

Mit Telnet kann ein Benutzer einen Kommandointerpreter (Shell) auf einem fernen Computer ausführen. Telnet wird von den meisten Plattformen im Internet unterstützt, selbst einigen Systemen mit MS-DOS und Microsoft Windows (sie bieten über einen Telnet-Server Zugang zu einer DOS-Shell). Eine wichtige Ausnahme ist das Betriebssystem des Macintosh, bei dem es keine befehlszeilenorientierte Shell gibt, weder für lokalen noch für fernen Zugriff. Gäbe es in MacOS eine Shell, so gäbe es sicher längst einen Telnet-Server, der fernen Zugang dazu ermöglicht. (Wir warten allerdings schon auf den Leserbrief, aus dem wir erfahren, daß es *tatsächlich* einen Telnet-Server für MacOS gibt, von dem wir bloß nichts wissen.)

Der ferne Terminalzugang ist zwar die gebräuchlichste Anwendung von Telnet, doch bei den meisten Telnet-Clients kann man eine beliebige Portnummer angeben, um auf textorientierte TCP-Dienste auf anderen Ports zuzugreifen. Dies ist nützlich, wenn Sie einen Dienst anbieten und dafür keine speziellen Clients verteilen wollen. So kommt Telnet zum Beispiel oft für MUDs (Multi-User Domains) und MOOs (Multi-User Domains, Object Oriented) zum Einsatz. Das sind Mehrbenutzerumgebungen für Spiele, gemeinsame Arbeit oder Unterhaltungen.

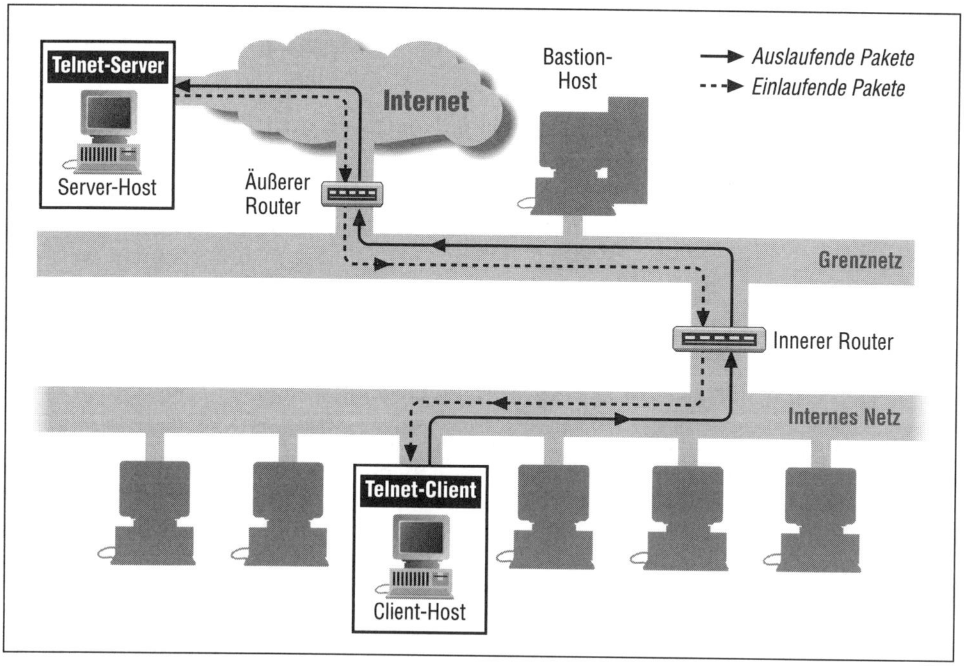

Abb. 8-8: Ausgehende Telnet-Verbindung.

Telnet-Clients dienen häufig auch zur Fehlersuche bei Protokollen, die normalerweise mit speziellen Clients benutzt werden. So kann man SMTP-Server überprüfen oder Benutzernamen verifizieren, indem man sich mit *telnet rechnername 25* direkt auf Port 25 mit dem SMTP-Server verbindet und dann SMTP-Kommandos eintippt. Es ist wichtig zu verstehen, daß Sie dabei zwar mit dem Programm *telnet* arbeiten, dieses jedoch nur eine einfache TCP-Verbindung zur angegebenen Portnummer aufbaut. Das Programm *telnet* benutzt nur dann das Protokoll Telnet (das die Aushandlung von Optionen zwischen Client und Server, zeilen- und zeichenorientierte Modi und anderes bietet), wenn es auf dem Standardport für Telnet (Port 23) mit einem Server verbunden ist. In diesem Abschnitt behandeln wir nur den Einsatz von Telnet-Clients für den Zugang zu Telnet-Servern.

Die Sicherheitsaspekte bei eingehenden und ausgehenden Telnet-Verbindungen unterscheiden sich erheblich. Die meisten Standorte erlauben ihren Benutzern ausgehende Telnet-Verbindungen, damit sie auf Kommandointerpreter und Informationsdienste zugreifen können, die per Telnet auf fernen Systemen im Internet angeboten werden. Abbildung 8-8 stellt eine ausgehende Telnet-Verbindung dar. Eingehende Telnet-Verbindungen sind dagegen an den meisten Standorten verboten oder werden zumindest streng kontrolliert. Kapitel 10 beschreibt die Gründe für die Einschränkung eingehender Verbindungen und die Steuerungsmöglichkeiten. Daher werden wir dies hier nicht ausführlich behandeln.

Unabhängig von der Richtung der Verbindung handelt es sich bei Telnet (wie bei den meisten anderen Protokollen) um ein Klartext-Protokoll. Alle Informationen, auf die Ihre Benutzer über eine Telnet-Verbindung zugreifen oder die sie eingeben, sind für jemanden sichtbar, der in der Telnet-Verbindung herumschnüffelt. Allmählich gibt es zwar immer mehr Telnet-Versionen mit Verschlüsselung, diese sind jedoch noch nicht weit verbreitet. Sobald diese Versionen leistungsfähiger sind und besser unterstützt werden, können sie auch sinnvoller eingesetzt werden. Auf einer der allgemeinen Web-Seiten zur Sicherheit im Internet, die in Anhang A vorgestellt werden (etwa der COAST-Seite), sehen Sie am besten, was zur Zeit alles zur Verfügung steht.

Sie sollten die Benutzer auffordern, auf externen Rechnern andere Paßwörter zu verwenden als auf den lokalen Rechnern. Bei ausgehenden Telnet-Verbindungen könnten ihre Paßwörter ausspioniert werden.

Paketfilterungseigenschaften von Telnet

Telnet ist ein Dienst auf Basis von TCP. Telnet-Server arbeiten normalerweise auf Port 23 (sie können zwar auf jede Portnummer eingestellt werden, andere Ports als 23 sind jedoch sehr selten). Telnet-Clients arbeiten mit Portnummern über 1023. (Telnet dient in Kapitel 6 als Beispiel; daher werden die Filterungseigenschaften dort ausführlicher behandelt.)

Richtung	Quell-Adresse	Ziel-Adresse	Protokoll	Quell-Port	Ziel-Port	ACK gesetzt	Bemerkungen
ein	extern	intern	TCP	>1023	23	[a]	Eingehende Verbindung, Client an Server
aus	intern	extern	TCP	23	>1023	ja	Eingehende Verbindung, Server an Client
aus	intern	extern	TCP	>1023	23	[a]	Ausgehende Verbindung, Client an Server
ein	extern	intern	TCP	23	>1023	ja	Ausgehende Verbindung, Server an Client

a. Außer im ersten Paket dieses Typs (Aufbau der Verbindung) ist ACK bei allen Paketen gesetzt.

Proxy-Eigenschaften von Telnet

Telnet wird von Proxies gut unterstützt. Das SOCKS-Paket enthält einen modifizierten Telnet-Client für UNIX; die Anpassung von Clients auf anderen Plattformen ist relativ einfach. Das TIS FWTK enthält einen Proxy-Server für Telnet, für den eine Anpassung der Benutzerprozeduren nötig ist. Mit den SOCKS-Proxies können Sie auch andere Ports als den Standardport für Telnet erreichen, vorausgesetzt, solche Verbindungen sind in der Konfigurationsdatei des SOCKS-Servers als zulässig eingetragen. So gut wie jedes kommerzielle Proxy-Paket unterstützt Telnet, da dieses Protokoll im Internet sehr häufig benutzt wird.

Zusammenfassung: Empfehlungen für Telnet

- Schränken Sie eingehende Telnet-Verbindungen so weit wie möglich ein. An den meisten Standorten werden sie nicht benötigt. Beachten Sie bei allem, was Sie erlauben, die Richtlinien zur Authentifizierung in Kapitel 10.
- Ausgehende Telnet-Verbindungen können Sie über Paketfilterung oder Proxies zulassen.
- Wird bei Telnet-Sitzungen auf vertrauliche Daten zugegriffen, sollten Sie eine Telnet-Version mit Verschlüsselung benutzen. Sehen Sie auf einer der allgemeinen Web-Seiten zur Sicherheit im Internet (etwa der COAST-Seite) nach, welche Tools zur Verfügung stehen.

Ferne Ausführung von Kommandos

Es gibt eine Vielzahl von Protokollen, mit denen Benutzer Kommandos auf fernen Systemen ausführen können. In diesem Abschnitt beschreiben wir die r-Kommandos im BSD-Unix, *rexec* und *rex*.

Die r-Kommandos von BSD

Die r-Kommandos von BSD-Unix-Versionen (*rsh, rlogin, rcp, rdump, rrestore* und *rdist*) wurden für bequemen Fernzugriff (ohne Paßwort) auf Dienste wie ferne Ausführung von Kommandos (*rsh*), fernes Login (*rlogin*) und fernes Kopieren von Dateien (*rcp* und *rdist*) entwickelt.

Diese Programme sind enorm nützlich. Wir werden jedoch gleich sehen, daß sie nur in einer Umgebung sicher sind, in der man allen Maschinen trauen kann. Obwohl es sinnvoll ist, diese Dienste innerhalb eines LANs zu verwenden, sollte man sie so gut wie nie im Internet benutzen. Diese Dienste täuschen dem Anwender nämlich nur allzu leicht falsche Sicherheit vor.

Durch den Einsatz von Proxies kann man einige dieser Kommandos absichern. Dies betrifft besonders ausgehende Verbindungen.

Das Problem bei diesen Kommandos besteht darin, daß die Authentifizierung auf der Adresse beruht. Der Server entscheidet anhand der Quelladresse der Anfrage, ob er dem fernen Rechner traut und dessen Benutzerangaben glaubt. Auf UNIX-Systemen wird dies über die Datei */etc/hosts.equiv* gesteuert.

Ist der Rechner nicht in der Datei */etc/hosts.equiv* eingetragen, kann er immer noch Zugang erhalten, wenn er in der Datei *.rhosts* im Home-Verzeichnis des Benutzers steht, der den Dienst anfordert. (Stammt die Anforderung von *root*, so wird nur */.rhosts* untersucht; */etc/hosts.equiv* wird nur bei normalen Benutzern herangezogen.) Die Sicherheit wird weiter abgeschwächt, wenn die Benutzer Einträge in Ihren *.rhosts*-Dateien hinzufügen. Diese Dateien geben an, welchen zusätzlichen fernen Maschinen und Benutzern vertraut werden kann. Bei manchen Implementierungen kann man die Auswertung der *.rhosts*-Dateien mit einer Aufrufoption des Servers abschalten.

Möchte ein Benutzer auf die Dienste zugreifen, so wird die übliche Authentifizierung für seine Kennung angewandt, wenn eine der folgenden Voraussetzungen erfüllt ist:

- Die Kennung, unter der sich der Benutzer anmeldet, und sein Rechner sind in der Datei *.rhosts* der Kennung aufgeführt, auf die er auf dem Server zugreifen will,
- Die Benutzerkennung ist auf beiden Seiten gleich, und der Name des Rechners steht in *.rhosts* oder */etc/hosts.equiv*.

Das bedeutet, daß der Zugang gewährt wird, wenn die Kennung auf dem Server verifziert wird.

Ein Angreifer, der einen dieser Server davon überzeugen kann, daß er von einem »vertrauenswürdigen« Rechner kommt, erhält also uneingeschränkten Zugang zu Ihrem System. Um den Server zu überzeugen, gaukelt er eine andere Maschine vor, indem er deren IP-Adresse benutzt, DNS so verwirrt, daß die IP-Adresse des Angreifers auf den Namen einer vertrauenswürdigen Maschine abgebildet wird, oder eine von mehreren anderen Methoden anwendet.

Fällt der Rechner bei der oben beschriebenen Überprüfung durch (das bedeutet, daß der Benutzer nicht von einem vertrauenswürdigen Rechner kommt), lehnen die meisten dieser Dienste die Anfrage des Clients einfach ab und beenden die Verbindung. Der Server *rlogind* fragt den Client jedoch nach einem Paßwort, wenn die Überprüfung fehlschlägt. Das eingegebene Paßwort wird wie bei Telnet unverschlüsselt im Netz übertragen. Sie müssen daher wie bei Telnet-Sitzungen mit Angreifern rechnen, die Paßwörter aus *rlogin*-Sitzungen abfangen. In Kapitel 10 finden Sie eine Beschreibung von Maßnahmen gegen dieses Aufspüren von Paßwörtern.

Auf manchen Systemen läßt sich die Überprüfung der vertrauenswürdigen Rechner mit einer Aufrufoption des Servers abschalten. Wenn Ihr Server keine einfache Möglichkeit zum Abschalten des Tests bietet und Sie den Quellcode des Servers besitzen (oder beschaffen können), können Sie ihn problemlos entsprechend abändern. Ohne diesen Mechanismus ist der Server *rshd* jedoch völlig sinnlos, da er keine Möglichkeit bietet, bei gescheiterter Überprüfung ein Paßwort oder ähnliches abzufragen. Der Server *rlogind* ist auch ohne die Überprüfung noch nützlich, da er ein Paßwort abfragen kann. Er bietet jedoch kaum mehr Möglichkeiten als Telnet.

Paketfilterungseigenschaften der r-Kommandos von BSD

Die r-Kommandos sind Dienste auf Basis von TCP. Der Server benutzt die Portnummern 513 (*rlogin*) oder 514 (*rsh, rcp, rdump, rrestore* und *rdist*; diese stellen nur verschiedene Clients für den gleichen Server dar). Etwas ungewöhnlich ist die Tatsache, daß die Clients beliebige Portnummern *unter* 1024 verwenden.

Mit Portnummern unter 1024 für die Clients wird ein Sicherheitsschema implementiert, das den Zugang zu diesen Diensten ohne Paßwort erlaubt, wenn die Anfrage von einem vertrauenswürdigen Rechner und Benutzer stammt (siehe oben). Diesem Ansatz liegt die folgende Überlegung zugrunde: Wenn die Anfrage von einer Client-Portnummer unter 1024 stammt, muß sie auf der Maschine des Clients mit *root*-Berechtigung laufen, denn andernfalls hätte der Client nie einen Port unter 1024 für die Anfrage bekommen.

Einige Clients des Servers für Port 514 (zum Beispiel *rsh*) benutzen eine zweite TCP-Verbindung für Fehlermeldungen. Diese zweite TCP-Verbindung wird von einem beliebigen Port unter 1024 auf dem Server zu einem beliebigen Port unter 1024 auf dem Client hergestellt. Das bedeutet, daß zu einem ausgehenden *rsh*-Kommando eine eingehende TCP-Verbindung für den Fehlerkanal gehört.

Richtung	**Quell-Adresse**	**Ziel-Adresse**	**Protokoll**	**Quell-Port**	**Ziel-Port**	**ACK gesetzt**	**Bemerkungen**
ein	extern	intern	TCP	<1024	513	[a]	Eingehendes *rlogin*, Client an Server
aus	intern	extern	TCP	513	<1024	ja	Eingehendes *rlogin*, Server an Client
aus	intern	extern	TCP	<1024	513	[a]	Ausgehendes *rlogin*, Client an Server
ein	extern	intern	TCP	513	<1024	ja	Ausgehendes *rlogin*, Server an Client

Richtung	Quell-Adresse	Ziel-Adresse	Protokoll	Quell-Port	Ziel-Port	ACK gesetzt	Bemerkungen
ein	extern	intern	TCP	<1024	514	[a]	Eingehendes *rsh/rcp/rdump/rrestore/rdist*, Client an Server
aus	intern	extern	TCP	514	<1024	ja	Eingehendes *rsh/rcp/rdump/rrestore/rdist*, Server an Client
ein	extern	intern	TCP	<1024	<1024	ja	Eingehendes *rsh*, Fehlerkanal vom Client zum Server
aus	intern	extern	TCP	<1024	<1024	[a]	Eingehendes *rsh*, Fehlerkanal vom Server zum Client
aus	intern	extern	TCP	<1024	514	[a]	Ausgehendes *rsh/rcp/rdump/rrestore/rdist*, Client an Server
ein	extern	intern	TCP	514	<1024	ja	Ausgehendes *rsh/rcp/rdump/rrestore/rdist*, Server an Client
aus	intern	extern	TCP	<1024	<1024	ja	Ausgehendes *rsh*, Fehlerkanal vom Client zum Server
ein	extern	intern	TCP	<1024	<1024	[a]	Ausgehendes *rsh*, Fehlerkanal vom Server zum Client

a. Außer im ersten Paket dieses Typs (Aufbau der Verbindung) ist ACK bei allen Paketen gesetzt.

Proxy-Eigenschaften der r-Kommandos von BSD

Von diesen Kommandos wird nur *rlogin* im Internet häufig gebraucht. Das TIS FWTK enthält einen Proxy-Server für *rlogin*, der mittels modifizierten Benutzerprozeduren ausgehendes *rlogin* ermöglicht.

Alle anderen Kommandos verlassen sich vollständig auf eine Authentifizierung anhand der Adresse und geben dem Benutzer überhaupt keine Möglichkeit, ein Paßwort anzugeben. Da sie im Internet so selten benutzt werden, stehen dafür keine Proxies zur Verfügung. Bei all diesen Kommandos kann der Benutzer genügend Daten angeben, die zum Server übertragen werden, so daß man Proxies für modifizierte Benutzerprozeduren schreiben könnte. Mit einer Anpassung der Funktion *rcmd()* und einiger anderer Funktionen der Standardbibliothek von UNIX könnten Sie Clients erzeugen, die einen generischen Proxy-Server benutzen.

Zusammenfassung: Empfehlungen für die r-Kommandos von BSD

- Erlauben Sie keines der r-Kommandos über Ihren Firewall mit Ausnahme ausgehender Verbindungen mit einem Proxy. Sie sind unsicher! Benutzen Sie Alternativprotokolle wie Telnet, FTP usw., die man sicherer gestalten kann.
- Es ist nicht möglich, ausgehende *rsh*-Dienste sicher anzubieten, da Sie dazu für die Fehlerkanäle eingehende TCP-Verbindungen auf beliebigen Ports unter 1024 zulassen müßten.
- Wenn Sie die Dienste unbedingt brauchen, sollten Sie sicherstellen, daß Sie die Überprüfung der vertrauenswürdigen Rechner vollständig im Griff haben (am besten durch Abschalten dieses Codes im Server, was eine Quellcode-Änderung erfordern kann).
- Achten Sie wie beim Einsatz von Telnet auf die versehentliche Offenlegung wiederbenutzbarer Paßwörter.

rexec

rexec ist ein Protokoll, das häufig läuft, aber nur selten benutzt wird. Das liegt daran, daß es dafür keine Standard-Clients gibt. Das einzige Programm, das üblicherweise mit UNIX-Systemen ausgeliefert wird und unseres Wissens nach *rexec* verwendet, ist das Installationsprogramm *inst* zur Ferninstallation, das zum IRIX-System von Silicon Graphics gehört. Uns ist nicht klar, weshalb der Dämon so oft läuft, aber fast jedes UNIX-System wird mit aktiviertem *rexecd* in */etc/inetd.conf* ausgeliefert - vielleicht nur für den Fall, daß jemand unbedingt einen lokalen Client dafür schreiben möchte.

rexec wird gewöhnlich zusammen mit den r-Kommandos von BSD genannt, ist jedoch etwas sicherer als diese. Es verläßt sich nicht auf Authentifizierung auf Basis der Quelladresse, sondern verlangt vom Benutzer immer die Angabe von Benutzername und Paßwort. Leider werden diese Angaben unverschlüsselt im Netz übertragen, so daß es z.B. im Vergleich zu Telnet keine Sicherheitsvorteile bietet.

Paketfilterungseigenschaften von rexec

rexec ist ein Dienst auf Basis von TCP. Der Server benutzt die Portnummer 512. Der Client benutzt eine beliebige Portnummer unter 1024 (siehe die Erklärung oben für die r-Kommandos von BSD).

Richtung	Quell-Adresse	Ziel-Adresse	Protokoll	Quell-Port	Ziel-Port	ACK gesetzt	Bemerkungen
ein	extern	intern	TCP	<1024	512	[a]	Eingehendes *rexec*, Client an Server

Richtung	Quell-Adresse	Ziel-Adresse	Protokoll	Quell-Port	Ziel-Port	ACK gesetzt	Bemerkungen
aus	intern	extern	TCP	512	<1024	ja	Eingehendes *rexec*, Server an Client
aus	intern	extern	TCP	<1024	512	[a]	Ausgehendes *rexec*, Client an Server
ein	extern	intern	TCP	512	<1024	ja	Ausgehendes *rexec*, Server an Client

a. Außer im ersten Paket dieses Typs (Aufbau der Verbindung) ist ACK bei allen Paketen gesetzt.

Proxy-Eigenschaften von rexec

Da es keine gebräuchlichen Clients für *rexec* gibt, gibt es auch keine Proxies dafür. Angenommen, Sie haben einen Client, der *rexec* benutzt, dann sollte es nicht übermäßig schwer sein, ihn für den Einsatz eines generischen Proxies wie SOCKS anzupassen. Wenn die *rexec*-Clients auf einer bestimmten Maschine immer auf den gleichen Server zugreifen, könnten Sie auch einen generischen Proxy-Server wie das Programm *plug-gw* im TIS FTWK benutzen. Es wäre zwar etwas anspruchsvoller, aber beileibe nicht unmöglich, einen speziellen Proxy-Server zu schreiben, der mit modifizierten Benutzerprozeduren arbeitet.

Zusammenfassung: Empfehlungen für rexec

- *rexec* ist nutzlos, deaktivieren Sie es.

rex

rex ist ein Dienst auf Basis von RPC zur fernen Ausführung von Kommandos. In Kapitel 6 finden Sie eine Beschreibung der Probleme beim Betrieb von RPC-Diensten mit Firewalls. Mit *rex* gibt es jedoch noch gravierendere Probleme. Am schlimmsten ist die Tatsache, daß alle Sicherheitsüberprüfungen im Client stattfinden (das ist ein Programm namens *on*). Jeder Angreifer kann einen modifizierten Client einsetzen, der diese Überprüfungen umgeht.

Paketfilterungseigenschaften von rex

rex ist ein Dienst auf Basis von RPC. Wie in dem Abschnitt über RPC in Kapitel 6 dargelegt, ist es sehr schwer, RPC-Dienste durch Paketfilterung zu behandeln, da die Server normalerweise keine festen Portnummern verwenden. Obwohl ein Paketfilter die benutzen Portnummern nicht ermitteln kann, ist dies für einen Angreifer durchaus möglich. (Wenn dem Angreifer nichts Besseres einfällt, schickt er einfach *rex*-Anfragen an alle Ports und stellt fest, von welchem die Antwort eines *rex*-Servers kommt.)

rex wird über TCP abgewickelt. Ebensowenig wie bei anderen RPC-Diensten läßt sich jedoch vorhersagen, welche Portnummer der Server benutzt. Clients benutzen meist Portnummern über 1023.

Proxy-Eigenschaften von rex

RPC-Protokolle eignen sich für Proxies genauso schlecht wie für Paketfilterung. Sie lassen sich mit generischen Proxies nicht sinnvoll behandeln. Ein spezieller Proxy-Server für *rex* ist denkbar, uns ist jedoch keiner bekannt.

Zusammenfassung: Empfehlungen für rex

- Erlauben Sie *rex* nicht über Ihren Firewall hinweg. Am besten verbieten Sie *rex* ganz, denn es ist selbst innerhalb einer LAN-Umgebung völlig unsicher.

Network News Transfer Protocol (NNTP)

NNTP dient meist zur Übertragung der Usenet-News über das Internet (wie oben erwähnt, wird dazu manchmal auch UUCP über TCP benutzt). Über einen News-Server treffen die Usenet-News in Ihrer Organisation ein und verlassen sie; Ihre Benutzer greifen mit News-Clients auf den News-Server zu, um Artikel zu lesen oder selbst zu veröffentlichen. Es gibt eine Reihe von News-Servern, darunter B-News, C-News und INN, die sich per NNTP unterhalten und damit News zwischen verschiedenen Netzen übertragen können. Außerdem benutzen viele News-Clients, mit denen die Benutzer News lesen können, NNTP für den Zugriff auf News-Server.

Paketfilterungseigenschaften von NNTP

NNTP ist ein Dienst auf Basis von TCP. NNTP-Server benutzen Port 119. NNTP-Clients (sowie Server, die News zu anderen Servern übertragen), benutzen Portnummern über 1023. Abbildung 8-9 zeigt NNTP mittels Paketfilterung.

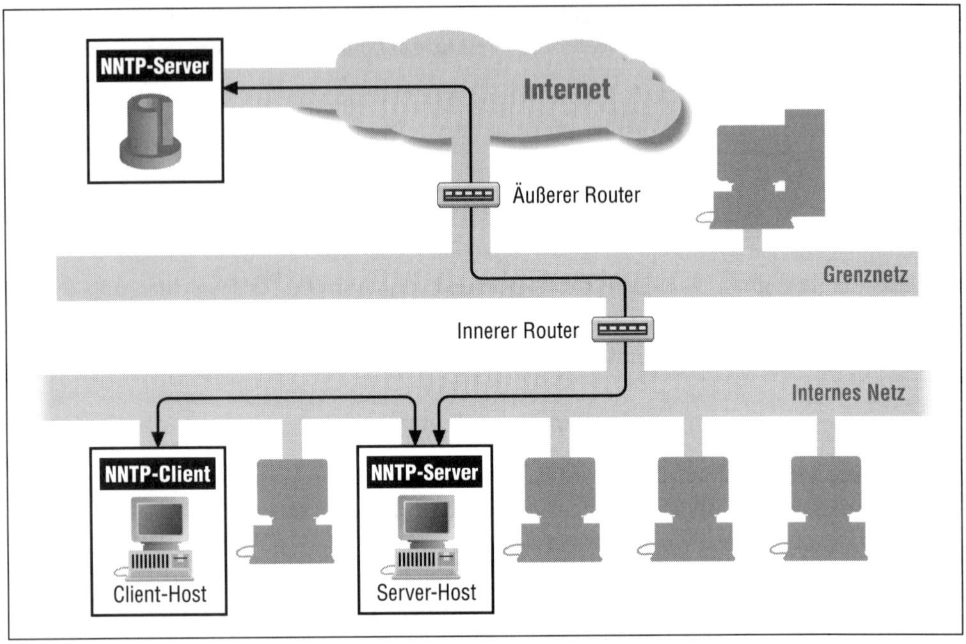

Abb. 8-9: NNTP mittels Paketfilterung.

Richtung	Quell-Adresse	Ziel-Adresse	Protokoll	Quell-Port	Ziel-Port	ACK gesetzt	Bemerkungen
ein	extern	intern	TCP	>1023	119	[a]	Eingehende News
aus	intern	extern	TCP	119	>1023	ja	Eingehende News-Antworten
aus	intern	extern	TCP	>1023	119	[a]	Ausgehende News
ein	extern	intern	TCP	119	>1023	ja	Ausgehende News-Antworten
[b]	intern	News-Server	TCP	>1023	119	[a]	Client zum Lesen von News (Newsreader)
[b]	News-Server	intern	TCP	119	>1023	ja	Server sendet Artikel zu einem News-Reader

a. Außer im ersten Paket dieses Typs (Aufbau der Verbindung) ist ACK bei allen Paketen gesetzt.

b. In den meisten Fällen sind beide Seiten intern.

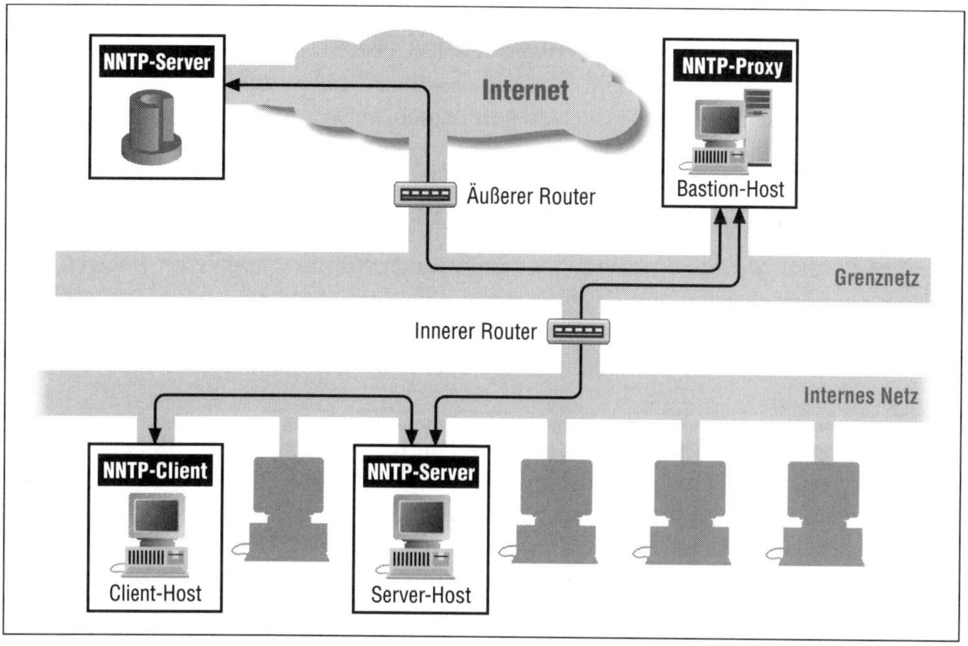

Abb. 8-10: NNTP über Proxy-Dienste.

Proxy-Eigenschaften von NNTP

NNTP ist ein Durchreichprotokoll, das selbst als Proxy fungieren kann. Die Verwendung eines Proxies ist außerdem sehr einfach, da es nur eine einzelne Verbindung gibt. Das TIS FWTK enthält den generischen Proxy *plug-gw*, der häufig für NNTP benutzt wird. Zusätzlich kommen modifizierte Benutzerprozeduren zum Einsatz (die NNTP-Verbindung wird zum Proxy-Server gelenkt, der sie abhängig von der Adresse des Clients umleitet). Es wäre einfach, Clients an einen generischen Proxy für modifizierte Clients anzupassen (z.B. SOCKS).

Abbildung 8-10 zeigt NNTP über Proxy-Dienste.

Gefährliche Möglichkeiten zur Einrichtung von NNTP in einer Firewall-Umgebung

Es scheint naheliegend, den Bastion-Host als Usenet-News-Server für das Netz zu verwenden. Bei dieser Konfiguration treten jedoch einige subtile Probleme auf.

Erstens ist es empfehlenswert, News-Dienste auf einer eigenen Maschine laufen zu lassen. News tendieren dazu, sämtlichen verfügbaren Plattenplatz und die ganze Rechenzeit zu verbrauchen und vertragen sich daher schlecht mit systemwichtigen Diensten. Wenn Sie einen Bastion-Host für die News einplanen, müssen Sie wahrscheinlich mehrere Bastion-Hosts einrichten. Das ist zwar an sich kein Problem, erhöht aber den Verwaltungsaufwand. Diesen Aufwand für mehrere Bastion-Hosts werden Sie nicht auf sich nehmen wollen, nur um auf einem davon News-Dienste anbieten zu können.

Zweitens können Sie keine privaten (firmeninternen) News-Gruppen zur internen Diskussion einrichten, wenn Ihr News-Server gleichzeitig Bastion-Host ist. Diese News-Gruppen sollten nicht sichtbar sein, wenn jemand in den Bastion-Host einbricht oder von außen eine Verbindung zu Ihrem NNTP-Server herstellt und es schafft, Ihre News-Gruppen zu lesen.

Drittens müssen Sie sich beim Einsatz des Bastion-Host als News-Server für eine von vier Methoden entscheiden, mit denen Ihre Benutzer News lesen könnnen. Jede dieser Methoden, die wir in den nächsten Abschnitten beschreiben, hat ihre eigenen Probleme.

Die Benutzer loggen sich auf dem Bastion-Host ein, um News zu lesen

Die einfachste Möglichkeit besteht darin, daß sich die Benutzer auf dem Bastion-Host anmelden und dort einen Newsreader laufen lassen. Das bedeutet, daß Sie vielen Benutzern Kennungen auf dem Bastion-Host geben müssen, was eine enorme Gefahrenquelle darstellt. (In Kapitel 5 behandeln wir die Frage der Benutzerkennungen auf Bastion-Hosts.)

Bei den Benutzern wird diese Methode auch nicht sehr beliebt sein, da dabei alle den UNIX-Newsreader verwenden müssen, der auf dem Bastion-Host läuft.

Nur NNTP-Clients dürfen News lesen

Bei der zweiten und etwas sichereren Methode erlauben Sie den Benutzern, nur mit NNTP-Clients News vom Bastion-Host zu lesen. Das Hauptproblem ist dabei, daß Ihre Benutzer NNTP-fähige Newsreader brauchen. Viele Newsreader, vielleicht sogar die meisten, sind zwar NNTP-fähig, es gibt jedoch immer noch einige ohne NNTP-Fähigkeiten (z.B. manche Versionen von *nn*). Je nach benutztem NNTP-Server ist es vielleicht unmöglich, beliebte Newsreader-Funktionen (z.B. *article threads*) über NNTP zu realisieren. Es kann schwierig sein, einen Server zu finden, der alle gewünschten Funktionen sowohl zur Übertragung von News als auch zur Bedienung von Newsreadern hat.

Exportieren der News an die Clients mittels NFS

Die dritte Möglichkeit, Ihren Bastion-Host zum News-Server zu machen, besteht darin, die News mittels NFS vom Server an die Clients zu exportieren. Dieser Ansatz löst eines der beschriebenen Probleme: Sie können damit auch Newsreader verwenden, die nicht NNTP-fähig sind. Ein anderes gravierendes Problem bleibt jedoch, daß Sie keine privaten oder firmeninternen News-Gruppen unterstützen können, da diese unter Umständen nach außen sichtbar sind. Wenn die Benutzer mit NFS auf Ihren News-Server zugreifen können, sind auch die Chancen für einen Angreifer groß, da NFS sehr unsicher ist. Es ist viel besser, NFS auf dem Bastion-Host ganz abzuschalten (genauere Angaben dazu finden Sie im Abschnitt über NFS in diesem Kapitel sowie in Kapitel 5).

Weiterleiten der News vom Bastion-Host an einen internen News-Server

Die vierte Möglichkeit besteht darin, die News einfach vom Bastion-Host weiterzuleiten und einen internen Rechner als »echten« News-Server einzurichten. Dazu richtet man am einfachsten einen News-Server auf dem Bastion-Host ein, der die News vom und zum internen News-Server weiterleitet.

Das Problem dabei ist der hohe Verwaltungsaufwand. Der Betrieb eines News-Systems erfordert intensive Pflege. Im Idealfall wollen Sie jedoch Ihren Bastion-Host einrichten und dann ohne weitere Wartung sich selbst überlassen. Zudem sind solche eng gekoppelten News-Systeme sehr anfällig für Ping-Pong-Effekte: Ein Problem auf einem Server unterbricht den News-Strom. Das unterbricht die Abläufe auf dem zweiten Server und verursacht dort Probleme. Wenn Sie das erste Problem behoben haben, wird der erste Server mit News überschwemmt und der Ärger beginnt von vorn. Diese Methode kann für Sie jedoch sinnvoll sein, wenn Sie erfahrene Systemverwalter und viel Plattenkapazität haben. Es ist dabei auch möglich, interne News-Gruppen einzurichten.

Sinnvolle Möglichkeiten zur Einrichtung von NNTP in einer Firewall-Umgebung

Einer der Hauptunterschiede zwischen NNTP und anderen Protokollen wie SMTP ist die Art der Benutzung. SMTP-Verbindungen können Sie aus der ganzen Welt erhalten, da Leute von überall elektronische Post an Ihr Netz senden. Legitime NNTP-Verbindungen bekommen Sie jedoch nur von Ihrem *news feed*, also dem oder den Standort(en), die Sie mit News versorgen.

Die bequemste und zuverlässigste Art des Umgangs mit News in einer Firewall-Umgebung besteht gewöhnlich darin, die News direkt zwischen *news feed* und internem

News-Server fließen zu lassen. Dies kann man entweder durch Paketfilterung erreichen oder durch ein Proxy-System auf dem Bastion-Host, wie wir in den folgenden Abschnitten beschreiben werden.

Wenn Sie NNTP mit Paketfilterung oder über einen Proxy-Server einrichten, verringern Sie Ihre Anfälligkeit gegenüber NNTP-Angriffen enorm. Wenn Sie NNTP so wie in der folgenden Beschreibung konfigurieren, ist ein NNTP-Angriff nur unter folgenden Bedingungen möglich:

- Ihr NNTP-Server hat einen Software- oder Konfigurationsfehler, den ein Angreifer ausnutzen kann.
- Der Angriff erfolgt von einem Ihrer *news feeds* (oder erweckt diesen Anschein), da nur diese NNTP-Verbindungen zu Ihrem Server aufbauen dürfen.

NNTP ist ein relativ einfaches Protokoll. Bisher wurden keine Angriffe bekannt, die NNTP selbst ausnutzten. Ein Fall eines datengesteuerten Angriffs auf News-Systeme unter UNIX wurde bekannt, der darauf beruhte, daß die Software des News-Servers automatisch News-Gruppen anlegte. Es war möglich, Namen von News-Gruppen anzugeben, die Strichpunkte »;« enthielten. Beim Anlegen der Gruppe führte der Server zusätzlich Kommandos aus, die im Gruppennamen nach dem Strichpunkt standen. Da die Kontrollmeldungen das falsche Format hatten, wurden sie von den Servern nicht erkannt und weitergeleitet. Viele Netze sind von vornherein immun, da sie nicht automatisch News-Gruppen anlegen. In den aktuellen Versionen verschiedener Software-Pakete für News-Server ist dieses Problem behoben. Es unterstreicht dennoch, wie wichtig es ist, sich auf dem laufenden zu halten (siehe hierzu Kapitel 12).

Sie sollten die automatische Erzeugung von Gruppen ganz abschalten: Es ist zwar ein ziemlicher Verwaltungsaufwand, die ständigen Anfragen nach Gruppen zu erfüllen. Andererseits empfinden es die Benutzer als extrem lästig, sich mit den Auswirkungen automatischer Gruppenerzeugung herumzuärgern, wenn es jemandem einfällt, über Nacht einige tausend Gruppen anzulegen (meist obszönen Inhalts).

Paketfilterung mit NNTP

Wenn Sie Paketfilter zwischen dem internen News-Server und Ihrem *news feed* eingerichtet haben, können Sie dazwischen eine NNTP-Verbindung aufbauen. Richten Sie den Paketfilter wie folgt ein (beachten Sie auch die untenstehende Tabelle):

- Eingehende NNTP-Verbindungen sind erlaubt, damit Sie News empfangen können, also TCP-Pakete von Ports über 1023 auf dem entfernten System zu Port 119 auf Ihrem News-Server und TCP-Pakete mit gesetztem ACK-Bit von Port 119 auf Ihrem News-Server zu Ports über 1023 auf dem entfernten System (Regeln A und B).

- Ausgehende NNTP-Verbindung sind erlaubt, damit Sie News senden können, also TCP-Pakete von Ports über 1023 auf Ihrem News-Server zu Port 119 auf dem entfernten System und TCP-Pakete mit gesetztem ACK-Bit von Port 119 auf dem entfernten System zu Ports über 1023 auf Ihrem News-Server (Regeln C und D).

Regel	Richtung	Quell-Adresse	Ziel-Adresse	Protokoll	Quell-Port	Ziel-Port	ACK gesetzt	Aktion
A	ein	Service-Provider	Ihr Server	TCP	>1023	119	beliebig	zulassen
B	aus	Ihr Server	Service-Provider	TCP	119	>1023	ja	zulassen
C	aus	Ihr Server	Service-Provider	TCP	>1023	119	beliebig	zulassen
D	ein	Service-Provider	Ihr Server	TCP	119	>1023	ja	zulassen

Zusammenfassung: Empfehlungen für NNTP

- Benutzen Sie als News-Server keinen Bastion-Host.
- Verbieten Sie die automatische Erzeugung von Gruppen.
- Erlauben Sie externe NNTP-Verbindungen nur von Standorten, mit denen Sie News austauschen.
- Benutzen Sie für die Verbindung zwischen zuverlässigen externen NNTP-Servern und einem internen News-Server Paketfilterung oder Proxies.

World Wide Web (WWW) und HTTP

Das World Wide Web (WWW) ist die treibende Kraft hinter dem derzeit enormen Wachstum des Internet. Seit der Einführung von NCSA Mosaic – der ersten graphischen Oberfläche für das WWW, die weite Verbreitung fand – stieg der WWW-Verkehr im Internet explosionsartig an; weit stärker, als alle anderen Arten von Netzverkehr wie E-Mail per SMTP, Dateiübertragung mit FTP, Terminalzugang mit Telnet usw. Sie werden Ihren Benutzern höchstwahrscheinlich die Möglichkeit geben, mit einem Browser auf WWW-Server zuzugreifen. Falls Ihrer Organisation an Publizität gelegen ist, werden Sie wahrscheinlich selbst einen Web-Server betreiben.

Die meisten WWW-Browser verwenden nicht nur HTTP, das Standardprotokoll im Web, sondern sind gewöhnlich auch Gopher- und FTP-Clients oder können existierende Telnet- und FTP-Clients transparent benutzen (so daß der Benutzer nicht merkt, daß er ein externes Programm startet). Viele sind zudem auch NNTP-, SMTP- und Archie-Clients. Sie benutzen eine einheitliche und konsistente Schreibweise mit der Bezeichnung *Uniform Resource Locator* (URL), um Verbindungen unterschiedlicher Art zu kennzeichnen (siehe Kasten).

Die Syntax der Uniform Resource Locator (URL)

Die allgemeine Form der URLs lautet `Service://Rechner/Pfad/zur/Datei/oder/Seite`.

Für das Feld `Service` gibt es mehrere zulässige Werte, z.B. »ftp«, »http«,»gopher« oder »telnet«.

Das Feld `Rechner` gibt im allgemeinen den Rechnernamen oder die IP-Adresse des Rechners an, zu dem eine Verbindung aufgebaut werden soll. Soll nicht über die Standard-Portnummer auf den Rechner zugegriffen werden (bei einem HTTP-Server ist dies zum Beispiel Port 80), so kann das Feld auch »Rechner:Portnummer« lauten, z.B. `http://www.irgendwo.com:8080` verweist auf einen HTTP-Server auf Port 8080 auf der Maschine `www.irgendwo.com`.

Das Feld für den Pfad (nach dem Zeichen »/«, das auf den Rechnernamen folgt) hängt vom Typ des URLs ab, gibt jedoch meist die Datei oder das Dokument an, auf das man mit diesem Dienst auf dem Server zugreifen will. Der URL `ftp://ftp.greatcircle.com/pub/firewalls/FAQ` verweist zum Beispiel auf die Datei /pub/firewalls/FAQ, die man mittels Anonymous-FTP vom Rechner `ftp.greatcircle.com` erhält.

Nähere Informationen über URLs finden Sie in jedem guten Buch über das World Wide Web.

Paketfilterungseigenschaften von HTTP

HTTP ist ein Dienst auf Basis von TCP. Clients benutzen beliebige Portnummern über 1023. Die meisten Server benutzen Port 80, jedoch nicht alle. Dies läßt sich nur aus der historischen Entwicklung heraus verstehen.

Viele der modernen Informationsdienste (vor allem HTTP, WAIS und Gopher) wurden dahingehend entworfen, daß die Server nicht auf allen Maschinen eine feste und bekannte Portnummer benutzen *müssen*. Es wurde zwar für jeden Dienst ein Standardport festgelegt, jedoch können alle Clients und Server auch mit alternativen Portnummern arbeiten. Wenn Sie auf einen solchen Server verweisen, können Sie zusätzlich zum Namen der jeweiligen Maschine noch die Portnummer angeben, an der er läuft, (falls es sich nicht um die Standard-Portnummer für diesen Dienst handelt). Ein HTTP-URL der Form `http://host.domain.net/file.html` beschreibt zum Beispiel einen Server an dem Standard-Port von HTTP (Port 80). Liefe der Server an einer anderen Portnummer (z.B. Port 8000), hieße der URL `http://host.domain.net:8000/file.html`.

Die Entwickler der Protokolle hatten zwei gute Gründe für diese Wahl:

- Auf einer einzelnen Maschine können mehrere Server mit getrennten Datenbeständen laufen. Sie könnten z.B. einen frei zugänglichen HTTP-Server mit Daten betreiben, die Sie der Öffentlichkeit zur Verfügung stellen wollen, und einen zweiten auf einem anderen Port, der andere, nichtöffentliche Daten anbietet und nur mit Einschränkungen zugänglich ist (z.B. über Paketfilterung oder Authentifizierungsmechanismen des HTTP-Servers.)
- Benutzer können ihre eigenen Server betreiben, was je nach Sicherheitsstrategie ein Segen oder ein Fluch ist. Da die Standard-Portnummern alle unter 1024 liegen und auf UNIX-Maschinen daher nur von *root* benutzt werden können, können normale Benutzer ihre Server nicht auf diesen Standard-Portnummern betreiben.

Diese Dienste auf anderen als den Standard-Ports anzubieten, hat Vorteile, verkompliziert jedoch die Abläufe im Hinblick auf Paketfilterung. Sie haben mehrere Möglichkeiten, wenn Ihre Benutzer auf einen Server zugreifen wollen, der nicht auf einem Standard-Port läuft:

- Sie sagen den Benutzern einfach, dies sei unmöglich. Je nach Umgebung kann dies akzeptabel sein oder nicht.
- Sie richten für diesen Dienst eine spezielle Ausnahmeregel für den Paketfilter ein. Das ist für die Benutzer schlecht, weil sie erst die Ursache des Problems erkennen und dann warten müssen, bis Sie es behoben haben. Für Sie ist es auch schlecht, weil Sie ständig neue Ausnahmen in die Filterliste eintragen müssen.
- Sie können versuchen, den Betreiber des Servers davon zu überzeugen, den Server auf dem Standard-Port zu betreiben. Viel Propaganda für Standard-Portnummern ist zwar auf lange Sicht gut, wird jedoch kaum schnelle Resultate bringen.
- Sie können eine Proxy-Version des Client benutzen. Dies bedeutet Einrichtungsaufwand für Sie und schränkt Sie in der Wahl der Clients ein. Allerdings unterstützen sowohl Mosaic als auch Netscape Navigator den Einsatz von Proxies – und das sind die bei weitem populärsten Clients.
- Wenn Sie bezüglich des ACK-Bits filtern können, können Sie unabhängig vom Ziel-Port alle ausgehenden Verbindungen erlauben. Dies ermöglicht viele Dienste, darunter FTP im passiven Modus. Allerdings erhöht es Ihre Verwundbarkeit merklich.

Zum Glück verwendet die große Mehrheit der Server (wahrscheinlich mehr als 90 Prozent) den jeweiligen Standard-Port. Je wichtiger ein Server ist, umso höher ist die Wahrscheinlichkeit, daß er den Standard-Port benutzt. Viele Server, die auf anderen Ports arbeiten, verwenden eine von wenigen Ersatz-Portnummern (81, 800, 8000 und 8080).

Ihr Firewall wird höchstwahrscheinlich verhindern, daß Benutzer aus Ihrem internen Netz eigene Server auf anderen als den Standard-Ports einrichten (da Sie keine eingehenden Verbindungen auf beliebigen Ports über 1023 erlauben werden). Sie könnten solche Server auf einem Bastion-Host einrichten. Es ist anderen Standorten gegenüber aber immer freundlicher, den Server auf der Standard-Portnummer zu betreiben.

Richtung	**Quell-Adresse**	**Ziel-Adresse**	**Protokoll**	**Quell-Port**	**Ziel-Port**	**ACK gesetzt**	**Bemerkungen**
ein	extern	intern	TCP	>1023	80[a]	[b]	Eingehende Sitzung, Client an Server
aus	intern	extern	TCP	80[a]	>1023	ja	Eingehende Sitzung, Server an Client
aus	intern	extern	TCP	>1023	80[a]	[b]	Ausgehende Sitzung, Client an Server
ein	extern	intern	TCP	80[a]	>1023	ja	Ausgehende Sitzung, Server an Client

a. 80 ist die Standard-Portnummer für HTTP-Server; einige Server laufen jedoch auf anderen Portnummern.
b. Außer im ersten Paket dieses Typs (Aufbau der Verbindung) ist ACK bei allen Paketen gesetzt.

Proxy-Eigenschaften von HTTP

Einige HTTP-Clients, etwa Mosaic und Netscape Navigator, unterstützen transparent verschiedene Proxy-Konfigurationen. Manche Clients unterstützen SOCKS, andere benutzertransparente Proxies über spezielle HTTP-Server und einige beides. Vergleichen Sie dazu die allgemeine Beschreibung von SOCKS und Proxies in Kapitel 7.

Der HTTP-Server des CERN, der am Europäischen Zentrum für Hochenergiephysik in Genf entwickelt wurde, hat einen Proxy-Modus, in dem der Server alle Anfragen für entfernte Dokumente von Browsern innerhalb des Firewall behandelt. Der Server baut die ferne Verbindung auf und reicht die Information transparent an die Clients weiter. In Anhang B finden Sie Informationen zum Bezug des CERN-HTTP-Servers.

Der Einsatz des CERN-HTTP-Servers als Proxy-Server hat einen weiteren Vorteil: Der Server kann WWW-Seiten aus dem Internet lokal in einem Cache-Bereich zwischenspeichern. Dieses »Caching« kann die Antwortzeiten der Clients deutlich verbessern und reduziert gleichzeitig den Netzverkehr. Dies wird dadurch erreicht, daß häufig angeforderte WWW-Seiten nur einmal zu Ihrem Netz übertragen werden. Alle folgenden

Anfragen werden mit der lokal gespeicherten Kopie der Seite befriedigt, so daß die Seite nicht jedesmal wieder vom ursprünglichen Server im Internet übertragen werden muß.

Das TIS FWTK enthält einen Proxy-Server für HTTP mit der Bezeichnung *http-gw*, der mit jedem Client benutzt werden kann. Clients, die HTTP-Proxies unterstützen, können den HTTP-Server aus dem FWTK transparent verwenden (Sie müssen dem Client dazu nur sagen, wo der Server ist). Für Clients ohne Unterstützung für HTTP-Proxies müssen Sie jedoch spezielle Benutzerprozeduren einführen. Grundsätzlich sind URLs so anzupassen, daß die Clients auf den Proxy-Server statt auf den echten Server zugreifen. URLs, die in HTML-Dokumente eingebettet sind, werden beim Durchlaufen des Servers automatisch angepaßt. URLs, die die Benutzer eintippen, müssen allerdings per Hand angepaßt werden. In Kapitel 7 beschreiben wir das TIS FWTK im Detail.

Sicherheitsfragen bei HTTP

Es gibt zwei grundsätzliche Arten von Sicherheitsbedenken hinsichtlich HTTP:

- Was kann ein bösartiger Client Ihrem HTTP-Server antun?
- Was kann ein bösartiger HTTP-Server Ihren Clients antun?

In den folgenden Abschnitten behandeln wir diese Fragen.

Was kann ein bösartiger Client Ihrem HTTP-Server antun?

Die Sicherheitsbedenken bei einem HTTP-Server ähneln weitgehend jenen bei anderen Servern, die Verbindungen aus dem Internet behandeln, etwa Server für Anonymous-FTP. Sie müssen sicherstellen, daß die Benutzer dieser Verbindungen nur zu von Ihnen erwünschten Bereichen Zugang erhalten – und sie den Server nicht austricksen können, um Zugang zu unerlaubten Bereichen zu bekommen.

Dazu gibt es eine Vielzahl von Methoden:

- Konfigurieren Sie die Sicherheits- und Zugangskontrollfunktionen Ihres Servers, um den Bereich einzuschränken, auf den die Benutzer damit Zugang haben.[1]
- Lassen Sie den Server nicht unter einer privilegierten Benutzerkennung laufen.
- Benutzen Sie *chroot*, um den Betrieb des Servers auf einen bestimmten Teil Ihrer Dateisystemhierarchie einzuschränken. Sie können *chroot* entweder innerhalb des Servers verwenden oder mit einem externen Programm, das den Server startet.
- Bringen Sie erst gar keine vertraulichen Daten auf den Server. Damit erreichen Sie, daß es überhaupt keine geheimen Informationen auf der Machine gibt, selbst wenn

1. Eine ausführliche Behandlung dieser Funktionen und ihrer Verwendung finden Sie in den HTTP-Kapiteln des Buchs *Internet-Server – Einrichten und Verwalten*, das ebenfalls im O'Reilly/International Thomson Verlag erschienen ist.

es jemand schaffen sollte, irgendwie aus dem erlaubten Bereich »auszubrechen«. Zumindest sollte nichts auf der Maschine sein, zu dem Einbrecher nicht auch über die normalen Zugriffsmethoden gelangen könnten.

- Konfigurieren Sie den Rest Ihres Netzwerks so, daß selbst ein Angreifer, der völlige Kontrolle über den Server erlangt, große Schwierigkeiten hat, weiter ins Netz vorzudringen. Bringen Sie den Server vor allem nicht in ein internes Netz.

HTTP-Server selbst bieten nur eingeschränkte Dienste und stellen keine größere Gefährdung dar. Über eine bestimmte Funktion von HTTP-Servern sollten Sie sich jedoch Gedanken machen, nämlich den Aufruf externer Programme, speziell solcher, die über das Common Gateway Interface (CGI) mit dem Benutzer interagieren. Das CGI ist der Teil von HTTP, der beschreibt, wie Informationen des Benutzers zum Server und von dort zu externen Programmen weitergegeben werden. Viele HTTP-Server sind so konfiguriert, daß sie andere Programme aufrufen, die bei Bedarf HTML-Seiten erzeugen. Diese Programme heißen allgemein CGI-Skripten, selbst wenn sie CGI gar nicht benutzen und keine Skripten sind. Schickt zum Beispiel jemand eine Datenbankabfrage an einen HTTP-Server, so startet der HTTP-Server ein externes Programm, das die Abfrage durchführt und eine HTML-Seite mit den Antworten erzeugt.

Bei diesen externen Programmen müssen Sie sich über zwei Dinge Gedanken machen:

- Kann ein Angreifer die externen Programme so austricksen, daß sie etwas tun, das sie eigentlich nicht tun sollten?
- Kann ein Angreifer seine eigenen externen Programme laden und erreichen, daß diese ausgeführt werden?

Vielleicht lassen Sie Ihren HTTP-Server auf einem Macintosh, DOS- oder Windows-Rechner laufen. Für diese Maschinen stehen gute Implementierungen von HTTP-Servern zur Verfügung, doch im allgemeinen fehlen auf solchen Rechnern die Möglichkeiten, die einen Server unsicher machen würden. So können sie zum Beispiel keine anderen Server starten, es gibt keine leistungsfähige und einfache Möglichkeit zum Ablauf von Skripten, und die Wahrscheinlichkeit ist gering, auf dem Rechner vertrauliche Daten zu finden oder Zugang zu anderen geschützten Maschinen zu erhalten. Der Nachteil ist allerdings, daß man darauf keine interessanten Dinge machen kann. Je einfacher es ist, interessante Dinge zu tun, desto unsicherer!

Austricksen externer Programme. Die externen Programme, die ein HTTP-Server startet, bestehen oft aus Shell-Skripten, die von Leuten geschrieben wurden, die Informationen zur Verfügung stellen wollen. Diese Leute wissen oft wenig oder überhaupt nichts über die Erstellung sicherer Shell-Skripten, was auch für Experten keineswegs trivial ist.

Da die Sicherheit der Skripten selbst sehr schwer zu gewährleisten ist, können Sie bestenfalls versuchen, mittels *chroot* und anderen Mechanismen eine sichere Umgebung bereitzustellen, in der die Skripten ablaufen. Die Hoffnung dabei ist, daß die Skripten diese Umgebung nicht verlassen können. In der Umgebung sollte nichts vorhanden sein, das Ihnen Sorgen bereitet, wenn es nach außen sichtbar wird. Nichts und niemand sollte der Maschine trauen, auf der der Server läuft. Wenn Sie eine solche Umgebung einrichten, ist es unerheblich, ob Angreifer irgendwie die beschränkte Umgebung verlassen und vollen Zugang zur Maschine erhalten - sie sind den interessanten Dingen in Ihrem Netz noch kein bißchen näher!

Gibt es bei Ihnen Leute, die sichere Skripten schreiben können, sollten Sie alle Skripten von ihnen erstellen oder zumindest überprüfen lassen. An den meisten Standorten ist das nicht der Fall, doch wenn Sie es mit den WWW-Diensten wirklich ernst meinen, sollten Sie vielleicht jemanden mit dieser Qualifikation einstellen. Es ist aber immer sinnvoll, die Skripten in einer eingeschränkten Umgebung laufen zu lassen - *nobody's perfect*!

Upload von externen Programmen. Als zweites sollten Sie bedenken, daß die Angreifer ihre eigenen externen Programme laden und sie vom Server ausführen lassen. Wie könnten die Angreifer das bewerkstelligen? Betrachten Sie folgende Situation:

- Ihr HTTP-Server und der Server für Anonymous-FTP laufen beide auf der gleichen Maschine.
- Beide greifen auf die gleichen Bereiche des Dateisystems zu.
- Irgendwo in diesem Bereich gibt es ein beschreibbares Verzeichnis, in dem Ihre Kunden z.B. mittels FTP Core-Dumps Ihres Produkts ablegen können, damit diese von Ihren Programmierern analysiert werden.

In diesem Fall könnte der Angreifer ein eigenes Skript oder ablauffähiges Programm mittels Anonymous-FTP in dem beschreibbaren Verzeichnis ablegen und es dann vom HTTP-Server starten lassen.

Wie können Sie sich gegen solche Angriffe verteidigen? Wieder einmal ist der beste Rat, die Dateisysteme einzuschränken, auf die ein Server zugreifen kann (meist mit *chroot*) und eine beschränkte Umgebung für jeden Server einzurichten.

Was kann ein bösartiger Server Ihren Clients antun?

Die Sicherheitsprobleme von HTTP-Clients sind weitaus komplexer als jene von HTTP-Servern. Ursache dieser Client-Probleme ist die Tatsache, daß HTTP-Clients wie Mosaic und Netscape Navigator so entworfen wurden, daß sie erweiterbar sind und externe Programme aufrufen können, die bestimmte Datentypen behandeln. Diese Erweiterbarkeit kann ein Angreifer mißbrauchen.

HTTP-Server können Daten in einer Vielzahl von Formaten anbieten: normale Textdateien, HTML-Dateien, PostScript-Dokumente, Graphiken (GIF und JPEG), Videos (MPEG),

Audio-Dateien usw. Die Server benutzen MIME, das wir im Abschnitt über elektronische Post schon kurz behandelt haben, um die Daten zu formatieren und deren Typ anzugeben. HTTP-Clients versuchen meist nicht, all diese unterschiedlichen Datenformate zu verstehen und zu verarbeiten. Sie verstehen nur wenige Formate, etwa HTML, normalen Text und GIF, und lassen den Rest von externen Programmen verarbeiten. Diese externen Programme zeigen die Daten an, spielen sie ab, drucken sie oder tun, was auch immer erforderlich ist.

Ein Web-Browser unter UNIX, der eine PostScript-Datei erhält, wird normalerweise das Programm Ghostscript starten und für eine JPEG-Datei das Programm *xv*. Der Benutzer steuert meist über eine Konfigurationsdatei, welche der Datentypen der HTTP-Client kennt, welches Programm er für welche Datentypen startet und welche Argumente diese Programme beim Aufruf erhalten. Hat der Benutzer keine eigene Konfigurationsdatei, benutzt der HTTP-Client meist eingebaute Standardwerte oder eine systemweite Konfigurationsdatei.

All diese externen Programme stellen zwei Sicherheitsrisiken dar:

- Welche Fähigkeiten hat das Programm, die ein Angreifer ausnutzen könnte?
- Welche neuen Programme oder neuen Argumente für existierende Programme könnte ein Angreifer den Benutzer gutgläubig zu seiner Konfiguration hinzufügen lassen?

Beispiel. Wir wollen als Beispiel untersuchen, wie ein HTTP-Client mit einer PostScript-Datei umgeht. PostScript ist eine Sprache zur Ansteuerung von Druckern. Obwohl es hauptsächlich für diesen Zweck gedacht ist, ist es auch eine vollständige Programmiersprache mit Daten- und Kontrollstrukturen sowie Operatoren zur Ein- und Ausgabe. Diese Operatoren (»Datei lesen«, »Datei schreiben«, »Datei anlegen«, »Datei löschen« usw.) werden selten benutzt; sie kommen nur bei Druckern mit einer eigenen Festplatte zum Speichern von Schriftarten (Fonts) zum Einsatz, sind aber Bestandteil der Sprache PostScript. PostScript-Previewer wie Ghostscript enthalten diese Operatoren meist aus Gründen der Vollständigkeit.

Angenommen, ein Benutzer besorgt sich mit Mosaic ein PostScript-Dokument. Mosaic ruft Ghostscript auf, und es stellt sich heraus, daß das Dokument PostScript-Anweisungen der Art »lösche alle Dateien im aktuellen Verzeichnis« enthält. Wer ist schuld, wenn Ghostscript diese Anweisungen ausführt? Man kann nicht damit rechnen, daß Mosaic die PostScript-Datei nach gefährlichen Anweisungen durchsucht – das ist unmöglich. Man kann auch nicht erwarten, daß Ghostscript gültige PostScript-Anweisungen nicht ausführt. Und man kann schon gar nicht erwarten, daß die Benutzer keine PostScript-Dokumente übertragen oder diese gar selbst durchsuchen.

Neuere Versionen von Ghostscript haben einen sicheren Modus, in dem sie bei Angabe einer bestimmten Aufrufoption laufen. In diesem Modus sind »gefährliche« Operatoren wie die Dateioperatoren deaktiviert. Doch was ist mit den anderen PostScript-Interpretern und Previewern? Und wie steht es mit den Anwendungen für all die anderen Datentypen? Wie sicher sind sie? Wer kann das entscheiden?

Selbst wenn Sie sichere Versionen dieser Hilfsprogramme haben - wie verhindern Sie, daß die Benutzer ihre Konfigurationsdateien ändern und neue Anwendungen hinzufügen, vorhandene Einträge ändern oder vorhandene Programme mit anderen Argumenten aufrufen (z.B. den sicheren Modus von Ghostscript abschalten).

Weshalb sollte ein Benutzer das tun? Angenommen, ein Benutzer hat im WWW etwas gefunden, das er unbedingt haben möchte - die Demoversion eines Spiels, eine Graphikdatei, eine Kopie des neuesten Lieds von Madonna oder was auch immer. Dieses begehrte Objekt kommt nun zusammen mit einer Bemerkung der Art »Hey, bevor Du dieses tolle Ding verwenden kannst, mußt Du Deine Mosaic-Konfiguration anpassen, denn die Standard-Konfiguration kann mit diesem Ding nicht umgehen. Mach' also folgendes: ...«. Jetzt kommt zum Bespiel die Anweisung »Entferne die Option '-dSAFER' aus der Ghostscript-Zeile Deiner Datei *.mosaicrc*« oder »Füge diese Zeile in Deiner Datei *.mosaicrc* ein«.

Würden Ihre Benutzer erkennen, daß sie damit den sicheren Modus von Ghostscript deaktivieren bzw. einen neuen Datentyp mit */bin/sh* als Hilfsprogramm eintragen, so daß beliebige übertragene Daten als Kommandos in eine Shell geraten? Selbst dann tun sie es trotzdem - arglos, wie sie nun einmal sind.

Manche Leute glauben, daß Macintosh- und PC-Versionen der WWW-Browser weniger anfällig für solche Sicherheitsprobleme sind als UNIX-Browser. Auf Macs und PCs gibt es gewöhnlich keine oder nur eine sehr eingeschränkte Shell wie den Kommandointerpreter von MS-DOS, die ein Angreifer nach einer erfolgreichen Attacke benutzen könnte. Außerdem hat er nur Zugriff auf wenige Programme, die nicht einmal auf jeder Maschine vorhanden sind. Schließlich kann man den Schaden meist sehr einfach auf eine einzelne Maschine beschränken. Andererseits kann man zu einem gewissen Grad eben doch vorhersagen, welche Programme auf dem Rechner vorhanden sind. (Auf einem Großteil der Macs und PCs laufen z.B. Standardanwendungen wie Microsoft Word oder Excel.) Wenn die Macs oder PCs mittels AppleShare, Novell, PC-NFS oder ähnlicher Software vernetzt sind, ist es nicht sicher, daß nur eine einzelne Maschine gefährdet ist.

Was können Sie tun? Für das beschriebene Problem gibt es keine einfache und hundertprozentige Verteidigungsstrategie. Zur Zeit müssen Sie sich auf die Kombination sorgfältig installierter und konfigurierter Client- und Hilfsprogramme und eine gehörige Dosis Benutzeraufklärung verlassen. In diesem Bereich wird ausgiebig geforscht und entwickelt. Sowohl die Schutzmaßnahmen als auch die Angriffsmethoden werden sich in den nächsten Jahren erheblich weiterentwickeln.

Da Mac- und PC-Clients weniger anfällig für Client-Probleme zu sein scheinen, erlauben manche Netzverwalter den WWW-Zugang nur von Macs oder PCs. Manche gehen sogar noch weiter und schränken den Zugang auf bestimmte Maschinen ein, die oft an leicht zugänglichen Stellen wie Bibliotheken oder Cafeterias stehen. Diese Rechner wurden sorgfältig konfiguriert, enthalten keine vertraulichen Informationen und können auf solche auch nicht zugreifen. Falls etwas passieren sollte, ist nur eine Maschine betroffen, und auch die ist schnell wieder neu installiert. Auf die Firmendaten auf anderen Rechnern kann man mit dieser Maschine nicht zugreifen.

Einige Leute haben in UNIX-Umgebungen damit experimentiert, Mosaic und seine Hilfsprogramme im X Window System in einer eingeschränkten Umgebung laufen zu lassen, wobei die Bildschirmausgabe auf die Workstation des Benutzers umgeleitet wird. Eine andere Möglichkeit ist der Einsatz einer Maschine, die sonst nichts enthält und nur für den Zugang »geopfert« wird. Dies bietet ein gewisses Maß an Schutz, bringt jedoch auch einige Unannehmlichkeiten mit sich. Dieser beinhaltet die folgenden Probleme:

- Er funktioniert nur mit der UNIX- bzw. X-Version von Mosaic. Mac- und PC-Benutzer müssen auf ihrem Rechner einen X-Server starten, sich auf der »Opfermaschine« anmelden, die geschützte Umgebung einrichten und Mosaic starten. Das bedeutet alles in allem mehr Kontakt mit UNIX, als die meisten Benutzer akzeptieren.
- Alle Dateien, die sich ein Benutzer während einer Sitzung besorgt hat, landen in der geschützten Umgebung oder auf dem als potentielles Opfer gedachten Rechner. Sie müssen anschließend separat auf die Maschine übertragen werden, auf der sie wirklich gebraucht werden.
- Der Ansatz funktioniert im allgemeinen nicht für Audio-Dateien, die nicht auf der Maschine des Benutzers, sondern auf dem Audiosystem der Opfermaschine abgespielt werden (oder wo auch immer sich die geschützte Umgebung befindet).

Wie oben im Abschnitt »Paketfilterungseigenschaften von HTTP« beschrieben, gibt es in Firewall-Umgebungen mit Paketfilterung eine weitere Komplikation bei WWW-Clients: Nicht alle HTTP-Server laufen auf Port 80. Um dieses Problem zu lösen, können Sie Proxy-Server für den HTTP-Zugang einrichten. In diesem Fall nehmen die internen Clients auf den Standard-Ports durch den Paketfilter Verbindung zum Proxy-Server auf, und der Proxy–Server unterhält sich auf beliebigen Ports mit dem echten Server (der Proxy liegt ja außerhalb des Paketfilters).

Secure HTTP

Vielleicht haben Sie die Diskussion um die Erweiterung Secure HTTP verfolgt und fragen sich nun, wie das mit Firewalls und der Konfiguration der Dienste zusammenhängt. Secure HTTP hat nichts mit der Lösung der Probleme zu tun, die wir in diesem Abschnitt behandeln. Es wurde zu dem Zweck entworfen, durch Verschlüsselung die Informationen zu schützen, die mit HTTP übertragen werden. Ein Mechanismus wie Secure HTTP ist nötig, um mit HTTP Geschäfte abwickeln zu können. Damit kann man Kreditkartennummern und anderes im Internet übertragen, ohne Angst vor Paketschnüfflern haben zu müssen. Um zwischen Fragen des Datenschutzes einerseits und dem Schutz vor bösartigen Servern andererseits zu unterscheiden, bezeichnen die Entwickler von HTTP und anderen erweiterbaren Protokollen diejenigen Protokolle, die vor fremden Servern schützen, im Englischen als *safe* und die Protokolle, die vor Datenschnüfflern schützen, als *secure*.

Da Secure HTTP Authentifizierung und Verschlüsselung ermöglicht, wird es schließlich auch vor bösartigen Servern schützen. Wenn Sie nur Verbindung mit bekannten Servern aufnehmen wollen, auf denen Secure HTTP läuft und die sich selbst authentisieren können, so können Sie sicher sein, nicht mit einem bösartigen Rechner verbunden zu sein. Allerdings wird dieser Ansatz der beschränkten Verbindungen auch nach der Freigabe und weiteren Verbreitung von Secure HTTP nicht besonders beliebt und praktikabel sein - einer der Gründe für den Erfolg des Web ist ja gerade die Tatsache, daß man leicht zu neuen und unbekannten Plätzen kommt.

Zusammenfassung: Empfehlungen für WWW

- Wenn Sie einen HTTP-Server betreiben wollen, benutzen Sie nach Möglichkeit einen speziell dafür vorgesehenen Bastion-Host.
- Wenn Sie einen HTTP-Server betreiben wollen, konfigurieren Sie ihn sorgfältig und achten Sie darauf, auf welche Daten er zugreifen kann. Achten Sie vor allem darauf, ob jemand ein Programm zum Beispiel mittels Mail oder FTP in das System laden und es dann vom HTTP-Server starten lassen kann.
- Überprüfen Sie sorgfältig die externen Programme, auf die Ihr HTTP-Server zugreift.
- Wenn Sie internen Rechnern Zugang zu allen HTTP-Servern gewähren wollen, müssen Sie ihnen den Zugang zu allen TCP-Ports erlauben, da manche HTTP-Server nicht auf den Standard-Ports laufen. Wenn Sie damit einverstanden sind, den Benutzern Zugang zu allen TCP-Ports zu geben, können Sie mit einem Paketfilter das ACK-Bit testen, um nur ausgehende Verbindungen zu diesen Ports zuzulassen (eingehende Verbindungen von diesen Ports sind verboten). Falls Sie nicht damit einverstanden sind, können Sie Ihre Benutzer entweder auf Server mit der Standard-Portnummer (80) einschränken oder Proxies verwenden.
- Der Einsatz von Proxies ist bei HTTP einfach. Ein Proxy-Server mit Caching wirkt sich nicht nur positiv auf die Sicherheit aus, sondern auch auf die Netzbandbreite.
- Konfigurieren Sie Ihre HTTP-Clients sorgfältig und warnen Sie Ihre Benutzer davor, die Clients aufgrund externer Ratschläge umzukonfigurieren.

Andere Informationsdienste

Neben dem World Wide Web, das wir im vorigen Abschnitt behandelt haben, gibt es eine Reihe weiterer verbreiteter Informationsdienste. Dazu zählen Gopher, WAIS und Archie.

Gopher

Gopher ist ein menügesteuertes und textorientiertes Werkzeug zum Durchsuchen von Dateien und Verzeichnissen im Internet. Wählt ein Benutzer in Gopher einen Menüeintrag, so überträgt Gopher die gewünschte Datei und zeigt sie geeignet an. Gopher expandiert komprimierte Dateien automatisch, für GIF-Bilder startet Gopher einen GIF-Viewer.

Die Sicherheitsbedenken sind sowohl für Server als auch für Clients im wesentlichen identisch mit den oben beschriebenen für HTTP.

Bei einem Server müssen Sie sich darüber Gedanken machen, was ein bösartiger Client ihm vorgaukeln kann, um ein Programm zu starten. Manche Gopher-Server benutzen wie HTTP-Server externe Programme, um bei Bedarf Gopher-Seiten zu erzeugen. Gopher-Server unterliegen daher den gleichen Risiken wie HTTP-Server:

- Kann ein Angreifer das Hilfsprogramm austricksen?
- Kann der Angreifer ein eigenes Hilfsprogramm laden und es starten lassen?

Bei Clients müssen Sie sich überlegen, wie ein bösartiger Server den Client austricksen kann. Gopher benutzt die gleichen erweiterbaren Datentypen und Mechanismen für Hilfsprogramme wie HTTP und unterliegt daher auch den gleichen Sicherheitsrisiken.

Wie HTTP-Server laufen auch Gopher-Server nicht immer auf den Standard-Ports, so daß auch die diesbezüglichen Bedenken für HTTP zutreffen. Manche Gopher-Clients unterstützen transparente Proxies mit SOCKS oder anderen Mechanismen.

Viele der verbreiteten WWW-Browser wie Mosaic und Netscape Navigator sind nicht nur HTTP-Clients, sondern auch Gopher-Clients. Diese Browser unterstützen im allgemeinen den Einsatz von Proxies für Gopher mit SOCKS oder über transparente HTTP-Proxy-Server (etwa den im vorigen Abschnitt beschriebenen CERN-HTTP-Server). Wenn Sie keine reinen Gopher-Clients mit Proxy-Unterstützung finden, können Sie ersatzhalber einen dieser WWW-Browser und einen geeigneten Proxy-Server installieren. Ihren Benutzern ist das vielleicht sogar lieber als ein reiner Gopher-Client, da sie dann nur ein Anwendungsprogramm, nämlich einen Client für HTTP, Gopher und einige andere Protokolle, lernen und konfigurieren müssen und nicht für jedes Protokoll ein eigenes Programm.

Paketfilterungseigenschaften von Gopher

Gopher ist ein Dienst auf Basis von TCP. Gopher-Clients benutzen Portnummern über 1023. Die meisten Gopher-Server benutzen Port 70, jedoch nicht alle. Beachten Sie dazu im Abschnitt »Paketfilterungseigenschaften von HTTP« die Ausführungen zu Servern, die nicht auf den Standard-Portnummern arbeiten.

Richtung	Quell-Adresse	Ziel-Adresse	Protokoll	Quell-Port	Ziel-Port	ACK gesetzt	Bemerkungen
ein	extern	intern	TCP	>1023	70[a]	[b]	Eingehende Sitzung, Client an Server
aus	intern	extern	TCP	70[a]	>1023	ja	Eingehende Sitzung, Server an Client
aus	intern	extern	TCP	>1023	70[a]	[b]	Ausgehende Sitzung, Client an Server
ein	extern	intern	TCP	70[a]	>1023	ja	Ausgehende Sitzung, Server an Client

a. 70 ist die Standard-Portnummer für Gopher-Server; einige Server laufen jedoch auf anderen Portnummern.
b. Außer im ersten Paket dieses Typs (Aufbau der Verbindung) ist ACK bei allen Paketen gesetzt.

Proxy-Eigenschaften von Gopher

Der Proxy-Server *http-gw* aus dem TIS FWTK kann sowohl Gopher als auch HTTP bedienen. SOCKS enthält zwar keinen angepaßten Gopher-Client, doch ist die Anpassung von Gopher-Clients an SOCKS im allgemeinen nicht schwierig. Viele der im Internet frei verfügbaren Gopher-Clients unterstützen Gopher durch eine Kompilier- oder Laufzeitoption. Wenn Sie einen Web-Browser mit Proxy-Unterstützung verwenden, haben Sie automatisch auch Proxy-Unterstützung für Gopher.

Zusammenfassung: Empfehlungen für Gopher

Es gelten im wesentlichen die gleichen Empfehlungen wie für HTTP:

- Wenn Sie einen Gopher-Server betreiben wollen, benutzen Sie nach Möglichkeit einen speziell dafür vorgesehenen Bastion-Host.
- Wenn Sie einen Gopher-Server betreiben wollen, konfigurieren Sie ihn sorgfältig, und achten Sie darauf, auf welche Daten er zugreifen kann. Achten Sie vor allem darauf, ob jemand ein Programm zum Beispiel mittels Mail oder FTP in das System laden und es dann vom Gopher-Server starten lassen kann.
- Überprüfen Sie sorgfältig die externen Programme, auf die Ihr Gopher-Server zugreifen kann.

- Wenn Sie internen Rechnern Zugang zu allen Gopher-Servern gewähren wollen, müssen Sie ihnen den Zugang zu allen TCP-Ports erlauben, da manche Gopher-Server nicht auf den Standard-Ports laufen. Wenn Sie damit einverstanden sind, den Benutzern Zugang zu allen TCP-Ports zu geben, können Sie mit einem Paketfilter das ACK-Bit testen, um nur ausgehende Verbindungen zu diesen Ports zuzulassen (eingehende Verbindungen von diesen Ports sind verboten). Falls Sie nicht damit einverstanden sind, können Sie Ihre Benutzer entweder auf Server mit der Standard-Portnummer (70) einschränken oder Proxies verwenden.
- Konfigurieren Sie Ihre Gopher-Clients sorgfältig und warnen Sie Ihre Benutzer davor, die Clients aufgrund externer Ratschläge umzukonfigurieren.
- Benutzen Sie nach Möglichkeit keinen speziellen Gopher-Client, sondern einen Web-Browser wie Mosaic oder Netscape Navigator. Wahrscheinlich verlangen Ihre Benutzer sowieso zunächst WWW-Zugang, so daß Sie nur eine Anwendung untersuchen und absichern müssen.

Wide Area Information Service (WAIS)

Bei WAIS werden große textorientierte Datenbanken indiziert, damit sie nach einfachen Schlüsselwörtern oder komplizierten Booleschen Ausdrücken durchsucht werden können. Sie können zum Beispiel alle Dokumente suchen, in denen »firewalls« vorkommt oder alle Dokumente, in denen »firewalls« vorkommt, nicht aber »*fire service*« (um sicherzustellen, daß Sie keine Dokumente über Brandschutzmaßnahmen bekommen). WAIS wurde ursprünglich bei Thinking Machines als Prototyp eines Informationsdienstes entwickelt und kommt nun im Internet häufig für die Archive von Mailing-Listen und Kataloge von textorientierten Informationen (z.B. Bibliothekskataloge) zum Einsatz.

Bei WAIS-Servern tritt das gleiche Grundproblem bezüglich der Sicherheit auf wie bei allen anderen verbreiteten Internet-Diensten wie FTP und HTTP: Kann ein Angreifer mit dem Server auf etwas Verbotenes zugreifen?

Behandeln Sie dieses Problem wie bei den anderen Servern: Sichern Sie die Umgebung ab, in der der Server läuft, und schränken Sie sie ein. Damit garantieren Sie, daß der Angreifer keine vertraulichen Informationen auf der Maschine findet, selbst wenn er es schaffen sollte, den Serverbereich zu verlassen. Außerdem sollte niemand der Maschine so weit vertrauen, daß weitere Einbruchsversuche erleichtert werden.

Im Gegensatz zu HTTP- und Gopher-Servern starten WAIS-Server im allgemeinen keine Hilfsprogramme. Sie brauchen sich daher bei WAIS keine Sorgen darüber zu machen, daß ein Angreifer den Server austrickst oder Hilfsprogramme lädt, wie dies bei HTTP und Gopher möglich ist. Da WAIS-Server im allgemeinen nicht wie HTTP- und Gopher-

Server über neue Datentypen und Hilfsprogramme erweiterbar sind, entfällt auch dieses Sicherheitsrisiko.

Eine Gemeinsamkeit haben WAIS-Server jedoch mit HTTP- und Gopher-Servern: Es gibt zwar eine Standard-Portnummer für WAIS-Server (TCP-Port 210), doch nicht alle Server benutzen sie. Lesen Sie im Abschnitt über HTTP nach, welche Probleme das verursachen kann.

WAIS-Clients sind meist eigenständige Programme. Sie suchen nach WAIS-Servern, schikken Anfragen an diese Server, zeigen die Resultate an, schicken nach Auswertung der Ergebnisse neue Anfragen usw. Da WAIS-Informationen textorientiert sind, tritt bei WAIS-Clients nicht das Problem von HTTP- und Gopher-Clients bezüglich der Sicherheit der übertragenen Daten auf.

Einige WWW-Browser enthalten beschränkte Unterstützung für WAIS.

Paketfilterungseigenschaften von WAIS

WAIS ist ein Dienst auf Basis von TCP. WAIS-Clients benutzen beliebige Portnummern über 1023. WAIS-Server benutzen meist Port 210, doch nicht immer. Beachten Sie dazu im Abschnitt über HTTP die Ausführungen zu Servern, die nicht auf den Standard-Portnummern arbeiten.

Richtung	Quell-Adresse	Ziel-Adresse	Protokoll	Quell-Port	Ziel-Port	ACK gesetzt	Bemerkungen
ein	extern	intern	TCP	>1023	210[a]	[b]	Eingehende Sitzung, Client an Server
aus	intern	extern	TCP	210[a]	>1023	ja	Eingehende Sitzung, Server an Client
aus	intern	extern	TCP	>1023	210[a]	[b]	Ausgehende Sitzung, Client an Server
ein	extern	intern	TCP	210[a]	>1023	ja	Ausgehende Sitzung, Server an Client

a. 210 ist die Standard-Portnummer für WAIS-Server; einige Server laufen jedoch auf anderen Portnummern.
b. Außer im ersten Paket dieses Typs (Aufbau der Verbindung) ist ACK bei allen Paketen gesetzt.

Proxy-Eigenschaften von WAIS

Wenn Sie einen Web-Browser mit Proxy-Unterstützung wie Netscape Navigator oder Mosaic verwenden, haben Sie automatisch auch Unterstützung für einen WAIS-Client. WAIS ist ein einfaches Protokoll mit einzelner Verbindung und vielen Benutzerangaben und bietet sich daher sowohl für modifizierte Clients als auch für modifizierte Prozeduren an. Die meisten eigenständigen WAIS-Clients unterstützen SOCKS.

Gateways zu WAIS

Einige Organisationen im Internet betreiben WAIS-Gateways für HTTP-Clients, über die die Benutzer mit einem WWW-Browser indirekt auf WAIS-Server zugreifen können. Beispiele für solche Gateways sind:

```
http://www.ai.mit.edu/the-net/wais.html
http://www.wais.com
```

Zusammenfassung: Empfehlungen für WAIS

- Wenn Sie einen WAIS-Server betreiben wollen, lassen Sie ihn auf einem Bastion-Host laufen und benutzen den Standard-Port für WAIS (TCP-Port 210). Konfigurieren Sie den Server sorgfältig, und achten Sie darauf, auf welche Informationen er zugreifen kann.
- Wenn Sie internen Rechnern Zugang zu allen WAIS-Servern gewähren wollen, müssen Sie ihnen den Zugang zu allen TCP-Ports erlauben, da manche Gopher-Server nicht auf den Standard-Ports laufen. Wenn Sie damit einverstanden sind, den Benutzern Zugang zu allen TCP-Ports zu geben, können Sie mit einem Paketfilter das ACK-Bit testen, um nur ausgehende Verbindungen zu diesen Ports zuzulassen (eingehende Verbindungen von diesen Ports sind verboten). Falls Sie nicht damit einverstanden sind, können Sie Ihre Benutzer entweder auf Server mit der Standard-Portnummer (210) einschränken oder Proxies verwenden.
- Benutzen Sie nach Möglichkeit keinen speziellen WAIS-Client, sondern einen Web-Browser wie Mosaic oder Netscape Navigator. Wahrscheinlich verlangen Ihre Benutzer sowieso zunächst WWW-Zugang, so daß Sie nur eine Anwendung untersuchen und absichern müssen.

Archie

Archie ist ein Internet-Dienst, mit dem Benutzer die Inhaltsverzeichnisse von Servern für Anonymous-FTP durchsuchen können. Dabei kann man Zeichenketten oder reguläre Ausdrücke angeben, die mit den Datei- und Verzeichnisnamen der FTP-Archive verglichen werden. Archie fragt kontinuierlich Anonymous-FTP-Server ab, um bei den verfügbaren Dateien immer auf dem aktuellen Stand zu sein.

Paketfilterungseigenschaften von Archie

Archie ist ein Dienst auf Basis von UDP. Spezielle Archie-Clients verwenden Portnummern über 1023. Archie-Server benutzen Port 1525. Wie in Kapitel 6 dargelegt, stellen Dienste auf Basis von UDP generell ein Problem für Firewalls mit Paketfilterung dar. In den nächsten Abschnitten behandeln wir neben direkter Benutzung des Archie-Protokolls alternative Zugangsmöglichkeiten für Archie.

Richtung	Quell-Adresse	Ziel-Adresse	Protokoll	Quell-Port	Ziel-Port	ACK gesetzt	Bemerkungen
aus	intern	extern	TCP	>1023	80	[a]	Ausgehende Anfrage, Client an Server
ein	extern[b]	intern	TCP	1525	>1023	[a]	Eingehende Antwort, Server an Client

a. Bei UDP-Paketen gibt es kein ACK-Bit.

b. Die externe Adresse sollte die eines der bekannten Archie-Server sein.

Die meisten Standorte mit Paketfilterung filtern den gesamten UDP-Verkehr aus und öffnen dann einige wenige Schlupflöcher zwischen internen Rechnern und ihrem Bastion-Host (*nicht* der gesamten Außenwelt), um wichtige UDP-Dienste zu ermöglichen.

Proxy-Eigenschaften von Archie

Da Archie auf UDP basiert, wird es nicht von SOCKS unterstützt. Der Proxy-Einsatz ist jedoch mit dem UDP Packet Relayer möglich. Das TIS FWTK enthält keinen Proxy-Server für Archie und auch keinen generischen Proxy-Server für UDP (*plug-gw* unterstützt nur TCP). Wenn Sie eines der unten vorgestellten HTTP/Archie-Gateways benutzen, können Sie die Proxy-Eigenschaften Ihres Web-Browsers nutzen und haben außerdem eine bessere Benutzerschnittstelle als bei den meisten reinen Archie-Clients.

Archie-Dienste für Ihre Benutzer

Es gibt mehrere Möglichkeiten, wie Ihre Benutzer auf Archie-Server zugreifen können: Telnet, E-Mail, WWW-Gateways und das reine Archie-Protokoll. Organisationen, die einen Archie-Server betreiben, bevorzugen aus Effizienzgründen im allgemeinen den Zugriff über das Archie-Protokoll oder über WWW-Gateways, die die Zugriffe auf den Archie-Server wiederum über das Archie-Protokoll abwickeln. So können sie eine größere Zahl von Benutzern bedienen.

Archie-Zugriff über Telnet. Wenn Sie ausgehende Telnet-Verbindungen erlauben, kann man auf Archie-Server zugreifen, indem man einen Telnet-Verbindung zu der Maschine aufbaut und sich als »archie« ohne Paßwort anmeldet. Damit erhält man Zugang zu einem kommandozeilenorientierten Suchprogramm für Archie. Um die Ergebnisse zu speichern, können Sie entweder die Ausgabe der Telnet-Sitzung auffangen oder den Server anweisen, Ihnen die Ergebnisse per E-Mail zu schicken. Mit dem Kommando »help« erhalten Sie eine Beschreibung der Kommandosprache des Servers.

Archie-Zugriff über E-Mail. Im allgemeinen kann man auch über E-Mail auf Archie-Server zugreifen. Wenn Sie eine E-Mail-Nachricht an die Kennung »archie« auf einem der Archie-Server wie z.B. *archie.th-darmstadt.de* schicken, behandelt er die Mail als Anfrage und schickt Ihnen die Ergebnisse ebenfalls per Mail zurück. Beginnen Sie mit dem Kommando »help«, um eine Anleitung zu dem Dienst zu erhalten.

Archie-Zugriff über WWW-Gateways. Wie bei vielen anderen Diensten ist bei Archie auch der Zugriff über eine Vielzahl von WWW-Gateways möglich. Richten Sie Ihren Web-Browser einfach auf eine der folgenden Adressen:

```
http://www.lerc.nasa.gov/Doc/archieplex-httpd.html
http://hoohoo.ncsa.uiuc.edu/archie.html
http://ww.nexor.co.uk/archie.html
```

Archie-Zugriff über Paketfilter und das reine Archie-Protokoll. Mit Archie-Clients kann man auch direkt auf Archie-Server zugreifen. Wie oben dargestellt, besteht das Problem darin, daß Archie auf UDP basiert und die meisten Netze nur eine sehr eingeschränkte Menge von UDP-Paketen durch ihren Firewall hindurchlassen, um Sicherheitsprobleme mit RPC-Diensten wie NFS und NIS/YP zu vermeiden.

Der direkte Archie-Zugang über Paketfilter wird durch die geringe Zahl der Archie-Server möglich. Viele Netzverwalter betrachten es als ausreichend sicher, für Archie ein Schlupfloch im Paketfilter zu öffnen, über das die Benutzer auf die bekannten Archie-Server zugreifen können. Dafür sprechen mehrere Gründe:

- Die Liste der Server ist klein und ändert sich selten.
- Ein Angriff durch dieses Schlupfloch müßte von einem dieser Server ausgehen oder sich zumindest so tarnen. Da es sich um bekannte und sehr stark genutzte Server handelt, wird jeder Einbruch in einen der Server sehr schnell bemerkt; speziell dann, wenn der Archie-Server nicht mehr läuft, weil sein Port für einen Angriff auf ein anderes System mißbraucht wird. Selbst das Fälschen von Paketen wird weiträumig Dienste unbenutzbar machen und schnell entdeckt werden.
- Selbst wenn jemand in einen der Archie-Server einbricht - wie hoch ist die Wahrscheinlichkeit, daß es der Angreifer dann gerade auf Ihr Netz abgesehen hat?

Sie können es auch darauf ankommen lassen und Ihren Paketfilter so weit öffnen, daß die Benutzer auf das halbe oder ganze Dutzend Archie-Server auf der Welt zugreifen können - oder zumindest auf die Standardserver, die Sie in den Client konfiguriert haben, den die Benutzer erhalten.

Betrieb eines Archie-Servers

Der Betrieb eines eigenen Archie-Servers ist eine größere Unternehmung, für die Sie reichlich Rechenzeit, Plattenkapazität und Netzbandbreite opfern müssen. Aus diesem Grund gibt es auf der ganzen Welt nur etwa 20 Archie-Server. Es geht über den Rahmen dieses Buches hinaus, zu erklären, wie Sie den 21. Server einrichten. Es ist jedenfalls unwahrscheinlich, daß Sie der Welt damit einen Gefallen tun. Bei zu vielen Servern erhöht sich die Chance, daß sie unvollständig oder veraltet sind. Außerdem verbrauchen sie Bandbreite, die zum Zugriff auf die FTP-Server nötig ist.

Zusammenfassung: Empfehlungen für Archie

- Betreiben Sie keinen Archie-Server.
- Zeigen Sie Ihren Benutzern den Archie-Zugriff über WWW-Gateways.

Suchdienste

Die Dienste *finger* und *whois* suchen Informationen über Benutzer und Standorte im Internet. Sie sind die beste verfügbare Annäherung an einen echten Suchdienst, der Informationen über Benutzer im gesamten Internet liefert.

finger

Der Dienst *finger* sucht Informationen über Benutzer. Dazu gehören unter anderem der echte Name der Person, ihre Benutzerkennung und Angaben darüber, wann und von wo aus sie zuletzt eingeloggt war. *finger* kann auch eine Liste aller Benutzer ausgeben, die auf einem Rechner eingeloggt sind. *finger* wurde entwickelt, damit sich Leute gegenseitig finden können, aber es gibt mehr Informationen aus, als Sie vielleicht bekanntgeben wollen. Für Eindringlinge ist dieser Dienst ungeheuer wertvoll: Sie erfahren, welche Benutzernamen auf einem Rechner gültig sind, welche davon nicht in Gebrauch sind und wann Leute eingeloggt sind, die die Aktivitäten der Eindringlinge bemerken könnten.

Wir empfehlen, eingehende *finger*-Anfragen auf einen Bastion-Host zu beschränken und auf diesem Rechner einen Ersatz-Server für *finger* laufen zu lassen. In Kapitel 5 beschreiben wir die Konstruktion und Installation eines solchen Ersatz-Servers.

Ausgehende *finger*-Anfragen sind ebenfalls etwas problematisch. Da das *finger*-Protokoll keinen Kommandokanal zum Client kennt, sind Angriffe über den Kommandokanal nicht möglich, datengesteuerte Angriffe jedoch sehr wohl. Die meisten *finger*-Clients überprüfen die vom Server empfangenen Daten nicht. Die über den Datenkanal möglichen Angriffe sind meistens nur ärgerlich. Ein mißgünstiger Server kann ungeheure Datenmengen zurückschicken, Ihr Terminal 400 Mal piepsen lassen oder schwarze Buchstaben auf schwarzem Hintergrund ausgeben. Einige Angriffe sind schwerwiegender: Es gibt Terminals, die mittels Steuerzeichen programmiert werden können. Ein *finger*-Server könnte Daten zurückschicken, die die Taste »e« so umprogrammieren, daß sie das Kommando »rm -rf /*« ausführt oder ein Kommando, das Ihre Paßwort-Datei per Mail verschickt. Solche Terminals sind heutzutage zwar nicht mehr weit verbreitet (die meisten Terminal-Emulatoren unterstützen diese Art der Programmierung nicht), aber es gibt sie noch. Manche Terminal-Emulatoren sind übereifrig und bilden dieses Verhalten nach. Sie sind verwundbar, wenn Sie intelligente Terminals oder Terminal-Emulatoren zur Emulation von Mainframe-Terminals mit programmierbaren Funktionstasten einsetzen.

Datengesteuerte Angriffe per *finger* spielen zwar im allgemeinen keine große Rolle. Wenn Ihre Benutzer *finger* jedoch häufig zu externen Rechnern benutzen - speziell Universitäten, an denen es immer noch viele Leute lustig finden, wenn Ihr Terminal 400 Mal piepst - sollten Sie einen Ersatz-Client für *finger* installieren, der Steuerzeichen ausfiltert und nur eine begrenzte Menge von Daten entgegennimmt.[1]

Im GNU-Projekt ist eine modifizierte Version von *finger* mit erweitertem Protokoll verfügbar. Diese Version unterstützt Funktionen, die für große Netze nützlich sind. Eine Maschine kann z.B. die Login-Zeiten für ein ganzes Netz verwalten, damit sich die Benutzer nicht immer über falsche Angaben beschweren müssen. GNU-*finger* enthält aber weder im Server noch im Client Sicherheitsverbesserungen. Es liefert einige Informationen, die man Angreifern nicht zur Verfügung stellen sollte wie etwa eine Liste der Maschinen, die stillstehen oder auf denen keine Benutzer eingeloggt sind. Die Auswirkungen des erweiterten Protokolls auf die Sicherheit sind unklar.

Paketfilterungseigenschaften von finger

finger ist ein Dienst auf Basis von TCP. Server verwenden Port 79. Clients verwenden Portnummern über 1023.

Richtung	**Quell-Adresse**	**Ziel-Adresse**	**Protokoll**	**Quell-Port**	**Ziel-Port**	**ACK gesetzt**	**Bemerkungen**
ein	extern	intern	TCP	>1023	79	[a]	Eingehende Anfrage, Client an Server

1. Dann können Sie zwar nicht mehr die Raffinesse der Leute bewundern, die es schaffen, mit den VT100-Steuerzeichen Animationen in ihre *.plan*-Dateien einzubauen, doch das sollte kein allzu großer Verlust sein.

Richtung	**Quell-Adresse**	**Ziel-Adresse**	**Protokoll**	**Quell-Port**	**Ziel-Port**	**ACK gesetzt**	**Bemerkungen**
aus	intern	extern	TCP	79	>1023	ja	Ausgehende Antwort, Server an Client
aus	intern	extern	TCP	>1023	79	[a]	Ausgehende Anfrage, Client an Server
ein	extern	intern	TCP	79	>1023	ja	Eingehende Antwort, Server an Client

a. Außer im ersten Paket dieses Typs (Aufbau der Verbindung) ist ACK bei allen Paketen gesetzt.

Proxy-Eigenschaften von finger

SOCKS enthält einen modifizierten *finger*-Client für UNIX. *finger*-Clients für andere Plattformen sollten leicht an SOCKS anzupassen sein. Manche *finger*-Server unterstützen die Schreibweise *finger benutzer@rechner@proxy-rechner*. Dabei gelangt die Anfrage an den Proxy-Rechner und von diesem zum Zielrechner. Wenn diese Form eines Proxies möglich ist, funktioniert sie sowohl für interne als auch für externe Benutzer. Externe Benutzer können jedoch Ihre internen Rechner erreichen, was Ihnen nicht unbedingt recht sein wird.

Zusammenfassung: Empfehlungen für finger

- Beschränken Sie eingehende *finger*-Anfragen auf einen Bastion-Host.
- Lassen Sie auf dem Bastion-Host einen Ersatz-Server für *finger* laufen.
- Ausgehende *finger*-Anfragen können Sie zulassen. Ziehen Sie allerdings einen Ersatz-Client für *finger* in Betracht.

whois

whois ist ähnlich wie *finger* ein Such- und Nachschlageprotokoll. Es dient gewöhnlich dazu, öffentlich zugängliche Informationen über Rechner, Netze, Domänen und deren Verwalter von verschiedenen Network Information Centers (NICs) abzufragen, etwa *rs.internic.net*. An den meisten Standorten läuft kein eigener *whois*-Server; sie benutzen einfach den *whois*-Server der NICs. Es wird auch nicht erwartet, daß andere Standorte *whois*-Server betreiben. Der Benutzer gibt beim Start von *whois* gar keinen Server an, sondern das Programm benutzt einen einkompilierten Servernamen.

Für die meisten Benutzer sind die über *whois* verfügbaren Daten nicht unbedingt von Interesse. Altgediente Internet-Benutzer mögen es zwar nicht glauben, aber *whois* gibt nur über einen Bruchteil der Internet-Gemeinde Auskunft. Wenn Sie nicht gerade Angaben zum Betreiber eines Standorts suchen, sagt Ihnen *whois* wahrscheinlich nichts Nützliches. Selbst das, was Sie erfahren, ist nicht unbedingt der aktuellste Stand. Meist ist *whois* nur für System- und Netzverwalter interessant. Viele NICs stellen die Daten auch anders zur Verfügung, etwa im World Wide Web.

Bisher wurden keine Sicherheitsprobleme mit *whois*-Clients bekannt. Sollte es welche geben, müßten sie datengesteuert sein. Alles, was ein *whois*-Server machen kann, ist die Übergabe von Daten an den Client. Da *whois* nie mit beliebigen Servern benutzt wird, müßte jemand, der einen datengesteuerten Fehler in einem *whois*-Client findet und damit echten Schaden anrichten will, in eine Maschine einbrechen (oder deren Pakete fälschen), die zu den am häufigsten genutzten und am besten abgesicherten Rechnern im ganzen Internet gehört. Darüber hinaus holt *whois* seine Informationen aus einer zentralen Datenbank, während *finger* Angaben liefert, die von beliebigen Benutzern eingegeben wurden. Falls Ihre Benutzer also *whois*-Clients verwenden wollen, können Sie das ruhig zulassen. Ist niemand an *whois* interessiert, so gibt es keinen Grund, es einzurichten.

Paketfilterungseigenschaften von whois

whois basiert auf TCP. Server benutzen Port 43. Clients benutzen beliebige Portnummern über 1023.

Richtung	Quell-Adresse	Ziel-Adresse	Protokoll	Quell-Port	Ziel-Port	ACK gesetzt	Bemerkungen
aus	intern	extern	TCP	>1023	43	[a]	Ausgehende Anfrage, Client an Server
ein	extern	intern	TCP	43	>1023	ja	Eingehende Antwort, Server an Client

a. Außer im ersten Paket dieses Typs (Aufbau der Verbindung) ist ACK bei allen Paketen gesetzt.

Proxy-Eigenschaften von whois

SOCKS enthält keinen modifizierten *whois*-Client, auch das TIS FWTK enthält keinen Proxy-Server für *whois*. Da *whois* ein einfaches Protokoll mit einer einzelnen Verbindung und vielen Benutzerangaben ist, wäre es trivial, *whois*-Clients für die Benutzung von SOCKS zu modifizieren. Auch ein Proxy-Server für modifizierte Prozeduren wäre relativ einfach. Da die meisten *whois*-Verbindungen an einen einzigen Rechner gehen (*rs.internic.net*), könnten Sie mit dem Programm *plug-gw* aus dem TIS FWTK auf Ihrem Bastion-Host alle Verbindungen zum *whois*-Port des Bastion-Hosts zu *rs.internic.net* weiterleiten.

Zusammenfassung: Empfehlungen für whois

- Sie brauchen keinen nach außen sichtbaren *whois*-Server zu betreiben.
- Lassen Sie keine eingehenden *whois*-Anfragen zu, wenn Sie keinen Server einrichten.
- Erlauben Sie ausgehende *whois*-Anfragen zumindest von den Maschinen, die Ihre System- und Netzverwalter gewöhnlich benutzen.

Echtzeit-Konferenzsysteme

Im Internet stehen mehrere Dienste zur Verfügung, mit denen Benutzer in Echtzeit miteinander kommunizieren können. Dazu gehören *talk*, IRC und einige andere Dienste, die über das MBONE angeboten werden.

talk

talk ist ein textorientiertes Konferenzsystem für zwei Personen, das in Echtzeit arbeitet. Damit können zwei Leute eine Verbindung aufbauen und sich »unterhalten«. Bei beiden wird der Bildschirm aufgeteilt: In einem Bereich sieht man, was der erste Teilnehmer eintippt, im anderen die Eingaben des zweiten.

Das *talk*-Protokoll ist sehr kompliziert, da es über UDP die Verbindungen zwischen beiden Seiten aushandelt und dann mittels TCP Daten zwischen beiden überträgt. UDP wird zwischen dem anrufenden Client und dem antwortenden Server benutzt und dann wieder zwischen dem antwortenden Client und dem anrufenden Server. Anschließend kommt TCP zwischen den beiden Clients zum Einsatz.

Um die Angelegenheit weiter zu verkomplizieren, existieren zwei zueinander inkompatible Versionen des *talk*-Protokolls, die meist als *talk* und *ntalk* (für »new talk«) oder *otalk* (für »old talk«) und *talk* bezeichnet werden (je nachdem, wen Sie fragen). Bei der älteren Version mußten die Bytes in einer bestimmten Reihenfolge im Speicher stehen. Sie funktionierte daher nur zwischen Rechnern mit der gleichen CPU. Die neuere Version behebt das Problem, ist aber nicht kompatibel zur alten.

Der anrufende Client nimmt über UDP Verbindung zum antwortenden Server auf, um den Anruf anzukündigen. Der Server informiert den Benutzer, daß jemand eine *talk*-Sitzung starten möchte und zeigt ihm auch, mit welchem Kommando er antworten muß, um den Anruf entgegenzunehmen. Während der anrufende Client auf die Antwort des Benutzers wartet, nimmt er ebenfalls Kontakt zum anrufenden Server auf, um ihn auf den erwarteten Anruf vorzubereiten und den gewünschten TCP-Port anzugeben (wie die

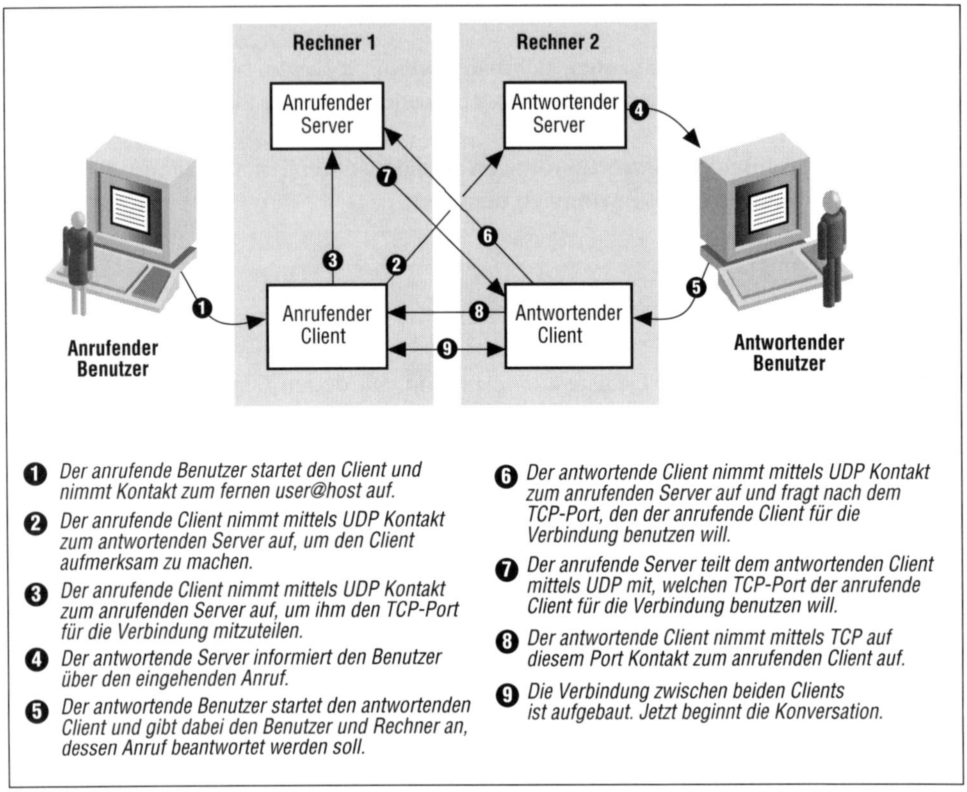

Abb. 8-11: Funktionsweise von talk.

Chefin ihrer Sekretärin sagt, daß sie einen Rückruf erwartet und diesen auf einer bestimmten Durchwahl haben will). Nimmt der Benutzer auf der antwortenden Maschine den Anruf an, so nimmt sein Client (der antwortende Client) über UDP Verbindung mit dem anrufenden Server auf, um zu erfahren, auf welchem Port der anrufende Client wartet. Daraufhin nimmt der antwortende Client auf diesem TCP-Port Verbindung mit dem anrufenden Client auf. Abbildung 8-11 illustriert die Funktionsweise von *talk*.

Aufgrund der inkompatiblen *talk*-Protokolle scheitert *talk* selbst zwischen Netzen ohne Paketfilterung relativ oft. Auch innerhalb eines Netzes geht es oft schief, wenn Rechner unterschiedlichen Typs beteiligt sind. Clients und Server für *talk* gibt es im allgemeinen nur auf UNIX-Maschinen.

Paketfilterungseigenschaften von talk

talk-Server – die nur die Verbindungen zwischen *talk*-Clients aushandeln und dann wieder verschwinden – benutzen entweder UDP-Port 517 (bei älteren Versionen von *talk*) oder UDP-Port 518 (bei neueren Versionen). *talk*-Clients kommunizieren auf UDP-Portnummern über 1023 mit *talk*-Servern. Zur Kommunikation untereinander verwenden *talk*-Clients außerdem TCP-Portnummern über 1023. Um *talk* über Ihren Firewall hinweg zu ermöglichen, müssen Sie daher TCP-Verbindungen zulassen, bei denen beide Seiten beliebige Portnummern über 1023 verwenden. Das ist aber unsicher, weil viele anfällige Server wie z.B. X-Server Portnummern über 1023 benutzen.

Richtung	**Quell-Adresse**	**Ziel-Adresse**	**Protokoll**	**Quell-Port**	**Ziel-Port**	**ACK gesetzt**	**Bemerkungen**
ein	extern	intern	UDP	>1023	517 518[b]	[a]	Externer Client nimmt Kontakt zum internen Server auf
aus	intern	extern	UDP	517 518[b]	>1023	[a]	Interner Server antwortet dem externen Client
aus	intern	extern	UDP	>1023	517 518[b]	[a]	Interner Client nimmt Kontakt zum externen Server auf
ein	extern	intern	UDP	517 518[b]	>1023	[a]	Externer Server antwortet internem Client
aus	intern	extern	UDP	>1023	>1023	[c]	Interner Client kommuniziert mit externen Client
ein	extern	intern	UDP	>1023	>1023	[c]	Externer Client kommuniziert mit internem Client

a. Bei UDP-Paketen gibt es kein ACK-Bit.

b. Alte *talk*-Versionen benutzen Port 517, neue Port 518.

c. Außer im ersten Paket dieses Typs (Aufbau der Verbindung) ist ACK bei allen Paketen gesetzt.

Proxy-Eigenschaften von talk

Für *talk* stehen keine Proxies zur Verfügung. Theoretisch ist es möglich, einen Proxy zu schreiben. Da bei *talk* gleichzeitig interne und externe Clients beteiligt sind, müßte das ein Proxy-Server mit modifizierten Prozeduren sein. Ein generischer Server eignet sich auf keinen Fall dafür, weil sowohl TCP als auch UDP benutzt werden. Berücksichtigt man die erheblichen Schwierigkeiten bei der Entwicklung eines *talk*-Proxies und den verwickelten Ablauf beim Verbindungsaufbau, so ist es unwahrscheinlich, daß in absehbarer Zeit ein Proxy verfügbar ist. Wahrscheinlicher ist es, daß *talk* für Konversationen im Internet ganz abgeschafft und durch andere Protokolle ersetzt wird wie z.B. IRC, das wir im nächsten Abschnitt beschreiben.

Zusammenfassung: Empfehlungen für talk

- Da ein sicherer Betrieb von *talk* mit Filtern oder Proxies nicht möglich ist, dürfen Sie keine *talk*-Verbindungen zwischen dem Internet und Ihren internen Maschinen zulassen. Falls Sie aus irgendwelchen Gründen *talk* unbedingt brauchen, müssen Sie im Grenznetz eine Maschine als potentielles Opfer einrichten, der Sie nicht vertrauen und die keine vertraulichen Daten enthält. Die Benutzer müssen Sich auf dieser Maschine einloggen und *talk* darauf laufen lassen.

Internet Relay Chat (IRC)

IRC ist ein textorientiertes Konferenzsystem für mehrere Personen, das in Echtzeit arbeitet. Damit können Benutzer eine Verbindung aufbauen und sich »unterhalten«. Die Benutzer starten IRC-Clients, um Verbindung zu IRC-Servern aufzunehmen. IRC-Server sind baumartig angeordnet und kommunizieren untereinander, um Nachrichten an alle Clients weiterzuleiten. Abbildung 8-12 zeigt die Anordnung der IRC-Server. Clients können zu jedem dieser Server Verbindung aufnehmen.

Die meisten Sicherheitsprobleme bei IRC hängen nicht mit dem Protokoll selbst zusammen, sondern damit, von wem und auf welche Art es benutzt wird. Wie bereits in Kapitel 2 erwähnt, gewähren viele Clients den Servern zu großzügigen Zugriff auf lokale Res-

Abb. 8-12: Der Baum der IRC-Server.

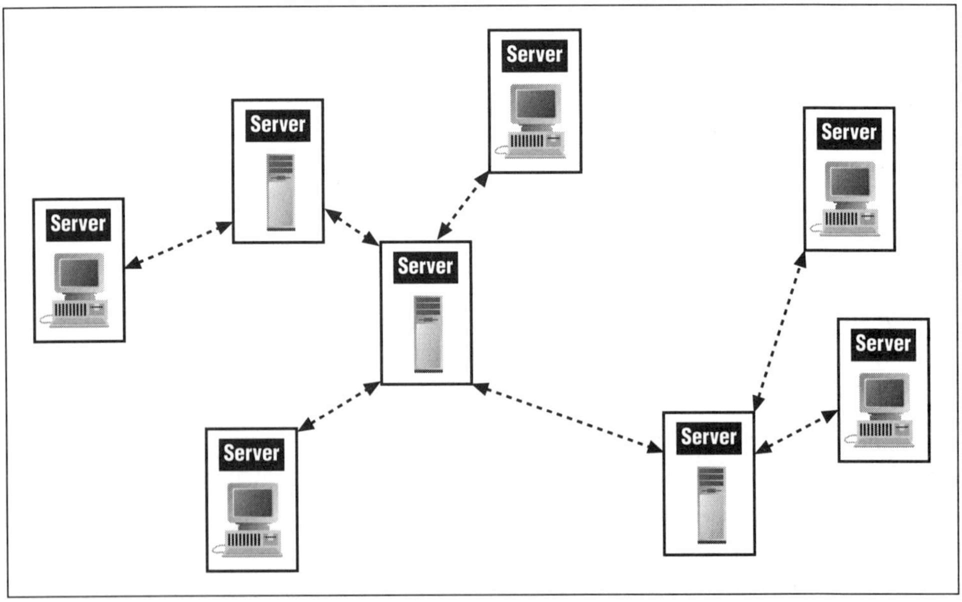

sourcen wie Dateien, Prozesse, Programme etc. Ein böswilliger Server kann auf einem schlecht konfigurierten Client Verwüstungen anrichten. Außerdem haben manche Dauergäste des IRC die üble Angewohnheit, neue Benutzer davon zu überzeugen, bestimmte Kommandos auszuführen. Während die naiven Benutzer glauben, die Kommandos seien nützlich, vernichten sie in Wirklichkeit das System.

Manche wohlmeinenden IRC-Benutzer sind bezüglich der Sicherheit einfach naiv. Sie finden es zum Beispiel raffiniert, Software zu verteilen, indem sie einen kleinen Server auf ihrer Maschine einrichten. Dann weisen sie andere Leute an, mittels »*telnet host port | sh*« die Software für sie zu installieren. Damit kann man von außen ohne Mitwirkung des Benutzers Software installieren, aber ebensogut jedes Kommando auf dem Rechner des internen Benutzers unter dessen Kennung ausführen. Da es fast unmöglich ist, feindselige Leute von naiven Leuten zu unterscheiden, sollten Sie Ihren Benutzern einschärfen, niemals innerhalb oder außerhalb des IRC-Clients irgendwelche Kommandos auszuführen, nur weil ihnen das jemand über IRC geraten hat.

Obwohl diese Probleme mit IRC weit verbreitet sind, ist IRC dennoch eine nützliche und beliebte Kommunikationsmöglichkeit. Textorientierte Kommunikation für mehrere Benutzer in Echtzeit kann sehr praktisch sein. Sie bietet viele Vorteile von Telekonferenzen, ist jedoch deutlich billiger.

Sie könnten einen IRC-Server in einer mit *chroot* beschränkten Umgebung auf einem Bastion-Host laufen lassen. Es wäre jedoch grotesk, einen Server zu betreiben, ohne daß lokale Clients darauf zugreifen können; ein Server mit Internet-Zugriff wäre für die Clients nicht sicher. Allenfalls könnten Sie einen Server innerhalb Ihres Firewalls für private IRC-Konferenzen betreiben.

Viele IRC-Clients unterstützen sogenannte Direct Client Connections (DCC). Mit DCC können zwei IRC-Clients eine direkte TCP-Verbindung untereinander aushandeln, wobei sie mit Ausnahme der Verhandlungsphase alle Server umgehen.

Paketfilterungseigenschaften von IRC

IRC ist ein Dienst auf Basis von TCP. Server überwachen gewöhnlich Port 6667 auf eingehende Verbindungen (sowohl von Clients als auch von anderen Servern), manche Server benutzen jedoch auch andere Portnummern. Clients und Server, die mit anderen Servern kommunizieren, verwenden Portnummern über 1023.

Clients benutzen Portnummern über 1023, um mittels DCC mit anderen Clients zu kommunizieren. Am Anfang sendet der anrufende Client eine »Einladung« an den angerufenen Client, wofür er die normalen Kanäle der IRC-Server verwendet. Die Einladung enthält eine TCP-Portnummer, auf der der anrufende Client auf die eingehende Verbindung wartet. Der angerufene Client öffnet eine TCP-Verbindung, wenn er die Einladung annehmen möchte.

Richtung	Quell-Adresse	Ziel-Adresse	Protokoll	Quell-Port	Ziel-Port	ACK gesetzt	Bemerkungen
ein	extern	intern	TCP	>1023	6667	[a]	Externer Client oder Server nimmt Kontakt zum internen Server auf
aus	intern	extern	TCP	6667	>1023	ja	Interner Server antwortet externem Client oder Server
aus	intern	extern	TCP	>1023	6667	[a]	Interner Client oder Server nimmt Kontakt zum externen Server auf
ein	extern	intern	TCP	6667	>1023	ja	Externer Server antwortet internem Client oder Server
ein	extern	intern	TCP	>1023	>1023	[a]	Interner Client fordert eine DCC-Verbindung an; externer Client beantwortet die Einladung des internen Clients
aus	intern	extern	TCP	>1023	>1023	ja	Interner Client fordert eine DCC-Verbindung an
aus	intern	extern	TCP	>1023	>1023	[a]	Externer Client fordert eine DCC-Verbindung an; interner Client beantwortet die Einladung des externen Clients
ein	extern	intern	TCP	>1023	>1023	ja	Externer Client fordert eine DCC-Verbindung an

a. Außer im ersten Paket dieses Typs (Aufbau der Verbindung) ist ACK bei allen Paketen gesetzt.

Proxy-Eigenschaften von IRC

Wegen der baumartigen Architektur dient jeder IRC-Server als Proxy-Server. Um einen Proxy für IRC einzurichten, starten Sie einfach einen IRC-Server auf dem Proxy-Rechner und richten die internen Clients auf diesen Server.

Zusammenfassung: Empfehlungen für IRC

- Theoretisch sind Proxies für IRC oder der Einsatz von IRC über Filter möglich. Dennoch ist dies aufgrund der Schwächen der Clients nicht empfehlenswert. Die beste Möglichkeit zum Einsatz von IRC ist eine Opfermaschine ohne vertrauliche Daten in einem Grenznetz. Die Benutzer müssen sich auf dieser Maschine einloggen und IRC starten.
- Beim Betrieb eines internen IRC-Servers müssen Sie sicherstellen, daß er nicht mit externen IRC-Servern kommuniziert. Andernfalls dient er als Proxy für Ihre IRC-Clients und für Attacken, die von außen ausgehen.
- Wenn Sie IRC über Ihren Firewall hinweg erlauben, dürfen Sie nicht zulassen, daß interne Clients DCC-Verbindungen anfordern. Andernfalls müßten Sie eingehende TCP-Verbindungen von externen Clients zu allen Portnummern über 1023 auf den internen Rechnern erlauben. Wenn Sie damit einverstanden sind, daß interne Maschinen auf beliebigen Portnummern über 1023 mit externen Hosts kommunizieren, können Sie DCC-Verbindungen von internen zu externen Clients zulassen.

Das Multicast Backbone (MBONE)

Bei den meisten Netztechnologien kann der Sender eine Nachricht an einen bestimmten Empfänger adressieren. Dies wird als *unicasting* bezeichnet. Bei vielen Netztechnologien hat der Sender außerdem die Möglichkeit, eine Nachricht an alle empfangenden Stationen zu senden. Dies wird als *broadcasting* bezeichnet. Einige Netztechnologien bieten darüber hinaus eine Möglichkeit, die zwischen diesen beiden Varianten liegt, nämlich die Adressierung einer Nachricht an eine bestimmte Menge von Empfängern, ohne die Nachricht an alle Stationen zu senden. Dies wird als *multicasting* bezeichnet.

Multicasting ist besonders bei solchen Anwendungen nützlich, die hohe Anforderungen an die Bandbreite stellen, vor allem Audio- und Videokonferenzen. Bei solchen Anwendungen soll eine Reihe von Stationen den gleichen Strom von Paketen empfangen. Dieser Strom verbraucht einen erheblichen Teil der verfügbaren Netzbandbreite. Wenn ein Strom 10 Prozent der verfügbaren Bandbreite verbraucht (das ist nicht unüblich), so ist die Übertragung an alle beteiligten Rechner per Unicast nicht sinnvoll: Jede Übertragung würde weitere 10 Prozent der Bandbreite kosten, so daß man auf zehn beteiligte Rechner beschränkt wäre. Diese Rechnung setzt sogar voraus, daß im Netz nichts anderes geschieht. Wenn nicht alle (oder fast alle) Rechner die Pakete bekommen sollen, ist es auch nicht sinnvoll, die Pakete per Broadcast an alle Rechner zu senden. Es stellt nämlich für jeden Rechner eine erhebliche Belastung dar, Broadcast-Pakete zu verarbeiten, nur um sie dann zu ignorieren.

IP-Multicasting bietet die Möglichkeit, Pakete an eine Gruppe von IP-Rechnern zu senden. Beim IP-Multicasting wird einer Gruppe von Rechnern, die einen bestimmten Pakettyp empfangen wollen (z.B. einen Videostrom) eine gemeinsame IP-Multicast-Adresse zugewiesen. Eine solche Multicast-Adresse sieht wie eine normale IP-Adresse im Bereich 224.0.0.0 bis 239.255.255.255 aus. Multicast-Adressen werden nur als Empfängeradressen benutzt und nie als Absenderadressen. Multicast-Pakete enthalten als Absenderadressen die normalen IP-Adressen des sendenden Rechners.

Multicast-Gruppen kann man sich etwa wie die Kanäle im Kabelfernsehen vorstellen. Es gibt eine Vielzahl von Kanälen (Multicast-Gruppen), etwa CNN oder MTV, aber die meisten Wohnungen (Rechner) empfangen nur einige wenige der verfügbaren Kanäle. Einige Multicast-Gruppen sind dauerhaft, d.h. einige Adressen sind für spezielle Zwecke reserviert. Dazu zählen die Treffen der Internet Engineering Task Force (IETF), Video-Übertragungen der NASA (immer dann, wenn sich der Space Shuttle im Weltraum befindet) u.a. Andere Multicast-Gruppen existieren nur vorübergehend: sie werden für einen bestimmten Zweck oder ein Ereignis eingerichtet und wieder aufgelöst, sobald sie nicht mehr benötigt werden. So können sie später für einen anderen Zweck erneut benutzt werden.

Multicasting dient heute im Internet hauptsächlich für Konferenzdienste in Echtzeit, etwa Video- und Audiokonferenzen. Es wird allmählich auch für andere Dienste eingesetzt, etwa für die effiziente Übertragung von Usenet-News an einen großen Teilnehmerkreis.

Kommerzielle Produkte wie Router und Rechner werden immer häufiger mit Multicast-Unterstützung ausgestattet. Manche Netztechnologien wie Ethernet, unterstützen Multicasting direkt. Man kann ein Ethernet-Paket an eine »magische« Ethernet-Adresse in einem bestimmten Ethernet-Segment senden. Dann empfangen das Paket in diesem Segment alle Rechner, die die Adresse überwachen. Andere Netztechnologien wie gemietete Punkt-zu-Punkt-Leitungen unterstützen Multicasting nicht. Es muß daher simuliert werden, indem man ein Multicast-Paket in eine Folge duplizierter Unicast-Pakete umwandelt, wobei an jeden Multicast-Teilnehmer ein Paket adressiert wird.

Es ist klar, daß man die Anzahl der duplizierten Unicast-Pakete auf diesen Punkt-zu-Punkt-Leitungen beschränken möchte. Ein gebräuchlicher Ansatz zur Verbindung zweier Multicast-fähiger Netze (etwa Ethernet) über ein Netz, das nur Unicast-fähig ist (etwa eine gemietete T1-Leitung), ist die Einrichtung eines *Tunnels* unter dem Unicast-Netz. An beiden Enden des Tunnels befinden sich Multicast-Router, oft auch *mrouter* genannt. Diese *mrouter* empfangen Multicast-IP-Pakete, verpacken sie als Unicast-IP-Pakete und senden diese dann per normalem IP-Unicast durch den Tunnel zum *mrouter* auf der anderen Seite. Dieser packt die Pakete wieder aus und verwandelt sie in Multicast-IP-Pakete zurück. Durch ein Geflecht von Multicast-Routern und Tunnels kann man ein virtuelles Multicast-Netz auf Grundlage eines Unicast-Backbones einrichten.

Das MBONE ist das Multicast Backbone des Internet und besteht aus einem solchen Geflecht von Multicast-Routern und Tunnels. Seine Teilnehmer sind Standorte, die an der Nutzung von IP-Multicasting für verschiedene Internet-Dienste interessiert sind.

IP-Multicasting wirft verschiedene Firewall-Fragen auf. Wie sehen die Pakete aus, wenn ein Standort mit einem Tunnel am MBONE teilnimmt? Was kann durch den Tunnel geschickt werden? Was machen die Paketfilter, wenn ein Standort keinen Tunnel benutzt, sondern direktes IP-Multicasting? Können Angreifer via Multicast mit oder ohne Tunnel auf Dienste zugreifen, die nichts mit Multicast zu tun haben (SMTP, NFS, NIS/YP usw.)?

Normalerweise werden beim IP-Multicast-Tunneling IP-Pakete innerhalb anderer IP-Pakete verpackt: Ein Multicast-IP-Paket wird als normales IP-Paket verpackt, genauso, wie dies bei einem TCP- oder UDP-Paket gewöhnlich der Fall ist. Statt des gewöhnlichen IP-Pakets, das zum Beispiel ein UDP-Paket enthält, hat man ein IP-Unicast-Paket, das ein IP-Multicast-Paket enthält. Dieses enthält wiederum ein UDP-Paket. Wenn getunnelte Multicast-Pakete daher einen Paketfilter durchlaufen, muß das System solche IP-in-IP-Pakete genauso erkennen wie TCP-, UDP- und ICMP-Pakete. Wenn Ihr Paketfilter IP-in-IP-Pakete nicht am Namen erkennt, Sie jedoch Protokollnummern angeben können, so müssen Sie wissen, daß IP-in-IP die Protokollnummer 4 hat (zum Vergleich: ICMP hat 1, TCP 6 und UDP 17).

Früher wurden IP-Multicast-Tunnel durch Source-Routing der IP-Pakete realisiert. Dies hatte jedoch eine Reihe von Problemen (etwa mit Firewalls) zur Folge. Source-Routing wird daher nicht mehr empfohlen.

Um zu verhindern, daß ein Multicast-Tunnel als Hintertürchen in oder aus einem Netz mißbraucht wird, läßt der zur Zeit öffentlich verfügbare *mrouter*-Code nur Multicast-Pakete im Tunnel zu. Unicast-Pakete, die durch den Tunnel geschleust wurden, um einen Firewall zu umgehen, lehnt er ab. Wenn Sie nicht den frei verfügbaren Code aus dem Internet benutzen, sondern einen kommerziellen Multicast-Router, müssen Sie sicherstellen, daß er sich genauso verhält.

Wenn Sie über Router und eine Netztopologie verfügen, die Multicasting direkt ohne Tunnel unterstützen, müssen Sie sich dennoch Gedanken darüber machen, wie ein Paketfilter damit fertig wird. Das sollte jedoch nicht zu schwierig sein, denn aus der Sicht eines Paketfilters sehen Multicast-Pakete genauso aus wie normale Pakete, die etwas ungewöhnliche Empfängeradressen haben (im Bereich 224.0.0.0 bis 239.255.255.255). Behandeln Sie sie wie alle anderen: Blockieren Sie standardmäßig alles und lassen Sie nur die Pakete durch, die Sie verstehen und unterstützen wollen. Vergessen Sie nicht, daß jede dieser Multicast-Adressen auf mehrere interne Maschinen angewandt wird. Wenn

Sie Multicast-Pakete von der Außenwelt akzeptieren, müssen alle internen Rechner, die solche Pakete erhalten, gegen Angriffe von außen geschützt werden - genauso, als wenn Sie andere Pakete direkt von außen akzeptieren.

Selbst wenn Ihr Tunnel auf Multicast-Pakete beschränkt ist oder Sie direktes Multicasting ohne Tunnel verwenden, stellt sich immer noch die Frage, wie Ihre Rechner auf Multicast-Pakete reagieren, die an reguläre Ports adressiert sind, etwa die NIS/YP- und NFS-Ports. Das Verhalten hängt leider nicht nur vom Betriebssystem ab, sondern auch von der jeweiligen Version. Wenn der Code Ihres Betriebssystems auf den »IP-Multicast-Erweiterungen für UNIX-Systeme auf Basis von BSD« vom Xerox PARC und der University of Delaware beruht, sollte Ihr System gegen solche Angriffe gesichert sein. Wenn Sie die Multicast-Erweiterungen nicht selbst installiert haben, kann es allerdings sehr schwierig sein, zu ermitteln, worauf der Multicast-Code des Betriebssystems basiert. Am besten fragen Sie den Hersteller - wundern Sie sich aber nicht, wenn Sie niemanden finden, der das weiß.

Domain Name System (DNS)

DNS ist ein verteiltes Datenbanksystem, das Rechnernamen in IP-Adressen und IP-Adressen in Rechnernamen übersetzt, z.B. den Rechnernamen *miles.somewhere.net* in die IP-Adresse 192.168.244.34. DNS ist im Internet außerdem die Standardmethode zur Speicherung und für den Zugriff auf verschiedene andere Informationen über Rechner. Es liefert der ganzen Welt Informationen über einen bestimmten Rechner. Kann ein Rechner etwa Mail nicht direkt empfangen, sondern nur über eine andere Maschine, die seine Mail entgegennimmt und weiterleitet, so wird diese Information mit einem MX-Datensatz in DNS bekanntgegeben.

DNS-Clients sind alle Programme, die eine der folgenden Aufgaben erledigen müssen:

- Übersetzen eines Rechnernamens in eine IP-Adresse
- Übersetzen einer IP-Adresse in einen Rechnernamen
- Beschaffung anderer veröffentlichter Informationen über einen Rechner, etwa dessen MX-Datensatz.

Im Grunde ist jedes Programm, das mit Rechnernamen umgehen kann, ein DNS-Client. Dazu gehört fast jedes Programm, das irgendwie mit Vernetzung zu tun hat, also sowohl Clients als auch Server für Telnet, SMTP, FTP und fast jeden anderen Netzdienst. DNS ist ein grundlegender Netzdienst, auf dem andere Netzdienste aufbauen.

Diese Informationen können auch durch andere Protokolle bereitgestellt werden. NIS/YP stellt zum Beispiel innerhalb eines Netzes Rechnerinformationen zur Verfügung. Im Internet ist jedoch DNS dafür zuständig. Clients, die auf Internet-Rechner zugreifen wollen, müssen direkt oder indirekt DNS benutzen. In Netzen, die intern NIS/YP oder andere Mechanismen benutzen, fungiert der Server für das andere Protokoll gewöhnlich als DNS-Proxy für den Client. Viele Clients lassen sich auch so konfigurieren, daß sie mehrere Dienste verwenden: Wenn die Abfrage für einen Rechner fehlschlägt, benutzen sie eine andere Methode. Ein Client könnte sich also erst an NIS/YP wenden, das nur lokale Rechner kennt, und dann auf DNS umschwenken, falls er kein Ergebnis erhält. Der Client könnte aber auch mit DNS beginnen und dann eine Datei auf der eigenen Festplatte auswerten, die zum Beispiel selbst festgelegte Namen enthält.

Auf UNIX-Systemen ist DNS als »Berkeley Internet Name Domain« (BIND) implementiert. Im Client arbeitet der Resolver, eine Bibliothek mit Routinen, die von Netzprozessen aufgerufen werden. Im Server arbeitet der Dämon *named*, der auf manchen Systemen auch *in.named* heißt.

DNS wurde dazu entwickelt, Anfragen und Antworten zwischen Clients und Servern weiterzuleiten, so daß Server im Namen von Clients oder anderen Servern arbeiten können. Diese Fähigkeit ist sehr wichtig, wenn Sie die DNS-Dienste mit Ihrem Firewall auf sichere Art behandeln wollen.

Wie funktioniert DNS? Grundsätzlich fragt ein Client seinen lokalen DNS-Server, wenn er eine bestimmte Information braucht, z.B. die IP-Adresse des Rechners *ftp.irgendwo.net*. Der lokale DNS-Server durchsucht zuerst seinen eigenen Zwischenspeicher (Cache) und versucht, dort die Antwort auf die Anfrage des Client zu finden. Findet er die Antwort nicht im Cache, so fragt er andere DNS-Server. Wenn der lokale DNS-Server schließlich die Antwort erhält oder er aus irgendeinem Grund keine Antwort erhalten kann, so speichert er die ermittelten Informationen im Cache[1] und antwortet dem Client. Um zum Beispiel die IP-Adresse von *ftp.irgendwo.net* herauszufinden, fragt der lokale DNS-Server erst einen öffentlichen Root-Server, welche Maschinen Namens-Server für die Domäne *net* sind. Dann fragt er einen dieser Namens-Server für *net*, welche Maschinen Namens-Server für *irgendwo.net* sind und schließlich einen dieser Namens-Server nach der IP-Adresse von *ftp.irgendwo.net*.

Dieses Frage-und-Antwort-Spiel ist für den Client völlig transparent. Aus seiner Sicht fand die Kommunikation nur mit dem lokalen Server statt. Weder weiß er noch kümmert er sich darum, daß der lokale Server unter Umständen mit vielen anderen Servern kommuniziert hat, um die ursprüngliche Frage zu beantworten.

1. Manche Server speichern (bei bestimmten Fehlerarten) auch die Tatsache, daß die Anfrage schiefging. Andere speichern dagegen nur die Informationen, die erfolgreich zurückgeliefert wurden.

Paketfilterungseigenschaften von DNS

Es gibt bei DNS zwei Arten von Netzaktivitäten, nämlich *Lookups* (Anfragen) und Zonen-Transfers. Bei Lookups fragt ein DNS-Client oder ein DNS-Server für einen Client einen DNS-Server nach Informationen, z.B. der IP-Adresse eines bestimmten Rechners, dem Rechnernamen für eine bestimmte IP-Adresse, dem Namens-Server für eine bestimmte Domäne oder dem für einen Rechner zuständigen Mail-Server. Bei Zonen-Transfers fordert ein DNS-Server (der sekundäre Server) von einem anderen DNS-Server (dem primären Server) alle Informationen an, die dieser über einen Teil des DNS-Namensbaums (eine Zone) hat. Zonen-Transfers finden nur zwischen Servern statt, die die gleichen Informationen bereithalten sollen. Ein Server führt im Normalfall keine Zonen-Transfers von beliebigen anderen Servern durch. Manche Leute führen Zonen-Transfers durch, um Informationen zu sammeln. Das ist in Ordnung, um den beliebtesten Rech-

Abb. 8-13: Name-Lookup von DNS.

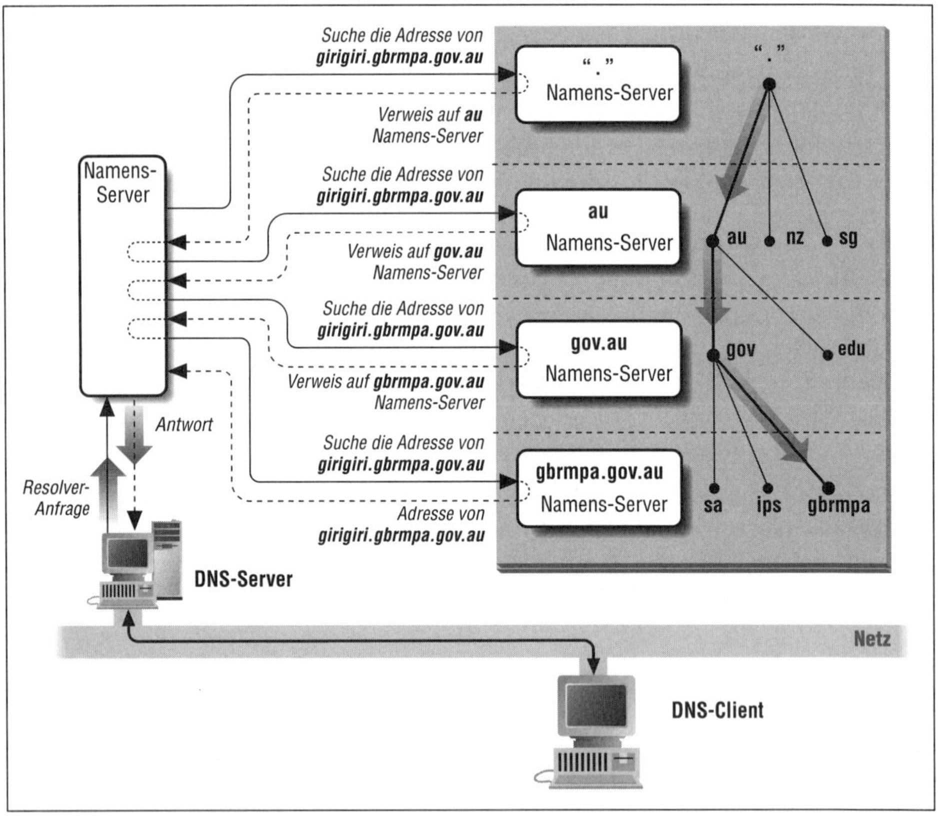

nernamen im Internet zu ermitteln – nicht aber, um herauszufinden, welche Rechner in Ihrem Netz angegriffen werden können.

DNS-Lookups werden aus Geschwindigkeitsgründen meist über UDP abgewickelt. Wenn bei der Übertragung mit UDP Daten verlorengehen (zur Erinnerung: UDP kann die Zustellung nicht garantieren), wird der Lookup-Vorgang mit TCP wiederholt. Abbildung 8-13 zeigt einen *DNS name lookup*.

Ein DNS-Server benutzt Port 53 für alle UDP-Übertragungen und als Server-Port für TCP. TCP-Anfragen erfolgen auf einer beliebigen Portnummer über 1023. Ein DNS-Client benutzt sowohl für UDP als auch für TCP eine beliebige Portnummer über 1023. Wir können also die folgenden Vorgänge unterscheiden:

- Anfrage eines Clients an den Server: Quellportnummer über 1023, Zielport 53.
- Antwort des Servers an den Client: Quellport 53, Zielportnummer über 1023.
- Anfragen und Antworten zwischen Servern: bei UDP werden Quell- und Zielport 53 benutzt, bei TCP verwendet der anfragende Server eine Portnummer über 1023.

Die Zonen-Transfers von DNS finden über TCP statt. Die Verbindung geht von einer beliebigen Portnummer über 1023 auf dem sekundären Server aus (der die Daten anfordert) und erreicht Port 53 auf dem primären Server (der die angeforderten Daten sendet). Um festzulegen, wann ein Zonen-Transfer stattfindet, muß ein sekundärer Server auch eine reguläre DNS-Anfrage eines primären Servers durchführen. Abbildung 8-14 zeigt einen Zonen-Transfer von DNS.

Richtung	**Quell-Adr.**	**Ziel-Adr.**	**Protokoll**	**Quell-Port**	**Ziel-Port**	**ACK ges.**	**Bemerkungen**
ein	extern	intern	UDP	>1023	53	[a]	Eingehende Anfrage über UDP; Client an Server
aus	intern	extern	UDP	53	>1023	[a]	Antwort auf die eingehende UDP-Anfrage; Server an Client
ein	extern	intern	TCP	>1023	53	[b]	Eingehende Anfrage über TCP; Client an Server
aus	intern	extern	TCP	53	>1023	ja	Antwort auf die eingehende TCP-Anfrage; Server an Client
aus	intern	extern	UDP	>1023	53	[a]	Ausgehende Anfrage über UDP; Client an Server
ein	extern	intern	UDP	53	>1023	[a]	Antwort auf die ausgehende UDP-Anfrage; Server an Client
aus	intern	extern	TCP	>1023	53	[b]	Ausgehende Anfrage über TCP; Client an Server

Rich-tung	Quell-Adr.	Ziel-Adr.	Proto-koll	Quell-Port	Ziel-Port	ACK ges.	Bemerkungen
ein	extern	intern	TCP	53	>1023	ja	Antwort auf die ausgehende TCP-Anfrage; Server an Client
ein	extern	intern	UDP	53	53	[a]	Anfrage oder Antwort zwischen zwei Servern über UDP
aus	intern	extern	UDP	53	53	[a]	Anfrage oder Antwort zwischen zwei Servern über UDP
ein	extern	intern	TCP	>1023	53	[b]	Anfrage eines externen Servers an einen intern Server über TCP; außerdem Anforderung eines Zonen-Transfers vom externen sekundären Server über TCP
aus	intern	extern	TCP	53	>1023	ja	Antwort des internen Servers an den externen Server über TCP; außerdem Antwort des Zonen-Transfers an den externen sekundären Server über TCP
aus	intern	extern	TCP	>1023	53	[b]	Anfrage des internen Servers an den externen Server über TCP
ein	extern	intern	TCP	53	>1023	ja	Antwort des externen Servers an den internen Server über TCP

a. Bei UDP-Paketen gibt es kein ACK-Bit.

b. Außer im ersten Paket dieses Typs (Aufbau der Verbindung) ist ACK bei allen Paketen gesetzt.

Proxy-Eigenschaften von DNS

DNS ist so aufgebaut, daß Server immer als Proxies für Clients fungieren. Außerdem gibt es die DNS-Funktion *forwarding* (Weiterleitung), mit der ein DNS-Server zum Proxy für einen anderen Server wird. Der Rest dieses Abschnitts behandelt die Verwendung der eingebauten Proxy-Funktionen von DNS.

Bei den meisten Implementierungen wäre es möglich, die DNS-Bibliotheken an den Proxy-Einsatz mit modifizierten Clients anzupassen. Auf Maschinen ohne dynamische Bibliotheken wäre zur Anpassung der Clients an einen DNS-Proxy die Kompilierung aller Netzprogramme erforderlich. Da die Benutzer Server-Informationen für DNS nie direkt angeben, ist es fast unmöglich, Proxies mit modifizierten Benutzerprozeduren einzusetzen.

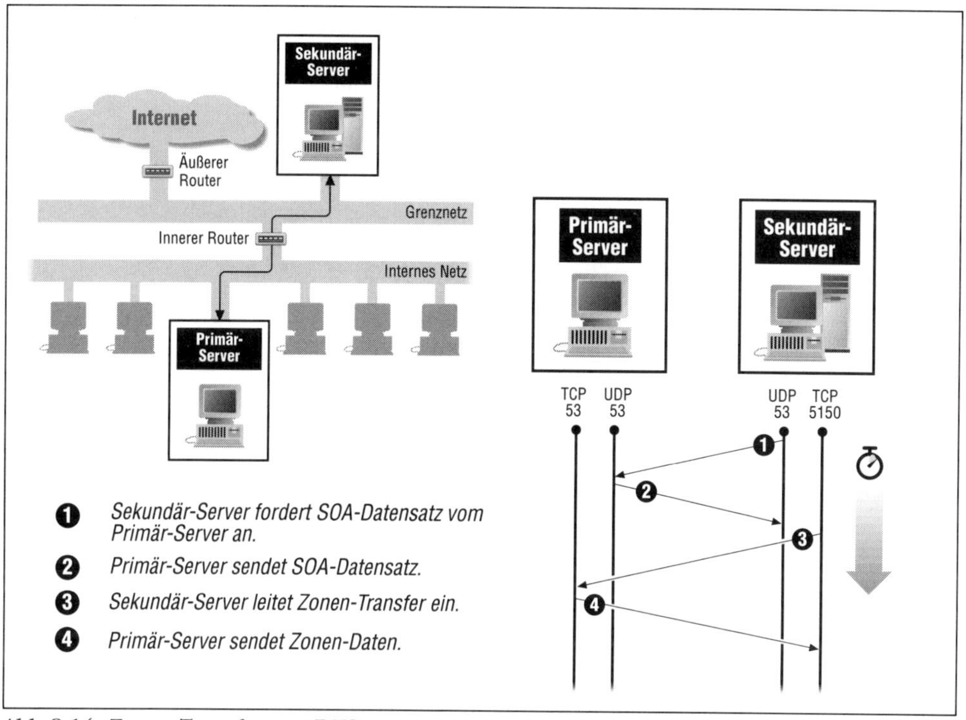

Abb. 8-14: Zonen-Transfer von DNS.

DNS-Daten

DNS ist eine baumförmig strukturierte Datenbank, bei der die Server für einzelne Teilbäume im ganzen Internet verteilt sind. Es gibt in diesem Baum eine Reihe vordefinierter Datentypen (Auswahl):

Datentyp	**Verwendungszweck**[a]
A	Übersetzt Rechnernamen in IP-Adresse
PTR	Übersetzt IP-Adresse in Rechnernamen
CNAME	Übersetzt Aliasnamen eines Rechners in den kanonischen Rechnernamen
HINFO	Liefert Hard- und Software-Informationen zu einem Rechner
NS	Überträgt eine Zone des DNS-Baums zu einem anderen Server
SOA	(*start of authority*) Beginn der Verantwortung für eine Zone des DNS-Baums
TXT	Unstrukturierte Text-Datensätze

a. Ausführliche Informationen über die Typen von DNS-Datensätzen, ihre Bedeutung und Verwendung finden Sie in dem Buch *DNS and BIND*, auf das wir bereits an anderer Stelle verwiesen haben.

Es gibt zwei getrennte DNS-Datenbäume, nämlich einen zum Abfragen von Informationen nach Rechnernamen (IP-Adresse, CNAME-Datensatz, HINFO-Datensatz oder TXT-Datensatz zu einem bestimmten Rechner) und einen zum Abfragen von Informationen nach IP-Adressen (den Rechnernamen für eine bestimmte Adresse).

Als Beispiel betrachten wir die DNS-Daten für eine fiktive Domäne *somebody.net*:

```
somebody.net. IN SOA tiger.somebody.net. root.tiger.somebody.net. (
                        1001         ; serial number
                        36000        ; refresh (10 hr)
                        3600         ; retry (1 hr)
                        3600000      ; expire (1000 hr)
                        36000        ; default ttl (10 hr)
                        )
               IN  NS       tiger.somebody.net.
               IN  NS       lion.somebody.net.
tiger          IN  A        192.168.2.34
               IN  MX       5 tiger.somebody.net.
               IN  MX       10 lion.somebody.net.
               IN  HINFO    INTEL-486 BSDI
ftp            IN  CNAME    tiger.somebody.net.
lion           IN  A        192.168.2.35
               IN  MX       5 lion.somebody.net.
               IN  MX       10 tiger.somebody.net.
               IN  HINFO    SUN-3 SUNOS
www            IN  CNAME    lion.somebody.net.
wais           IN  CNAME    lion.somebody.net.
alaska         IN  NS       bear.alaska.somebody.net.
bear.alaska    IN  A        192.168.2.81
```

Für diese Domäne wäre auch die zugehörige Menge von PTR-Datensätzen nötig, die die IP-Adressen in Rechnernamen zurückverwandeln. Für diese Umsetzung dreht man die Komponenten der IP-Adresse um, hängt *.IN-ADDR.ARPA* an und sucht den DNS-Datensatz PTR für diesen Namen. Um also zum Beispiel die IP-Adresse 1.2.3.4 zu übersetzen, müßte man den PTR-Datensatz für *4.3.2.1.IN-ADDR.ARPA* suchen.

```
2.168.192.IN-ADDR.ARPA. IN  SOA tiger.somebody.net.root.tiger.somebody.net. (
                                1001      ; serial number
                                36000     ; refresh (10 hr)
                                3600      ; retry (1 hr)
                                3600000   ; expire (1000 hr)
                                36000     ; default ttl (10 hr)
                                )
                        IN  NS  tiger.somebody.net.
                        IN  NS  lion.somebody.net.
34                      IN  PTR tiger.somebody.net.
35                      IN  PTR lion.somebody.net.
81                      IN  PTR bear.alaska.somebody.net.
```

Sicherheitsprobleme bei DNS

Im folgenden beschreiben wir einige Sicherheitsprobleme im Zusammenhang mit DNS.

Gefälschte Antworten auf DNS-Anfragen

Das erste Sicherheitsproblem bei DNS besteht darin, daß sich viele DNS-Server und -Clients austricksen lassen und gefälschte Informationen akzeptieren. Viele Clients und Server überprüfen nicht, ob die erhaltenen Antworten etwas mit den gestellten Fragen zu tun haben oder ob die Antworten, die sie bekommen, wirklich vom gewünschten Server stammen. Server können diese zusätzlichen Antworten ohne weitere Überprüfung im Cache speichern und spätere Anfragen mit gefälschten Daten beantworten. Durch die fehlende Überprüfung ist es einem Angreifer möglich, Ihre Clients und Server mit falschen Daten zu versorgen. Ein Angreifer könnte das zum Beispiel ausnutzen, um im Cache Ihres Servers Daten zu plazieren, die besagen, daß seine eigene IP-Adresse zum Namen eines Rechners gehört, dem Sie über *rlogin* einen Zugang ohne Paßwort gewähren. (Dies ist nur einer von mehreren Gründen, die gegen den Einsatz der r-Kommandos von BSD-UNIX über einen Firewall hinweg sprechen; beachten Sie hierzu die ausführliche Behandlung dieser Kommandos weiter vorn in diesem Kapitel.)

Hinweis

Neuere Versionen von DNS für UNIX (BIND 4.9 und neuer) überprüfen gefälschte Antworten und sind daher weniger anfällig für solche Probleme. Frühere Versionen sowie DNS-Clients und -Server für andere Plattformen sind unter Umständen immer noch anfällig.

Inkonsistente Daten in den DNS-Bäumen für Rechnernamen und IP-Adressen

Der oben beschriebene Angriff weist auf folgendes Problem hin: Die Daten in den DNS-Bäumen für Rechnernamen und IP-Adressen passen nicht zusammen. Wenn Sie in der oben beschriebenen Situation den Rechnernamen ermitteln, der zur IP-Adresse des Angreifers gehört (das wird als *reverse lookup* bezeichnet), erhalten Sie den Namen eines Rechners, dem Sie trauen. Wenn Sie nun die IP-Adresse dieses Rechners ermitteln (dies wird als *double-reverse lookup* bezeichnet), so stellen Sie fest, daß die IP-Adresse nicht mit jener übereinstimmt, die der Angreifer benutzt. Diese Tatsache sollte bei Ihnen die Alarmglocken läuten lassen – irgend etwas stimmt nicht. Wir behandeln *reverse lookups* und *double-reverse lookups* ausführlicher im Abschnitt »Richten Sie auf dem Bastion-Host einen falschen DNS-Server für die Außenwelt ein«.

Jedes Programm, das auf Basis der Rechnerinformationen von DNS über Zugangsberechtigungen entscheidet, sollte die Daten mit diesem *lookup/double-reverse lookup*-Mechanismus sehr sorgfältig überprüfen. Bei manchen Betriebssystemen, z.B. SunOS 4.x und neuer, erfolgt diese Überprüfung automatisch als Bestandteil der Bibliotheksfunktion *gethostbyaddr()*. Bei den meisten anderen Betriebssystemen müssen Sie die Überprüfung selbst durchführen. Stellen Sie daher fest, wie sich Ihr Betriebssystem verhält und sorgen Sie dafür, daß die Dämonen, die solche Entscheidungen treffen, eine Validierung durchführen. Achten Sie außerdem darauf, diese Funktionalität beizubehalten, wenn Sie die Bibliothek *libc* des Herstellers verändern oder ersetzen. Noch besser ist es, wenn Sie aufgrund des Rechnernamens oder der IP-Adresse allein überhaupt keinen Zugang gewähren. Es gibt keine Möglichkeit zu überprüfen, ob ein Paket wirklich von der angegebenen IP-Adresse stammt, es sei denn, es enthält eine kryptographische Authentifizierung, die nur vom tatsächlichen Absender stammen kann.

Manche Implementierungen des *double-reverse lookup* funktionieren nicht bei Rechnern mit mehreren Adressen, z.B. Rechnern mit zwei Netzschnittstellen, die als Proxies fungieren. Sind beide Adressen mit dem gleichen Namen registriert, so liefert eine DNS-Anfrage über den Namen beide Adressen. Viele Programme lesen jedoch nur die erste Adresse. Ging die Verbindung jedoch von der zweiten Adresse aus, so geht der *double-reverse lookup* fälschlicherweise schief, obwohl der Rechner korrekt registriert ist. Implementierungen des *double-reverse lookup*, die diesen Fehler enthalten, sollten Sie meiden. Außerdem sollten Sie dafür sorgen, daß bei Ihren nach außen sichtbaren Rechnern mit mehreren Netzschnittstellen eine Anfrage für jede Adresse einen eigenen Namen zurückliefert und daß für diese Namen bei Anfragen nur eine einzige Adresse zurückgeliefert wird. Für den Rechner »foo« mit den beiden Schnittstellen »e0« und »e1« liefert zum Beispiel eine Anfrage nach »foo« beide Adressen, Anfragen nach »foo-e0« und »foo-e1« liefern nur die Adresse der jeweiligen Schnittstelle und Anfragen über die IP-Adresse liefern »foo-e0« respektive »foo-e1«, aber niemals nur »foo«.

Hinweis

Interne Rechner mit mehreren Netzschnittstellen sollten Sie nicht wie beschrieben konfigurieren, denn sonst müssen Sie immer mehrere Namen aufführen, wenn Sie Zugangsrechte gewähren wollen, z.B. in den Dateien */etc/exports*.

Angreifer bekommen zu viele Informationen

Ein anderes Problem, das bei der Kombination von DNS und einem Firewall auftreten kann, besteht darin, daß Informationen nach außen sichtbar werden, die Sie eigentlich verbergen wollen. Manche Organisationen betrachten interne Rechnernamen und andere Angaben über interne Rechner als vertraulich. Sie wollen diese Rechnernamen genauso schützen wie die internen Telefonverzeichnisse. Manche Firmen sind besorgt darüber, daß interne Rechnernamen Projektnamen oder andere Produktangaben verraten könnten oder auch, daß man vom Namen auf den Rechnertyp schließen kann, was wiederum Angriffe erleichtert. So läßt sich zum Beispiel leicht erraten, welcher Rechnertyp sich hinter den Namen »lab-sun« oder »cisco-gw« verbirgt.

Selbst die simpelsten Informationen über Rechnernamen können einem Angreifer dabei helfen, sich physikalisch oder elektronsich in Ihr Netz zu schwindeln. Dies ist ein Beispiel für Angriffe, die man als *social engineering attack* bezeichnet. Der Angreifer untersucht erst die DNS-Daten, um den Namen eines oder mehrerer wichtiger Rechner zu ermitteln. Solche Rechner werden oft als DNS-Server der Domäne oder als MX-Gateways für viele andere Rechner aufgeführt. Als nächstes ruft der Angreifer bei Ihrer Organisation an oder besucht sie und gibt sich als Wartungstechniker aus, der an diesem Rechner arbeiten muß. Wenn er anruft, wird er sich das Paßwort für den Rechner geben lassen; wenn er persönlich erscheint, läßt er sich den Rechnerraum zeigen. Da der Eindringling berechtigt zu sein scheint und vertrauliche Informationen kennt – immerhin kennt er die Namen der wichtigsten Rechner – erhält er oft Zugang. Für solche Angriffe muß der Eindringling ziemlich unverfroren sein, vor allem dann, wenn er in Ihrer Organisation auftaucht. Sie würden jedoch staunen, wenn Sie wüßten, wie oft solche Angriffe Erfolg haben.

Neben den internen Rechnernamen enthält das DNS oft auch weitere Angaben. Dazu gehören Informationen, die lokal nützlich sind, die ein Angreifer aber möglichst nicht sehen sollte. Die DNS-Datensätze HINFO und TXT sind besonders aussagekräftig:

HINFO (host information records)
: Diese Datensätze beschreiben die Hardware- und Betriebssystemversionen einer Maschine. Solche Angaben sind für System- und Netzverwalter sehr nützlich, verraten einem Angreifer allerdings auch, welche bekannten Fehler er beim Angriff auf diese Maschine ausnutzen kann.

TXT (textual information records)
: Diese Datensätze enthalten kurze unformatierte Texte, mit denen viele verschiedene Dienste Informationen verbreiten. Manche Versionen von Kerberos und den zugehörigen Hilfsprogrammen speichern in diesen Datensätzen zum Beispiel Angaben, die in anderen Netzen von NIS/YP behandelt werden.

Oft erhalten Angreifer die kompletten DNS-Informationen über Ihr Netz, indem sie Verbindung mit Ihrem DNS-Server aufnehmen und einen Zonen-Transfer anfordern. Sie simulieren einfach einen sekundären Server für Ihr Netz. Das können Sie entweder durch Paketfilterung verhindern (indem Sie DNS-Anfragen über TCP blockieren, was aber leider nicht nur die Zonen-Transfers verhindert) oder mit der Anweisung *xfernets* bei neueren Implementierungen von BIND (weitere Angaben finden Sie in der BIND-Dokumentation).

Bei der Freigabe von DNS-Daten sollten Sie sich immer folgende Frage stellen: »Weshalb sollten Angreifer mehr Informationen bekommen als nötig?«. In den folgenden Abschnitten finden Sie Hinweise, die Ihnen dabei helfen sollen, nur die Informationen freizugeben, die Sie auch wirklich offenlegen wollen.

Einrichtung von DNS mit versteckten Informationen

Wir erwähnten bereits die Fähigkeiten von DNS zur Abfrage und Weiterleitung von Informationen.[1] Wenn Sie diese Fähigkeiten nutzen, können Sie internen Rechnern die vollständigen internen und externen DNS-Daten zur Verfügung stellen und gleichzeitig externen Rechnern nur eine sehr eingeschränkte (»entschärfte«) Teilmenge dieser Daten zeigen. Dafür sprechen mehrere Gründe:

- Sie halten Ihre internen DNS-Daten für zu vertraulich, um sie allgemein zu verbreiten.
- Sie wissen, daß nicht alle internen DNS-Server perfekt arbeiten, und wollen besser kontrollieren, worauf die Außenwelt zugreifen kann.
- Sie wollen externe Rechner mit anderen Informationen versorgen als interne Rechner. Interne Rechner senden E-Mail zum Beispiel direkt an andere interne Maschinen, externe Rechner erhalten dagegen einen MX-Datensatz, der die Mail zum Bastion-Host leitet.

Abbildung 8-15 zeigt, wie Sie DNS so einrichten, daß nicht alle Informationen offenliegen. In den folgenden Abschnitten beschreiben wir alle Einzelheiten.

Richten Sie auf dem Bastion-Host einen falschen DNS-Server für die Außenwelt ein

Der erste Schritt zum Verbergen von DNS-Informationen vor der Außenwelt ist die Einrichtung eines falschen DNS-Servers auf einem Bastion-Host. Dieser Server erhebt den Anspruch, alle gültigen Daten für Ihre Domäne zu verwalten. Machen Sie ihn daher zu dem Server für Ihre Domäne, der in den *name server*-Datensätzen Ihrer übergeordneten Domäne erscheint. Sind mehrere solche Server nach außen hin sichtbar (das sollte der Fall sein; einige oder alle der restlichen Server können zu Ihrem Service-Provider gehören), so machen Sie den falschen Server zum primären Server der »offiziellen« Server. Die anderen sind sekundäre Server dieses primären Servers.

1. Cricket Liu hat darauf hingewiesen, daß die in diesem Abschnitt beschriebenen Strategien bei Subdomänen nicht funktionieren. Weitere Informationen hierzu finden Sie unter *http://www.greatcircle.com/firewalls-book/errata.html* oder in der zweiten Auflage von *DNS and Bind*.

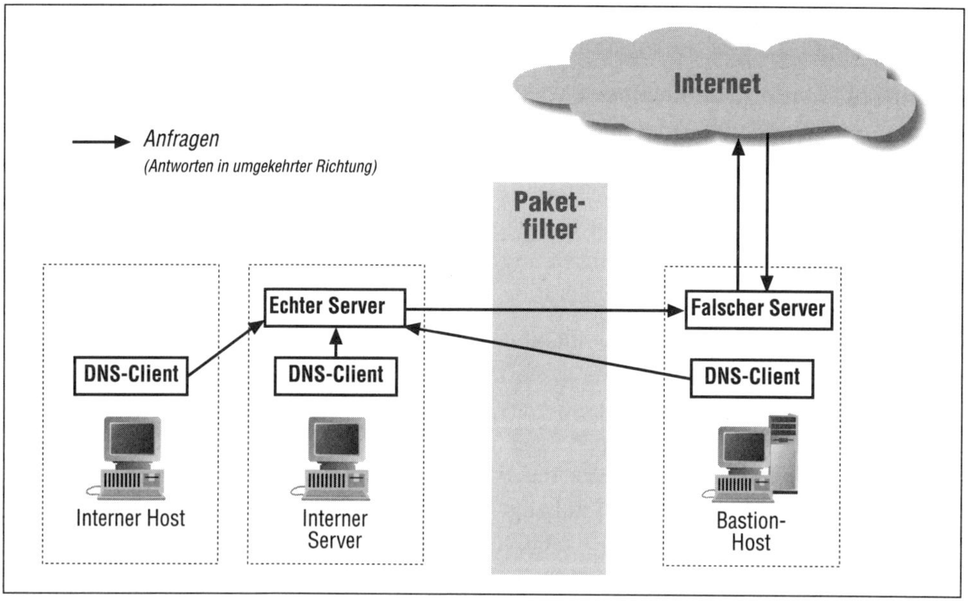

Abb. 8-15: Mit einem Firewall kann man DNS-Informationen verbergen.

Der falsche Server glaubt nun alles über Ihre Domäne zu wissen. In Wirklichkeit kennt er aber nur diejenigen Informationen, die Sie nach außen dringen lassen wollen. Dazu gehören Rechnername und IP-Adresse der folgenden Rechner:

- Die Maschinen im Grenznetz, also die Maschinen, aus denen Ihr Firewall besteht.
- Alle Maschinen, zu denen jemand von außen direkte Verbindung aufnehmen muß. Dazu gehört zum Beispiel ein interner Server für Usenet-News (NNTP), den Ihr Service-Provider erreichen muß. (Im Abschnitt über NNTP in diesem Kapitel können Sie nachlesen, weshalb Sie das erlauben sollten.) Weitere Beispiele sind Rechner, die über das Internet von vertrauenswürdigen Zweigstellen aus zugänglich sein sollen. Externe Maschinen brauchen einen extern sichtbaren Namen für solche internen Hosts. Das muß jedoch nicht der echte interne Name der Maschine sein, falls Sie diesen für schützenswert halten oder bei Bedarf ändern wollen.

Zusätzlich müssen Sie MX-Datensätze für alle Rechner- und Domänennamen veröffentlichen, die im Adressenteil von E-Mail-Nachrichten und Usenet-Postings erscheinen, damit andere Leute auf diese Nachrichten antworten können. Vergessen Sie nicht, daß oft noch Tage, Wochen, Monate oder sogar Jahre nach dem Absenden einer Nachricht Antworten eintreffen. Wenn ein bestimmter Rechner- oder Domänenname im großen Stil als Teil von E-Mail-Adressen benutzt wurde, müssen Sie dafür vielleicht auf ewig (oder zumindest noch lange Zeit nach dem Gebrauch) einen MX-Datensatz behalten, damit andere Leute auf alte Nachrichten antworten können. Falls die Adressen gedruckt wurden, ist

»ewig« der passende Begriff – manche Standorte erhalten immer noch E-Mail für Maschinen, die bereits vor fünf oder zehn Jahren außer Betrieb genommen wurden.

Sie müssen auch für alle Rechner, die direkten Kontakt mit der Außenwelt aufnehmen können, »geschönte« Informationen veröffentlichen. Viele Server im Internet (darunter die meisten größeren Server für Anonymous-FTP) bestehen darauf, den Rechnernamen (und nicht nur die IP-Adresse) aller Rechner zu erfahren, die sich bei Ihnen anmelden – selbst wenn sie den Namen nur protokollieren und sonst nichts weiter damit anfangen. Bei DNS sind die Datensätze A (Umsetzung von Name auf Adresse) und PTR (Umsetzung von Adresse auf Name) für die Behandlung von Namens- und Adreßanfragen zuständig.

Wie bereits erläutert, führen Maschinen, die den Rechnernamen zu einer IP-Adresse ermitteln wollen, einen *reverse lookup* durch. Dabei beginnt der Server bei einer eingehenden Verbindung mit der IP-Adresse des fernen Rechners und ermittelt den Rechnernamen, von dem die Verbindung ausgeht. Er nimmt die IP-Adresse (zum Beispiel 172.16.19.67), verändert sie auf eine bestimmte Art, indem er die einzelnen Komponenten umdreht und *.IN-ADDR.ARPA* anhängt. Im Beispiel ergibt das den Namen 67.19.16. 172*.IN-ADDR.ARPA,* für den er jetzt einen PTR-Datensatz sucht. Dieser PTR-Datensatz sollte den Rechnernamen (z.B. *mycroft.somewhere.net*) für den Rechner mit dieser Adresse liefern, die der Server dann protokolliert oder anders behandelt.

Wie behandelt man diese *reverse lookups*? Ginge es nur um einen Namen, den diese Server protokollieren können, so könnte man einfach einen PTR-Datensatz mit Jokerzeichen einrichten, der einen ganzen Adreßbereich auf einen unbekannten Rechner in einer bestimmten Domäne abbildet. (Die Suche nach **.19.16.172.IN-ADDR.ARPA* könnte zum Beispiel *unknown.somewhere.net* zurückliefern). Diese Angabe wäre bereits nützlich, da sie dem Verwalter des Servers zumindest zeigt, zu welcher Domäne die Maschine gehört, nämlich zu *somewhere.net*. Bei Schwierigkeiten könnte man sich zumindest an die für diese Domäne zuständige Kontaktadresse wenden.

Bei dieser Methode gibt es jedoch ein großes Problem. Viele Server – vor allem Server für Anonymous-FTP – versuchen, die von DNS zurückgelieferten Daten zu validieren. Sie führen deshalb *double-reverse lookups* durch und lassen die Verbindung nur im Erfolgsfall zu. Die Anfrage funktioniert so, wie wir es oben beschrieben haben. So etwas ist für Dienstanbieter nötig, die irgendwie den anfragenden Rechner überprüfen müssen. Ob dies auch bei Anonymous-FTP nötig ist, ist eine andere Frage. Manche Leute glauben, daß man mit dem Einrichten eines Servers für Anonymous-FTP keinen Anlaß mehr hat, Rechner zu überprüfen – schließlich will man ja Informationen zur Verfügung stellen. Die Betreiber von Servern für Anonymous-FTP, die *double-reverse lookups* durchführen, halten folgendes dagegen: Wenn jemand einen Dienst in Anspruch nehmen will, so übernimmt er eine gewisse Verantwortung innerhalb der Netzgemeinde. Dazu gehört es nun einmal, identifizierbar zu sein. In dieser Frage kann sich jeder seine eigene Meinung bilden. Jedenfalls führen die Betreiber einiger der größten und bekanntesten Server für Anonymous-FTP *double-reverse lookups* durch und gewähren nur dann Zugang zu den Diensten, wenn diese Anfrage erfolgreich verläuft.

Ein DNS-Client führt bei einem *double-reverse lookup* folgende Aktionen durch:

- Einen *reverse lookup* zur Umsetzung einer IP-Adresse in einen Rechnernamen.
- Eine normale Anfrage, um die IP-Adresse zu diesem Rechnernamen zu ermitteln.
- Einen Vergleich der ermittelten IP-Adresse mit der ursprünglichen IP-Adresse.

Ihr falscher Server muß für alle Rechner in Ihrer Domäne, deren IP-Adresse nach außen sichtbar ist, sozusagen konsistent falsche Daten liefern. Der falsche Server muß für jede Ihrer IP-Adressen einen PTR-Datensatz mit einem falschen Rechnernamen veröffentlichen sowie einen zugehörigen A-Datensatz, der den falschen Rechnernamen wieder in die IP-Adresse umsetzt. Beispiel: Für die Adresse 172.16.1.2 veröffentlichen Sie einen PTR-Datensatz mit dem Namen *host-172-16-1-2.somewhere.net* und einen zugehörigen A-Datensatz, der *host-172-16-1-2.somewhere.net* wieder auf die zugehörige IP-Adresse 172.16.1.2 abbildet. Wenn Sie Verbindung zu einem fernen Rechner aufnehmen, der einen *reverse lookup* Ihrer IP-Adresse versucht, um den Rechnernamen zu ermitteln, so erhält er den falschen Rechnernamen (z.B. *host-172-16-1-2.somewhere.net)* zurück. Führt der ferne Rechner jetzt einen *double-reverse lookup* durch, um diesen Rechnernamen in eine IP-Adresse umzusetzen, so erhält er 172.16.1.2 zurück. Dieses Ergebnis stimmt mit der ursprünglichen IP-Adresse überein, die Konsistenzüberprüfung ist bestanden.

Wenn interne Rechner ausschließlich über Proxies Verbindung zur Außenwelt aufnehmen, müssen Sie keine falschen Informationen für Ihre internen Rechner einrichten. Es genügen Informationen für die Rechner, auf denen der Proxy-Server läuft. Für die Außenwelt ist nur die Adresse des Proxy-Servers sichtbar. Bei einem großen Netz kann das allein schon Grund genug für den Einsatz eines Proxy-Diensts für FTP sein.

Richten Sie auf einem internen Rechner einen echten DNS-Server zum internen Gebrauch ein

Die internen Rechner brauchen die echten DNS-Informationen über Ihre Rechner, nicht die falschen, die nach außen sichtbar sind. Sie erreichen das, indem Sie auf einem internen Rechner einen Standard-DNS-Server einrichten. Die internen Rechner brauchen vielleicht jedoch auch Informationen über externe Rechner, um zum Beispiel den Rechnernamen eines fernen FTP-Servers in eine IP-Adresse umzusetzen.

Eine Möglichkeit zur Bereitstellung externer DNS-Informationen besteht darin, Ihren internen Server so zu konfigurieren, daß er ferne DNS-Server bei Bedarf direkt abfragt, um Anfragen interner Clients über externe Rechner zu beantworten. Für eine solche Konfiguration müßten Sie jedoch Ihren Paketfilter öffnen, um dem internen DNS-Server Zugang zu fernen DNS-Servern zu ermöglichen (die auf einem beliebigen Rechner im Internet laufen können). Das ist aber ein Problem, da DNS auf UDP basiert und Sie (wie in Kapitel 6 erläutert) UDP vollständig blockieren sollten, um den Zugang von außen auf anfällige RPC-Dienste wie NFS und NIS/YP zu verhindern.

Glücklicherweise ermöglicht der gebräuchlichste DNS-Server, nämlich das UNIX-Programm *named*, einen Weg aus diesem Dilemma. Dabei spielt die Anweisung *forwarders* in der Konfigurationsdatei */etc/named.boot* des Servers eine Rolle. Die Anweisung *forwarders* ändert das Verhalten des Servers, falls ihm gesuchte Informationen weder über eigene Zoneninformation noch aus dem Cache zur Verfügung stehen. In diesem Fall leitet er die Anfrage an einen bestimmten Server weiter und läßt diesen nach der Antwort suchen, anstatt Verbindung zu Internet-Servern aufzunehmen und so die Antwort selbst zu ermitteln. Tragen Sie in der Konfigurationsdatei */etc/named.boot* eine *forwarders*-Zeile ein, die auf den falschen Server auf dem Bastion-Host verweist. Die Datei muß außerdem die Zeile »slave« enthalten, damit nur die Server in der *forwarders*-Zeile benutzt werden, selbst wenn diese die Antworten nur langsam liefern.

Der *forwarders*-Mechanismus hat eigentlich nichts mit dem Verbergen von Informationen im internen DNS-Server zu tun, sondern mit der Paketfilterung, die so streng wie möglich ablaufen soll, d.h. es sollen möglichst wenige Privilegien vergeben werden. Daher richtet man es so ein, daß der interne DNS-Server nur mit dem DNS-Server auf dem Bastion-Host kommuniziert und nicht mit DNS-Servern im ganzen Internet.

Wenn interne Rechner gar keinen Kontakt zu externen Hosts aufnehmen können, müssen Sie sich auch nicht darum kümmern, wie sie externe Rechnernamen auflösen. Bei SOCKS kann man die Proxy-Clients so einrichten, daß sie den externen Namens-Server direkt verwenden. Dies vereinfacht zwar die Konfiguration für Namensdienste, verkompliziert jedoch die Konfiguration der Proxies. Außerdem könnten manche Benutzer daran interessiert sein, Rechnernamen aufzulösen, obwohl sie diese nicht erreichen können (um z.B. zu überprüfen, ob eine Mail-Adresse einen gültigen Rechnernamen enthält).

Die Abbildungen 8-16 bzw. 8-17 zeigen die Funktionsweise von DNS mit bzw. ohne *Forwarding*.

Interne DNS-Clients fragen den internen Server

Im nächsten Schritt konfigurieren Sie Ihre internen DNS-Clients so, daß sie alle Anfragen an den internen Server richten. Auf UNIX-Systemen steuern Sie das über die Datei */etc/resolv.conf*. Es gibt zwei verschiedene Fälle:

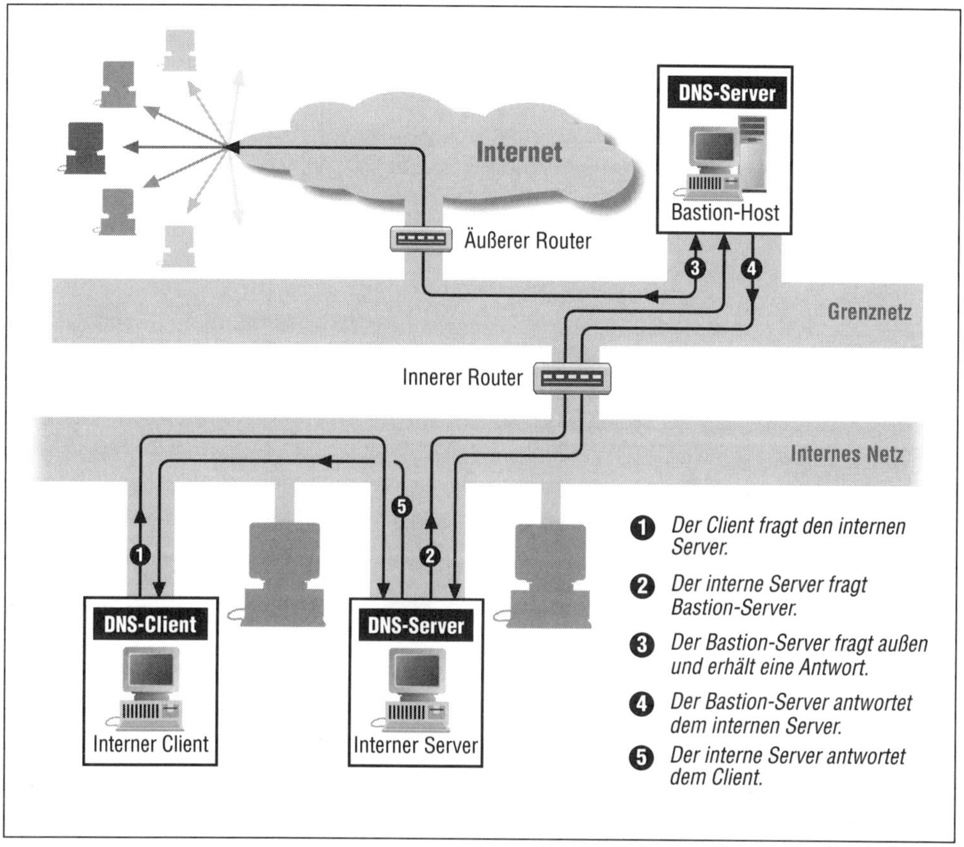

Abb. 8-16: DNS mit Forwarding.

- Erhält der interne Server eine Anfrage über ein internes oder ein externes System, das er bereits in seinem Cache hat, antwortet er direkt, da er die Antworten zu solchen Anfragen bereits kennt.
- Erhält der interne Server eine Anfrage über ein externes System, das er noch nicht in seinem Cache hat, so leitet er die Anfrage an den Server auf dem Bastion-Host weiter (aufgrund der oben beschriebenen *forwarders*-Zeile). Der Server auf dem Bastion-Host erhält die Antwort von den zuständigen DNS-Servern im Internet und leitet die Antwort zurück zum internen Server. Der interne Server beantwortet damit die Anfrage des ursprünglichen Client und speichert die Antwort in seinem Cache.

Aus Sicht des Client stellen sich beide Fälle gleich dar: Er sandte eine Anfrage an den internen Server und erhielt eine Antwort von ihm zurück. Der Client weiß nicht, ob der

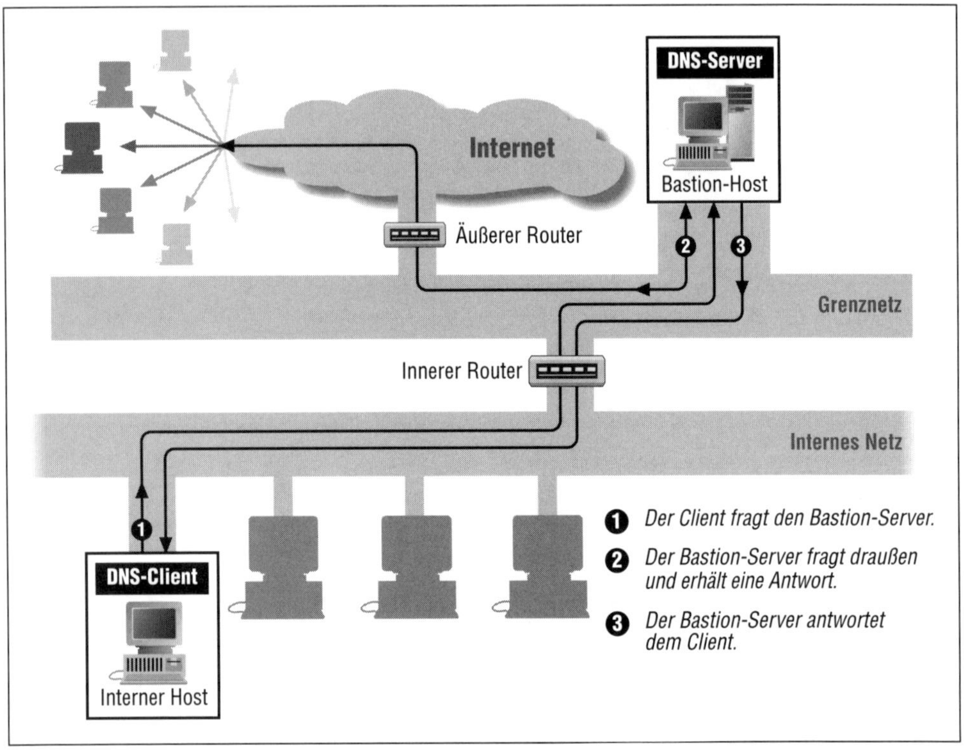

Abb. 8-17: DNS ohne forwarding.

interne Server die Antwort bereits kannte oder ob er die Antwort von anderen Servern besorgen mußte (und zwar indirekt über den Server auf dem Bastion-Host). Aus diesem Grund sieht die Datei */etc/resolv.conf* auf den internen Clients völlig normal aus.

DNS-Clients auf dem Bastion-Host fragen auch den internen Server

Der Schlüssel zur Konfiguration mit versteckten Informationen besteht darin, daß DNS-Clients auf dem Bastion-Host den internen Server abfragen müssen und nicht den Server auf dem Bastion-Host. Auf diese Weise können DNS-Clients auf dem Bastion-Host (z.B. Sendmail) die echten Namen für interne Rechner benutzen, Clients von außen können aber nicht auf die internen Daten zugreifen.

Die Konfiguration von DNS-Server und DNS-Client erfolgt völlig getrennt. Viele Leute gehen davon aus, daß beide gemeinsame Konfigurationsdateien benutzen, daß die Clients automatisch den lokalen Server kennen oder daß der Server auf einen anderen Rechner zeigt, wenn man die Clients umlenkt. In Wahrheit gibt es keinerlei Überlappungen. Die

Clients lesen nie die Datei */etc/named.boot* mit den Anweisungen für den Server; der Server liest nie die Datei */etc/resolv.conf* mit den Anweisungen für die Clients.

Es können wieder zwei verschiedene Fälle auftreten:

- Stellt ein DNS-Client auf dem Bastion-Host eine Anfrage zu einem internen System, so erhält er die echte Antwort direkt vom internen Server.
- Stellt ein DNS-Client auf dem Bastion-Host eine Anfrage zu einem externen System, leitet der interne DNS-Server die Anfrage zum Server auf dem Bastion-Host weiter. Dieser erhält die Antwort von den zuständigen DNS-Servern im Internet und leitet sie an den internen Server weiter. Der interne Server beantwortet wiederum die Anfrage des ursprünglichen Client auf dem Bastion-Host.

DNS-Clients auf dem Bastion-Host könnten Informationen über externe Rechner direkt erhalten, indem sie nicht den DNS-Server auf dem internen Rechner, sondern den DNS-Server auf dem Bastion-Host fragen. Damit würden sie jedoch nie die »echten« internen Informationen bekommen, die nur der interne Server kennt. Diese Informationen sind aber nötig, um sowohl mit internen als auch mit externen Rechnern zu kommunizieren.

Was muß Ihr Paketfilter zulassen?

Damit dieses DNS-Schema mit Weiterleitung funktioniert, muß ein Paketfilter zwischen dem Bastion-Host und den internen Rechnern alle folgenden Verbindungen zulassen (die Tabelle unten enthält Details):

- DNS-Anfragen vom internen Server zum Server auf dem Bastion-Host: UDP-Pakete von Port 53 auf dem internen Server zu Port 53 auf dem Bastion-Host (Regel A) sowie TCP-Pakete von Portnummern über 1023 auf dem internen Server zu Port 53 auf dem Bastion-Host (Regel B).
- Antworten auf diese Anfragen vom Bastion-Host zum internen Server: UDP-Pakete von Port 53 auf dem Bastion-Host zu Port 53 auf dem internen Server (Regel C) sowie TCP-Pakete mit gesetztem ACK-Bit von Port 53 auf dem Bastion-Host zu Portnummern über 1023 auf dem internen Server (Regel D).
- DNS-Anfragen von DNS-Clients auf dem Bastion-Host zum internen Server: UDP- und TCP-Pakete von Portnummern über 1023 auf dem Bastion-Host zu Port 53 auf dem internen Server (Regeln E und F).
- Antworten vom internen Server zu diesen DNS-Clients auf dem Bastion-Host: UDP-Pakete und TCP-Pakete mit gesetztem ACK-Bit von Port 53 auf dem internen Server zu Portnummern über 1023 auf dem Bastion-Host (Regeln G und H).

Regel	Richtung	Quell-Adresse	Ziel-Adresse	Protokoll	Quell-Port	Ziel-Port	ACK gesetzt	Aktion
A	aus	interner Server	Bastion-Host	UDP	53	53	[a]	zulassen
B	aus	interner Server	Bastion-Host	TCP	>1023	53	beliebig	zulassen
C	ein	Bastion-Host	interner Server	UDP	53	53	[a]	zulassen
D	ein	Bastion-Host	interner Server	TCP	53	>1023	ja	zulassen
E	ein	Bastion-Host	interner Server	UDP	>1023	53	[a]	zulassen
F	ein	Bastion-Host	interner Server	TCP	>1023	53	beliebig	zulassen
G	aus	interner Server	Bastion-Host	UDP	53	>1023	[a]	zulassen
H	aus	interner Server	Bastion-Host	TCP	53	>1023	ja	zulassen

a. Bei UDP-Paketen gibt es kein ACK-Bit.

Einrichtung von DNS ohne versteckte Informationen

Der oben beschriebene Ansatz ist nicht die einzige Möglichkeit. Angenommen, Sie halten es nicht für nötig, Ihre internen DNS-Daten vor der Außenwelt zu verbergen. In diesem Fall ähnelt Ihre DNS-Konfiguration der oben beschriebenen, sie wird jedoch etwas einfacher. Abbildung 8-18 zeigt die Funktionsweise von DNS ohne versteckte Informationen.

Bei dieser Alternative brauchen Sie immer noch einen DNS-Server auf dem Bastion-Host sowie einen internen DNS-Server. Einer von beiden kann jedoch Sekundär-Server des anderen sein. Im allgemeinen ist es einfacher, den DNS-Server auf dem Bastion-Host zum Sekundär-Server des internen DNS-Servers zu machen und die DNS-Daten auf dem internen Server zu verwalten. Sie sollten den internen DNS-Server immer so konfigurieren, daß er Anfragen zum DNS-Server auf dem Bastion-Host weiterleitet. DNS-Clients auf dem Bastion-Host können jedoch so konfiguriert werden, daß sie den Server auf dem Bastion-Host direkt fragen und nicht indirekt über den internen Server.

Ein Paketfilter zwischen dem Bastion-Host und dem internen Server muß alle folgenden Verbindungen zulassen (die Tabelle unten enthält Details):

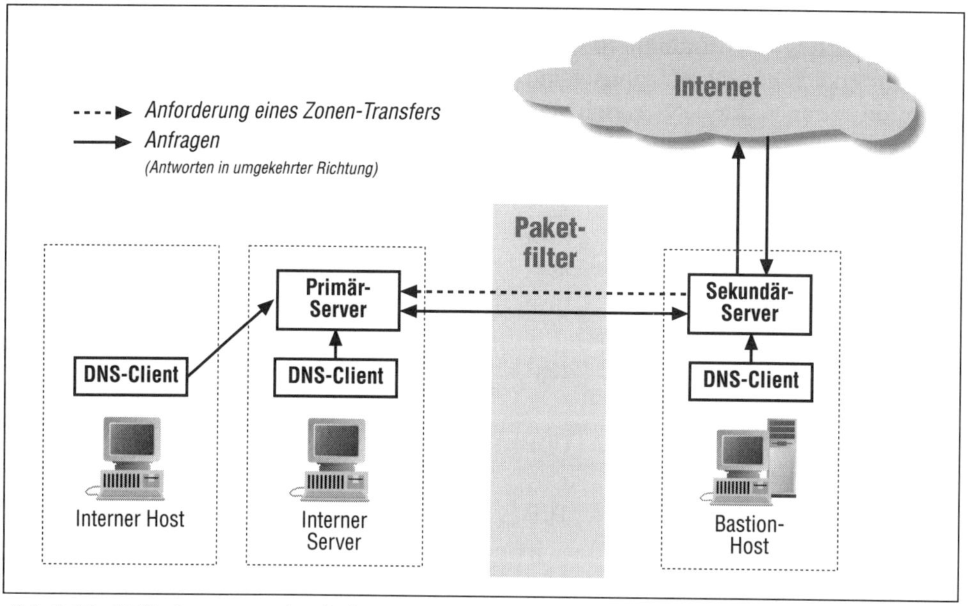

Abb. 8-18: DNS ohne versteckte Informationen.

- DNS-Anfragen vom internen DNS-Server zum DNS-Server auf dem Bastion-Host: UDP-Pakete von Port 53 auf dem internen Server zu Port 53 auf dem Bastion-Host (Regel A) sowie TCP-Pakete von Portnummern über 1023 auf dem internen Server zu Port 53 auf dem Bastion-Host (Regel B).
- Antworten vom DNS-Server auf dem Bastion-Host zum internen DNS-Server: UDP-Pakete von Port 53 auf dem Bastion-Host zu Port 53 auf dem internen Server (Regel C) und TCP-Pakete mit gesetztem ACK-Bit von Port 53 auf dem Bastion-Host zu Portnummern über 1023 auf dem internen Server (Regel D).

Ist der Bastion-Host gleichzeitig sekundärer DNS-Server, wobei der interne Rechner der zugehörige primäre DNS-Server ist, müssen Sie auch folgende Verbindungen zulassen:

- DNS-Anfragen vom DNS-Server auf dem Bastion-Host zum internen DNS-Server: UDP-Pakete von Port 53 auf dem Bastion-Host zu Port 53 auf dem internen Server (das ist identisch mit Regel C) sowie TCP-Pakete von Portnummern über 1023 auf dem Bastion-Host zu Port 53 auf dem internen Server (Regel E).
- Antworten vom internen DNS-Server zurück zum DNS-Server auf dem Bastion-Host: UDP-Pakete von Port 53 auf dem internen Server zu Port 53 auf dem Bastion-Host (das ist identisch mit Regel A) sowie TCP-Pakete mit gesetztem ACK-Bit von Port 53 auf dem internen Server zu Portnummern über 1023 auf dem Bastion-Host (Regel F).

- Anforderungen für DNS-Zonen-Transfers vom Bastion-Host zum internen Server: TCP-Pakete von Portnummern über 1023 auf dem Bastion-Host zu Port 53 auf dem internen Server (das ist identisch mit Regel E).
- Anforderungen für DNS-Zonen-Transfers vom internen Server zum Bastion-Host: TCP-Pakete mit gesetztem ACK-Bit von Port 53 auf dem internen Server zu Portnummern über 1023 auf dem Bastion-Host (das ist identisch mit Regel F).

Regel	Richtung	Quell-Adresse	Ziel-Adresse	Protokoll	Quell-Port	Ziel-Port	ACK gesetzt	Aktion
A	aus	interner Server	Bastion-Host	UDP	53	53	[a]	zulassen
B	aus	interner Server	Bastion-Host	TCP	>1023	53	beliebig	zulassen
C	ein	Bastion-Host	interner Server	UDP	53	53	[a]	zulassen
D	ein	Bastion-Host	interner Server	TCP	53	>1023	ja	zulassen
E	ein	Bastion-Host	interner Server	TCP	>1023	53	beliebig	zulassen
F	aus	interner Server	Bastion-Host	TCP	53	>1023	ja	zulassen

a. Bei UDP-Paketen gibt es kein ACK-Bit.

Zusammenfassung: Empfehlungen für DNS

- Richten Sie einen externen DNS-Server auf einem Bastion-Host ein, auf den die Außenwelt zugreifen kann.
- Sorgen Sie dafür, daß HINFO-Datensätze nicht nach außen sichtbar sind: Benutzen Sie sie entweder überhaupt nicht, oder konfigurieren Sie DNS so, daß Informationen versteckt werden.
- Benutzen Sie eine aktuelle Implementierung von BIND und *double-reverse lookups*, um »Spoofing« zu vermeiden.
- Überlegen Sie, ob es für Ihr Netz in Frage kommt, alle internen DNS-Daten zu verbergen und mit *forwarding* und falschen Datensätzen zu arbeiten. Das ist nicht für alle Standorte sinnvoll.
- Deaktivieren Sie mit Paketfiltern oder der Anweisung *xfernets* Zonen-Transfers, die nicht auf Ihre sekundären Server gerichtet sind. Selbst wenn Sie die DNS-Informationen nicht verstecken wollen, gibt es keinen vernünftigen Grund dafür, anderen

Rechnern als Ihren sekundären Servern Zonen-Transfers zu erlauben. Wenn Zonen-Transfers nicht möglich sind, haben es Angreifer schon etwas schwerer.

syslog

syslog dient zur zentralen Verwaltung von Protokollmeldungen. Ursprünglich war *syslog* nur zur zentralen Aufzeichnung der Protokollmeldungen vernetzter UNIX-Maschinen gedacht. Mittlerweile wird es jedoch auch von vielen Vernetzungsgeräten, z.B. Router und Hubs, zur Aufzeichnung von Zustands- und Benutzungsinformationen verwendet. Solche Geräte haben oft überhaupt keine Möglichkeit, die Informationen lokal aufzuzeichnen, da sie über keinerlei beschreibbare Speichermedien verfügen. Wenn man an den Meldungen interessiert ist, muß man daher die *syslog*-Meldungen aufzeichnen.

Angreifer versuchen oft, den *syslog*-Server eines Netzes zu überfluten, um ihre Spuren zu verwischen. Wenn die Plattenkapazität des Servers erschöpft ist, kann er keine neuen Meldungen mehr aufzeichnen – oder die Spuren eines Angriffs gehen einfach in der Masse der Meldungen unter.

Paketfilterungseigenschaften von syslog

syslog ist ein Dienst auf Basis von UDP. *syslog*-Server, die Meldungen anderer Systeme aufzeichnen, überwachen den UDP-Port 514. *syslog*-Clients benutzen im allgemeinen (jedoch nicht immer) Portnummern über 1023, um Verbindung zum Server aufzunehmen. Ein *syslog*-Server sendet niemals Meldungen an die Clients zurück. *syslog*-Server können so konfiguriert werden, daß sie Meldungen zu anderen *syslog*-Servern weiterleiten. Sie benutzen in diesem Fall meist Port 514 als Client-Port.

Richtung	**Quell-Adresse**	**Ziel-Adresse**	**Protokoll**	**Quell-Port**	**Ziel-Port**	**ACK gesetzt**	**Bemerkungen**
ein	extern	intern	UDP	>1023[a]	514	[b]	Externer Client nimmt Kontakt zum internen *syslog*-Server auf.
aus	intern	extern	UDP	>1023[a]	514	[b]	Interner Client nimmt Kontakt zum externen *syslog*-Server auf.
aus	extern	intern	UDP	514	514	[b]	Externer *syslog*-Server leitet Meldung an internen *syslog*-Server weiter.

Richtung	Quell-Adresse	Ziel-Adresse	Protokoll	Quell-Port	Ziel-Port	ACK gesetzt	Bemerkungen
ein	intern	extern	UDP	514	514	[b]	Interner *syslog*-Server leitet Meldung an externen *syslog*-Server weiter.

a. Manche *syslog*-Clients benutzen Portnummern unter 1023.

b. Bei UDP-Paketen gibt es kein ACK-Bit.

Proxy-Eigenschaften von syslog

syslog fungiert selbst als Proxy. *syslog*-Server können daher im allgemeinen so konfiguriert werden, daß sie Meldungen einfach an andere *syslog*-Server weiterleiten.

Zusammenfassung: Empfehlungen für syslog

- Lassen Sie keine *syslog*-Verbindungen von außen zu. Damit verhindern Sie, daß Angreifer Ihre *syslog*-Server überfluten können.

Netzverwaltungsdienste

In diesem Abschnitt beschreiben wir eine Reihe von Protokollen für die Verwaltung und Pflege von Netzwerken, nämlich SNMP, RIP und ICMP. Außerdem behandeln wir Tools, die diese Protokolle benutzen, z.B. *ping* und *traceroute*.

Simple Network Management Protocol (SNMP)

SNMP ist ein standardisierter Mechanismus zur Fernüberwachung und -verwaltung von Vernetzungsgeräten wie Hubs, Router und Bridges, aber auch Server und Workstations. Theoretisch sollte jede SNMP-fähige Verwaltungsstation in der Lage sein, jedes SNMP-fähige Netzgerät zu überwachen und zu steuern.

In der Regel fungieren SNMP-Verwaltungsstationen als Clients, die Verbindung zu den SNMP-Servern in den Netzgeräten aufnehmen, um Informationen abzufragen oder Kommandos abzusetzen. Manchmal arbeiten Netzgeräte als SNMP-Clients, um Verbindung zu speziellen SNMP-Servern (sogenannten *trap*-Servern) aufzunehmen, um kritische Informationen zu melden, die nicht auf die nächste Abfrage des Geräts durch die Verwaltungsstation warten können. SNMP-*trap*-Server arbeiten unabhängig von normalen SNMP-Servern. Daher können auf einer Maschine beide Arten laufen: Ein SNMP-Server ermöglicht die Verwaltung des Geräts mittels SNMP; ein SNMP-*trap*-Server macht das Gerät zu einer Verwaltungsstation, das *traps* anderer Geräte empfängt.

Normalerweise soll jemand von außen nicht in der Lage ist, Ihr Netz mittels SNMP zu verwalten. Daher sollten Sie SNMP nicht über den Firewall hinweg zulassen. Außerdem müssen Sie SNMP auf Ihren Systemen außerhalb des Firewalls sorgfältig konfigurieren oder ganz deaktivieren, damit Angreifer damit nicht die Konfiguration ändern können.

SNMP unterstützt einige rudimentäre Sicherheitsmaßnahmen. Wenn Informationen abgefragt werden, muß das anfragende Gerät die jeweilige »community« (Bereich) angeben. Verschiedene »communities« erhalten unterschiedliche Informationen; für bestimmte »communities« kann ein wiederverwendbares Paßwort erforderlich sein. Dies stellt bestenfalls eine primitive Schutzmaßnahme dar: Jeder Paketschnüffler kann den Namen einer »community« und das Paßwort abhören.

Manche SNMP-Geräte unterstützen nicht einmal diese Sicherheitsmaßnahmen. Zum Glück sind die unsichersten SNMP-Funktionen (z.B. das Einstellen von Parametern durch SNMP-Clients) auch am schwierigsten zu implementieren und werden daher selten angeboten. SNMP-Server, die keine Paßwörter benutzen, erlauben meist nur einfache Abfragen. Dabei können jedoch immer noch vertrauliche Informationen bekanntwerden, z.B. die Adressen, mit denen Sie kommunizieren und denen Sie trauen, oder die exakte Netzbelastung, die nötig ist, um ein Gateway außer Betrieb zu setzen.

Paketfilterungseigenschaften von SNMP

SNMP ist ein Dienst auf Basis von UDP. SNMP-Server in Netzgeräten überwachen sowohl TCP-Port 161 als auch UDP-Port 161. SNMP-*trap*-Server in Verwaltungsstationen überwachen sowohl TCP-Port 162 als auch UDP-Port 162. SNMP-Clients benutzen im allgemeinen Portnummern über 1023, um Verbindung zu normalen und zu *trap*-Servern aufzunehmen.

Richtung	**Quell-Adresse**	**Ziel-Adresse**	**Protokoll**	**Quell-Port**	**Ziel-Port**	**ACK gesetzt**	**Bemerkungen**
ein	extern	intern	UDP	>1023	161	[a]	Externe Verwaltungsstation (Client) nimmt Kontakt zu internem SNMP-Netzgerät (Server) auf
aus	intern	extern	UDP	161	>1023	[a]	Internes SNMP-Netzgerät (Server) antwortet der externen Verwaltungsstation (Client)

Richtung	Quell-Adresse	Ziel-Adresse	Protokoll	Quell-Port	Ziel-Port	ACK gesetzt	Bemerkungen
ein	extern	intern	TCP	>1023	161	[b]	Externe Verwaltungsstation (Client) nimmt Kontakt zu internem SNMP-Netzgerät (Server) auf
aus	intern	extern	TCP	161	>1023	ja	Internes SNMP-Netzgerät (Server) antwortet der externen Verwaltungsstation (Client)
aus	intern	extern	UDP	>1023	161	[a]	Interne Verwaltungsstation (Client) nimmt Kontakt zu externem SNMP-Netzgerät (Server) auf
ein	extern	intern	UDP	161	>1023	[a]	Externes SNMP-Netzgerät (Server) antwortet der internen Verwaltungsstation (Client)
aus	intern	extern	TCP	>1023	161	[b]	Interne Verwaltungsstation (Client) nimmt Kontakt zu externem SNMP-Netzgerät (Server) auf
ein	extern	intern	TCP	161	>1023	ja	Externes SNMP-Netzgerät (Server) antwortet der internen Verwaltungsstation (Client)
ein	extern	intern	UDP	>1023	162	[a]	Externes Netzgerät (Client) nimmt Kontakt zu interner SNMP-Verwaltungsstation (*trap*-Server) auf
aus	intern	extern	UDP	162	>1023	[a]	Interne SNMP-Verwaltungsstation (*trap*-Server) antwortet dem externen Netzgerät (Client)
ein	extern	intern	TCP	>1023	162	[b]	Externes Netzgerät (Client) nimmt Kontakt zu interner SNMP-Verwaltungsstation (*trap*-Server) auf

Richtung	Quell-Adresse	Ziel-Adresse	Protokoll	Quell-Port	Ziel-Port	ACK gesetzt	Bemerkungen
aus	intern	extern	TCP	162	>1023	ja	Interne SNMP-Verwaltungsstation (*trap*-Server) antwortet dem externen Netzgerät (Client)
aus	intern	extern	UDP	>1023	162	[a]	Internes Netzgerät (Client) nimmt Kontakt zu externer SNMP-Verwaltungsstation (*trap*-Server) auf
ein	extern	intern	UDP	162	>1023	[a]	Externe SNMP-Verwaltungsstation (*trap*-Server) antwortet dem internen Netzgerät (Client)
aus	intern	extern	TCP	>1023	162	[b]	Internes Netzgerät (Client) nimmt Kontakt zu externer SNMP-Verwaltungsstation (*trap*-Server) auf
ein	extern	intern	TCP	162	>1023	ja	Externe SNMP-Verwaltungsstation (*trap*-Server) antwortet dem internen Netzgerät (Client)

a. Bei UDP-Paketen gibt es kein ACK-Bit.

b. Außer im ersten Paket dieses Typs (Aufbau der Verbindung) ist ACK bei allen Paketen gesetzt.

Proxy-Eigenschaften von SNMP

SNMP wird im Internet gewöhnlich nicht benutzt. Es gibt daher keine Proxies. SNMP ist zwar ein einfaches Protokoll mit einer einzigen Verbindung, wird jedoch oft in Geräten wie Routern implementiert, für die weder Quellcode noch Compiler zur Verfügung stehen. Deswegen ist der Einsatz mit einem Proxy-System wie SOCKS, das mit modifizierten Clients arbeitet, so gut wie unmöglich. Es sollte nicht schwer sein, SNMP mit Proxy-Systemen zu benutzen, die mit modifizierten Prozeduren arbeiten.

Routing Information Protocol (RIP)

RIP ist das älteste Routing-Protokoll im Internet. Es ist sogar älter als IP, denn es wurde fast unverändert vom älteren System Xerox Network Services (XNS) übernommen. RIP ist das gebräuchlichste Routing-Protokoll für lokale IP-Netze. Router und »normale« Maschinen mit mehreren Netzschnittstellen, die als Router arbeiten können, geben mittels

RIP-Broadcasts regelmäßig bekannt, welche Netze sie erreichen können und wie weit diese Netze entfernt sind. Durch Auswertung dieser Broadcasts kann ein Router oder Host erkennen, welche Netze erreichbar sind und den besten (kürzesten) Pfad ermitteln. RIP-Server geben diese Informationen normalerweise alle dreißig Sekunden per Broadcast für alle interessierten Rechner bekannt. Ein RIP-Client kann jedoch auch ein besonderes Update von einem RIP-Server anfordern. Der Server sendet die angeforderten Informationen daraufhin direkt an den Client.

Paketfilterungseigenschaften von RIP

RIP ist ein Dienst auf Basis von UDP. RIP-Server überwachen Port 520 auf Broadcasts anderer Server und Anfragen von Clients. RIP-Server senden ihre Broadcasts gewöhnlich auf Port 520. RIP-Clients benutzen gewöhnlich Portnummern über 1023.

Richtung	**Quell-Adresse**	**Ziel-Adresse**	**Protokoll**	**Quell-Port**	**Ziel-Port**	**ACK gesetzt**	**Bemerkungen**
ein	extern	intern	UDP	>1023	520	[a]	Anfrage des externen Clients an den internen Server
aus	intern	extern	UDP	520	>1023	[a]	Antwort des internen Servers an den externen Client
aus	intern	extern	UDP	>1023	520	[a]	Anfrage des internen Clients an den externen Server
ein	intern	extern	UDP	520	>1023	[a]	Antwort des externen Servers an den internen Client
ein	extern	Broadcast	UDP	520	520	[a]	Broadcast des externen Servers an interne Server
aus	intern	Broadcast	UDP	520	520	[a]	Broadcast des internen Servers an externe Server

a. Manche *syslog*-Clients benutzen Portnummern unter 1023.

Proxy-Eigenschaften von RIP

Da ein Rechner mittels RIP Routing-Tabellen aufbaut, die von seinem Standort im Netz abhängen, sind RIP-Proxy-Dienste für andere Rechner im Netz sinnlos.

ping

Das Programm *ping* überprüft Netzverbindungen. *ping* erzeugt das ICMP-Paket »echo request«. Das Zielsystem antwortet mit dem ICMP-Paket »echo response«. Bei den meisten Systemen gibt es keine speziellen Server für ICMP. Auf manchen Maschinen wird die Echo-Antwort sogar in der Netzschnittstelle selbst und nicht im Betriebssystem erzeugt, so daß die Maschine nicht einmal vollständig laufen muß, um auf *ping* zu reagieren. Nicht nur das Programm *ping* benutzt ICMP-Echos, sondern auch *spray* und fast alle anderen Tools speziell zur Netzverwaltung.

ping ist ein nützliches Werkzeug zur Fehlersuche in Netzen. Es ist auch einigermaßen sicher. Sie sollten daher ausgehendes *ping* zumindest von den Maschinen zulassen, die Ihre Netzverwalter benutzen, sowie eingehendes *ping* zumindest von den Maschinen, die Ihr Service-Provider für den Netzbetrieb einsetzt.

Aufgrund der Implementierung in einer sehr tief gelegenen Schicht ist es fast unmöglich, *ping*-Antworten auf einzelnen Rechnern zu deaktivieren. Paketfilterung ist die einzige Steuerungsmöglichkeit.

ICMP-Echos bergen zwei Gefahren :

- Sie können für Angriffe mißbraucht werden, bei denen Dienste funktionsuntüchtig werden, weil Ihr Netz überflutet wird. Diese Gefahr besteht zwar grundsätzlich bei jedem zugelassenen Protokoll. ICMP-Echos sind jedoch besonders verlockend, da es weitverbreitete Programme zum Testen von Netzverbindungen gibt (z.B. manche Versionen von *ping*), mit denen man über eine einfache Aufrufoption ein Netzwerk überfluten kann.
- Jeder, der die ICMP-Pakete »echo request« senden und die ICMP-Pakete »echo response« aus Ihrem Netz empfangen kann, kann feststellen, wie viele Maschinen Sie haben und welche Netzadressen diese benutzen. Dies erleichtert weitere Angriffe. Aus diesem Grund sollten Sie Anfragen auf solche Rechner beschränken, die Ihr Netz auch wirklich testen müssen.

Paketfilterungseigenschaften von ping

Bei vielen Paketfiltern können Sie ICMP-Pakete genauso ausfiltern wie TCP- oder UDP-Pakete: Anstelle des Quell- oder Zielports für TCP oder UDP geben Sie einfach den Typencode der ICMP-Meldung an. Wenn Ihr Paketfilter über diese Möglichkeit verfügt, sollte die Dokumentation eine Liste der numerischen ICMP-Codes oder der Schlüsselwörter enthalten, die der Paketfilter versteht.

Damit *ping* nach außen funktioniert (wenn Sie also ferne Rechner »an*ping*en« wollen), müssen Sie ICMP-Pakete des Typs »echo request« nach außen und ICMP-Pakete des Typs »echo response« von außen zulassen. Damit *ping* von außen funktioniert (wenn also ein ferner Rechner einen lokalen Rechner »an*ping*en« darf), müssen Sie ICMP-Pakete des Typs »echo request« von außen und ICMP-Pakete des Typs »echo response« nach außen zulassen.

Richtung	Quell-Adresse	Ziel-Adresse	Protokoll	Meldungstyp[a]	Bemerkungen
ein	extern	intern	ICMP	8	Eingehendes *ping*
aus	intern	extern	ICMP	0	Antwort auf eingehendes *ping*
aus	intern	extern	ICMP	8	Ausgehendes *ping*
ein	extern	intern	ICMP	0	Antwort auf ausgehendes *ping*

a. Bei ICMP-Meldungen gibt es keine Portnummern für Quelle oder Ziel. Sie enthalten statt dessen einen einzelnen ICMP-Meldungstyp. ICMP-Pakete haben auch kein ACK-Bit.

Proxy-Eigenschaften von ping

Da *ping* weder auf TCP noch auf UDP basiert, funktioniert es mit keinem der gebräuchlichen generischen Proxy-Server für modifizierte Clients. Da *ping* außerdem keine vom Benutzer angegebenen Informationen zum Zielrechner transportiert, ist auch der Einsatz von Proxies mit modifizierten Prozeduren unmöglich. Für Proxies mit modifizierten Prozeduren ist es erforderlich, daß der Proxy-Server die Anfrage abfangen kann, bevor die Server-Maschine eine Antwort erzeugt. Das ist bei *ping* schwierig. In einer reinen Proxy-Umgebung ist *ping* nur möglich, indem die Benutzer eine Verbindung zum Proxy-Rechner aufbauen und *ping* von dort aus starten (siehe Kapitel 7).

traceroute

Das Programm *traceroute* zeigt den Weg, den die Pakete zu einem bestimmten IP-Ziel nehmen. Da normalerweise kein System den vollständigen Pfad zum Ziel kennt (sondern nur den nächsten Schritt zum Ziel), ist das eine nützliche Sache. *traceroute* arbeitet mit sorgfältig konstruierten UDP-Paketen spezieller Bauart: Zieladresse der Pakete ist der ferne Rechner; Zielport ist ein (hoffentlich, siehe unten) unbenutzter UDP-Port auf dem fernen Rechner. Die Besonderheit der Pakete besteht darin, daß die Felder »time to live« (TTL) auf sehr kleine Werte gesetzt werden (beginnend bei 1). Daher werden die Pakete von zwischenliegenden Routern abgelehnt – gerade so, als würden sie in einer Schleife durch das Netz wandern. Indem *traceroute* untersucht, woher die Ablehnungen (ICMP-Meldung »time to live exceeded«) stammen, kann es die zwischenliegenden Router ermitteln.

TTL ist ein Feld im IP-Header, der aus Sicht eines Firewalls normalerweise nicht von Interesse ist. Der Name ist etwas irreführend; eine bessere Bezeichnung wäre »hops to live« (Anzahl der Routersprünge, die das Paket überlebt). Beim Generieren eines Pakets wird sein TTL-Feld auf einen bestimmten Wert gesetzt (meist 16, 30 oder 255). Jeder Router, der das Paket auf seiner Reise weiterleitet, vermindert das TTL-Feld um 1. Nimmt das TTL-Feld den Wert 0 an, geht der Router davon aus, daß das Paket in einer Schleife gelandet ist. Es wird in einer ICMP-Meldung »time to live exceeded« verpackt und an die Quelladresse zurückgeschickt.

Der erste Router, der die sorgfältig konstruierten Pakete von *traceroute* (mit dem TTL-Wert 1) behandelt, vermindert das TTL-Feld und stellt fest, daß es den Wert 0 hat. Daraufhin sendet er eine ICMP-Meldung »time to live exceeded« zurück. *traceroute* entnimmt dieser Meldung die IP-Adresse des ersten Routers (nämlich die Quelle der ICMP-Meldung).

Jetzt konstruiert *traceroute* ein weiteres UDP-Paket mit dem TTL-Wert 2 und versendet es. Dieses Paket erreicht den zweiten Router, bevor der TTL-Wert auf 0 vermindert ist. *traceroute* weiß, daß der Router, der die ICMP-Meldung »time to live exceeded« für dieses Paket zurückgibt, der zweite Router auf dem Weg zum Ziel sein muß. Daraufhin konstruiert *traceroute* ein UDP-Paket mit den TTL-Werten 3, 4 usw., um den Weg zum Ziel zu ermitteln.

traceroute erkennt das Ende der Kette, wenn es anstelle der ICMP-Meldung »time to live exceeded« (von einem zwischenliegenden Router) die ICMP-Meldung »service unavailable« erhält.

Die meisten Versionen von *traceroute* erkennen außerdem unter anderem die ICMP-Meldungen »host unreachable«, »network unreachable« und zeigen diese an.

Kann *traceroute* den Zielrechner überhaupt nicht erreichen oder erhält es keine Rückmeldungen von diesem, so beendet es sich schließlich mit einer Zeitüberschreitung.

Paketfilterungseigenschaften von traceroute

Um *traceroute* nach außen durch Ihren Paketfilter zu erlauben (also *traceroute* von innen zu einem externen Ziel), müssen Sie die konstruierten UDP-Pakete nach außen und die relevanten ICMP-Pakete (speziell »time to live exceeded« und »service unavailable«) von außen zulassen.

Um *traceroute* von außen zu erlauben, müssen Sie die konstruierten UDP-Pakete von außen und die relevanten ICMP-Meldungen nach außen zulassen. Sie sollten diese Möglichkeit auf die Maschinen beschränken, die Ihr Service-Provider zum Netzbetrieb einsetzt, um die Anzahl der erlaubten UDP-Pakete durch den Firewall möglichst klein zu halten. Damit schützen Sie RPC-Dienste wie NFS und NIS/YP und verhindern, daß Angreifer mit *traceroute* feststellen können, welche Adressen in Ihrem Netz tatsächlich Rechnern zugeordnet sind.

Bei manchen Versionen von *traceroute* kann man über eine Aufruf- oder Kompilieroption angeben, welche UDP-Ports beim Ziel benutzt werden soll. Sie müssen daher eventuell Konventionen für Ihr Netz festlegen, die beschreiben, welche Ports für *traceroute* durch den Firewall zulässig sind. Sie sollten den Paketfilter für *traceroute* nicht weiter öffnen als unbedingt nötig, speziell für eingehendes *traceroute*. Da *traceroute* auf UDP basiert, könnte ein Angreifer die UDP-Regeln Ihres Paketfilters (die eigentlich nur *traceroute* ermöglichen sollen) ausnutzen, um andere UDP-Dienste wie NFS oder NIS/YP anzugreifen.

Richtung	Quell-Adresse	Ziel-Adresse	Protokoll	Quell-Port	Ziel-Port	Meldungstyp	Bemerkungen
aus	intern	extern	UDP	[b]	[b]	[a]	Ausgehender *traceroute*-Test
ein	extern	intern	ICMP	[a]	[a]	11	Eingehendes »TTL exceeded«
ein	extern	intern	ICMP	[a]	[a]	3	Eingehendes »service unavailable«
ein	extern	intern	UDP	[b]	[b]	[a]	Eingehender *traceroute*-Test
aus	intern	extern	ICMP	[a]	[a]	11	Ausgehendes »TTL exceeded«
aus	intern	extern	ICMP	[a]	[a]	3	Ausgehendes »service unavailable«

a. UDP-Pakete enthalten Quell- und Zielports, ICMP-Pakete nur Felder für den Meldungstyp. Weder UDP- noch ICMP-Pakete enthalten ACK-Bits.

b. Die UDP-Quell- und Zielports der Testpakete von *traceroute* hängen von Implementierung, Aufruf und Aufrufoptionen ab. Sie liegen im allgemeinen über 32768, doch mehr kann man darüber nicht sagen. Spezielle Implementierungen (vor allem in Routern und auf Nicht-UNIX-Plattformen) können davon abweichen. Die Zielports liegen gewöhnlich im Bereich 33434 bis 33523. (Der Grund dafür ist etwas kompliziert. Wenn Sie neugierig genug sind, sollten Sie die Kommentare im Quellcode der UNIX-Version von *traceroute* lesen.)

Proxy-Eigenschaften von traceroute

traceroute könnte wie *ping* sehr leicht von einem ICMP-fähigen Proxy-Server für modifizierte Clients unterstützt werden. Leider steht kein solcher Proxy-Server zur Verfügung. Der Einsatz von Proxies für modifizierte Prozeduren ist bei *traceroute* nicht möglich.

Andere ICMP-Pakete

Es gibt noch eine Reihe anderer ICMP-Meldungstypen zur Netzverwaltung, zu denen es kein spezielles Programm gibt. Sie werden von verschiedenen Programmen und Netzgeräten automatisch erzeugt und ausgewertet.

Wie mit ICMP-Meldungen zu verfahren ist, hängt von der Art der Meldung und der Richtung ab, die sie durchlaufen. Wir erwähnten bereits die Meldungen »echo request«, »echo reply«, »destination unreachable«, »service unavailable« (eigentlich ein Sonderfall von »destination unreachable«) und »time to live exceeded«. Die anderen ICMP-Meldungstypen, die Sie in beiden Richtungen eventuell kennen müssen, sind »source quench« (damit kann ein Empfänger den Sender bremsen, wenn er Daten zu schnell liefert) und »parameter problem« (diese Meldung ist eine Art Notnagel; sie wird bei allen Problemen mit den Paket-Headern zurückgegeben, die nicht auf andere Art behandelt werden).

Bei vielen anderen ICMP-Meldungstypen besteht die Gefahr, daß lokale Informationen der Rechner geändert werden. Die Meldung »redirect« verändert zum Beispiel die Routing-Tabellen eines Rechners. Daher sollte Ihr Paketfilter solche Meldungen von außen nicht gestatten.

ICMP-Meldungen nach außen sollten Sie im allgemeinen nur dann zulassen, wenn sie etwas nützen. Die Meldungen »source quench« und »parameter problem« können Sie erlauben, da sie den sendenden Rechner etwas »freundlicher« machen. Alle ICMP-Typen, die anzeigen, daß keine Verbindung zustande kommt (zum Beispiel »destination unavailable«, »network unavailable«, »service unavailable«, »destination administratively unavailable« oder »network administratively unavailable«) helfen einem Angreifer dabei, Ihr Netz auszuspionieren und bringen Ihnen zudem kaum Vorteile. Sie sollten diese Meldungen daher nach außen blockieren.

Paketfilterungseigenschaften von ICMP

Wie bereits erwähnt, enthalten ICMP-Pakete keine Quell- oder Ziel-Portnummern, sondern ein einzelnes Feld für den ICMP-Meldungstyp. Bei vielen Paketfiltern können Sie ICMP-Pakete anhand dieses Felds ausfiltern, genauso wie Sie TCP- oder UDP-Pakete anhand der Felder für Quell- und Zielport ausfiltern können. Die folgende Tabelle enthält einige gebräuchliche ICMP-Meldungstypen mit Empfehlungen, wie Sie diese behandeln sollten d.h. ob sie durch den Firewall zulässig sind oder blockiert werden sollten.

Meldungstyp[a]	**Beschreibung**
0	»echo reply« (Antwort auf *ping*, siehe oben)

Meldungstyp[a]	Beschreibung
3	»destination unreachable« (siehe Abschnitt über *traceroute*). Kann u.a. bedeuten, daß der Rechner, das Netz oder der Port nicht erreichbar ist.
4	»source quench« (der Empfänger möchte den Absender bremsen). Sollte erlaubt werden.
5	»redirect« (Aufforderung an den Absender, eine Route zu ändern). Sollte von Ihren Systemen ignoriert werden, falls es nicht von einem direkt angeschlossenen Router stammt. Am besten wird es ganz blockiert. Sorgen Sie vor allem dafür, daß es von den Routern innerhalb des Firewalls blockiert wird.
8	»echo request« (wird von *ping* erzeugt, siehe oben). Sollte erlaubt werden.
11	»time exceeded« (Paket scheint in einer Schleife zu hängen). Sollte erlaubt werden.
12	»parameter problem« (Probleme mit einem Paket-Header). Sollte erlaubt werden.

a. Bei ICMP-Meldungen gibt es keine Portnummern für Quelle oder Ziel. Sie enthalten statt dessen einen einzelnen ICMP-Meldungstyp. ICMP-Pakete haben auch kein ACK-Bit.

Zusammenfassung: Empfehlungen für Netzverwaltungsdienste

- Lassen Sie SNMP aus dem Internet nicht über Ihren Firewall zu. Dazu ist unter Umständen eine spezielle SNMP-Konfiguration auf den Routern für die Paketfilterung erforderlich, die selbst SNMP-fähige Geräte sein können.
- Lassen Sie keine Routing-Protokolle (RIP oder andere) über Ihren Firewall aus dem oder in das Internet zu. Das Routing auf dem Firewall ist meist sehr einfach und erfolgt am besten durch statische Routen. Konfigurieren Sie den Firewall einfach so, daß er Pakete an interne Zieladressen an einen internen Router leitet und alle anderen Pakete an Ihren Internet-Anschluß.
- Lassen Sie die ICMP-Meldung »echo request« nach außen zu, aber begrenzen Sie eingehende ICMP-Meldungen »echo request« auf die Maschinen, die Ihr Netz wirklich testen müssen (etwa die Ihres Service-Providers). Lassen Sie die ICMP-Meldung »echo response« in beiden Richtungen zu.
- Lassen Sie *traceroute* nach außen zu, aber begrenzen Sie eingehende *traceroute*-Anfragen auf die Maschinen, die Ihr Netz wirklich testen müssen. Schränken Sie außerdem den Bereich der zulässigen Ports ein.
- Lassen Sie nur sichere ICMP-Meldungstypen zu (siehe oben).

Network Time Protocol (NTP)

Mit NTP können Sie die Uhren Ihrer Systeme sehr genau einstellen, nämlich mit einer Genauigkeit von 100 Millisekunden, manchmal sogar 10 Millisekunden. Für gewisse Anwendungen und Protokolle ist die exakte Zeit besonders wichtig:

- Die Zuordnung der Informationen von mehreren Maschinen ist wesentlich einfacher, wenn deren Uhren synchron laufen. Dies betrifft zum Beispiel die Analyse der Protokolldateien nach einem Einbruchsversuch. Wenn Sie genau wissen, welche Rechner in welcher Reihenfolge angegriffen wurden, können Sie besser abschätzen, worauf es der Angreifer abgesehen hat und was er als nächstes tut.
- Manche Sicherheitsprotokolle benötigen einen exakten Zeitgeber, um »Playback«-Angriffe (Wiederholen von Paketsequenzen) zu verhindern. Solche Protokolle versehen Informationen im Netz mit einem Zeitstempel, so daß es unmöglich ist, die gleichen Informationen (z.B. Kennung und Paßwort oder eine vollständige Sitzung) aufzuzeichnen und später als Teil eines Angriffs erneut einzuspielen. Dieser Zeitstempel kann umgangen werden, wenn es möglich ist, die Systemuhr auf die Zeit zurückzustellen, zu der die Verbindung aufgezeichnet wurde.

NTP-Server kommunizieren hierarchisch mit anderen NTP-Servern, um Zeitangaben auszutauschen. Je näher ein System an einer Referenzuhr liegt (z.B. einer Atomuhr, Funkuhr oder einer anderen definitiven Zeitquelle), umso höher steht es in der Hierarchie. Die Server kommunizieren häufig miteinander, um die Verzögerungen abzuschätzen und zu verfolgen, die im Netz auftreten. Dadurch können sie diese Verzögerungen auch kompensieren. NTP-Clients fragen die Server einfach nach der aktuellen Zeit, ohne sich um einen Ausgleich für die Verzögerungen zu kümmern.

Paketfilterungseigenschaften von NTP

NTP ist ein Dienst auf Basis von UDP. NTP-Server benutzen Port 123, um untereinander und mit NTP-Clients zu kommunizieren. NTP-Clients benutzen beliebige Portnummern über 1023. Wie bei DNS kann man die einzelnen Verbindungen anhand der Portnummern unterscheiden:

- Anfrage eines NTP-Clients an einen Server: Quellport über 1023, Zielport 123.
- Antwort eines NTP-Server an einen Client: Quellport 123, Zielport über 1023.
- Anfrage oder Antwort eines NTP-Servers an einen Server: Quell- und Zielport 123.

NTP benutzt im Gegensatz zu DNS niemals TCP. Bei NTP gibt es auch keine Entsprechung zu den Zonen-Transfers von DNS.

Abbildung 8-19 zeigt die Funktionsweise von Paketfilterung bei NTP.

Richtung	Quell-Adresse	Ziel-Adresse	Protokoll	Quell-Port	Ziel-Port	ACK gesetzt	Bemerkungen
ein	extern	intern	UDP	>1023	123	[a]	Eingehende Anfrage, Client an Server
aus	intern	extern	UDP	123	>1023	[a]	Antwort auf eingehende UDP-Anfrage, Server an Client
aus	intern	extern	UDP	>1023	123	[a]	Ausgehende Anfrage, Client an Server
ein	extern	intern	UDP	123	>1023	[a]	Antwort auf ausgehende UDP-Anfrage, Server an Client
ein	extern	intern	UDP	123	123	[a]	Anfrage oder Antwort zwischen zwei Servern
aus	intern	extern	UDP	123	123	[a]	Anfrage oder Antwort zwischen zwei Servern

a. Bei UDP-Paketen gibt es kein ACK-Bit.

Abb. 8-19: NTP mit Paketfilterung.

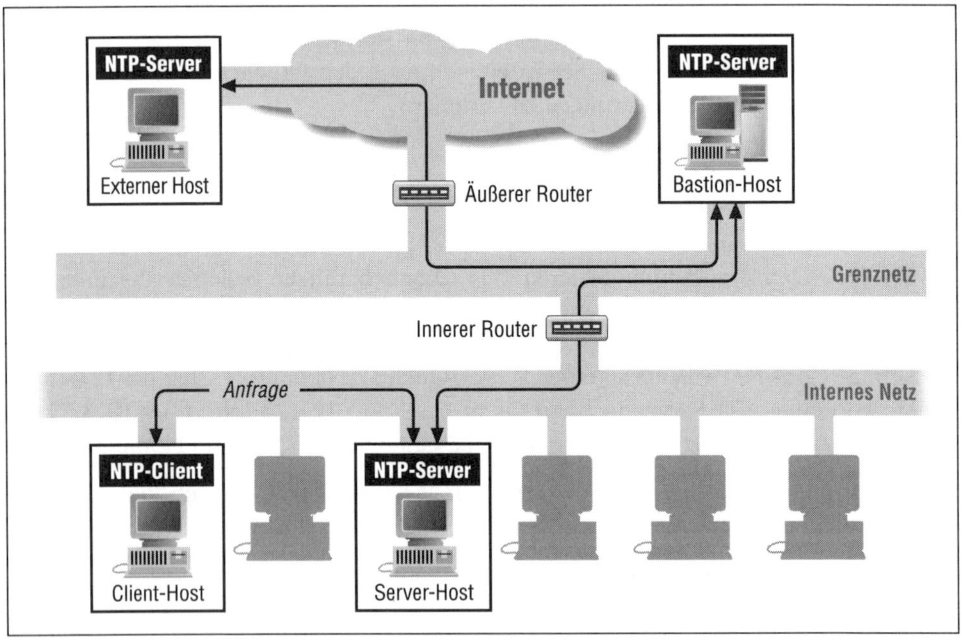

Proxy-Eigenschaften von NTP

Als UDP-Anwendung kann NTP nicht mit einem SOCKS-Proxy verwendet werden, wohl aber mit dem UDP Packet Relayer. Da NTP mit einer Hierarchie von Servern arbeitet, kann man es so konfigurieren, daß es auf einem Bastion-Host ohne expliziten Proxy läuft (siehe unten).

Konfiguration von NTP mit einem Firewall

Zuerst müssen Sie entscheiden, ob Sie NTP überhaupt für einen Firewall konfigurieren müssen. Dies ist unnötig, wenn für Ihr Netz einer der folgenden Fälle zutrifft:

- Sie haben eine genaue Zeitquelle im internen Netz. Das kann eine Funkuhr sein, die exakte Zeitsignale einer staatlichen oder nichtstaatlichen Organisation empfängt, oder eine Satellitenuhr, die Daten von den Satelliten des Global Positioning System (GPS) empfängt.
- Es ist Ihnen wichtiger, die Systemzeiten innerhalb des Netzes abzugleichen als zwischen ihrem Netz und dem Rest der Welt.

In beiden Fällen brauchen Sie NTP nicht über Ihren Firewall. Es genügt, NTP intern zu betreiben.

Wenn Sie NTP über den Firewall betreiben wollen, richten Sie am besten einen NTP-Server auf einem Bastion-Host ein, der mit mehreren externen NTP-Servern kommuniziert sowie einen NTP-Server auf einem internen Rechner, der mit dem Bastion-Host kommuniziert. Der Bastion-Host erhöht durch die Zusammenarbeit mit mehreren externen NTP-Servern die Genauigkeit, außerdem ist er schwerer auszutricksen. Als nächstes konfigurieren Sie interne NTP-Clients und andere interne NTP-Server so, daß sie mit dem internen Server kommunizieren, der die genaue Zeit wiederum vom Bastion-Server erhält. Sie müssen einen Paketfilter zwischen dem internen Server und dem Bastion-Host so konfigurieren, daß er folgende Verbindungen zuläßt:

- Anfragen vom internen NTP-Server zum NTP-Server auf dem Bastion-Host: UDP-Pakete von Port 123 auf dem internen Server zu Port 123 auf dem Bastion-Host.
- Antworten des NTP-Servers auf dem Bastion-Host zum internen NTP-Server: UDP-Pakete von Port 123 auf dem Bastion-Host zu Port 123 auf dem internen Host.

Zusammenfassung: Empfehlungen für NTP

- Ziehen Sie in Erwägung, NTP ausschließlich intern zu betreiben.
- Wenn Sie NTP zum Internet betreiben, richten Sie einen NTP-Server auf einem Bastion-Host als Proxy für einen internen Server ein.

Network File System (NFS)

Das Protokoll NFS wurde entwickelt, um Rechnern den Zugriff auf Dateien im Netz oder auf einer fernen Maschine zu ermöglichen. Der Zugriff erfolgt dabei so bequem wie bei direkt angeschlossenen Festplatten. Ein Rechner kann als NFS-Server fungieren (d.h. er exportiert seine Platten, damit andere Rechner darauf zugreifen können), als NFS-Client (er greift auf Platten zu, die NFS-Server exportieren) oder beides. NFS kommt innerhalb von LANs sehr häufig zum Einsatz, ist aber aus verschiedenen Gründen zu unsicher für den Einsatz über einen Firewall hinweg.

Das Hauptproblem bei NFS ist die unzureichende Authentifizierung von Anfragen. Der Zugriff auf ein per NFS exportiertes Dateisystem wird nach dem Prinzip »alles oder nichts« gewährt: ein bestimmter Client-Rechner erhält Zugang zum Dateisystem – oder eben nicht. Traut der Server einem bestimmten Client, so glaubt er diesem alle Angaben darüber, wer auf welche Dateien zugreifen will. Mit diesen Angaben überprüft er dann die Zugangsberechtigung entsprechend der üblichen UNIX-Schutzmechanismen für Benutzer, Gruppe und »Rest der Welt«. Manche NFS-Server wenden einige zusätzliche Schutzmechanismen an.

Das Vertrauen des Servers in den Client beginnt, wenn der Client ein Dateisystem vom Server einhängt. Der Client nimmt Kontakt zum Server auf und teilt ihm mit, auf welches Dateisystem er zugreifen will. Der Server überprüft anhand der IP-Adresse, ob der Client auf dieses Dateisystem zugreifen darf. Wenn der Client Zugang erhält, bekommt er ein File-Handle, das er bei allen zukünftigen Zugriffen auf das Dateisystem benutzt. Das File-Handle kann man sich als »Ausweispapiere« des Clients vorstellen.

Sobald der Client das Dateisystem eingehängt und dafür vom Server ein File-Handle bekommen hat, sendet er jedesmal eine Anfrage an den Server, wenn er mit einer Datei in diesem Dateisystem arbeiten will. Die Anfrage beschreibt die gewünschte Aktion des Client. Da sie auch das File-Handle enthält, geht der Server davon aus, daß der Client berechtigt ist, diese Aktion anzufordern.

Die wichtigsten Sicherheitsprobleme von NFS sind:

- Der NFS-Server verläßt sich auf IP-Adressen zur Authentifizierung von Clients und ist daher anfällig für Adreßfälschung.
- Der NFS-Server verläßt sich zur Authentifizierung des Benutzers auf den Client. Er ist daher gefährdet durch Benutzer, die in einen Client-Rechner einbrechen konnten.
- Der NFS-Server überprüft die Zugriffsrechte des Clients nicht bei jeder Anfrage von neuem. Der Server geht davon aus, daß der Client auf ein Dateisystem zugreifen darf, wenn er ein gültiges File-Handle besitzt. Ein Angreifer mit einem gefälschten oder abgehörten File-Handle kann so einfach wie ein legitimer Client auf das Dateisystem zugreifen.

Das File-Handle für ein Dateisystem wird erzeugt, wenn das Dateisystem auf dem Server angelegt wird oder wenn es zum ersten Mal an einem neuen Mount-Punkt des Servers bzw. von einer neuen Platte/einem neuen Controller eingehängt wird. Leider kann man die »file handles« relativ leicht vorhersagen. Ein Angreifer kann das File-Handle meist erraten, wenn er weiß, wann das Dateisystem angelegt wurde. Die meisten NFS-Server lassen eine beliebige Anzahl von Fehlversuchen zu, ohne sich zu beschweren oder herunterzufahren. Kann der Angreifer irgendwie zumindest den Tag erraten, an dem das Dateisystem angelegt wurde (bei frisch installierten Maschinen ist das besonders einfach), so kann er ohne große Probleme das File-Handle erraten. Er muß dazu nur den Bereich der »file handles« ausprobieren, die Dateisysteme an diesem Tag erhalten konnten.

Es gibt bei NFS-Servern keine Methode zur Annullierung von »file handles«. Ein File-Handle ist so lange gültig, bis das Dateisystem des Servers neu initialisiert oder an einer anderen Stelle eingehängt wird. Das gilt auch, wenn es nur zeitweise an anderer Stelle eingehängt wird; wird es dann wieder an der ursprünglichen Stelle eingehängt, erhält es ein neues File-Handle. Ein Client, der einmal auf ein Dateisystem zugreifen konnte, kann das zugehörige File-Handle weiter benutzen, selbst wenn diesem Client die Zugangsrechte entzogen werden bei den meisten NFS-Servern für UNIX geschieht das über die Datei */etc/exports*.

Bei NFS wird die *root*-Kennung genauso behandelt wie normale Benutzerkennungen. Manche NFS-Server für UNIX behandeln *root* genauso wie normale Benutzer: die *root*-Kennung des Client erhält dieselben Zugriffsrechte wie die *root*-Kennung des Servers. Manche Server übersetzen die *root*-Kennung des Client immer in die UID »nobody« des Servers, die niemals als normale Kennung benutzt wird. Ein solcher Benutzer hat daher nur die Rechte, die auch der »Rest der Welt« erhält. Die UID »nobody« kann die höchstmögliche UID sein oder die UID -1 (die man als -1 schreiben kann oder als höchstmögliche UID + 1). Auf manchen UNIX-Rechnern werden alle drei dieser Nummern in der Paßwort-Datei als »nobody« aufgeführt. Bei den meisten NFS-Servern für UNIX kann man über eine Option in der Datei */etc/exports* wählen, ob der *root*-Zugang erlaubt ist oder auf »nobody« umgesetzt wird. Server auf Nicht-UNIX-Systemen behandeln *root* meist wie einen normalen Benutzer. Das ist aber kein Problem, da ein solcher Benutzer keine besonderen Rechte auf dem Server hat.

Die Umsetzung von *root* auf »nobody« erhöht die Sicherheit nur minimal. Jeder, der auf dem Client *root* werden kann, kann sich als beliebiger Benutzer auf dem Client ausgeben und hat daher die gleichen Rechte wie ein beliebiger Benutzer. Die Umsetzung der Kennung auf »nobody« schützt nur solche Dateien auf dem Server, auf die ausschließlich *root* selbst zugreifen darf. Um diesen minimalen Schutz zu bekommen, sollten Sie soweit möglich immer mit der Umsetzung der Kennung auf »nobody« arbeiten. Sie sollten sich jedoch darüber im klaren sein, daß dadurch der Export von Dateisystemen an möglicherweise feindliche Rechner nicht besser geschützt wird.

Der Server ist besser geschützt, wenn die Dateisysteme nur zum Lesen exportiert werden. Wird ein Dateisystem ausschließlich zum Lesen exportiert (kein Rechner darf darauf schreiben), so können Sie einigermaßen sicher sein, daß die Daten nicht mittels NFS verändert werden können. Sobald irgendein Rechner darauf schreiben kann, sind Sie anfällig für Fälschungen.

Auch NFS-Clients können durch NFS-Server gefährdet sein. Ein per NFS eingehängtes Dateisystem könnte zum Beispiel *setuid*-Programme enthalten, mit denen die Benutzer auf dem Client *root* werden können. Geräteeinträge in einer per NFS eingehängten Partition werden so behandelt, als wären sie Geräte des Clients und nicht Geräte des Servers. Jemand mit einer Kennung auf einem NFS-Client und *root*-Berechtigung auf einem NFS-Server könnte damit unbeschränkten Lese- und Schreibzugriff auf alle Daten des Client erhalten (wenn auch auf umständliche Art).

Bei manchen NFS-Clients kann man über *mount*-Optionen Gerätedateien und *setuid/setgid* auf eingehängten Dateisystemen deaktivieren. Wenn Benutzer nicht auf *mount* zugreifen können oder für normale Benutzer immer diese *mount*-Optionen aktiv sind, ist der Client vor dem Server geschützt. Falls diese Optionen nicht zur Verfügung stehen, sollten Sie das Einhängen eines Dateisystems genauso betrachten wie *root*-Zugang für die Server-Maschine. Das gilt auch dann, wenn nur *root* Dateisysteme einhängen darf.

Manche Hersteller unterstützen eine NFS-Version, die auf Secure RPC basiert. Secure RPC leidet an einigen Problemen, die sich auch auf NFS auswirken:

- Es ist nicht sehr weit verbreitet und steht fast ausschließlich auf Sun-Workstations zur Verfügung.
- Es ist schwierig, Schlüssel zwischen Maschinen auszutauschen.
- Die Leistung ist geringer als bei Standard-RPC. NFS reagiert besonders sensibel auf Leistungseinbrüche.

Falls Sie NFS unbedingt über den Firewall hinweg zu einem anderen Netz brauchen, sollten Sie die Einrichtung einer eigenen Verbindung zu diesem Netz oder den Einsatz von Verschlüsselung auf Netzebene erwägen (siehe Kapitel 10). Beachten Sie jedoch, daß NFS im allgemeinen nur auf solchen Netzen befriedigend läuft, die mindestens die Geschwindigkeit von Ethernet erreichen. Untersuchen für Ihre Situation auch Alternativen wie FTP oder andere vernetzte Dateisysteme wie das Andrew File System (AFS). Weitere Informationen finden Sie in Anhang B.

Paketfilterungseigenschaften von NFS

NFS ist ein Dienst auf Basis von RPC. Wie bereits in Kapitel 6 erläutert, sind RPC-Dienste mit einem Paketfilter sehr schwer zu behandeln, da die Server meist keine festen Portnummern benutzen. Da die Portnummern schwer vorherzusagen sind, hat ein Paketfilter seine Schwierigkeiten damit. Einem Angreifer kann es jedoch sehr wohl gelingen, die Portnummern zu ermitteln. Wenn ihm nichts Besseres einfällt, schickt er einfach NFS-Anfragen an alle Ports und testet, welche sich wie ein NFS-Server verhalten.

NFS wird meist mit UDP abgewickelt. Es gibt zwar auch NFS-Server und -Clients auf Basis von TCP, sie kommen aber nur selten zum Einsatz. NFS ist untypisch für einen RPC-Dienst, da es normalerweise eine feste Portnummer verwendet (Port 2049). Diese Tatsache hat einige obskure Ursachen, die mit dem Zusammenspiel von NFS-Servern mit dem Kernel der meisten UNIX-Systeme zu tun haben. Wir empfehlen jedoch, sich nicht darauf zu verlassen, daß NFS-Server immer Port 2049 verwenden. RFC 1094, die Spezifikation des NFS-Protokolls, besagt, daß »das NFS-Protokoll zur Zeit die UDP-Portnummer 2049 benutzt. Diese Portnummer wurde nicht offiziell zugewiesen. Daher können spätere Versionen des Protokolls den Portmapper-Mechanismus von RPC verwenden«.

Proxy-Eigenschaften von NFS

RPC-Protokolle verhalten sich bei Proxies genauso unangenehm wie bei Paketfilterung. Man kann sie mit generischen Proxies nicht angemessen behandeln. Ein spezieller NFS-Proxy-Server wäre möglich, wir kennen jedoch keinen. NFS-Proxies sind besonders problematisch, da sehr viele Daten ausgetauscht werden und die Benutzer Verzögerungen direkt spüren. Ein Rechner, der als NFS-Proxy fungiert, muß gleichzeitig auf mehreren Verbindungen sehr schnell große Pakete übertragen.

Zusammenfassung: Empfehlungen für NFS

- Lassen Sie NFS nicht über Ihren Firewall hinweg zu.

Network Information Service/ Yellow Pages (NIS/YP)

NIS/YP wurde dafür entworfen, verteilten Zugang auf zentralisierte Verwaltungsinformationen zu gewähren, auf die die Rechner eines Netzes gemeinsam zugreifen. Zu diesen Informationen gehören Rechnertabellen, Paßwortdateien, netzweite Mail-Aliase u.a.

Das Hauptproblem bei NIS/YP besteht darin, daß die Sicherheitsmaßnahmen nicht ausreichen, um die behandelten Daten angemessen zu schützen. Dies betrifft vor allem die netzweit genutze Paßwortdatei mit den verschlüsselten Paßwörtern auf den NIS/YP-Servern. Sie entspricht der Datei */etc/passwd* auf einem isolierten System. Um Daten von einem NIS/YP-Server zu bekommen, braucht man nur den zugehörigen NIS/YP-Domänennamen. Ein Angreifer, der Verbindung zum NIS/YP-Server eines Netzes aufnehmen und den NIS/YP-Domänennamen erraten kann, kann alle Informationen von diesem Server abfragen. Der NIS/YP-Domänenname ist oft mit dem normalen Internet-Domänennamen des Netzes identisch oder von diesem abgeleitet. Erhält der Angreifer die netzweite Paßwort-Datei, kann er diese Paßwörter nach Belieben knacken.

Hinweis

NIS/YP-Transfers enthalten die verschlüsselten Paßwörter selbst dann, wenn die Maschinen auf die Benutzung von Schatten-Paßwörtern konfiguriert wurden und die verschlüsselten Paßwörter auf dem NIS/YP-Server selbst nicht lesbar sind.

Manche Hersteller bieten unter der Bezeichnung NIS+ eine überholte Version von NIS/YP an. NIS+ fand jedoch keine weite Verbreitung. Das hat zum Teil mit Lizenzierungs- und Kompatibilitätsfragen zu tun. Wichtiger ist dabei jedoch die Tatsache, daß die meisten Netzverwalter bereits irgendwie um die Schwächen von NIS/YP herumgearbeitet haben und daher nicht gewillt sind, auf etwas Neues umzusteigen. NIS+ erhöht die Sicherheit nur dann, wenn es so konfiguriert wurde, daß es NIS/YP nicht mehr unterstützt. Wird NIS+ mit Unterstützung für NIS/YP-Clients konfiguriert, so ist es um keinen Deut sicherer als das ursprüngliche NIS/YP. Da es nur wenige Client für NIS+ gibt, betreiben aber die meisten Netze NIS+ in diesem Kompatibilitätsmodus.

Einige wenige NIS/YP-Server (vor allem diejenigen von Sun) unterstützen eine Konfigurationsdatei mit dem Namen *securenets*. Diese Datei ermöglicht die Authentifizierung von IP-Adressen und damit Kontrolle der Rechner, denen der NIS/YP-Server Daten überläßt. Das ist eine gewaltige Verbesserung der NIS/YP-Sicherheit. Dadurch sind NIS/YP-Angriffe kein bloßes Ratespiel mehr (du bekommst einen Preis, wenn du den Domänennamen und den NIS/YP-Server erraten kannst). Vielmehr muß man nach dem Ratespiel mit erheblichem Aufwand die Adressen ermitteln, denen der NIS/YP-Server antwortet, und dann Pakete von diesen Adressen vorgaukeln. Leider ist diese erhebliche Verbesserung der Sicherheit noch nicht genug, um so wichtige Daten wie Ihre verschlüsselten Paßwörter zu schützen. Wenn *securenets* verfügbar ist, schützt es vor Gelegenheitseindringlingen, die einfach in möglichst viele Netze einbrechen wollen. Es schützt Sie aber nicht vor einem Angreifer, der Ihr Netz kennt und es sich zum Ziel gemacht hat, dort einzubrechen.

Als Gegenmaßnahme müssen Sie also verhindern, daß ein Angreifer mit Ihren NIS/YP-Servern Kontakt aufnehmen kann.

Paketfilterungseigenschaften von NIS/YP

NIS/YP ist ein RPC-Dienst, der normalerweise über UDP abgewickelt wird. Wie bereits in Kapitel 6 erläutert, sind RPC-Dienste mit einem Paketfilter sehr schwer zu behandeln, da die Server meist keine festen Portnummern benutzen. Da die Portnummern schwer vorherzusagen sind, hat ein Paketfilter seine Schwierigkeiten damit. Einem Angreifer kann es jedoch sehr wohl gelingen, die Portnummern zu ermitteln. Wenn ihm nichts Besseres einfällt, schickt er einfach NIS/YP-Anfragen an alle Ports und testet, welche sich wie ein NIS/YP-Server verhalten.

Proxy-Eigenschaften von NIS/YP

RPC-Protokolle verhalten sich bei Proxies genauso unangenehm wie bei Paketfilterung. Man kann sie mit generischen Proxies nicht angemessen behandeln. Ein spezieller NIS/YP-Proxy-Server wäre möglich, wir kennen jedoch mit Ausnahme der Proxy-Fähigkeiten in NIS+ keinen. Mit einem Proxy allein lassen sich die Schwächen von NIS/YP jedenfalls nicht angemessen kompensieren.

Zusammenfassung: Empfehlungen für NIS/YP

- Lassen Sie NIS/YP nicht über Ihren Firewall hinweg zu.

X Window System (X11)

Das X Window System (X11) wirft für einen Firewall eine Reihe von Problemen auf. Beachten Sie, daß die meisten Fenstersysteme der UNIX-Hersteller entweder auf X11 basieren oder diesem sehr ähnlich sind. Aus der Sicht eines Firewalls haben sie die gleichen Probleme. Die folgende Beschreibung von X11 betrifft daher auch andere Fenstersysteme.

Das erste Problem bei X11 besteht darin, daß Client und Server im Vergleich zu den meisten anderen Protokollen vertauscht sind. Der »Server« von X11 besteht aus Bildschirm, Maus und Tastatur, die »Clients« sind Anwendungsprogramme, die Fenster ansteuern oder mit Maus und Tastatur des Servers arbeiten. Daher stehen die Server normalerweise innerhalb des Firewalls (nämlich auf dem Schreibtisch des Benutzers) und die Clients außerhalb - auf den fernen Maschinen, auf die der Benutzer eben zugreift.

Eine Reihe von Fähigkeiten macht X11-Server für Angreifer zu einem sehr verlockenden Ziel. Ein Angreifer, der Zugang zu einem X11-Server hat, kann viele Dinge anstellen, u.a.:

- Bildschirmabzüge erzeugen - also beliebige Informationen kopieren, die zu einem bestimmten Zeitpunkt am Bildschirm dargestellt werden.
- Tastatureingaben lesen - zum Beispiel das Paßwort, das eine Benutzerin gerade eingibt.
- Tastatureingaben so erzeugen, als stammten sie vom Benutzer. Damit kann der Angreifer alles mögliche anstellen, vor allem wenn der Benutzer in einem Fenster eine *root*-Shell laufen läßt.

X11 umfaßt zwar einige Sicherheitsmechanismen, sie haben sich aber bisher entweder als zu schwach oder zu schwerfällig erwiesen, um wirklichen Schutz gegen einen entschlossenen Angreifer zu bieten. Ein Mechanismus mit der Bezeichnung »magic cookie« verläßt sich auf ein Geheimnis, das der Server und legitime Clients kennen. Clients dürfen nur dann auf den Server zugreifen, wenn sie beweisen können, daß sie das Geheimnis kennen. X11-Clients und Server tauschen dieses Geheimnis zwar nie direkt aus. Die meisten Möglichkeiten, mit denen ein Benutzer sowohl dem Client als auch dem Server das Geheimnis mitteilen kann, bieten jedoch keinen Schutz gegen Leute, die im Netz schnüffeln. Als Beispiel sei eine per NFS zugängliche Datei im Home-Verzeichnis erwähnt, auf die sowohl Server als auch Client zugreifen dürfen. Theoretisch ist der »magic cookie«-Mechanismus zwar sicher. In der Praxis wird er jedoch durch die Art und Weise ausgehebelt, auf die er meist (unkorrekt) benutzt wird. Leider gibt es keine einfache Möglichkeit, ihn korrekt anzuwenden.

Mit einem anderen Sicherheitsmechanismus von X11, genannt *xhost*, kann der Benutzer dem Server mitteilen, von welchen fernen IP-Adressen der Server Verbindungen akzeptieren soll. Dabei geht man davon aus, daß die Benutzer nur solchen Rechnern Zugriff gewähren, auf denen sie X11-Clients laufen lassen wollen. Problematisch ist dabei, daß die Benutzer vergessen, die Rechner vor dem Start der Clients zu authorisieren, und die Clients keinen Zugang erhalten. Wenn das ein paar Mal passiert ist, schalten viele Benutzer den Zugriffsschutz ganz ab. Sie setzen zum Beispiel das Kommando *xhost* + ab, das der Bequemlichkeit halber Verbindungen von allen Rechnern ermöglicht und verschwenden keinen Gedanken an die Auswirkungen dieses Kommandos auf die Sicherheit. Selbst wenn die Benutzer *xhost* nicht ganz abschalten, sind sie immer noch gefährdet durch Verbindungen von den zugelassenen Maschinen. Der *xhost*-Mechanismus hat nämlich keine Möglichkeit festzustellen, ob eine Verbindung von einer dieser Maschinen auch wirklich zulässig ist.

Es ist nur in wenigen Netzen nötig, X11 über den Firewall zum Internet hinweg zu betreiben. Manche WWW-Anbieter stellen X-Clients für die Bildschirmdarstellung zur Verfügung, doch das ist sehr selten. Wenn Sie X11 aus dem Internet zulassen müssen, sollten Sie einen der in Kapitel 7 behandelten X11-Proxies verwenden, zum Beispiel *x-gw* aus dem TIS Firewall Tookit.

Paketfilterungseigenschaften von X11

X11 arbeitet mit TCP und benutzt Port 6000 für den ersten Server auf einer Maschine. Diese Festlegung der Portnummer stellt für Paketfilter ein neues Problem dar: Die X11-Ports liegen mitten in dem Bereich der Portnummern über 1023, die die meisten Anwendungen für frei festgelegte Portnummern der Clients verwenden. Daher muß jeder Paketfilter, der eingehende Pakete zu Ports über 1023 zuläßt (um Pakete von fernen Servern zu lokalen Clients zu erlauben), sehr sorgfältig konfiguriert werden, damit keine Verbindungen zu X11-Servern möglich sind. Der Server kann dazu entweder den Zugang zu den von diesen Servern benutzten Ports völlig blockieren (dieser Vorschlag ist mit Vorsicht zu genießen, da auf einem Rechner mehrere Server laufen können, siehe unten). Er kann aber auch bezüglich »start of connection« (Verbindungsaufbau) filtern – also das ACK-Bit von TCP auswerten, um eingehende TCP-Verbindungen zu beliebigen Ports zu verbieten.

Auf manchen Maschinen laufen mehrere X11-Server. Der erste läuft auf Port 6000, der zweite auf Port 6001 usw. Auf einem UNIX-System erfahren die Clients über die Umgebungsvariable DISPLAY, mit welchem X11-Server sie Verbindung aufnehmen sollen. Diese Variable hat die Form *rechnername:n*. Dabei nehmen die Clients Verbindung zum Server auf dem Port 6000+*n* auf der Rechner *hostname* auf.

Manchmal sind an solche Systeme tatsächlich mehrere Einheiten mit Bildschirm, Tastatur und Maus angeschlossen. Meist sind die zusätzlichen Server jedoch *virtuelle* Server für ein fernes X-Terminal. X11 ist ein sehr gesprächiges Protokoll. Es braucht deshalb hohe Bandbreite und eignet sich nicht besonders fut für Wählverbindungen. Eine der Lösungen für dieses Problem (die zum Beispiel in dem Paket *XRemote* von NCD zum Einsatz kommt) ist ein virtueller X11-Server auf einer gut vernetzten Maschine, die zum Beispiel über Ethernet mit den Rechnern verbunden ist, auf denen die Client-Programme laufen. Über die langsame Verbindung zwischen diesem virtuellen Server und dem echten X-Terminal kommt dann ein anderes, genügsameres Protokoll zum Einsatz. Auf jeder Maschine mit X11 läuft ein Server auf Port 6000. Auf einigen wenigen Rechnern gibt es Server auf den Ports 6000 und 6001, und nur auf ganz wenigen Maschinen gibt es noch mehr.

Wenn Sie also den Zugang zu all diesen Servern blockieren wollen und nicht bezüglich »start of connection« filtern können, müssen Sie den Zugang zu den Portnummern 6000 bis 6000+*n* blockieren, wobei *n* eine nicht genau festgelegte Zahl ist. Sie sollten *n* dabei nicht zu klein wählen, um keinen der virtuellen X11-Server Angriffen auszusetzen. Andererseits sollten Sie diesen Wert aber auch nicht zu groß wählen, da Sie damit Ports in dem Bereich blockieren, der von den Clients anderer Anwendungen benutzt wird. Es sollen schließlich keine Clients anderer Anwendungen (z.B. Telnet oder FTP) behindert werden, nur weil diese eine Portnummer wählten, die der Paketfilter blockiert, um X11-Zugang zu verhindern.

Eine Tatsache arbeitet jedoch für Sie, nämlich die Art und Weise, auf die die meisten Betriebssysteme Portnummern zuweisen. Wenn eine Anwendung vom Betriebssystem einen freien Port anfordert, wählt das System im allgemeinen den nächsten freien Port über dem zuletzt zugewiesenen. Falls nötig, springt das System dabei zurück zum Anfang der freien Nummern. Erhält der Client eine Portnummer, die wegen X11 blockiert ist, so schlägt er fehl. Wenn der Benutzer den Client jetzt einige Male neu startet, erhält der Client jedesmal eine neue Portnummer. Sobald der zugewiesene Port den blockierten Bereich verläßt, funktioniert der Client.

Wir nehmen im folgenden wieder an, daß Sie nicht bezüglich »start of connection« filtern können, um externe Verbindungen zu internen Servern zu blockieren. Bei einem gebräuchlichen Ansatz in dieser Situation blockiert man zum Beispiel auf allen Rechnern vier Ports (6000 bis 6003). Auf den Rechnern, von denen Sie wissen oder vermuten, daß die Benutzer darauf viele virtuelle X11-Server laufen lassen, blockieren Sie mehr Ports. Das können zum Beispiel die Rechner sein, zu denen sich Anwender von ihren X-Terminals zu Hause einwählen. Bei einem direkteren Ansatz leitet man mit Proxies die Verbindungen auf einen Bastion-Host um, auf dem kein Fenstersystem läuft. Ausgehende Verbindungen sind dann problemlos auf allen Ports möglich. Man muß sich um keinen blockierten Bereich kümmern, da gar kein blockierter Bereich nötig ist.

Was machen Sie mit einer Maschine, auf der Sie viele Ports blockiert haben, da viele X11-Server darauf laufen könnten? Bei Problemen mit Clients, die andere Protokolle benutzen, können Sie ein kleines Programm laufen lassen, das die vom Kernel zugewiesenen Portnummern aus dem blockierten Bereich heraushält. Das Programm muß nur eine Portnummer beim Kernel anfordern. Liegt die zugewiesene Portnummer im blokkierten Bereich, fordert das Programm so lange neue Ports an, bis der blockierte Bereich wieder verlassen wird. Diesen Test wiederholt das Programm nach jeder Minute. Die meisten Netze verwalten dieses Problem entweder ganz durch Proxies oder ignorieren es, anstatt es so ausführlich zu behandeln. Wenn Sie jedoch einen Server haben, der häufigen Zugang von Internet-Clients und mehrere X-Server anbieten muß, könnte das den Aufwand schon rechtfertigen.

Manche Hersteller bieten modifizierte oder verbesserte X11-Server mit etwas anderen Eigenschaften an. Der OpenWindows-Server von Sun überwacht zum Beispiel sowohl Port 6000 (für X11) als auch Port 2000 (für das ältere Protokoll NeWS von Sun, das ebenfalls für Fenstersysteme benutzt wird). Ein zweiter Server überwacht die Portnummern 6001 und 2001 usw.

Richtung	**Quell-Adr.**	**Ziel-Adr.**	**Protokoll**	**Quell-Port**	**Ziel-Port**	**ACK ges.**	**Bemerkungen**
ein	extern	intern	TCP	>1023	6000+*n*	[a]	Eingehende X11-Verbindung zum *n*-ten Server; Client an Server
aus	intern	extern	TCP	6000+*n*	>1023	ja	Eingehende X11-Verbindung zum *n*-ten Server; Server an Client
aus	intern	extern	TCP	>1023	6000+*n*	[a]	Ausgehende X11-Verbindung zum *n*-ten Server; Client an Server
ein	extern	intern	TCP	6000+*n*	>1023	ja	Ausgehende X11-Verbindung zum *n*-ten Server; Server an Client

a. Außer im ersten Paket dieses Typs (Aufbau der Verbindung) ist ACK bei allen Paketen gesetzt.

Zusammenfassung: Empfehlungen für X11

- Erlauben Sie Clients aus dem Internet nicht, Verbindungen zu X11-Servern in Ihrem Netz aufzubauen. Ist es dennoch erforderlich, sollten Sie einen X11-Proxy-Server (etwa den aus dem TIS FWTK) benutzen, der auf einem Bastion-Host läuft.
- Wenn Sie nicht bezüglich »start of connection« filtern können, können durch die Blockierung von X11 auch andere Verbindungen blockiert werden. In diesem Fall müssen Sie einen Proxy einsetzen oder – falls Sie viele X11-Server auf der gleichen Maschine betreiben – spezielle Programme.

Druckprotokolle (lpr und lp)

Das *lpr*-Drucksystem in BSD-UNIX ähnelt weitgehend den bereits früher behandelten r-Kommandos von BSD (*rsh, rlogin, rcp, rdump, rdist*). Im Gegensatz zu den r-Kommandos vergibt *lpr* Rechte nicht an einzelne Benutzer, sondern an Rechner. Es akzeptiert Druckaufträge von Rechnern, die in */etc/printers.equiv* oder */etc/hosts.equiv* eingetragen sind.

Das Drucksystem *lp* von System V hat gar keine richtige Komponente zum fernen Drukken. Es reicht den Druckauftrag gewöhnlich an ein BSD-Drucksystem (*lpr*) weiter oder benutzt das BSD-Kommando *rsh*. Dieses Kommando heißt bei System V oft *remsh*, da es bereits ein anderes Programm mit dem Namen *rsh* gibt, das völlig andere Aufgaben hat.

Aufgrund der Unzulänglichkeiten von *lp* und *lpr* implementieren viele UNIX-Hersteller eigene Lösungen zur netzweiten Druckausgabe. Manche Plattformen unterstützen *lp*, *lpr*, ein eigenes Protokoll oder eine Kombination dieser Varianten. Auf Nicht-UNIX-Systemen ist *lpr* gebräuchlicher als *lp*, da es mit einem eigenen Protokoll arbeitet, das etwas leichter zu implementieren ist als *rsh*. Viele Nicht-UNIX-Systeme benutzen jedoch eigene Protokolle. Manche Drucker fungieren als eigenständiges Netzgerät und beherrschen *lp* oder *lpr* direkt; andere (vor allem ältere Drucker) benutzen ein vom Druckerhersteller entwickeltes Protokoll.

Im großen und ganzen gibt es eine gemeinsame Eigenschaft der vielen anderen Protokolle für netzweites Drucken: Sie sind nicht sicherer als *lpr*. Die meisten erreichen nicht einmal die Sicherheit von *lpr*. Wenn man eine Druckanforderung im richtigen Protokoll an das Gerät schickt, wird es diese ausführen. Da es bei modernen PostScript-Druckern Ausführungen als intelligente Ethernet-Geräte mit eigenen Festplatten gibt, kann ein bösartiger Druckauftrag das Gerät theoretisch als Netzschnüffler mißbrauchen. In der Praxis ist das eine sehr komplexe Methode. Es ist unwahrscheinlich, daß ein Angreifer damit Erfolg hat. Ganz »normale« Angriffe, bei denen einfach Dienste ausfallen, sind jedoch sehr wohl möglich. Solche Angriffe wurden auch tatsächlich bekannt.

Manche Angriffe sind einfach nur ärgerlich, wenn zum Beispiel seitenweise Müll ausgedruckt wird (oder gar Beleidigungen des Opfers und seiner Kollegen), bis der Drucker kein Papier mehr hat. Die frechsten Angriffe werden leider durch eine Sicherheitsmaßnahme in PostScript ermöglicht. PostScript schützt gewisse gefährliche Anweisungen durch ein Paßwort, das vor der Ausführung angegeben werden muß. Dieses Paßwort wird in einem EEPROM-Chip im Drucker gespeichert. Es wird bei jedem PostScript-Drucker werkseitig auf den Wert »0« gestellt. Das Paßwort muß immer den gleichen Wert haben. Einige Anweisungen, die in PostScript als gefährlich erachtet werden, werden von normalen PostScript-Treibern benutzt. Ändert man das Paßwort, so funktionieren diese Treiber nicht mehr. Zum Ändern des Paßworts braucht man entweder das alte Paßwort oder ein Gerät zum Brennen von ROMs. Wenn daher ein Programm das bekannte Paßwort »0« benutzt, um das Paßwort auf einen völlig anderen (unbekannten) Wert zu stellen, wird der Drucker so lange unbrauchbar, bis neue EEPROMs vom Hersteller eintreffen. (Manche Drucker laufen auch ohne EEPROM und benutzen dann das Paßwort »0«.) Entfernen oder Ersetzen des EEPROMs setzt nicht nur das Paßwort zurück, sondern auch die Drucker-ID und den Seitenzähler. Wenn Sie Fonts für den Drucker lizenziert haben, müssen Sie sie erneut lizenzieren. Seit der letzten Welle solcher Angriffe ist es unüblich, Fonts für einzelne Drucker zu lizenzieren.

Aufgrund der Intelligenz und Verwundbarkeit von PostScript-Geräten ist es wichtig, Ihre Drucker vor Internet-Zugang zu schützen. Sie müssen sicherstellen, daß alle Protokolle blockiert sind, die Ihre Maschinen und Drucker zum netzweiten Drucken verwenden. Dazu müssen Sie jeden Druckertyp und jeden Rechnertyp einzeln überprüfen.

Paketfilterungseigenschaften von lpr

lpr basiert auf TCP. Server benutzen Port 515. Clients benutzen wie die weiter vorn behandelten r-Kommandos von BSD beliebige Portnummern unter 1024.

Richtung	Quell-Adr.	Ziel-Adr.	Protokoll	Quell-Port	Ziel-Port	ACK ges.	Bemerkungen
ein	extern	intern	TCP	<1024	515	[a]	Eingehendes *lpr*, Client an Server
aus	intern	extern	TCP	515	<1024	ja	Eingehendes *lpr*, Server an Client
aus	intern	extern	TCP	<1024	515	[a]	Ausgehendes *lpr*, Client an Server
ein	extern	intern	TCP	515	<1024	ja	Ausgehendes *lpr*, Server an Client

a. Außer im ersten Paket dieses Typs (Aufbau der Verbindung) ist ACK bei allen Paketen gesetzt.

Proxy-Eigenschaften von lpr

lpr ist ein Protokoll zum Speichern und Weiterleiten und kann so konfiguriert werden, daß es selbst als Proxy arbeitet. Sie können auf Ihrem Proxy-Server einfach eine normale *lpr*-Konfiguration betreiben und sie so einstellen, daß die gewünschten Drucker angesteuert oder Druckaufträge zu anderen Servern weitergeleitet werden. Im Vergleich zu direktem *lpr* bietet das zwar keine erhöhte Sicherheit, aber es können Rechner überquert werden, die nicht als Router arbeiten.

Paketfilterungs- und Proxy-Eigenschaften von lp

lp bietet selbst keine Unterstützung für netzweites Drucken. Es benutzt entweder *rsh*, das wir in Zusammenhang mit den anderen r-Kommandos von BSD beschrieben haben, oder *lpr*. Um Ihre Druckerkonfiguration zu ermitteln, richten Sie einen netzweiten Drukker ein und sehen sich seine Schnittstellendatei an (gewöhnlich */usr/spool/lp/interfaces/printername*). Manche Hersteller bieten zusammen mit *lp* auch neue Systeme zum netzweiten Drucken an; sehen Sie in der Dokumentation des Herstellers nach.

Zusammenfassung: Empfehlungen für Druckprotokolle

- Lassen Sie keine Druckprotokolle über Ihren Firewall hinweg zu.

Analyse anderer Protokolle

Wie analysieren Sie Protokolle, die wir hier nicht behandelt haben? Zuerst müssen Sie sich fragen, ob Sie das Protokoll wirklich über Ihren Firewall hinweg laufen lassen müssen. Vielleicht gibt es ja andere zufriedenstellende Möglichkeiten, den gewünschten Dienst mit einem vom Firewall bereits unterstützten Protokoll anzubieten?

Wie können Sie ermitteln, welche Ports ein Protokoll benutzt, das über Ihren Firewall läuft und das wir oben nicht behandelt haben? Oft kann man diese Angaben der Programm- oder Protokolldokumentation entnehmen. Am besten erkundigen Sie sich zum Beispiel bei den Mitgliedern der Mailing-Liste für Firewalls[1] (siehe Anhang A).

Wenn Sie die Antwort selbst finden müssen, geschieht dies meist am einfachsten auf empirische Art. Gehen Sie wie folgt vor:

1. Richten Sie ein Testsystem ein, auf dem neben der zu überprüfenden Anwendung möglichst wenig andere Anwendungen laufen.
2. Als nächstes richten Sie ein anderes System zur Überwachung der Pakete vom und zum Testsystem ein. Benutzen Sie *etherfind*, *tcpdump* oder ein anderes Paket, mit dem Sie den Verkehr im lokalen Netz beobachten können.
3. Lassen Sie die Anwendung auf dem Testsystem laufen und achten Sie auf die Ausgaben des Überwachungssystems.

Diese Prozedur müssen Sie für jede Client-Implementierung und jede Server-Implementierung wiederholen, die Sie einsetzen wollen. Zwischen verschiedenen Implementierungen gibt es gelegentlich unerklärliche Unterschiede. Manche Clients benutzen immer TCP, während die meisten DNS-Clients standardmäßig mit UDP arbeiten.

1. Überprüfen Sie jedoch vorher die Archive, um festzustellen, ob die Frage bereits früher gestellt und beantwortet wurde.

In diesem Kapitel:
- *Architektur mit überwachtem Teilnetz*
- *Architektur mit überwachtem Host*

9

Zwei Beispiele für Firewalls

In diesem Kapitel beschreiben wir zwei Beispiele für grundlegende Firewall-Konfigurationen. Fast alle echten Firewalls sind komplexer als die hier beschriebenen. Die beiden Beispiele sollen Ihnen jedoch eine Vorstellung davon geben, welche Aufgaben beim Aufbau eines Firewalls zu erledigen sind und wie die einzelnen Teile zusammenpassen.

Hinweis

> Wir möchten betonen, daß es sich bei diesen Beispielen wirklich nur um Beispiele handelt, die Sie keineswegs blindlings implementieren sollten. Nehmen Sie sich statt dessen Zeit, um Ihre eigenen Anforderungen, Ihre Umgebung sowie die Auswirkungen und Komplikationen der Dienste zu verstehen, die Ihr Firewall anbieten soll.

Wir wollen über diese beiden Beispiel-Firewalls nur die grundlegenden Dienste anbieten, nämlich Terminal-Zugang, Dateiübertragung, E-Mail, Usenet-News, World Wide Web und DNS. Kapitel 8 enthält eine vollständige Beschreibung dieser und anderer Dienste.

Architektur mit überwachtem Teilnetz

Die in Abbildung 9-1 dargestellte Architektur mit überwachtem Teilnetz wurde bereits in Kapitel 4 beschrieben. Sie stellt die wohl gebräuchlichste Firewall-Architektur zum »Selbstbau« dar. Diese Architektur bietet hohe Sicherheit einschließlich mehrerer Redundanzebenen zu Kosten, die für die meisten Standorte tragbar sind.

Bei der Architektur mit überwachtem Teilnetz gibt es Varianten mit einem und mit zwei Routern. Grundsätzlich können Sie zwei Router mit jeweils zwei Schnittstellen verwenden oder einen einzelnen mit drei Schnittstellen. Ein überwachtes Teilnetz mit einem einzelnen Router funktioniert genauso gut wie eines mit zwei Routern und ist zudem

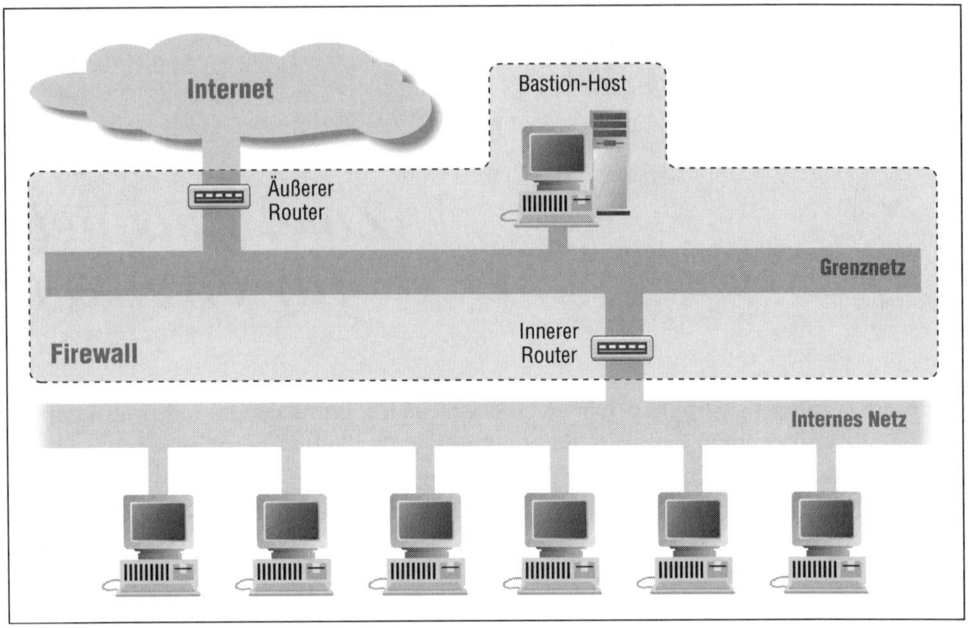

Abb. 9-1: Architektur mit überwachtem Teilnetz.

meist etwas billiger. Sie brauchen dazu allerdings einen Router, der an jeder Schnittstelle sowohl nach innen als auch nach außen gerichtete Pakete filtern kann (beachten Sie auch den entsprechenden Abschnitt in Kapitel 6). Wir benutzen in diesem Abschnitt die Architektur mit einem Router, da sie konzeptionell einfacher ist.

Diese Firewall-Variante besteht aus folgenden Komponenten:

- Grenznetz
- Äußerer Router
- Innerer Router
- Bastion-Host

Wir haben diese Komponenten bereits in Kapitel 4 kennengelernt und wollen den jeweiligen Zweck nur kurz wiederholen.

Grenznetz

Es trennt Ihren Bastion-Host vom internen Netz, damit bei einem Sicherheitsproblem auf dem Bastion-Host nicht gleich das ganze interne Netz betroffen ist.

Äußerer Router
: Er verbindet Ihren Standort mit der Außenwelt. Falls möglich, bietet der äußere Router zumindest ein gewisses Maß an Schutz für den Bastion-Host, den inneren Router und das interne Netz. An manchen Standorten ist dies jedoch nicht möglich, da sie mit äußeren Routern arbeiten, die vom jeweiligen Service-Provider verwaltet werden und daher außerhalb des eigenen Einflußbereichs liegen.

Innerer Router
: Er schützt das interne Netz vor der Außenwelt und vor dem eigenen Bastion-Host des Standorts.

Bastion-Host
: Er bildet die hauptsächliche Kontaktstelle des Standorts zur Außenwelt und sollte entsprechend den Richtlinien in Kapitel 5 eingerichtet werden.

Zusätzlich zu den Rechnern, die den eigentlichen Firewall bilden, wollen wir davon ausgehen, daß Computer im internen Netz (interne Hosts) die folgenden Aufgaben erfüllen. Beachten Sie, daß eine bestimmte interne Maschine eine beliebige Auswahl dieser Aufgaben oder auch alle übernehmen kann:

- Mail-Server
- Server für Usenet-News
- DNS-Server
- Client für verschiedene Internet-Dienste.

Jeder dieser internen Dienste wird direkt (über Paketfilter) oder indirekt (über Proxy-Server auf dem Bastion-Host) angeboten.

Wir wollen für unser Beispiel weiter davon ausgehen, daß man den internen Benutzern zumindest insofern vertrauen kann, als sie nicht aktiv versuchen, den Firewall zu umgehen. Auch werden wir die Internet-Aktivitäten der Benutzer nicht protokollieren.

Außerdem nehmen wir an, daß Sie im internen Netz und im Grenznetz IP-Adressen benutzen, die Ihrem Standort zugewiesen wurden und ordungsgemäß weitergeleitet sowie von Ihrem Service-Provider im restlichen Internet bekanntgegeben werden. Ist dies nicht der Fall, so müssen Sie Proxies verwenden, da Pakete mit »inoffiziellen« IP-Adressen nicht ins Internet gelangen dürfen. Es würde Ihnen nicht einmal nützen, diese Vorschrift zu ignorieren, da die Antwortpakete zurückkommen würden.

Schließlich gehen wir von unterschiedlichen Netznummern für das interne Netz und das Grenznetz aus, so daß Sie gefälschte Pakete einfach entdecken können. Beachten Sie dazu den Abschnitt »Risiken bei der Filterung nach Quelladresse« in Kapitel 6.

Konfiguration der Dienste

Wie bieten wir mit der oben beschriebenen Architektur die grundlegenden Internet-Dienste an?

Telnet

Telnet nach außen können wir über Paketfilter oder durch Proxies anbieten. Welche Möglichkeit ist vorzuziehen?

Der Einsatz von Proxies erfordert entweder modifizierte Clients oder angepaßte Benutzerprozeduren. Beides ist mühsam zu implementieren. Mit einem Proxy könnten wir Telnet basierend auf der Benutzerkennung einschränken oder überwachen, indem wir unsere Benutzer zwingen, sich am Proxy-Server zu authentisieren, bevor ihre Anfragen bearbeitet werden. Da wir jedoch oben von der Voraussetzung ausgingen, daß man internen Benutzern vertrauen darf, ist es nicht nötig, daß diese sich authentisieren. Ein Proxy wäre nötig, wenn wir intern inoffizielle IP-Adressen benutzten - aber das trifft in unserem Fall auch nicht zu. Da wir vertrauenswürdige Benutzer und offizielle IP-Adressen haben, bieten Telnet-Proxies keine Vorteile gegenüber Paketfilterung; sie sind schwieriger einzurichten und zu verwalten. In diesem Beispiel wollen wir nach außen gerichtetes Telnet daher über Paketfilterung anbieten.

Nach innen gerichtetes Telnet sicher und bequem anzubieten, ist wesentlich schwieriger. Falls es unbedingt erforderlich ist, könnte man eingehende Telnet-Verbindungen auf dem Bastion-Host erlauben und zusätzliche Authentisierung verlangen. Ein Standort, der an einer einfachen Konfiguration interessiert ist, sollte eingehende Telnet-Verbindung vernünftigerweise jedoch ganz verbieten. Das wollen wir in diesem Beispiel auch tun.

FTP

Im Gegensatz zu Telnet gibt es für FTP keine vollständige Lösung mit Paketfilterung. FTP im normalen Modus erfordert eine eingehende Verbindung zu einer beliebigen Portnummer über 1023. Würden wir es ohne weitere Vorkehrungen anbieten, hätte ein Angreifer Zugang zu allen Diensten, die auf internen Rechnern laufen. Daher bleiben uns zwei Möglichkeiten:

- passiver Modus über Paketfilterung
- normaler Modus über Proxies

In beiden Fällen funktionieren die FTP-Clients, die auf UNIX-Systemen ausgeliefert werden, und frei verfügbare Clients für PCs nicht mehr wie üblich. Wenn wir das in Kapitel 7 beschriebene Proxy-Gateway *ftp-gw* aus dem TIS FWTK einsetzen, können wir zwar mit unveränderten Clients arbeiten, müssen den Benutzern aber spezielle Verfahrensweisen beibringen. Manche verbreiteten FTP-Clients – etwa die in Web-Browsern wie Netscape Navigator oder Mosaic – können unverändert den passiven Modus benutzen, doch das unterstützen wiederum nicht alle Server ausreichend.

Die Kombination von Paketfilterung und Proxies ist ein vernünftiger Kompromiß. Dabei verwenden wir ein Proxy-Gateway wie *ftp-gw* aus dem TIS FWTK, bei dem die Clients nicht modifiziert werden müssen. Clients, die den passiven Modus unterstützen, funktionieren über Paketfilterung. Auf den Plattformen, auf denen wir die Clients leicht austauschen können, bieten wir daher Clients für den passiven Modus an. Ist dies nicht möglich, passen wir die Benutzerprozeduren an.

Wie bereits erwähnt, müßten wir ausschließlich mit Proxies arbeiten, wenn wir den FTP-Verkehr protokollieren wollten oder inoffizielle Netznummern hätten. Das trifft jedoch in unserem Beispiel nicht zu. Auch wenn wir DNS-Angaben verbergen wollten, müßten wir ausschließlich mit Proxies arbeiten. Dann könnten wir es uns nämlich sparen, die Daten für *double-reverse lookups* zu fälschen. Das Verbergen von DNS-Daten lohnt den Aufwand jedoch nicht. Wenn ausschließlich Proxies zum Einsatz kommen, müßten wir uns erst für einen Proxy-Server entscheiden. Hier ist es sinnvoll, die Verfahren für die Benutzer zu ändern, da es dazu gar keine Alternative gibt. Das könnte sich mit zunehmender Verbreitung von Proxies ändern.

Um den Proxy-Server *ftp-gw* auf Ihrem Bastion-Host einzusetzen, muß Ihr Paketfilter die folgenden TCP-Verbindungen zulassen:

- von Portnummern über 1023 auf dem Bastion-Host zu Portnummern unter 1023 auf internen Hosts;
- von Port 20 auf externen Hosts zu Portnummern über 1023 auf internen Hosts;
- von Port 20 auf externen Hosts zu Portnummern über 1023 auf dem Bastion-Host (für den FTP-Datenkanal).

Das bedeutet aber, daß jemand, der in den Bastion-Host eingebrochen ist, eine Verbindung zu allen Servern auf internen Rechnern aufbauen kann, die einen TCP-Port über 1023 benutzen, z.B. ein X11-Server auf Port 6000. Außerdem sind alle Server mit TCP-Ports über 1023 auf dem Bastion-Host selbst verwundbar. Wenn Sie daher FTP-Datenverbindungen mit Proxies zulassen, sollten Sie den Zugang zu internen Rechnern auf TCP-Ports über 1023 explizit blockieren, falls Sie wissen oder vermuten, daß dort Server laufen. Zu diesen gefährdeten Portnummern gehören auf alle Fälle die Ports 6000 bis 6003 (unter der Annahme, daß höchstens vier echte oder virtuelle X11-Server pro Rechner laufen; siehe den Abschnitt über X11 in Kapitel 8).

Denken Sie jedoch immer daran, daß es im allgemeinen gefährlich ist, nur bestimmte Ports zu blockieren, anstatt erst einmal alle Ports zu sperren und dann einige wieder zu öffnen. Es ist nicht ganz einfach, eine Liste all der Portnummern aufzustellen und zu pflegen, die in Ihrem Netz blockiert werden müssen. Besser ist es, alles zu blockieren und nur bestimmte Ports zu öffnen. Aufgrund der Funktionsweise von normalem FTP (ohne passiven Modus) ist das jedoch nicht möglich.

Es ist ziemlich großzügig, FTP im passiven Modus mit Paketfilterung zu erlauben, da dabei jede Verbindung zulässig ist, wenn sie nur von einem Rechner innerhalb des Netzes ausgeht. Die Anzahl der Server mit Portnummern über 1023 ist sehr groß. Das hat zwar auch Vorteile (z.B. Verwendung von HTTP-Servern auf unüblichen Portnummern), doch genauso können die Benutzer auch auf unsichere Dienste zugreifen. Daher sollte man diese Verbindungen nur erlauben, wenn die Benutzer nicht nur keine bösen Absichten haben, sondern auch den Unterschied zwischen sicheren und unsicheren Verbindungen kennen oder zumindest der Versuchung widerstehen können, unerwartete Dinge zu tun.

Es ist sinnvoll, nach innen gerichtetes FTP zu verbieten, da wir auch Telnet nach innen verboten haben. Beide Dienste erfordern in etwa die gleichen Sicherheitsmaßnahmen. Ist einer der Dienste zulässig, so ist die Konfiguration des anderen trivial.

Eingehende Verbindungen für Anonymous-FTP sind eine andere Sache – wir werden sie anbieten. Da wir nicht zu den großen Internet-Service-Providern gehören und das TIS FWTK sowieso schon benutzen, hat Sicherheit Vorrang vor Funktionalität. Wir setzen daher den Anonymous-FTP-Server aus dem TIS FWTK ein. Falls wir einen größeren Server für Anonymous-FTP anbieten wollten, würden wir eher den FTP-Server *wuarchive* verwenden (in Kapitel 8 finden Sie eine Beschreibung seiner Funktionalität). Er liefe nicht auf dem zentralen Bastion-Host, sondern auf einer Maschine im Grenznetz, die ebenfalls als Bastion-Host fungiert.

SMTP

Unabhängig von der Konfiguration gibt es für SMTP nur wenig Optionen. Wir wollen alle externen SMTP-Verbindungen über eine einzige Maschine mit einem sicheren SMTP-Server abwickeln und gehen nicht davon aus, daß auf internen Maschinen sichere SMTP-Server laufen. Das bedeutet, daß wir einen sicheren SMTP-Server auf dem Bastion-Host laufen lassen und mit den MX-Datensätzen von DNS eingehende Mail zum Bastion-Host weiterreichen. Dieser leitet sie dann zu einem einzigen sicheren SMTP-Server auf einem internen Rechner weiter.

Welche Möglichkeiten haben wir sonst noch? Wir könnten einen sicheren SMTP-Server auf dem internen Mail-Server einrichten und eingehende Mail zu diesem Rechner leiten. Wird jedoch in diesen SMTP-Server eingebrochen, so ist das gesamte interne Netz in Gefahr. Alternativ dazu könnte der Bastion-Host die Mail direkt an die Maschinen im internen Netz senden. Doch auch dabei sind wir in Gefahr, wenn in den Bastion-Host eingebrochen wird. Der überfallene Bastion-Host würde Verbindung zu unsicheren internen

SMTP-Servern aufnehmen; kurz darauf wäre der Einbrecher im internen Netz. Kann der Bastion-Host dagegen nur mit dem internen Mail-Server Verbindung aufnehmen, gibt es weniger Angriffsmöglichkeiten. Auf dem internen Mail-Server kann ein sicherer SMTP-Server laufen. Außerdem werden die lästigen Wartungsarbeiten nicht auf dem sicherheitsrelevanten Bastion-Host durchgeführt, sondern auf dem weniger anfälligen internen Mail-Server.

Wie steht es um ausgehende Post? Es wäre zwar sicher, wenn interne Maschinen ihre Post direkt nach außen schicken, doch damit handeln wir uns ein Wartungsproblem ein. Wir müssen nämlich die Mail-Konfiguration auf allen internen Rechnern überwachen. Außerdem entstünde dadurch eine weitere Direktverbindung zwischen internen und externen Netzen. Bisher wurden zwar keine Angriffe von SMTP-Servern auf SMTP-Clients bekannt, doch wir müssen mit den seltsamsten Dingen rechnen.

Es bringt außerdem keinen großen Vorteil, wenn interne Rechner Post direkt nach außen schicken können. Der einzige Vorteil besteht darin, daß wir Mail versenden (aber nicht empfangen) können, wenn der Bastion-Host nicht läuft.

Unabhängig von der Entscheidung für den Server müssen wir die Mail-Clients konfigurieren. Im Gegensatz zu FTP und Telnet funktioniert SMTP erst dann, wenn wir die Konfigurationsdateien anpassen. Außerdem ist es weniger aufwendig, die Mail zum Server zu leiten, als sie korrekt an die Außenwelt weiterzuleiten.

Jetzt müssen wir nur noch entscheiden, ob die ausgehende Post von den internen Rechnern zum internen Mail-Server geht oder zum Bastion-Host. Die erste Variante bietet für ausgehende Post die gleichen Vorteile wie oben bei eingehender Post, doch allzu groß sind die Vorteile nicht: Das Versenden ausgehender Post stellt von vornherein kein großes Risiko dar, so daß es den Aufwand nicht lohnt, dieses Risiko zu verkleinern. Außerdem ändern sich die Konfigurationsdateien für das Versenden ausgehender Post nicht so häufig, daß wir Probleme mit der Wartung des Bastion-Hosts bekämen. Andererseits hat das Versenden ausgehender Post über den internen Mail-Server Nachteile – Komplexität, mögliche Fehlerquellen, Verzögerungen. Diese Nachteile sind für ein- und ausgehende Post gleich. Da der interne Mail-Server keine Vorteile bringt, richten wir ausgehende Mail an den Bastion-Host, ohne den internen Mail-Server als Zwischenstation zu verwenden.

Wie in Kapitel 8 beschrieben, richten wir SMTP so ein, daß der Bastion-Host ein- und ausgehende Post weiterleitet. Dazu sind drei Schritte erforderlich:

- Wir veröffentlichen DNS-MX-Datensätze, die die eingehende Post für unser Netz zum Bastion-Host leiten.
- Wir konfigurieren die internen Maschinen so, daß sie ausgehende Post zum Bastion-Host senden.

- Wir konfigurieren den Bastion-Host so, daß er die gesamte eingehende Post zu einem einzigen internen Mail-Server und ausgehende Post direkt an die Zielmaschinen leitet.

In diesem Beispiel gehen wir davon aus, daß es einen einzigen internen Mail-Server für eingehende Post gibt, und interne Maschinen ihre ausgehende Post direkt (und nicht indirekt über den Mail-Server) an den Bastion-Host senden.

NNTP

Wie in Kapitel 8 beschrieben, richten Sie NNTP über einen Firewall am besten so ein, daß der NNTP-Service-Provider direkte Verbindung mit Ihren internen Usenet-Hosts aufnimmt (und umgekehrt). Es wäre schon ein starkes Argument nötig, diese Konfiguration zu ändern - und ein solches Argument kennen wir nicht. Selbst wenn wir noch keinen internen News-Host haben, ist ein solcher immer noch leichter einzurichten als ein News-Server auf dem Bastion-Host. Außerdem ist es wesentlich sicherer. News-Server fallen regelmäßig aus. Die Probleme sind zwar meist nicht sicherheitsrelevant, doch sollten Sie keine Software mit so hohem Wartungsaufwand auf einem Bastion-Host installieren.

In diesem Beispiel gehen wir von einem einzigen externen NNTP-Server aus, der uns mit News versorgt.

HTTP

Wie bei den anderen Diensten können wir für HTTP entweder Paketfilter oder Proxy-Server verwenden, um internen Clients diesen Dienst anzubieten. Bei Paketfilterung können unsere Benutzer nur HTTP-Server auf der Standard-Portnummer 80 ansprechen. Mit Proxies erreichen sie alle HTTP-Server. Welche Möglichkeit wählen wir?

Der größte Nachteil von Proxies beim Einsatz für Telnet und FTP besteht darin, daß spezielle Clients nötig sind. Bei HTTP sieht es anders aus, denn die gebräuchlichen Browser unterstützen Proxies bereits. Proxies erhöhen zwar den Konfigurationsaufwand, doch dieser Preis ist nicht zu hoch für die erweiterten Möglichkeiten. Andererseits haben wir bereits entschieden, internen Rechnern ausgehende Verbindungen zu jeder Portnummer über 1024 zu erlauben, um FTP im passiven Modus direkt von internen Rechnern zu externen Servern zu ermöglichen. Daher ist auch der Zugang zu den meisten HTTP-Servern (mit Portnummern über 1024) möglich. Bei reiner Paketfilterung würden wir nur HTTP-Server auf Portnummern unterhalb 1024 verlieren. Diese Portnummern sind aber sowieso reserviert.

Wenn wir den HTTP-Server des CERN als Proxy-Server verwenden, kann der Server auch Web-Seiten im Cache zwischenspeichern. Dies kann die folgenden Zugriffe deutlich beschleunigen:

HTTP-Clients
: Diese erhalten Web-Seiten über das interne Netz aus dem Cache und nicht über eine langsamere Internet-Verbindung vom Original-Server.

Andere Clients
: Die HTTP-Clients benutzen nicht mehr so viel Bandbreite der Internet-Anbindung.

HTTP-Server an anderen Standorten
: Sie erhalten nur noch eine Anfrage pro Seite aus unserem Netz und nicht viele Anfragen, die immer wieder die gleiche Seite anfordern.

Da wir mit dem CERN-Server auch HTTP-Dienste für externe Standorte anbieten können, nutzen wir das, um unsere eigenen WWW-Seiten zu publizieren.

Wenn man bereits andere Proxies mit SOCKS oder dem TIS FWTK eingerichtet hat, ist es trivial, einen HTTP-Proxy hinzuzufügen. Würden wir SOCKS verwenden, so wäre es sehr verlockend, damit Proxy-Dienste zu betreiben: SOCKS gehört zu den Systemen, die von vielen Browsern unterstützt werden. Alle Proxy-Server, für die wir uns bereits entschieden haben, sind jedoch Teil des TIS FWTK. Wir müßten SOCKS daher nur für HTTP installieren. Beim Einsatz des HTTP-Proxies aus dem TIS FWTK müssen die Benutzer die URLs anpassen. Es ist daher nicht möglich, per Cut-and-Paste neue und interessante Adressen aus E-Mail auszuschneiden. In dieser Situation sind weder SOCKS noch das TIS FWTK besonders attraktiv.

Dennoch sind der Einsatz eines Proxies (mit dem CERN-Server) und Paketfilterung attraktive und sinnvolle Möglichkeiten. Ein Proxy wäre sicher besser, wenn wir nicht bereits direktes FTP im passiven Modus erlaubt hätten, mit dem unsere Benutzer auf allen TCP-Ports über 1023 Verbindungen zu Servern aufbauen können. Die Paketfilterung wäre dagegen vorzuziehen, wenn wir Clients ohne eingebaute Proxy-Unterstützung benutzen wollen oder wenn wir keinen HTTP-Server brauchen und auch keine anderen Dienste über Proxies laufen.

In diesem Beispiel gehen wir davon aus, daß wir HTTP für interne Clients über den Proxy-Server des CERN bereitstellen und diesen auf dem Bastion-Host laufen lassen. Mit demselben Server bieten wir der Außenwelt unsere eigenen WWW-Seiten an.

DNS

Wie in Kapitel 8 beschrieben, bietet man DNS über einen Firewall am besten mit zwei Servern an. Einer läuft auf dem Bastion-Host, der andere auf einem internen Host. Wie bei NNTP gibt es auch bei DNS nur wenige sinnvolle Möglichkeiten. Wir müssen festlegen, ob wir anhand von getrennten internen und externen Servern Informationen verstecken oder unsere Rechnerdaten für die Außenwelt sichtbar sind. Diese Entscheidung haben wir indirekt bereits mit der Unterstützung direkter FTP-Verbindungen im passiven Modus getroffen. Dazu ist nämlich eine komplizierte DNS-Konfiguration nötig, die die DNS-Informationen versteckt und gleichzeitig den internen Rechnern, die als FTP-Clients arbeiten, gültige Daten liefert.

In diesem Beispiel gehen wir davon aus, daß der DNS-Server auf dem Bastion-Host als sekundärer Server für unsere Domain fungiert und der primäre Server auf einem internen Rechner läuft. Wir versuchen nicht, DNS-Informationen zu verstecken.

Paketfilterregeln

Auf der Grundlage der in den vorigen Abschnitten getroffenen Entscheidungen wollen wir uns jetzt die Paketfilterregeln ansehen, die für diese Konfiguration nötig sind. Wir gehen von einem »idealen« Router aus, den wir im Abschnitt »Wahl eines Routers zur Paketfilterung« in Kapitel 6 beschrieben haben. Steht kein Router mit diesen Fähigkeiten zur Verfügung, müssen wir die Regeln entsprechend anpassen. Dies geht womöglich zu Lasten der Sicherheit. Unter Umständen müssen wir einige zentrale Entscheidungen neu überdenken. Wenn wir zum Beispiel nicht bezüglich des ACK-Bits filtern können, sind direkte FTP-Verbindungen im passiven Modus nach außen nicht mehr sicher genug. Darauf beruhten aber viele der weiteren Entscheidungen. Kapitel 6 enthält eine umfassende Beschreibung der Paketfiltereigenschaften und der Auswirkungen fehlender Eigenschaften.

In den unten vorgestellten Paketfilterregeln gehen wir davon aus, daß das Filtersystem

- zwischen ein- und ausgehenden Paketen unterscheiden kann;
- nach Quelladresse, Zieladresse, Pakettyp (TCP oder UDP), Quellport und Zielport filtern kann;
- TCP-Pakete bezüglich des ACK-Bits (gesetzt oder nicht gesetzt) filtern kann;
- die Regeln in der angegebenen Reihenfolge anwendet.

Innerer Router

Der innere Router soll das interne Netz vor dem Internet und Ihrem eigenen Bastion-Host schützen. Der innere Router braucht folgende Regeln, um die beschriebene Konfiguration zu unterstützen. Nach der Tabelle folgen Erklärungen der einzelnen Regeln.

Regel	**Richtung**	**Quell-Adresse**	**Ziel-Adresse**	**Protokoll**	**Quell-Port**	**Ziel-Port**	**ACK gesetzt**	**Aktion**
Spoof	ein	intern	beliebig	bel.	bel.	bel.	bel.	verbieten
Telnet-1	aus	intern	beliebig	TCP	>1023	23	bel.	zulassen
Telnet-2	ein	beliebig	intern	TCP	23	>1023	ja	zulassen
FTP-1	aus	intern	beliebig	TCP	>1023	21	bel.	zulassen
FTP-2	ein	beliebig	intern	TCP	21	>1023	ja	zulassen
FTP-3	aus	intern	beliebig	TCP	>1023	>1023	bel.	zulassen
FTP-4	ein	beliebig	intern	TCP	>1023	>1023	ja	zulassen
FTP-5	aus	intern	Bastion-Host	TCP	>1023	21	bel.	zulassen
FTP-6	ein	Bastion-Host	intern	TCP	21	>1023	ja	zulassen
FTP-7	ein	Bastion-Host	intern	TCP	bel.	6000-6003	bel.	verbieten
FTP-8	ein	Bastion-Host	intern	TCP	>1023	>1023	bel.	zulassen
FTP-9	aus	intern	Bastion-Host	TCP	>1023	>1023	ja	zulassen
SMTP-1	aus	intern	Bastion-Host	TCP	>1023	25	bel.	zulassen
SMTP-2	ein	Bastion-Host	intern	TCP	25	>1023	ja	zulassen
SMTP-3	ein	Bastion-Host	interner SMTP-Server	TCP	>1023	25	bel.	zulassen
SMTP-4	aus	interner SMTP-Server	Bastion-Host	TCP	25	>1023	ja	zulassen
NNTP-1	aus	interner NNTP-Server	NNTP Feed-Server	TCP	>1023	119	bel.	zulassen
NNTP-2	ein	NNTP Feed-Server	interner NNTP-Server	TCP	119	>1023	ja	zulassen
NNTP-3	ein	NNTP Feed-Server	interner NNTP-Server	TCP	>1023	119	bel.	zulassen
NNTP-4	aus	interner NNTP-Server	NNTP Feed-Server	TCP	119	>1023	ja	zulassen
HTTP-1	aus	intern	Bastion-Host	TCP	>1023	80	bel.	zulassen
HTTP-2	ein	Bastion-Host	intern	TCP	80	>1023	ja	zulassen
DNS-1	aus	interner DNS-Server	Bastion-Host	UDP	53	53	[a]	zulassen
DNS-2	ein	Bastion-Host	interner DNS-Server	UDP	53	53	[a]	zulassen
DNS-3	aus	interner DNS-Server	Bastion-Host	TCP	>1023	53	bel.	zulassen

Regel	Richtung	Quell-Adresse	Ziel-Adresse	Protokoll	Quell-Port	Ziel-Port	ACK gesetzt	Aktion
DNS-4	ein	Bastion-Host	interner DNS-Server	TCP	53	>1023	ja	zulassen
DNS-5	ein	Bastion-Host	interner DNS- Server	TCP	>1023	53	bel.	zulassen
DNS-6	aus	interner DNS-Server	Bastion-Host	TCP	53	>1023	ja	zulassen
Std-1	aus	beliebig	beliebig	bel.	bel.	bel.	bel.	verbieten
Std-2	ein	beliebig	beliebig	bel.	bel.	bel.	bel.	verbieten

a. UDP-Pakete haben kein ACK-Bit.

Im folgenden finden Sie zusätzliche Hinweise zu den Regeln in dieser Tabelle:

Spoof
: Blockiert eingehende Pakete, die angeblich von internen IP-Adressen stammen, also gefälschte Pakete, die höchstwahrscheinlich von einem Angreifer kommen.

Telnet-1 und Telnet-2
: Erlauben ausgehende Telnet-Verbindungen.

FTP-1 und FTP-2
: Erlauben ausgehende Verbindungen zu FTP-Servern. Sie sind für interne Clients nötig, die im direkten Modus direkt mit diesen Servern kommunizieren wollen.

FTP-3 und FTP-4
: Erlauben Verbindungen für den Datenkanal von FTP im passiven Modus von internen Clients zu externen FTP-Servern. Beachten Sie, daß diese Regeln alle Verbindungen von internen TCP-Ports über 1023 zu externen TCP-Ports über 1023 erlauben. Das ist vielleicht mehr, als Sie zulassen wollen. Es gibt jedoch keine restriktivere Möglichkeit, FTP im passiven Modus zu unterstützen. Zumindest sind nur Verbindungen möglich, die von innen eröffnet werden.

FTP-5 und FTP-6
: Erlauben normalen internen FTP-Clients (also solchen ohne passiven Modus), einen FTP-Kommandokanal zum FTP-Proxy-Server auf dem Bastion-Host zu eröffnen. Diese Regeln sind eigentlich überflüssig, wenn die Regeln FTP-1 und FTP-2 früher in der Liste erscheinen, denn »Bastion« als Quelle oder Ziel (in den Regeln FTP-5 und FTP-6) wird bereits mit den Regeln FTP-1 und FTP-2 erfaßt (unter »beliebig«). Diese überflüssigen Regeln verringern die Performance zwar geringfügig, vereinfachen aber das

Regelwerk. Außerdem kann man so die Regeln FTP-1 und FTP-2 ändern – um z.B. Clients im passiven Modus doch zu unterstützen – ohne den Zugang zum Proxy-Server für Clients im normalen Modus versehentlich »kaputtzukonfigurieren«.

FTP-7 bis FTP-9
: Erlauben FTP-Datenverbindungen vom Proxy-Server auf dem Bastion-Host zu internen Clients, die nicht im passiven Modus arbeiten. Regel FTP-7 verhindert, daß ein Angreifer, der Zugang zum Bastion-Host erlangt hat, interne X11-Server über die durch die Regeln FTP-8 und FTP-9 geöffnete Lücke angreifen kann. Falls Sie andere interne Server auf TCP-Ports über 1023 betreiben, sollten Sie dafür ähnliche Regeln einfügen. Beim Versuch, entsprechend Regel FTP-7 *alle* Verbindungen aufzuführen, die verboten werden sollen, stehen Sie im allgemeinen auf verlorenem Posten. Die Liste wird nie ganz vollständig sein: Entweder haben Sie einen internen Dienst übersehen oder wußten nicht davon, oder der Dienst wurde hinzugefügt, nachdem Sie den Paketfilter eingerichtet haben. In dieser Situation ist es jedoch das beste, was Sie zur Unterstützung von FTP-Clients im normalen Modus tun können.

SMTP-1 und SMTP-2
: Erlauben ausgehende Post von internen Rechnern zum Bastion-Host.

SMTP-3 und SMTP-4
: Erlauben eingehende Post vom Bastion-Host zum internen Mail-Server.

NNTP-1 und NNTP-2
: Erlauben ausgehende Usenet-News von Ihrem News-Server zum News-Server Ihres Service-Providers.

HTTP-1 und HTTP-2
: Erlauben internen HTTP-Clients Verbindungen zum HTTP-Proxy-Server auf dem Bastion-Host.

DNS-1
: Erlaubt DNS-Anfragen über UDP und Antworten der internen DNS-Server zum DNS-Server auf dem Bastion-Host.

DNS-2
: Erlaubt DNS-Anfragen über UDP und Antworten des DNS-Servers auf dem Bastion-Host zum internen DNS-Server.

DNS-3 und DNS-4
: Erlauben DNS-Anfragen über TCP vom DNS-Server auf dem Bastion-Host zum internen DNS-Server sowie alle Antworten auf solche Anfragen. Außerdem erlauben die

Regeln Zonen-Transfers mit dem DNS-Server auf dem Bastion-Host als sekundärem Server und dem internen DNS-Server als primärem Server.

DNS-5 und DNS-6
Erlauben DNS-Anfragen über TCP vom internen DNS-Server zu DNS-Servern auf dem Bastion-Host sowie Antworten auf solche Anfragen. Außerdem erlauben die Regeln Zonen-Transfers mit dem DNS-Server auf dem Bastion-Host als primärem Server und dem internen DNS-Server als sekundärem Server.

Std-1 und Std-2
Blockieren alle Pakete, die nicht durch eine der vorhergehenden Regeln explizit erlaubt werden.

Wie diese abstrakten Regeln in Regeln für Ihr spezielles Filtersystem umzusetzen sind, hängt von dessen Syntax ab. Bei manchen Systemen kann man alle Regeln in unserer Tabelle zusammen eingeben. Bei anderen Systemen muß man die Regeln für ein- und ausgehende Pakete getrennt festlegen. Die Aufteilung der Regeln für ein- und ausgehende Pakete ist kein Problem, solange Sie die Reihenfolge der Regeln bei beiden Typen beibehalten, d.h. die Regeln für eingehende Pakete behalten ihre relative Position zueinander, ebenso die Regeln für ausgehende Pakete.

Äußerer Router

Der äußere Router hat zwei Aufgaben:

- Er verbindet das Grenznetz und damit Ihren Standort mit der Außenwelt;
- Er schützt das Grenznetz und das interne Netz vor der Außenwelt.

Oftmals ist nur die erste Aufgabe möglich, da der Service-Provider den äußeren Router zur Verfügung stellt und wartet. Der Provider ist jedoch nicht immer willens oder in der Lage, Paketfilterregeln auf dem äußeren Router zu implementieren (oder er möchte nicht, daß Sie das selbst übernehmen).

Wenn Sie Paketfilterung auf dem äußeren Router einrichten können, sollten Sie das auch tun. Dies dient zumindest als Sicherheitsreserve für einige der Filterregeln auf dem internen Router. Für unser Beispiel müßten wir die folgenden Regeln implementieren:

Regel	**Rich-tung**	**Quell-Adresse**	**Ziel-Adresse**	**Proto-koll**	**Quell-Port**	**Ziel-Port**	**ACK gesetzt**	**Aktion**
Spoof-1	ein	intern	beliebig	bel.	bel.	bel.	bel.	verbieten
Spoof-2	ein	Grenznetz	beliebig	bel.	bel.	bel.	bel.	verbieten
Telnet-1	aus	intern	beliebig	TCP	>1023	23	bel.	zulassen
Telnet-2	ein	beliebig	intern	TCP	23	>1023	ja	zulassen

Regel	Richtung	Quell-Adresse	Ziel-Adresse	Protokoll	Quell-Port	Ziel-Port	ACK gesetzt	Aktion
FTP-1	aus	intern	beliebig	TCP	>1023	21	bel.	zulassen
FTP-2	ein	beliebig	intern	TCP	21	>1023	ja	zulassen
FTP-3	aus	intern	beliebig	TCP	>1023	>1023	bel.	zulassen
FTP-4	ein	beliebig	intern	TCP	>1023	>1023	ja	zulassen
FTP-5	aus	Bastion-Host	beliebig	TCP	>1023	21	bel.	zulassen
FTP-6	ein	beliebig	Bastion-Host	TCP	21	>1023	ja	zulassen
FTP-7	ein	beliebig	Bastion-Host	TCP	20	6000-6003	bel.	verbieten
FTP-8	ein	beliebig	Bastion-Host	TCP	20	>1023	bel.	zulassen
FTP-9	aus	Bastion-Host	beliebig	TCP	>1023	20	ja	zulassen
FTP-10	ein	beliebig	Bastion-Host	TCP	>1023	21	bel.	zulassen
FTP-11	aus	Bastion-Host	beliebig	TCP	21	>1023	ja	zulassen
FTP-12	aus	Bastion-Host	beliebig	TCP	20	>1023	bel.	verbieten
FTP-13	ein	beliebig	Bastion-Host	TCP	>1023	20	ja	zulassen
FTP-14	ein	beliebig	Bastion-Host	TCP	>1023	>1023	bel.	zulassen
FTP-15	aus	Bastion-Host	beliebig	TCP	>1023	>1023	bel.	zulassen
SMTP-1	aus	Bastion-Host	beliebig	TCP	>1023	25	bel.	zulassen
SMTP-2	ein	beliebig	Bastion-Host	TCP	25	>1023	ja	zulassen
SMTP-3	ein	beliebig	Bastion-Host	TCP	>1023	25	bel.	zulassen
SMTP-4	aus	Bastion-Host	beliebig	TCP	25	>1023	ja	zulassen
NNTP-1	aus	interner NNTP-Server	NNTP Feed-Server	TCP	>1023	119	bel.	zulassen
NNTP-2	ein	NNTP Feed-Server	interner NNTP-Server	TCP	119	>1023	ja	zulassen
NNTP-3	ein	NNTP Feed-Server	interner NNTP-Server	TCP	>1023	119	bel.	zulassen
NNTP-4	aus	interner NNTP-Server	NNTP Feed-Server	TCP	119	>1023	ja	zulassen
HTTP-1	aus	Bastion-Host	beliebig	TCP	>1023	bel.	bel.	zulassen
HTTP-2	ein	beliebig	Bastion-Host	TCP	bel.	>1023	ja	zulassen
HTTP-3	ein	beliebig	Bastion-Host	TCP	>1023	80	bel.	zulassen
HTTP-4	aus	Bastion-Host	beliebig	TCP	80	>1023	ja	zulassen
DNS-1	aus	Bastion-Host	beliebig	UDP	53	53	[a]	zulassen
DNS-2	ein	beliebig	Bastion-Host	UDP	53	53	[a]	zulassen

Regel	Richtung	Quell-Adresse	Ziel-Adresse	Protokoll	Quell-Port	Ziel-Port	ACK gesetzt	Aktion
DNS-3	ein	beliebig	Bastion-Host	UDP	bel.	53	[a]	zulassen
DNS-4	aus	Bastion-Host	beliebig	UDP	53	bel.	[a]	zulassen
DNS-5	aus	Bastion-Host	beliebig	TCP	>1023	53	bel.	zulassen
DNS-6	ein	beliebig	Bastion-Host	TCP	53	>1023	ja	zulassen
DNS-7	ein	beliebig	Bastion-Host	TCP	>1023	53	bel.	zulassen
DNS-8	aus	Bastion-Host	beliebig	TCP	53	>1023	ja	zulassen
Std-1	aus	beliebig	beliebig	bel.	bel.	bel.	bel.	verbieten
Std-2	ein	beliebig	beliebig	bel.	bel.	bel.	bel.	verbieten

a. UDP-Pakete haben kein ACK-Bit.

Im folgenden finden Sie zusätzliche Hinweise zu den Regeln in dieser Tabelle:

Spoof-1 und Spoof-2
: Blockieren eingehende Pakete, die angeblich von internen IP-Adressen oder solchen im Grenznetz stammen, also gefälschte Pakete, die höchstwahrscheinlich von einem Angreifer kommen. Die Regel Spoof-1 entspricht der Regel Spoof für den inneren Router, Regel Spoof-2 gibt es nur für den äußeren Router.

Telnet-1 und Telnet-2
: Erlauben ausgehende Telnet-Verbindungen. Sie sind identisch mit den entsprechenden Regeln für den inneren Router. Dies trifft auf alle Regeln zu, die nur interne und externe Rechner betreffen, nicht aber solche im Grenznetz.

FTP-1 bis FTP-4
: Erlauben ausgehende FTP-Verbindungen im passiven Modus und sind identisch mit den entsprechenden Regeln für den inneren Router.

FTP-5 und FTP-6
: Erlauben dem FTP-Proxy-Server auf dem Bastion-Host das Öffnen eines FTP-Kommandokanals zu FTP-Servern im Internet. Beachten Sie, daß diese Regeln im Gegensatz zu den entsprechenden Regeln für den inneren Router auch dann *nicht* redundant sind, wenn die Regeln FTP-1 und FTP-2 weiter oben in der Liste stehen. Weshalb? »Bastion« als Quelle oder Ziel wird nur von den Regeln FTP-5 und FTP-6 abgedeckt, nicht aber von den Regeln FTP-1 und FTP-2 für »interne Rechner«.

FTP-7 bis FTP-9
: Erlauben FTP-Datenverbindungen von externen FTP-Servern zum Proxy-Server auf dem Bastion-Host: Regel FTP-7 verhindert, daß ein Angreifer die X11-Server auf dem

Bastion-Host über eine Lücke angreift, die durch die Regeln FTP-8 und FTP-9 entsteht. Falls Sie auf dem Bastion-Host andere Server auf TCP-Ports über 1023 betreiben, sollten Sie dafür ähnliche Regeln einfügen. Beim Versuch, entsprechend Regel FTP-7 *alle* Verbindungen aufzuführen, die verboten werden sollen, stehen Sie im allgemeinen auf verlorenem Posten. Die Liste wird nie ganz vollständig sein: Entweder haben Sie einen internen Dienst übersehen oder wußten nicht davon, oder der Dienst wurde hinzugefügt, nachdem Sie den Paketfilter eingerichtet haben. In dieser Situation ist es jedoch das Beste, was Sie zur Unterstützung von FTP-Clients im normalen Modus tun können.

FTP-10 bis FTP-15

Erlauben FTP-Verbindungen im passiven oder normalen Modus von externen Clients zum Anonymous-FTP-Server auf dem Bastion-Host. Für den internen Router gibt es keine entsprechenden Regeln, da es im internen Netz keine FTP-Server gibt, auf die externe Clients zugreifen können.

SMTP-1 und SMTP-2

Erlauben ausgehende Post vom Bastion-Host zur Außenwelt.

SMTP-3 und SMTP-4

Erlauben eingehende Post von der Außenwelt zum Bastion-Host.

NNTP-1 und NNTP-2

Erlauben Usenet-News in beiden Richtungen zwischen Ihrem News-Server und dem News-Server des Service-Providers. Diese Regeln sind identisch mit den entsprechenden Regeln für den inneren Router.

HTTP-1 und HTTP-2

Erlauben dem HTTP-Proxy-Server auf dem Bastion-Host Verbindungen zu HTTP-Servern auf beliebigen Maschinen im Internet. Diese Regeln erlauben jedem TCP-Client auf dem Bastion-Host, der eine Portnummer über 1023 benutzt, Verbindungen zu allen Servern und allen Ports auf beliebigen Rechnern im Internet. Dies ermöglicht dem HTTP-Proxy-Server Verbindungen zu HTTP-Servern, die nicht die Standard-Portnummer 80 benutzen. Diese Regeln sind zwar sehr großzügig, filtern jedoch bezüglich des ACK-Bits, um nur ausgehende Verbindungen zuzulassen.

HTTP-3 und HTTP-4

Erlauben externen Clients Verbindungen zum HTTP-Server auf dem Bastion-Host. Für den internen Router gibt es keine entsprechenden Regeln, da es im internen Netz keine HTTP-Server gibt, auf die externe Clients zugreifen können.

DNS-1

Erlaubt DNS-Anfragen über UDP und Antworten vom DNS-Server auf dem Bastion-Host zu DNS-Servern in der Außenwelt.

DNS-2

Erlaubt DNS-Anfragen über UDP und Antworten von DNS-Servern im Internet zum DNS-Server auf dem Bastion-Host. Beachten Sie, daß die Regel DNS-2, die eine Kommunikation von Server zu Server ermöglicht, redundant ist, wenn Regel DNS-3, die eine Kommunikation von Client zu Server ermöglicht, vorhanden ist.

DNS-3 und DNS-4

Erlauben externen DNS-Clients UDP-Verbindungen, um Anfragen an den DNS-Server auf dem Bastion-Host zu stellen und dessen Antworten zu empfangen.

DNS-5 und DNS-6

Erlauben DNS-Anfragen über TCP vom Bastion-Host zu DNS-Servern im Internet sowie alle Antworten auf solche Anfragen. Außerdem erlauben die Regeln Zonen-Transfers mit dem DNS-Server auf dem Bastion-Host als sekundärem Server und einem externen DNS-Server als primärem Server.

DNS-7 und DNS-8

Erlauben DNS-Anfragen über TCP von der Außenwelt zum DNS-Server auf dem Bastion-Host sowie Antworten auf solche Anfragen. Außerdem erlauben die Regeln Zonen-Transfers mit dem DNS-Server auf dem Bastion-Host als primärem Server und einem externen DNS-Server als sekundärem Server.

Std-1 und Std-2

Blockieren wie die zugehörigen Regeln für den inneren Router alle Pakete, die nicht durch eine der vorhergehenden Regeln explizit erlaubt werden.

Sonstige Konfigurationsarbeiten

Neben der Einrichtung der Paketfilterregeln müssen wir noch verschiedene andere Konfigurationsarbeiten durchführen:

Auf allen internen Maschinen

Die E-Mail muß zum Bastion-Host geleitet werden. Außerdem müssen wir FTP-Clients für den passiven Modus installieren, falls welche verfügbar sind.

Auf dem internen Mail-Server

Wir müssen die Programme *smap* und *smapd* aus dem TIS FWTK installieren sowie die aktuellste Version des Mailers, damit wir einen vertrauenswürdigen SMTP-Server haben.

Auf dem internen (primären) Namensserver

Tragen Sie für jeden A-Datensatz einen MX-Datensatz ein, der eingehende Post zum Bastion-Host leitet. Für den internen Mail-Server können weitere MX-Datensätze erforderlich sein, um die Post intern weiterzuleiten. Außerdem müssen wir den Bastion-Host als sekundären Namensserver konfigurieren und alle TXT- oder HINFO-Datensätze entfernen, die nicht nach außen sichtbar sein sollen. Das betrifft alle Datensätze, mit denen die Außenwelt etwas anfangen kann.

Auf dem Bastion-Host

Hier führen wir - wie in Kapitel 5 beschrieben - alle Standardarbeiten zur Konfiguration eines Bastion-Hosts durch, also Entfernen unbenutzter Server, zusätzliche Protokollierung usw. Wir müssen das TIS FWTK installieren und den FTP-Proxy, *smap*, *smapd* und den Server für Anonymous-FTP konfigurieren. Außerdem installieren wir den HTTP-Server des CERN und konfigurieren ihn sowohl als Proxy als auch als Server für die publizierten HTTP-Seiten.

Analyse

Wie gut ist der eben konfigurierte Firewall eigentlich? Wir wollen ihn bezüglich der Strategien und Kriterien aus Kapitel 3 untersuchen.

Minimale Zugriffsrechte

Das Prinzip der minimalen Zugriffsrechte besagt, daß ein Objekt - ein Programm, eine Person, ein Router etc. - die geringstmöglichen Zugriffsrechte bekommen sollte, mit denen es seine Aufgabe erfüllen kann. Daraus folgt, daß Systeme so konfiguriert sein sollten, daß sie möglichst geringe Zugriffsrechte erfordern. In unserer Beispielkonfiguration taucht dieses Prinzip an mehreren Stellen auf. Wir haben SMTP zum Beispiel so konfiguriert, daß ausgehende Mail über den Bastion-Host läuft und nicht direkt zu den fernen Rechnern. Dies ist eine Anwendung des Prinzips der minimalen Zugriffsrechte, denn damit können Sie die Verbindungen zwischen internen und externen Systemen genauer steuern. In diesem Fall ist es unnötig, daß interne Systeme direkte Verbindung zu externen Rechnern aufnehmen, um den Dienst anzubieten.

Mehrschichtige Verteidigung

Das Prinzip der mehrschichtigen Verteidigung ist ebenfalls in unsere Konfiguration eingeflossen. Interne Rechner werden zum Beispiel durch äußeren und inneren Router vor der Außenwelt geschützt. Der Bastion-Host wird entsprechend durch seine eigene sorgfältige Konfiguration und den äußeren Router geschützt.

Wir trafen mehrfach explizit Entscheidungen, die die Anzahl der Verteidigungsschichten erhöhen. Ein interner Mail-Server zwischen dem Bastion-Host und den internen Clients erfüllt zum Beispiel hauptsächlich diesen Zweck. Innerer und äußerer Router lehnen häufig die gleichen Pakete ab. Die mehrschichtige Verteidigung ist der einzige Grund dafür, den inneren Router so zu konfigurieren, daß er Pakete ablehnt, die eigentlich gar nicht ankommen können (weil sie bereits vom äußeren Router abgelehnt werden).

Die Passierstelle

Das Prinzip der Passierstelle ist in unserer Konfiguration ganz klar erkennbar, da der gesamte Verkehr zwischen internen Clients und dem Internet über das Grenznetz läuft. Ein Großteil des Verkehrs läuft zudem mittels Proxies über den Bastion-Host. Nur Telnet und FTP sind so eingerichtet, daß sie relativ offen bleiben. Diese Dienste könnte man durch Proxies weiter einengen.

Das schwächste Glied

Unsere Konfiguration bietet kein offensichtliches schwaches Glied für Angriffe. Das schwächste Glied ist wohl der Bastion-Host, doch auch wenn ein Angreifer komplett in den Bastion-Host eingebrochen ist, kann er interne Systeme noch nicht angreifen. Zwischen Bastion-Host und internen Systemen sind nämlich nicht viele Verbindungen zulässig. Weitere schwache Glieder, die wir erkennen können, sind der FTP-Proxy und SMTP vom Bastion-Host zum internen Mail-Server.

Die beschriebene Konfiguration mit FTP-Proxy würde einem Angreifer, der in den Bastion-Host eingebrochen ist, die Möglichkeit bieten, auf internen Rechnern Server auf Portnummern über 1023 anzugreifen (falls es solche Server gibt). Wie kann man sich davor schützen? Benutzen Sie intern nur FTP-Clients im passiven Modus, betreiben Sie kein Proxy-FTP und entfernen Sie alle Regeln im Paketfilter, die Proxy-FTP erlauben.

Entsprechend könnte die beschriebene SMTP-Konfiguration einem Angreifer, der in den Bastion-Host eingebrochen ist, die Möglichkeit bieten, Ihren Mail-Server über SMTP anzugreifen. Wie kann man sich davor schützen? Sichern Sie den SMTP-Server auf dem Mail-Server, indem Sie die aktuellste Sendmail-Version und das *smap*-Paket aus dem TIS FWTK benutzen.

Überlegen Sie, was Sie selbst als Angreifer versuchen würden, und lösen Sie die aufgedeckten Probleme so lange, bis Ihnen Zeit oder Geld ausgehen. Irgendwann werden Sie (oder Ihr Management) wahrscheinlich entscheiden, daß Sie genug getan haben. Der genaue Zeitpunkt hängt von Ihrer Definition des Begriffs »genug« ab.

Fehlersicherheit

Das Prinzip der Fehlersicherheit finden wir in den Paketfilterregeln. Die Regeln legen im allgemeinen fest, was erlaubt sein soll, und verbieten alles andere. Dieser Ansatz ist ausfallsicher, denn wenn etwas Unvorhergesehenes auftritt (zum Beispiel ein neuer Dienst), wird es über Ihren Firewall nicht erlaubt. Falls der neue Dienst jedoch einen anderen Dienst benutzt oder imitiert, gilt dies natürlich nicht mehr. Die redundanten Router-Regeln bilden eine Reserve, falls einer der Filter ausfallen sollte. Wenn die Filterung auf einem Router versehentlich oder kurzzeitig ausgeschaltet wird und er alle Pakete durchläßt, implementiert der andere immer noch einen Großteil der Regeln, zumindest was die Außenwelt angeht.

Allumfassende Beteiligung

Falls es sich um unsere einzige Verbindung zum Internet handelt, haben wir alle Benutzer unfreiwillig beteiligt, denn jeder muß über den Firewall, um ins Internet zu gelangen. Es wäre natürlich wesentlich besser, wenn alle Benutzer freiwillig beteiligt wären. Dazu müssen wir jedoch die Benutzer über die Ziele und die Notwendigkeit unserer Sicherheitsmaßnahmen aufklären.

Zu einem gewissen Grad verlassen wir uns jedoch auf freiwillige Beteiligung aller Benutzer. Wir gewähren Telnet- und FTP-Zugang ohne Einschränkungen und haben dazu alle ausgehenden Verbindungen zu Portnummern über 1024 erlaubt. Dies bietet den Benutzern genug Freiheiten, um uns das Leben schwerzumachen. FTP ist bei weitem nicht der einzige Dienst über Portnummer 1024; Telnet ist ein idealer Client, um viele dieser Dienste zu benutzen.

Wir nahmen insbesondere an, daß es sich um Ihre einzige Internet-Verbindung handelt und die internen Benutzer den Firewall nicht völlig umgehen können, indem sie eigene Internet-Verbindungen einrichten. Für ein ungeschütztes Hintertürchen in Ihr Netz braucht es nur einen Witzbold mit einem Modem, einem Software-Paket für PPP und einer Telefonleitung nach außen.

Vielfalt der Verteidigung

Unsere Konfiguration erlaubt auch die Anwendung des Prinzips der vielfältigen Verteidigung. So könnte man zum Beispiel für den inneren und den äußeren Paketfilter Geräte verschiedener Hersteller verwenden. Für die meisten Standorte wird der Aufwand jedoch diesen Ansatz nicht rechtfertigen. Doch selbst wenn Sie ähnliche oder identische Hardware benutzen, können Sie Vielfalt erreichen, indem verschiedene Leute die Konfiguration der einzelnen Filtersysteme übernehmen und sich anschließend gegenseitig überprüfen.

Der Einsatz verschiedener SMTP-Server auf dem internen Mail-Server und dem Bastion-Host wäre ein größerer Fortschritt bei unserer Konfiguration, da SMTP eine der größten Schwachstellen ist. Selbst ein weniger sicherer SMTP-Server auf dem internen Mail-Server ist besser als einer, der genau den gleichen Angriff ermöglicht, der kurz zuvor auf dem Bastion-Host Erfolg hatte. Je verwundbarer Ihr SMTP-Server ist, desto wichtiger ist dieser Aspekt.

Schlußfolgerungen

Das in den vergangenen Abschnitten vorgestellte Schema bietet viele Vorteile. Die wichtigsten möglichen Nachteile, die wir darin sehen, sind die Kosten und die Komplexität. Wir glauben jedoch, daß diese Konfiguration für die meisten Standorte nicht zu teuer ist und daß sie mit der geringstmöglichen Komplexität auskommt.

Was ist, wenn Sie Geld sparen müssen? Es ist durchaus machbar, eine Architektur mit überwachtem Teilnetz nicht mit zwei Routern mit jeweils zwei Schnittstellen zu konstruieren, sondern mit einem einzigen Router, der drei Schnittstellen hat. Diese Lösung wäre etwas komplexer, da Sie die beiden Regelwerke für den Paketfilter zusammenlegen müßten. Das sollte jedoch nicht allzu schwierig sein.

Mit der gleichen Basisarchitektur könnte man auch relativ einfach eine sicherere Konfiguration konstruieren. Für einen Standort mit höheren Sicherheitsanforderungen wäre Proxies für Telnet und FTP zwingend notwendig. Das ermöglicht bessere Protokollierung und stopft die lästigen Löcher, die dadurch entstehen, daß alle ausgehenden Verbindungen zu Portnummern über 1024 erlaubt sind. Wenn Sie erst einmal Proxies für Telnet und FTP eingeführt haben, werden Sie wahrscheinlich feststellen, daß es sowohl praktischer als auch sinnvoller ist, DNS-Informationen zu verbergen. Der Preis für die höhere Sicherheit ist jedoch eine komplexere und anfälligere Konfiguration sowie Unannehmlichkeiten für die Benutzer.

Es ist auch ohne größere Architekturänderungen möglich, mehr Dienste anzubieten. Nach innen gerichtetes Telnet und Benutzer-FTP könnte man für wenige Benutzer zum Beispiel relativ einfach auf dem Bastion-Host oder einem speziellen Rechner im überwachten Teilnetz anbieten. Anonymous-FTP oder HTTP in größerem Stil könnte man auf zusätzlichen Maschinen im überwachten Teilnetz bereitstellen. Entsprechend könnte man den Firewall auch so vergrößern, daß er eine zweite Internet-Verbindung oder redundante Bastion-Hosts unterstützt. Dadurch werden die Dienste zuverlässiger oder können einem viel größeren internen Netz zur Verfügung gestellt werden.

Architektur mit überwachtem Host

Die in Abbildung 9-2 dargestellte Architektur mit überwachtem Host, die wir in Kapitel 4 beschrieben haben, stellt eine Alternative zur Architektur mit überwachtem Teilnetz aus den vorigen Abschnitten dar. Sie ist zwar billiger, bietet aber weniger Sicherheit. Die Architektur mit überwachtem Host kommt oft an sehr kleinen Standorten zum Einsatz, deren Firewall engen finanziellen Rahmenbedingungen genügen muß.

Bei der Architektur mit überwachtem Host gibt es kein Grenznetz, keinen inneren Router und oft auch keinen speziellen Bastion-Host. Natürlich existiert ein Rechner mit Verbindung zur Außenwelt; dieser Rechner übernimmt aber häufig auch andere Aufgaben. Statt dessen gibt es einen einzelnen Router, der dem äußeren Router in der Architektur mit überwachtem Teilnetz entspricht, sowie einen Service-Host, der Internet-Dienste für interne und externe Clients zur Verfügung stellt. Der Service-Host wird oft auch für andere Aufgaben eingesetzt.

Der Router hat die Aufgabe, das interne Netz zu schützen und den Zugang zu überwachen. Der Service-Host hält ähnlich dem Bastion-Host die Verbindung zur Außenwelt aufrecht. Wir nennen diesen Rechner Service-Host und nicht Bastion-Host, da er oft viele andere Aufgaben erfüllt. Er kann beispielsweise als Mail-Server, News-Server und DNS-Server für den Standort fungieren. Möglicherweise ist er außerdem File-Server, Druck-

Abb. 9-2: Architektur mit überwachtem Host.

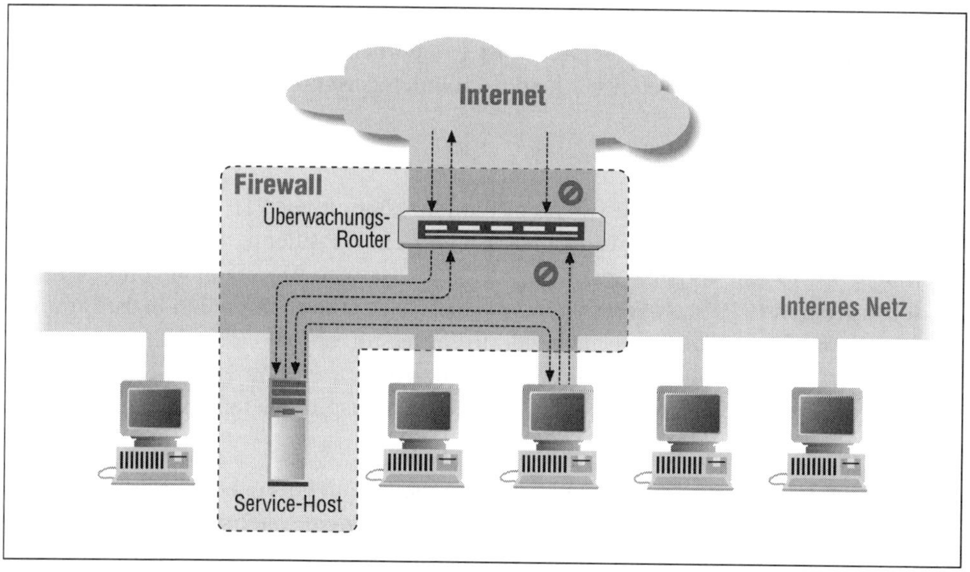

Server usw. Es kann sogar sein, daß der Standort überhaupt nur diese eine Maschine betreibt.

In diesem Beispiel gehen wir von folgenden Annahmen aus:

- Der Service-Host ist Mail-Server, News-Server und DNS-Server. Es gibt aber neben dem Service-Host noch andere Maschinen an diesem Standort.
- Wie im vorigen Beispiel vertrauen wir den Benutzern und nehmen an, daß sie nicht aktiv versuchen, den Firewall zu umgehen. Es gibt keinen Grund, ihre Internet-Aktivität zu überwachen oder zu protokollieren.
- Ebenfalls wie im vorigen Beispiel gehen wir davon aus, daß Sie offiziell zugewiesene IP-Adressen verwenden, die ordnungsgemäß geroutet werden und die Ihr Service-Provider im Internet bekanntgibt.

Konfiguration der Dienste

Wie bieten wir bei einer Architektur mit überwachtem Host die grundlegenden Internet-Dienste an?

Telnet

Telnet kann sicher und bequem über Paketfilterung betrieben werden, was wir in diesem Beispiel auch tun wollen. Wir sahen bereits im vorigen Abschnitt, daß Telnet-Proxies in einer größeren Konfiguration meistens zu aufwendig sind für die Vorteile, die sie bieten. Das gilt erst recht für die Architektur mit überwachtem Host. Nach innen gerichtetes Telnet ist in der größeren Konfiguration schon schwierig genug; hier grenzt es an Selbstmord, denn wenn in den Service-Host eingebrochen wird, ist das ganze Netz in Gefahr. Aus diesem Grund bieten wir kein nach innen gerichtetes Telnet an.

FTP

Wie bei der Architektur mit überwachtem Teilnetz können wir FTP sicher und bequem über Paketfilterung betreiben, wenn unsere internen FTP-Clients den passiven Modus beherrschen. Um Clients zu verwenden, die den passiven Modus nicht unterstützen, müssen wir einen FTP-Proxy-Server auf dem Service-Host einrichten. Bei Bedarf können wir sowohl passiven als auch normalen Modus unterstützen, bei einem kleinen Standort ist dies aber wahrscheinlich nicht nötig. Es ist besser, nur eine Variante bereitzustellen, als sich mit beiden herumzuschlagen. In diesem Beispiel bieten wir nur passiven Modus an.

Um einen FTP-Proxy-Server auf dem Service-Host benutzen zu können, muß der filternde Router TCP-Verbindungen von Port 20 auf externen Systemen zu Portnummern über 1023 auf dem Service-Host erlauben. Bei einem normalen Bastion-Host ist das kein Problem, da solche Ports nicht von anderer Software verwendet werden. Für einen Service-Host, der auch andere Aufgaben erfüllt, trifft das nicht unbedingt zu.

Nach innen gerichtetes FTP mit Benutzerkennung wird in allen Konfigurationen genauso behandelt wie Telnet. Da wir uns bereits gegen eingehendes Telnet entschieden haben, verbieten wir auch nach innen gerichtetes FTP mit Benutzerkennung.

Wie wir bei der Architektur mit überwachtem Teilnetz sahen, stellt nach innen gerichtetes Anonymous-FTP auf einem Bastion-Host ein akzeptables Risiko dar. Auf dem Service-Host mit seinen vertraulichen Daten und vollem Zugang zum internen Netz können wir dieses Risiko jedoch nicht eingehen und verbieten deshalb nach innen gerichtetes Anonymous-FTP.

SMTP

Bei dieser Architektur gibt es wohl nur eine gute Möglichkeit zur Einrichtung von SMTP. Nach innen gerichtete Mail sollte mit MX-Datensätzen zum Service-Host geleitet werden, ausgehende Mail verläßt den Standort über den Service-Host. Hierzu gibt es keine sinnvolle Alternative. Wie oben ausgeführt, sollte nach innen gerichtete Mail den internen Maschinen niemals direkt zugestellt werden. Außerdem ist es einfacher und sicherer, nach außen gerichtete Mail durch eine einzige Stelle zu leiten, als sie direkt zu versenden.

NNTP

Wie bei SMTP gibt es nur eine gute Möglichkeit zur Einrichtung von SMTP für die Architektur mit überwachtem Host: eine andere interne Maschine ist Server für Usenet-News, direktes NNTP zu dieser Maschine wird erlaubt. Falls nötig, könnten wir auch den Service-Host zum News-Server machen. Wenn man berücksichtigt, wie stark News einen Rechner belasten und wie wichtig der Service-Host ist, ist es jedoch besser, ganz auf News zu verzichten.

HTTP

Wie im vorigen Abschnitt beschrieben, kann man HTTP direkt über Paketfilterung oder indirekt über einen Proxy-Server betreiben. Am sinnvollsten ist es jedoch, HTTP indirekt über einen Proxy-Server mit Cache anzubieten, etwa den HTTP-Server des CERN. Die Leistungssteigerung durch Caching ist allein schon ein gutes Argument für diese Lösung.

In diesem Beispiel gehen wir davon aus, daß wir HTTP über den CERN-Server auf dem Service-Host anbieten. Wegen der mit der empfindlichen Stellung des Service-Hosts verbundenen Risiken verbieten wir externen Clients auch hier den Zugang.

DNS

Wie bei den meisten anderen Diensten gibt es in der Architektur mit überwachtem Host eigentlich nur einen guten Platz für den DNS-Server, nämlich auf dem Service-Host. In diesem Beispiel gehen wir von folgenden Annahmen aus:

- Der Service-Host ist primärer DNS-Server.
- Es gibt einen externen sekundären DNS-Server für Ihre Domäne, z.B. beim Service-Provider.
- DNS-Informationen werden nicht versteckt. Wenn der Service-Host als interner und externer primärer Server fungiert, ist es nicht möglich, DNS-Informationen zu verstecken.

Paketfilterregeln

Jetzt wollen wir uns die Paketfilterregeln ansehen, die für die beschriebene Architektur mit überwachtem Host nötig sind. Wie in dem Beispiel für die Architektur mit überwachtem Teilnetz gehen wir von einem »idealen« Router aus. Der Router muß die folgenden Regeln umsetzen, um die dargestellte Konfiguration zu unterstützen.

Regel	Richtung	Quell-Adresse	Ziel-Adresse	Protokoll	Quell-Port	Ziel-Port	ACK gesetzt	Aktion
Spoof	ein	intern	beliebig	bel.	bel.	bel.	bel.	verbieten
Telnet-1	aus	intern	beliebig	TCP	>1023	23	bel.	zulassen
Telnet-2	ein	beliebig	intern	TCP	23	>1023	ja	zulassen
FTP-1	aus	intern	beliebig	TCP	>1023	21	bel.	zulassen
FTP-2	ein	beliebig	intern	TCP	21	>1023	ja	zulassen
FTP-3	aus	intern	beliebig	TCP	>1023	>1023	bel.	zulassen
FTP-4	ein	beliebig	intern	TCP	>1023	>1023	ja	zulassen
SMTP-1	aus	Service-Host	beliebig	TCP	>1023	25	bel.	zulassen
SMTP-2	ein	beliebig	Service-Host	TCP	25	>1023	ja	zulassen
SMTP-3	ein	beliebig	Service-Host	TCP	>1023	25	bel.	zulassen
SMTP-4	aus	Service-Host	beliebig	TCP	25	>1023	ja	zulassen
NNTP-1	aus	News-Server	NNTP Feed-Server	TCP	>1023	119	bel.	zulassen

Regel	Rich-tung	Quell-Adresse	Ziel-Adresse	Proto-koll	Quell-Port	Ziel-Port	ACK gesetzt	Aktion
NNTP-2	ein	NNTP Feed-Server	News-Server	TCP	119	>1023	ja	zulassen
NNTP-3	ein	NNTP Feed-Server	News-Server	TCP	>1023	119	bel.	zulassen
NNTP-4	aus	News-Server	NNTP Feed- Server	TCP	119	>1023	ja	zulassen
HTTP-1	aus	Service-Host	beliebig	TCP	>1023	bel.	bel.	zulassen
HTTP-2	ein	beliebig	Service-Host	TCP	bel.	>1023	ja	zulassen
DNS-1	aus	Service-Host	beliebig	UDP	53	53	[a]	zulassen
DNS-2	ein	beliebig	Service-Host	UDP	53	53	[a]	zulassen
DNS-3	ein	beliebig	Service-Host	UDP	bel.	53	[a]	zulassen
DNS-4	aus	Service-Host	beliebig	UDP	53	bel.	[a]	zulassen
DNS-5	aus	Service-Host	beliebig	TCP	>1023	53	bel.	zulassen
DNS-6	ein	beliebig	Service-Host	TCP	53	>1023	ja	zulassen
DNS-7	ein	beliebig	Service-Host	TCP	>1023	53	bel.	zulassen
DNS-8	aus	Service-Host	beliebig	TCP	53	>1023	ja	zulassen
Std-1	aus	beliebig	beliebig	bel.	bel.	bel.	bel.	verbieten
Std-2	ein	beliebig	beliebig	bel.	bel.	bel.	bel.	verbieten

a. UDP-Pakete haben kein ACK-Bit.

Im folgenden finden Sie zusätzliche Hinweise zu den Regeln in dieser Tabelle:

Spoof

Blockiert eingehende Pakete, die angeblich von internen IP-Adressen stammen, also gefälschte Pakete, die höchstwahrscheinlich von einem Angreifer kommen.

Telnet-1 und Telnet-2

Erlauben ausgehende Telnet-Verbindungen.

FTP-1 bis FTP-4

Erlauben ausgehende FTP-Verbindungen im passiven Modus. Die Regeln FTP-1 und FTP-2 ermöglichen den Kommandokanal, Regeln FTP-3 und FTP-4 den Datenkanal. Diese beiden Regeln ermöglichen sogar beliebige TCP-Verbindungen vom Service-Host zu jedem Rechner im Internet, sofern die Portnummern auf beiden Seiten über 1023 liegen.

SMTP-1 und SMTP-2

Erlauben ausgehende Post vom Service-Host zur Außenwelt.

SMTP-3 und SMTP-4

Erlauben eingehende Post von der Außenwelt zum Service-Host.

NNTP-1 und NNTP-2

Erlauben ausgehende Usenet-News von Ihrem News-Server zum News-Server Ihres Service-Providers.

HTTP-1 und HTTP-2

Erlauben dem HTTP-Proxy-Server auf dem Service-Host die Verbindung zu HTTP-Servern auf beliebigen Maschinen im Internet. Diese Regeln erlauben sogar jedem TCP-Client auf dem Service-Host mit einer Portnummer über 1023 die Verbindung zu jedem Server auf einem beliebigen Rechner im Internet mit beliebigem Zielport. Dies ist nötig, damit der HTTP-Proxy-Server auch HTTP-Server ansprechen kann, die nicht auf der Standard-Portnummer 80 arbeiten. Diese Regeln sind zwar sehr großzügig, sie erlauben aber nur ausgehende Verbindungen, indem sie das ACK-Bit überprüfen. Beachten Sie die Überlappung zwischen diesen Regeln und den Regeln FTP-3 und FTP4: Entfernt man ein Paar, so können FTP- oder HTTP-Clients immer noch auf die meisten Server zugreifen.

DNS-1

Erlaubt DNS-Anfragen über UDP und Antworten der internen DNS-Server auf dem Service-Host zu DNS-Servern in der Außenwelt.

DNS-2

Erlaubt DNS-Anfragen über UDP von DNS-Servern im Internet zum DNS-Server auf dem Service-Host sowie Antworten auf solche Anfragen.

DNS-3 und DNS-4

Erlauben externen DNS-Clients Anfragen über UDP an den DNS-Server auf dem Service-Host sowie Antworten auf solche Anfragen.

DNS-5 und DNS-6

Erlauben DNS-Anfragen über TCP vom Service-Host zu DNS-Servern im Internet sowie Antworten auf solche Anfragen. Außerdem erlauben die Regeln Zonen-Transfers mit dem DNS-Server auf dem Service-Host als sekundärem Server und einem externen DNS-Server als primärem Server.

DNS-6 und DNS-7

Erlauben DNS-Anfragen über TCP von der Außenwelt an den DNS-Server auf dem Service-Host sowie Antworten auf solche Anfragen. Außerdem erlauben die Regeln Zonen-Transfers mit dem DNS-Server auf dem Service-Host als sekundärem Server und einem externen DNS-Server als primärem Server.

Std-1 und Std-2
: Blockieren alle Pakete, die nicht durch eine der vorhergehenden Regeln explizit erlaubt werden.

Analyse

Wie gut ist der eben konfigurierte Firewall eigentlich? Kurz gesagt - nicht besonders gut. Wir wollen ihn bezüglich der Strategien und Kriterien aus Kapitel 3 untersuchen und mit der Architektur mit überwachtem Teilnetz aus dem ersten Beispiel vergleichen.

Minimale Zugriffsrechte

Das Prinzip der minimalen Zugriffsrechte können wir bei dieser Architektur an mehreren Stellen erkennen. Die SMTP-Konfiguration, bei der nach außen gerichtete Mail über den Service-Host läuft und nicht direkt zu den fernen Systemen, ist ein Beispiel dafür. Damit haben Sie nämlich die Verbindungen interner Systeme nach außen wesentlich besser unter Kontrolle. In diesem Fall ist es nicht nötig, daß interne Systeme direkte Verbindung zu externen Systemen aufnehmen, um den Dienst anzubieten.

Andererseits erfüllt der Service-Host sehr viele Aufgaben und braucht daher die vollständigen Zugriffsrechte für alle diese Aufgaben. Dies entspricht gewiß nicht dem Prinzip der minimalen Zugriffsrechte. Der Service-Host hat für die meisten angebotenen Dienste viel zu viele Rechte.

Die im ersten Beispiel dieses Kapitels beschriebene Architektur mit überwachtem Teilnetz gehorcht dem Prinzip der minimalen Zugriffsrechte weit eher als die Architektur mit überwachtem Host.

Mehrschichtige Verteidigung

Das Prinzip der mehrschichtigen Verteidigung fehlt in dieser Konfiguration fast völlig. Die internen Rechner werden von dem filternden Router und dem Service-Host vor der Außenwelt geschützt, doch wenn in den Service-Host eingebrochen wird, sind die internen Rechner völlig ungeschützt. Der filternde Router und der Service-Host können sich nicht gegenseitig ersetzen, sondern ergänzen sich. Wird in einen von beiden eingebrochen, ist der gesamte Standort in Gefahr.

Die im ersten Beispiel dieses Kapitels beschriebene Architektur mit überwachtem Teilnetz gehorcht dem Prinzip der minimalen Zugriffsrechte weit eher als die Architektur mit überwachtem Host.

Die Passierstelle

Das Prinzip der Passierstelle wurde bei diesem Beispiel einer Architektur mit überwachtem Host ganz klar angewandt, da der gesamte Verkehr zwischen internen Clients und dem Internet mindestens den filternden Router durchläuft. Ein Großteil läuft zudem über Proxies durch den Service-Host.

Bei der Architektur mit überwachtem Teilnetz ist die Passierstelle geringfügig stärker ausgeprägt.

Das schwächste Glied

Es ist ganz offensichtlich, daß der Service-Host die Schwachstelle dieser Architektur darstellt, die ein Angreifer wählen wird. Wird in den Service-Host eingebrochen, so hat das schwerwiegende Auswirkungen auf die Sicherheit der anderen internen Rechner, da sie im gleichen Netz liegen und nicht vor dem Service-Host geschützt sind. Bei der Architektur mit überwachtem Teilnetz schützt dagegen der innere Router die internen Rechner vor dem Bastion-Host.

Darüber hinaus wird ein Angreifer mehr Einbruchsmöglichkeiten entdecken als beim Bastion-Host in der Architektur mit überwachtem Teilnetz, da der Service-Host eine Vielzahl von Diensten anbietet.

Insgesamt ist das schwächste Glied bei der Architektur mit überwachtem Teilnetz wesentlich stärker.

Fehlersicherheit

Das Prinzip der Fehlersicherheit wurde beim Aufstellen der Paketfilterregeln für die Architektur mit überwachtem Host angewandt. Die Regeln beschreiben im allgemeinen die zulässigen Fälle, alles andere ist von vornherein verboten. Dieser Ansatz ist ausfallsicher, denn wenn etwas Unvorhergesehenes auftritt (zum Beispiel ein neuer Dienst), wird es über Ihren Firewall nicht erlaubt. Falls der neue Dienst jedoch einen anderen Dienst benutzt oder imitiert, gilt dies natürlich nicht mehr.

Vom Design her ist die Architektur mit überwachtem Host selbst jedoch nicht ausfallsicher. Wird in den Service-Host eingebrochen, ist der gesamte Standort in ernster Gefahr. Die Architektur mit überwachtem Teilnetz hat in dieser Hinsicht viel bessere Eigenschaften.

Allumfassende Beteiligung

Falls es sich um unsere einzige Verbindung zum Internet handelt, haben wir alle Benutzer unfreiwillig einbezogen, denn jeder muß über den Firewall, um ins Internet zu gelangen. Es wäre natürlich wesentlich besser, wenn sich alle Benutzer freiwillig beteiligen würden. Dazu müssen wir die Benutzer jedoch über die Ziele und die Notwendigkeit unserer Sicherheitsmaßnahmen aufklären.

In dieser Hinsicht unterscheiden sich die beiden vorgestellten Architekturen nicht besonders voneinander.

Vielfalt der Verteidigung

Es gibt hier kaum Gelegenheiten, das Prinzip der vielfältigen Verteidigung anzuwenden, da es von allem nur ein Exemplar gibt: Ein einziger Router filtert Pakete, und es gibt nur einen einzigen Service-Host.

Schlußfolgerungen

Die Architektur mit überwachtem Host ist zwar in der Implementierung preiswerter als die Architektur mit überwachtem Teilnetz, sie bietet aber wesentlich geringeren Schutz. Das Design sieht wenig bis überhaupt keine Redundanz vor und ist nicht wirklich ausfallsicher. Zudem bietet diese Konfiguration weniger Dienste als die Architektur mit überwachtem Teilnetz, und es ist nicht möglich, die Sicherheit oder die Anzahl der Dienste zu erhöhen.

Um eine Architektur mit überwachtem Host korrekt einzurichten, müssen Sie eine Maschine als Service-Host opfern, die keine anderen Aufgaben übernimmt. Im Grunde brauchen Sie einen Bastion-Host. Wenn Sie jetzt die nötige Ausstattung für beide Architekturen vergleichen, wird der Unterschied offensichtlich:

- ein zweiter Router (bei einer Architektur mit überwachtem Teilnetz und zwei Routern)
- eine dritte Schnittstelle für den Router (bei einer Architektur mit überwachtem Teilnetz und einem Router).

Die Kosten für einen geeigneten zweiten Router sind mit einigen tausend Mark nicht übermäßig hoch. Die Kosten für eine zusätzliche Schnittstelle am Router sind meist viel geringer; der Preisunterschied zwischen Routern mit zwei und solchen mit drei Schnittstellen liegt bei einigen hundert Mark. Falls Sie einen geeigneten PC übrig haben, entfallen die Zusatzkosten sogar ganz. In diesem Fall können Sie nämlich eines der im Internet frei erhältlichen Filterpakete für PCs einsetzen, z.B. Drawbridge oder KarlBridge (siehe Anhang B).

Die Unterschiede der beiden vorgestellten Architekturen hinsichtlich Sicherheit, Skalierbarkeit und Anzahl der angebotenen Dienste sind enorm. Bei einer Architektur mit überwachtem Host gibt es keine sinnvolle Möglichkeit, nach innen gerichtete Dienste auch nur beschränkt anzubieten. Sie können die Konfiguration ohne Änderung der Architektur nicht ausbauen, nicht einmal die Anzahl der unterstützten Rechner erhöhen.

In diesem Kapitel:
- *Risiken beim Einsatz eingehender Dienste*
- *Was versteht man unter Authentifizierung?*
- *Verfahren zur Authentifizierung*
- *Systeme zur Authentifizierung*
- *Verschlüsselung auf Netzebene*
- *Terminal-Server und Modem-Pools*

10

Authentifizierung und eingehende Dienste

Dieses Buch beschäftigt sich hauptsächlich damit, wie Sie Ihre Benutzer sicher in das Internet *hinaus* lassen können. Es gibt jedoch auch einen zweiten Aspekt der Internet-Sicherheit: Wie können Sie Benutzer aus dem Internet auf sichere Art und Weise *hereinlassen*?

Bei anonymen Diensten, etwa dem Zugriff auf Ihre Server für Anonymous-FTP, HTTP oder Gopher ist die Lösung klar: Sie schützen die Server so gut wie möglich, um Außenstehenden Zugriff auf die von Ihnen angebotenen Informationen zu gewähren und gleichzeitig zu verhindern, daß sie auf etwas anderes zugreifen können. Bei diesen anonymen Diensten sind die freigegebenen Informationen für alle Welt lesbar. Eine Beschreibung dieser Dienste finden Sie in Kapitel 8.

Bei nicht anonymen Diensten ist die Situation jedoch wesentlich komplexer. Bei solchen Diensten (sie heißen gewöhnlich auch Dienste mit Authentifizierung) muß der Benutzer, der auf den Dienst zugreifen will, erst seine Identität nachweisen. Daran entscheidet der Server, ob der Benutzer den gewünschten Dienst ausführen darf. Es gibt verschiedene Gründe, Dienste mit Authentifizierung anzubieten:

- Mit Telnet können sich Ihre Benutzer aus dem Internet einloggen, z.B. beim Besuch einer Konferenz oder auf Dienstreisen.
- Forscher und Kollegen befreundeter Standorte können sich auf Ihren Systemen einloggen.
- Ausgewählte Kunden können sich auf Ihren Systemen einloggen.

Authentifizierung bedeutet im wesentlichen beweisbare Identifizierung. Doch wie beweisen Benutzer einem System gegenüber, daß sie wirklich diejenigen sind, als die sie sich ausgeben? Beachten Sie den Unterschied zwischen *authentifizieren* (herausfinden, wer jemand ist) und *autorisieren* (herausfinden, was jemand darf). Authentifizierung ist eine Voraussetzung für Autorisierung (Ausnahmen sind Fälle, in denen jedermann autorisiert ist, etwas zu tun, z.B. bei Anonymous-FTP). Es handelt sich dabei jedoch um zwei unterschiedliche Konzepte.

Dieses Kapitel beschäftigt sich mit eingehenden Diensten und der Frage, wie Authentifizierung die Risiken vermindern kann, die solche Dienste mit sich bringen. Es behandelt außerdem einige zusätzliche Fragen zur Verschlüsselung und Authentifizierung, die sowohl ein- als auch ausgehende Dienste betreffen, etwa Verschlüsselung auf Netzebene und die Frage, wo Modem-Pools zu plazieren sind.

Hinweis

> Dieses Kapitel behandelt zwar einige Aspekte der Kryptographie, denn Kryptographie bildet die Grundlage für viele Authentifizierungsmechanismen, die wir in diesem Buch behandeln. Wir versuchen jedoch nicht, hier genauer auf Kryptographie einzugehen. Es gibt viele ausgezeichnete Bücher zu diesem umfangreichen und komplexen Thema. In diesem Buch, wo wir hauptsächlich praktische Fragen erläutern, können wir Kryptographie nicht auf wenigen Seiten erklären. Eine ausführlichere Behandlung finden Sie zum Beispiel in dem Buch *Applied Cryptography* von Bruce Schneier (siehe Anhang A).

Kryptographie

Was sind die wichtigsten Unterschiede zwischen kryptographischen Verfahren mit privaten und solchen mit öffentlichen Schlüsseln?

Zu den *Algorithmen mit privaten Schlüsseln (private key algorithms)* gehören der Data Encryption Standard (DES), der in Kerberos benutzt wird, IDEA, und der Skipjack-Algorithmus, der die Grundlage des Clipper-Chips bildet. Bei dieser Gruppe von Algorithmen kennen beide Parteien einen einzelnen Schlüssel (den privaten Schlüssel), den sie geheimhalten müssen. Der Absender einer Nachricht chiffriert diese mit dem geheimen Schlüssel. Der Empfänger muß sie mit demselben Schlüssel dechiffrieren. Um mit jemandem chiffrierte Nachrichten auszutauschen, muß der Partner den benutzen kryptographischen Schlüssel kennen. Dritte dürfen den Schlüssel nicht entdecken oder abhören. Es ist schwierig und umständlich, den Schlüssel auf geheime Art auszutauschen.

Zu den *Algorithmen mit öffentlichem Schlüssel (public key algorithms)* gehören RSA und Diffie-Hellman. Bei diesen Algorithmen erzeugt ein mathematischer Prozeß für beide Parteien je einen Schlüssel, zwischen denen ein mathematischer Zusammenhang besteht. Eine Nachricht, die mit einem Schlüssel (dem öffentlichen Schlüssel) chiffriert wurde, kann nur mit dem anderen Schlüssel (dem geheimen oder privaten Schlüssel) dechiffriert werden. Der öffentliche Schlüssel kann bekanntgegeben werden, der private

Schlüssel muß dagegen geheim bleiben. Zur Übermittlung einer geheimen Nachricht chiffriert der Absender diese mit dem öffentlichen Schlüssel des gewünschten Empfängers. Dieser dechiffriert die Nachricht mit seinem eigenen geheimen Schlüssel. Der einzige Schlüssel, mit dem die Nachricht dechiffriert werden kann, ist der geheime Schlüssel, der zu dem bei der Chiffrierung benutzten öffentlichen Schlüssel gehört. Mit Public-Key-Verfahren kann man Nachrichten auch »unterschreiben«. Wenn der Absender eine Nachricht mit seinem privaten Schlüssel unterschreibt, kann der Empfänger die Unterschrift überprüfen, indem er den öffentlichen Schlüssel des Absenders auf die Nachricht anwendet. Dechiffriert dieser öffentliche Schlüssel die Nachricht erfolgreich, muß sie mit dem zugehörigen privaten Schlüssel unterschrieben worden sein.

Public-Key-Verfahren sind langsam, oft mehrere tausend Mal langsamer als entsprechend sichere Private-Key-Verfahren. Aus diesem Grund werden Public- und Private-Key-Verfahren häufig in Kombination verwendet. Das Verschlüsselungspaket Pretty Good Privacy (PGP) arbeitet zum Beispiel auf diese Art. Um eine chiffrierte Nachricht an einen Empfänger zu senden, erzeugt das sendende PGP-Programm einen zufälligen »Sitzungsschlüssel«. Die Nachricht wird mit diesem Sitzungsschlüssel und einem Private-Key-Verfahren chiffriert, was schnell geht. Der Sitzungsschlüssel selbst wird mit einem Public-Key-Verfahren und dem öffentlichen Schlüssel des Empfängers chiffriert. Das ist zwar langsam, aber der Sitzungsschlüssel ist nur sehr kurz, vor allem im Vergleich zur eigentlichen Nachricht. Der chiffrierte Sitzungsschlüssel wird zusammen mit der chiffrierten Nachricht zum Empfänger übertragen. Dieser dechiffriert mit dem Public-Key-Verfahren und seinem eigenen privaten Schlüssel zuerst den Sitzungsschlüssel. Das ist langsam, doch der Sitzungsschlüssel ist nur sehr kurz. Mit dem Sitzungsschlüssel und dem Private-Key-Verfahren dechiffriert er dann die gesamte Nachricht (das geht schnell). Eine ausführliche Beschreibung von PGP finden Sie in dem Buch *PGP: Pretty Good Privacy* von Simson Garfinkel (siehe Anhang A).

Risiken beim Einsatz eingehender Dienste

Eingehende Dienste bringen verschiedene Sicherheitsrisiken mit sich. In diesem Abschnitt konzentrieren wir uns auf das Beispiel Telnet, doch die gleichen Probleme, Prinzipien und Lösungen betreffen auch andere authentifizierte Dienste, z.B. nicht anonymes FTP.

Die drei wichtigsten Risiken im Zusammenhang mit eingehenden Diensten sind:

Hijacking
: Jemand mißbraucht eine Verbindung, nachdem sich der Benutzer dem System gegenüber authentifiziert hat.

Paketschnüffler
: Jemand liest vertrauliche Daten beim Durchqueren des Netzes, ohne mit der Verbindung selbst etwas zu tun zu haben.

Gefälschte Authentifizierung
: Jemand, der kein zulässiger Benutzer ist, überzeugt das System davon, daß er oder sie doch ein zulässiger Benutzer ist.

Hijacking

Bei Hijacking-Angriffen übernimmt der Angreifer eine bestehende Terminal- oder Login-Sitzung von einem Benutzer, der vom System bereits authentifiziert wurde. Hijacking-Angriffe finden meist auf einem fernen Computer statt. Manchmal ist es jedoch auch möglich, eine Verbindung von einem Computer aus zu übernehmen, der sich irgendwo zwischen dem fernen Rechner und Ihrem lokalen System befindet.

Wie können Sie sich vor Hijacking-Angriffen auf dem fernen Computer schützen? Die einzige Möglichkeit besteht darin, nur solche Verbindungen zuzulassen, die von Computern ausgehen, denen Sie vertrauen. Im Idealfall sind diese Computer mindestens so gut abgesichert wie Ihre eigenen. Sie können diese Einschränkung entweder mit Paketfiltern oder mit modifizierten Servern implementieren. Paketfilter lassen sich zwar leichter auf mehrere Rechner anwenden, doch modifizierte Server bieten auf den einzelnen Systemen größere Flexibilität. Ein modifizierter FTP-Server könnte zum Beispiel anonyme FTP-Verbindungen von beliebigen Rechnern zulassen, authentifizierte FTP-Verbindungen dagegen nur von bestimmten Rechnern. Paketfilter bieten keine solchen Steuerungsmöglichkeiten. Eine Kontrolle der Verbindungen auf Host-Ebene ist mit den Wrapper-Programmen im TIS FWTK (Programm *netacl*) oder dem TCP Wrapper von Wietse Venema möglich. Diese Programme sind leichter zu konfigurieren als Paketfilter und bieten ebenfalls die Möglichkeit, nach Rechneradressen zu unterscheiden.

Um Hijacking durch zwischenliegende Rechner zu verhindern, kann man die Datenübertragung zwischen Absender und Empfänger verschlüsseln. Einzelheiten zur Verschlüsselung auf Netzebene lernen wir später in diesem Kapitel kennen. Beim Einsatz von Verschlüsselung auf Netzebene können zwischenliegende Rechner den Datenstrom nicht dechiffrieren, da ihnen der dazu nötige Schlüssel fehlt. Daher ist es einem zwischen Absender und Empfänger liegenden Rechner auch nicht möglich, Verbindungen zu mißbrauchen, die über diesen Rechner laufen.

Hijacking ist ein sehr technischer Angriff. Das Risiko für eine Organisation, Opfer eines Hijacking-Angriffs zu werden, ist wahrscheinlich ziemlich gering. Die meisten Standorte nehmen dieses geringe Risiko in Kauf und erlauben eine kleine Zahl von Systemzugriffen von beliebigen Rechnern im Internet. Das Risiko eines Hijacking-Angriffs kann auch für Ihre Organisation akzeptabel sein, vor allem dann, wenn Sie die Anzahl der Kennungen mit vollem Zugang und die zulässige Login-Zeit minimieren können. Sie sollten jedoch nicht Hunderten von Benutzern aus dem Internet fernes Login erlauben. Ebensowenig sollten Sie ohne spezielle Vorkehrungen Benutzern ferner Standorte dauerhaftes Login erlauben.

Paketschnüffler

Ein Angreifer muß gar keinen Hijacking-Angriff durchführen, um eine Verbindung zu mißbrauchen und an vertrauliche Informationen zu kommen. Er besorgt sich die übertragenen Informationen, indem er einfach die Pakete überwacht, die auf dem Weg zwischen dem fernen Standort und Ihrem Netz bei ihm vorbeikommen. Spezielle Programme, sogenannte Paketschnüffler (*packet sniffing programs*), automatisieren die Überwachung der Pakete.

Ein Schnüffler kann hinter Paßwörtern oder Daten her sein. Beides birgt unterschiedliche Risiken. Gegen das Erschnüffeln von Paßwörtern kann man sich relativ leicht schützen, indem man eines der in diesem Kapitel beschriebenen Verfahren für nicht wiederverwendbare Paßwörter benutzt. Bei diesen nicht wiederverwendbaren Paßwörtern spielt es keine Rolle, ob ein Schnüffler ein Paßwort aufschnappt. Es nützt ihm nichts, da er es nicht noch einmal benutzen kann.

Schutz gegen das Ausschnüffeln der Daten ist schwieriger. Sie könnten die Daten an Ihrem Standort immer verschlüsseln. Dazu müßten Sie aber im voraus wissen, welche Daten zu verschlüsseln sind, und sich darauf verlassen können, daß an dem fernen Standort geeignete Entschlüsselungsprogramme zur Verfügung stehen. Es ist nicht sicher, wenn ein über Netz eingeloggter Benutzer während der Sitzung Verschlüsselung anfordert. Der Paketschnüffler sieht ja die Kommandos, die der Benutzer zur Verschlüsselung absetzt, vielleicht sogar den dazu benutzten Schlüssel. Mit diesen Informationen könnte er die Daten entschlüsseln. Gibt der Benutzer den Schlüssel nicht direkt an, muß das System einen gespeicherten Schlüssel verwenden. Dieser kann jedoch auf andere Art und Weise gefährdet sein, zum Beispiel durch einen Einbruch in das verschlüsselnde System.

Leider ist es unpraktisch, Dateien im voraus zu verschlüsseln. Das funktioniert vielleicht, wenn Sie nur gelegentlich Dateien übertragen; eine sinnvolle Verbindung ist damit aber nicht möglich. Um die Vertraulichkeit der Daten auch bei echtem interaktiven Zugang zu gewährleisten, müssen Sie mit Verschlüsselung auf Netzebene arbeiten. Bei den meisten Systemen zur Verschlüsselung auf Netzebene müssen sich beide Seiten vorher absprechen, um das System einzurichten. Falls Sie jedoch längerfristig vertrauliche Verbindungen zu bestimmten Standorten betreiben, kann sich der Aufwand sehr wohl lohnen.

Wie bereits bei Hijacking erläutert, gilt auch für Paketschnüffler, daß die meisten Organisationen das relativ geringe Risiko akzeptieren, sofern sich nur eine geringe Anzahl von Benutzern gelegentlich von fernen Rechnern aus einloggt. Sie müssen jedoch sicherstellen, daß niemand ohne spezielle Vorkehrungen über das Internet auf vertrauliche Informationen zugreift. Auf jeden Fall müssen Sie Situationen vermeiden, in denen vertrauliche Informationen dauerhaft unverschlüsselt über das Internet übertragen werden. Eine Mitarbeiterin der Personalabteilung darf zum Beispiel nicht von zu Hause aus über das Internet mit unverschlüsselten Personalakten arbeiten.

Gefälschte Authentifizierung

Das dritte große Risiko im Zusammenhang mit eingehenden Diensten ist die gefälschte Authentifizierung. Dabei maskiert sich ein Angreifer als einer Ihrer Benutzer, um so die Authentifizierung zu unterlaufen.

Wenn man ein Geheimnis in einem Netz übertragen will, kann man es in den meisten Fällen verschlüsselt übertragen. Es gibt jedoch eine Situation, in der die Verschlüsselungslösung nicht funktioniert: wenn man die Information nämlich zum Gebrauch gar nicht verstehen muß. Die Verschlüsselung von Paßwörtern funktioniert zum Beispiel nicht, denn ein Paketschnüffler kann das verschlüsselte Paßwort einfach abfangen und es erneut senden, ohne es zu überhaupt zu entschlüsseln. Dieser Angriff wird als Playback-Angriff bezeichnet, da der Angreifer einen Vorgang einfach aufzeichnet und später wieder »abspielt«. Zur Authentifizierung über das Internet ist daher mehr nötig als nur das Verschlüsseln der Paßwörter. Man braucht eine Authentifizierungsmethode, bei der die im Netz übertragenen Daten nicht wiederverwendbar sind. Dies macht es einem Angreifer unmöglich, die Paßwörter abzufangen und wieder abzuspielen.

Im nächsten Abschnitt beschreiben wir die Funktionsweise von Authentifizierung. Dabei werden wir sehen, daß es viele Verfahren zur Authentifizierung gibt, die unterschiedliche Sicherheit bieten.

Was versteht man unter Authentifizierung?

Die meisten Leute denken bei Authentifizierung an Paßwörter. Paßwörter werden zwar häufig zur Authentifizierung benutzt, es gibt jedoch eine Vielzahl weiterer Authentifizierungsmechanismen. Diese lassen sich im allgemeinen mit Hilfe der folgenden Kriterien klassifizieren:

Etwas, das zu Ihnen gehört
: Das ist das Einsatzgebiet der Biometrik. Zu dieser Gruppe gehören Fingerabdrücke, Merkmale der Netzhaut, Stimmanalyse usw.

Etwas, das Sie wissen
: Das ist das traditionelle Paßwort-System.

Etwas, das Sie haben
: Dazu gehören verschiedene Mechanismen, z.B. Frage-Antwort-Listen, One-Time-Pads, Chipkarten usw.

Einige Systeme kombinieren mehrere Ansätze. Eine Chipkarte, deren Benutzer eine persönliche Identifikationsnummer (PIN) eingeben muß, kombiniert zum Beispiel etwas, das man hat (die Karte) und etwas, das man weiß (die PIN). Theoretisch ist es vorteilhaft, mindestens zwei Verfahren zu kombinieren. Das, was Sie haben, kann gewöhnlichem Diebstahl zum Opfer fallen; das, was Sie wissen, ist bei der Übertragung im Internet durch Paketschnüffler in Gefahr. Es ist jedoch selten, daß ein Angreifer beides gleichzeitig erhält. Geldautomaten arbeiten ebenfalls mit dieser Kombination, demonstrieren jedoch auch die Lücke in der Theorie: Wenn Sie sich ausweisen (vor dem Geldautomaten stehen), offenbaren Sie gleichzeitig, was Sie haben (die Karte) und was sie wissen (Ihre PIN). Dadurch sind Sie anfällig für einen Dieb, der Sie am Automaten beobachtet, um Ihre PIN zu erfahren, und Ihnen beim Verlassen des Automaten die Karte klaut.

Etwas, das zu Ihnen gehört

Zur Zeit sind viele biometrische Systeme im Einsatz oder in Entwicklung. Sie überprüfen so unterschiedliche persönliche Merkmale wie Stimme, Finger- oder Handabdrücke, Netzhautmerkmale, Unterschrift oder die Art und Weise, wie Sie tippen. Biometrische Systeme genießen enormes Interesse, da sie das Problem umgehen, daß etwas gestohlen oder aufgedeckt werden kann. Selbst das Horrorszenario eines abgehackten Daumens wird berücksichtigt: bei den meisten Fingerabdruck-Scannern muß ein Puls vorhanden sein. Leider sind biometrische Systeme für normale Internet-Anwendungen nicht praktikabel.

Gebräuchliche Computer-Hardware taugt nicht zum Einlesen von Fingerabdrücken, geschweige denn von Netzhautmerkmalen. Die Stimmanalyse ist schon interessanter – heutzutage ist es nicht ungewöhnlich, daß Rechner mit einem Mikrophon ausgerüstet sind. Allerdings verfügt nicht jede Maschine über diese Ausstattung, und man kann auch nicht davon ausgehen, daß jede Anwendung Stimmen digitalisieren und übertragen kann. Überdies fehlen unter Umständen die nötige Festplattenkapazität und Bandbreite.

Müssen die biometrischen Daten von Ihrem Standort erst zum überprüfenden System übertragen werden, so laufen Sie schließlich wieder Gefahr, daß ein Angreifer die Daten abfängt und später wiederholt (es sei denn, Sie verschlüsseln die Daten oder schützen sie auf andere Art).

Selbst wenn die nötigen Voraussetzungen auf jeder Maschine erfüllt wären, ist zuverlässige Identifizierung per Stimmanalyse überraschend schwierig. Viele Leute wollen auch bei einer Erkältung nicht auf die Benutzung des Computers verzichten. Das bringt jedoch viele Systeme zur Stimmanalyse völlig durcheinander. Man darf keinen festen Satz als Paßwort verwenden, denn den könnte ein Angreifer mit einem Tonband aufnehmen und wieder abspielen. Es gibt zwar spezielle Systeme zur Lösung solcher Probleme, doch keine entsprechenden Authentifizierungssysteme für die gebräuchlichen Computer. Die Entwicklung eines solchen Systems ist alles andere als trivial. Man kann auch nicht jedesmal einen anderen Satz verwenden, da die Stimmanalyse für beliebigen Text nicht in Echtzeit durchgeführt werden kann (es sein denn, Sie haben zufällig einen übrigen Supercomputer dafür herumstehen). Fast niemand akzeptiert beim Login eine Verzögerung von mehr als ein paar Sekunden. Eine Antwort, die erst nach einigen Stunden erscheint, hilft hier einfach nicht weiter.

Zeitliche Analyse des Tippverhaltens eines Benutzers ist ein überraschend zuverlässiges biometrisches System, für das keine spezielle Hardware erforderlich ist. Der Computer gibt einen zu tippenden Satz vor und bestimmt dann die Zeitabstände zwischen den einzelnen eingetippten Zeichen. Bei ausreichend langen Sätzen tippen alle Leute in charakteristischen Mustern, die sehr schwer zu imitieren sind. Wie bei der Stimmanalyse können sich auch die Werte der Tippanalyse mit der Umgebung ändern. Erkältungen sind bei Tastaturanschlägen natürlich kein Problem, aber betrunkene Benutzer haben große Probleme, sich zu authentifizieren (das ist nicht unbedingt ein Nachteil). Hauptnachteil des Verfahrens ist, daß man die Tastenanschläge nur auf der Maschine messen kann, an der die Tastatur angeschlossen ist. Daher sind zum Einsatz dieser Methode im Internet modifizierte Clients erforderlich. Außerdem können manche Leute so schlecht tippen, daß sie sich nur schwer authentifizieren können, weil sie so unregelmäßig tippen.

Etwas, das Sie wissen

Wenn in einem Roman der verschollen geglaubte Millionenerbe auftaucht, können Sie davon ausgehen, daß es keine Fingerabdrücke zur biometrischen Authentifizierung gibt. Statt dessen wird die Person vermutlich versuchen, ihre Identität zu beweisen, indem sie den Namen des Kuscheltiers nennt, den sie im Alter von drei Jahren mit in ihr Bett nahm. Das ist die Methode der Authentifizierung durch Wissen, genau wie beim traditionellen Paßwort-System von UNIX. Genauso wie bei Paßwörtern kann die Antwort gefälscht sein, wenn man nur gut raten kann und genügend Versuche bekommt.

Authentifizierung mit etwas, das man weiß, beruht darauf, daß etwas sowohl schwer zu erraten als auch geheim ist. Damit Sie sich zuverlässig authentifizieren können, müssen Sie auch das Geheimnis zuverlässig wissen. Das ist nicht so einfach, wie es vielleicht klingt. Den meisten Leuten fällt es nicht leicht, sich schwer zu erratende Dinge auszudenken und selbst zu merken. Noch mühsamer ist es, ein Geheimnis für sich zu behalten. Kurze Schlüssel kann man leicht erraten, lange Schlüssel kann man sich dagegen selbst nur schwer merken. Wenn man sie aufschreibt, benutzt man eigentlich schon ein anderes Verfahren – jetzt geht es um etwas, das man besitzt.

Systemverwalter, die ihren Benutzern einbleuen, Paßwörter niemals aufzuschreiben, haben wahrscheinlich selbst einige in ihrer Brieftasche versteckt. Das ist eine Kombination von »etwas, das man weiß« mit »etwas, das man besitzt«. Das Wissen besteht darin, die eigene Handschrift zu entziffern und zu entscheiden, welcher Papierschnipsel die Paßwörter enthält und welcher die Essensbestellungen der letzten Woche. »Was man besitzt« ist der Papierschnipsel selbst.

Trotz aller Risiken der »Was man weiß«-Systeme sind sie immer noch für die Praxis geeignet, wenn man das Geheimnis nicht jedesmal beim Authentifizieren jemandem in unmittelbarer Nähe zeigen muß. Es hat schon seine Gründe, daß Paßwörter so beliebt sind: sie sind schnell und billig, und in der Praxis kommt es nicht so häufig vor, daß die Benutzer sie vergessen oder das jeweilige Papierstück verlieren. Es ist jedoch völlig unpraktikabel, sie auf sichere Art und Weise im Internet zu übertragen.

Gibt es überhaupt eine Möglichkeit, »Was man weiß«-Systeme sicher im Internet zu benutzen? Ja: benutzen Sie Paßwörter, stellen Sie aber sicher, daß sie nicht wiederverwendet werden können (Einmal-Paßwörter).

Es gibt zwei Möglichkeiten, die traditionellen, auswendig gelernten Paßwörter nicht wiederverwendbar zu machen. Die erste Möglichkeit ist die Einbindung eines verschlüsselten Zeitstempels. Mit dieser Methode arbeitet das Kerberos-System. Solange man den Zeitstempel ohne Kenntnis des Paßworts nicht verändern kann, sind Playback-Attacken nicht möglich. Dazu sind leider zwei Voraussetzungen erforderlich:

- Spezielle Client-Software, die den Zeitstempel für das Paßwort erzeugt.
- Zeitabgleich zwischen Client und Server. Wenn Server und Client mit unterschiedlichen Zeiten arbeiten, ist das Paßwort bei Ankunft entweder bereits ungültig oder noch nicht gültig.

Die zweite Möglichkeit, die traditionellen, auswendig gelernten Paßwörter nicht wiederverwendbar zu machen, ist der Einsatz von Frage-Antwort-Systemen (*challenge-response systems*). Bei einem solchen System hängt das Paßwort von einer »Frage« des Servers ab.

Frage-Antwort-Systeme sind die traditionellen Identifizierungssysteme in einem Speakeasy[1], beim Betreten einer Kaserne oder bei einem Treffen von Spionen im Museum. Dieser Ansatz mag unpraktisch erscheinen, denn um genügend Schutz vor Playback-Attacken zu bieten, ist eine große Zahl von Fragen mit jeweils unterschiedlichen Antworten nötig. Wenn man sich schon ein einzelnes Paßwort nicht merken kann, hat man mit 47 Paßwörtern sicher noch mehr Probleme.

Frage-Antwort-Systeme für Computer werden jedoch so entworfen, daß man sich nicht die Antwort auf jede einzelne Frage merken muß, sondern eine Regel zur Ableitung der Antwort auf eine Frage. Dieses Konzept ist als reine »Was man weiß«-Option noch nicht sehr gebräuchlich, da es bei einer großen Zahl von Benutzern schwer anwendbar ist. Eine Regel der Art »drehe die ersten drei Buchstaben um, mache aus dem vierten einen Großbuchstaben, lösche den fünften und verwandle den Rest in Großbuchstaben« ist zwar einfach zu programmieren. Es ist jedoch nicht ganz einfach, sie so darzustellen, daß jeder Benutzer eine andere Regel bekommt. Selbst wenn man sich die eigene Regel merken kann, neigt man doch dazu, die Frage mit dem Finger zu verfolgen und die Regel zu murmeln, während man sie umsetzt. Wenn Ihnen dabei jemand über die Schulter schaut, kann er die Regel leicht erkennen.

Etwas, das Sie besitzen

Die meisten Authentifikationssysteme im Internet beruhen heutzutage auf dem dritten Prinzip, »etwas, das man besitzt«. Das, was man besitzt, kann eine ausgedruckte Liste mit Einmal-Paßwörtern sein oder eine Chipkarte. Gewöhnlich (aber nicht immer) wird das Verfahren mit »etwas, das man weiß« kombiniert.

Der Einsatz von Chipkarten vereinfacht Frage-Antwort-Systeme oder zeitabhängige Verschlüsselung. Bei Frage-Antwort-Systemen kodiert man die Regel selbst in der Karte. Diese bestimmt dann die Antwort zur jeweiligen Frage. Bei zeitabhängiger Verschlüsselung enthält die Karte sowohl die Zeitquelle als auch die Einzelheiten der Verschlüsselung. Beide Varianten erlauben die Authentifizierung ohne modifizierte Clients oder Benutzer mit einem Superhirn.

Gedruckte Paßwort-Listen heißen *One-Time-Passwords*, weil sie einem Spionage-Hilfsmittel namens *One-Time-Pad* ähneln. Das ist ein Schreibblock, der auf jeder Seite unterschiedliche Anweisungen enthält. Man verschlüsselt mit jeder Seite eine Nachricht, damit die Gegenseite keine Gelegenheit hat, einen mehrfach benutzen Code zu knacken.[2]

1. A.d.Ü.: Speakeasy ist die Bezeichnung für ein Lokal, in dem während der Prohibitionszeit in den USA Alkohol ausgeschenkt wurde.
2. Gedruckte Listen mit Einmal-Paßwörtern sehen einem One-Time-Pad sogar so ähnlich, daß man auf internationalen Reisen nicht unbedingt die Zöllner darauf aufmerksam machen sollte.

Verfahren zur Authentifizierung

Zur Implementierung aller oben vorgestellten Verfahren zur Authentifizierung ist Hardware oder Software erforderlich. In diesem Abschnitt beschreiben wir einige der gebräuchlichsten Hard- und Softwaremethoden, die Authentifizierungssystemen zugrunde liegen. Wir gehen besonders auf jene Methoden ein, die vom TIS FWTK unterstützt werden, da dies das verbreitetste System ist. Die wichtigsten ausgereiften Systeme behandeln wir später im Abschnitt »Systeme zur Authentifizierung«.

Einmal-Paßwörter

Ein System mit Einmal-Paßwörtern kann auf zwei Arten arbeiten:

- Die Liste wird zufällig erzeugt; Das System und der Benutzer verfügen jeweils über eine Kopie.
- Die Liste (oder ein bestimmter Eintrag der Liste) kann bei Bedarf vom Benutzer erzeugt und vom System überprüft werden.

Eine im System gespeicherte Liste ist in Gefahr, sobald in das System eingebrochen wird. Die Liste könnte dann für zukünftige Einbrüche mißbraucht werden. Das ist genauso schlimm, als wenn jemand bei der Verwendung eines wiederverwendbaren Paßworts am Netz schnüffelt.

Das TIS FWTK unterstützt eine elegante Lösung für dieses Problem. Sie heißt S/Key und arbeitet mit Einmal-Paßwörtern. S/Key wurde ursprünglich von Leslie Lamport entworfen und von Bellcore entwickelt. Das System kann einen Benutzer damit zuverlässig authentifizieren, ohne daß es auf dem System etwas gäbe, das bei einem Einbruch das Paßwort des Benutzers preisgeben würde. Das System kann zwar die aktuelle Eingabe eines Benutzers überprüfen, es hat jedoch keine Möglichkeit, seine *nächste* Antwort vorherzusagen.

S/Key beginnt mit einem Startwert und wendet darauf wiederholt einen kryptographisch sicheren Hash-Algorithmus an. Ein kryptographisch sicherer Hash-Algorithmus nimmt eine beliebig große Eingabe und liefert eine wesentlich kleinere Ausgabe – vergleichbar einer Prüfsumme – mit zwei besonderen Eigenschaften:

- Die Eingabe kann nicht anhand der Ausgabe rekonstruiert werden. Es handelt sich nicht um einem Kompressions- oder Verschlüsselungsalgorithmus.
- Die Wahrscheinlichkeit, daß zwei unterschiedliche Eingaben (speziell unterschiedliche Eingaben gleicher Länge) die gleiche Ausgabe liefern, ist verschwindend gering.

S/Key benutzt einen solchen Algorithmus mit der Bezeichnung MD4[1]. S/Key beginnt mit einem Startwert (der vom Benutzer stammen kann oder zufällig erzeugt wird) und wendet MD4 iterativ darauf an, um eine Folge von Schlüsseln zu generieren. Die Anwendung von MD4 auf den Startwert liefert den ersten Schlüssel, Anwendung von MD4 auf den ersten liefert den zweiten Schlüssel, Anwendung von MD4 auf den zweiten liefert den dritten Schlüssel usw. Um einen Benutzer zu überprüfen, muß das System einen bestimmten Schlüssel aus dieser Folge kennen, etwa den mit der Nummer *n*. Das System fragt den vorherigen Schlüssel *n*-1 vom Benutzer ab, wendet MD4 auf die Antwort des Benutzers an (die ja den Schlüssel *n*-1 darstellen soll) und testet, ob das Ergebnis mit dem bekannten Schlüssel *n* übereinstimmt. Liefert dies den Schlüssel *n*, so muß der Benutzer den korrekten Schlüssel *n*-1 angegeben haben.

S/Key erzeugt nicht einfach ein zufälliges Durcheinander von Buchstaben, sondern kodiert alle Schlüssel als Folge kurzer Wörter, damit sie für den Benutzer leichter zu lesen und zu tippen sind. Abbildung 10-1 zeigt die Funktionsweise von S/Key.

Da MD4 nicht umkehrbar ist (man kann die Eingabe nicht aus der Ausgabe rekonstruieren), kann das System den Schlüssel *n*-1 nicht bestimmen, obwohl es den Schlüssel mit der Nummer *n* kennt. Das einzige, was der Server machen kann, ist die Überprüfung, ob der Schlüssel *n*-1, den der Benutzer angibt, bei Anwendung von MD4 den Schlüssel *n* erzeugt. Das bedeutet, daß ein Angreifer, der sich irgendwie Schlüssel *n* beschafft (z.B. durch Ausschnüffeln einer Login-Session), nicht in der Lage ist, daraus den nächsten Schlüssel (*n*-1) zu bestimmen.

S/Key ist nicht völlig immun gegen Angriffe. Es sind verschiedene Arten von Angriffen möglich:

Angriffe durch willkürliches Ausprobieren

Ein Angreifer könnte eine ganze Reihe von Möglichkeiten für den Schlüssel *n*-1 ausprobieren, bis er einen findet, den MD4 in den Schlüssel *n* umsetzt. Bei diesem Angriff ist ein Erfolg jedoch sehr unwahrscheinlich. Aufgrund der Größe des Schlüsselraums (also der Anzahl der möglichen Schlüssel) und des Rechenaufwands für den MD4-Algorithmus geht man davon aus, daß ein Angriff durch Ausprobieren die Rechenkapazität aller Angreifer übersteigt, die nicht gerade über riesige finanzielle Mittel verfügen. Das Ermitteln des richtigen Schlüssels benötigt selbst auf einem Supercomputer erhebliche Rechenzeit.

Wörterbuch-Angriffe

Wird der Startwert nicht zufällig erzeugt, sondern vom Benutzer vorgegeben, so sind

1. MD4 steht für *Message Digest function no. 4* und wurde von Ron Rivest entwickelt, einem der Entwickler des RSA-Algorithmus.

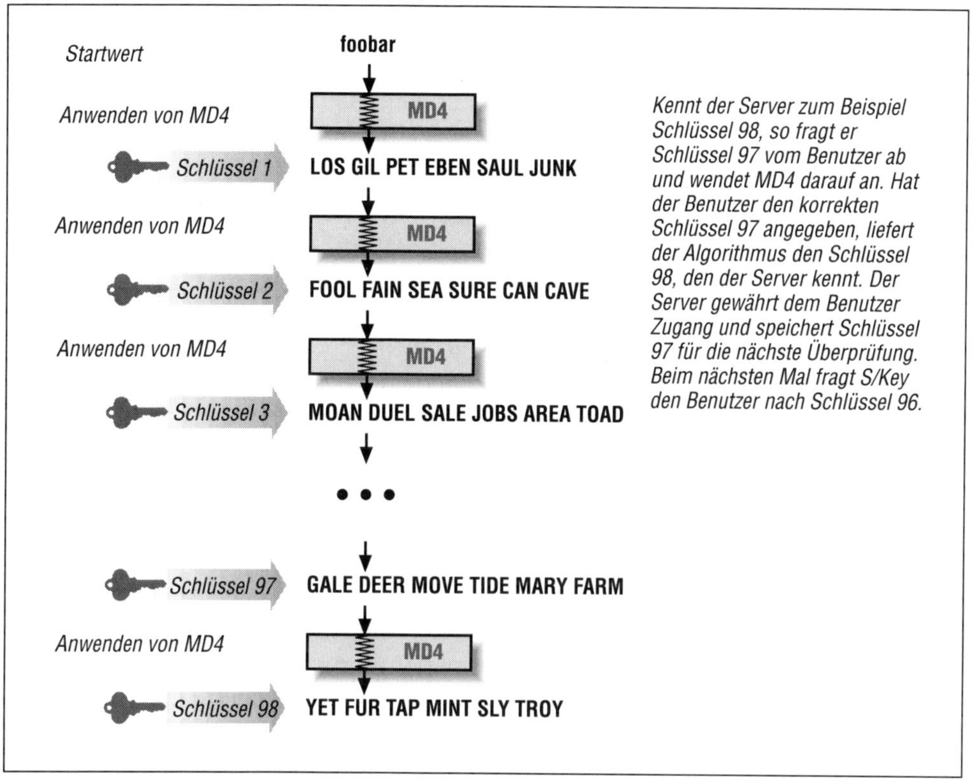

Abb. 10-1: Funktionsweise von S/Key.

Angriffe mit einem elektronischen Wörterbuch möglich. Der Angreifer könnte den Startwert genauso raten wie ein wiederverwendbares Paßwort. Dazu probiert man gewöhnlich Begriffe aus dem Wörterbuch, Namen, Ortsbezeichnungen usw. aus. Auf diese Begriffe wendet der Angreifer den MD4-Algorithmus genügend oft an, um zu prüfen, ob so der aufgeschnappte Schlüssel entsteht.

Schnüffelangriffe

Der Angreifer kann einen Paketschnüffler laufen lassen und den Anfang eines S/Key-Paßworts abfangen (also alle Zeichen mit Ausnahme der hintersten Buchstaben). Bevor der Benutzer seine Eingabe beendet hat, probiert der Angreifer alle möglichen Kombinationen für die letzten Zeichen durch. Dazu hat er nur sehr wenig Zeit. Bei Telnet-Verbindungen erscheint die Benutzereingabe jedoch so langsam, wie sie eingetippt wird. Dadurch entsteht eine geringe Zeitverzögerung, die für einen Computer ausreichen kann. Der Angreifer schafft vielleicht nicht alle möglichen Kombinationen, immerhin kann er vielleicht alle Kombinationen testen, die englische Wörter ergeben.

Die Benutzer können auf zwei Arten mit S/Key arbeiten: Entweder werden die Schlüssel bei Bedarf erzeugt, oder der Benutzer erhält eine gedruckte Liste mit Schlüsseln.

Um bei Bedarf Schlüssel für S/Key zu erzeugen, braucht der Benutzer einen Computer und ein geeignetes Programm. Der Benutzer gibt den Startwert und die gewünschte Anzahl der Schlüssel vor, das Programm wendet den MD4-Algorithmus entsprechend oft darauf an, um die gewünschten Schlüssel zu erzeugen. Der Startwert muß entweder vom Benutzer eingegeben oder aus einer Datei gelesen werden. Bei der ersten Möglichkeit wählt der Benutzer den Startwert wahrscheinlich so, wie er auch ein Paßwort auswählen würde. Da die meisten Benutzer eine berüchtige Schwäche für schlechte Paßwörter haben, ist das System Wörterbuch-Angrifen ausgesetzt (siehe oben). Wird der Startwert aus einer Datei eingelesen, kann er zufälliger gewählt werden und ist daher schwerer zu erraten als ein vom Benutzer gewählter Wert. In diesem Fall muß man sich aber Gedanken über die (wahrscheinlich niedrigen) damit verbundenen Risiken machen - der Computer oder die Datei könnten gestohlen werden.

Die andere Möglichkeit zum Einsatz von S/Key besteht darin, eine Liste mit so vielen Schlüsseln zu erzeugen und auszudrucken, wie der Benutzer für einen bestimmten Zeitraum benötigt. In diesem Fall erzeugt das System den Startwert zufällig und schützt sich so gegen Wörterbuch-Angriffe. Der Ausdruck sollte nur eine numerierte Liste der Schlüssel ohne weitere Erklärungen enthalten. Die Liste könnte dem Benutzer zwar gestohlen werden, doch was ist wahrscheinlicher: daß die Liste gestohlen wird und der Dieb weiß, was damit zu tun ist, oder daß die Login-Session des Benutzers ausspioniert wird? Erzeugen die Benutzer die Schlüssel bei Bedarf, verwenden sie vielleicht einen Startwert, der einer Wörterbuch-Attacke zum Opfer fällt (weil sie sich den Startwert sonst nur schwer merken können). Wird eine der Login-Sessions ausspioniert, ist der Schlüssel in Gefahr.

Wir gehen davon aus, daß ein für Wörterbuch-Attacken anfälliger Startwert ein größeres Risiko darstellt als eine gestohlene Schlüsselliste und ziehen es daher vor, gedruckte Schlüssellisten zu verteilen, anstatt die Benutzer Schlüssel bei Bedarf erzeugen zu lassen.

Zeitabhängige Paßwörter

Systeme mit zeitabhängigen Paßwörtern, etwa jene in den Produkten von Security Dynamics, stellen einen Sonderfall der Einmal-Paßwörter dar. Bei einem solchen System ändert sich das Paßwort von Minute zu Minute. Der Algorithmus hierzu ist dem System und dem Authentifizierungsgerät des Benutzers bekannt. Dieses Gerät ist meist eine kleine Karte (die bei Security Dynamics *SecurID* heißt). Das Gerät enthält eine LCD-Anzeige zum Ablesen des augenblicklichen Paßworts. Ein möglicher Algorithmus besteht darin, die aktuelle Zeit mit einem Schlüssel zu chiffrieren, der dem System bekannt ist und in die Karte einprogrammiert wurde. Bei einem solchen Algorithmus muß das System Vorkehrungen für ungenau laufende Uhren treffen, falls die Uhr in der Karte eine geringfügig andere Zeit als die Systemuhr liefert.

Die Karten von Security Dynamics werden von einer Vielzahl kommerzieller Produkte unterstützt. Das TIS FWTK unterstützt die Karten zwar nicht direkt, enthält aber vorbereitete Stellen zum Einhängen von Bibliotheken, die man (zu einem hohen Preis) bei Security Dynamics separat lizenzieren kann.

Die Karten von Security Dynamics haben auch Kritiker. Einige Sicherheitsexperten haben ihre Bedenken darüber zum Ausdruck gebracht, daß Security Dynamics einen eigenen, geheimen Verschlüsselungsalgorithmus benutzt und nicht einen weithin untersuchten und analysierten Algorithmus wie DES oder IDEA. Anderen Kritikern gefällt nicht, daß manche Versionen der Karten von Security Dynamics die beiden Methoden »etwas, das man hat« und »etwas, das man weiß« kombinieren, indem der Benutzer zusammen mit dem auf der Karte angezeigten Paßwort ein traditionelles Paßwort über das Internet übertragen muß. Überwacht ein Angreifer eine Verbindung, die mit der Karte hergestellt wurde und stiehlt die Karte anschließend, so hat er alle für einen Einbruch nötigen Hilfsmittel beisammen. Da die Karten schließlich keine austauschbaren Batterien haben, muß man die gesamte Karte ersetzen, wenn die Batterien verbraucht sind (was nach etwa drei Jahren der Fall ist).

Zu den Vorteilen der tastaturlosen Karten von Security Dynamics gehört die Bedienungsfreundlichkeit. Es ist schwer, etwas falsch zu machen, wenn ein Gerät nur einen einzigen Knopf hat, den man drücken kann. Drückt man den Knopf versehentlich, so passiert nichts Schlimmes: die Batterien werden schneller verbraucht, aber es wird nicht unmöglich, sich zu authentifizieren. Da sich die Karten außerdem selbst abschalten, sobald der angezeigte Schlüssel abgelaufen ist, schadet versehentliches Drücken des Knopfes den Batterien nicht sehr.

Karten, bei denen PINs nötig sind, sind dagegen umständlicher zu bedienen und schalten sich meistens selbst ab, wenn man zu oft die falschen Knöpfe drückt. Ohne zusätzlichen Schutz darf man sie daher nicht lose in einer Handtasche oder einem Rucksack transportieren. Den tastaturlosen Karten von Security Dynamics macht es überhaupt nichts aus, in einer Handtasche oder einem Rucksack spazierengetragen zu werden. Die Lebensdauer der Batterien von drei Jahren entspricht außerdem sowieso der erwarteten Lebensdauer des Authentifizierungsmechanismus. Nach Ablauf von drei Jahren sollten Sie nicht nur die Batterien austauschen, sondern das gesamte System.

Für die Programmierung der Karten von Security Dynamics, z.B. Abgleichen mit dem System, zu dem sie synchron laufen sollen, ist im allgemeinen Spezial-Hardware erforderlich.

Frage-Antwort-Systeme

Frage-Antwort-Systeme sind eine andere Möglichkeit, nicht wiederverwendbare Paßwörter einzusetzen.

Das TIS FWTK unterstützt die Karte SNK-004 von Digital Pathways für Frage-Antwort-Methoden. Wenn sich der Benutzer einloggen möchte, erzeugt das System eine zufällige Frage. Der Benutzer aktiviert die Karte SNK-004 mit einer PIN von vier Ziffern und tippt die Frage ein. Die Karte chiffriert die Frage mit dem DES-Algorithmus und einem Schlüssel, der in den Speicher der Karte einprogrammiert ist, und zeigt das chiffrierte Resultat an. Der Benutzer sendet dieses Resultat als seine Antwort auf die Frage an das System zurück.

Das System hat in der Zwischenzeit die gleiche Frage mit dem Schlüssel chiffriert, der sich in der Karte dieses Benutzers befindet. Stimmt das Resultat des Systems mit der Antwort des Benutzers überein, so hat sich dieser erfolgreich authentifiziert. Alles, was über das Netz übertragen wurde und ausspioniert werden kann, ist die zufällige Frage und das chiffrierte Resultat. Weder die PIN des Benutzers, die zum Aktivieren der Karte nötig ist, noch der Schlüssel (der in den Speicher der Karte programmiert ist und dem System bekannt ist), wurde übertragen.

Abbildung 10-2 zeigt die Funktionsweise dieses Frage-Antwort-Systems.

Das TIS FWTK enthält kostenlos fast alles, was zur Unterstützung der Karten SNK-004 nötig ist. Die einzige Ausnahme ist eine DES-Bibliothek. Im Internet sind aber verschiedene solcher Bibliotheken frei verfügbar.

Digital Pathways verkauft auch Programme für den Macintosh, MS-DOS und Microsoft Windows, die die Karte SNK-004 in Software emulieren. Für Benutzer, die sich von einem tragbaren Computer oder immer vom gleichen Desktop-Computer aus einloggen, ist diese Software bequemer als eine separate Karte.

Die Karten vom Typ SNK-004 können so konfiguriert werden, daß sie sich deaktivieren, wenn mehr als fünfmal nacheinander die falsche PIN eingegeben wird. Leider zählt es bereits als Fehlversuch, wenn man die Karte nur versehentlich einschaltet. Wenn die Karte lose im Koffer umherfliegt und etwas auf den Einschaltknopf fällt, kann es daher passieren, daß sie sich selbst deaktiviert. Viele Leute tragen die Karte in einem festen Etui, um versehentliches Aktivieren zu verhindern. (Digital Pathways bietet zwar kein Gehäuse an, aber die Box eines 8mm-Bands eignet sich gut dafür.) Digital Pathways hat

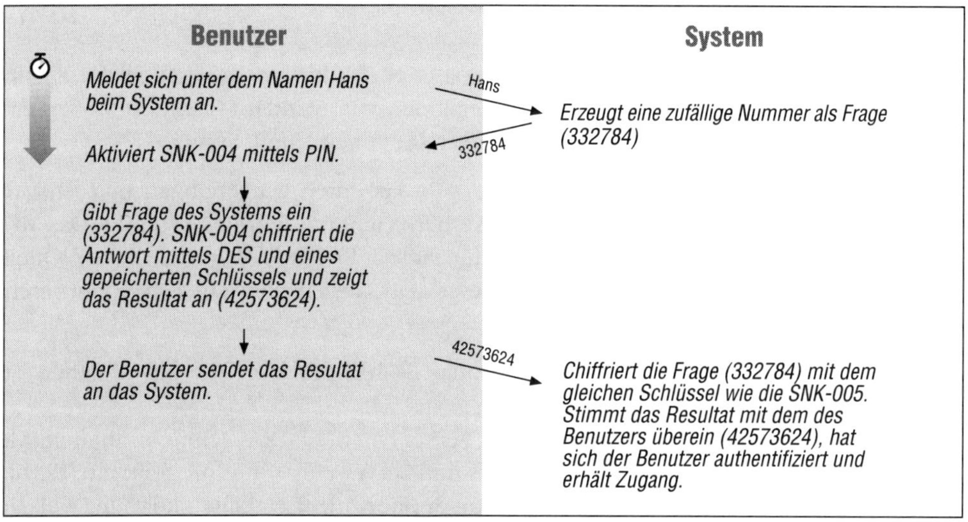

Abb. 10-2: Funktionsweise der Karte SNK-004.

eine neue Karte als Nachfolger der SNK-004 angekündigt, bei der dieses Problem nicht mehr auftritt und die wahrscheinlich auch andere neue Funktionen hat.

Die SNK-004 läßt sich über ihre eigene Tastatur ohne Spezial-Hardware programmieren. Wenn man das nicht täglich macht, muß man jedoch das Handbuch genauestens beachten. (Warnung: Im Vergleich zur Programmierung einer SNK-004 ist die Programmierung eines Videorecorders ein Kinderspiel!). Es gibt auch Hardware zur Programmierung der Karten. Dies ist sicher eine nützliche Investition, falls Sie mehr als nur ein paar Karten initialisieren wollen.

Systeme zur Authentifizierung

Es gibt zwei verbreitete und frei erhältliche Systeme, mit denen Sie vermeiden können, wiederverwendbare Paßwörter im Internet zu übertragen, nämlich Kerberos und der Authentifizierungs-Server innerhalb des TIS FWTK. Die Anzahl der kommerziell erhältlichen Authentifizierungssysteme steigt ebenfalls.

Kerberos

Kerberos wurde am MIT im Projekt Athena entwickelt (dort entstand auch das X Window System). Es bietet über modifizierte Versionen von Standard-Clients und -Servern Authentifizierung und Verschlüsselung, z.B. für Telnet-Clients und -Server.

Kerberos ermöglicht sichere Authentifizierung in verteilten Umgebungen und ist weit verbreitet. Manche Hersteller unterstützen Kerberos in ihren Betriebssystemen. Das MIT bietet frei verfügbare Implementierungen für viele UNIX-Versionen an. Da der Quellcode ebenfalls frei verfügbar ist, können Sie es auch auf ein Betriebssystem portieren, für das es noch keine Implementierung gibt.

Kerberos ist jedoch nicht die ideale Lösung. Es hat mit drei Hauptproblemen zu kämpfen:

- Kerberos benötigt spezielle Client- und Server-Software. Dies schränkt ähnlich wie Proxy-Systeme die verwendbaren Clients und Server ein. Wenn Ihre Software Kerberos nicht unterstützt und sie den Kerberos-Support nicht einbauen können (weil sie entweder keinen Quellcode besitzen oder einfach nicht genügend Zeit oder Erfahrung haben), haben Sie Pech gehabt und können Kerberos nicht benutzen. Im Gegensatz zu Proxy-Systemen kann man sich auch nicht mit angepaßten Benutzerprozeduren behelfen, um Kerberos mit beliebigen Clients oder Servern zu benutzen.
- Kerberos ist schwierig einzurichten und zu verwalten. Wenn der Hersteller Ihres Betriebssystems Kerberos nicht unterstützt und Sie auch keinen Dritthersteller finden, der Kerberos auf Ihrer Plattform anbietet, müssen Sie sich die Kerberos-Software besorgen und selbst in Ihre Umgebung integrieren. Dies ist alles andere als trivial und viel schwieriger als die Integrationsarbeiten für die meisten anderen in diesem Buch vorgestellten Lösungen. Nach der Einrichtung von Kerberos stellt dessen Verwaltung die nächste Herausforderung dar. Kerberos benötigt einen eigens dafür abgestellten und sorgfältig abgesicherten Server, auf den alle Clients zugreifen können.
- Kerberos läßt sich nur für eine einzelne Domäne sinnvoll einsetzen, also eine Reihe von Maschinen, die gemeinsam verwaltet werden und gemeinsame Benutzernamen und Paßwörter verwenden. Jeder Kerberos-Bereich (also jede Verwaltungseinheit) ist unabhängig. Um Authentifizierung zwischen mehreren Bereichen zu ermöglichen, müssen sich die Kerberos-Server der beiden Bereiche im wesentlichen gegenseitig vertrauen und einen gemeinsamen Schlüssel benutzen, den sonst niemand kennt. Für jedes Paar von Bereichen, die gegenseitige Authentifizierung wünschen, ist ein eigener Schlüssel erforderlich. Mit wachsender Anzahl der beteiligten Bereiche wächst die Schlüsselzahl geometrisch und erreicht bald den Punkt, an dem sie nicht mehr zu verwalten ist.

Kerberos hat gute Zukunftschancen, vor allem dann, wenn mehr Standorte das Distributed Computing Environment (DCE) einführen, das Kerberos als Sicherheitsgrundlage benutzt. Kerberos könnte sich innerhalb des nächsten Jahrzehnts zum De-facto-Standard für Authentifizierung im Internet entwickeln. Dazu sind aber breitere Unterstützung von Seiten der Entwickler und Hersteller erforderlich sowie einfachere Einrichtung und Verwaltung. In der Zwischenzeit kommt es vermutlich nur innerhalb einzelner Netze zum Einsatz.

Zur Zeit stehen bei den meisten Standorten keine Kerberos-Clients zur Verfügung. Selbst wenn Sie Kerberos-Versionen Ihrer Server einrichten, können sich Benutzer von beliebigen anderen Standorten nicht einloggen, weil auf beiden Seiten angepaßte Software erforderlich ist.

Der Authentifizierungs-Server aus dem TIS FWTK

Der Authentifizierungs-Server aus dem TIS FWTK ist eine weitere verbreitete Lösung zur Authentifizierung von Benutzern aus dem Internet. Der Server implementiert eine Vielzahl von Authentifizierungsmechanismen, darunter normale wiederbenutzbare Paßwörter (nicht zu empfehlen), S/Key, die SecurID-Karten von Security Dynamics und die SNK-004-Karten von Digital Pathways. Der Server ist modular und erweiterbar aufgebaut, damit man neue Authentifizierungsmethoden einfach integrieren kann.

Programme, die einen Benutzer authentifizieren sollen (etwa *login* oder *ftpd*), müssen üblicherweise selbst wissen, wie der Benutzer zu authentifizieren ist. Sie implementieren die jeweilige Authentifizierungsmethode selbst. Bei einem UNIX-System bedeutet das, daß solche Programme die folgenden Aufgaben durchführen müssen, um einen Benutzer zu authentifizieren:

1. Den Login-Namen des Benutzers abfragen.
2. Das verschlüsselte Paßwort für diesen Login-Namen bestimmen.
3. Das Paßwort des Benutzers abfragen.
4. Mit dem Paßwort des Benutzers und den ersten beiden Zeichen des verschlüsselten Paßworts eine bekannte Zeichenkette verschlüsseln (acht Nullbytes).
5. Überprüfen, ob das Resultat dieser Verschlüsselung mit dem verschlüsselten Paßwort des Benutzers übereinstimmt.

Um ein zweites Verfahren zur Authentifizierung einzusetzen – etwa das oben beschriebene S/Key-Verfahren – müssen Sie alle Programme so abändern, daß sie den zweiten Mechanismus zusätzlich oder anstelle des UNIX-Standardverfahrens mit Paßwörtern unterstützen. Wenn Sie später noch ein drittes Verfahren hinzufügen wollen – etwa zur Unterstützung der SecurID-Karten – sind die Programme noch einmal anzupassen. Für jedes neue Verfahren entsteht zusätzlicher Aufwand. Bei jeder Anpassung der Programme werden diese größer und komplexer. Damit steigt die Wahrscheinlichkeit, daß Sie einen sicherheitsrelevanten Fehler eingebaut haben. Das ist ein großes Risiko, denn hierbei handelt es sich um kritische Programme - sie steuern ja den Zugang zu Ihrem System.

Der Authentifizierungs-Server aus dem TIS FWTK verfolgt einen anderen Ansatz: Sie modifizieren alle betroffenen Programme (z.B. *login*, *ftpd*) nur einmal, so daß diese die Authentifizierung nicht selbst vornehmen, sondern Verbindung zum Authentifizierungs-Server aufnehmen. Die Einzelheiten des Authentifizierungsverfahrens übernimmt dann der Server, z.B. die Eingabeaufforderung für den Benutzer, die Validierung seiner Antwort usw. Um neue Verfahren hinzuzufügen oder existierende zu modifizieren, ändern Sie nur den Authentifizierungs-Server, der modular aufgebaut ist und mit Hinblick auf solche Änderungen konstruiert wurde. Die einzelnen Programme bleiben unverändert.

Ein einziger Authentifizierungs-Server kann eine beliebige Anzahl von Client-Rechnern und -Programmen bedienen und eine beliebige Anzahl verschiedener Methoden unterstützen. Verschiedene Benutzer können auf dem gleichen Server unterschiedliche Authentifizierungsverfahren verwenden. Ein Teil der Benutzer könnte zum Beispiel mit S/Key arbeiten, eine anderer mit den SNK-004-Karten von Digital Pathways.

Wenn ein Client-Programm jemanden mit Hilfe des Authentifizierungs-Servers aus dem TIS FWTK authentifizieren möchte, muß es folgende Schritte durchführen:

1. Den Login-Namen des Benutzers abfragen.
2. Kontakt zum Authentifizierungs-Server aufnehmen und diesem den Benutzernamen mitteilen.
3. Eine Antwort des Servers mit der Eingabeaufforderung für den Benutzer empfangen.
4. Die Eingabeaufforderung des Servers anzeigen.
5. Die Antwort des Benutzers entgegennehmen und zum Server senden.
6. Vom Server entweder das Einverständnis oder eine Fehlermeldung empfangen.
7. Dem Benutzer Zugang gewähren oder die Fehlermeldung ausgeben.

Der gesamte Vorgang wird über eine einzige TCP-Verbindung zwischen Client und Authentifizierungs-Server abgewickelt. Der Server kann daher sicher sein, daß er immer mit dem gleichen Client in Kontakt ist; der Client kann sicher sein, den gesamten Vorgang mit dem gleichen Server abzuwickeln.

Der Authentifizierungs-Server bestimmt anhand seiner Datenbank, wie der Benutzer zu authentifizieren ist und welche Eingabeaufforderung dafür nötig ist. Beispiel:

- Kommen traditionelle Paßwörter als Authentifizierungsmethode zum Einsatz, ist die Eingabeaufforderung der übliche »Password:«-Prompt.
- Bei S/Key enthält die Eingabeaufforderung die Nummer des Schlüssels, auf den der Benutzer antworten soll.
- Bei der Karte SKN-004 von Digital Pathways enthält die Eingabeaufforderung eine zufällig erzeugte Zahl als Frage.

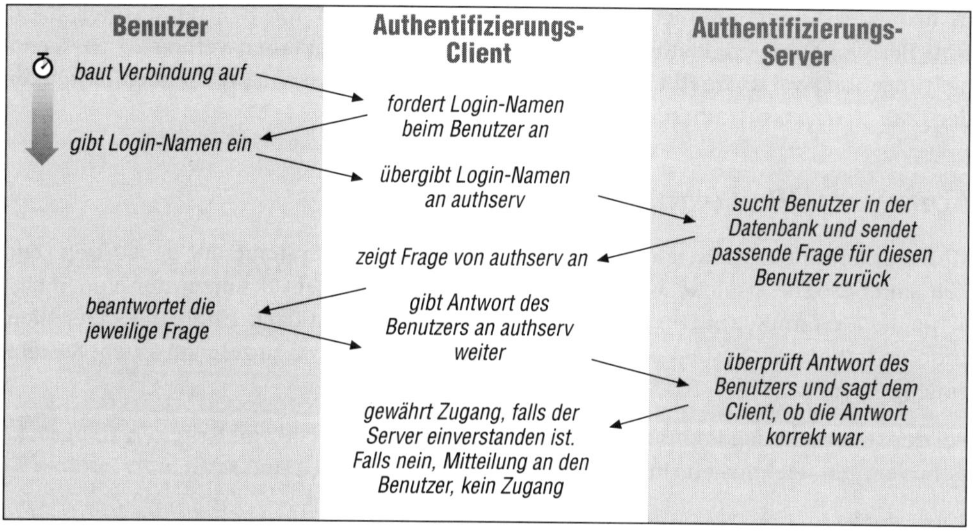

Abb. 10-3: Funktionsweise des Authentifizierungs-Servers aus dem TIS FWTK.

Abbildung 10-3 zeigt die Funktionsweise des Authentifizierungs-Servers.

Das TIS FWTK enthält eine Reihe von Programmen, z.B. *ftpd*, die neben anderen sicherheitsrelevanten Verbesserungen auch bereits für den Einsatz des Authentifizierungs-Servers modifiziert wurden. Die Anpassung existierender Programme an den Server als Ersatz für die traditionellen UNIX-Paßwörter ist ziemlich einfach. Normalerweise sind dazu nur etwa 20 Zeilen C-Code nötig. Das Toolkit enthält auch entsprechende Beispiele.

Das Toolkit enthält außerdem einige Programme für den Einsatz auf Systemen, für die kein Quellcode, sondern nur ausführbare Programme zur Verfügung stehen. Wenn zum Beispiel der Quellcode für das Programm *login* nicht zur Verfügung steht, kann man sich mit einem Programm aus dem Toolkit behelfen, das als Ersatz für die Shell des Benutzers fungiert. Es wird anstelle einer der normalen Shells (z.B. */bin/csh* oder */bin/sh*) in der Datei */etc/passwd* eingetragen. Die Ersatz-Shell authentifiziert den Benutzer mit Hilfe des Authentifizierungs-Servers und startet nach erfolgreicher Anmeldung seine richtige Shell.

Probleme mit dem Authentifizierungs-Server

Das größte Problem beim Betrieb eines Authentifizierungs-Servers ist eine sichere Verbindung zwischen Client und Server. Ein Angreifer, der sich als Authentifizierungs-Server maskieren kann, kann sich selbst unter einer beliebigen Kennung authentifizieren.

In manchen Konfigurationen treten zusätzliche Probleme auf. Eine Ersatz-Shell kann zum Beispiel Schwierigkeiten verursachen: Nicht alle Programme verkraften es, wenn die Umgebungsvariable SHELL eines Benutzers nicht mit dem entsprechenden Eintrag in der Datei */etc/passwd* übereinstimmt.

Kommerzielle Lösungen

Mittlerweile gibt es viele kommerzielle Authentifizierungs-Systeme auf dem Markt. Zur Zeit sind besonders solche Systeme beliebt, bei denen sich ein Benutzer nur einmal täglich anmelden muß (*single sign-on*). Das System meldet ihn dann automatisch bei allen anderen benötigten Systemen an, ohne daß sich der Benutzer einzeln auf jedem System einloggen muß.

Bei der Untersuchung kommerzieller Lösungen ist eine Vielzahl von Kriterien zu berücksichtigen. Die wichtigsten sind dabei Verfügbarkeit, Sicherheit und Kosten.

Verfügbarkeit

Dies ist ein einfaches Kriterium. Steht das System auf allen Plattformen zur Verfügung, auf denen Sie es einsetzen müssen? Viele Systeme unterstützen nur eine bestimmte Art von Rechnern, z.B. PCs oder UNIX-Rechner. Andere unterstützen dagegen nur bestimmte Zugangsarten, z.B. Login, nicht aber FTP.

Sicherheit

Dieses Kriterium ist schwieriger, denn es sind mehrere Dinge zu berücksichtigen. Erstens: wie schwer ist es, in ein System einzubrechen? Zweitens: welche Auswirkungen hat ein Einbruch auf Ihre übrigen Sicherheitsmaßnahmen?

Viele kommerzielle Systeme arbeiten mit firmeneigenen Algorithmen, die nicht für eine Überprüfung durch den Kunden oder unabhängige Wissenschaftler zur Verfügung stehen. Leider gibt es viel mehr Möglichkeiten, diese Algorithmen falsch zu implementieren als richtig. Ohne eine unabhängige Analyse des Systems müssen Sie sich auf die Versicherung des Herstellers verlassen, daß alles seine Ordnung hat.

Andere Systeme implementieren die *single sign-on*-Funktionalität mit Hilfe des Standard-UNIX-Mechanismus *.rhosts*, der von den sogenannten »r«-Kommandos von BSD-UNIX (*rsh, rlogin, rcp, rdist* etc.) benutzt wird. Diese Kommandos sind berüchtigt dafür, leicht zu knacken zu sein, da sie zwischen mehreren Maschinen ein gegenseitiges Vertrauensverhältnis einrichten. In Kapitel 8 werden diese Schwächen ausführlich erläutert.

Kosten

Dieses Kriterium spielt fast immer eine Rolle. Wieviel kostet es, das System in Ihrer Umgebung und für Ihre Anforderungen einzusetzen? Bei manchen Kosten handelt es sich um einmalige Ausgaben. Manche Systeme erfordern zum Beispiel eigene Hardware, etwa einen PC, für die Erzeugung der Fragen und Überprüfung der Antworten. Bei anderen Systemen stehen Ausgaben für jeden beteiligten Benutzer an, z.B. für Chipkarten. Daneben können noch Lizenz- oder Support-Gebühren anfallen. Die Kosten richten sich oft nach der Anzahl der unterstützten Benutzer. Systeme, die mehr Benutzer unterstützen, sind natürlich teurer.

Das weiter oben vorgestellte SecurID-System von Security Dynamics ist das einzige kommerzielle Authentifizierungsverfahren, das im Internet weite Verbreitung gefunden hat.[1] Dieses System wird von einer Vielzahl kommerzieller Produkte unterstützt, vor allem von Terminal-Servern.

Verschlüsselung auf Netzebene

Mit Verschlüsselung ist es möglich, auch auf unsicheren Kanälen sichere Verbindungen abzuwickeln. Die Verschlüsselung des gesamten Netzverkehrs hat zwei nützliche Auswirkungen, nämlich Geheimhaltung und Authentifizierung. Die Geheimhaltung liegt auf der Hand: Die Daten werden vom Absender verschlüsselt, über ein unsicheres Netz verschickt und schließlich vom Empfänger wieder entschlüsselt. Selbst wenn jemand das unsichere Netz abhört, bleiben die Daten geheim. Die Authentifizierung ist nicht ganz naheliegend, jedoch sehr nützlich. Wenn der Empfänger die Daten erfolgreich entschlüsseln kann, weiß er, daß sie wirklich vom Absender stammen und nicht von jemandem in der Mitte, der sich als Absender ausgibt. Die Daten waren nämlich korrekt verschlüsselt, und diese Verschlüsselung kann nur der Absender erledigt haben. Voraussetzung dafür ist natürlich, daß die geheimzuhaltenden Schlüssel auch wirklich geheim bleiben. Wenn jemand an die Schlüssel kommt, ist es mit Geheimhaltung und Authentifizierung vorbei.

In welcher Schicht wird verschlüsselt?

Verschlüsselung im Internet kann in verschiedenen Schichten des Protokollstapels stattfinden (siehe Anhang C). Die gebräuchlichsten Schichten dazu sind Anwendungs-, Sicherungs- und Vermittlungsschicht.

1. Dies hat ganz offensichtlich nicht mit den Vorteilen des Produkts zu tun, sondern mit den agressiven Marketing- und Lizenzierungsmethoden von Security Dynamics.

Verschlüsselung in der Anwendungsschicht erfordert entsprechende Unterstützung in allen benutzten Applikationen (Clients und Server). Dieser Ansatz ist sinnvoll, wenn Sie eine oder zwei Applikationen über das Internet intensiv benutzen oder sich besondere Sorgen darüber machen, und nur eine geringe Zahl von Maschinen beteiligt ist. Auf diesen Maschinen können Sie angepaßte Versionen der Clients und Server installieren. Im größeren Einsatz funktioniert diese Lösung jedoch nicht mehr so gut. Unter Umständen steht nicht einmal für alle gewünschten Applikationen der Quellcode zur Verfügung. Manche Anwendungsprogramme benutzen PGP zur Verschlüsselung in der Anwendungsschicht. Die Absender verschlüsseln ihre ausgehende Mail mit PGP, bevor sie über das Internet versandt wird, die Empfänger entschlüsseln sie wieder mit PGP. PGP wird oft auch unabhängig von einer bestimmten Applikation eingesetzt. Das ist zwar unbequemer für die Benutzer, doch enorm flexibel.

Verschlüsselung in der Anwendungsschicht eignet sich nicht als dauerhafter Schutz einer Netzverbindung, da sie zu weit oben im Protokollstapel stattfindet. Es ist zu aufwendig, die entsprechende Unterstützung in viele verschiedene Clients, Server und Prozeduren zu integrieren. Verschlüsselung in der Anwendungsschicht kann jedoch nützlich sein, um nur eine einzige Applikation abgesichert zu betreiben.

Verschlüsselung in der Sicherungsschicht schützt nur eine einzelne Netzverbindung. Verschlüsselung in den Modems an beiden Enden einer Standleitung schützt zwar die Daten beim Durchlaufen der Standleitung, doch nirgendwo sonst. Auf anderen Leitungen oder beim Passieren von Routern oder zwischenliegenden Rechnern sind die Daten ungeschützt. Verschlüsselung in der Sicherungsschicht findet zu weit unten im Protokollstapel statt, um generell nützlich zu sein. Im Normalfall hat man keine Kontrolle über alle Verbindungen im unsicheren Netz zwischen Quelle und Ziel. Daher kann man auch nicht sicher sein, daß die Verschlüsselung in der Sicherungsschicht an allen Stellen korrekt (oder überhaupt) durchgeführt wird.

Verschlüsselung in der Vermittlungsschicht scheint ein brauchbarer Kompromiß zwischen Anwendungs- und Sicherungsschicht zu sein. Bei Verschlüsselung in der Vermittlungsschicht wird der gesamte Netzverkehr zwischen zwei Standorten, die sich gegenseitig vertrauen, auf einer Seite verschlüsselt, über das unsichere Netz dazwischen verschickt und auf der anderen Seite wieder entschlüsselt. Ver- und Entschlüsselung finden in Routern oder anderen Netzgeräten am Rand der beiden Standorte statt. Ein Firewall bietet sich für die Verschlüsselung in der Vermittlungsschicht an, weil sowieso alle Daten hier durchmüssen. Interner Netzverkehr der beiden Standorte wird unverschlüsselt abgewickelt. Daher benötigen die internen Maschinen keine angepaßten Applikationen oder Konfigurationen, um von der Verschlüsselung zu profitieren. Pakete zu außerhalb gelegenen Maschinen werden verschlüsselt und sind daher geheim (ohne Kenntnis des Schlüssels bleiben sie bedeutungslos) und authentifiziert (sie können nur von jemandem stammen, der den Schlüssel kennt).

Was wird verschlüsselt?

Welcher Teil der Pakete sollte bei Verschlüsselung in der Vermittlungsschicht verschlüsselt werden? Es gibt verschiedene Möglichkeiten:

- Nur die Datensegmente von TCP, UDP oder ICMP; die Header von TCP, UDP, ICMP und IP bleiben unverschlüsselt.
- Das IP-Datensegment, einschließlich des gesamten TCP-, UDP- oder ICMP-Pakets.
- Das gesamte IP-Paket.

Werden nur die Datensegmente von TCP, UDP und ICMP verschlüsselt, sind die Daten selbst vor Angreifern geschützt. Zudem ist die Paketfilterung einfach, da der Paketfilter alle Header lesen kann, die er zur Filterung braucht. Ein Schnüffler kann jedoch immer noch herausfinden, welche Maschinen über welche Protokolle miteinander kommunizieren.

Wird das IP-Datensegment verschlüsselt, d.h. das gesamte UDP-, TCP- oder ICMP-Paket einschließlich Header, verhindert man, daß ein Schnüffler die benutzten Protokolle herausfindet. Er sieht aber immer noch, welche Rechner miteinander kommunizieren. Die Paketfilterung ist jedoch schwieriger. Wenn sich der Paketfilter nicht zwischen dem Verschlüsselungsgerät und dem internen Netz befindet, erkennt er die Header von TCP, UDP oder ICMP nicht, da sie als Teil des IP-Datensegments verschlüsselt sind. Liegt der Paketfilter zwischen dem Verschlüsselungsgerät und dem unsicheren Netz, müßte er seine Entscheidungen allein anhand der IP-Quell- und Zieladressen treffen, was für eine effektive Filterung nicht ausreicht.

Wird das gesamte IP-Paket verschlüsselt, bekommt ein Angreifer überhaupt nichts mehr mit. Je nach Standort des Paketfilters relativ zum Verschlüsselungsgerät erkennt der Filter aber auch nichts mehr. Um IP-Pakete zwischen zwei Standorten vollständig zu verschlüsseln, ist eine Art »Tunnel« zwischen den Verschlüsselungsgeräten beider Standorte erforderlich, durch den die verschlüsselten Pakete übertragen werden. Ein solcher Tunnel kann zum Beispiel eine einfache TCP-Verbindung sein. Der Tunnel ist nötig, da zwischenliegende Router die IP-Header der Pakete nicht mehr erkennen können. Ein Angreifer sieht jetzt nur noch, daß die beiden Verschlüsselungsgeräte miteinander kommunizieren. Manche kommerziellen Router, etwa die Morning Star Express Router und UNIX-Maschinen mit der PPP-Software von Morning Star, können solche »virtuellen privaten Netze« erzeugen. Morning Star verwendet dazu PPP mit Verschlüsselung über eine TCP-Verbindung zwischen beiden Geräten. Das ursprüngliche Paket wird also in einem verschlüsselten PPP-Paket verpackt. Dieses wiederum wird in einem TCP-Paket von einem Morning-Star-Gerät zum anderen geschickt.

Den meisten Standorten, die Verschlüsselung in der Vermittlungsschicht einsetzen, ist es egal, ob Angreifer feststellen können, welche Maschinen miteinander kommunizieren und welche Protokolle sie dazu benutzen (einer solcher Angriff heißt *traffic analysis*). Um die eigene Paketverarbeitung zu erleichtern, verschlüsseln solche Standorte im allgemeinen nur die Datensegmente von TCP, UDP und ICMP. Standorte, die das gesamte TCP-, UDP- oder ICMP-Paket (das IP-Datensegment) verschlüsseln, tun dies meist aus Performance-Gründen und nicht wegen der erhöhten Sicherheit. Ein Router findet den Anfang des IP-Datensegments schneller als erst den Anfang des IP-Datensegments und dann innerhalb dieses Segments den Anfang des Datensegments von TCP, UDP oder ICMP.

Wo wird verschlüsselt?

Bei der Einrichtung von Verschlüsselung in der Vermittlungsschicht ist die wichtige Entscheidung zu treffen, wo Ver- und Entschlüsselung relativ zum Paketfilter stattfinden. Wenn Ver- und Entschlüsselung innerhalb des Paketfilters (also im internen Netz) stattfinden, müssen die Filter nur die verschlüsselten Pakete herein- und hinauslassen. Beim Einsatz eines Tunnels ist das besonders einfach: Alle »getunnelten« Pakete sind an die gleiche ferne Adresse und Portnummer am anderen Ende des Tunnels gerichtet (nämlich

Abb. 10-4: Verschlüsselung in der Vermittlungsschicht.

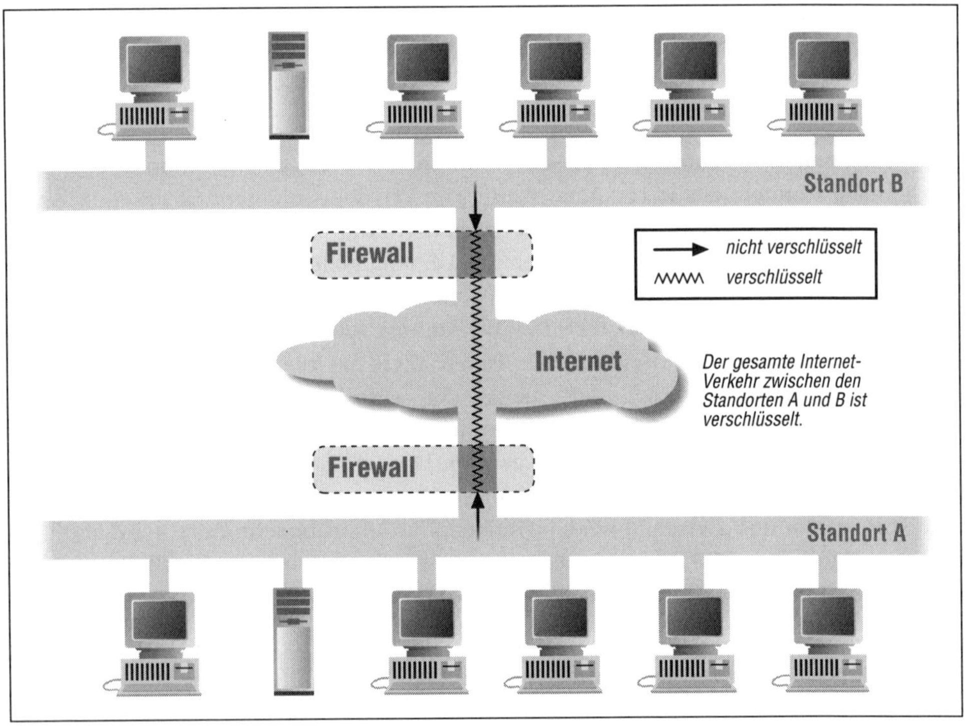

das Entschlüsselungsgerät). Finden Ver- und Entschlüsselung innerhalb des Paketfilters statt, kann der Paketfilter ankommende verschlüsselte Pakete nicht untersuchen. Dies erhöht die Verwundbarkeit gegenüber Angriffen vom anderen Standort, falls in diesen eingebrochen wurde.

Finden Ver- und Entschlüsselung dagegen außerhalb des Paketfilters statt, d.h. im Grenznetz oder im äußeren Router, kann der Paketfilter die von der Gegenseite eingehenden Pakete gründlich untersuchen. Andererseits kann sie auch ein Angreifer untersuchen, der in eine Maschine im Grenznetz eingebrochen ist, etwa den Bastion-Host.

Verschlüsselung wird allmählich als Option kommerzieller Router angeboten. Mehrere Hersteller haben angekündigt, Verschlüsselung in ihren Produkten zu implementieren. Dieser Trend wird vermutlich noch einige Jahre anhalten. Zur Zeit gibt es jedoch so gut wie keine Standards zur Verschlüsselung auf der IP-Vermittlungsschicht. Daher sind die Geräte meist nicht kompatibel zueinander, sondern funktionieren nur mit einer Gegenstelle des gleichen Herstellers. Wir hoffen, daß sich diese Situation bald ändert und die Verfahren mit zunehmendem Einsatz von Verschlüsselung auch standardisiert werden.

Abbildung 10-4 zeigt eine vereinfachte Darstellung der Verschlüsselung in der Vermittlungsschicht.

Schlüsselverwaltung

Die Verteilung und Verwaltung der Schlüssel kann bei Verschlüsselung in der Vermittlungsschicht – wie bei jedem Verschlüsselungssystem – ein schwieriges Problem sein. In der obigen Darstellung gingen wir davon aus, daß beide Seiten einen gemeinsamen Schlüssel kennen, mit dem sie die hin- und hergesandten Daten ver- und entschlüsseln können. Die meisten heutigen Systeme verlassen sich darauf, daß die Schlüssel auf anderen Kanälen ausgetauscht werden. Die Hersteller betonen, Schlüsselverwaltung sei nicht ihr Problem, sondern das des Kunden. Die Kunden müssen die Schlüssel irgendwie manuell zwischen allen beteiligten Systemen austauschen, sei es am Telefon, auf Diskette oder über andere sichere und geheime Mechanismen. Das bedeutet, daß die Verschlüsselung in der Vermittlungsschicht für solche Standorte gut funktioniert, mit denen Sie sowieso häufig Informationen austauschen, z.B. Partner, wichtige Kunden oder andere Teile Ihrer Organisation. Für spontane oder vorübergehende Verbindungen eignet sie sich jedoch nicht, da Zeit und Aufwand für die Einrichtung viel zu hoch sind. Manche Systeme arbeiten mit öffentlichen Schlüsseln oder bieten selbst eine Schlüsselverwaltung und können spontane oder vorübergehende Verbindungen daher effizienter behandeln.

Terminal-Server und Modem-Pools

Leute, die Firewalls einrichten, werden oft mit einer anderen Frage konfrontiert, die nur am Rande mit dem Thema Firewalls zu tun hat: Wo soll man Terminal-Server und Modem-Pools innerhalb eines Netzes aufstellen? Sie müssen der Sicherheit der Einwählpunkte auf alle Fälle genausoviel Aufmerksamkeit widmen wie der Absicherung Ihres Internet-Zugangs. Die Absicherung von Einwählpunkten (Authentifizierung, Rückrufsysteme etc.) ist jedoch ein eigenständiges und von Firewalls unabhängiges Thema. Wir beschränken uns daher auf einige Punkte, die mit Firewalls zu tun haben.

Die wichtigste Frage im Zusammenhang mit Firewalls und Terminal-Servern bzw. Modem-Pools lautet: stehen diese innerhalb der Sicherheitsgrenze oder außerhalb? Wir raten dazu, sie innerhalb aufzustellen und sorgfältig abzusichern. Damit tun Sie sich nicht nur selbst einen Gefallen, sondern auch anderen. Die Einrichtung offener Terminal-Server im Internet stellt nämlich nicht nur für Ihren eigenen Standort eine Gefahr dar, sondern auch für andere.

Wenn die Modem-Ports hauptsächlich für den Zugang zu internen Systemen und Daten benutzt werden (also von Angestellten, die von unterwegs oder von zu Hause aus arbeiten), ist es sinnvoll, sie innen aufzustellen. Wenn Sie sie außen aufstellen, müssen Sie Lücken in der Absicherung öffnen, um den Zugang zu internen Systemen und Daten zu ermöglichen. Diese Lücken kann jedoch auch ein Angreifer ausnutzen. Außerdem kann bei Aufstellung außerhalb Ihrer Sicherheitsgrenze ein Angreifer, der in das Grenznetz eingebrochen ist (z.B. in den Bastion-Host), unter Umständen die Arbeit Ihrer Benutzer ausspionieren und ihnen beim Zugriff auf vertrauliche Daten über die Schulter sehen. Wenn Sie die Modems innen aufstellen, müssen Sie sie sehr sorgfältig schützen, damit sie nicht zu einem leichteren Angriffsziel als der Firewall werden. Es hat keinen Zweck, einen erstklassigen Firewall aufzubauen, wenn man ihn durch Anwählen eines ungeschützten Modems umgehen kann, das mit dem internen Netz verbunden ist.

Werden die Modem-Ports dagegen hauptsächlich für den Zugang zu externen Systemen benutzt (etwa von Angestellten oder Gästen, die Ihren Standort nur für den Internet-Zugang brauchen), so ist es sinnvoller, sie außen aufzustellen. Es macht keinen Sinn, jemandem Zugang zu den internen Systemen zu gewähren, der dies gar nicht nötig hat. Diesen externen Modem-Pool sollte man genauso vorsichtig behandeln wie den Bastion-Host und die anderen Komponenten des Firewalls.

Falls Sie beide Zugangsarten benötigen, sollten Sie zwei getrennte Modem-Pools in Erwägung ziehen. Der innere wird sorgfältig geschützt und dient dem Zugang zu internen Systemen, der äußere dient dem Zugang zum Internet.

Werden Ihre Terminal-Server und Modem-Pools für Netzverbindungen per Telefon von zu Hause oder von anderen Standorten aus benutzt, sollten Sie sicherstellen, daß der jeweilige Verwendungszweck auch eingehalten wird. Bei der Einrichtung von PPP-Kennungen auf Terminal-Servern gehen die meisten Leute zum Beispiel davon aus, daß die PPP-Kennung nur von einer einzelnen Maschine am anderen Ende der Leitung benutzt wird. Doch selbst in Privatwohnungen sind immer mehr Maschinen in ein LAN eingebunden (sein PC steht im Arbeitszimmer, ihrer im Wohnzimmer). Die PPP-Verbindung könnte nicht nur von der Maschine benutzt werden, für die sie gedacht war, sondern von allen direkt oder indirekt damit verbundenen Rechnern. Die Maschine mit der PPP-Kennung kann in ein LAN mit beliebig vielen Rechnern eingebunden sein, von denen jeder wiederum mit anderen Standorten oder einem Internet-Service-Provider verbunden sein kann (etwa über andere PPP-Verbindungen). Wenn Sie nichts dagegen unternehmen, könnten Pakete aus dem Internet zum zweiten PC, von dort zum »legitimen« PC und schließlich in Ihr eigenes Netz gelangen. Solche Pakete umgehen den Firewall völlig.

Sie können dieses Problem vermeiden, indem Sie einen Paketfilter für die PPP-Verbindungen einrichten. Dieser Filter erlaubt nur das, was Sie auch zulassen wollen, d.h. bei der PPP-Verbindung sind nur Pakete von oder zu der Maschine zulässig, die direkt am anderen Ende der Verbindung sitzt.

Manche Standorte mit viel Einwählverkehr richten speziell dafür einen eigenen Firewall ein. In Kapitel 4 finden Sie eine Beschreibung mehrfacher Grenznetze.

Kontinuierlicher Schutz Ihres Standorts

Teil III beschreibt, wie Sie eine Sicherheitsstrategie für Ihren Standort einrichten, Ihren Firewall pflegen und die Sicherheitsprobleme behandeln, die selbst bei den effektivsten Firewalls auftreten können.

Kapitel 11, *Sicherheitspolitik*, behandelt die Bedeutung einer klaren Sicherheitsspolitik für Ihren Standort und beschreibt, was Ihre Richtlinien alles enthalten sollten und was nicht. Das Kapitel beschreibt außerdem Möglichkeiten, die Akzeptanz dieser Sicherheitspolitik bei Management und Benutzern zu erreichen.

Kapitel 12, *Betreuung von Firewalls*, beschreibt, wie Sie die Sicherheit Ihres Firewalls im Laufe der Zeit gewährleisten, und wie Sie sich selbst über neue Sicherheitsrisiken im Internet und entsprechende Technologien auf dem Laufenden halten.

Kapitel 13, *Reagieren auf Zwischenfälle*, beschreibt, was bei einem Einbruch zu tun ist, oder falls Sie eine Sicherheitslücke vermuten.

In diesem Kapitel:
- *Ihre eigene Sicherheitspolitik*
- *Aufstellen einer Sicherheitspolitik*
- *Strategische und politische Entscheidungen*
- *Wenn es keine Sicherheitspolitik gibt*

11

Sicherheitspolitik

Viele Leute zucken beim Wort »Sicherheitspolitik« zusammen, weil sie dabei an unergründliche Dokumente denken, die von unfähigen Kommittees zusammengestellt und von allen Beteiligten ignoriert werden – es sei denn, man kann das betreffende Dokument als gute Ausrede oder Argumentationshilfe gebrauchen. Um diese Art von Politik geht es uns in diesem Kapitel nicht.

Die Sicherheitspolitik, die wir hier behandeln, entspricht eher der Außenpolitik eines Landes. Sie wird vielleicht auch in unterschiedlich gut lesbaren Dokumenten festgeschrieben, der Hauptzweck ist jedoch die Definition einer Richtung und die Festlegung der Ziele, die man sich setzt. Die Begriffe »Politik«, »Strategie« und »Taktik« werden oft verwechselt. Die *Politik* legt fest, welche Kriege geführt werden und weshalb. *Strategie* ist der Plan zur Durchführung des Kriegs. Eine *Taktik* schließlich ist eine Methode zur Durchführung einer Strategie. Die Politik wird von Präsidenten festgelegt, Strategien jedoch von Generälen. Eine Taktik kann bis hinunter zum einfachen Soldaten jeder Beteiligte festlegen.

Ein Großteil dieses Buchs behandelt taktische Schritte. Die Taktiken beim Aufbau eines Firewalls und die nötigen Details sind komplex und verwickelt. Doch auch mit der besten Taktik kann man nicht gewinnen, wenn Strategie und Politik nichts taugen. Im neunzehnten Jahrhundert schickte sich ein Amerikaner namens William Walker an, Nicaragua für die Vereinigten Staaten zu erobern. Seine Strategie und Taktik waren vielleicht nicht gerade tadellos, aber zumindest erfolgreich, denn er eroberte Nicaragua. Leider enthielt sein Plan einen gravierenden Fehler – die Vereinigten Staaten wollten Nicaragua zu jener Zeit gar nicht haben. Als er die Eroberung bekanntgab, kümmerte sich die US-Regierung nicht im geringsten darum. Walker regierte Nicaragua noch kurze Zeit und kam dann bei einem Volksaufstand ums Leben. So kann es gehen, wenn man eine gute Strategie und Taktik entwirft, aber die Politik völlig danebengeht.

Ihre eigene Sicherheitspolitik

Die meisten technisch orientierten Leute halten eine einheitliche und öffentliche Sicherheitspolitik für theoretisch wünschenswert, glauben aber aufgrund persönlicher Erfahrungen, daß es extrem schwierig ist, dieses Ziel zu erreichen. Spricht man zum Beispiel mit einem beliebigen Systemverwalter über das Thema Benutzer und Paßwörter, muß man höchstwahrscheinlich einen langen Redeschwall über sich ergehen lassen. Jeder kennt eine Anekdote über die Unfähigkeit der Leute, mit Paßwörtern umzugehen – dem einfachsten und verständlichsten Sicherheitsthema. Sei es der Professor, der behauptet, er sei so wichtig, daß er kein gutes Paßwort brauche, oder der Mathematiker, der ein anderes Paßwort benutzen sollte, da seines in einem englischen Wörterbuch stand (er erwiderte, daß er nicht das englische Wort benutze, sondern das gleichlautende russische Wort - und russische Wörter habe ihm niemand verboten). Solche Erfahrungen bestärken Systemverwalter in der Meinung, ihre Benutzer seien nicht in der Lage, Sicherheitsfragen auf intelligente Art zu behandeln.

Zweifellos ist das Formulieren einer Sicherheitspolitik ein langer und aufwendiger Prozeß und damit nicht gerade das, was die meisten Techniker lieben. Wer gerne programmiert, wird die endlosen Besprechungen und bürokratischen Akte kaum mögen, die zum Aufstellen einer Sicherheitspolitik nötig sind. Andererseits ist es viel angenehmer, eine Sicherheitspolitik aufzustellen, als sich mit den Folgen einer fehlenden Sicherheitspolitik auseinanderzusetzen. Auf lange Sicht vergeuden Sie weniger Zeit mit Besprechungen zum Thema Sicherheit, wenn Sie das Thema rechtzeitig ernst nehmen.

Das Aufstellen einer Sicherheitspolitik muß nicht so unangenehm sein, wie Sie vielleicht annehmen. Viele Probleme entstehen durch Leute, die versuchen, eine Sicherheitspolitik festzuschreiben, die auch genauso klingt - großspurige juristische und technische Begriffe sowie Drohungen gegen Benutzer, die sich nicht anständig verhalten. Das funktioniert aber nicht! Außerdem ist das die unangenehmste Art, da sie überall Feindseligkeit und Mißverständnisse provoziert. Es mag zwar zutreffen, daß Ihre Organisation einmal eine Sicherheitspolitik braucht, die mit großen juristischen Worten formuliert ist (und hohe juristische Anforderungen erfüllt). In einem solchen Fall sollte die von Ihnen aufgestellte Sicherheitspolitik keine Widersprüche zu diesem Dokument enthalten, doch es ist nicht nötig, daß *Sie* das juristische Dokument schreiben.

Ein anderes Problem bei vielen Dokumenten zur Sicherheitspolitik besteht darin, daß deren Autoren genau wissen, wie die ideale Sicherheitspolitik aussehen sollte, und Angst davor haben, daß die tatsächliche Sicherheitspolitik diesen Ansprüchen nicht genügt. Es gibt viele Lippenbekenntnisse zu absoluter Sicherheit: in den Standort sollte niemals eingebrochen werden können, jeder Benutzer hat genau eine Kennung, und jede Kennung wird von genau einer Person benutzt, alle Paßwörter sind perfekt gewählt, und kein Benutzer verwendet jemals das Paßwort eines anderen für irgendwelche Zwecke.

In der Realität trifft das für keinen Standort zu, und diese Tatsache wird auch von allen Leuten zur Kenntnis genommen und akzeptiert. Dennoch behaupten viele Leute, an ihrem Standort ideale Verhältnisse schaffen zu wollen. Sie bedrucken dazu viel Papier und nennen das Ergebnis Sicherheitspolitik. Unausweichlich und ohne Ausnahme wird diese Politik nicht von jedermann beachtet.

Es ist unwahrscheinlich, daß Ihre Politik Sicherheit zu jedem Preis verlangt, denn eine solche Politik wäre irrational. Es ist sinnvoll, andere Dinge so hoch zu bewerten, daß eine Einschränkung der Sicherheit gerechtfertigt ist.

Die meisten Häuser ließen sich durch Gitter vor den Fenstern besser absichern. Obwohl sich die meisten Leute besser schützen wollen, bringen sie keine Gitter vor den Fenstern an. Es gibt mehrere Gründe für diese bewußte Einschränkung der Sicherheit. Zunächst sind Gitter teuer und verhindern viele Verwendungszwecke eines Fensters (z.B. durchsehen oder bei einem Brand hinausklettern). Viele Leute nehmen für andere Lösungen Kosten und Unbequemlichkeiten auf sich. Damit vermeiden sie vergitterte Fenster, selbst wenn das die billigste und bequemste Lösung wäre - aber es sieht schlecht aus und verursacht Beklemmungen.

Dieses Argument ist völlig nachvollziehbar[1], eine entsprechende Entscheidung bezüglich der Computersicherheit ist ebenfalls sinnvoll. Die höchste Sicherheitsstufe, die für Geld zu bekommen ist, ist nicht unbedingt wünschenswert - nicht einmal die höchste Stufe, die noch bezahlbar ist.

Was brauchen Sie eigentlich? Sie sollten die höchstmögliche Sicherheitsstufe anstreben, die Ihre Anforderungen bezüglich der folgenden Punkte erfüllt:

Preis
: Wieviel Geld müssen Sie für die Sicherheit ausgeben?

Funktionalität
: Können Sie Ihre Computer immer noch benutzen?

Akzeptanz
: Stören die Sicherheitseinrichtungen die Art und Weise, wie die Benutzer Ihres Standorts gewöhnlich untereinander und mit der Außenwelt kommunizieren?

Juristische Anforderungen
: Entsprechen die Sicherheitseinrichtungen Ihren juristischen Anforderungen?

1. A.d.Ü.: Zumindest für Amerikaner.

Tun Sie nie so, als wollten Sie absolute Sicherheit, wenn diese nur bezahlbar wäre. Ein Leben mit perfekten Sicherheitseinrichtungen ist nicht wünschenswert. Eine Organisation kann sich wahrscheinlich nicht die ihr wichtigen Eigenheiten erhalten, wenn perfekte Sicherheitseinrichtungen installiert werden. Die Anwender wollen einfach nicht in einer feindlichen Umgebung lernen oder arbeiten. Daher werden Sie entweder die Sicherheit oder die Unterstützung der ganzen Organisation verlieren.

Manchmal macht sich ein kleines Zugeständnis bei der Sicherheit als enorme Steigerung der Moral bezahlt. Den Leuten, die die Regeln aufstellen, bereitet die Anfrage nach Gastkennungen zum Beispiel meist Bauchschmerzen, doch für die Arbeitsmoral der Angestellten kann es eine große Rolle spielen, ob der Ehepartner eine Gastkennung erhält oder nicht. Manchmal erlebt man auch Überraschungen: Ein Universitätsrechenzentrum wurde gefragt, weshalb sich studentische Angestellte jederzeit einloggen dürfen (auch außerhalb der Öffnungszeiten), wenn sie doch nur irgendwelche Tätigkeiten von zweifelhaftem Wert für das Rechenzentrum durchführen. Das schien zumindest unsicher zu sein. Antwort: Einige Jahre zuvor tippte ein Operator nach Dienstschluß die Abschlußarbeit seiner Freundin ein. Dabei entdeckte er einen kritischen Notfall und reagierte entsprechend. Da er einen Schaden in Höhe von mehreren Millionen Dollar vom Rechenzentrum abgewendet hatte, konnte sich die Verwaltung ausrechnen, daß die gesamte von den Operatoren nebenher verbrauchte Rechenzeit bereits bezahlt war (der Schaden war nicht versichert - Versicherungsgesellschaften tendieren leider dazu, Überschwemmungen in einem fensterlosen Raum im dritten Stock als höhere Gewalt und damit als nicht versicherbar einzustufen).

Wenn Sie es mit der Sicherheit jedoch nicht so genau nehmen, verlieren Sie Ihre Organisation entweder an Juristen oder an Einbrecher. Dann kommt es darauf an, was Sie tun und nicht auf das, was Sie schreiben. Eine wunderschöne Sicherheitspolitik, die nicht eingehalten wird, wird sicher nicht verhindern, daß Leute in Ihre Computer einbrechen, und kann sie auch nicht vor Rechtsstreitigkeiten schützen. Vor Gericht zählen nur Richtlinien, die Sie auch umzusetzen versuchen. Wenn Sie die Sicherheitspolitik nur schriftlich fixieren, aber nicht durchsetzen, beweisen Sie, daß Sie nicht einfach zu dumm waren, sondern wußten, was zu tun war, dies aber nicht umsetzten!

Was sollte eine Sicherheitspolitik enthalten?

Eine Sicherheitspolitik bietet vor allem die Möglichkeit, mit Benutzern und Managern zu kommunizieren. Diese sollten daraus alles erfahren, was für ihre sicherheitsrelevanten Entscheidungen nötig ist.

Begründungen

Es ist ganz wichtig, daß die Richtlinien ausdrücklich und verständlich beschreiben, weshalb gewisse Entscheidungen getroffen wurden. Die meisten Leute beachten Regeln nur dann, wenn Sie deren Sinn einsehen. Eine Sicherheitspolitik, die ohne Begründung nur festlegt, was zu tun ist, ist von vornherein zum Scheitern verurteilt. Sobald die Verfasser die Organisation verlassen oder die Gründe für Entscheidungen vergessen, werden die Sicherheitsrichtlinien überhaupt keinen Effekt mehr haben.

Zuständigkeit

Eine Sicherheitspolitik legt explizite Zuständigkeiten fest und teilt die Verantwortung zwischen Ihnen, Ihren Benutzern und dem Management auf, damit jeder weiß, was er vom andern erwarten kann. Eine Sicherheitspolitik sollte nicht nur den Benutzern sagen, wie sie zur Sicherheit des Standorts beitragen können (das wäre unfair), aber sich auch nicht auf die Systemverwalter beschränken (dadurch wiegen sich die Benutzer in dem Gefühl, daß sich schon jemand darum kümmern wird und sie sich keine Gedanken machen müssen).

Verständliche Formulierungen

Die meisten Leute sind weder Juristen noch Sicherheitsexperten, sondern bevorzugen allgemein verständliche Formulierungen. Sie mögen vielleicht davor zurückschrecken, Ihre Sicherheitspolitik in einfacher Sprache zu formulieren, da das zu lax und persönlich erscheint. Es ist jedoch wichtiger, die Richtlinien freundlich und verständlich zu formulieren als ein präzises und offizielles Dokument zu erstellen. Schreiben Sie sie so, als müßten Sie sie einem aufgeweckten, aber technisch unerfahrenen Freund erklären. Die Richtlinien sollten nicht von oben herab diktiert werden, sondern eher wie ein Briefwechsel zwischen Gleichgestellten aussehen. Falls sich das nicht mit Ihrer Firmenkultur vereinbaren läßt, sollten Sie zwei getrennte Beschreibungen erstellen.

Die Leute werden die Richtlinien nur dann befolgen, wenn sie sie verstehen und auch befolgen wollen. Dazu müssen sie sie zumindest lesen. Wenn sie ihr Hirn aber im zweiten Absatz abschalten, weil das Dokument juristisch und bedrohlich klingt, haben Sie schon verloren. Ebensowenig dürfen Sie den Leuten das Gefühl vermitteln, daß sie unterschätzt oder ihre Interessen nicht ausreichend berücksichtigt werden. Wählen Sie die Formulierungen aber nicht so zwanglos, daß es nachlässig erscheint. Lassen Sie bei Bedarf die Rechtschreibung von einem technischen Redakteur überprüfen.

Durchsetzung

Entscheidend ist nicht die schriftliche Fixierung der Sicherheitspolitik, sondern deren Durchsetzung. Daraus folgt, daß etwas passieren sollte, wenn die Politik nicht eingehalten wird. Jemand muß für solche Maßnahmen verantwortlich sein. Die Richtlinien müssen vereinbaren, wer das ist und welche Maßnahmen in Frage kommen. Die folgenden Beispiele zeigen, was in der Sicherheitspolitik festgelegt werden kann:

- Die Verwalter bestimmter Dienste sind befugt, den Zugang zu verwehren.
- Die Verwalter kümmern sich um Überschreitungen.
- Einrichtungen, die bestimmte Standards nicht einhalten, werden von den Betreibern des Firmennetzes von diesen und von externen Verbindungen ausgeschlossen.

Die Sicherheitspolitik sollte bestimmen, wer entscheidungsbefugt ist, und auch die Gegenmaßnahmen beschreiben, die diesen Leuten zur Verfügung stehen. Die Richtlinien sollten nicht festlegen, was wann geschieht. Es handelt sich schließlich nur um Richtlinien und nicht um ein zwingendes Gesetz.

Gelegenheit zu Änderungen

Sie können nicht erwarten, daß Sie Ihre Sicherheitspolitik einmal definieren und dann vergessen können. Die Anforderungen Ihres Standorts werden sich im Laufe der Zeit ändern, und Richtlinien, die vorher perfekt waren, können entweder zu restriktiv oder zu großzügig werden. Manchmal liegt es auf der Hand, daß Änderungen nötig sind: Wenn Sie für eine neugegründete Firma arbeiten, die von sechs Mitarbeitern auf 6000 anwuchs, wird Ihnen wohl klar sein, daß sich wichtige Dinge geändert haben. Wenn Sie jedoch keinen Mechanismus zur Überprüfung der Sicherheitspolitik vorgesehen haben, kann es passieren, daß sie nie angepaßt wird. Wenn Sie für eine zweihundert Jahre alte Universität arbeiten, werden Sie wohl nicht mit großen Änderungen rechnen. Doch auch in einer Organisation, die zu versteinern droht, ändern sich die Computer und die externen Netzverbindungen, neue Leute ersetzen alte, die die Organisation verlassen. Sie müssen daher die Sicherheitspolitik regelmäßig überprüfen und anpassen.

Spezielle Fragen bezüglich der Sicherheit

Da es große Unterschiede zwischen den Organisationen gibt, ist es schwierig, konkrete Einzelheiten zu nennen, ohne ein ganzes Buch über Sicherheitspolitik zu schreiben. Im folgenden finden Sie einige Anhaltspunkte, die Sie beim Verfassen einer Sicherheitspolitik beachten sollten:

- Wer erhält an Ihrem Standort eine Kennung? Gibt es Gastkennungen? Was ist mit Vertragspartnern, Herstellern und Kunden?
- Können mehrere Leute gemeinsam eine Kennung benutzen? Was ist mit einer Sekre-

tärin, die unter der Kennung ihrer Vorgesetzten deren E-Mail bearbeitet? Was ist mit Gemeinschaftsprojekten? Wie steht es mit Familienmitgliedern? Gilt es schon als gemeinsame Nutzung einer Kennung, wenn man jemandem nur mal kurz ein Fenster auf der eigenen Maschine leiht?

- Wann verlieren Leute das Recht auf eine Kennung, und wie gehen Sie mit solchen Fällen um? Was passiert, wenn Leute die Organisation verlassen oder ihnen der Zugang versagt wird?
- Wer darf sich per Modem einwählen? Dürfen andere Leute per Modem nach draußen wählen? Gibt es Besonderheiten bezüglich PPP, SLIP oder ISDN-Verbindungen?
- Was ist zu tun, bevor man einen Computer an das Hauptnetz anschließen darf?
- Wie sicher muß eine Maschine sein, bevor sie Dienste von zentral verwalteten Maschinen in Anspruch nehmen kann?
- Wie sicher muß ein Computer sein, damit er an ein Netz mit ungeschütztem Internet-Zugang angeschlossen werden darf?
- Wie werden Finanzdaten geschützt?
- Wie werden vertrauliche Personaldaten geschützt?
- Was müssen einzelne Benutzer für ihren eigenen Schutz und für den Schutz des Standorts tun? Welche Paßwörter sollten sie verwenden, und wie oft sollten sie diese ändern?
- Was dürfen die Benutzer im Internet tun? Dürfen sie sich beliebige ausführbare Programme besorgen und starten?
- Welche Vorkehrungen sind gegen Viren auf PCs zu treffen?
- Wer darf den Standort mit externen Netzen verbinden? Welche Netze zählen überhaupt als extern? Darf ein Projektmanager den Standort mit einem anderen Standort verbinden? Was gilt für die Einrichtung einer zweiten Internet-Verbindung?
- Wie werden Home-Computer abgesichert? Wie erhalten sie sicheren Zugang zum Hauptnetz?
- Wie erhalten Mitarbeiter auf Dienstreisen Zugang zum Firmennetz?
- Welche Informationen gelten als Firmengeheimnissee und wie werden sie geschützt? Dürfen sie per E-Mail nach draußen geschickt werden?
- Falls es ferne Standorte gibt: Wie erhalten sie sicheren Zugang zum Hauptnetz?

Was sollte die Sicherheitspolitik nicht festlegen?

In diesem Abschnitt beschreiben wir die Informationen, die in der Sicherheitspolitik eines Standorts nichts zu suchen haben.

Technische Details

Die Sicherheitsrichtlinien müssen beschreiben, was Sie schützen wollen und weshalb. Die Einzelheiten darüber, wie dies zu geschehen hat, brauchen nicht unbedingt festgelegt zu werden. Ein einseitiges Schreiben, das das »was« und »wie« so erläutert, daß es alle Angehörigen Ihrer Organisation verstehen, ist viel nützlicher als eine hundertseitige Spezifikation über das »wie«, die nur die besten Techniker verstehen können.

Betrachten wir zum Beispiel eine Richtlinie, die folgende Bestimmung enthält:

> Eingehende Verbindungen von der Außenwelt müssen mit nicht wiederverwendbaren Paßwörtern authentifiziert werden, um zu verhindern, daß ein möglicher Angreifer durch Überwachen solcher Verbindungen ein wiederverwendbares Paßwort aufschnappt.

Diese Festlegung ist viel nützlicher als folgende:

> Für alle eingehenden Verbindungen ist S/Key zu benutzen.

Weshalb? Die erste Richtlinie beschreibt, *was* zu schützen ist und *wie* dies zu geschehen hat. Das *wie* bleibt dem technischen Personal überlassen, das die beste Implementierung auswählen kann.

Noch besser ist folgende Richtlinie:

> Normale Paßwörter werden oft gestohlen, während sie Netze durchlaufen. In Netzen, die unsere Firma nicht kontrolliert, benutzen wir keine wiederverwendbaren Paßwörter.

Diese Richtlinie enthält die gleiche Information, verzichtet aber auf die Juristensprache. Sie stellt außerdem einige andere Punkte klar. Gehören zum Beispiel in der ersten Fassung auch solche Firmen zur »Außenwelt«, zu denen besondere Beziehungen bestehen? Es mag Ihnen vielleicht klar sein, daß dem so ist. Ein Manager, der die Kooperation mit einer anderen Firma vorbereitet, sieht das aber vielleicht nicht ein. Die umformulierte Version stellt klar, welche Kriterien anzulegen sind (jetzt kann man natürlich immer noch über die Einhaltung des Kriteriums streiten).

Die Sicherheitspolitik kann bei der Auswahl und Implementierung neuer Technologie als Orientierungshilfe dienen, sollte sie jedoch nicht spezifizieren. Es ist oft viel leichter, das Management für eine allgemeine Sicherheitspolitik zu gewinnen als für eine bestimmte Technologie.

Die Probleme anderer Leute

Jeder Standort braucht seine eigene Sicherheitspolitik. Unterschiedliche Vorbehalte, Einschränkungen, Benutzer und Möglichkeiten führen zwangsläufig zu unterschiedlichen Sicherheitsrichtlinien. Außerdem kann sich die Sicherheitspolitik eines Standorts ändern, wenn er wächst und sich verändert. Sie dürfen nicht davon ausgehen, daß Sie ewig so weitermachen, wie Sie es schon immer getan haben, oder daß Sie sich die Sicherheitsrichtlinien eines anderen Standorts besorgen können und darin nur die Namen auszutauschen brauchen.

Aufstellen einer Sicherheitspolitik

Wie stellen Sie eine Sicherheitspolitik zusammen, wenn Sie erst einmal wissen, was sie enthalten soll?

Wie lautet Ihre persönliche Sicherheitspolitik?

Als ersten Schritt bei der Aufstellung einer funktionierenden Sicherheitspolitik für Ihren Standort müssen Sie sich über Ihre eigene Auffassung klar werden. Wenn Sie ein Firmennetz verwalten oder sicherheitsrelevante Entscheidungen treffen, befolgen Sie bereits eine innere Sicherheitspolitik, auch wenn Sie diese nie formuliert haben. Sie müssen sich diese innere Einstellung erst einmal bewußt machen, bevor Sie mit anderen Leuten über Sicherheitsfragen diskutieren und eine Sicherheitspolitik für den gesamten Standort festlegen.

Überdenken Sie also Ihre bisherigen Sicherheitsentscheidungen noch einmal, damit Ihnen klar wird, welche Zielsetzungen für die Sicherheit Ihres Standorts sinnvoll sind. Das liefert vielleicht noch nicht exakt die Sicherheitspolitik, die sie letztendlich formulieren werden, gibt jedoch schon wichtige Anhaltspunkte.

Wie lautet die Sicherheitspolitik Ihres Standorts?

Im zweiten Schritt zur Aufstellung einer Sicherheitspolitik für Ihren Standort informieren Sie sich über die Ansichten anderer Leute bezüglich Sicherheit. Was erwarten Benutzer und Manager von Sicherheitseinrichtungen? Wie beurteilen sie die augenblicklich installierten Sicherheitseinrichtungen? Was machen andere Rechenzentren und weshalb machen sie es nicht anders?

Jeder Standort hat mindestens eine Sicherheitspolitik. Das Problem ist allerdings, daß die meisten Standorte mehrere haben. Vielleicht verfügt sogar jeder Mensch, der an diesem Standort mit Computern zu tun hat, über eine eigene. Manchmal geschieht diese Aufsplitterung völlig unbewußt. Verschiedene Rechenzentren innerhalb einer Organisation packen die Dinge oft ganz unterschiedlich an, ohne das überhaupt zu merken. Manchmal ist es ein offenes Geheimnis. Die Systemverwalter versuchen, eine Sicherheitspolitik durchzusetzen, von der die Benutzer nicht überzeugt sind. Manchmal ist es auch ein offener Krieg. Meist unterstellt man Universitäten, daß die Systemverwalter und Anwender dort einen offenen Krieg austragen, tatsächlich geben jedoch auch viele Firmen viel Geld für den Streit über Sicherheitsfragen aus. Beispielsweise liegen Verwaltung und Techniker oft über Kreuz.

Einige Bestandteile der Sicherheitspolitik eines Standorts sind vielleicht schon schriftlich fixiert, ein Großteil wird aber meist nur implizit umgesetzt und wurde nie veröffentlicht. Diesen Teil lernen Sie nur kennen, wenn Sie herumgehen und die Leute fragen – Manager, Systemverwalter und Benutzer. Anschließend sehen Sie sich die Computer an, um festzustellen, was tatsächlich passiert. Es ist unwahrscheinlich, daß Sie belogen werden, aber Sie erfahren meist nicht die tatsächlichen Umstände, sondern das, was die Leute für die Wahrheit halten, was sie sich wünschen oder erwarten.

Manager, die mit abgesicherten Computern zu tun haben, glauben vielleicht, daß diese Computer automatisch geschützt sind und die ausgelieferte Konfiguration bereits einigermaßen sicher ist, wenn eine Maschine ans Netz geht. Das stimmt aber nicht! In Wahrheit gilt nämlich meist das genaue Gegenteil. Die Standardkonfiguration, in der die Maschinen ausgeliefert werden, ist meist lächerlich unsicher. Es erfordert erheblich Erfahrung, sie abzusichern. Ein Manager, der behauptet, alle Computer seien perfekt abgesichert, hat also vielleicht völlig unrecht, obwohl er sie nicht im geringsten täuschen möchte.

Wenn Sie Fragen stellen, auf die es offensichtlich »richtige« Antworten gibt, werden Sie diese von den meisten Leuten auch zu hören bekommen. Andere Leute gehen dabei vielleicht in Verteidigungsstellung. Stellen Sie deshalb neutrale Fragen ohne irgendwelche Vorurteile. Fragen Sie zum Beispiel nicht, ob die Leute Sicherheit für wichtig halten. Erkundigen Sie sich lieber danach, ob ihnen Sicherheit oder eine kooperative Arbeitsumgebung wichtiger ist, und lassen Sie sich die Antwort erläutern.

Machen Sie den Leuten auf alle Fälle klar, weshalb Sie Fragen stellen. Die meisten Leute denken an eine Überprüfung, wenn Sie zum Thema Sicherheit befragt werden, und wollen lieber gut abschneiden, als über die Realität zu sprechen. Andere reagieren dagegen feindselig (weshalb sollten sie schließlich überprüft werden?). Wenn Sie solche Reaktionen feststellen, sollten Sie keine weiteren Fragen zur Sicherheitspolitik stellen – es bringt nichts, wenn Sie keine nützlichen Antworten erhalten. Erklären Sie statt dessen noch einmal, was Sie tun und welche Gründe das hat. Wird Ihnen nicht geglaubt, so fragen Sie jemand anders.

Externe Faktoren, die die Sicherheitspolitik beeinflussen

Ihr Standort ist nie völlig unabhängig vom Rest der Welt. Es gibt außerhalb eines Rechenzentrums immer Fragen, die dessen Sicherheitspolitik beeinflussen. Dazu gehören juristische Voraussetzungen, vertragliche Verpflichtungen und die bisherige Firmenpolitik.

Wir wollen zunächst die rechtlichen Fragen betrachten. Eine Firma hat gegenüber ihren Gesellschaftern oder Aktionären die Verpflichtung, ihr Vermögen zu schützen. Sind sich alle Firmenangehörigen einig, daß man Paßwörter abschaffen und sich dem Internet öffnen sollte, so kann man das dennoch nicht als Sicherheitspolitik festschreiben. Aus Ihrer Sicherheitspolitik muß hervorgehen, daß Sie die Computer und Daten der Firma gut schützen. Dazu genügen allerdings die üblichen Vorkehrungen. Sie sind nicht verpflichtet, Netzhautmerkmale zu überprüfen, bevor jemand einen Computer berühren darf!

Unabhängig davon, für welche Einrichtung Sie arbeiten, ist meist auch der Datenschutz für die Personaldaten der Angestellten zu gewährleisten. Personalbeurteilungen sind im allgemeinen rechtlich geschützt, ebenso einfache persönliche Angaben wie Wohnungsadressen u.a. Universitäten sind für die Daten ihrer Studenten verantwortlich. Dies geht bis hin zu der Information, welche Studenten der Universität überhaupt angehören. In einigen Ländern genießen persönliche Daten noch größeren Schutz. Wenn Sie nicht für die Personalabteilung oder die Studentenkanzlei arbeiten, glauben Sie vielleicht, solche Schutzmaßnahmen gingen Sie nichts an. Das trifft jedoch nicht zu: Jeder Vorgesetzte muß im Normalfall mit vertraulichen Daten seiner Angestellten umgehen. Auch die Verwaltung der Kennungen an Universitäten erfordert den Umgang mit vertraulichen Daten, z.B. ob ein Student eingeschrieben ist und welche Kurse er besucht.

Manche Organisationen sind auch vertraglich zum Datenschutz verpflichtet. Wenn Ihre Systeme Daten von Kunden enthalten, steht in den Verträgen wahrscheinlich, daß Sie diese schützen müssen. Das kann auch für Forschungsverträge an Universitäten gelten. Wenn Sie Quellcode oder noch nicht freigegebene Software besitzen, haben Sie mit der Lizenzvereinbarung ziemlich sicher auch eine Schutzpflicht unterschrieben.

Vielleicht beeinflussen auch bereits existierende Richtlinien die Sicherheitspolitik Ihres Standorts. Diese Richtlinien regeln gewöhnlich den Schutz von Daten, meist um die oben beschriebenen vielfältigen rechtlichen Verpflichtungen zu erfüllen. Manche Richtlinien regeln aber auch den Zugang zu Daten, speziell an Universitäten und in öffentlichen Einrichtungen.

Wenn es bei Ihnen eine Rechtsabteilung gibt, sollten Sie diese um Rat fragen. Lassen Sie die Sicherheitspolitik aber nicht in der Rechtsabteilung formulieren, sondern lassen Sie sich einfach die rechtlichen Verpflichtungen der Organisation erklären. Falls es keine Rechtsabteilung gibt, fragen Sie einen höheren Manager. Auf alle Fälle müssen Sie die vorhandenen schriftlichen Richtlinien ausfindig machen und durchsehen, um festzustellen, ob sie sicherheitsrelevante Aussagen machen. Dabei bekommen Sie auch gleich einen Eindruck davon, inwiefern eine schriftliche Richtlinie funktioniert und worin sie scheitert. Wenn Ihnen die existierenden Richtlinien gefallen, können Sie Ihre neue Sicherheitspolitik daran orientieren. Andernfalls sollten Sie der Versuchung widerstehen, die neue Sicherheitspolitik so zu formulieren wie die alte, nur weil das so üblich zu sein scheint.

Strategische und politische Entscheidungen

Strategische Entscheidungen müssen vom obersten Management getroffen und unterstützt werden, wenn sie erfolgreich umgesetzt werden sollen. Die Sache ist ziemlich einfach: Wenn die Geschäftsführung die Sicherheitsmaßnahmen nicht unterstützt, werden Sie auch keine Sicherheit erreichen. Weshalb sollte Ihnen die Geschäftsführung die Unterstützung verweigern? Vielleicht haben Sie die Bedenken des Managements einfach nicht genügend berücksichtigt. Im folgenden wollen wir Ihnen einige Anregungen dafür geben.

Beziehen Sie alle beteiligten Leute mit ein

Sie selbst kennen sich vielleicht technisch am besten aus, doch Sie verstehen nicht unbedingt auch die Gesamtanforderungen Ihrer Organisation am besten. Strategische und politische Entscheidungen müssen im Team getroffen werden. Sie können nicht einfach eine Richtlinie nach eigenem Geschmack aufstellen und von vielen Leuten absegnen lassen. Selbst wenn Sie alle Leute so weit bringen – das kann schwieriger sein, als intelligente Vorschläge zu bekommen –, werden sie die Richtlinien nicht befolgen.

Die Sicherheitspolitik eines großen Computerherstellers verbot Einwählmodems. Der zentrale Einwählzugang befriedigte aber leider nicht alle Programmierer. Einige dieser Programmierer fanden heraus, daß sie zwar keine Modemleitungen bekamen, aber existierende Faxleitungen auf ein Modem umleiten und sich damit nachts von zu Hause aus an ihrem Arbeitsplatz einwählen konnten. Es kam noch schlimmer, als einer dieser Programmierer entlassen wurde und weiterhin mit diesem Trick in den Standort einbrach. Er probierte der Reihe nach alle Faxnummern der Firma, bis er eine der umgeleiteten Verbindungen erwischte. Damit erhielt er einen Login-Prompt einer ungesicherten Maschine innerhalb des Firewalls der Firma. Der ehemalige Angestellte richtete beträchtlichen Schaden an, bevor er entdeckt und ausgesperrt wurde. Er gewann viel Zeit, da die Leute, die ihn aussperren wollten, nichts von der Existenz der Modems wußten. Als sie das schließlich herausfanden, war es ziemlich langwierig und mühsam, die Modems wieder loszuwerden, da die Faxleitungen nur dann umgeleitet wurden, wenn die Programmierer sie auch benutzen wollten.

Der ganze Vorfall war nur möglich, weil Management und Systemverwalter eine Sicherheitspolitik aufgestellt hatten, die vitale Bedürfnisse der Menschen ignorierte, die in dem Rechenzentrum arbeiteten. Nach der offiziellen Lesart mußte der Wählzugang so sicher sein, daß er fast völlig nutzlos war, nach der inoffiziellen Lesart mußte der Wählzugang dagegen so praktisch sein, daß er fast nicht abzusichern war. Hätten die Richtlinien zumindest geringfügig unsicheren Wählzugang erlaubt, hätte man den Einbruch unter Umständen verhindern, jedenfalls einfacher entdecken und beenden können. Der Vorfall wäre auch dann vermeidbar gewesen, wenn die Programmierer der Sicherheit höhere Priorität als dem Wählzugang gegeben hätten. Eine solche Vereinbarung ist jedoch viel schwieriger zu erreichen als ein Kompromiß.

Tatsächlich gab es in diesem Fall kaum Meinungsverschiedenheiten zwischen den beteiligten Parteien. Hätte man die Manager gefragt, hätte man erfahren, daß es ihnen wichtig sei, die Leute von zu Hause aus arbeiten zu lassen. Sie wußten aber nicht, daß das existierende Einwählsystem unzureichend war. Hätte man die Programmierer gefragt, so hätte man erfahren, daß ihnen die Verhinderung mutwilliger Zerstörung ihrer Arbeit wichtig sei. Die Risiken ihrer Aktionen waren ihnen nicht bewußt. Niemand machte sich gleichzeitig über Sicherheit und praktischen Nutzen Gedanken - das führte zur Katastrophe.

Akzeptieren Sie »falsche« Entscheidungen

Es kann passieren, daß Sie mit der Sicherheitspolitik, die nach einem langwierigen Entscheidungsprozeß entstand, nicht besonders zufrieden sind. Wenn das daran liegt, daß die Beteiligten nicht wußten, was sie taten, sollten Sie sich sehr stark für eine Korrektur einsetzen. Wenn den Beteiligten dagegen die Risiken klar sind, sie jedoch andere Prioritäten setzen als Sie selbst, sollten Sie Ihre Einwände schriftlich fixieren und die Sicherheitspolitik akzeptieren. Sie haben recht - dieses Vorgehen kann in die Katastrophe führen. Dennoch können Sie von einer Gruppenentscheidung nicht erwarten, daß Sie immer mit Ihrer eigenen Entscheidung übereinstimmt. Genausowenig können Sie sicher sein, daß Ihre Anschauung die einzig richtige ist.

Manchmal sind Manager zu Risiken bereit, die den Systemverwaltern überwältigend erscheinen. So entschied sich zum Beispiel ein Computerhersteller, eine der großen und leistungsfähigen Maschinen in einem ungeschützten Netz aufzustellen und bisherigen oder zukünftigen Kunden auf Anfrage Kennungen auf dieser Maschine einzurichten. Der Systemverwalter hielt das für eine schreckliche Idee und wies darauf hin, daß es grundsätzlich unmöglich sei, diese Maschine abzusichern. Es sei eine große Zahl von Kennungen zu erwarten, die sich häufig und unsystematisch ändern sowie von Leuten benutzt würden, die die Firma nicht kontrollieren könne. Die Testkennungen wurden zudem deswegen ausgegeben, weil es sich bei der Maschine um einen schnellen Parallelrechner handelte - sie eignete sich also perfekt zum Knacken von Paßwörtern. Für den Systemverwalter war es sehr wahrscheinlich, daß mit Hilfe dieser Maschine andere Rechner angegriffen würden, sobald nur jemand in den Parallelrechner eingedrungen wäre (was wohl unvermeidlich war).

Der darauf folgende Streit führte schließlich zu einem Kompromiß. Die Maschine wurde zur Verfügung gestellt, doch das interne Netz sollte durch zusätzliche Sicherheitsmaßnahmen geschützt werden. Das war deswegen ein Kompromiß, weil es Einschränkungen für die Angestellten mit sich brachte, die die Benutzer von außerhalb unterstützen sollten. Das Management entschied sich dafür, das verbleibende Risiko zu tragen: Die Maschine könnte als Plattform für Angriffe gegen andere Standorte dienen, was extrem schlechte Publicity zur Folge hätte.

Was passierte nun? Es wurde natürlich in die Maschine eingedrungen, und sie wurde mindestens für Angriffe auf die internen Netze mißbraucht. Diese Angriffe waren zwar sehr lästig und kosteten die Firma zusätzliche Zeit für die Systemverwalter. Es entstand jedoch weder größerer Schaden, noch gab es nennenswerte negative Schlagzeilen. Das Management betrachtete angesichts des durch den Testbetrieb der Maschine erwirtschafteten Umsatzes die Ausgaben als akzeptabel. In diesem Fall wurden widersprüchliche Anforderungen durch Diskussion und Kompromiß aneinander angeglichen. Das Resultat war eine Sicherheitspolitik, die schwächer war als die ursprüngliche Richtlinie, aber immer noch genügend Schutz bot. Indem die Firma das Risiko offen und bewußt akzeptierte, schränkte sie es gleichzeitig auf ein erträgliches Maß ein.

Erläutern Sie allen Beteiligten die Risiken und Vorteile auf geeignete Art

Sie müssen sich darüber im klaren sein, daß unterschiedliche Leute ganz unterschiedliche Bedenken haben. Diese Vorbehalte hängen meist mit der jeweiligen Position zusammen, können aber auch persönliche Ursachen haben. Einige Beispiele:

- Der Finanzchef macht sich Sorgen über die Kosten für die Sicherheit oder die Kosten, die durch zu geringe Sicherheit entstehen können.
- Der Direktor hat Angst vor negativen Schlagzeilen nach einem sicherheitsrelevanten Vorfall an Ihrem Standort oder den möglichen Verlust oder Diebstahl geistigen Eigentums über das Internet.
- Ein Abteilungsleiter befürchtet die Veröffentlichung vertraulicher Berichte.
- Ein Angehöriger des mittleren Managements möchte verhindern, daß seine Angehörigen ihre gesamte Zeit mit Usenet-News oder im World Wide Web vergeuden.

- Ein anderer Manager denkt an Viren in infizierter PC-Software aus dem Internet.
- Wieder ein anderer Manager ist damit befaßt, Kunden den bestmöglichen Support über das Internet zu bieten.
- Eine Professorin möchte verhindern, daß andere Institutionen während ihres Forschungssemesters auf ihre Daten zugreifen können.
- Ein Dozent befürchtet, daß Studenten die Lösungen von anderen Studenten stehlen oder sich die Tests gleich von den Dozenten besorgen.
- Für die Benutzer müssen die Internet-Dienste verfügbar sein, die für ihre Arbeit wichtig sind.
- Die Benutzer befürchten, bei zu hohen Sicherheitsauflagen nicht mehr zusammenarbeiten zu können.
- Studenten befürchten, nicht mehr mit den Computern spielen zu können. Das ist aber Teil ihrer Ausbildung.
- Diplomanden und Projektleiter hegen die Befürchtung, daß die Sicherheitsmaßnahmen zeitkritische Projekte behindern.

Sie müssen sich die Zeit nehmen, all diese unterschiedlichen und legitimen Bedürfnisse kennenzulernen und zu berücksichtigen. Vielleicht kommen Sie auch zu dem Schluß, daß sich die Leute über etwas Sorgen machen sollten, das ihnen gar nicht bewußt ist. Sie müssen sie über solche Fragen aufklären. Daher müssen Sie verstehen, welche Aufgabe sie erledigen, was sie vom Netz erwarten und wie hoch sie die Bedeutung der Sicherheitsmaßnahmen einschätzen.

Sprechen Sie mit diesen Leuten über die Themen, die ihnen wichtig sind. Dazu müssen Sie erst lange zuhören, bevor Sie selbst irgend etwas sagen. Mit den Managern sprechen Sie über mögliche Kosten und potentielle Verluste; mit den Geschäftsführern oder Direktoren wägen Sie Nutzen und Risiken ab; mit den Technikern diskutieren Sie Ausbaumöglichkeiten. Bevor Sie Ihren Entwurf vorstellen, legen Sie sich Erklärungen zurecht, die den Standpunkten und technischen Kenntnissen Ihrer Gesprächspartner angepaßt sind. Wenn Sie Probleme haben, mit einer bestimmten Gruppe von Leuten zu reden oder deren Standpunkte nachzuvollziehen, kann es hilfreich sein, es sich von jemandem »übersetzen« zu lassen, der diese Gruppe besser versteht.

Versuchen Sie nicht, jemanden zu täuschen! Die zugrundeliegenden Informationen sind immer gleich, unabhängig davon, mit wem Sie gerade sprechen. Wenn eine bestimmte Entscheidung allerdings gleichzeitig Kosten einspart und die Arbeitsumgebung angenehmer macht, so werden Sie nicht zum Finanzchef sagen »wir wollen das so machen, weil es lustiger ist« und dann den Programmierern mitteilen, daß »wir es aus Kostengründen so machen«.

Vermeiden Sie Überraschungen

Beim Thema Sicherheit will niemand Überraschungen erleben. Aus diesem Grund müssen Sie sich darum kümmern, daß die beteiligten Personen alle wichtigen Fragen verstehen und mit den getroffenen Entscheidungen einverstanden sind (oder sich zumindest daran halten).

Alle Beteiligten müssen die Konsequenzen der Entscheidungen kennen. Dazu gehören die schlimmstmöglichen, die angenehmsten und die wahrscheinlichsten Folgen. Konsequenzen, die Ihnen völlig klar sind, sind anderen Leuten vielleicht überhaupt nicht bewußt. Leute, die sich nicht besonders gut mit UNIX auskennen, geben vielleicht freiwillig das *root*-Paßwort heraus. Sie kennen die Folgen nicht und regen sich erst dann auf, wenn sie von den Auswirkungen erfahren.

Auf Überraschungen folgt bei vielen Leuten eine Überreaktion, die von völliger Anteilslosigkeit bis zu unrealistischen Forderungen reichen kann. Ein guter Einbruch oder auch nur ein böser Streich kann Leute, die bisher das Gerede über Paßwörter nie verstanden haben, so verändern, daß sie sich nach Stimmfrequenzanalyse und Geschütztürmen erkundigen. Sie sollten solche Leute nur dann Entscheidungen treffen lassen, wenn sie sich nicht im Zustand völliger Panik befinden, sondern wieder beruhigt haben.

Beschränken Sie sich auf wichtige Fragen und deren Auswirkungen

Wenn Sie einen Top-Manager um eine Entscheidung zur Sicherheitspolitik bitten, sollten Sie nur die anstehende Entscheidung, deren Vor- und Nachteile sowie die Auswirkungen der verschiedenen Möglichkeiten mit ihm diskutieren und überflüssige Fragen weglassen. Fragen Sie Ihren Geschäftsführer zum Beispiel nicht, ob Sie Sendmail oder SMAIL als Mailer verwenden sollen – das ist vor allem eine technische Frage, die von den zuständigen technischen Mitarbeitern gelöst werden sollte. Im Gegensatz dazu muß Ihr Vorgesetzter strategische Entscheidungen bezüglich E-Mail treffen, zum Beispiel ob jeder Angehörige der Organisation E-Mail-Zugang erhält oder nur bestimmte Leute. Im zweiten Fall muß er auch den Kreis der Berechtigten festlegen.

Legen Sie jemandem nur dann eine Frage zur Entscheidung vor, wenn er oder sie zu einer solchen Entscheidung befugt ist und über die nötigen Informationen verfügt. Machen Sie der Person immer klar, weshalb gerade sie und nicht ein anderer die Entscheidung treffen soll. Offene Formulierungen vermeiden Sie bei Ihren Fragen besser. Fragen Sie zum Beispiel nicht »Was sollten wir bezüglich Internet-Sicherheit tun?«, sondern lieber »Sollten wir eine einzige Stelle zum Verteidigungspunkt ausbauen oder die Maschinen einzeln schützen?«. Auf die erste Frage kann der Gesprächspartner mit »gar nichts« antworten. Mit dieser Antwort werden Sie aber kaum glücklich.

Rechtfertigen Sie alles mit diesen Entscheidungen

Alle technischen Einzelheiten und Fragen der Implementierung sollten sich an den Richtlinien orientieren, die Sie sich von Ihren Vorgesetzten geben ließen. Wenn Sie feststellen, daß die Auswahl einer technischen Variante von nichttechnischen Fragen abhängt, sollten Sie zusätzliche Richtlinien diesbezüglich anfordern. Beschreiben Sie auch hier klar und deutlich das Problem: die möglichen Optionen, Vor- und Nachteile sowie die Auswirkungen jeder Option.

Wenn Sie Ihre Vorschläge erläutern, sollten Sie sie immer anhand der ursprünglichen Entscheidungen erklären. Zeigen Sie auch die Schlußfolgerungen, über die Sie Ihre Vorschläge entwickelten.

Machen Sie deutlich, daß viele Fragen Management- oder Personalprobleme sind

Manche Leute betrachten gewisse Probleme als technische Probleme und versuchen auch, sie auf technische Art zu lösen, obwohl es sich in Wirklichkeit um Management- oder Personalprobleme handelt. Manche Manager befürchten zum Beispiel, daß ihre Angestellten die Arbeitszeit dazu mißbrauchen, um Usenet-News zu lesen oder im World Wide Web zu surfen. Das ist aber kein technisches, sondern ein Personalproblem - die moderne Variante von Leuten, die am Schreibtisch nur Zeitung lesen oder Kreuzworträtsel lösen.

Ein anderes häufiges Beispiel ist die Befürchtung von Managern, die Angestellten könnten vertrauliche Informationen über das Internet verbreiten. Auch das ist gewöhnlich kein technisches Problem, sondern ein Management-Problem. Der gleiche Angestellte, der den firmeneigenen Quellcode per E-Mail an die Konkurrenz schicken kann, könnte ihn auch auf einem Magnetband in seiner Tasche mitnehmen. Das ist zudem viel bequemer und vermindert die Wahrscheinlichkeit, entdeckt zu werden. Es ist unsinnig,durch technische Maßnahmen die Informationen einzuschränken, die man per E-Mail übertragen kann - es sei denn, man überprüft am Werkstor die Taschen aller Angestellten.

Glauben Sie nicht, daß irgend etwas offensichtlich ist

Gewisse Dinge, die einem an Sicherheitsfragen interessierten Techniker klar sind, sind für nichttechnische Manager und Vorgesetzte überhaupt nicht offensichtlich. Wie wir bereits erwähnt haben, ist es für jedermann mit einem Grundverständnis von IP klar, daß man mit Paketfilterung den Zugang zu bestimmten Diensten nach IP-Adressen einschränken kann, nicht aber nach Benutzerkennungen (es sei denn, man kann die IP-Adressen einzelnen Benutzern zuordnen). Weshalb? In IP gibt es das Konzept der »Benutzerkennung« überhaupt nicht, nichts in einem IP-Paket gibt an, welcher Benutzer dafür verantwortlich ist. Andererseits sind manche Dinge zwar den Managern klar, nicht aber den technischen Mitarbeitern. Beispiel: Die öffentliche Meinung (die oft unvollständig oder schlicht falsch ist) zu einem Problem Ihrer Firma ist häufig wichtiger als die technische »Wahrheit«, die dahintersteckt.

Wenn es keine Sicherheitspolitik gibt

Was können Sie tun, wenn Sie trotz höchster Anstrengungen keine schriftlich fixierte Sicherheitspolitik bekommen? Sie sind auf der sicheren Seite, wenn Sie jede Kleinigkeit dokumentieren. Schreiben Sie alles auf, was Sie tun, weshalb Sie das tun, was die existierenden Richtlinien besagen, was Sie versucht haben, und weshalb Sie die Situation für schlecht halten. Drucken Sie das Ganze aus, unterschreiben Sie es, und geben Sie es zumindest Ihrem direkten Vorgesetzten, besser noch einigen seiner Vorgesetzten. Heften Sie eine eigene unterschriebene Kopie ab, auf der das Datum vermerkt ist, zu dem es die Leute bekamen.

Versuchen Sie jedes Jahr oder bei jeder wichtigen Veränderung der Situation erneut, eine Sicherheitspolitik aufzustellen. Falls das nicht funktioniert, wiederholen Sie den gesamten Dokumentationsvorgang. Passen Sie Ihr Schreiben jedoch an. Wenn Sie der Versuchung erliegen, nur das Datum zu ändern, stimmt der Inhalt vielleicht nicht mehr ganz. Dadurch schwächen Sie Ihre Position.

Unsere Empfehlungen laufen auf eine Konfrontation hinaus. Es kann so scheinen, als kümmerten Sie sich nur um Ihre eigene Sicherheit und nicht um die Sicherheit Ihres Standorts.[1] Es lohnt sich, viel Zeit in das Dokument zu investieren, damit es genau das trifft, was Sie sagen wollen. Sie müssen sich nicht unbedingt besonders förmlich ausdrücken. Wenn Sie vermitteln wollen »Ich weiß, daß wir eine lockere Firma sind und keine schriftlich fixierte Firmenpolitik haben, aber ich glaube, diese Frage ist so wichtig, daß wir dennoch etwas zusammenschreiben sollten« – dann sagen Sie genau das.

1. Das mag zwar der Fall sein, wird jedoch absolut gar nichts bewirken.

In diesem Kapitel:
- *Allgemeine Wartungsarbeiten*
- *Überwachung Ihres Systems*
- *Wie Sie sich auf dem laufenden halten*
- *Wie lange Sie für Weiterbildung brauchen*
- *Wann sollten Sie Ihren Firewall austauschen?*

12

Betreuung von Firewalls

Wenn Sie einen guten Firewall aufgebaut haben, der den Anforderungen Ihrer Organisation entspricht, sollte seine Betreuung recht einfach sein. Was gehört zur Betreuung eines Firewalls? Wir unterscheiden drei Kategorien:

- Allgemeine Wartungsarbeiten
- Überwachung des Systems
- Sich selbst auf dem laufenden halten

Nach Entwurf und Implementierung des Firewalls sollte der laufende Betrieb nicht mehr sehr aufwendig sein. Ein großer Teil der allgemeinen Wartungsarbeiten läßt sich zudem gut automatisieren.

Allgemeine Wartungsarbeiten

Die allgemeinen Wartungsarbeiten umfassen den ewigen Kleinkram, der nötig ist, um den Firewall in Ordnung und in sicherem Zustand zu halten. Sie werden immer wieder mit drei Hauptaufgaben zu tun haben:

- Backup des Firewalls
- Verwaltung der Kennungen
- Verwaltung des Plattenspeichers

Backup des Firewalls

Sie müssen Backups (Sicherungskopien) für alle Teile des Firewalls anlegen. Das betrifft nicht nur die Computer, die Sie als Bastion-Hosts oder interne Server einsetzen, sondern auch Router und andere Spezialgeräte. Ihre Sicherheit hängt von der korrekten Konfiguration der Router ab, und es ist meist nicht ganz einfach, einen Router neu zu konfigurieren.

Legen Sie die Backups auf den Computern am besten mit einem automatisierten Backup-System an. Dieses sollte bei normalem Ablauf eine E-Mail zur Bestätigung schicken und bei aufgetretenen Fehlern deutlich hervorgehobene Meldungen produzieren.

Weshalb sollte man nicht nur bei Fehlern E-Mail schicken? Wenn das System nur bei Fehlern Meldungen schickt, merken Sie nicht, wenn es überhaupt nicht läuft. Schweigen ist nicht immer Gold, was die Eltern kleiner Kinder nur zu gut wissen: Wenn sie gerade keinen Lärm machen, hecken sie sicher Unfug aus.

Weshalb sollten sich die E-Mails im Fehlerfall deutlich von den anderen unterscheiden? Falls das System im Fehlerfall ähnliche Meldungen produziert wie im Erfolgsfall, werden die Systemverwalter, die gewöhnlich die Erfolgsnachricht ignorieren, auch die Fehlermeldung ignorieren. Im Idealfall sollte ein separates Programm überprüfen, ob die Backups durchgeführt wurden und gegebenenfalls eine Meldung schicken.

Spezielle Geräte wie Router ändern sich nicht so oft und brauchen meist kein automatisiertes Backup-System (zum Glück, denn meistens unterstützen sie so etwas auch nicht). Nach Änderungen sollten Sie alle Mittel ausnutzen, die zur Aufzeichnung der Konfiguration zur Verfügung stehen. Die meisten Systeme speichern ihre Konfiguration auf einem lokalen Diskettenlaufwerk, manche unterstützen auch FTP. Beschreiben Sie zwei Disketten, beschriften Sie sie (inklusive Datum), und heben Sie eine vom Gerät getrennt auf. Führen Sie dieses Backup auch dann durch, wenn Sie die Konfiguration per FTP geladen haben. Der Router sollte nicht völlig von einer anderen Maschine abhängen. Wenn Sie die Konfiguration auf dem Router geschrieben haben und nicht per FTP, sollten Sie sowohl per FTP als auch auf Diskette ein Backup anlegen. Weshalb? Manchmal ist es leichter, eine Datei zu finden als kleine Objekte wie Disketten. Außerdem könnte das Diskettenlaufwerk ausfallen, obwohl der restliche Router noch funktioniert.

Hinweis

Der Entwurf eines Backup-Systems geht über den Rahmen dieses Buches hinaus. Diese Beschreibung und der Abschnitt »Backup der Dateisysteme« in Kapitel 13 können nur eine Zusammenfassung bieten. Wenn Sie bezüglich des Backup-Systems nicht sicher sind, können Sie sich an eine allgemeine Auskunftsstelle für Fragen der Systemverwaltung wenden (siehe Anhang A).

Verwaltung der Kennungen

Die Verwaltung der Kennungen, also Einrichten neuer und Löschen alter Kennungen, Ändern von Paßwörtern usw., gehört zu den am meisten vernachlässigten Wartungsarbeiten. Auf Firewall-Systemen ist es absolut entscheidend, daß neue Kennungen korrekt eingerichtet, alte Kennungen sofort gelöscht und Paßwörter hinreichend oft geändert werden. Konsultieren Sie Ihre Systemdokumentation bezüglich der Einzelheiten hierzu.

Legen Sie ein Verfahren zum Einrichten neuer Kennungen fest. Falls irgendwie möglich, sollten Sie ein Programm dafür benutzen. Auf Firewall-Systemen sollte es zwar nicht viele Benutzerkennungen geben, doch jede einzelne davon stellt eine mögliche Gefahr dar. Daher lohnt sich der Aufwand sicherzustellen, daß jede einzelne korrekt eingerichtet ist. Leider lassen viele Leute wichtige Zwischenschritte aus oder machen mitten in einem Vorgang ein paar Tage Pause. Wenn während dieser Zeit eine Kennung ohne Paßwort bleibt, kommt das einer offenen Einladung an Eindringlinge gleich.

Achten Sie bei Ihrer Prozedur zum Einrichten neuer Kennungen darauf, daß das jeweilige Datum festgehalten wird. Außerdem sollten alle Kennungen nach einigen Monaten überprüft werden. Sie müssen sie zwar nicht automatisch deaktivieren, sollten aber automatisch jemanden darüber informieren, daß die Zeitspanne abgelaufen ist. Auf UNIX-Systemen ist das relativ einfach, auf anderen Systemen, vor allem speziellen Geräten wie Routern, kann das schwierig sein. Falls möglich, sollten Sie alles so einrichten, daß die Kennungen von einem automatisierten System überwacht werden können. Dazu können Sie die für die Kennungen benötigten Dateien unter UNIX erzeugen und dann zum Gerät übertragen oder sie auf dem Gerät selbst erzeugen, dann aber automatisch zum UNIX-Rechner kopieren und dort unter die Lupe nehmen.

Sie sollten sich auch darum kümmern, immer eine Mitteilung von der jeweiligen Abteilung zu bekommen, wenn jemand Ihre Organisation verläßt. Die meisten Firmen sind in der Lage, im Falle von Vollzeit-Angestellten solche Hinweise zu versenden; die meisten Universitäten schicken Hinweise für Studenten, die das Studium abgeschlossen haben. Bei freien Mitarbeitern und Studienabbrechern sollten Sie sich nicht darauf verlassen, über die offiziellen Mitteilungen von allen Abgängen zu erfahren. Es kann auch notwendig sein, die Mitteilungen zu bestätigen. Sie bekommen zum Beispiel eine Abgangsmeldung für jemanden, der als freier Mitarbeiter weitermacht oder einen Hinweis auf den Studienabschluß von Leuten, die als Doktoranden weiterarbeiten. Diese Leute sind bestimmt sauer, wenn Sie all ihre Dateien löschen. Es ist jedoch sicher akzeptabel, wenn Sie deren Kennungen zeitweise außer Kraft setzen, solange ihr Status ungeklärt ist.

Wenn Ihr Betriebssystem das automatische Ablaufen von Paßwörtern (*password aging*) unterstützt, sollten Sie diese Funktion auch benutzen. Geben Sie dabei aber relativ lange Zeiträume an, etwa drei bis sechs Monate. Wenn die Paßwörter schneller ungültig werden, z.B. nach einem Monat, werden die Benutzer große Anstrengungen unternehmen, um den »Timeout« zu umgehen. Dies verbessert nicht gerade Ihre Systemsicherheit. Deswegen sollten Sie *password aging* auch nicht verwenden, wenn die Benutzer keine Benachrichtigung erhalten, bevor die Kennungen ungültig werden. Andernfalls verärgern Sie nicht nur Benutzer, sondern gehen auch das Risiko ein, Systemverwalter auszusperren, die dringend auf eine Maschine zugreifen müssen. Wenn das *password aging* auf Ihrem System den Benutzer auffordert, sein Paßwort beim Einloggen zu ändern, brauchen Sie ein Paßwort-Programm, das gute Paßwörter erzwingt. Ist dies nicht der Fall, werden die Benutzer aller Wahrscheinlichkeit nach ein einfaches Paßwort eingeben und sich vornehmen, es später auf einen besseren Wert abzuändern. Insgesamt ist es wahrscheinlich effektiver, regelmäßig Richtlinien an alle Leute zu versenden, obwohl auf diese Art Ihre Regeln für Paßwörter nicht hunderprozentig eingehalten werden.

Verwaltung des Plattenspeichers

Selbst auf Maschinen, auf denen fast keine Benutzer arbeiten, belegen die Daten allmählich die gesamte verfügbare Plattenkapazität. Die Leute legen »nur mal eben« irgendwelche Dateien in einer abgelegenen Ecke des Dateisystems ab, wo sie dann liegenbleiben. Dadurch entstehen mehr Probleme, als Ihnen vielleicht bewußt ist. Abgesehen davon, daß Sie den Plattenspeicher vermutlich brauchen, erschwert dieser herumliegende Müll die Reaktion auf Einbrüche. Sie fragen sich dann:

> Habe ich dieses Programm liegenlassen, als ich neulich eine neue Version installierte – oder stammt es von einem Eindringling?
>
> Enthält diese Datei irgendwelche Nutzdaten von uns, oder hat sie für einen Eindringling besondere Bedeutung?

Leider gibt es keine automatische Möglichkeit, Müll auf der Platte zu entdecken: menschliche Wesen, insbesondere Systemverwalter, die alle Verzeichnisse beschreiben dürfen, sind einfach zu unberechenbar. Daher muß sich eine andere Person regelmäßig umschauen. Besonders effektiv ist es, neue Systemverwalter zu einem Rundgang durch alle Festplatten loszuschicken: Sie bemerken oft Dinge, an die sich die alten Hasen schon gewöhnt haben.

Überwachungsprogramme wie das in Kapitel 5 vorgestellte TripWire informieren Sie über neue Dateien, die in angeblich statischen Bereichen auftauchen. Diese Angaben helfen Ihnen dabei, Ordnung zu halten. Die Bereiche, in denen Sie Änderungen erlauben, müssen Sie dennoch überprüfen; auch die statischen Bereiche sollten Sie regelmäßig einer Kontrolle unterziehen. Wenn Sie auf eine Datei hingewiesen werden, wissen Sie vielleicht noch, weshalb Sie sie gerade da abgelegt haben. Im Laufe der Zeit vergessen Sie das wahrscheinlich.

Auf den meisten Firewall-Maschinen sind die Protokolldateien das größte Problem. Diese können und sollten Sie automatisch rotieren und komprimieren. Programme wie *trimlog* (siehe Anhang B) helfen, diesen Vorgang zu automatisieren. Beim Abschneiden oder Verschieben von Protokolldateien ist es wichtig, Programme mit Protokollierung anzuhalten oder zumindest die Protokollierung auszuschalten. Wenn ein Programm in eine

Protokolldatei schreiben will, die Sie gerade verschieben oder abschneiden wollen, bekommen Sie Probleme. Sie geraten sogar dann in Schwierigkeiten, wenn ein Programm die Datei nur offen hält, um später darauf zu schreiben. Das Programm schreibt dann nämlich noch in die umbenannte Datei.

Überwachung Ihres Systems

Die Überwachung Ihres Systems ist ein anderer wichtiger Aspekt der Betreuung von Firewalls. Die Überwachung soll verschiedene Fragen beantworten:

- Wurde in den Firewall eingebrochen?
- Welche Angriffe wurden gegen den Firewall versucht?
- Funktioniert der Firewall noch?
- Kann der Firewall die Dienste schützen, die Ihre Benutzer brauchen?

Zur Beantwortung dieser Fragen müssen Sie die normale Verwendung des Firewalls kennen.

Spezielle Überwachungsgeräte

Die meisten Überwachungsaufgaben lassen sich mit den Werkzeugen und Protokollen ausführen, die zu den Bestandteilen des Firewalls gehören. Einige spezielle Überwachungsgeräte erweisen sich jedoch manchmal als sehr nützlich. Sie können zum Beispiel einen Überwachungsrechner im Grenznetz aufstellen, um festzustellen, ob wirklich nur die erwarteten Pakete das Grenznetz durchlaufen. Dazu können Sie einen normalen Computer mit Netzüberwachungssoftware verwenden oder einen speziellen »Network Sniffer«.

Wie stellt man sicher, daß die überwachende Maschine nicht von einem Eindringling mißbraucht wird? Ein Eindringling sollte nicht einmal die Existenz dieses Rechners bemerken. Bei manchen Hardware-Konfigurationen können Sie die Übertragung an der Netzschnittstelle mit genügend Erfahrung und einer Zange deaktivieren. Dadurch ist es unmöglich, die Maschine zu entdecken. Da die Maschine nicht antworten kann, ist es für einen Eindringling extrem schwer, sie zu benutzen. Wenn Sie an den Quellcode für das Betriebssystem kommen, können Sie die Übertragung auch dort deaktivieren. In diesem Fall ist es jedoch schwieriger, den Erfolg sicherzustellen. In den meisten Fällen müssen Sie den Rechner extrem vorsichtig konfigurieren. Behandeln Sie ihn wie einen Bastion-Host, der weniger Aufgaben hat, aber besser abgesichert sein muß.

Worauf sollten Sie achten?

Im Idealfall wissen Sie über alle Vorgänge auf dem Firewall Bescheid - welche Pakete verlorengehen oder akzeptiert werden, und welche Verbindungen angefordert werden. In der Realität sind das aber sowohl für den Firewall als auch für Sie viel zu viele Informationen. Als praktischen Kompromiß sollten Sie die ausführlichste Protokollstufe einstellen, die Ihre Maschine nicht zu sehr verlangsamt und die Festplatten nicht zu schnell füllt. Die ausgegebenen Protokolle fassen Sie dann zusammen.

Sie können Probleme mit der Plattenkapazität abschwächen, indem Sie umfangreiche Protokolle auf Bänder schreiben. DAT- und 8mm-Bänder sind zwar billig und speichern eine Menge Daten, sie haben aber auch einige Nachteile: Sie sind nicht besonders schnell und erreichen im Idealfall eine Schreibrate von 800 KB pro Sekunde. Die Protokolleinträge sind im allgemeinen zu klein, um optimale Performance zu erreichen. Außerdem ist es mühsam, die Daten von den Bändern zu lesen. Falls Sie mit Bändern arbeiten wollen, können Sie Kurzfassungen der Protokolle auf Platte schreiben und die ausführliche Version auf Band. Sollten Sie einmal die ausführlichen Daten benötigen, so können Sie sie vom Band lesen. Ein Bandlaufwerk kann zwar mit den Paketen auf einer normalen Internet-Verbindung mithalten, nicht aber mit einer internen Verbindung mit voller LAN-Geschwindigkeit oder einer T1-Verbindung zum Internet, die mit maximaler Performance arbeitet.

Sie sollten insbesondere die folgenden Fälle protokollieren:

- Alle verlorenen Pakete, abgelehnte Verbindungen und abgewiesene Versuche.
- Mindestens Zeit, Protokollart und Benutzername für alle erfolgreichen Verbindungen zum oder über den Bastion-Host.
- Alle Fehlermeldungen der Router, des Bastion-Hosts und aller Proxies.

Hinweis

Einige Informationen sollten aus Sicherheitsgründen niemals dort protokolliert werden, wo sie ein Eindringling möglicherweise lesen kann. So sollten Sie zwar fehlgeschlagene Login-Versuche protokollieren, nicht aber die dabei benutzten Paßwörter. Die regulären Benutzer vertippen sich oft bei der Eingabe des Paßworts. Würden diese falsch getippten Paßwörter protokolliert, wäre es für einen Einbrecher einfacher, in die Kennung eines Benutzers einzubrechen.

Manche Systemverwalter gehen so weit, den Namen der Kennung bei fehlgeschlagenen Login-Versuchen ebenfalls nicht zu protokollieren, vor allem dann, wenn die eingetippte Kennung nicht existiert. Der Grund dafür ist, daß die Benutzer manchmal ihr Paßwort eintippen, wenn sie eigentlich ihren Benutzernamen eingeben sollen. Werden die ungültigen Kennungen protokolliert, könnte ein Eindringling daraus die Paßwörter der Benutzer ableiten.

Worauf sollten Sie achten? Sie sollten die alltägliche Verwendung aller Komponenten kennen und Trends daraus ableiten. Bei Abweichung von dieser normalen Verwendung werden Sie alarmiert. Um zu erkennen, daß etwas schiefläuft, müssen Sie verstehen, was im Normalfall alles passiert. Es ist wichtig, die Meldungen zu kennen, die im Normalbetrieb erscheinen. Die meisten Systeme geben selbst bei korrekter Arbeitsweise Fehlermeldungen aus, die merkwürdig bis erschreckend aussehen. Beispiel 12-1 zeigt eine Ausgabe von *syslog*. Darin sehen die Meldungen 10, 14 und 17 etwas bedrohlich aus, sind in Wirklichkeit jedoch völlig in Ordnung[1] (siehe den Abschnitt über Protokolldateien in Kapitel 5). Wenn Sie diese Meldungen bei der Untersuchung eines Problems zum ersten Mal sehen, werden Sie vielleicht vermuten, daß diese etwas mit ihrem Problem zu tun haben - und schon sind Sie auf einer falschen Spur. Selbst wenn Sie nicht herausfinden, was diese Meldungen bedeuten und weshalb sie auftreten, sparen Sie Zeit, wenn Sie wissen, daß bestimmte Meldungen auch bei korrektem Ablauf erscheinen.

Beispiel 12-1: Beispiel für die Ausgabe von syslog. Die Zeilennummern wurden nachträglich eingefügt.

```
1:  May 29 00:00:58 localhost wn[27194]: noc.nca.or.bv - - [] "GET
    /long/consulting.html HTTP/1.0" 200 1074  &lt;Sent file: >
2:  May 29 00:00:58 localhost wn[27194]: &lt;User_Agent: Mozilla/1.0N
    (X11; SunOS 4.1.3-KL sun4m)> &lt;Referrer: http://www.longitude.com/>
3:  May 29 00:02:38 localhost ftpd[26086]: 26086: 05/29/95 0:02:38
    spoke.cst.cnes.vg(gupta@) retrieved
    /pub/firewalls/digest/v04.n278.Z(15788 bytes)
4:  May 29 00:15:57 localhost ftpd[27195]: 27195: 05/29/95 0:01:52
    client42.sct.io connected, duration 845 seconds
5:  May 29 00:18:04 localhost ftpd[26086]: 26086: 05/29/95 23:26:32
    spoke.cst.cnes.vg connected, duration 3092 seconds
6:  May 27 01:13:38 mv-gw.longitude.com user: host
    naismith.longitude.com admin login failed
7:  May 27 01:13:47 mv-gw.longitude.com last message repeated 2 times
8:  May 27 01:15:17 mv-gw.longitude.com user: host
    naismith.longitude.com admin login succeeded
9:  May 27 01:19:18 mv-gw.longitude.com 16 permit: TCP from
    192.168.20.35.2591 to 172.16.1.3.53 seq 324EE800, ack 0x0, win
    4096, SYN
10: May 29 02:20:09 naismith sendmail[27366]: CAA27366: SYSERR(root):
    collect: I/O error on connection from atx.eb.cm, from=&lt;Mailer-
    Daemon@eb.cm>: Connection reset by peer during collect
    with atx.eb.cm
```

1. Meldung 10 ist ein üblicher Netzfehler, der eine Wiederholung zur Folge hat; für wie gut halten Sie eine Verbindung nach Kamerun? Bei Meldung 14 läuft *traceroute*. Meldung 17 besagt, daß keine Synonyme definiert sind, doch das wußten Sie wahrscheinlich schon.

```
11: May 29 02:30:28 naismith named[79]: sysquery: server name mismatch
    for [172.16.8.25]: (sun.nhs-relay.ac.cv != nhs-relay.ac.cv) (server
    for cus.ox.ac.cv)
12: May 29 02:31:00 naismith named[79]: sysquery: server name mismatch
    for [172.16.8.25]: (nhs-relay.ac.cv != sun.nhs-relay.ac.cv) (server
    for PANSY.CSV.WARWICK.AC.CV)
13: May 29 02:47:04 naismith named[79]: sysquery: server name mismatch
    for [172.16.8.25]: (nhs-relay.ac.cv != sun.nhs-relay.ac.cv) (server
    for LUPUS.CNS.UMIST.AC.CV)
14: May 29 07:50:59 mv-gw.longitude.com  8 deny: UDP from
    192.168.69.250.33072 to 192.168.20.34.33467
15: May 29 08:06:16 naismith popper: (v1.831beta) Servicing request
    from "penta.longitude.com" at 192.168.20.36
16: May 29 08:06:56 naismith popper: (v1.831beta) Ending request from
    "penta.longitude.com" at 192.168.20.36
17: May 29 10:04:02 localhost waisserver1[28430]: -2: Warning: couldn't open
    wais-sources/firewalls-digest.syn - synonym translation
    disabled
18: May 29 16:26:46 mv-gw.longitude.com  8 deny: UDP from
    192.168.186.11.20 to 192.168.20.34.1937
```

Die meisten Protokolle werden Sie wahrscheinlich mit der *syslog*-Funktion von UNIX oder einem ähnlichen Mechanismus auf Dateibasis erstellen. Um diese Protokolldateien regelmäßig zu durchsuchen, müssen Sie Skripten entwickeln, die die Dateien zu Analysezwecken durchsuchen. Manche Firewall-Pakete, etwa das TIS FWTK, enthalten bereits Skripten, die die Protokolldateien analysieren und zusammenfassen. Sie können diese Skripten verwenden oder neue Skripten in *awk*, *perl* oder einer anderen geeigneten Sprache schreiben. In Kapitel 5 finden Sie eine Beschreibung von SWATCH, einem Paket, das oft zur Überwachung und Analyse von Protokolldateien eingesetzt wird.

Beispiel 12-1 zeigt, daß Protokolldateien ziemlich groß werden und nicht besonders gut lesbar sind (dabei haben wir schon Zeilenumbrüche eingefügt!). Ein unwichtiger Fehler auf einem fernen Rechner, nämlich zwei unterschiedliche Namen für den Server *nhs-relay.ac.cv*, erzeugt mehrere Fehlermeldungen (in dieser zusammengefaßten Version die Nummern 11, 12 und 13). Die Protokolleinträge erscheinen außerdem in chronologischer Reihenfolge, die nicht unbedingt der Wichtigkeit entsprechen muß. Beispiel 12-2 zeigt einen Bericht, der auf einer Protokolldatei basiert. Dabei wurden die Meldungen aber in einer sinnvolleren Reihenfolge angeordnet und etwas zusammengefaßt.

Beispiel 12-2: Fehlerbericht auf Basis einer syslog-Datei.

```
May 27 06:42:07 localhost ftpd[10159]: securityalert: refused passwd
    file to chen@calm.com from chen.dialup.zarf.net
May 27 06:42:10 localhost ftpd[10159]: securityalert: refused passwd
    file to chen@calm.com from chen.dialup.zarf.net
-----------------------------------------------------------------
May 26 12:33:39 localhost su: nxn to root on /dev/ttyp1
May 27 01:23:17 naismith su: bart to root on /dev/ttyp3
```

```
---------------------------------------------------------------
May 26 12:29:44 naismith kernel: uid 31 on /naismith_b: file system full
May 26 12:31:33 naismith kernel: uid 31 on /naismith_b: file system full
---------------------------------------------------------------
May 26 02:49:03 naismith named[79]: Malformed response from
    [192.168.192.2].53 (ran out of data in answer)
---------------------------------------------------------------
May 26 12:14:36 mv-gw.longitude.com 16 deny: UDP from 192.168.69.1.58899
    to 192.168.20.35.33459
May 26 12:15:15 mv-gw.longitude.com 16 deny: UDP from 192.168.69.1.58962
    to 192.168.20.35.33459
May 27 01:24:05 mv-gw.longitude.com 16 permit: TCP from
    192.168.20.34.2637 to 192.168.54.72.23 seq BE793A01, ack 0x0, win
    4096, SYN
May 27 01:24:11 mv-gw.longitude.com 16 permit: TCP from
    192.168.20.34.2637 to 192.168.54.72.23 seq BE793A01, ack 0x0, win
    4096, SYN
---------------------------------------------------------------
FTP:    Connections: 240
        Files: 733
        Bytes: 32,747,429 (31.23  M)
        Seconds: 92,787 (25.77  hours)
```

Es ist im allgemeinen besser, harmlose Meldungen mit Skripten herauszufiltern und die ungewöhnlichen Meldungen stehenzulassen, anstatt mit den Skripten die ungewöhnlichen Meldungen zu erfassen. Meist kennt man nämlich nicht alle Meldungen des Firewalls. Es ist einfacher, harmlose Meldungen zu ignorieren, als gefährliche zu erkennen.

Protokolldateien fallen in drei Kategorien:

- *In Ordnung* (z.B. »login succeeded for user smith«): Solche Meldungen können Sie ignorieren. Meldung 3 ist ein Beispiel für diese Kategorie.
- *Gefährlich* (z.B. »bad disk blocks at location 0x47c7a8«): Solche Meldungen sollten eine Aktion auslösen, z.B. eine E-Mail absenden, jemandem eine Notiz schicken oder Ihren Pager auslösen.
- *Unbekannt*: Solche Meldungen sollten zur Überprüfung an einen menschlichen Bearbeiter geschickt werden. Meldung 18 gehört in diese Kategorie. Weshalb sendet jemand UDP-Pakete von Port 20 an eine Portnummer über 1024? Das entspricht keinem der üblichen Protokolle.

Die Einordnung der Meldungen in diese Kategorien verläuft meist iterativ. Sobald jemand eine mysteriöse Meldung untersucht hat, kann man diese Meldung in Zukunft entweder als »in Ordnung« oder aber als gefährlich einstufen, ohne sie erneut zu untersuchen. Im Laufe der Zeit werden Sie die Regeln zur Einstufung ändern.

Oftmals müssen Protokolleinträge im Zusammenhang untersucht werden. Eine Meldung, die bei einmaligem Auftauchen nur etwas ungewöhnlich aussieht, gibt Anlaß zu ernsthaften Bedenken, wenn sie einmal pro Minute erscheint. Beispiel: »login succeeded for user smith« ist harmlos – es sei denn, kurz vorher kamen drei Meldungen »login failed« für Benutzerkennungen, die in der Paßwort-Datei direkt über dem Benutzer »smith« eingetragen sind. In diesem Fall ist die Meldung wirklich besorgniserregend. Im *syslog*-Beispiel zeigt Meldung 9 eine ungewöhnliche TCP-Verbindung nach außen, die nur aufgrund allgemeiner Einstellungen aufgezeichnet wurde. Sie wäre nicht weiter aufregend, wenn es die Meldungen 6 bis 8 kurz vorher nicht gegeben hätte. In diesem Kontext erkennen Sie, daß jemand dreimal vergeblich versuchte, sich als »admin« einzuloggen, schließlich Erfolg dabei hatte und dann sofort eine ausgehende Verbindung startete. Das sieht extrem verdächtig aus! Ohne Kontext besagt Meldung 7 dagegen überhaupt nichts.

Die Guten, die Bösen und die Unangenehmen

Manche Zusammenhänge liegen auf der Hand: Es ist in Ordnung, daß sich Benutzer einloggen; es ist nicht in Ordnung, wenn Plattenfehler auftreten. Wie erkennt man dann Schwierigkeiten? Wir geben Ihnen dazu einige Faustregeln:

Einmal ist ein Versehen, zweimal ist Zufall, dreimal ist eine feindliche Aktion
: Ein Benutzer, der um zwei Uhr nachts vergeblich versucht, sich einzuloggen, ist zu lange aufgeblieben und kann nicht mehr tippen. Zwei Benutzer, die sich um zwei Uhr nachts einloggen wollen, waren vielleicht zusammen auf einer Party. Sie sollten den Vorfall aber zumindest aufmerksam verfolgen. Drei oder mehr Versuche um diese Zeit bedeuten einen Einbruch. Diese Faustregel betrifft vor allem Versuche auf unterschiedlichen Kennungen. Wiederholt ein Benutzer stur immer wieder die gleiche nicht funktionierende Sache, ist er einfach etwas beschränkt.

Ein Versehen muß man nicht tarnen
: Wenn Ihre Protokolldateien fehlen, Einträge gelöscht wurden oder andere Beweise darauf hindeuten, daß jemand seine Spuren verwischt hat, geht es vermutlich um einen Einbruch. Falls nicht, haben Sie ein anderes schwerwiegendes Problem: Entweder funktioniert irgend etwas nicht, oder ein Systemverwalter löscht die falschen Dinge.

Die meisten Probleme sind unbedeutend
: Auf jeden Fall eines Systemverwalters, der einem mysteriösen Problem oder merkwürdigen Protokolleinträgen auf den Grund geht und dabei einen Eindringling findet, kommen 99 Fälle, die nur lästige, aber triviale Fehler aufdecken. Sie sollten solche Dinge auf alle Fälle klären; es gibt jedoch keinen Grund zur Panik.

Die einfachsten Erklärungen stimmen meist
: Es ist zwar möglich, daß bei Ihnen eingebrochen wurde, während Sie ein anderes

Problem hatten, aber es ist nicht sehr wahrscheinlich. Wenn Sie wissen, daß ein Hardware-Fehler aufgetreten ist oder jemand unbeaufsichtigt irgendwelche Operationen durchgeführt hat, sollten Sie sich die Zeit nehmen, die Auswirkungen dieses bekannten Problems zu untersuchen, bevor Sie an einen Eindringling glauben. Wenn allerdings auf mysteriöse Art Dateien verschwinden, wurden sie vermutlich von jemandem gelöscht. Bevor Sie an ein defektes Dateisystem glauben, sollten Sie sehr gründliche Untersuchungen anstellen, um einen Einbruch auszuschließen.

Verdächtige Vorfälle fallen in verschiedene Kategorien:

- Sie kennen die Ursache, und der Vorfall stellt kein sicherheitsrelevantes Problem dar.
- Sie kennen die Ursache nicht und werden sie vielleicht auch nie erfahren, aber der Vorfall wiederholt sich nicht.
- Jemand versuchte einzubrechen, gab sich jedoch keine große Mühe. Damit soll Ihr Standort nur auf die Probe gestellt werden.
- Jemand unternahm einen ernsthaften Einbruchsversuch. Das ist ein Angriff.
- Jemand ist wirklich eingebrochen.

Diese Kategorien gehen fließend ineinander über. Mit Ausnahme der ersten Kategorie (eine bekannte harmlose Ursache) müssen Sie jedesmal eine Entscheidung treffen. Es ist unmöglich, für solche Situationen eine vollständige Liste aller Symptome aufzustellen, einige allgemeine Bemerkungen zu diesem Thema können jedoch sehr hilfreich sein.

Bei den folgenden Ereignissen sollten Sie davon ausgehen, daß jemand Ihren Standort auf die Probe stellen will:

- Einige Versuche, auf Dienste an unsicheren Ports zuzugreifen, z.B. der Versuch, mit dem *portmapper* oder einem X-Server zu kommunizieren.
- Versuche, sich mit gebräuchlichen Kennungen einzuloggen, z.B. *guest* oder *lpr*. Die meisten Versuche mit der Kennung *anonymous* sind Benutzerfehler.
- Versuche, Dateien mit *tftp* zu kopieren oder NIS-Maps zu übertragen.
- Aufrufe des *debug*-Kommandos bei Ihrem SMTP-Server.

Bei den folgenden Ereignissen sollten Sie ernsthaft besorgt sein. Es kann sein, daß gerade ein Angriff stattfindet:

- Mehrere fehlgeschlagene Versuche, sich mit gültigen Benutzerkennungen auf Ihren Maschinen einzuloggen, speziell mit Kennungen, die über das Internet benutzt werden oder deren Reihenfolge den Einträgen der Paßwort-Datei entspricht.
- Ungewöhnliche akzeptierte Pakete oder Kommandos, deren Bedeutung Sie nicht verstehen.
- Pakete, die an alle Portnummern innerhalb eines bestimmten Zahlenbereichs gesandt werden.
- Erfolgreiches Login von ungewöhnlichen Standorten.

Bei den folgenden Ereignissen sollten Sie von einem erfolgreichen Einbruch ausgehen:

- Gelöschte oder veränderte Protokolldateien.
- Programme, die plötzlich die erwarteten Informationen nicht mehr ausgeben. Das kann bedeuten, daß sie mit einer Version ersetzt wurden, die die Dateien und Programme des Eindringlings ignoriert. Die häufigsten Opfer auf UNIX-Maschinen sind *ls, ps* und *ifconfig*.
- Neue Protokolldateien, die unerklärliche Paßwort-Informationen oder Paketangaben enthalten.
- Verzeichnisse, die mehr Verwaltungseinträge als üblich enthalten. Auf UNIX-Maschinen enthält zum Beispiel jedes Verzeichnis zwei Einträge, deren Name mit einem Punkt beginnt (».« für das aktuelle und »..« für das übergeordnete Verzeichnis). Sie werden jedoch niemals kopiert. Erscheint ein derartiger Eintrag vermeintlich mehrfach (z.B. als »...« oder ».. «), dient er vermutlich dazu, die Datei oder das Verzeichnis vor Entdeckung zu schützen.
- Unerwartete Logins privilegierter Benutzer (z.B. *root*) oder Benutzer, die unerwartet zu privilegierten Benutzern werden.
- Offensichtliche Tests oder Angriffe, die von Ihren eigenen Maschinen ausgehen.
- Zusätzliche Prozesse, deren Namen denen von üblichen Systemprozessen ähneln. Mit diesem Trick lassen sich Dinge einschmuggeln, die man nicht so schnell bemerkt. Beispiele: es laufen sowohl *sendmail* als auch *Sendmail* oder *init* und *initd*.
- Der Login-Prompt einer Maschine ändert sich unerwartet. Das ist ein Zeichen dafür, daß das Programm verändert wurde, das den Prompt ausgibt.

Reaktion auf Angriffsversuche

Sie werden mit Sicherheit einmal feststellen, daß Ihr Firewall auf die Probe gestellt wird. Pakete werden an Dienste gesandt, die Sie gar nicht anbieten; es wird versucht, sich unter nicht existierenden Kennungen anzumelden usw. Solche Versuche entsprechen jemandem, der einen Flur entlanggeht und jede Türklinke drückt, um zu sehen, ob die Tür verschlossen ist. Leute, die solche Versuche durchführen, probieren meist ein oder zwei Dinge und hören wieder auf, wenn Sie nichts Interessantes entdecken. Bei entsprechender Neugier können Sie viel Zeit damit verbringen, solche Vorfälle zu untersuchen, um herauszufinden, von wo sie ausgingen und wer dahintersteckt. In den meisten Situationen ist das jedoch den Aufwand nicht wert. Die Untersuchung solcher Vorfälle wird schnell langweilig. Falls Versuche dauerhaft von einem bestimmten Standort ausgehen, können Sie die dortigen Manager anrufen und sie darüber informieren. Weiter muß man aber als Reaktion auf Angriffsversuche gewöhnlich nicht gehen.

Es ist bedauerlich, daß Angriffsversuche heutzutage im Internet so häufig vorkommen, daß das beschriebene Vorgehen angemessen erscheint. Bei guten nachbarschaftlichen Verhältnissen geht es einfach nicht an, daß jemand alle Türklinken durchprobiert. Es ist

Ihr gutes Recht, sich darüber zu ärgern und zu versuchen, das zu beenden. Sie müssen aber auch entscheiden, wofür Sie Ihre Energie einsetzen. Heben Sie sich extreme Reaktionen lieber für extreme Situationen auf. Wenn Sie rücksichtslos alle Versuche ahnden, werden Sie bald als Hysteriker gelten

Manche Leute vergnügen sich damit, mit ihren Firewalls solche Leute an der Nase herumzuführen, die die gängigen Angriffe ausprobieren. Sie legen zum Beispiel eine Paßwort-Datei, die Benutzerkennungen zu enthalten scheint, im Bereich für Anonymous-FTP ab. Wenn der Angreifer die verschlüsselten Paßwörter tatsächlich knackt, erscheint eine abfällige Bemerkung. Das ist eine harmlose Art, seine Zeit totzuschlagen, und gibt auch das befriedigende Gefühl gelungener Rache. Die Sicherheit erhöht es allerdings nicht. Es verärgert den Angreifer nur, was zur Folge haben kann, daß er einen Einbruch in Ihren Standort jetzt zu seiner persönlichen Angelegenheit macht.

Die Unterscheidung zwischen einem Angriffsversuch und einem ausgewachsenen Angriff fällt an jedem Standort anders aus. Meist geht man von einem Versuch aus, solange es nicht funktioniert, selbst wenn die Aktion sehr entschlossen und geduldig ausgeführt wird. Wenn jemand zum Beispiel alle möglichen Kombinationen von Kleinbuchstaben als *root*-Paßwort ausprobiert, wird er keinen Erfolg haben. Sie können ihn so lange ignorieren, bis Sie von den Protokollmeldungen genervt sind. Ein solcher Angriff wird scheitern, egal wie viele Kombinationen der Angreifer ausprobiert. Bei entsprechender Zeit und Energie lohnt es sich manchmal, Leute zu verfolgen, die ernsthafte Angriffsversuche unternehmen. Das gilt auch dann, wenn Sie wissen, daß der Versuch nicht zum Erfolg führen kann.

Es gibt einige frei verfügbare Pakete, die die bekannten Schwachstellen eines Systems ausprobieren. Das berühmteste dieser Pakete ist SATAN, das von Dan Farmer und Wietse Venema entwickelt wurde. In der ausgelieferten Version überprüft SATAN die Schwachstellen nur. Es nutzt sie aber nicht weiter aus.[1] Andererseits hat außer Ihnen niemand einen legitimen Grund, SATAN gegen Ihren Standort einzusetzen. Das Programm ist bestens konfigurierbar. Es könnte also auch so konfiguriert sein, daß es unbekanntere Schwachstellen testet. Die Versuche von SATAN werden von den normalen Firewall-Protokollen entdeckt, entweder von den Paketfiltern, die Pakete zurückweisen, oder von den Servern auf dem Bastion-Host, die das gleiche tun. Es gibt jetzt auch spezielle SATAN-Detektoren. Die meisten benutzen aber den *promiscuous mode* einer Ethernet-Schnittstelle, der auf den Bastion-Hosts deaktiviert sein sollte. Diese Detektoren unterscheiden außerdem anhand der zeitlichen Abfolge zwischen SATAN und anderen Versuchen. Diese Abfolge kann in SATAN aber leicht geändert werden. Ein SATAN-Detektor

1. Dabei handelt es sich um bekannte Schwachstellen, vor denen Sie geschützt sind, wenn Sie den Anweisungen in diesem Buch folgen und sich regelmäßig die Hinweise des CERT-CC besorgen.

wird Ihre Sicherheit nicht erhöhen, wenn Sie bereits vernünftige Protokollierung eingerichtet haben.

Da SATAN weit verbreitet ist und keine Gefahr für einen Standort mit Firewall darstellt, kann man es eher in die Kategorie »Versuch« einordnen und nicht als ernsthaften Angriff. Die Angreifer haben sich wenig Mühe gegeben und besitzen nur geringe Erfolgschancen. Versuche mit Hilfe von SATAN erscheinen in den Protokolldateien wie jeder andere Versuch, nämlich als eine Reihe abgewiesener Pakete, die aus der gleichen Quelle stammen.

Reaktion auf Angriffe

Wenn aus Ihren Protokolldateien hervorgeht, daß jemand einen entschlossenen Angriff auf Ihr System startet (siehe die oben aufgeführten Faustregeln), sollten Sie mehr tun, als sich nur zurückzulehnen und abzuwarten. In Kapitel 13 erfahren Sie detailliert, wie Sie auf einen echten sicherheitsrelevanten Vorfall reagieren sollten.

Wie Sie sich auf dem laufenden halten

Ein letzter wichtiger Punkt bei der Betreuung von Firewalls ist, immer auf dem laufenden zu bleiben. Sie müssen natürlich Ihr System auf dem aktuellen Stand halten, genauso aber auch sich selbst.

Wie Sie sich selbst auf dem laufenden halten

Sich über die beständigen Neuentwicklung in diesem Bereich auf dem laufenden zu halten, ist die schwierigste Aufgabe bei der Betreuung eines Firewalls. Ständig gibt es etwas neues: neue Fehler werden entdeckt und ausgenutzt; neue Angriffe werden durchgeführt; neue Patches oder Fehlerbehebungen für existierende Systeme und Tools werden zur Verfügung gestellt; neue Tools tauchen auf. Es ist oft die zeitaufwendigste Aufgabe eines Firewall-Betreuers, sich über all diese Dinge zu informieren.

Wie bleiben Sie auf dem aktuellen Stand? Sie müssen sich vor allem darum kümmern und sich beteiligen. Suchen Sie Mailing-Listen, News-Gruppen, Zeitschriften und professionelle Foren, die Ihnen zusagen, und verfolgen Sie diese aufmerksam. In diesem Abschnitt beschreiben wir die wichtigsten Informationsmöglichkeiten. In Anhang A finden Sie eine vollständigere Liste einschließlich Kontaktadressen.

Mailing-Listen

Es gibt mehrere Mailing-Listen, die für den Betreuer eines Firewalls von Interesse sind. In Anhang A erfahren Sie, wie Sie diese Listen abonnieren können. Die wichtigste Liste ist die Firewall-Mailing-Liste von *greatcircle.com*. In dieser Liste werden Entwurf, Installation, Konfiguration, Betreuung und Philosophie von Internet-Firewalls aller Arten diskutiert. Der größte Nachteil der Liste ist ihre starke Aktivität: An manchen Tagen erscheinen mehr als 100 neue Nachrichten. Um die Anzahl der Nachrichten zu reduzieren, gibt es auch eine Zusammenfassung der Liste mit dem Namen Firewalls-Digest. Die Abonnenten dieser Liste erhalten die gleichen Nachrichten, wie die Abonnenten der Liste Firewalls, die Nachrichten sind jedoch gebündelt (gewöhnlich 10 bis 20 Nachrichten pro Paket).

Eine andere Liste, die Sie auf alle Fälle abonnieren sollten, ist die Mailing-Liste CERT-Advisory. In dieser Liste veröffentlicht das CERT-CC seine Sicherheitshinweise. Wenn nicht das CERT-CC, sondern ein anderes Response-Team für Sie zuständig ist (z.B. eines aus der FIRST-Gruppe, siehe Anhang A), sollten Sie sich erkundigen, ob dieses Team eine eigene Hinweisliste betreibt und diese zusätzlich zur Liste des CERT-CC abonnieren. Ihr Team wird wahrscheinlich die meisten Hinweise des CERT-CC übernehmen und eigene Hinweise veröffentlichen, die für Sie interessant sind, aber nicht in den Hinweisen des CERT-CC erscheinen.

Was weitere Mailing-Listen angeht, ist die Auswahl nicht so leicht. Es gibt einige länderspezifische Listen oder solche für spezielle Anwendungsbereiche, z.B. die Listen *Academic-Firewalls* und *Firewalls-UK*. Außerdem gibt es die Mailing-Liste *Bugtraq*, in der Lücken in der Netzsicherheit ausführlich diskutiert werden. Wenn man es schafft, die ausufernden »Flame-Wars« zu überlesen, findet man dort gelegentlich einige Schätze.

Für viele Firewall-Produkte und -Pakete gibt es auch spezielle Listen, z.B. für die Router von Livingston, Telebit und Cisco, die Morning-Star-Software und das TIS FWTK. Wenn Sie ein bestimmtes Produkt oder Paket einsetzen oder eines anschaffen wollen, sollten Sie gegebenenfalls die entsprechende Liste abonnieren. Solche Listen sind oft eine unschätzbare Quelle technischer Unterstützung. Dies gilt vor allem während großer Angriffe.

News-Gruppen

Neben den verschiedenen Mailing-Listen, die Sie abonnieren können, gibt es eine Vielzahl von News-Gruppen, die sich direkt oder indirekt mit Firewalls beschäftigen. Viele davon entsprechen den oben erwähnten Mailing-Listen. Die Hinweise des CERT-CC werden zum Beispiel in der Gruppe *comp.security.announce* veröffentlicht; für eine Vielzahl kommerzieller oder nichtkommerzieller Netzprodukte gibt es eigene News-Gruppen. Die Gruppe *comp.security.firewalls* beschäftigt sich speziell mit dem Thema Firewalls und ist von der Mailing-Liste Firewalls unabhängig.

Zeitschriften

In manchen Fachzeitschriften finden sich gelegentlich oder auch regelmäßig Artikel über Firewalls. Es gibt jedoch noch keine Zeitschrift, die sich ausschließlich der Sicherheit im Internet widmet. Das ist aber vermutlich nur eine Frage der Zeit. Im Augenblick gibt es keine Zeitschrift, die das Thema Firewalls wesentlich besser abdecken würde als andere. Bei den Zeitschriften sollten Sie jedoch immer die Vorlaufzeit berücksichtigen. Oft hört man in den Mailing-Listen oder News-Gruppen über eine Sache, die erst Wochen später in den Fachzeitschriften erscheint.

Professionelle Foren

Es gibt viele professionelle Foren, an denen Sie teilnehmen können. Dazu gehören Konferenzen, Anwendergruppen der Hersteller, lokale Anwendergruppen, Berufsverbände usw. Manche Leute halten solche Veranstaltungen für sehr wichtig – nicht so sehr wegen der formalen Inhalte, sondern um Kontakte zu Leuten aufzubauen, die ähnliche Probleme gelöst haben, mit denen man selbst zu tun hat.

Die beste Konferenz für Planer und Betreuer von Internet-Firewalls ist das USENIX Security Symposium, das meist einmal pro Jahr stattfindet. Das beste, was Sie als UNIX-Systemverwalter tun können, ist jährlich eine Woche auf der USENIX-Konferenz LISA[1] zu verbringen. In Anhang A finden Sie weitere Angaben über USENIX und diese beiden Konferenzen.

Lokale Anwendergruppen sind auch eine gute Möglichkeit, zwischen den Konferenzen miteinander in Kontakt zu bleiben. Die meisten Gruppen treffen sich alle ein oder zwei Monate.

Wie Sie Ihre Systeme auf dem aktuellen Stand halten

Wenn Sie selbst auf dem laufenden sind, ist es relativ einfach, auch Ihr System auf dem aktuellen Stand zu halten. Sie müssen einfach alle neuen Probleme behandeln, sobald sie ihnen zu Ohren kommen.

1. LISA stand ursprünglich für »Large Installation System Administration«. Das war zu einer Zeit, als mehr als ein Dutzend Rechner bereits eine große Installation darstellten. Heutzutage fallen die meisten Standorte unter diese Definition. Die Zielsetzung der Konferenz wurde daher breiter gefaßt und umfaßt alle Arten der UNIX-Systemverwaltung. Der Name LISA wurde jedoch beibehalten.

Mit Hilfe der beschriebenen Quellen sollten Sie genügend Informationen zusammentragen können, um zu entscheiden, ob ein neues Problem auch Ihren Standort betrifft. Beachten Sie jedoch, daß man nicht immer sofort entscheiden kann, ob ein Problem für den eigenen Standort von Bedeutung ist. Es kann Stunden oder Tage dauern, bis die nötigen Informationen verfügbar sind. Solange es nur vage Aussagen über das Problem und dessen Konsequenzen gibt, müssen Sie eben ohne gründliche Informationen entscheiden, was zu tun ist. Es hängt von den speziellen Umständen ab, ob Vorsicht oder Bequemlichkeit Vorrang haben. Zu diesen Umständen gehören das potentielle Problem selbst, die realistischen Gegenmaßnahmen, die Abwägung zwischen Sicherheit und Verfügbarkeit usw. Bei einer vorsichtigen Grundhaltung müßte man das Problem um jeden Preis blockieren, falls es den Standort irgendwie betreffen könnte. Bei einer bequemen Grundhaltung würde man dagegen mit Aktionen so lange warten, bis man ziemlich sicher ist, von dem Problem betroffen zu sein.

Bei der Entscheidung, welche Problemlösungen wann anzuwenden sind, können Sie sich an einigen Grundsätzen orientieren:

Spielen Sie neue Versionen nicht zu früh ein

Spielen Sie einen Patch oder eine Fehlerbehebung erst dann ein, wenn Sie annehmen müssen, daß das Problem gegen Ihren Standort ausgenutzt wird oder in Zukunft ausgenutzt werden könnte. Es ist immer besser, erst einmal abzuwarten, welche neuen Schwierigkeiten durch den Patch entstehen. Wir schlagen nicht vor, die Installation eines wichtigen Patches lange zu verzögern. Oft ist es jedoch klug, zumindest einige Stunden oder ein paar Tage zu warten, um zu sehen, ob der Patch etwas anderes kaputtmacht.

Beheben Sie keine Probleme, die Sie gar nicht haben

Sie sollten keine Patches für Probleme einspielen, die Sie gar nicht haben. Tun es doch, so gehen Sie das Risiko neuer Schwierigkeiten ein. Wenn ein Patch nur bestimmte Software oder eine bestimmte Version betrifft und Sie diese nicht verwenden, sollten Sie auf den Patch verzichten. Betrifft der Patch dagegen unbenutzte Funktionen in von Ihnen eingesetzen Programmen, sollten Sie den Patch einspielen. Es könnte sonst passieren, daß Sie diese Funktionen irgendwann benutzen wollen und nicht mehr wissen, ob Sie den Patch eingespielt haben oder nicht.

Achten Sie auf die Abhängigkeiten der Patches untereinander

Im allgemeinen sollten Sie keine Patches für Probleme einspielen, die Sie nicht haben. Beachten Sie jedoch, daß Patches für Probleme, die Sie sehr wohl haben, von früheren Patches für Probleme abhängen können, die Sie nicht haben. Wenn Sie Glück haben, steht in der Dokumentation des neuen Patchs, welche anderen Patches Voraussetzung dafür sind. Das ist jedoch nicht immer der Fall. Manchmal müssen Sie dazu einfach Vermutungen anstellen. In dieser Situation sind Mailing-Listen und News-Gruppen für die jeweilige Plattform sehr hilfreich. Dort können Sie herausfinden, ob jemand anders die Frage schon gelöst hat.

Wie lange Sie für Weiterbildung brauchen

Der schwierigste Teil bei der Betreuung eines Firewalls ist also die Fortbildung. Wie lange brauchen Sie dazu? Für Neulinge kann die Fortbildung leicht zu einem Vollzeitjob werden. Hat man sich ein paar Wochen oder Monate mit dem Thema beschäftigt und kennt die Grundlagen, ist nur noch etwa eine Stunde täglich nötig, um die Mailing-Listen, News-Gruppen, Zeitschriften und anderen Quellen zu lesen, für die man sich entschieden hat.

Ein Großteil der für den Firewall aufgewendeten Zeit ist für die eigene Fortbildung nötig und nicht für die Betreuung des Firewalls. Die Überwachung des Firewalls sollte nur einige Minuten täglich in Anspruch nehmen: Sehen Sie die täglichen Protokollzusammenfassungen durch und überprüfen Sie, ob etwas Ungewöhnliches oder Bemerkenswertes passiert ist.

Es ist klar, daß Sie mehr Zeit für den Firewall investieren müssen, sobald es etwas zu reparieren gibt, ein Update einzuspielen oder neue Funktionalität hinzuzufügen ist. Die nötige Zeit hängt von der Komplexität des jeweiligen Vorgangs ab. Je besser Sie die Anforderungen Ihres Standorts vorhergesehen und den Firewall geplant und konstruiert haben, umso weniger Zeit werden Sie für Änderungen benötigen. Viele Standorte müssen Ihren Firewall nur alle paar Monate auf Vordermann bringen. Die restliche Zeit verrichtet der Firewall unauffällig seine Arbeit.

Wann sollten Sie Ihren Firewall austauschen?

Die wichtigste Erkenntnis bei der Betreuung eines Firewalls ist, daß er mit zunehmendem Alter mehr Pflege braucht. Zu einem bestimmten Zeitpunkt sagen Sie dann »genug« und beginnen mit dem Aufbau eines neuen Firewalls. Bei der derzeitigen Entwicklungsgeschwindigkeit in diesem Bereich gehen wir davon aus, daß man auch den besten Firewall nach 18 bis 36 Monaten ersetzen sollte. Viele Dinge, die sich auf Firewalls auswirken, ändern sich sehr schnell: die unternommenen Angriffe, die Tools zum Aufbau von Firewalls und die Dienste, die die Benutzer verwenden möchten.

Einige Beispiele dafür, wie schnell sich die Verhältnisse im Internet ändern:

- 1993 war das Ausspähen von Paßwörtern noch kein großes Problem. Heute ist es das bereits.
- 1993 gab es nur einige wenige Tools für den Aufbau von Firewalls, meist als beschränkte Paketfilterimplementierungen für Router. Heute kann man zwischen Dutzenden von Tools verschiedener Art wählen (sowohl kommerziell als auch nichtkommerziell).
- 1993 war das World Wide Web überhaupt kein Thema, Nur wenige Internet-Benutzer hatten überhaupt davon gehört. Heute ist es die wichtigste Ursache für das augenblickliche Wachstum des Internet.

In den nächsten Jahren werden wir ganz neuen Angriffen ausgesetzt sein, neuartige Tools verwenden und mit ganz neuen Diensten für unsere Benutzer umgehen müssen. Niemand kann mit Sicherheit sagen, wie diese Angriffe, Tools und Dienste geartet sein werden, doch eines ist sicher: Das Internet wird ganz anders aussehen als heute. Das gleiche gilt natürlich für jeden Zeitraum seit Bestehen des Internet. Die einzige Konstante im Internet ist der konstante Wechsel - permanentes Wachstum, neue Dienste und Tools usw.

In diesem Kapitel:
- *Vorgehen bei einem Einbruchsversuch*
- *Was nach einem Einbruch zu tun ist*
- *Verfolgen und Festsetzen des Eindringlings*
- *Planung der Vorgehensweise*
- *Geeignete Vorkehrungen*

13 Reagieren auf Zwischenfälle

Das CERT Coordination Center (CERT-CC) stellte fest, daß sich viele Organisationen trotz erhöhter Wachsamkeit erst *nach* einem Angriff zum ersten Mal Gedanken über die Reaktion auf sicherheitsrelevante Zwischenfälle machen. Das ist keine besonders sinnvolle Methode. Sie müssen bereits *vor* einem Angriff einen Reaktionsplan entwickeln.

Wir können hier nicht alle Einzelheiten aufzählen, die Sie im Zusammenhang mit sicherheitsrelevanten Vorfällen wissen müssen. Es gibt viele verschiedene Angriffe, und sie wechseln auch ständig. Die Reaktion darauf wirft ein ganzes Arsenal rechtlicher und technischer Fragen auf. In diesem Kapitel wollen wir diese Fragen besprechen und praktische Schritte vorstellen, mit denen Sie den Ablauf schon vorher vereinfachen können.

Vorgehen bei einem Einbruchsversuch

In diesem Abschnitt behandeln wir eine Reihe von Schritten, die bei der Reaktion auf einen Angriff nötig sind. Sie müssen diese Maßnahmen nicht unbedingt in der angegebenen Reihenfolge durchführen; es sind auch nicht immer alle erforderlich. Sie sollten jedoch zumindest über alle Schritte nachdenken, wenn Sie mit einem Angriff zu tun haben.

Im Abschnitt »Planung der Vorgehensweise« nehmen wir uns diese Regeln noch einmal vor und zeigen Ihnen, wie Sie sie in Ihren Gesamtplan einfügen, den Sie schon vor einem Zwischenfall aufstellen sollten.

Erkunden Sie die Situation

Als erste Reaktion auf einen Angriff müssen Sie entscheiden, ob Sofortmaßnahmen erforderlich sind und wie diese aussehen. Beantworten Sie folgende Fragen:

> ### *Regeln für die Reaktion auf Zwischenfälle*
>
> Simson Garfinkel und Gene Spafford geben für die Reaktion auf Zwischenfälle in Ihrem Buch *Practical UNIX Security* zwei exzellente Hinweise, die Sie vor allen anderen beachten sollten. Denken Sie bei der Lektüre dieses Kapitels und bei jeder Reaktion auf Zwischenfälle an diese beiden Regeln:
>
> - Regel 1: Keine Panik!
> - Regel 2: Dokumentieren Sie alles!

- Hat es der Angreifer geschafft, in Ihre Systeme einzudringen? Falls ja, handelt es sich um einen echten Notfall? Dabei spielt es keine Rolle, ob der Angreifer momentan aktiv ist.
- Läuft der Angriff im Augenblick noch? Falls ja, müssen Sie entscheiden, was sofort zu tun ist. Wenn der Angriff bereits abgeschlossen ist, sind Sie nicht so in Eile.

Wenn es sich um einen aggressiven Angriff handelt, sollten Sie unverzüglich starke Gegenmaßnahmen ergreifen. Dazu kann es erforderlich sein, das System oder Ihre Internet-Verbindung herunterzufahren, bis Sie wissen, wie mit der Situation umzugehen ist.

Ist der Angriff dagegen weniger aggressiv, können Sie langsamer vorgehen, z.B. wenn jemand eine Telnet-Verbindung zu Ihrer Maschine gestartet hat und verschiedene Login/Paßwort-Kombinationen ausprobiert. Wenn Sie vom Mißerfolg des Angriffs überzeugt sind - etwa weil der Angreifer nur Paßwörter mit Kleinbuchstaben ausprobiert und Sie sicher sind, daß keine Kennung auf Ihrem System ein solches Paßwort benutzt - können Sie einfach beobachten, was der Angreifer unternimmt. Dadurch erhalten Sie Gelegenheit, den Angriff zurückzuverfolgen. Beachten Sie jedoch den Abschnitt weiter unten über die Fragen, die mit der Verfolgung eines Angriffs zusammenhängen.

Was Sie auch immer unternehmen, vergessen Sie nie Regel 1: Keine Panik!

Unterbrechen Sie die Verbindung oder fahren Sie die Maschine herunter

Sobald Sie die Situation erkundet haben, müssen Sie sich die Zeit für eine Reaktion nehmen, ohne Ihre Systeme weiter zu gefährden. Die Maßnahme, die am wenigsten stört, besteht meistens darin, die betroffene Maschine aus allen Netzen zu entfernen. Dadurch werden alle aktiven Verbindungen beendet. Durch das Beenden der aktiven Verbindungen wird es zwar schwieriger, den Eindringling zu verfolgen, doch immerhin können die anderen Benutzer an Ihrem Standort weiterarbeiten. Außerdem laufen die Programme des Eindringlings weiter. Damit können Sie vielleicht seine Identität ermitteln.

Wenn Sie befürchten, daß auch in andere Maschinen eingebrochen wurde, oder diese für den gleichen Angriff anfällig sind, sollten Sie möglichst viele Maschinen von allen Netzen trennen. Das kann das Abschalten Ihrer Internet-Verbindung bedeuten. Wird Ihre Internet-Verbindung von einer anderen Abteilung betreut, sollten Sie nur Ihren Teil aus dem Netz entfernen. Sie müssen die anderen Abteilungen aber unverzüglich über die Vorfälle informieren.

Manchmal ist es erforderlich, das betroffene System herunterzufahren. Das sollte aber aus verschiedenen Gründen immer der letzte Ausweg sein:

- Informationen, die Sie vielleicht noch brauchen, werden zerstört.
- Solange die Maschine ausgeschaltet ist, können Sie sie nicht analysieren oder Fehler beheben. Um sie wieder laufen zu lassen, müssen Sie sie schließlich sowieso vom Netz trennen.
- Herunterfahren stört die legitimen Benutzer noch viel mehr als die Unterbrechung der Netzverbindung.
- Herunterfahren schützt immer nur eine Maschine. Es ist viel einfacher, eine Reihe von Systemen sauber vom Netz zu trennen, als sie sauber herunterzufahren.

Selbst bei der Reaktion auf einen bereits beendeten Angriff kann es nötig sein, die Maschine vom Netz zu trennen, herunterzufahren oder zumindest keine Benutzer mehr darauf arbeiten zu lassen, solange Sie die Vorgänge analysieren und die Änderungen einbauen, die nötig sind, um einer Wiederholung vorzubeugen. Auf diese Weise werden Sie nicht durch Benutzeraktivitäten abgelenkt, und der Eindringling kann nicht zurückkommen, bevor Sie fertig sind.

Analyse und Reaktion

Als nächstes müssen Sie eventuell entstandene Fehler beheben. Dazu atmen Sie zunächst einmal tief durch und denken darüber nach, was eigentlich passiert und wie damit umzugehen ist. Schließlich wollen Sie die Situation nicht durch schnelles und unüberlegtes Handeln verschlimmern. Welche Gegenmaßnahmen Sie auch immer planen, durchdenken Sie sie gründlich. Lösen sie das Problem wirklich? Verursachen sie vielleicht andere Probleme?

In einer solch außergewöhnlichen und stressigen Situation steigt die Wahrscheinlichkeit für Fehler enorm. Da Sie wahrscheinlich mit Systemverwalterprivilegien arbeiten (auf einem UNIX-System unter der *root*-Kennung), kann ein Fehler schwerwiegende Folgen haben.

Sie können die Wahrscheinlichkeit für einen Fehler auf verschiedene Arten vermindern. Eine gute Möglichkeit ist es zum Beispiel, zu zweit zu arbeiten. Jeder kann die Kommandos des anderen überprüfen, nachdem sie eingetippt, aber noch nicht ausgeführt wurden. Wenn man allein arbeitet, ist es oft hilfreich, sich zur Vermeidung von Fehlern die Kommandos vor der Ausführung laut vorzulesen und deren Argumente in umgekehrter Reihenfolge zu überprüfen. Widerstehen Sie der Versuchung, schnell zu arbeiten. Sie kommen schneller nach Hause, wenn Sie langsam und sorgfältig arbeiten.

Achten Sie darauf, daß die Benutzer Ihren Maßnahmen nicht in die Quere kommen. Falls möglich, erhält jemand aus Ihrem Team die Aufgabe, Anfragen der Benutzer zu beantworten, damit sich das restliche Team auf den Angriff konzentrieren kann.

Achten Sie auch darauf, daß sich die Mitglieder des Teams nicht gegenseitig behindern. Legen Sie fest, welcher Systemverwalter welche Aufgaben übernimmt, damit sie sich nicht gegenseitig auf die Füße treten (oder sich gegenseitig verfolgen!).

Informieren Sie andere über den Vorfall

Nicht nur Sie selbst müssen wissen, was los ist. Eine ganze Reihe anderer Leute an verschiedenen Stellen sollte ebenfalls informiert werden.

Ihre eigene Organisation

In Ihrer eigenen Organisation gibt es Leute, die Bescheid wissen sollten - Management, Benutzer, Personal. Teilen Sie ihnen wenigstens mit, daß Sie mit einem Vorfall beschäftigt sind und nicht für andere Aufgaben zur Verfügung stehen. Gewöhnlich sollten sie zumindest die Ursache der Unannehmlichkeiten erfahren, und was sie zur Beschleunigung beitragen können - und sei es auch nur, Sie in Ruhe zu lassen.

Je nach Art Ihrer Organisation und Bedeutung des Vorfalls kann es außerdem erforderlich sein, die Rechts-, Kontroll-, PR- und Sicherheitsabteilung zu informieren.

Falls es an Ihrem Standort mehrere Rechenzentren gibt, sollten Sie diese so schnell wie möglich informieren. Sie kommen als Quelle sowie als zukünftige Ziele für ähnliche Angriffe in Frage.

CERT-CC oder andere Response-Teams

Falls Ihre Organisation von einem Response-Team wie dem CERT-CC betreut wird oder ein eigenes Team unterhält, informieren Sie es über den Vorfall und versuchen Sie, Hilfe von dort zu bekommen. In Anhang A finden Sie Kontaktadressen für das CERT-CC und andere Response-Teams. Die Hilfe eines Response-Teams hängt von dessen Prinzipien und verfügbaren Mitteln ab. Selbst wenn Sie keine direkte Hilfe erhalten, erfahren Sie möglicherweise, ob der Angriff auf Ihren Standort Teil einer großangelegten Aktion ist.

In diesem Fall kann das Response-Team Ihre Reaktion mit der anderer Standorte koordinieren.

Hersteller und Service-Provider

Wenn Sie glauben, die Support-Abteilungen Ihrer Hersteller oder Ihre Internet-Service-Provider könnten helfen oder sollten über den Vorfall Bescheid wissen, sollten Sie diese ebenfalls informieren. Nutzen die Angreifer zum Beispiel einen Fehler im Betriebssystem aus, sollten Sie Kontakt zum Hersteller aufnehmen, um zu erfahren, ob dieser den Fehler und Möglichkeiten zu seiner Behebung kennt. Zumindest sollte der Hersteller andere Standorte auf den Fehler hinweisen. Ihr Internet-Provider kann wahrscheinlich auch nicht viel zur Lösung des aktuellen Problems beitragen, aber immerhin andere Kunden warnen. Es besteht außerdem die Möglichkeit, daß auch bei Ihrem Internet-Provider eingebrochen wurde. In diesem Fall muß der Provider möglichst schnell informiert werden. Hersteller und Service-Provider bieten vielleicht spezielle Kontaktadressen, die schneller als die normalen Support-Wege zum Erfolg führen.

Andere Standorte

Falls auch andere Standorte betroffen zu sein scheinen, sollten Sie auch diese informieren. Das trifft zu, wenn der Angriff von einem bestimmten Standort ausging oder wenn sich die Angreifer offensichtlich nach dem Einbruch bei Ihnen einen anderen Standort vorgenommen haben. Anhand der Quell- und Zieladressen von Verbindungen lassen sich solche Standorte oft leicht ermitteln. Meist ist es viel schwieriger, einen Ansprechpartner zu finden, der nicht nur für den fraglichen Computer zuständig, sondern auch wach und erreichbar ist und die gleiche Sprache spricht wie Sie.

Wenn Sie nicht wissen, wen Sie informieren sollen, sprechen Sie mit Ihrem Response-Team oder dem CERT-CC. Die Teams kennen entweder einen Ansprechpartner oder wissen, wie man sich die Adressen verschafft. Außerdem sind sie gewohnt, fremden Leuten mitzuteilen, daß sie Sicherheitsprobleme haben.

Legen Sie einen Schnappschuß des Systems an

Ein weiterer früher Schritt ist das Anlegen eines Schnappschusses für jedes betroffene System. Dazu können Sie ein volles Backup auf Band anlegen oder das gesamte System auf eine andere Platte kopieren. Wenn es an Ihrem Standort ein eigenes Ersatzteillager gibt, sollten Sie die benötigten Komponenten dort besorgen, anstatt eine Platte zu verwenden, die bereits eingesetzt wird und vielleicht selbst schon betroffen ist.

Der Schnappschuß ist aus verschiedenen Gründen wichtig:

- Wenn Sie eine Fehldiagnose aufstellen oder die Reparatur schiefgeht, können Sie immer zum Zustand des Schnappschusses zurückkehren.
- Der Schnappschuß kann sich als bedeutsam für Untersuchungen und rechtliche Schritte erweisen. Sie können damit das System wiederherstellen, ohne Gefahr zu laufen, daß Beweise zerstört werden.
- Sie können den Schnappschuß später, wenn das System wieder läuft, untersuchen, um zu ermitteln, was passiert ist.

Da der Schnappschuß für spätere juristische Schritte wichtig werden kann, müssen Sie sich um die Spurensicherung kümmern. Beachten Sie folgende Richtlinien:[1]

- Beschriften Sie die Medien für den Schnappschuß eindeutig, und notieren Sie Datum, Zeit und Ihren Namen. Unterschreiben Sie anschließend.
- Aktivieren Sie den Schreibschutz für die Medien – falls möglich, dauerhaft.
- Schützen Sie die Medien vor Manipulationen, indem Sie sie zum Beispiel in einem abschließbaren Schrank aufbewahren. Wenn Sie sie dann den Rechtspflegeorganen übergeben, können Sie bezeugen, daß seit dem Beschreiben der Medien niemand etwas daran verändern konnte.

Es ist nie verkehrt, einen ausreichenden Vorrat frischer Medien für Schnappschüsse auf Vorrat zu halten, denn man weiß nie, wann sie benötigt werden. Bei der Reaktion auf einen Angriff ist es sehr frustrierend, wenn Sie einen Schnappschuß machen wollen und feststellen, daß das letzte freie Band am Vortag für das Backup verwendet wurde – und die neue Bestellung noch nicht eingetroffen ist.

Reparatur

Schließlich können Sie sich um den eigentlichen Vorfall kümmern. Was zu tun ist, hängt natürlich von den konkreten Umständen ab. Im folgenden finden Sie einige Hinweise:

- Wenn der Angreifer nicht in Ihre Systeme eindringen konnte, müssen Sie nicht viel unternehmen. Um gelegentliche Angriffsversuche müssen Sie sich unter Umständen gar nicht kümmern. Vielleicht stellen Sie auch fest, daß der Vorfall völlig harmlos war und überhaupt nichts zu tun ist.
- Wenn der Angreifer besonders hartnäckig war, können Sie Ihre Überwachung (zumindest zeitweise) verbessern und möglicherweise andere Leute anweisen, in Zukunft auf ähnliche Vorfälle zu achten.

1. In dem Buch *Computer Crime: A Crimefighter's Handbook* von David Icove, Karl Seger und William VonStorch (O'Reilly & Associates, 1995) finden Sie eine ausführliche Beschreibung zu Kennzeichnung und Schutz von Beweismitteln.

- Wenn der Angreifer tatsächlich eindringen konnte, also in Ihre Computer gelangte, müssen Sie zumindest die Lücke schließen, durch die er hereinkam, und sicherstellen, daß er nichts beschädigt oder hinterlassen hat.

Im schlimmsten Fall müssen Sie Ihr System komplett neu installieren. Manchmal ist das nötig, weil der Eindringling etwas beschädigt hat, sei es absichtlich oder versehentlich. Häufig müssen Sie jedoch deshalb alles neu einrichten, weil nur so ein sauberes System gewährleistet ist, das nicht vom Angreifer präpariert wurde. Die meisten Eindringlinge verschaffen sich als erstes eine Möglichkeit, in das System zurückzugelangen, auch wenn der ursprüngliche Eingang versperrt ist. Ihre Systeme können also auch dann in Gefahr sein, wenn der Eindringling nur für kurze Zeit anwesend war.

Hinweis

> Sie müssen immer davon ausgehen, daß der Eindringling Hintertürchen angelegt hat, durch die er wieder in das System zurückkehrt. Viele Eindringlinge erledigen das bei einem Einbruch als erstes.

Wenn Sie das System neu einrichten, sollten Sie zunächst überprüfen, ob die Hardware korrekt funktioniert. Achten Sie darauf, daß das System alle Selbsttests und Diagnoseschritte durchführt, denn Sie wollen das System wohl kaum auf defekter Hardware installieren. Bei einer Neuinstallation können Sie Hardware-Probleme bemerken, die bisher nie aufgefallen waren. Auf einer Festplatte könnten zum Beispiel Sektoren beschädigt sein, die bisher in unbenutzten Dateien lagen. Bei der Neuinstallation des Betriebssystems beschreiben Sie dann die defekten Stellen und stoßen so auf das Problem.

Als nächstes sollten Sie sicherstellen, daß Sie zur Neuinstallation einwandfreie Medien und Programme benutzen, und nicht unbedingt das letzte Backup. Wenn Sie nicht absolut zuverlässig sagen können, wann der Eindringling zum ersten Mal in Ihrem System war, können Sie auch nicht sicher sein, daß die Programme beim letzten Backup nicht schon modifiziert waren. Meist ist es am besten, das System von den Medien des Herstellers – also den Bändern oder CD-ROMs mit dem Betriebssystem – neu zu installieren und anschließend nur die Benutzerdaten von den Backup-Bändern einzuspielen (nicht aber die Programme, mit denen die Benutzer arbeiten).

Wenn Sie Programme einsetzen, die Sie nicht von Ihrem Hersteller erhielten (zum Beispiel Pakete aus dem Internet), haben Sie folgende Möglichkeiten:

- Erzeugen und installieren Sie diese Programme von sicheren Backup-Medien, also solchen, die mit Sicherheit eine saubere Version enthalten.
- Besorgen Sie sich einwandfreie Versionen von dort, wo Sie die Pakete ursprünglich her hatten, und installieren Sie diese.

Kompilieren Sie Software erst dann, wenn Sie das Betriebssystem und den Compiler frisch installiert haben. Sie wissen nicht, ob der Compiler oder die benutzten Bibliotheken in Ordnung sind.

Wenn Sie Ihr System stark anpassen oder viel zusätzliche Software installieren, die nicht von Ihrem Hersteller stammt, müssen Sie eine Möglichkeit finden, Ihre Anpassungen und Pakete so zu archivieren, daß ein Angreifer sie nicht modifizieren kann. Auf diese Art können Sie Ihre Änderungen sehr einfach wieder einspielen. Am einfachsten ist das, wenn Sie sofort nach Installation und Konfiguration ein spezielles Backup-Band für neue Software erzeugen, bevor ein Angreifer Gelegenheit hatte, die Software zu modifizieren.

Wenn Sie auch selbstgeschriebene Programme einsetzen, finden Sie dazu vielleicht nicht einmal Quellcode, der garantiert sauber ist. In diesem Fall muß jemand den gesamten Quellcode durchsehen, am besten der ursprüngliche Autor der Software. Die meisten Angreifer verändern Quellcode nicht; falls doch, sind sie dabei nicht besonders vorsichtig. Das ist auch gar nicht nötig, denn kaum jemand sieht sich Quellcode an, bevor er kompiliert wird.

In einem Fall installierte ein Programmierer zu seiner eigenen Bequemlichkeit eine Hintertür in einem Programm, von dem er glaubte, es würde nur auf einer bestimmten Maschine laufen. Das Programm wurde sehr populär und kam an verschiedenen Standorten innerhalb seiner Universität zum Einsatz. Jahre später, lange nachdem auf der ursprünglichen Maschine eine saubere Version installiert worden war, stellte er fest, daß alle anderen Standorte immer noch Versionen mit der Hintertür benutzten. Dabei war der entsprechende Code auf der ersten Seite klar gekennzeichnet und kommentiert. Ein großes Programm kann man zwar nicht vollständig überprüfen, man sollte aber zumindest auf auffällige Änderungen achten.

Dokumentieren Sie den Vorfall

Bei der Entdeckung und Untersuchung eines Angriffs und der Reparatur der Schäden können die Dinge sehr kompliziert werden. Gute Kommunikation muß sicherstellen, daß alle Leute informiert sind und sich nicht gegenseitig ein Bein stellen. Es ist wichtig, alle eigenen Aktivitäten während des Vorfalls zu dokumentieren, entweder auf konventionellem oder elektronischem Weg. Ein solches Protokoll erfüllt mehrere Zwecke:

- Andere Leute können leichter informiert werden und das Problem damit schneller lösen.
- Sie sehen, zu welchem Zeitpunkt Sie was unternommen haben. Damit können Sie Ihre Reaktion später analysieren und es das nächste Mal vielleicht besser machen.
- Die Notizen spielen bei der Einleitung rechtlicher Schritte eine entscheidende Rolle.

Aus juristischer Sicht sind konventionelle Notizen am besten, die sofort gekennzeichnet werden. Fast alles andere, vor allem elektronische Notizen, könnte leicht gefälscht oder verändert werden (zumindest könnte ein Richter davon überzeugt werden). Sie müssen Ihre Notizen auf Papier schreiben, kennzeichnen, datieren und unterschreiben. Wenn die Seiten nicht zusammengeklebt sind, müssen Sie sogar jede einzelne Seite datieren und unterschreiben, damit Seiten nicht unbemerkt eingefügt oder entfernt werden können. Halten Sie Endlospapier für Nadeldrucker immer noch für nutzlos?

Sie brauchen auch dann rechtlich einwandfreie Dokumentation, wenn Sie nicht sicher sind, ob sie überhaupt nötig ist. Ein harmlos beginnender Vorfall kann sich später als ernst erweisen. Gehen Sie nicht prinzipiell davon aus, daß es unnötig ist, die Polizei einzuschalten.

Es gibt verschiedene nützliche Dokumentationsverfahren:

- Notizbücher mit Durchschreibepapier sind besonders nützlich, da sie darauf schreiben, eine Seite heraustrennen und weitergeben können, aber selbst noch eine Kopie der Notiz behalten.
- Terminals, an die ein Drucker angeschlossen ist, oder altmodische druckende Terminals.
- Eine Shell, die unter dem UNIX-Kommando *script* läuft. Die Mitschrift wird sofort ausgedruckt und gekennzeichnet.
- Ein Terminalprogramm auf einem PC im capture-Modus. Die Mitschrift wird sofort ausgedruckt und gekennzeichnet.
- Ein Diktiergerät für gesprochene Bemerkungen.

Wenn Sie mehrere Methoden verwenden, können Sie mit der einen festhalten, was online passiert, und mit einer anderen die Geschehnisse außerhalb des Computers aufzeichnen. Legen Sie zum Beispiel ein Skript der eingetippten Kommandos an und ein handschriftliches Protokoll aller Telefongespräche.

Was online aufgezeichnet wird, ist leicht zu entscheiden: Speichern Sie einfach *alles*, was Sie tun. Vergessen Sie nicht, an dem Terminal oder in der Session zu arbeiten, die aufgezeichnet werden. Bei manchen Methoden, etwa *script*, können Sie jede Ihrer Sessions aufzeichnen. Sie müssen nur sicherstellen, daß alle Sessions in getrennten Dateien gespeichert werden. Bei den nicht automatisch aufgezeichneten Ereignissen ist schwieriger zu entscheiden, was alles protokolliert werden soll. Sie sollten zumindest die folgenden Informationen mitschreiben:

- Wen Sie weshalb und wann angerufen haben.
- Eine Zusammenfassung dessen, was Sie dem Gesprächspartner mitteilten.
- Eine Zusammenfassung dessen, was Sie vom Gesprächspartner erfuhren. Diese kann manchmal aus »siehe oben« bestehen. Sie sollten jedoch immer nachvollziehen können, mit wem Sie weshalb und wann gesprochen haben.

- Besprechungen, wichtige Entscheidungen und Vorgänge, die nicht online aufgezeichnet werden, z.B. zu welchem Zeitpunkt Sie die Maschinen vom Netz trennten.

Was nach einem Einbruch zu tun ist

Nachdem Sie auf einen Einbruchsversuch angemessen reagiert haben, dürfen Sie sich nicht ausruhen, denn es gibt noch eine Menge zu tun.

Als erstes und wichtigstes müssen Sie herausfinden, was eigentlich passiert ist, und wie eine Wiederholung verhindert werden kann. Jetzt ist der geeignete Zeitpunkt zur Untersuchung des System-Schnappschusses, den Sie vor allem anderen angelegt haben. Wenn Sie sich Klarheit über das Geschehene verschafft haben, müssen Sie natürlich geeignete Schritte unternehmen, um eine Wiederholung des Vorfalls zu verhindern. Außerdem müssen Sie überlegen, ob Sie während der Gegenmaßnahmen etwas getan haben (z.B. bestimmte Software aktiviert oder deaktiviert), das nun rückgängig gemacht oder fest installiert werden muß, oder ob eine Maßnahme zu dokumentieren ist.

Jetzt ist auch der Zeitpunkt gekommen, nicht nur den Angriffsversuch, sondern auch Ihre Reaktion darauf zu analysieren. In dieser Phase müssen Sie sich auf Kritik an der eigenen Reaktion konzentrieren, anstatt jemandem die Schuld an dem Angriff in die Schuhe zu schieben. Sprechen Sie behutsam mit allen Leuten, die mit der Reaktion zu tun hatten oder davon betroffen waren. Ermitteln Sie gemeinsam mit ihnen, was Sie richtig und was Sie falsch gemacht haben, was funktionierte und was nicht, welche anderen Tools oder Ressourcen nützlich gewesen wären, wie Sie nächstes Mal besser reagieren können und was alle Beteiligten aus dem Vorall gelernt haben.

Falls Sie an verschiedene Personen und Organisationen Mitteilungen über den Vorfall verschickt haben, sollten Sie sie jetzt über das Ende informieren. Beschreiben Sie, was passiert ist, wie Sie darauf reagiert haben und wie Sie ähnliche Vorfälle in Zukunft vermeiden.

Verfolgen und Festsetzen des Eindringlings

Sobald Sie einen sicherheitsrelevanten Vorfall feststellen - speziell einen, der noch andauert - sind Sie vielleicht versucht, die Eindringlinge aufs Korn zu nehmen, die in Ihr System einbrechen wollen.

Jagd auf die Einbrecher zu machen, mag zwar verlockend sein, ist meist jedoch nicht sehr sinnvoll. Es gibt eine ganze Reihe von Ansatzmöglichkeiten, genauso jedoch auch eine Vielzahl technischer und rechtlicher Hürden.

Um eine Vorstellung von den Problemen bei der Jagd nach Eindringlingen zu bekommen, sollten Sie das Buch »Kuckucksei« von Clifford Stoll lesen. Clifford arbeitete Ende der achtziger Jahre als Systemverwalter an den Lawrence Berkeley Labs (LBL). Während er eine kleine Ungenauigkeit im Abrechnungssystem untersuchte, mit dem LBL den Anwendern die benutzte Computerzeit in Rechnung stellte, entdeckte er Beweise dafür, daß ein Eindringling über das Internet ins System eingebrochen war. In einer monatelangen Odyssee versuchte er, die Angreifer zu ermitteln. Clifford erzielte dabei zwar erstaunliche Erfolge (und schrieb ein unterhaltsames und nützliches Buch darüber), doch die wenigsten Systemverwalter werden ihm nacheifern können. Die meisten Standorte verfügen einfach nicht über so viel Zeit und Ressourcen wie Clifford und müssen sich damit begnügen, die Angreifer aus ihren Systemen zu vertreiben.

Bei der Jagd nach Eindringlingen gibt es vor allem technische und rechtliche Probleme.

Das erste Problem besteht darin, daß es technisch meist sehr schwer ist, den Ausgangspunkt eines Angriffs festzustellen. Gewöhnlich sieht man sehr schnell, von welchem Standort ein Angriff ausging (nämlich an den IP-Adressen, von denen die Pakete des Angreifers kommen). Sobald man die vermeintliche Quelle entdeckt hat, stellt man jedoch fest, daß der Angriff nicht von einem Benutzer des ermittelten Standorts ausgeführt wird. Statt dessen ist der Angreifer höchstwahrscheinlich auch in diesen Standort eingebrochen und benutzt ihn als Ausgangsbasis für weitere Angriffe.

Untersucht der ferne Standort seinen eigenen Einbruch, so macht er gewöhnlich die gleiche Feststellung - der Angreifer sitzt nicht dort, von wo die Angriffe auszugehen scheinen. Die Angriffe kommen einfach von einem weiteren Standort in der Kette betroffener Standorte. Mit jedem Glied dieser Kette zwischen Ihnen und dem Angreifer kommen neue Standorte und Personen ins Spiel. In der Praxis können Sie mit vertretbarem Aufwand nur eine begrenzte Anzahl von Stufen zurückverfolgen. Schließlich geraten Sie wahrscheinlich an einen Standort, mit dem Sie keinen Kontakt aufnehmen können, dessen Betreiber keine Zeit oder keine Erfahrung haben, um den Vorfall zu verfolgen, oder die sich einfach nicht um Sie und den Angriff kümmern. Wie aus Abbildung 13-1 hervorgeht, sind an jeder Netzverbindung sehr viele Einzelnetze beteiligt.

An irgendeiner Stelle der Verfolgung werden Sie dann feststellen, daß sich der Angreifer über eine Telefonleitung eingewählt hat. Die Verfolgung von Telefonanrufen wirft jedoch ein ganzes Bündel technischer und rechtlicher Probleme auf.

Es kann auch passieren, daß ein- und derselbe Angreifer von mehreren Standorten aus agiert. In einem Fall korrigierten sich mehrere Response-Teams gegenseitig, bis sie fest-

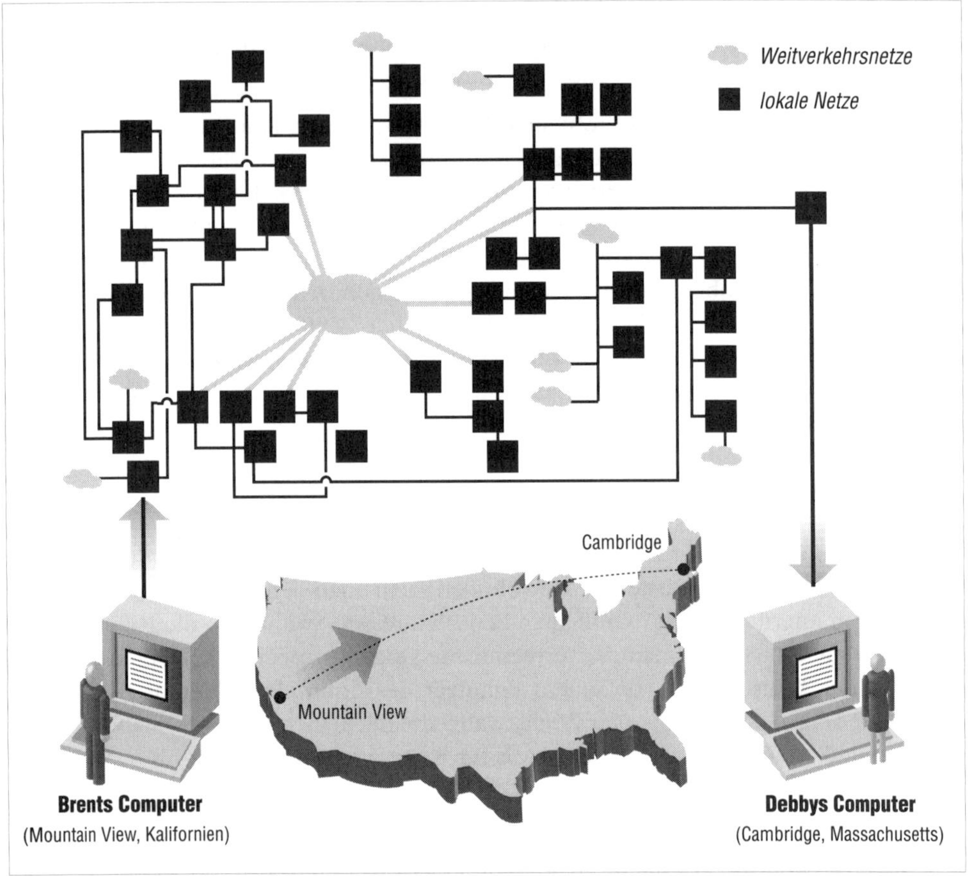

Abb. 13-1: Eine Netzverbindung besteht aus vielen Einzelverbindungen.

stellten, daß niemand Fehler gemacht hatte: Das eine Team bezog sich auf SFU (Simon Fraser University in Kanada), das andere auf FSU (Florida State University). Hinter der Ähnlichkeit der Abkürzungen ging die Tatsache unter, daß es sich um zwei getrennte und weit voneinander entfernte Standorte handelte, die gleichzeitig vom selben Angreifer mißbraucht wurden. Der Ausgangspunkt der Angriffe lag jedoch woanders, denn als SFU und FSU die Zugänge abschalteten, begannen identische Angriffe von anderen Standorten.

Hüten Sie sich davor, bei der Vorfolgung eines Eindringlings per E-Mail oder Voice-Mail mit den Systemverwaltern anderer Standorte zu kommunizieren. Wie wollen Sie sicher sein, daß auch wirklich der Systemverwalter und nicht der Eindringling Ihre Antworten erhält und beantwortet? Selbst wenn Sie ganz sicher mit dem Systemverwalter eines Standorts sprechen - vielleicht sind Systemverwalter und Eindringling ja identisch.

Das zweite Problem ist rechtlicher Natur. Vielleicht spielen Sie mit dem Gedanken, Ihren Standort auch nach Entdeckung eines Angreifers offen zu lassen. Das mag zunächst clever scheinen, denn durch Herunterfahren oder Abschalten des Netzzugangs erfährt der Angreifer ja, daß er entdeckt wurde. Dadurch wird es viel schwieriger, ihn ausfindig zu machen.

Dabei tritt aber folgendes Problem auf: Wenn Sie Ihren Standort am Netz lassen, riskieren Sie nicht nur eigene Schäden, denn der Angreifer könnte Ihren Standort als Ausgangspunkt für Angriffe auf andere Standorte verwenden. Wenn Sie sich dieser Gefahr bewußt sind und nichts dagegen unternehmen, können Sie von den anderen Standorten wegen Fahrlässigkeit oder Beihilfe verklagt werden.

Wenn Sie es mit einem erfolglosen Angriffsversuch zu tun haben, ist das Risiko geringer. Es ist guter Stil, den Standort zu informieren, von dem der Angriff auszugehen scheint, damit die dortigen Systemverwalter eigene Nachforschungen anstellen können. Damit sortieren Sie auch die Leute aus, die nicht wirklich einbrechen wollen, sondern nur etwas desorientiert sind. Wenn sich zum Beispiel jemand hartnäckig als »anonymous« einloggen möchte, hat höchstwahrscheinlich ein Benutzer FTP und Telnet verwechselt und braucht einfach nur einen guten Rat. Die meisten Standorte sind dankbar für die Nachricht, daß sie Ausgangspunkt für einen Angriff sind. Wundern Sie sich aber nicht, wenn eine Universität diese Nachricht ziemlich gelangweilt aufnimmt. Gewöhnlich reagieren diese zwar darauf, doch insbesondere an großen Universitäten stehen solche Vorfälle auf der Tagesordnung.

Es kann gelegentlich vorkommen, daß sich ein Standort überhaupt nicht für Ihr Anliegen interessiert, feindselig reagiert oder unfähig ist zu verstehen, was Sie überhaupt meinen. In solchen Fällen sollten Sie Ihre Zeit nicht weiter verschwenden, es sei denn, die Angriffe werden so entschlossen, hartnäckig und mit technischer Kompetenz ausgeführt, daß sie zum Erfolg führen könnten. Fordern Sie am besten die Unterstützung eines Response-Teams an.

Planung der Vorgehensweise

Die bisher vorgeschlagenen Reaktionen klingen theoretisch zwar ganz gut, doch ohne einen Reaktionsplan für Angriffe lassen sie sich nicht zuverlässig umsetzen. Sie selbst sind vielleicht in der Lage, eine zielgerichtete Reaktion gegen einen Angriff zu starten, doch der Angriff wird nicht unbedingt von Ihnen entdeckt. Sie müssen zum jeweiligen Zeitpunkt nicht einmal im Dienst sein. Was unternimmt Ihre Organisation, wenn jemand

Ihr System angreift? Wenn Sie keinen Reaktionsplan vorbereitet haben, werden alle Beteiligten wertvolle Zeit damit vergeuden zu überlegen, was als erstes zu tun ist.

Wenn es bereits Pläne für andere Katastrophen- oder Notfälle gibt (z.B. Feuer, Erdbeben oder elektrische Probleme), so müssen Sie ihn zur Anpassung an die Sicherheitsanforderungen wahrscheinlich nicht wesentlich ändern. Wenn es noch keinen solchen Plan gibt, können Sie den Reaktionsplan für sicherheitsrelevante Vorfälle mit kleinen Änderungen auch für andere Notfälle einsetzen.

Ihr Reaktionsplan muß kein ausgefeiltes Dokument sein. Sie müssen nur einfach die Einzelheiten fixieren - und sei es in einer E-Mail-Nachricht, deren Inhalt Sie mittags beim Italiener ausgetüftelt haben. Wenn Sie nichts weiter tun, als nur über das Problem nachzudenken und es mit den jeweiligen Leuten zu besprechen, haben Sie bereits mehr getan, als an den meisten Standorten üblich ist.

Was beinhaltet der Plan? Der Reaktionsplan beschäftigt sich vor allem mit zwei Fragen, nämlich Zuständigkeit und Kommunikation. Der Plan sollte für die einzelnen Teile einer angemessenen Reaktion festlegen, wer dafür zuständig und mit wem Verbindung aufzunehmen ist. Der Plan wird auch einige Einzelschritte beschreiben. Da sich die Vorfälle aber sehr stark unterscheiden, muß der Plan vor allem beinhalten, wer Entscheidungen zu treffen hat und welche Stellen danach zu kontaktieren sind. Es steht *nicht* im Plan, wie die Entscheidungen im einzelnen auszusehen haben. In diesem Abschnitt fassen wir die einzelnen Teile eines Reaktionsplans zusammen.

Entdeckung

Ein Zwischenfall beginnt damit, daß jemand einen Eindringling oder Angreifer entdeckt. Der Entdecker ist vielleicht ein Systemverwalter, häufiger wird es jedoch jemand sein, der offiziell nicht zuständig ist. Wenn die Benutzer Ihrer Computer gründlich geschult wurden, wissen sie, daß sie merkwürdige Vorgänge melden sollten. Darin muß jemand die Spreu vom Weizen trennen und sicherheitsrelevante Vorfälle erkennen. An wen sollen sich die Benutzer wenden? An wen sollen sich wiederum diese Leute wenden, wenn sie unsicher sind? Für welche Maßnahmen dürfen sie die Verantwortung übernehmen, wenn sie sich sicher sind?

Sie müssen auf zwei Arten von Vorfällen vorbereitet sein:

- Jemand bemerkt um drei Uhr morgens einen echten sicherheitsrelevanten Vorfall, der noch andauert.
- Jemand bemerkt einen legitimen Benutzer, der um drei Uhr morgens um die halbe Welt wichtige Arbeiten durchzuführen scheint. In Australien, wo die betreffende Person gerade ein Projekt betreut, ist es gerade fünf Uhr nachmittags.

Im ersten Fall brauchen Sie ein Reaktionsschema, das sofort und zuverlässig Gegenmaßnahmen einleitet. Jetzt ist keine Zeit zu vergeuden. Es wird peinlich und teuer, wenn Sie überhaupt nichts unternehmen können, bevor Ihr Sicherheitsbeauftragter am nächsten Morgen erscheint und erst einmal eine Kanne Kaffee braucht, um klar denken und sich einen Bericht ansehen zu können. Selbst dazu muß es überhaupt erst einen Bericht geben. Ohne Reaktionsplan kann es Wochen dauern, bis jemand informiert wird, der Maßnahmen einleiten kann.

Im zweiten Fall wird es peinlich und teuer, wenn Sie die Netzverbindung des Standorts unterbrechen und fünf Leute aus dem Bett holen, nur um zu verhindern, daß jemand eine Arbeit verrichtet, für die er bezahlt wird.

In keinem der beiden Fälle sollten Sie die Entscheidung einem Operator der Nachtschicht oder einem Benutzer überlassen, der allein arbeitet, weil er niemanden erreicht, der einen echten Vorfall von blindem Alarm unterscheiden kann.

An kleinen Standorten genügt es, eine Nummer bekanntzugeben, die die Benutzer außerhalb der Bürozeiten anrufen können, z.B. einen Piepser. Sie können die Benutzer dazu ermutigen, die eigenen Maschinen herunterzufahren, wenn sie einen Angriff vermuten (und die Maschine herunterfahren können). Dabei sollten Sie jedoch sehr vorsichtig sein, denn wenn eine Maschine nicht ordentlich heruntergefahren wird, kann größerer Schaden entstehen als bei einem Einbruch (speziell bei Mehrbenutzermaschinen).

An größeren Standorten mit 24-Stunden-Betrieb sollten Sie das Personal anweisen, bei einer möglichen Sicherheitsverletzung eine Aufsichtsperson anzurufen. Mehr sollte aber nicht unternommen werden, es sei denn, es liegen wirklich außergewöhnliche Umstände vor. Die Operatoren sollten einfach versuchen, eine Aufsichtsperson anzurufen, damit jemand nachsehen kann.

Untersuchung des Vorfalls

Wer entscheidet, daß es sich nicht nur um eine verdächtige Situation handelt, sondern um ein sicherheitsrelevantes Problem? Sie müssen einer Person die Verantwortung für wichtige Entscheidungen überlassen. Es ist zwar verlockend, im voraus eine bestimmte Person zu bestimmen und deren Namen in den Plan aufzunehmen. Doch was passiert, wenn diese Person bei einem tatsächlichen Angriff nicht zur Verfügung steht? Wer übernimmt dann die Verantwortung?

Teamwork ist eine tolle Sache, aber Notfälle erfordern eine straffe Führung. Es geht nicht an, daß jeder einzelne vor sich hinarbeitet und niemand verantwortlich ist. Schon gar nicht können Sie es sich leisten, darüber zu streiten. Wenn kein technischer Vorgesetzter zur Verfügung steht, soll dann ein untergeordneter, aber technisch versierter Mitarbeiter den Vorfall untersuchen oder ein höherstehender, der aber technisch nicht so fit ist? Wie lange wollen Sie bei einem Notfall den technischen Vorgesetzten suchen, bevor Sie sich an den nächsten Kandidaten für diesen Posten wenden?

An kleinen Standorten gibt es meist keine große Auswahl. Wenn nur eine Person in der Lage ist, angemessen auf einen Angriff zu reagieren, werden Sie einfach diese Person als Verantwortlichen für sicherheitsrelevante Vorfälle benennen. Steht diese Person nicht zur Verfügung, sollte jemand die Verantwortung übernehmen, der einen kühlen Kopf bewahren, Notlösungen einrichten und andere Stellen um Hilfe bitten kann (z.B. ein Response-Team). Technisches Wissen ist in einer solchen Situation zwar nützlich, wichtiger sind jedoch Einfallsreichtum und Besonnenheit.

An größeren Standorten gibt es meist mehrere Personen, die die Verantwortung übernehmen können. Ihr Plan könnte vorsehen, daß der ranghöchste zuständig ist oder daß derjenige die Maßnahmen leitet, der gerade Bereitschaft hat. Für den Fall, daß der Verantwortliche nicht erreichbar ist, sollte der Plan festlegen, daß derjenige zuständig ist, der als erster erreicht werden kann. Es ist übertrieben, auch noch die Reihenfolge festzulegen, in der diese Leute angerufen werden – das können die Anrufer anhand der Situation selbst entscheiden. Ist niemand aus der Liste erreichbar, sollten die Ansprechpartner lieber weiter oben in der Hierarchie gesucht werden als weiter unten. Ein Manager, vor allem einer mit technischer Ausbildung, kann wahrscheinlich besser mit dem Vorfall umgehen als ein Operator.

In einer kleinen Organisation werden die Kandidaten sinnvollerweise nach persönlichen Kriterien in die Liste aufgenommen, in größeren Organisationen eher nach ihrer Stellung. Im zweiten Fall sollten Sie aber die Merkmale der jeweiligen Stellung als Grundlage nehmen, und nicht die Fähigkeiten der Person, die diese Stellung innehat. Bestimmen Sie in Ihrem Plan nicht den Hausmeister als Ansprechpartner, nur weil der jetzige Hausmeister von allen nichttechnischen Angestellten am besten dafür geeignet ist – die Stärken des nächsten Hausmeisters könnten eher im Reparieren des Wasserhahns liegen.

Maschinen herunterfahren oder vom Netz trennen

In Ihrem Reaktionsplan sollte stehen, in welcher Situation das Herunterfahren von Maschinen oder das Trennen vom Netz gerechtfertigt ist und wer diese Entscheidung treffen kann. Wie im Abschnitt »Verfolgen und Festsetzen des Eindringlings« beschrieben, müssen Sie entscheiden, ob ein ertappter Eindringling überhaupt mit Ihren Systemen verbunden bleiben darf. Falls nicht, wollen Sie dann das System herunterfahren oder Ihren Standort ganz vom Netz trennen?

Falls Ihr Standort mehrere Rechenzentren betreibt, ist die Frage, ob Sie den gesamten Standort vom Internet trennen, wenn in ein Rechenzentrum eingebrochen wurde, oder ob es besser ist, nur dieses eine Rechenzentrum aus dem Netz zu nehmen (falls dies überhaupt möglich ist).

An den meisten Standorten ist es sinnvoll, den gesamten Standort aus dem Netz zu entfernen, sobald sicher ist, daß sich ein Eindringling eingenistet hat. Wenn Sie Dutzende interner Verbindungen und ein dreifach redundantes, getrennt verkabeltes System von Routern mit unterbrechungsfreier Stromversorgung besitzen, kann die Abtrennung vom Netz zu einer mittelgroßen Unternehmung ausarten, weil sich das System ständig selbst »repariert«. Wenn Sie jedoch nur über eine oder wenige Verbindungen nach außen verfügen, lassen sich diese auch leichter unterbrechen.

Ihr Plan sollte festlegen, wie die Trennung vom Netz erfolgt und wie die Rechner herunterzufahren sind. Seien Sie dabei sehr vorsichtig. Sie sollten den Leuten nicht beibringen, bei einem geringfügig verdächtigen Vorgang sofort die Sicherung umzulegen und alle Maschinen im Rechnerraum abzuschalten. Löscht ein Eindringling jedoch gerade alle Dateien auf dem Computer, sollte er vor dem Herunterfahren nicht auch noch eine Viertelstunde Vorwarnzeit bekommen.

In einem solchen Fall brauchen Sie in Ihrem Plan eindeutige Anweisungen. Wir empfehlen folgendes Vorgehen:

- Bei den meisten sicherheitsrelevanten Vorfällen ist es angemessen, die Maschine sofort ordentlich herunterzufahren, ohne Erklärungen oder Vorwarnungen zu versenden. Das sollte zusammen mit den nötigen Kommandos deutlich in Ihrem Plan stehen.
- Zerstört der Angreifer gerade etwas, sollten die Betreuer den Rechner möglichst schnell herunterfahren. Steht der Rechner in der Nähe, ist es sogar angemessen, den Strom für den Rechner oder das Festplattenlaufwerk abzuschalten, obwohl das Schäden verursachen kann. Dazu müssen jedoch alle Schalter leicht erreichbar sein. Ein Hauptschalter für jede Maschine ist sicher eine gute Einrichtung.

Egal, wer die Maschinen vom Netz trennt, er muß wissen, was dabei zu tun ist. Oft ist es am sichersten und einfachsten, die Kabel abzuziehen und anschließend die dadurch aufgetretenen Seiteneffekte zu bereinigen. Meist erhält man jede Menge Fehlermeldungen, es entsteht jedoch kein tatsächlicher Schaden. Allerdings muß man die richtigen Kabel ziehen. In der Flut der Fehlermeldungen kann es schwierig sein festzustellen, ob man auch die richtigen erwischt hat. In dem Plan sollte daher stehen, welche Kabel zu ziehen sind und wie man hinterher wieder alles in Ordnung bringt.

Benachrichtigungen

Ihr Reaktionsplan muß festlegen, wer zu benachrichtigen ist und wer das wann und auf welche Weise erledigt. Wie bereits weiter oben beschrieben, sollten Sie folgende Stellen benachrichtigen:

- Leute innerhalb Ihrer eigenen Organisation
- CERT-CC oder andere Response-Teams
- Hersteller und Service-Provider
- Leute an anderen Standorten

Ihre eigene Organisation

Zunächst müssen Sie diejenigen Leute benachrichtigen, die an den Abwehrmaßnahmen beteiligt sind. Da Sie auf diese Leute dringend angewiesen sind, sollten Telefon- und Piepser-Nummern bereitliegen. Besorgen Sie alle wichtigen Telefonnummern. Dazu gehören nicht nur die Nummern am Arbeitsplatz oder zu Hause, sondern auch Autotelefon und Handy. Auf diese Liste gehören alle, die an Ihrem Standort Computer betreuen, sowie deren Vorgesetzte. Vergessen Sie außerdem nicht die Leute, die einen Notkauf absegnen oder eine verschlossene Tür öffnen können. Die Liste – oder zumindest der wichtigste Teil davon – sollte im Idealfall so verkleinert werden, daß man sie leicht bei sich tragen kann (man kann sie zum Beispiel in der Größe von Visitenkarten ausdrukken). Es ist klar, daß die Liste nur dann ihren Zweck erfüllt, wenn sie immer auf dem aktuellen Stand ist.

Wenn viele Leute benachrichtigt werden müssen, sollten Sie eine Telefon- oder Alarmkette einrichten. Bei einer Telefonkette (siehe Abbildung 13-2) benachrichtigt jede Person zwei oder drei andere Leute. Dieses Verfahren funktioniert nach dem Schneeballsystem, so daß mit relativ wenig Aufwand für die einzelnen Beteiligten eine große Zahl von Leuten schnell benachrichtigt werden kann. Jeder sollte über eine Kopie der gesamten Kette verfügen, damit man bei nicht erreichbaren Leuten deren Anrufe mit übernehmen kann (das macht meist die Person, die vorher in der Kette steht). Am besten richten Sie die Kette so ein, daß ein Großteil mit Ortsgesprächen erledigt werden kann und sich die Leute gegenseitig relativ gut kennen. Dies erhöht die Chance, daß sie wissen, wie der oder die nächste zu erreichen ist. Die Telefonkette muß nicht die Organisationsstruktur oder den hierarchischen Aufbau einer Firma widerspiegeln.

Als nächstes informieren Sie andere Leute innerhalb Ihrer eigenen Organisation, die von dem Vorfall wissen müssen. Dies sind vor allem die Benutzer. Verwenden Sie dazu die Methoden, die innerhalb Ihrer Organisation für dringende Mitteilungen üblich sind, sei es eine schriftliche Notiz oder E-Mail. Ihr Plan sollte Einzelheiten dazu enthalten, denn Systemverwalter senden nur selten Nachrichten an alle Mitarbeiter und wissen vielleicht nicht, wie man das macht.

Anweisungen:

1. Rufen Sie die Leute rechts von Ihnen an, mit denen Sie durch Pfeile verbunden sind.
2. Wenn Sie jemanden nicht erreichen, sind Sie auch für dessen Anrufe verantwortlich.
3. Wenn Sie eine Nachricht hinterlassen, gehen Sie davon aus, daß sie nicht ankommt.
4. Geben Sie alle verfügbaren Informationen weiter.

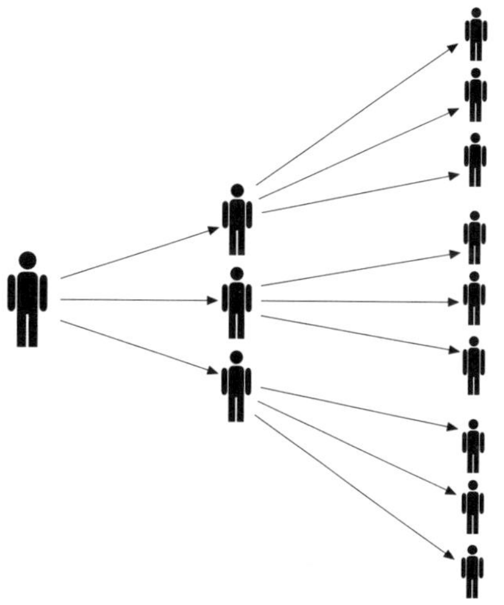

Abb. 13-2: Eine Telefonkette.

Im Plan sollte auch die Vorlage für eine Benachrichtigung aller Benutzer stehen. Das ist oft gar nicht so einfach, denn die Nachricht sollte genügend Informationen enthalten, um die Benutzer aufzuklären. Diese müssen wissen:

- Was außer Betrieb gesetzt wurde.
- Weshalb Sie ihnen das Leben schwermachen.
- Welche Dinge im einzelnen nicht mehr funktionieren, die sie normalerweise benutzen.
- Wann der Normalbetrieb wieder hergestellt sein wird.
- Was sie tun sollten (auch, daß sie Sie in Ruhe lassen sollen, damit Sie sich auf die Abwehrmaßnahmen konzentrieren können).
- Daß Ihnen klar ist, daß Sie den Benutzern Unannehmlichkeiten bereiten.
- Daß Sie alles Mögliche unternehmen, um die Situation zu verbessern.
- Daß Sie die Einzelheiten später erläutern werden.

Zusammenhänge, die Ihnen klar sind, sind Ihren Benutzern vielleicht überhaupt nicht klar. Möglicherweise stört es sie nicht einmal, wenn ein Eindringling unterwegs ist. Das Verfassen einer geeigneten Meldung ist nicht einfach, vor allem dann, wenn Sie gestreßt und müde sind (siehe Abbildung 13-3).

Der Plan muß auch festlegen, welche Angehörigen Ihrer Organisation sonst noch zu benachrichtigen sind, etwa die Mitarbeiter anderer Rechenzentren, die Rechtsabteilung, Controlling, PR- oder Wachdienst. Müssen Sie die Rechtsabteilung einschalten? Falls ja, wer ist zuständig? Wie heißen die Systemverwalter anderer Standorte innerhalb Ihrer

```
Von: Systemverwalter von Anastasia
An: Alle Benutzer des Rechenzentrums

Aufgrund eines sicherheitsrelevanten Vorfalls, der zur Zeit noch andauert,
ist das Rechenzentrum momentan nicht an das Internet angeschlossen. Die Ma-
schinen Big und Cool stehen nicht zur Verfügung. Das bedeutet, daß Sie die
folgenden Dienste bis zur Klärung der Situation nicht benutzen können: Absen-
den von Mail nach außen, Dateiübertragung mit FTP und WWW von bzw. zu exter-
nen Servern. Da die beiden Maschinen auch für Datenbankzugriffe und interne
Mail zuständig sind, funktionieren diese beiden Dienste ebenfalls nicht.

Wir sind uns darüber im klaren, daß dies sehr unangenehm für Sie ist und Sie
von der Arbeit abhält. Wir mußten die Maßnahmen jedoch ergreifen, da wir
Grund zu der Annahme haben, daß vertrauliche Daten zerstört werden oder nach
außen gelangen könnten. Wir arbeiten daran, die Dienste so schnell wie mög-
lich wiederherzustellen. Die Maschinen Big und Cool sollten um zehn Uhr vor-
mittags wieder einsatzbereit sein. Für die Mittagszeit rechnen wir mit funk-
tionierendem Internet-Zugang.

Sie können uns unterstützen, indem Sie ungewöhnliche Beobachtungen melden
und ansonsten erst nach Wiederherstellung der Dienste Kontakt mit den System-
verwaltern aufnehmen. Danach werden wir Sie auch genauer über den Vorfall in-
formieren. Im Augenblick sind alle Systemverwalter damit beschäftigt, die
Dienste so schnell wieder einzurichten, wie es die Sicherheitsanforderungen
zulassen.
```

Abb. 13-3: Benachrichtigung der Benutzer.

Organisation? Während des Vorfalls mit dem Internet-Wurm von Morris im Jahre 1988 war eine große amerikanische Regierungsstelle gezwungen, von den Wachleuten Handzettel am Eingang verteilen zu lassen. Darauf wurden die eintreffenden Angestellten gefragt »Sind Sie der Systemverwalter«? Niemand kannte die Systemverwalter, geschweige denn deren Kontaktadressen.

Überlegen Sie auch, wie die Meldung verteilt wird. Wenn Sie sie per E-Mail verschicken wollen, dürfen Sie nicht vergessen, daß sie auch der Eindringling sehen könnte. Selbst wenn Sie wissen, daß Ihre eigenen Systeme einwandfrei sind, dürfen Sie nicht davon ausgehen, daß das auch für die Rechner anderer Leute gilt. Die Nachricht darf keine Informationen enthalten, die der Eindringling nicht kennen darf. Benutzen Sie am besten das Telefon.

Manche Standorte vereinbaren eine Losung, um per E-Mail über einen Angriff zu informieren. Das kann zwar auch schnell zu einem schlechten Agentenfilm ausarten. Doch wenn man eine harmlose Losung wählt, die den Eindringling nicht warnt (und Nichteingeweihte das Spielchen auch nicht durch Rückfragen verderben können), funktioniert die Methode durchaus. Etwas von der Art »Bei uns steigt eine Pizza-Party, Nebenstelle 4357« erfüllt den Zweck voll und ganz.

Müssen Sie den Werkschutz informieren? Bei manchen Organisationen ist der Werkschutz nur für die physische Sicherheit zuständig. Es ist hilfreich, einen Ansprechpartner für den Fall zu kennen, daß eine Tür aufzuschließen ist. Da das Wachpersonal jedoch nicht für sicherheitsrelevante Vorfälle an Computern geschult ist, müssen Sie den Werkschutz nicht über jeden solchen Fall in Ihren Systemen informieren. Gibt es jedoch innerhalb Ihrer Organisation eine Abteilung für Computersicherheit, so müssen Sie diese benachrichtigen. Stellen Sie rechtzeitig fest, wann und wie diese Abteilung informiert werden will und nehmen Sie diese Angaben mit in den Plan auf. Selbst wenn Ihnen die Abteilung im konkreten Fall nicht helfen kann, weil sich die Leute nur mit PCs auskennen oder nur Regierungsexperten dort arbeiten, sollten Sie sie dennoch nach Abschluß Ihrer Maßnahmen kurz über den Vorfall informieren.

CERT-CC und andere Response-Teams

Ihr Plan sollte auch festlegen, welches Response-Team für Sie zuständig ist und wie es zu erreichen ist (falls es ein solches überhaupt gibt). CERT-CC und viele Teams der FIRST-Gruppe bieten einen 24-Stunden-Dienst. Die Teams möchten meist sofort nach Auftreten eines sicherheitsrelevanten Vorfalls benachrichtigt werden.

Hersteller und Service-Provider

Ihr Plan sollte Kontaktadressen für Hersteller und Internet-Service-Provider enthalten. Diese müssen zwar nicht sofort informiert werden, aber es könnte sein, daß Sie ihre Hilfe benötigen. Wenn Sie jedoch den Verdacht haben, daß auch Ihr Service-Provider angegriffen wurde, sollte Sie sofort Kontakt mit ihm aufnehmen.

Viele Hersteller und Service-Provider haben spezielle Kontaktadressen für sicherheitsrelevante Vorfälle. Darüber erhalten Sie viel schneller Unterstützung als über die normalen Support-Nummern. Beschaffen Sie diese Kontaktadressen rechtzeitig und nehmen Sie sie in den Reaktionsplan auf.

Andere Standorte

Normalerweise müssen Sie während der Sofortmaßnahmen keinen Kontakt zu anderen Standorten aufnehmen. Statt dessen rufen Sie nach Beendigung der Maßnahmen an, wenn Sie genug Zeit dafür haben. Das muß nicht im Plan festgelegt sein. Außerdem könnte kein Plan der Welt alle Angaben über beteiligte Standorte und deren Adressen enthalten. Aus diesem Grund muß in Ihrem Plan nicht viel über die Benachrichtigung anderer Standorte stehen.

Wenn Sie jedoch für andere Standorte die Internet-Verbindung zur Verfügung stellen oder besondere Netzverbindungen unterhalten, sollten Sie geeignete Kontaktadressen mit in den Plan aufnehmen und diese Standorte so schnell wie möglich informieren. Die Standorte müssen wissen, was mit ihren Diensten los ist und überprüfen, ob der Angreifer nicht auch bei ihnen eingedrungen ist.

Schnappschüsse

Der Reaktionsplan sollte beschreiben, wie man einen Schnappschuß des betroffenen Systems anlegt. Dazu muß er die folgenden Fragen beantworten:

- Wo finden sich die benötigten Materialien, und mit welchem Programm erzeugt man den Schnappschuß?
- Wie ist der Schnappschuß zu beschriften, und wo ist er aufzubewahren?
- Wie wird der Schnappschuß im Hinblick auf spätere juristische Verwendung vor Manipulationen geschützt?

Wiederherstellung

Die Wiederherstellung hängt natürlich von der Art des Vorfalls ab. Der Plan sollte zumindest einige allgemeine Richtlinien enthalten.

Die vollständige Neuinstallation des Betriebssystems ist zeitaufwendig und unbequem und kann latente Probleme aufdecken. Dabei stellen Sie zum Beispiel fest, daß Sie nicht mehr genau wissen, woher einige der Programme stammen. Aus diesem Grund gehen die meisten Leute sehr zögerlich an eine Neuinstallation heran. Wenn nicht ausdrücklich im Reaktionsplan steht, daß das Betriebssystem neu zu installieren ist, wird das wahrscheinlich auch nicht geschehen. Das kann zu dem Problem führen, daß Sie den gleichen Eindringling immer wieder verscheuchen müssen, da das System nicht aufgeräumt wurde. Der Plan sollte festlegen, wie die Integrität des Betriebssystems überprüft wird. Dazu eignen sich zum Beispiel kryptographische Prüfsummen, die mit denen eines bekanntermaßen einwandfreien Systems verglichen werden. Wenn Sie nicht über die in Kapitel 5 beschriebenen Werkzeuge verfügen oder die Maschine den Test nicht besteht, müssen Sie das Betriebssystem neu installieren. Das sollte so auch im Reaktionsplan stehen.

Der Plan sollte außerdem die Informationen enthalten, die für eine Neuinstallation des Systems nötig sind, zum Beispiel:

- Wo sind die entsprechenden Datenträger zu finden?
- Wo steht, wie man das Betriebssystem installiert?
- Wo sind die Sicherungskopien, und wie spielt man sie ein?
- Wo sind die Aufzeichnungen, aus denen hervorgeht, wie eigene Programme oder solche von Drittherstellern zu installieren sind?

Dokumentation

Der Reaktionsplan sollte grundlegende Anweisungen darüber enthalten, wie der Vorfall dokumentiert wird und wo die nötigen Materialien zu finden sind. Wenn Sie rechtliche Schritte unternehmen wollen, müssen auch Beschriftung, Datierung sowie Unterschreiben und Aufbewahren der Dokumentation beschrieben sein. Vergessen Sie nicht, daß Sie am Anfang nie sicher sein können, ob rechtliche Schritte erforderlich werden. Daher sollten Sie immer dokumentieren, um im Zweifelsfall gewappnet zu sein. Das können Sie nachträglich nämlich nicht mehr erledigen.

Regelmäßige Überprüfung der Pläne

Egal, wie gründlich Sie Ihre Reaktionspläne angelegt haben – überarbeiten Sie sie regelmäßig. Voraussetzungen, Prioritäten, Personal, Systeme, Daten und andere Ressourcen ändern sich ständig. Ihre Pläne müssen an diese Veränderungen angepaßt werden. Stellen Sie bei jedem Punkt nicht die Frage »Hat sich etwas geändert?«, sondern »*Was* hat sich geändert?«.

Ein geeigneter Zeitpunkt zur Überprüfung der Reaktionspläne ist nach einer Übung, die vielleicht Schwachstellen und Probleme des Plans aufgedeckt hat (siehe den Abschnitt über Übungen am Ende dieses Kapitels). Eine Übung kann zum Beispiel folgende Tatsachen enthüllen:

- Sie haben seit Erstellung des Plans den gesamten Speicher geändert.
- Sie können das Betriebssystem gar nicht neu installieren.
- Ihr Plan beruht auf funktionierenden Netzverbindungen zu anderen Standorten und weist Sie gleichzeitig an, diese Verbindungen zu unterbrechen.

Geeignete Vorkehrungen

Der Reaktionsplan ist nicht das einzige, das Sie vorbereiten müssen. Zusätzlich sind verschiedene Verfahren einzurichten, damit Sie schnell und effektiv auf einen Vorfall reagieren können. Viele dieser Verfahren sind allgemein nützlich, manche helfen beim Beseitigen der Folgeschäden von Katastrophen aller Art. Einige wenige betreffen nur sicherheitsrelevante Vorfälle.

Backups der Dateisysteme

Sicherungskopien der Dateisysteme sind wohl der wichtigste Einzelpunkt der Aufräumarbeiten. Bevor Sie irgend etwas anderes tun (etwa den Reaktionsplan schreiben), sollten Sie sicherstellen, daß Ihr Standort über einen soliden und funktionierenden Plan für Sicherungskopien verfügt. Haken Sie dieses Thema nicht ab, weil es bisher keine Probleme gab. Es kann passieren, daß man monatelang nicht feststellt, daß es keine Backups gibt, oder daß man erst nach Jahren merkt, daß die Backups teilweise unbrauchbar sind. Leider fällt so etwas meist erst dann auf, wenn man die Backups am dringendsten benötigt. Die Auswirkungen können dann katastrophal sein.

Backups sind aus zwei Gründen lebenswichtig:

- Wenn es an Ihrem Standort ernsthafte Schäden gibt und Sie die Systeme neu installieren müssen, brauchen Sie die Backups.
- Wenn Sie sich über das Ausmaß des Schadens nicht im klaren sind, können Sie mit Hilfe der Backups feststellen, welche Änderungen wann am System durchgeführt wurden.

Jede Organisation braucht einen Backup-Plan, und das nicht nur aus Sicherheitsgründen. Wenn Sie keinen Backup-Plan haben, ist das vermutlich ein Zeichen dafür, daß Ihr momentanes System *nicht* in Ordnung ist. Bei der Planung von Abwehrmaßnahmen für Einbrüche sollten Sie dem Backup-Plan spezielle Aufmerksamkeit widmen.

Bei den sicherheitsrelevanten Systemen (z.B. Bastion-Hosts und Servern) ist es unter Umständen angebracht, die monatlichen oder wöchentlichen Backups unbegrenzt aufzubewahren und die Medien nicht wie bei den normalen Systemen wiederzuverwenden. Nach einem Einbruch können Sie mit diesem Backup-Archiv einen Schnappschuß des Systems einspielen, der einem beliebigen Zeitpunkt vor dem Einbruch entspricht. Schnappschüsse dieser Art können bei der Untersuchung sicherheitsrelevanter Vorfälle sehr hilfreich sein. Wurde zum Beispiel ein Programm verändert, so können Sie anhand der Schnappschüsse den Zeitpunkt eingrenzen, zu dem diese Veränderung stattfand. Daraus können Sie vielleicht erschließen, wann eingebrochen wurde. Fand die Änderung vor dem Einbruch statt, war es vielleicht ein Versehen und nicht Teil eines Angriffs.

Wenn Sie sich nicht sicher sind, testen Sie Ihr Backup-System einfach. Spielen Sie ein bißchen damit, um festzustellen, was Sie mit den Backups wieder einspielen können. Stellen Sie folgende Fragen:

- Kann man Dateien von allen Bändern wiederherstellen?
- Kann man ein ganzes Dateisystem wiederherstellen?
- Läßt sich zu einer bestimmten Datei sagen, wie sie wiederhergestellt werden kann?
- Ist es möglich, die intakte Version einer Datei einzuspielen, die beschädigt wurde?
- Können Sie den Betrieb wiederherstellen, wenn alle Festplatten ausfallen oder von einem Angreifer vernichtet werden?

Das beste Backup-System funktioniert nicht, wenn die Backup-Medien nicht geschützt werden. Verlassen Sie sich nie auf Online-Backups, und bewahren Sie die Medien getrennt von den Hauptdaten an einem sicheren Ort auf.

Hinweis

Der Entwurf eines Backup-Systems sprengt den Rahmen dieses Buches. Diese Beschreibung und die Hinweise in Kapitel 12 bieten nur eine Zusammenfassung. Wenn Sie Ihrem Backup-System nicht trauen, wenden Sie sich an eine Beratungsstelle für Systemverwaltung. In Anhang A finden Sie Angaben über weitere Ressourcen.

Beschriftung und Organisationspläne der Rechner

Je größer eine Organisation wird, umso mehr Hardware schafft sie an. Die Vernetzung wird auf unterschiedliche Arten realisiert, und ständig werden die verschiedensten Geräte hinzugefügt oder ausgetauscht. Gewöhnlich wissen nur ein oder zwei Leute detailliert über die Systeme eines Standorts Bescheid.

Angaben über die Systemkonfiguration können bei der Untersuchung eines sicherheitsrelevanten Vorfalls eine entscheidende Rolle spielen. Sie mögen vielleicht alle Maschinen Ihres Standorts genau kennen, doch das ist kaum hilfreich, wenn Sie nicht für die Reaktion auf Einbrüche zuständig oder gerade im Urlaub sind. Was müssen Ihre Vorgesetzten oder Mitarbeiter über jedes einzelne System wissen, um auf einen Einbruch effektiv reagieren zu können?

Beschriftung und Organisationspläne sind bei einem Notfall entscheidend. Aufkleber auf den Rechnern sollten angeben, um welches System es sich handelt, wozu es benutzt wird, welche physikalische Konfiguration es umfaßt (Festplattenkapazität, Speicherausbau etc.) und wer dafür zuständig ist. Solche Aufkleber sollten fest am Rechner angebracht und gut lesbar sein. Drucken Sie die Beschriftung groß genug aus und kleben Sie mindestens vorn und hinten einen Aufkleber auf den Rechner. Vorn gibt es meist mehr Platz, doch wenn man an der Verkabelung arbeitet, sieht man meist die Rückseite. Netzdiagramme sollten die logischen und physikalischen Verbindungen zwischen den verschiedenen Systemen darstellen. Aus diesen Diagrammen sollte auch hervorgehen, welche Art von Paketfilterung an welcher Stelle stattfindet.

Achten Sie darauf, daß die Aufkleber auf dem aktuellen Stand bleiben, wenn Maschinen umgebaut oder verlegt werden – falsche Aufkleber sind schlimmer als überhaupt keine Aufkleber. Besonders wichtig ist die Beschriftung von Geräten, die in ein Gehäuse eingebaut sind. Es ist sehr frustrierend, alle Geräte in einem Gehäuse abzuschalten, nur um festzustellen, daß einige davon in Wirklichkeit zu dem Computer im darüberliegenden Gehäuse gehören, den man eigentlich laufen lassen wollte.

Informationen, die im Normalbetrieb der Maschinen leicht zugänglich sind, stehen unter Umständen nicht mehr zur Verfügung, wenn die Maschinen nicht laufen. Zum Formatieren oder Installieren von Festplatten sind zum Beispiel Partitionierungstabellen nötig; nach dem Einrichten von Maschinen brauchen Sie einen Ausdruck der *Host*-Tabelle.

Kryptographische Prüfsummen

Nach einem Einbruch muß man feststellen können, was sich auf dem System geändert hat. Dies ist mit den Standard-Tools des Betriebssystems nicht möglich. Ein Eindringling kann die Zugriffszeiten und trivialen Prüfsummen ändern, die die meisten Betriebssysteme anbieten. Daher sollten Sie Software für kryptographische Prüfsummen installieren (z. B. das in Kapitel 5 behandelte Tripwire), Prüfsummen wichtiger Dateien anlegen und sie so speichern, daß sie von einem Eindringlich nicht modifiziert werden können (das bedeutet, daß Sie diese nicht auf dem betroffenen Rechner halten). Wenn auf mehreren Maschinen die gleiche Version ein- und desselben Betriebssystems läuft, müssen Sie die Prüfsummen nicht für jedes System einzeln erstellen. Das Programm für die Prüfsummen sollte aber auf allen Systemen installiert sein.

Logbücher

Ein Logbuch enthält alle Änderungen, die an einem System durchgeführt wurden, sowohl vor als auch nach einem Vorfall. Normalerweise steht im Logbuch, welche Programme installiert, welche Konfigurationsdateien verändert oder welche Peripheriegeräte hinzugefügt wurden. Während eines Einbruchs sind viel mehr Einträge im Logbuch erforderlich.

Welchen Zweck erfüllt das Logbuch? Mit Hilfe des Logbuchs können Sie Änderungen rückgängig machen, wenn Sie das System neu aufbauen müssen. Außerdem kann man anhand des Logbuchs feststellen, ob eine der Änderungen Auswirkungen auf den Vorfall oder die Reaktion darauf hatte. Ohne Logbuch entdecken Sie vielleicht mysteriöse Programme, wissen nicht, woher sie stammen und wozu sie gut sind. Dann wissen Sie aber auch nicht, ob die fraglichen Programme von einem Eindringling installiert wurden, ob sie noch wie gewünscht funktionieren oder wie sie neu zu installieren sind. Abbildung 13-4 enthält einige Beispiele für routinemäßige Logbucheinträge und Einträge während eines Einbruchs.

Es gibt verschiedene einfache Möglichkeiten, Logbücher zu führen, z.B. elektronisch oder konventionell. Auch E-Mail, Notebook-Computer und Diktiergeräte sind gebräuchlich. Manche eignen sich besser für Routine-Einträge, also Einträge vor einem Vorfall, andere sind für Einträge während eines Vorfalls besser geeignet.

Am einfachsten ist es wohl, per E-Mail eine Nachricht an eine geeignete Kennung zu schicken, die alle Meldungen speichert. Die E-Mail protokolliert nicht nur alle durchge-

Routine-Einträge

```
Datum: 12.1.95
Name: Berthold
gnutar in /usr/local/bin installiert; Quellcode steht in /usr/source/local.

Datum: 8.4.95
Name: Annette
/etc/fstab verändert, jetzt wird /dev/dsk/c0d1s3 nach /scratch gemountet.
```

Einträge während eines Vorfalls

```
Datum: 15.4.95, 22.37 Uhr
Name: Dieter
Ungewöhnliche Login-Aktivität von einer Maschine an der Dingsheim-Universi-
tät festgestellt.

Reaktionsplan ausgelöst; Versuch, Berthold zwecks Beurteilung der Situation
zu erreichen. Da nicht erreichbar, Annette angerufen.

Annette will sich von zu Hause aus einloggen und die Lage überprüfen. Sie
übernimmt die Verantwortung für das weitere Vorgehen.

Datum: 15.4.95, 22.41 Uhr
Name: Annette
Von zu Hause aus eingeloggt, um der Meldung von Dieter nachzugehen. Cracker
scheinen von der Dingsheim-Universität aus in die Maschine "Big" eingebro-
chen zu sein. Bisher ist unbekannt, auf welche Art und wie weit.

Dieter telefonisch angewiesen, gemäß Reaktionsplan die Netzverbindung zu un-
terbrechen und die anderen Mitglieder des Response-Teams zu informieren, wäh-
rend ich zur Arbeit fahre.

Datum: 15.4.95, 22.52 Uhr
Name: Dieter
Gemäß Reaktionsplan und Anweisungen von Annette die Netzverbindung nach drau-
ßen unterbrochen.

Datum: 15.4.95, 23.33 Uhr
Name: Annette
Am Standort eingetroffen. Trennung der Netzverbindung überprüft und sicherge-
stellt, daß die anderen Mitglieder des Response-Teams informiert wurden und
auf dem Weg sind. Gemäß Plan Meldung über einen sicherheitsrelevanten Vor-
fall beim stellvertretenden Abteilungsleiter der Entwicklung erstattet.
```

Abb. 13-3: Logbucheinträge.

führten Änderungen, sondern hat auch den Vorteil, daß alle anderen über die Änderungen informiert werden. E-Mail eignet sich gut für Routine-Einträge, doch konventionelle Methoden sind während eines Vorfalls zuverlässiger. Bei einem Einbruch kann es passieren, daß das E-Mail-System nicht mehr funktioniert und Meldungen verlorengehen.

Bewahren Sie aktuelle Ausdrucke bisheriger Meldungen in einem Ordner auf für den Fall, daß das Online-Protokoll nicht zugänglich ist.

Notebook-Computer eignen sich gut zur Protokollierung während eines Vorfalls, doch man muß sie auch diszipliniert benutzen. Für Routine-Einträge sind Notebooks unpraktisch, da sie nicht immer zur Hand sind, wenn man gerade eine Änderung am System durchführt. Manche Standorte arbeiten mit einer Kombination elektronischer und konventioneller Logbücher. Im Rechnerraum liegt ein richtiges Log*buch* für Einträge. Das geht nur gut, solange klar ist, welche Art von Einträgen wo vermerkt werden muß. Es kann sehr verwirrend sein, zwei Logbücher parallel zu überprüfen.

Diktiergeräte eignen sich gut zur Protokollierung während eines Vorfalls, müssen jedoch später abgetippt werden. Für Routine-Einträge sind sie ungeeignet.

Richten Sie einen Vorrat mit Tools und Material ein

Bevor Sie tatsächlich mit einem Einbruch konfrontiert werden, sollten Sie die Tools und Materialien sammeln, die bei einem Vorfall voraussichtlich benötigt werden. Wenn die Zeit knapp ist, wollen Sie nicht auch noch herumrennen und um Material betteln.

Die folgenden Dinge sollten griffbereit liegen, um eine angemessene Reaktion zu gewährleisten. Sie sollten eigentlich immer verfügbar sein, da sie bei jeder Art von Katastrophen nützlich sind:

- Leere Backup-Bänder, eventuell auch Reserve-Festplatten.
- Die wichtigsten Werkzeuge, die zum Abtrennen der externen Netzverbindung oder zum Umbau der internen Netzstruktur nötig sind (falls ein angegriffener Rechner isoliert werden muß). Wenn es an Ihrem Standort Verkabelung an der Decke oder hohe Gerätetürme gibt, sollte auch eine Leiter bereitstehen.
- Zusätzliches Netzzubehör, zumindest Transceiver und Kabel.

Richten Sie einen kleinen Vorrat mit den wichtigsten Dingen ein, der nur im Notfall benutzt wird. Er sollte Medien für ein Backup, einige Transceiver und Kabel, die wichtigsten Werkzeuge sowie ein Notebook oder Diktiergerät zur Protokollierung enthalten. Dieser Vorrat sollte vom normalen Ersatzteillager getrennt sein.

Testen Sie die Neuinstallation des Betriebssystems

Nach einem schweren Einbruch müssen Sie vielleicht das System von Backups neu installieren. In diesem Fall müssen Sie ein minimales Betriebssystem installieren, bevor Sie die Backups einspielen können. Sind Sie darauf vorbereitet?

Sorgen Sie dafür, daß

- Sie die Installationsanweisungen Ihres Betriebssystems verstehen
- Sie das Einspielen der Backups beherrschen
- alle Materialien bereitstehen, die zur Wiederherstellung des Systems nötig sind (Medien, Handbücher etc.)
- die Installationspläne und -prozeduren getestet werden, bevor es ernst wird

Es kann nicht schaden, die Neuinstallation des Betriebssystems einmal zu testen – die wenigsten Standorte tun das. Dabei kann man eine Menge lernen. Die Wiederbelebung eines toten Systems ist ein denkbar ungünstiger Augenblick um festzustellen, daß die Kopie des Installationsmediums defekt ist oder die zuständigen Leute nicht wissen, wie man das System neu installiert. Die beste Testmöglichkeit besteht darin, die Leute mit der geringsten Erfahrung, die eventuell damit zu tun haben, früh genug ein komplettes System installieren zu lassen.

Die meisten Organisationen stellen fest, daß der erste Versuch fehlschlägt, das Betriebssystem und die gesicherten Daten auf einer frischen Platte zu installieren, fehlschlägt. Dafür kommt eine Reihe von Gründen in Frage, meist ist jedoch das Backup-System fehlerhaft. Ein Standort bemerkte, daß die Backups mit einem Programm eingespielt werden, das nicht zum Betriebssystem gehört. Daher war es nach einer Neuinstallation unmöglich, die Backups zu verwenden. Daraufhin legte man ein Band mit diesem Programm an, das mit normalen Mitteln des Betriebssystems eingelesen werden konnte. Nach der Installation des Betriebssystems konnte man das Programm einspielen und damit dann die Daten der restlichen Backups.

Übungen

Sie dürfen nicht davon ausgehen, daß die Reaktion auf einen Einbruch wie geschmiert läuft. Wie alles andere funktioniert eine solche Reaktion mit zunehmender Übung immer besser. Testen Sie daher die Fähigkeiten Ihrer Organisation zum Umgang mit einem Vorfall durch gelegentliche Übungen.

Es gibt zwei grundlegende Arten von Übungen:

- Bei einer Übung am grünen Tisch (oder »Schreibtischübung«) versammeln Sie alle beteiligten Personen in einem Konferenzraum oder der Pizzeria nebenan, beschreiben ein hypothetisches Problem und spielen die Auswirkungen und Wiederherstellungsmaßnahmen durch. Es ist wichtig, dabei schrittweise alle Details zu behandeln, um Schwachstellen oder Mißverständnisse aufzudecken.
- Bei einer echten Übung führen Sie die Reaktions- und Wiederherstellungsmaßnahmen real durch. Eine echte Übung kann nach Benachrichtigung der Benutzer während angekündigter Standzeiten des Systems durchgeführt werden.

Es ist auch möglich, nur einzelne Bereiche des Reaktionsplans zu testen. Vor der Konfiguration einer neuen Maschine können Sie sie zum Beispiel als Versuchskaninchen benutzen und versuchen, die Backups für eine existierende Maschine darauf einzuspielen. Wenn es an Ihrem Standort festgelegte Standzeiten gibt, können Sie sie nutzen, um die Auswirkungen einer unterbrochenen Netzverbindung zu testen. Verwenden Sie die Software zum Erstellen von Prüfsummen, um zu sehen, welche Änderungen das Programm findet, wenn sich eigentlich nichts geändert haben sollte. Außerdem können Sie prüfen, was mit tatsächlich geänderten Dateien passiert. Arbeiten Sie mit einem anderen Standort zusammen, um die Meldungen zu sehen, die bei verschiedenen Angriffsarten erscheinen. Wählen Sie dazu jemanden, dem Sie vertrauen und der Ihnen zuverlässig sagt, was unternommen wurde, oder probieren Sie es gleich selbst. Fahren Sie alle wichtigen Maschinen gleichzeitig herunter, um festzustellen, ob Sie in dieser Situation alle wieder hochfahren können. Machen Sie das aber nur, wenn Sie einige Stunden Zeit haben: wenn es nicht funktioniert, kann es eine Weile dauern, die Maschinen neu so zu vernetzen, daß sie nicht mehr voneinander abhängig sind.

Das alles ist zwar ziemlich aufwendig, doch das Herumspielen mit fiktiven Katastrophen bereitet auch ein gewisses Vergnügen. Es ist allemal weniger anstrengend, als bei einer echten Katastrophe improvisieren zu müssen.

Anhänge

Teil IV besteht aus den folgenden Anhängen:

Anhang A, *Ressourcen*, enthält Adressen, an denen Sie weitere Informationen zum Thema Sicherheit im Internet finden: Word Wide Web-Seiten, FTP-Server, Mailing-Listen, News-Gruppen, Response-Teams, Bücher, Papiere und Konferenzen.

Anhang B, *Werkzeuge*, faßt die besten im Internet frei verfügbaren Sicherheits-Werkzeuge zusammen und beschreibt Möglichkeiten, diese Werkzeuge zu bekommen.

Anhang C, *Grundlagen von TCP/IP*, enthält Hintergrundinformationen zu TCP/IP, die für jeden wichtig sind, der einen Firewall aufbauen oder verwalten will.

In diesem Anhang:
- *World Wide Web*
- *FTP-Server*
- *Mailing-Listen*
- *News-Gruppen*
- *Organisationen*
- *Konferenzen*
- *Dokumente*
- *Bücher*

A

Ressourcen

Dieses Buch kann nicht alles enthalten, was Sie über Firewalls und die größeren Themen Netzwerk- und Internet-Sicherheit wissen müssen. In diesem Anhang haben wir daher diejenigen Referenzen zusammengetragen, die wir für die nützlichsten Ressourcen halten. Dazu gehören elektronische und »normale« Ressourcen: Seiten im World Wide Web, FTP-Server, Mailing-Listen, News-Gruppen, Response-Teams und andere Organisationen, Konferenzen, Dokumente und Bücher. Die Liste ist nicht vollständig: Weil die Ressourcen so umfangreich sind und sich sowohl die Technik als auch die Veröffentlichungen so schnell ändern, gibt es keine Chance, alles auf dem neuesten Stand zu halten. Die folgende Liste sollte Ihnen jedoch einige nützliche Startpunkte aufzeigen.

World Wide Web

Die folgenden Seiten im World Wide Web sind besonders interessant.

Telstra

`http://www.telstra.com.au/info/security.html`

Diese hervorragende Web-Seite wird von der Telstra Corporation gepflegt (früher wurde sie von Telecom Australia betreut). Sie ist sehr nützlich als Startpunkt zu anderen Web-Seiten und Internet-Ressourcen, die sich mit Netzsicherheit beschäftigen.

COAST

`http://www.cs.purdue.edu/coast/coast.html`

COAST betreibt eine exzellente Web-Seite, die die Aufgaben von COAST wie folgt umreißt:

COAST - Computer Operations, Audit and Security Technology - ist ein Gemeinschaftsunternehmen zur Erforschung der Computersicherheit am Computer Science Department der Purdue University, an dem mehrere Projektgruppen und Wissenschaftler beteiligt sind. COAST strebt enge Zusammenarbeit mit Wissenschaftlern und Ingenieuren in großen Firmen und Regierungsstellen an. Wir konzentrieren unsere Forschung auf die Anforderungen und Rahmenbedingungen des praktischen Einsatzes.

FTP-Server

Die folgenden beiden Server sind eine exzellente Quelle für Werkzeuge, Dokumente, Sicherheits-Patches und andere Ressourcen zur Sicherheit im Internet.

coast.cs.purdue.edu

`ftp://coast.cs.purdue.edu/`

Dieses Archiv wird unter Leitung von Gene Spafford vom COAST-Projekt an der Purdue University (siehe oben) betreut. Es enthält eine große Sammlung von Software und Dokumenten in bezug auf UNIX- und Netzsicherheit, die aus der ganzen Welt zusammengetragen werden.

Das Verzeichnis */pub/aux* enthält Kurzbeschreibungen für die vielen Tools und Dokumente auf dem Server:

```
ftp://coast.cs.purdue.edu/pub/aux/tools.abstract
ftp://coast.cs.purdue.edu/pub/aux/documents.abstract
```

info.cert.org

`ftp://info.cert.org/`

Dieser Server enthält alle bisherigen Ankündigungen des Computer Emergency Response Team Coordination Center (CERT-CC) sowie eine kleine Auswahl von Tools und Dokumente. Weitere Angaben zum CERT-CC finden Sie weiter unten unter »Organisationen«.

Mailing-Listen

Da sich Techniken und Lösungsansätze für Firewalls und andere Sicherheitsmechanismen im Internet so schnell ändern, ist es schwer, sich auf dem neuesten Stand zu halten. Die folgenden Mailing-Listen können Ihnen dabei helfen.

Firewalls

Die Mailing-Liste Firewalls, die von Great Circle Associates organisiert wird, ist das wichtigste Forum für Internet-Benutzer zur Diskussion von Entwurf, Konstruktion, Betrieb, Wartung und Philosophie von Firewall-Systemen im Internet. Um die Liste zu abonnieren, senden Sie E-Mail mit dem Inhalt *subscribe firewalls* an *majordomo@greatcircle.com.*

Die Mailing-Liste Firewalls hat ein sehr hohes Volumen beteiligter Nachrichten - manchmal bis zu 100 pro Tag, gewöhnlich eher 10 bis 20. Als Erleichterung für Abonnenten, die ihre Mailbox nicht von vielen Einzelnachrichten verstopfen lassen wollen, gibt es die Mailing-Liste Firewalls-Digest. Abonnenten dieser Liste erhalten nicht jede Meldung einzeln, sondern täglich (an Tagen mit hohem Aufkommen auch öfter) Zusammenfassungen der Nachrichten in der Firewalls-Liste. Abonnenten von Firewalls-Digest erhalten alle Nachrichten der Liste Firewalls. Firewalls-Digest ist nicht moderiert, sondern wird nur in zusammengefaßter Form verteilt.

Auf *ftp.greatcircle.com* finden Sie auch ein Archiv der Mailing-Liste Firewalls:

```
ftp://ftp.greatcircle.com/pub/firewalls/
```

Ein Firewall-Archiv, das mit einem WWW-Browser durchsucht werden kann, finden Sie unter folgender Adresse:

```
http://www.greatcircle.com/firewalls
```

Schließlich gibt es auch einen WAIS-Server zum Durchsuchen alter Meldungen. Der Server läuft auf dem Rechner *wais.greatcircle.com*, die Datenbank heißt *firewalls-digest*.

FWALL-Users

Die Mailing-Liste FWALL-Users enthält Diskussionsbeiträge von Benutzern des TIS Internet Firewall Toolkit (FWTK), in der es um Probleme, Lösungsvorschläge etc. geht. Um die Liste zu abonnieren, senden Sie E-Mail an *fwall-users-request@tis.com.*

Academic-Firewalls

Die Mailing-Liste Academic-Firewalls ist für Leute gedacht, die sich für den Betrieb von Firewalls an Universitäten interessieren. Die Liste wird von der Texas A&M University gesponsert. Um die Liste zu abonnieren, senden Sie E-Mail mit dem Inhalt *subscribe academic-firewalls* an *majordomo@net.tamu.edu.* Archive finden Sie auf *net.tamu.edu:*

```
ftp://net.tamu.edu/pub/security/lists/academic-firewalls/
```

BugTraq

In dieser Liste werden Sicherheitslücken in UNIX-Systemen ausführlich diskutiert - wie kommen sie zustande, wie kann man sie ausnutzen, wie sind sie zu schließen. Schwerpunkt der Liste ist es nicht, Systeme zu knacken oder ihre Schwachpunkte auszunutzen. Es geht darum, Sicherheitslücken und Risiken zu definieren, zu erkennen und zu verhüten.

Um die Liste zu abonnieren, senden Sie E-Mail mit dem Inhalt *subscribe bugtraq* an *bugtraq-request@fc.net.*

CERT-Advisory

In dieser Liste werden neue Hinweise des CERT-CC zur Beseitigung von Sicherheitslükken in Internet-Systemen veröffentlicht. Um ein Abonnement der Liste anzufordern, senden Sie E-Mail an *cert-advisory-request@cert.org.*

Ein Archiv älterer Hinweise ist mittels Anonymous-FTP von *info.cert.org* erhältlich:

```
ftp://info.cert.org/
```

RISKS

RISKS heißt offiziell *ACM Forum on Risks to the Public in the Use of Computers and Related Systems*. Es ist ein moderiertes Forum für die Diskussion der Risiken, die von Computern und der Computerisierung für die Gesellschaft ausgehen. Um ein Abonnement der Liste anzufordern, senden Sie E-Mail an *RISKS-Request@csl.sri.com.* Ältere Ausgaben sind mittels Anonymous-FTP von *crvax.sri.com* erhältlich:

```
ftp://crvax.sri.com/risks/
```

RISKS wird außerdem in der Usenet-News-Gruppe *comp.risks* verteilt.

WWW-Security

In der Mailing-Liste WWW-Security werden Sicherheitsaspekte von WWW-Servern und -Clients diskutiert. Um die Liste zu abonnieren, senden Sie E-Mail mit dem Inhalt *subscribe www-security* an *majordomo@nsmx.rutgers.edu.*

News-Gruppen

Es gibt viele News-Gruppen, die interessante Quellen für Informationen über Netzsicherheit und verwandte Themen abgeben:

- *comp.security.announce* – Ankündigungen betreffend Computersicherheit, einschließlich neuer Hinweise des CERT-CC
- *comp.security.unix* – Sicherheit von UNIX-Systemen
- *comp.security.misc* – Verschiedenes zu Computer- und Netzsicherheit
- *comp.security.firewalls* – Fragen aller Art zum Thema Firewalls
- *alt.security* – weitere Diskussionen zu Computer- und Netzsicherheit
- *comp.admin.policy* – Fragen im Zusammenhang mit Verwaltungsstrategien für Computer einschließlich Sicherheit
- *comp.protocols.tcp-ip* – Interna von TCP/IP einschließlich Sicherheit
- *comp.unix.admin* – UNIX-Systemverwaltung einschließlich Sicherheit
- *comp.unix.wizards* – Interna des UNIX-Kernels einschließlich Sicherheit

Organisationen

Die folgenden Organisationen sind besonders hilfreich, wenn es an Ihrem Standort zu einem Einbruch oder einem anderen sicherheitsrelevanten Vorfall kommt. Außerdem sind sie gute Quellen für allgemeine Informationen zur Internet-Sicherheit und die Reaktion auf Vorfälle.

CERT-CC

`ftp://info.cert.org/pub/cert_faq`

Aus der FAQ-Liste für das Computer Emergency Response Team Coordination Center (CERT-CC):

> Das CERT Coordination Center ist eine Organisation, die aus dem Computer Emergency Response Team hervorging, das die Defense Advanced Research Projects Agency (DARPA) im November 1988 als Reaktion auf den Vorfall mit dem Internet-Wurm bildete. Die Ziele des CERT-CC sind Zusammenarbeit mit der Internet-Gemeinde, um die Reaktion auf sicherheitsrelevante Vorfälle im Zusammenhang mit Internet-Rechnern zu erleichtern; Vorausplanung, um das Bewußtsein der Internet-Gemeinde für Sicherheitsfragen zu schärfen; sowie Durchführung von Forschungsvorhaben zur Erhöhung der Sicherheit existierender Systeme.
>
> Zu den Produkten und Dienstleistungen des CERT-CC gehören eine technische Hotline mit 24-Stunden-Dienst für die Reaktion auf sicherheitsrelevante Vorfälle, Unterstützung

> bei Sicherheitslücken in Produkten, technische Dokumentation und Seminare. Außerdem unterhält das Team eine Reihe von Mailing-Listen (einschließlich einer Liste für die Hinweise des CERT-CC) und den Server *info.cert.org* für Anonymous-FTP. Auf diesem Server werden sicherheitsrelevante Dokumente, frühere Hinweise des CERT-CC und Tools archiviert.

Die FAQ-Liste und andere Angaben über CERT-CC sind mittels Anonymous-FTP von *info.cert.org* erhältlich.

Sie erreichen CERT-CC wie folgt:

- Telefonisch über 1/412/268-7090 (24 Stunden täglich an sieben Tagen pro Woche)
- Per E-Mail: *cert@cert.org*

FIRST

`http://www.first.org`

Aus der WWW-Seite von FIRST:

> Das Forum of Incident Response and Security Teams (FIRST) besteht aus dem Zusammenschluß vieler Response-Teams für sicherheitsrelevante Vorfälle bei Computern, die bei der Regierung, kommerziellen und akademischen Organisationen betrieben werden. FIRST will die Zusammenarbeit und Koordination bei der Verhütung von sicherheitsrelevanten Vorfällen fördern, schnelle Reaktion auf Vorfälle ermöglichen und den Informationsaustausch zwischen den Mitgliedern und der gesamten Internet-Gemeinde fördern. FIRST hat zur Zeit über 40 Mitglieder.

Wenn Sie nicht sicher sind, ob Sie die Dienste eines Response-Teams in Anspruch nehmen können, sollten Sie Kontakt mit FIRST aufnehmen. Diese Gruppe kann Ihnen wahrscheinlich weiterhelfen.

Sie erreichen FIRST wie folgt:

- Telefonisch über 1/301/975-3359
- Per Fax: 1/301/948-0279
- Per E-Mail: *first-sec@first.org*

NIST CSRC

`http://csrc.ncsl.nist.gov/`

Aus der Web-Seite des CSRC am U.S. National Institute of Standards and Technology:

> Sie greifen gerade auf das Computer Security Resource Clearinghouse am NIST zu. Das Clearinghouse läuft unter dem Dach der National Performance Review (NPR) und ist ein dauerhaftes Projekt am NIST. Es hat sich zum Ziel gesetzt
>
> - Informationen im Zusammenhang mit Computersicherheit zu vereinheitlichen

- Vollständigkeit und Genauigkeit der Informationen sicherzustellen
- Die Informationen leicht durchsuchbar und bequem erhältlich zu machen
- Die Informationen auf dem neuesten Stand zu halten
- Sich selbst zu dokumentieren und als Vorbild zu dienen

Das Hauptaugenmerk liegt dabei auf Informationen zur Reaktion auf Krisenfälle; Informationen über die Bedrohungen im Zusammenhang mit Computersicherheit und Sicherheitslücken sowie entsprechenden Lösungen. Gleichzeitig soll das Clearinghouse eine allgemeine Informationsquelle für Informationen zur Computersicherheit sein, die sich auf viele Themen beziehen, etwa allgemeine Risiken, Geheimhaltung, rechtliche Fragen, Viren, Versicherung, Strategien und Schulung.

USENIX Association

`http://www.usenix.org/`

Aus der WWW-Seite von USENIX:

Die USENIX Association bringt seit 1975 Ingenieure, Wissenschaftler und Techniker zusammen, die an der vordersten Front der Computerwelt arbeiten. Die Konferenzen und technischen Workshops von USENIX wurden zu wichtigen Treffpunkten zur Präsentation und Diskussion der neuesten Informationen über die Entwicklung aller Aspekte von Computern.

USENIX und seine Mitglieder widmen sich folgenden Zielen:

- Problemlösung, vor allem in der Praxis
- Förderung von Innovation und Forschung
- Die Ergebnisse von Innovation und Forschung rasch weiterzuleiten
- Bereitstellung eines neutralen Forums zur Diskussion kritischer Gedanken und technischer Fragen

USENIX ist in zahlreichen Bereichen aktiv, um die professionelle technische Entwicklung zu unterstützen. Dazu gehören:

- Jährliche technische Konferenzen.
- Regelmäßige Konferenzen und Symposien zu speziellen Themen.
- Ein hoch angesehenes Tutorial-Programm, das einen weiten Themenbereich abdeckt und Einführungen ebenso enthält wie weiterführende Veranstaltungen.
- Eine Vielzahl von Publikationen (einschließlich einer Buchreihe) über fortschrittliche Computersysteme, die in Zusammenarbeit mit MIT Press erscheinen.
- Teilnahme an den Standardisierungsbestrebungen von ANSI, IEEE und ISO.
- Finanzierung lokaler und spezieller technischer Gruppen, die sich mit UNIX beschäftigen. Das jüngste Beispiel ist die Gründung der System Administrators Guild als spezielle technische Gruppe innerhalb USENIX.
- *comp.org.usenix*, die News-Gruppe der USENIX Association.

USENIX sponsert eine Vielzahl von Konferenzen und Symposien, von denen viele mit Netz- und Systemsicherheit zu tun haben. Konferenzbände früherer Veranstaltungen stehen ebenfalls zur Verfügung. Sie erreichen USENIX wie folgt:

- Telefonisch unter 1/510/528 8649
- Per E-Mail: *office@usenix.org*

System Administrators Guild (SAGE)

`http://www.sage.usenix.org/`

Aus der WWW-Seite von SAGE:

> SAGE steht für Systems Administrators Guild (fragen Sie nicht nach dem »E«!) und ist eine Untergruppe der USENIX Association. SAGE widmet sich der Förderung der Systemverwaltung als eigenem Beruf innerhalb der Informatik, der Ähnlichkeiten zur Anlagenverwaltung und anderen Dienstleistungsberufen aufweist.
>
> SAGE entstand als Reaktion auf das weit verbreitete Bedürfnis nach einer Organisation, die den Beruf des Systemverwalters fördert. Bei SAGE treffen sich Systemverwalter, um
>
> - begabte Menschen für den Beruf zu gewinnen
> - technische Probleme und deren Lösungen zu besprechen
> - Kriterien für die Berufsqualifizierung aufzustellen und deren Überprüfung
> - Arbeiten zu fördern, die den Stand der Technik vorantreiben oder den Wissensstand des Berufszweigs erhöhen.

SAGE ist Mitsponsor der jährlichen LISA- und SANS-Konferenzen. Weitere Informationen über SAGE erhalten Sie über das USENIX-Büro:

- Telefonisch unter 1/510/528 8649
- Per E-Mail: *office@usenix.org*

Konferenzen

Es gibt zwar noch viele weitere Konferenzen, doch die folgenden sind im Hinblick auf Firewalls und Internet-Sicherheit am interessantesten.

Konferenzen der USENIX Association

`http://www.usenix.org/events/`

Die USENIX Association und SAGE sponsern jedes Jahr eine Reihe ausgezeichneter Konferenzen. Dazu gehören das USENIX Security Symposium, die USENIX System Administration Conference LISA und die USENIX Technical Conferences. Weitere Informationen über diese Konferenzen erhalten Sie über das USENIX-Büro:

- Telefonisch unter 1/510/528 8649
- Per E-Mail: *office@usenix.org*

USENIX UNIX Security Symposium

Das USENIX UNIX Security Symposium ist einer der besten Treffpunkte, um sich über praktische Lösungen für Fragen der UNIX- und Netzsicherheit zu informieren. Auszug aus der Ankündigung des Symposiums von 1995:

> Ziel dieses Symposiums ist es, Praktiker, Forscher, Systemverwalter, Systemprogrammierer und andere Leute aus dem Sicherheitsbereich zusammenzubringen, die sich für Computersicherheit im Zusammenhang mit Netzen und dem Betriebssystem UNIX interessieren.

USENIX System Administration Conference (LISA)

Die USENIX System Administration Conference (LISA) wird gemeinsam von SAGE und USENIX gesponsert und ist die wichtigste Konferenz zur System- und Netzverwaltung für UNIX-Rechner. Sie behandelt einen großen Themenbereich einschließlich Rechner- und Netzsicherheit. Wenn Sie als System- oder Netzverwalter für UNIX tätig sind und nur eine Konferenz pro Jahr besuchen können, sollten Sie zu LISA gehen. Auszug aus der Konferenzankündigung von 1995:

> Die USENIX System Administration Conference (LISA) hat weithin den Ruf der führenden technischen Konferenz für Systemverwalter. LISA stand ursprünglich für »Large Installation Systems Administration«. Das war zu einer Zeit, als man von einer großen Installation sprach, wenn mehr als 100 Benutzer, mehr als 100 Rechner oder mehr als ein Gigabyte Plattenspeicher zu verwalten waren. Heute behandelt die LISA-Konferenz Themen, die für die Systemverwalter von Standorten aller Größen und Arten von Interesse sind. Die Konferenzteilnehmer sind an Lösungen für Probleme interessiert, die man nicht einfach durch Anpassen herkömmlicher Lösungen erreicht, welche für eine einzelne Maschine oder wenige Workstations in einem LAN angemessen sind.

USENIX Technical Conferences

Die Hauptkonferenzen von USENIX, die »Technical Conferences«, haben weniger mit praktischen Sicherheitsaspekten zu tun als die Security- oder LISA-Konferenzen. Sie können auf den Hauptkonferenzen dennoch viel lernen und wertvolle Kontakte knüpfen. Falls Sie Gelegenheit haben, eine dieser Konferenzen zu besuchen, sollten Sie das auf alle Fälle in Erwägung ziehen.

UNIX System Administration, Networking, and Security Conference (SANS)

Diese Konferenz wird vom Open Systems Conference Board in Zusammenarbeit mit SAGE und USENIX gesponsert und findet gewöhnlich in Washington, D.C. statt. Laut Konferenzunterlagen ist die Veranstaltung

> ...eine technische Konferenz, die Systemverwaltern, Sicherheitsbeauftragten und Netzmanagern ein einzigartiges Forum bietet, auf dem sie aktuelle Informationen über nützliche Tools und Techniken erhalten, Ideen und Erfahrungen austauschen sowie Kontakte zu Leuten mit ähnlichen Tätigkeitsfeldern knüpfen können.

Nähere Informationen erhalten Sie beim Konferenzbüro:

- Telefonisch unter 1/719/599-4303
- Per E-Mail: *sans@fedunix.org*

Internet Society Symposium on Network and Distributed System Security (SNDSS)

`http://www.isoc.org/`

Die Internet Society sponsert ein jährliches Symposium über Netzsicherheit. Auszug aus der Ankündigung des Symposiums von 1995:

> Das Symposium ist ein Forum für die Hersteller von Soft- und Hardware für Sicherheitsdienste in Netzen und von verteilten Systemen. Das Symposium wendet sich an Leute, die an den praktischen Aspekten der Systemsicherheit interessiert sind. Der Schwerpunkt liegt nicht auf theoretischen Betrachtungen, sondern auf Entwurf und Implementierung realer Systeme. Wir wollen den Austausch technischer Informationen fördern und die Internet-Gemeinde in die Lage versetzen, den aktuellen Stand der verfügbaren Sicherheitstechnik kennenzulernen, anzuwenden und zu verbessern.

Nähere Informationen erhalten Sie bei der Internet-Society:

- Telefonisch unter 1/703/468-9888
- Per E-Mail: *membership@isoc.org*

Dokumente

Dieser Abschnitt enthält eine Reihe von Dokumenten über Firewalls, Angriffe und ähnliche Themen. Die Liste ist bei weitem nicht vollständig, enthält jedoch Verweise auf die Dokumente, die wir am interessantesten finden. Die meisten der Dokumente finden Sie mit vielen anderen auf den WWW-Seiten von Telstra und COAST (siehe Anfang dieses Anhangs).

Die Liste enthält weder Dokumente zu Themen, die in diesem Buch ausführlich beschrieben werden, noch solche, die nur die in diesem Buch behandelte Software (z.B. Tripwire, TCP Wrapper) beschreiben. Nähere Angaben zu dieser Software finden Sie in Anhang B. Aktuelle Informationen zu den Tools befinden sich meist in den jeweiligen Paketen. Die veröffentlichten Fassungen dieser Dokumente sind nicht auf dem neuesten Stand. Am besten verwenden Sie daher die Dokumentation, die zusammen mit der Software vertrieben wird.

Bellovin, Steve, *smb@research.att.com.* »Packets Found on an Internet«. *Computer Communications Review.* 23(3): 26.-31. Juli 1993. Beschreibt einige ungewöhnliche und bösartige Pakete, die an einem Gateway von AT&T erschienen.

`ftp://ftp.research.att.com/dist/smb/packets.ps`

Bellovin, Steve, *smb@research.att.com.* »There Be Dragons«. *Proceedings of the Third USENIX UNIX Security Symposium.* USENIX Association, Baltimore. 14.-16. September 1992. Dieses Papier beschreibt verschiedene Angriffe gegen eines der Gateways von AT&T.

`ftp://research.att.com/dist/internet_security/dragon.ps.Z`

Cheswick, Bill, *ches@research.att.com.* »An Evening With Berferd in Which a Cracker is Lured, Endured, and Studied«. *Proceedings of the Winter 1992 USENIX Technical Conference.* USENIX Association, San Francisco. 20.-14. Januar 1992. Beschreibt die Erfahrungen von AT&T mit einem Cracker, der in eine Falle lief und nicht ahnte, daß er als Versuchskaninchen diente. Der beste Teil der Geschichte steht jedoch nicht in dem Papier - nämlich wie sie den Cracker schließlich loswurden. Der Cracker saß in den Niederlanden, und sie waren sich sicher, seine Identität zu kennen. Es gab jedoch keine diplomatischen Möglichkeiten, die holländische Polizei anzuweisen, etwas gegen ihn zu unternehmen. Was der Cracker tat, war in den Niederlanden - zumindest damals - nicht verboten. Schließlich war einer der holländischen Systemverwalter, mit dem sie kooperierten, so frustriert, daß er die Mutter des Crakkers anrief. Damit war das Problem gelöst.

`ftp://research.att.com/dist/internet_security/berferd.ps.Z`

Eichlin, Mark W., und Jon A. Rochlis, »With Microscope and Tweezers: An Analysis of the Internet Virus of November 1988«. *Proceedings, IEEE Symposium on Research in Security and Privacy.* Seiten 326-345. Oakland, CA. Mai 1989. Eine ausführliche Untersuchung des Internet-Wurms von Morris (die Autoren sprechen lieber von einem »Internet-Virus«): worum geht es und wie funktioniert er, was tat der Wurm, usw. Das Papier behandelt außerdem die Reaktionen.

`ftp://athena-dist.mit.edu/pub/virus/mit.PS`

Farmer, Dan, und Wietse Venema. »Improving the Security of Your Site by Breaking Into It«. Die Autoren von COPS und SATAN (Dan) und TCP Wrapper, *portmap* und *chrootuid* (Wietse) geben eine Anleitung zum Test der eigenen Sicherheitsmaßnahmen, bevor Angreifer das erledigen.

`ftp://ftp.win.tue.nl/pub/security/admin-guide-to-cracking.101.Z`

Hess, David K., David R. Safford und Udo W. Pooch, *David-Hess@net.tamu.edu.* »A UNIX Network Protocol Security Study: Network Information Service«. Texas A&M University. Eine interessante Analyse der Sicherheitsmängel des NIS/YP-Protokolls, das einen der grundlegenden RPC-Dienste darstellt.

`ftp://net.tamu.edu/pub/security/TAMU/NIS_Paper.ps.gz`

Holbrook, P., and J. Reynolds. RFC1244: *Site Security Handbook.* Juli 1991. Dies ist eine Anleitung zur Festlegung einer Sicherheitsstrategie für Ihren Standort. Auszug aus der Einleitung:

> Dieses Handbuch enthält eine Anleitung zur Festlegung einer Sicherheitsstrategie und Einrichtung von Prozeduren für Standorte mit Internet-Anschluß. Diese Anleitung listet die Faktoren auf, die ein Standort bei der Festlegung einer eigenen Sicherheitsstrategie beachten sollte. Sie enthält einige Empfehlungen und behandelt die relevanten Bereiche.

```
ftp://ftp.internic.net/rfc/rfc1244.txt.Z
http://ds.internic.net/rfc/rfc1244.txt
```

Die Internet-RFCs (»Requests for Comment«) definieren die meisten Protokolle und Dienste im Internet. Beginnen Sie mit der Datei *rfc-index.txt.* Sie enthält einen Index der übrigen Dokumente.

```
ftp://ftp.internic.net/rfc/
http://ds.internic.net/
```

Ranum, Marcus (Betreuer), *mjr@iwi.com.* »Internet Firewalls Frequently Asked Questions (FAQ)«. Diese FAQ-Liste wird regelmäßig aktualisiert und regelmäßig in der Mailing-Liste Firewalls (*firewalls@greatcircle.com*) veröffentlicht.

```
http://www.clark.net/pub/mjr/pubs/fwfaq
http://www.greatcircle.com/firewalls/FAQ
ftp://ftp.greatcircle.com/pub/firewalls/FAQ
```

Safford, David R., Douglas Lee Shales und David K. Hess, *David-Hess@net.tamu.edu.* »The TAMU Security Package: An Ongoing Response to Internet Intruders in an Academic Environment«. Texas A&M University Supercomputer Center. Ein faszinierender Bericht darüber, wie schnell bei einem Angriff alles den Bach runtergehen kann. Nach rasch eskalierenden koordinierten Angriffen gegen die Texas A&M University, die keinen Firewall hatte, war diese gezwungen, im Verlauf von weniger als zwei Wochen einen mächtigen Firewall zu entwerfen und aus dem Nichts heraus zu implementieren. Dieses Papier beschreibt die Situation und die Geburtsstunde des TAMU Security Package, das die Pakete Tiger zur Sicherheitsanalyse und Drawbridge zur Paketfilterung enthält. Beide werden in Anhang B beschrieben.

`ftp://net.tamu.edu/pub/security/TAMU/tamu-security-overview.ps.gz`

Bücher

In diesem Abschnitt finden Sie eine Reihe von Büchern, die für das bessere Verständnis spezieller Themen hilfreich sind.[1]

Cheswick, Bill, und Steve Bellovin. *Firewalls und Sicherheit im Internet.* Addison-Wesley Verlag Bonn, 1995. ISBN 3-89319-875-x. Dies war das erste Buch über Firewalls. Es beschreibt die Erfahrungen der Autoren beim Aufbau einer Reihe von Firewalls für die AT&T Bell Labs. Die Stärken des Buchs sind Theorie und Hintergrundwissen; Details der Implementierung werden jedoch nicht ausführlich beschrieben. Die Autoren beschreiben, wie sie Firewalls aufbauen. Der Leser kann jedoch normalerweise die Tools und Methoden nicht übernehmen, wenn er nicht für eine ähnlich große Firma wie AT&T arbeitet. Das Buch ist dennoch ein Klassiker zum Thema.

Comer, Douglas E. *Internetworking with TCP/IP.* Second Edition. Englewood Cliffs, NJ: Prentice Hall, 1991. ISBN 0-13-468505-9. Dieses Buch enthält eine Einführung in die praktischen Grundlagen von TCP/IP. Es beschreibt, wie die Pakete aussehen, wie das Routing funktioniert usw. Außerdem enthält es eine Einführung in einige höhere Protokolle, etwa SMTP und FTP.

Freiss, Martin. *SATAN. Sicherheitsmängel erkennen und beheben*. O'Reilly-Verlag, Köln 1997, ISBN 3-930673-66-5. Straff geschriebenes Buch über Installation, Einsatz und Erweiterung von SATAN (siehe Anhang B). Außerdem erklärt es die Sicherheitsmängel, die mit SATAN gefunden werden können, und gibt Hinweise zu einem Sicherheitskonzept über SATAN hinaus.

Garfinkel, Simson. *PGP: Pretty Good Privacy*, O'Reilly/International Thomson Verlag, Bonn 1996, ISBN 3-930673-30-4. Dies ist eine exzellente Einführung in das beliebte Programm PGP, mit dem man Nachrichten verschlüsseln und digitale Unterschriften anbringen kann. Neben technischen Einzelheiten enthält es einen faszinierenden Blick auf Phil Zimmermanns Entwicklungsarbeit für PGP, elektronische Geheimhal-

1. A.d.Ü.: Bei Büchern, die in deutscher Übersetzung vorliegen, haben wir die deutsche Fassung in die Liste aufgenommen.

tung sowie Patentrecht und Exportvorschriften für kryptographische Produkte in den Vereinigten Staaten.

Garfinkel, Simson, und Gene Spafford. *Practical UNIX & Internet Security, Second Edition.* O'Reilly & Associates, Sebastopol 1996, ISBN 1-56592-148-8. Dies ist eine sehr gute Einführung in die Absicherung von UNIX-Rechnern. Simson Garfinkel ist auch der Autor von *PGP: Pretty Good Privacy.* Gene Spafford gehört heute zu den wichtigsten Leuten des COAST-Projekts an der Purdue University (siehe Anfang dieses Anhangs).

Hunt, Craig. *TCP/IP Netzwerk Administration.* O'Reilly/International Thomson Verlag, Bonn 1994. ISBN 3-930673-02-9. Dieses Buch enthält einen exzellenten Überblick über TCP/IP für Systemverwalter (mit Schwerpunkt auf UNIX-Systemen) und eine sehr nützliche Referenz der wichtigsten Netzdienste und Tools unter UNIX, etwa BIND (den Standard-Server für DNS unter UNIX) und Sendmail (den Standard-Server für SMTP unter UNIX). Anhang C des vorliegenden Buchs, der die Grundlagen der TCP/IP-Protokolle erklärt, wurde den ersten beiden Kapiteln des Buchs von Craig Hunt entnommen.

Liu, Cricket, Jerry Peek, Russ Jones, Bryan Buus und Adrian Nye. *Internet-Server - Einrichten und Verwalten.* O'Reilly/International Thomson Verlag, Bonn 1995. ISBN 3-930673-17-7. Dies ist eine exzellente Einführung in die Einrichtung und Verwaltung von Internet-Servern, darunter Server für das World Wide Web, FTP, Gopher und andere Dienste. Das Buch behandelt außerdem die sicherheitsrelevanten Aspekte dieser Dienste.

Nemeth, Evi, Garth Snyder, Scott Seebass und Trent R. Hein. *UNIX System Administration Handbook.* Second Edition. Englewood Cliffs, NJ: Prentice Hall, 1995. ISBN 0-13-151051-7. Dies ist die Standard-Referenz zu Themen der praktischen Systemverwaltung unter UNIX. Es behandelt auch haarige Themen (z.B. Backups) gut und praxisnah. Außerdem enthält das Buch eine CD-ROM mit Tools für UNIX-Systemverwalter.

Schneier, Bruce. *Angewandte Kryptographie*. Addison Wesley Longman Verlag, Bonn 1996. ISBN 3-89319-854-7. Dies ist ein umfassendes Buch über kryptographische Algorithmen und Verfahren. Es behandelt den Data Encryption Standard (DES), den RSA-Algorithmus und all die anderen Algorithmen mit privaten oder öffentlichen Schlüsseln. Das Buch beschreibt auch die mathematischen Einzelheiten der Verfahren. Für viele Algorithmen steht C-Code zur Verfügung.

Stallings, William. *Network and Internetwork Security.* Englewood Cliffs, NJ: Prentice Hall, 1995. ISBN 0-02-415482-0. Dies ist eine gute akademische Abhandlung über Netze und Netzprotokollen, Standards und Sicherheitsmerkmale. Es behandelt eine

Vielzahl von Verschlüsselungsprodukten und -Standards sowie die Grundlagen von Netzarchitekturen.

Stevens, Richard W. *TCP/IP Illustrated, Volume 1: The Protocols.* Addison-Wesley Verlag Bonn, 1994. ISBN 0-201-63346-9. Dies ist eine gute Einführung in die praktischen Grundlagen von TCP/IP. Seine Stärke besteht in der Verwendung von Laufzeitprotokollen der Pakete, die beim Echteinsatz der Protokolle hin- und hergeschickt werden. Anhand dieser Analyse werden die Protokolle behandelt.

Stoll, Clifford, *Kuckucksei.* S. Fischer Verlag, Frankfurt am Main, 1990. ISBN 3-596-10277-4. Dies ist die faszinierende Geschichte einer dramatischen Jagd nach Crackern im Internet. Das Buch vermittelt einen Eindruck von der Zeit und dem Aufwand, die zur Verfolgung eines Angriffs auf einen Standort nötig sind. Außerdem enthält es ein gutes Rezept für Schokoladeplätzchen.

In diesem Anhang:
- *Authentifizierungs-Werkzeuge*
- *Analyse-Werkzeuge*
- *Paketfilter*
- *Proxy-Werkzeuge*
- *Dämonen*
- *Hilfsprogramme*

B

Werkzeuge

Dieser Anhang beschreibt einige der im Internet verfügbaren Werkzeuge und Pakete, die Ihnen beim Aufbau und der Pflege Ihres Firewalls nützlich sein können. Viele der Werkzeuge werden in diesem Buch erwähnt. Die Software ist zwar kostenlos erhältlich, für manche Pakete gelten aber Einschränkungen. Der Grund dafüt können Autoren sein, die zum Beispiel nicht zulassen, daß die Software kommerziell eingesetzt oder auf CD-ROMs vertrieben wird. Es gibt aber auch Einschränkungen durch die US-amerikanischen Gesetze. Software mit kryptographischen Algorithmen darf zum Beispiel normalerweise nicht aus den Vereinigten Staaten exportiert werden.

Obwohl wir die meisten der aufgeführten Pakete selbst benutzen, können wir nicht garantieren, daß Ihre Version ordungsgemäß funktioniert und sie Ihrem System keinen Schaden zufügt. Wie jede Software sollten Sie diese Pakete vor dem Einsatz testen.

Wie wir bereits erwähnten, bietet das Projekt *Computer Operations, Audit, and Security Technology* (COAST) der Purdue University einen wertvollen Dienst für die Internet-Gemeinde an. Es unterhält einen Pool der wichtigsten Sicherheits-Tools und Dokumente im Internet, der gut organisiert ist und immer auf dem aktuellsten Stand gehalten wird. Dieser Pool steht auf dem Rechner `coast.cs.purdue.edu` zur Verfügung. Suchen Sie im Verzeichnis */pub/aux* nach den verfügbaren Dokumenten und Tools. Viele der Beschreibungen in der folgenden Übersicht stammen aus der Datei *tools.abstracts* von COAST. Wir bedanken uns herzlich dafür, diese Informationen verwenden zu dürfen. Sie erfahren mehr über das COAST-Projekt, indem Sie Ihren Web-Browser auf folgende WWW-Seite richten:

```
http://www.cs.purdue.edu/coast/coast.html
```

Authentifizierungs-Werkzeuge

Die Programme dieser Kategorie unterstützen verschiedene Arten der Authentifizierung. In Kapitel 10 finden Sie weitere Informationen über verschiedene Authentifizierungsverfahren.

TIS Internet Firewall Toolkit (FWTK)

```
ftp://ftp.tis.com/pub/firewalls/toolkit/
```

Das TIS Internet Firewall Toolkit (FWTK) von Trusted Information Systems ist ein sehr nützliches, gut durchdachtes und programmiertes Paket mit verschiedenen Programmen, die für Authentifizierung und andere Zwecke sehr nützlich sind. Es enthält:

- Einen Authentifizierungs-Server, der verschiedene Mechanismen für nicht wiederverwendbare Paßwörter anbietet (siehe Kapitel 10).
- Das Programm *netacl* für die Zugangskontrolle (siehe Kapitel 5).
- Proxy-Server für eine Vielzahl von Protokollen: FTP, HTTP, Gopher, *rlogin*, Telnet und X11 (siehe Kapitel 7).
- Einen generischen Proxy-Server für TCP-Protokolle, mit 1-zu-1 oder N-zu-1-Verbindungen, etwa NNTP (siehe Kapitel 7).
- Einen sogenannten »Wrapper« namens *smap* für SMTP-Server wie Sendmail zum Schutz vor SMTP-Angriffen (siehe Kapitel 8).
- Einen »Wrapper« für Server, die von *inetd* gestartet werden, etwa *telnetd* und *ftpd*. Er steuert, von wo aus man auf die Server zugreifen kann (ähnlich dem weiter hinten in diesem Abschnitt beschriebenen Paket TCP Wrapper).

Das Toolkit ist so aufgebaut, daß Sie nicht das gesamte Paket installieren müssen, sondern nur die jeweils benötigten Teile daraus betreiben können. Die installierten Bestandteile benutzen jedoch eine gemeinsame Konfigurationsdatei, was die Verwaltung von Konfigurationsänderungen vereinfacht.

Einige Teile des Toolkits, z.B. der Server für nicht wiederverwendbare Paßwörter, benötigen in manchen Konfigurationen eine Bibliothek für DES (Data Encryption Standard). Falls es auf Ihrem System noch keine solche Bibliothek gibt (suchen Sie nach der Datei *libdes.a* in den Verzeichnissen mit Bibliotheken), können Sie sie unter folgender Adresse erhalten:

```
ftp://ftp.psy.uq.oz.au/pub/DES/
```

TIS betreibt eine Mailing-Liste für Benutzer des Toolkits, in der Verbesserungsvorschläge, Fehler, deren Behebung usw. diskutiert werden. Um diese Liste zu abonnieren, senden Sie E-Mail an *fwall-users-request@tis.com.*

Kerberos

```
ftp://athena-dist.mit.edu/pub/kerberos/
ftp://coast.cs.purdue.edu/pub/tools/unix/kerberos/
```

Kerberos wurde als Teil des Projekts Athena am Massachusetts Institute of Technology (MIT) entwickelt. Der folgende Auszug stammt aus der FAQ-Liste für Kerberos:

> Kerberos ist ein netzweites Authentifizierungssystem für physikalisch unsichere Netze, das auf dem Verteilungsmodell für Schlüssel von Needham und Schroeder basiert. Mit Kerberos können mehrere Parteien über ein Netz kommunizieren und gegenseitig ihre Identität beweisen, ohne daß Angriffe durch Abhören des Netzes oder Wiederholung von Netzpaketen möglich wären. Es garantiert außerdem die Integrität des Datenstroms (Erkennung von Veränderungen) und Geheimhaltung (Verhindern unbefugten Lesens) mit kryptographischen Verfahren, z.B. DES.

Analyse-Werkzeuge

Mit den Werkzeugen dieser Kategorie können Sie Ihr System überwachen. Einige führen Sicherheitsüberprüfungen durch und untersuchen bekannte Sicherheitslücken, andere erstellen eine Datenbank mit Prüfsummen aller Dateien des Systems, damit Sie Änderungen erkennen können. Manche Pakete bieten beide Möglichkeiten.

COPS

```
ftp://coast.cs.purdue.edu/pub/tools/unix/cops
```

COPS ist das *Computer Oracle and Password System* von Dan Farmer. Es überprüft UNIX-Systeme auf bekannte Sicherheitsprobleme, etwa unsichere Zugriffsrechte für wichtige Dateien und Verzeichnisse.

Tiger

```
ftp://net.tamu.edu/pub/security/TAMU/
ftp://coast.cs.purdue.edu/pub/tools/unix/tiger
```

Tiger stammt von Doug Schales (Texas A&M University, TAMU) und besteht aus einer Reihe von Skripten, die auf einem UNIX-System auf Sicherheitsprobleme untersuchen. Es arbeitet ähnlich wie COPS. Tiger wurde ursprünglich entwickelt, um UNIX-Systeme der A&M-Universität zu überprüfen, auf die Benutzer von außerhalb zugreifen wollten. Bevor der Paketfilter im Firewall für den Zugriff von außerhalb modifiziert wurde, mußte der Rechner die Tiger-Überprüfung bestehen.

Tripwire

`ftp://coast.cs.purdue.edu/pub/COAST/Tripwire`

Tripwire wurde von Gene H. Kim und Gene Spafford am COAST-Projekt der Purdue University entwickelt. Es überprüft die Integrität von Dateien, indem es eine Reihe von Dateien und Verzeichnissen mit Informationen vergleicht, die es vorher in einer Datenbank abgelegt hat. Hinzugefügte oder gelöschte Dateien werden ebenso gemeldet wie alle Dateien, deren Zustand sich von dem in der Datenbank gespeicherten Zustand unterscheidet. Sie sollten Tripwire regelmäßig über Systemdateien laufen lassen. Damit erkennt das Programm beim nächsten Programmlauf alle veränderten Dateien, so daß die Systemverwalter sofort Maßnahmen zur Schadensbegrenzung einleiten können.

SATAN

`ftp://ftp.win.tue.nl/pub/security/satan.tar.Z`

SATAN, das *Security Administrator Tool for Analyzing Networks*, stammt von Wietse Venema und Dan Farmer. Falls Sie den Programmnamen nicht mögen, können Sie mit dem mitgelieferten Skript *repent* alle Verweise von SATAN zu SANTA (*Security Administrator Network Tool for Analysis*) abändern. Die Autoren haben in der Gemeinde der Netzverwalter beste Referenzen: Wietse arbeitet an der Universität von Eindhoven in den Niederlanden und schrieb das Paket TCP Wrapper sowie einige andere Sicherheitswerkzeuge für Netze; Dan ist der Autor von COPS. Dennoch ist SATAN ein zwiespältiges Werkzeug. Im Gegensatz zu COPS, Tiger und anderen Tools, die innerhalb eines Systems arbeiten, prüft SATAN das System von außen; genauso, wie es auch ein Angreifer tun würde. Dies hat die bedauerliche Konsequenz, daß ein Angreifer SATAN gegen ein beliebiges System benutzen kann, nicht nur gegen eines, zu dem er bereits Zugang hat. Die Autoren meinen dazu:

> Wir schrieben SATAN, weil uns klar wurde, daß Computersysteme immer mehr vom Netz abhängen und gleichzeitig durch dieses Netz immer verwundbarer werden.
>
> SATAN ist ein Werkzeug zur Unterstützung des Systemverwalters. Es erkennt verschiedene Sicherheitsprobleme im Zusammenhang mit Netzen und meldet diese Probleme, ohne sie tatsächlich auszunutzen.
>
> SATAN bietet für jeden gefundenen Fehler ein Tutorial an, das das Problem und dessen mögliche Auswirkungen erläutert. Das Tutorial erläutert auch Gegenmaßnahmen: Korrektur eines Fehlers in einer Konfigurationsdatei, Installation eines Patches vom Hersteller, andere Möglichkeiten zur Zugangsbeschränkung oder einfach Abschalten des Dienstes.
>
> SATAN sammelt Informationen, die jedem Anwender mit Netzzugang zur Verfügung stehen. Bei einem ordnungsgemäß eingerichteten Firewall sollten Außenseiter so gut wie überhaupt keine Informationen erhalten können.

ISS

`ftp://coast.cs.purdue.edu/pub/tools/unix/iss.shar.Z`

ISS ist der Internet Security Scanner und stammt von William Klaus. ISS läuft auf einem anderen System und sucht auf Ihrem System Software- und Konfigurations-Fehler, die oft von Crackern ausgenutzt werden. ISS ist wie SATAN ein zweischneidiges Tool. Im Vergleich zu SATAN ist es jedoch älter und umfaßt weniger Möglichkeiten. Außerdem war sein Autor (zum Zeitpunkt der Freigabe des Tools) in der Sicherheitsgemeinde fast unbekannt. (Ein Großteil der SATAN-Kontroverse betrifft nicht technische oder philosophische Probleme, sondern die Frage, ob seine Autoren »Ausverkauf« betrieben haben.)

Paketfilter

Mit den Werkzeugen dieser Kategorie können Sie auf einem PC oder UNIX-System Paketfilterung durchführen.

screend

`ftp://ftp.vix.com/pub/vixie/`
`ftp://coast.cs.purdue.edu/pub/tools/unix/screend`

screend stammt ursprünglich von Jeff Mogul (Digital Equipment Corporation) und wird jetzt von Paul Vixie gepflegt. Die Software erweitert den Kern von BSD-Unix-Systemen um Fähigkeiten zur Paketfilterung.

Drawbridge

`ftp://net.tamu.edu/pub/security/TAMU/`
`ftp://coast.cs.purdue.edu/pub/tools/unix/TAMU/`

Das Paket Drawbridge von der Texas A&M University macht einen PC mit MS-DOS und zwei Ethernet- oder FDDI-Schnittstellen zu einem IP-Paketfilter. Es gibt drei Programme: Filter, Filter Compiler und Filter Manager. Filter läuft auf dem PC selbst. Filter Compiler und Filter Manager sind Zusatzprogramme, die auf einem UNIX-Rechner laufen. Damit kann man die Filterlisten in eine für den PC geeignete Form umwandeln, und sie dann über das Internet in den PC laden. Als Alternative können Sie die Listen auch auf einer Diskette in den PC laden, falls Ihr UNIX-System Disketten für MS-DOS beschreiben kann.

KarlBridge

`ftp://coast.cs.purdue.edu/pub/tools/dos/kbridge.zip`

Das Paket KarlBridge von Doug Karl läuft auf einem PC mit zwei Ethernet-Schnittstellen. Es macht den PC zu einer Bridge mit Paketfilterung.

Proxy-Werkzeuge

Mit den Werkzeuge dieser Kategorie können Sie Ihr System Proxy-fähig machen. Weitere Einzelheiten finden Sie in Kapitel 7.

TIS Internet Firewall Toolkit

Die Beschreibung des TIS FWTK finden Sie im Abschnitt »Authentifizierungswerkzeuge« zu Beginn dieses Anhangs.

SOCKS

`ftp://ftp.nec.com/pub/security/socks.cstc/`
`ftp://coast.cs.purdue.edu/pub/tools/unix/socks/`

SOCKS stammt ursprünglich von David Koblas und Michelle Koblas und wird jetzt von Ying-Da Lee gepflegt. Mit diesem Paket können Sie normale TCP-Client-Programme in Proxy-Versionen der gleichen Programme umwandeln. SOCKS besteht aus zwei Teilen, den Client-Bibliotheken und einem generischen Server. Client-Bibliotheken gibt es für die meisten UNIX-Plattformen sowie für Macintosh und Windows. Der generische Server läuft auf den meisten UNIX-Plattformen und kann unabhängig von der Plattform von allen Client-Bibliotheken benutzt werden.

UDP Packet Relayer

`ftp://coast.cs.purdue.edu/pub/tools/unix/udprelay-0.2.tar.gz`

Dieses Paket von Tom Fitzgerald ist ein Proxy-System, das für UDP-Clients weitgehend die gleiche Funktionalität bietet wie SOCKS für TCP-Clients.

Dämonen

Beim Aufbau Ihres Firewalls sollten Sie die Standard-Dämonen durch die unten beschriebenen Dämonen ersetzen.

wuarchive ftpd

```
ftp://ftp.wustl.edu/packages/wuarchive-ftpd/
ftp://ftp.uu.net/networking/archival/ftp/wuarchive-ftpd/
```

Der FTP-Dämon *wuarchive* bietet viele Funktionen und sicherheitsrelevante Verbesserungen: Meldungsdateien, die jeder Benutzer beim »Betreten« eines bestimmten Verzeichnisses zu sehen bekommt; Grenzen für die Anzahl der gleichzeitig aktiven Benutzer; bessere Protokollierung und Zugangskontrolle. Diese Erweiterungen wurden speziell für Anonymous-FTP entworfen.

CERN httpd

```
ftp://www.w3.org/pub/src/WWWDaemon.tar.Z
```

CERN, das Europäische Labor für Teilchenphysik in Genf, ist der »Geburtsort« des World Wide Web. Der HTTP-Dämon des CERN ist einer von mehreren gebräuchlichen HTTP-Servern im Internet. Mit Hinblick auf Firewalls sind besonders seine Fähigkeiten als Proxy und Cache von Interesse (siehe Kapitel 7).

portmap

```
ftp://coast.cs.purdue.edu/pub/tools/unix/portmap.shar
```

portmap stammt von Wietse Venema. Es ersetzt *portmapper* und bietet die gleiche Zugangskontrolle wie TCP Wrapper (siehe nächsten Abschnitt).

gated

```
ftp://gated.cornell.edu/pub/gated/
```

gated ist ein Routing-Dämon, bei dem man die Rechner angeben kann, von denen man Routing-Information annehmen will.

Andrew File System (AFS)

http://www.transarc.com/
http://www.cis.ohio-state.edu/hypertext/faq/usenet/afs-faq/faq.html

AFS ist ein netzweites Dateisystem, das sich für den Einsatz in Weitverkehrsnetzen wie dem Internet besser eignet als traditionelle LAN-orientierte Dateisystemprotokolle wie NFS. Aus der Dokumentation zu AFS:

> AFS ist ein verteiltes Dateisystem, mit dem kooperierende Rechner (Clients und Server) Dateisystem-Ressourcen in lokalen und Weitverkehrsnetzen effizient gemeinsam nutzen können.
>
> AFS wird von der Transarc Corporation vermarktet, gepflegt und erweitert.
>
> AFS basiert auf einem verteilten Dateisystem, das ursprünglich am Information Technology Center der Carnegie-Mellon University entwickelt wurde.

Hilfsprogramme

Die folgenden Hilfsprogramme können Ihnen beim Aufbau und der Pflege Ihres Firewalls nützliche Dienste erweisen.

TIS Internet Firewall Toolkit

Die Beschreibung des TIS FWTK finden Sie im Abschnitt »Authentifizierungswerkzeuge« in diesem Anhang.

TCP Wrapper

ftp://ftp.win.tue.nl/pub/security/
ftp://coast.cs.purdue.edu/pub/tools/unix/tcp_wrappers/

Mit diesem Paket von Wietse Venema können Sie eingehende Anfragen für die von *inetd* gestarteten Server überwachen und filtern. Zu diesen Servern gehören unter anderem FTP, Telnet, *finger, rlogin, rsh,* SMTP und HTTP.

chrootuid

ftp://ftp.win.tue.nl/pub/security/
ftp://coast.cs.purdue.edu/pub/tools/unix/chrootuid

chrootuid von Wietse Venema macht es einfach, einen Netzdienst mit geringen Zugriffsrechten und beschränktem Zugang zum Dateisystem zu betreiben. Mit dem Programm kann man Netzdämonen für Gopher, HTTP, WAIS und andere Dienste in einer minimalen Umgebung laufen lassen. Die Dämonen haben nur Zugriff auf ihren eigenen Verzeichnisbaum und laufen unter einer Benutzerkennung mit geringen Rechten. Dies reduziert die Auswirkungen möglicher Sicherheitslücken in der Server-Software erheblich.

SWATCH

```
ftp://sierra.stanford.edu/pub/sources/swatch.tar.gz
ftp://coast.cs.purdue.edu/pub/tools/unix/swatch/
```

SWATCH von Todd Atkins (Stanford University) ist der Simple Watcher. Es überwacht die von *syslog* angelegten Protokolldateien und bietet dem Systemverwalter bestimmte Reaktionsmöglichkeiten auf protokollierte Ereignisse und Ereignismuster.

trimlog

```
ftp://coast.cs.purdue.edu/pub/tools/unix/trimlog
```

trimlog von David A. Curry hilft bei der Verwaltung von Protokolldateien. Über eine Konfigurationsdatei kann man unter anderem festlegen, welche Dateien wie stark beschnitten werden sollen. Das Programm verhindert, daß die Protokolldateien so lange unbeschränkt wachsen, bis sie den gesamten Plattenplatz belegen.

In diesem Anhang:
- *Einführung in TCP/IP*
- *Ein Modell zur Datenkommunikation*
- *Protokollarchitektur von TCP/IP*
- *Netzzugangsschicht*
- *Internet-Schicht*
- *Transportschicht*
- *Anwendungsschicht*
- *Adressierung, Routing und Multiplexing*
- *IP-Adressen*
- *Routing im Internet*
- *Routing-Tabellen*
- *Protokolle, Ports und Sockets*

C

Grundlagen von TCP/IP

Sie müssen sehr gut über TCP/IP Bescheid wissen, damit Sie die Behandlung der Paketfilterung in diesem Buch in allen Einzelheiten nachvollziehen können. Wenn Sie mit TCP/IP noch nicht vertraut sind, sollten Sie diesen Anhang auf jeden Fall lesen. Er wurde den Kapiteln 1 und 2 des Buches *TCP/IP Netzwerk Administration* von Craig Hunt (O'Reilly-Verlag) entnommen. Dort finden Sie eine umfassende Darstellung zur Verwaltung von Diensten, die auf TCP/IP beruhen.

Einführung in TCP/IP

Der Name TCP/IP steht für eine ganze Reihe von Protokollen für die Datenkommunikation. Diese Protokollfamilie bezieht ihren Namen von zwei der enthaltenen Protokolle – dem *Transmission Control Protocol* und dem *Internet Protocol*. Unter den zahlreichen Protokollen dieser Familie sind TCP und IP sicherlich zwei der wichtigsten.

Technische Merkmale von TCP/IP

Die TCP/IP-Protokolle wurden nicht allein deshalb populär, weil sie gerade verfügbar waren oder weil sie vom Militär entwickelt wurden. Vielmehr entstanden Sie zur richtigen Zeit, um den Bedarf nach weltweiter Datenkommunikation abzudecken. Einige wichtige Merkmale trugen dazu bei, diese Funktion wahrzunehmen.

Diese Merkmale sind:

- Offene Protokollspezifikationen, die frei zugänglich und unabhängig von Hardware und Betriebssystem sind. Aufgrund seiner weitreichenden Unterstützung eignet sich TCP/IP ideal, unterschiedliche Hardware und Software miteinander zu verbinden - auch wenn kein direkter Anschluß an das Internet geplant ist.
- Unabhängigkeit von der Netz-Hardware. Mittels TCP/IP können viele unterschiedliche Netze verbunden werden. TCP/IP kann über Ethernet, Token-Ring, eine Wählverbindung, ein X.25-Netz und beinahe jedes andere physikalische Übertragungsmedium betrieben werden.
- Ein einheitliches Adressierungsschema, das es jedem Rechner in einem TCP/IP-Netz ermöglicht, jeden beliebigen anderen Rechner in diesem Netz eindeutig zu identifizieren - dies gilt sogar für das weltweite Internet.
- Standardisierte Protokolle der höheren Schichten, die dem Benutzer einheitliche und weit verbreitete Dienste zur Verfügung stellen.

Protokollstandards

Der öffentliche Charakter der Protokollspezifikationen für TCP/IP erfordert, daß die Standardisierungsunterlagen frei zugänglich sind. Es gibt im Internet drei Arten von Dokumenten, in denen die TCP/IP-Protokollfamilie beschrieben wird. Ein Teil der Protokolle ist in den *Military Standards (MIL STD)* festgelegt. Einige andere wurden in den *Internet Engineering Notes (IEN)* dargestellt - die Publikation von IENs wird allerdings nicht weitergeführt. Informationen zu den TCP/IP-Protokollen wurden überwiegend in den *Requests for Comments (RFCs)* veröffentlicht. Die RFCs enthalten die aktuellen Versionen aller TCP/IP-Spezifikationen.[1]

Wie der Titel »Request for Comment« (Aufforderung zum Kommentar) bereits andeutet, sind Stil und Inhalt dieser Dokumente bei weitem nicht so trocken und technisch wie bei üblichen Standardisierungsunterlagen. Die RFCs enthalten eine Menge interessanter und nützlicher Informationen und nicht nur die technischen Beschreibungen von Datenübertragungsprotokollen.

Als Netz- und Systemverwalter werden Sie bestimmt zahlreiche RFCs lesen. Einige liefern praktische Hinweise und Anleitungen, die einfach zu befolgen sind; andere enthalten Einzelheiten zur Implementierung von Protokollen in einer Terminologie, die nur innerhalb der Datenkommunikation verwendet wird.

1. Wenn Sie wissen möchten, wie Internet-Standards entstehen, sollten Sie *The Internet Standard Process* in RFC 1310 lesen.

Ein Modell zur Datenkommunikation

Wenn man sich mit der Vernetzung von Computern befaßt, benötigt man zwangsläufig Fachbegriffe, die innerhalb der Datenkommunikation eine spezielle Bedeutung haben. Selbst Computer-Spezialisten aus anderen Bereichen kennen nicht unbedingt alle Begriffe aus dem Netzwerk-Kauderwelsch. Oft hat der Computer-Jargon wenig mit der englischen oder deutschen Sprache gemein. Obwohl wir den Netzwerk-Jargon anhand von Erläuterungen und Beispielen ein wenig durchschaubarer machen, werden sich immer Begriffe finden, deren Bedeutung nicht eindeutig ist. Es ist deshalb unbedingt notwendig, sich auf ein gemeinsames Bezugssystem zu einigen, um die Terminologie der Datenkommunikation wirklich zu begreifen.

Das OSI-Referenz-Modell

Um die Struktur und Funktionsweise von Protokollen für die Datenkommunikation zu beschreiben, wird häufig ein Architekturmodell herangezogen, das von der *International Standard Organisation* (ISO) entwickelt wurde. Dieses Basisreferenzmodell namens *Open Systems Interconnect (OSI) Reference Model* schafft ein gemeinsames Bezugssystem für die Beschreibung von Sachverhalten aus dem Bereich der Datenkommunikation. Die in diesem Modell verwendeten Begriffe sind wohldefiniert und in der Welt der Datenkommunikation weit verbreitet – Themen aus diesem Bereich lassen sich kaum diskutieren, ohne auf die OSI-Terminologie zurückzugreifen.

Das Basisreferenzmodell der ISO besteht aus sieben *Schichten,* die bestimmte Funktionen der Datenkommunikationsprotokolle definieren. Jede Schicht des OSI-Modells repräsentiert eine Funktion, die ausgeführt wird, wenn Daten zwischen Anwendungen durch ein dazwischenliegendes Netzwerk übertragen werden. Abbildung C-1 benennt die einzelnen Schichten und skizziert kurz die jeweilige Funktion. Die Protokolle liegen wie ein Haufen aufgestapelter Ziegelsteine übereinander. Man spricht deshalb häufig von einem *Stack* (Stapel) oder *Protokoll-Stack*.

Jede Schicht definiert nicht ein einzelnes Protokoll, sondern stellt vielmehr eine Funktion der Datenkommunikation dar, die von mehreren Protokollen durchgeführt werden kann. Eine Schicht kann also mehrere Protokolle enthalten, die jeweils einen geeigneten Dienst zur Funktion dieser Schicht beitragen. Die Protokolle für die Dateiübertragung und den E-Mail-Verkehr stellen z.B. beide Benutzerdienste zur Verfügung und gehören beide zur Anwendungsschicht. Jedes Protokoll kommuniziert mit seinem Peer (seinem Gegenüber). Ein *Peer* ist die Implementierung desselben Protokolls in der entsprechenden Schicht auf einem fernen Rechner. Das lokale Protokoll zur Dateiübertragung ist also der Peer eines fernen Protokolls zur Dateiübertragung. Für einen erfolgreichen Da-

Abb. C-1: Das OSI-Referenzmodell.

tenaustausch muß die Kommunikation zwischen den Peers standardisiert sein. Abstrakt ausgedrückt: jedes Protokoll ist nur an der Kommunikation mit seinem Peer interessiert - nicht jedoch an den Schichten darüber oder darunter.

Beim Datentransport zwischen einer lokalen Anwendung und derselben Anwendung auf einem fernen Rechner wird jede einzelne Schicht durchlaufen. Aus diesem Grund muß es eine Vereinbarung darüber geben, wie auf einem Rechner die Daten zwischen den einzelnen Schichten weitergereicht werden. Die oberen Schichten sind darauf angewiesen, daß die unteren Schichten die Daten über das zugrundeliegende Netzwerk transportieren. Dazu reicht jede Schicht die Daten an die darunterliegende Schicht weiter, bis sie von den Protokollen auf der Bitübertragungsschicht (*physical layer*) ins Netzwerk geleitet werden. Auf dem Zielrechner durchlaufen die Daten den ganzen Stapel von unten nach oben, bis die gewünschte Anwendung erreicht ist. Die einzelnen Schichten brauchen nicht zu wissen, wie die Schichten darüber und darunter arbeiten; sie müssen nur wissen, wie die Daten an eine andere Schicht zu übergeben sind. Da die Datenübertragungsfunktionen getrennt in verschiedenen Schichten untergebracht sind, beeinflussen technische Änderungen immer nur wenige Stellen der Protokollfamilie. Neue Anwendungen können ohne Änderung des physikalischen Netzes eingebunden werden, und neue Netz-Hardware kann installiert werden, ohne daß die Anwendungs-Software daran angepaßt werden muß.

Obwohl sich das OSI-Modell als nützlich erwiesen hat, bilden die TCP/IP-Protokolle seine Struktur nicht genau ab. Bei unserer Betrachtung von TCP/IP verwenden wir die Schichten des OSI-Modells deshalb auf folgende Weise:

Anwendungsschicht
: (*application layer*) Die Anwendungsschicht ist in der Protokollhierarchie diejenige Ebene, wo Netzwerkprozesse liegen, auf die Benutzer direkt zugreifen können. Wir bezeichnen in dieser Beschreibung alle Netzwerkprozesse, die oberhalb der Transportschicht angesiedelt sind, als TCP/IP-Anwendungen. Dies umfaßt alle Prozesse dieser Ebene, mit denen Benutzer direkt kommunizieren, als auch Prozesse, die von Benutzern normalerweise nicht wahrgenommen werden.

Darstellungsschicht
: (*presentation layer*) Zum Datenaustausch müssen kooperierende Anwendungen sich auf eine gemeinsame Darstellung der Daten einigen. Im OSI-Modell sind hierfür Standardprozeduren vorgesehen, die in TCP/IP fehlen. In der TCP/IP-Welt fällt diese Aufgabe den Anwendungen zu.

Kommunikationssteuerungsschicht
: (*session layer*) Genauso wie die Darstellungsschicht tritt innerhalb der TCP/IP-Protokollfamilie die Kommunikationssteuerungsschicht nicht als eigenständige Ebene in Erscheinung. Die Kommunikationssteuerungsschicht des OSI-Basisreferenzmodells verwaltet die Verbindungen (*sessions*) zwischen den kooperierenden Anwendungen. Im TCP/IP-Protokollstack ist diese Schicht nicht vorgesehen – hier ist es in erster Linie die Transportschicht, die die einzelnen Verbindungen überwacht. Statt von »Session« spricht man bei TCP/IP von »Socket« und »Port«, um die Verbindungen zwischen Anwendungen eindeutig zu identifizieren.

Transportschicht
: (*transport layer*) In unserer Abhandlung über TCP/IP nehmen die Protokolle der Transportschicht einen breiten Raum ein. Die Transportschicht des OSI-Modells stellt sicher, daß der Empfänger die Daten genauso erhält, wie sie der Absender auf den Weg gebracht hat. Innerhalb des TCP/IP-Protokollstacks wird diese Funktion vom *Transmission Control Protocol (TCP)* übernommen. Außerdem bietet TCP/IP inner-

halb der Transportschicht einen zweiten Dienst an - das *User Datagram Protocol (UDP)*, das jedoch keine gesicherte Datenübertragung gewährleistet.

Vermittlungsschicht
: (*network layer*) Die Vermittlungsschicht dient dem Aufbau von Verbindungen zu anderen Rechern im Netz und schottet die Protokolle der höheren Schichten von den Eigenheiten des zugrundeliegenden Netzes ab. Das *Internet Protocol (IP)* übernimmt diese Abgrenzung und ist außerdem für die Adressierung und Zustellung der Daten zuständig. IP wird oft als Vermittlungsschicht innerhalb von TCP/IP bezeichnet.

Sicherungsschicht
: (*data link layer*) Die Aufgabe der Sicherungsschicht besteht in der zuverlässigen Datenübertragung durch das zugrundeliegende physikalische Netz. Bei TCP/IP gibt es selten Protokolle in der Sicherungsschicht. Die meisten RFCs, die sich auf diese Schicht beziehen, befassen sich damit, wie TCP/IP auf bereits existierenden Protokollen der Sicherungsschicht aufsetzen kann, z.B. Ethernet, FDDI oder ATM.

Bitübertragungsschicht
: (*physical layer*) Diese Schicht definiert die Eigenschaften der Hardware, die zur Datenübertragung benötigt wird. Die Signalpegel sowie die Anzahl und Anordnung von Kontakten in Steckern sind hier spezifiziert. Beispiele für Interface-Spezifikationen sind die Normen RS232C oder V.35. Einen Standard für die Verkabelung lokaler Netze stellt die Norm IEEE802.3 dar. TCP/IP definiert keine neuen, sondern nutzt bereits existierende physikalische Standards.

Das OSI-Referenzmodell ist recht nützlich, um den Aufbau des TCP/IP-Protokollstacks zu beschreiben. Um TCP/IP jedoch in allen Einzelheiten erklären zu können, benötigen wir ein Architekturmodell, das näher an die Struktur von TCP/IP angelehnt ist. Ein solches Modell zeigen wir im nächsten Abschnitt.

Protokollarchitektur von TCP/IP

Obwohl es keine generelle Übereinstimmung darüber gibt, wie TCP/IP mit einem Schichtenmodell zu beschreiben ist, ist man sich einig, daß es aus weniger Schichten als das OSI-Modell besteht. Für die Protokollarchitektur werden meist drei bis fünf funktionale Ebenen definiert. Das Modell mit vier Ebenen in Abbildung C-2 beruht auf den drei Schichten, die im *DDN Protocol Handbook* im Protokollmodell des DoD (US-Verteidigungsministerium) beschrieben werden. Dort gibt es die Anwendungs-, die Rechner-zu-

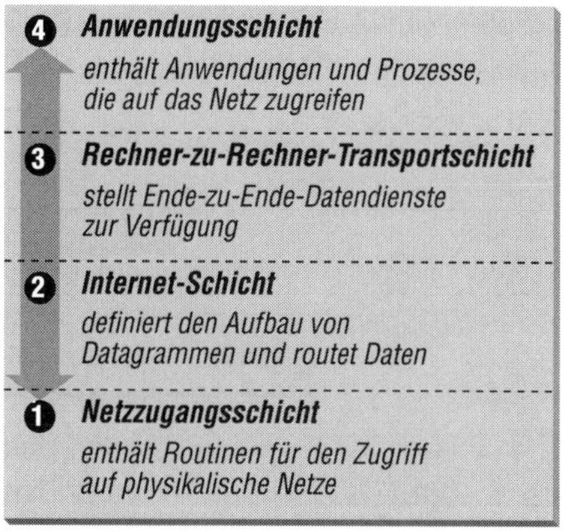

Abb. C-2: Schichten in der TCP/IP-Protokollhierarchie.

Rechner-Transport- und die Netzzugangsebene. Diese Ebenen werden hier um eine eigenständige Internet-Schicht ergänzt. Das Vier-Ebenen-Modell liefert eine angemessene bildliche Darstellung der Schichten in der TCP/IP-Protokollhierarchie.

Genau wie im OSI-Modell werden die Daten im Stack nach unten gereicht, bis sie über das Netz gesendet werden. Beim Empfangen von Daten aus dem Netz führt der Weg durch den Stack nach oben. Die vier Ebenen von TCP/IP beschreiben, wie die Daten auf dem Weg von der Anwendungsschicht bis zum zugrundeliegenden Netzwerk behandelt werden. Jede Schicht fügt eigene Kontrollinformationen hinzu, um eine korrekte Datenübertragung sicherzustellen. Diese Informationen werden *Header* genannt, da sie den eigentlichen Daten vorangestellt werden. Eine Schicht betrachtet alle Informationen, die sie von der darüberliegenden Ebene empfängt, als zu übertragende Daten und stellt diesen den eigenen Header voran. Dieses in allen Schichten vorgenommene Ergänzen von Informationen, die für die Zustellung relevant sind, wird *Encapsulation* (Kapselung) genannt. Abbildung C-3 zeigt diesen Vorgang. Beim Empfangen der Daten wird die Kapselung schrittweise zurückgenommen. Jede Schicht entfernt ihren Header, bevor sie die übrigen Daten an die darüberliegende Schicht weiterreicht. Auf ihrem Weg durch den Stack nach oben werden Informationen, die aus einer niedrigeren Schicht stammen, als Header plus Daten interpretiert. Die einzelnen Schichten verfügen über eigene, unabhängige Datenstrukturen. Eigentlich sind die verschiedenen Ebenen so konzipiert, daß sie nichts über die Datenstrukturen der anderen wissen. In der Praxis sind die Datenstrukturen der einzelnen Schichten allerdings so aufgebaut, daß sie zu den Strukturen der benachbarten Schichten kompatibel sind – dies macht die Datenübertragung ef-

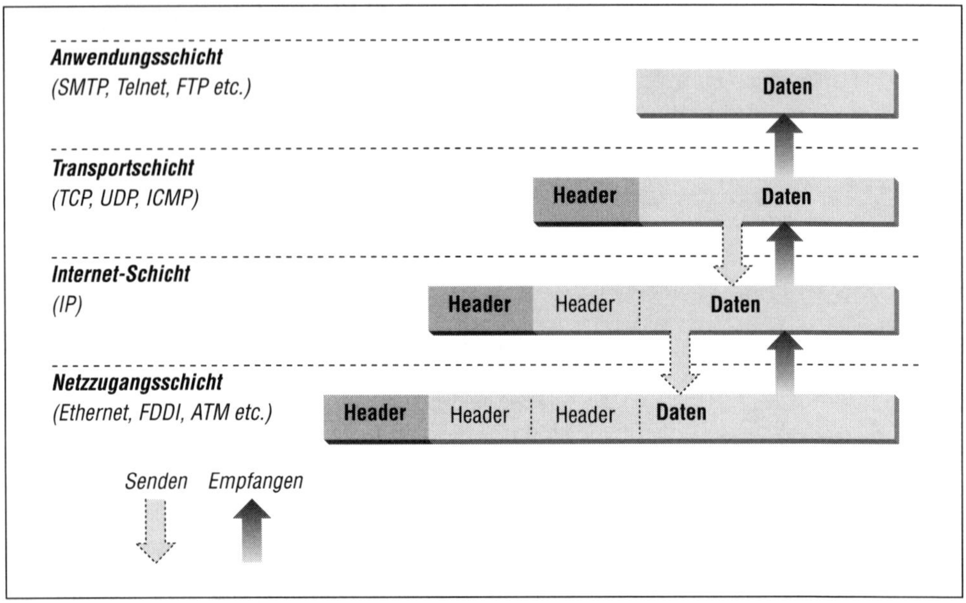

Abb. C-3: Die Kapselung von Daten (Encapsulation).

fizienter. Jede Schicht behält jedoch ihre eigene Datenstruktur und ihre eigene Terminologie zur Beschreibung dieser Struktur.

Im folgenden werden wir uns genauer ansehen, welche Aufgaben die Schichten im einzelnen zu erledigen haben, wobei wir uns von der Netzzugangsschicht bis zur Anwendungsschicht hocharbeiten.

Netzzugangsschicht

Die *Netzzugangsschicht* (*network access layer*) stellt die unterste Schicht der TCP/IP-Protokollhierarchie dar. Die Protokolle dieser Schicht ermöglichen einem System, Daten zu anderen Geräten in einem direkt angeschlossenen Netzwerk zu übertragen. Diese Schicht definiert, auf welche Weise ein IP-Datagramm über das Netz transportiert wird.

Im Gegensatz zu Protokollen höherer Schichten müssen die Protokolle der Netzzugangsschicht den Aufbau des zugrundeliegenden Netzes kennen, so die Struktur seiner Pakete, seine Adressierung usw. Nur so kann sichergestellt werden, daß zu übertragende Daten entsprechend der Anforderungen des Netzes formatiert werden. Die Netzzugangsschicht von TCP/IP deckt die Funktionen der drei unteren Ebenen des OSI-Modells ab (Vermittlung, Sicherung und Bitübertragung).

Die Netzzugangsschicht wird von Benutzern oft gar nicht zur Kenntnis genommen. TCP/IP verbirgt die Funktionalität der unteren Schichten, und die besser bekannten Protokolle wie z.B. IP, TCP und UDP sind auf höheren Ebenen angesiedelt. Für jede neue Hardware müssen neue Netzzugangsprotokolle entwickelt werden, damit sie in TCP/IP-Netzwerken genutzt werden kann. Folglich gibt es für den Netzzugang zahlreiche Protokolle - wobei jedes einen anderen physikalischen Netzwerkstandard berücksichtigt.

Zu den Aufgaben der Netzzugangsschicht gehören die Kapselung von IP-Datagrammen in Frames, die vom Netz übertragen werden, sowie die Abbildung von IP-Adressen auf physikalische Netzadressen. Eine Stärke von TCP/IP ist seine Adressierung - jeder Rechner im Internet erhält eine eindeutige Adresse. Diese IP-Adresse muß in eine Adresse umgewandelt werden, die das physikalische Netzwerk, das die Daten transportiert, verstehen kann.

Protokolle der Netzzugangsschicht werden unter anderem in den beiden folgenden RFCs definiert:

- RFC 826, *Address Resolution Protocol (ARP)*, definiert, wie IP-Adressen auf Ethernet-Adressen abgebildet werden.
- RFC 894, *A Standard for the Transmission of IP Datagrams over Ethernet Networks*, beschreibt, wie IP-Datagramme für den Transport über Ethernet gekapselt werden.

Unter UNIX werden Protokolle dieser Schicht oft in einer Kombination aus Gerätetreibern und zugehörigen Programmen implementiert. Die Module, die unter ihrem Netzgerätenamen angesprochen werden, kapseln in der Regel die Daten und übergeben sie an das Netz, während davon unabhängige Programme Aufgaben wie die Abbildung von Adressen übernehmen.

Internet-Schicht

Die Schicht über der Netzzugangsschicht wird als *Internet-Schicht* (*internet layer*) bezeichnet. Das wichtigste Protokoll dieser Schicht ist das Internet Protocol (IP; RFC 791). Es bildet die wesentliche Grundlage für TCP/IP-Netze, da es die Zustellung der Datagramme definiert. Alle Protokolle oberhalb (TCP, UDP) und unterhalb (Ethernet, FDDI, ATM usw.) verwenden IP zur Zustellung von Daten. Alle eingehenden wie ausgehenden TCP/IP-Daten durchlaufen das IP unabhängig vom jeweiligen Bestimmungsort.

Internet Protocol (IP)

Das Internet-Protokoll ist die Substanz, die das Internet zusammenhält. Es hat unter anderem folgende Funktionen:

- Definition des Datagramms, der kleinsten Übertragungseinheit im Internet
- Festlegung des Adressierungsschemas im Internet
- Datentransport zwischen der Netzzugangsschicht und den Protokollen der Transportschicht
- Routing von Datagrammen zu fernen Rechnern
- Fragmentierung und Defragmentierung von Datagrammen

Bevor wir diese Funktionen genauer beschreiben, wollen wir uns einige Eigenschaften von IP ansehen. Zunächst einmal ist IP ein *verbindungsloses Protokoll*. Das bedeutet, daß vor der Datenübertragung keine Kontrollinformation ausgetauscht wird, um eine Verbindung zwischen zwei Rechnern herzustellen. Im Gegensatz dazu tauscht ein *verbindungsorientiertes Protokoll* mit dem fernen Rechner zunächst Kontrollinformationen aus (sogenanntes *Handshake*), um sicherzustellen, daß die Gegenstelle zum Empfangen von Daten bereit ist. Wenn dieses Handshake erfolgreich war, sagt man, daß die Systeme eine *Verbindung* hergestellt haben. IP stützt sich auf die Protokolle anderer Schichten, wenn ein verbindungsorientierter Dienst gebraucht wird.

Auch bei der Fehlererkennung und Fehlerkorrektur verläßt sich IP auf die anderen Schichten. Es wird deshalb manchmal auch als *unzuverlässiges Protokoll* bezeichnet, da es diese Aufgaben nicht selbst übernimmt. Das bedeutet aber nicht, daß IP nicht verläßlich ist - im Gegenteil. Sie können sicher sein, daß Ihre Daten vollständig und unverfälscht im Zielnetz ankommen. Allerdings wird nicht überprüft, ob die Daten ebenso empfangen werden. Falls notwendig, übernehmen Protokolle anderer Schichten diese Überprüfung.

Das Datagramm

Die TCP/IP-Protokolle wurden entwickelt, um Daten im ARPANET zu transportieren, das ein *Paketvermittlungsnetz* darstellt. Ein *Paket* ist ein Datenblock, der auch Adreßinformationen enthält, ähnlich wie ein Brief, der den Empfänger auf dem Umschlag mit sich führt. Ein Paketvermittlungsnetz bewegt die Pakete anhand ihrer Adreßinformationen von einem physikalischen Netz ins nächste und bringt sie so dem Ziel immer näher. Die einzelnen Pakete durchlaufen das Netz völlig unabhängig voneinander.

Das *Datagramm* ist ein von IP definiertes Paketformat. Abbildung C-4 zeigt die graphische Darstellung eines IP-Datagramms. Die ersten fünf oder sechs 32-Bit-Wörter enthalten Kontrollinformationen und werden *Header* genannt. Standardmäßig umfaßt der Header fünf Wörter, das sechste ist optional. Da die Länge des Headers variiert, gibt es

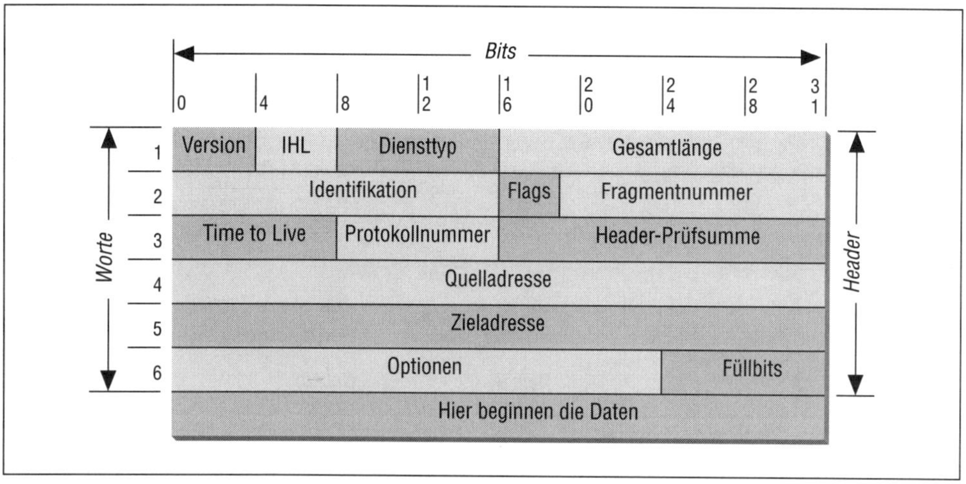

Abb. C4: Format eines IP-Datagramms.

dafür das Feld *Internet Header Length (IHL)*. Der Header enthält alle Informationen, die für die Paketzustellung notwendig sind.

Hinweis zur Terminologie

Dieser übernommene Anhang definiert und verwendet Begriffe wie *Paket* und *Datagramm* sehr differenziert. Im übrigen Buch nehmen wir es mit der Terminologie nicht ganz so genau und benutzen einfach das Wort »Paket«, unabhängig davon, welche Schicht des Protokollstacks wir gerade betrachten.

Bei der Zustellung eines Datagramms bezieht IP die Zieladresse aus dem fünften Wort des Headers. Die Zieladresse entspricht einer 32 Bit breiten Standard-IP-Adresse, in der das Zielnetz und der Zielrechner in diesem Netz festgelegt sind. Wir beschäftigen uns später noch ausführlicher mit dem Format von IP-Adressen. Gehört die Zieladresse zu einem Rechner im lokalen Netz, wird das Paket auf direktem Wege zugestellt. Anderenfalls wird das Paket an ein *Gateway* übergeben, einen Rechner, der Pakete zwischen verschiedenartigen physikalischen Netzen bewegt. Die Auswahl eines geeigneten Gateways wird *Routing* genannt. IP führt dieses Routing für jedes einzelne Datenpaket durch.

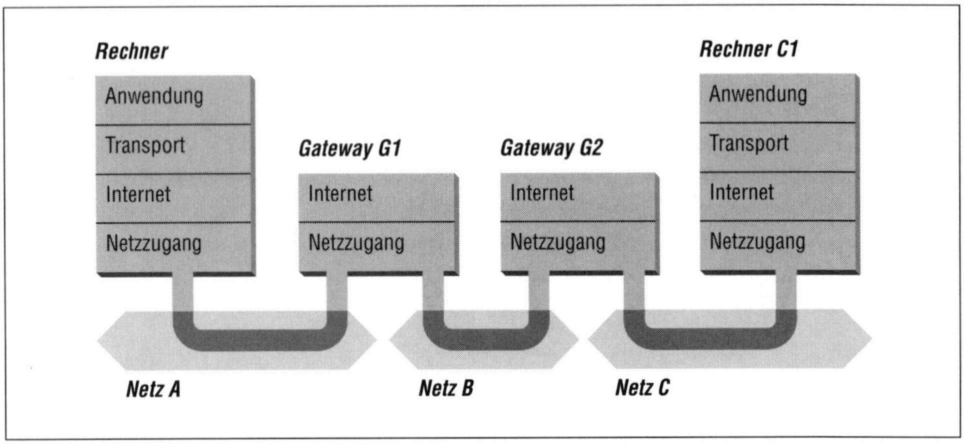

Abb. C-5: Routing über Gateways.

Routing von Datagrammen

Internet-Gateways werden häufig (und vielleicht treffender) *IP-Router* genannt, da sie Pakete mittels IP durch die Netze routen. Im traditionellen TCP/IP-Jargon gab es nur zwei Arten von Geräten, nämlich *Gateways* und *Hosts* (normale Rechner). Gateways leiten Pakete von einem Netz in ein anderes weiter, während normale Rechner dies nicht tun. Ist ein Rechner allerdings an mehrere Netze angeschlossen, kann er Pakete zwischen diesen Netzen transportieren (man spricht dann von einem *Multi-Homed-Host*). Reicht ein derartiger Rechner Pakete weiter, verhält er sich wie ein Gateway und wird auch als solches angesehen. In der derzeit gebräuchlichen Terminologie wird gelegentlich zwischen Gateways und Routern unterschieden. Wir werden die Begriffe »Gateway« und »IP-Router« jedoch synonym verwenden.[1]

Abbildung C-5 zeigt, wie Gateways zur Weiterleitung von Paketen eingesetzt werden. Die Hosts (oder Endbenutzersysteme) bewegen Pakete durch alle vier Protokollebenen, während die Gateways (die dazwischenliegenden Systeme) die Pakete nur bis zur Internet-Schicht nach oben reichen, wo die Routing-Entscheidungen getroffen werden.

Pakete können direkt nur an Geräte zugestellt werden, die sich im selben physikalischen Netz befinden. Pakete von Rechner *A1*, die für den Rechner *C1* bestimmt sind, werden durch die Gateways *G1* und *G2* geleitet. Rechner *A1* übergibt die Daten zunächst an das

1. In der derzeit üblichen Terminologie wird ein Rechner als Gateway bezeichnet, wenn er Daten zwischen verschiedenen Protokollen umsetzt, und Router genannt, wenn er Daten zwischen verschiedenen Netzen überträgt. Ein System, das Mail zwischen TCP/IP und OSI transportiert, ist demnach ein Gateway, während das traditionelle IP-Gateway als Router bezeichnet wird .

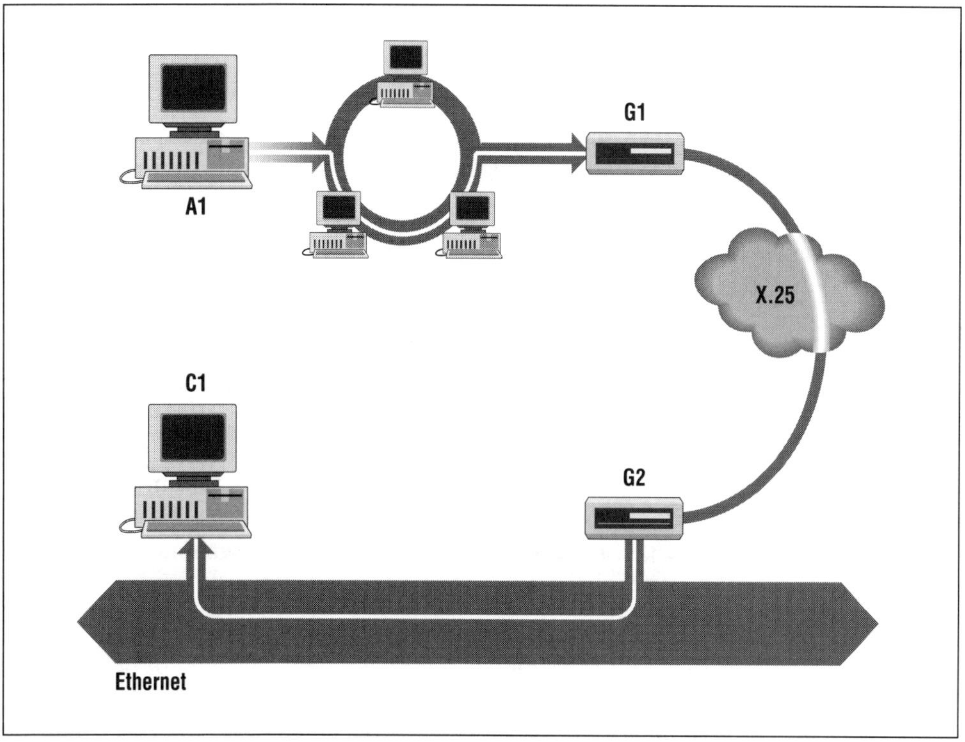

Abb. C-6: Netze, Gateways und Hosts.

Gateway *G1*, mit dem er das Netz *A* teilt. Das Gateway *G1* reicht das Paket durch Netz *B* an *G2* weiter. Gateway *G2* schließlich kann die Daten direkt an den Rechner *C1* übergeben, da sich beide in Netz *C* befinden. Rechner *A1* kennt lediglich das Gateway *G1* und keine der weiteren Stationen. *A1* wird alle Daten für die Netze *B* und *C* an sein lokales Gateway schicken und sich darauf verlassen, daß *G1* die Daten ordnungsgemäß in Richtung Ziel weiterleitet. Genauso übergibt Rechner *C1* alle Pakete für einen Rechner in den Netzen *A* oder *B* an sein Gateway *G2*.

Abbildung C-6 zeigt einen anderen Aspekt des Routing. Die Zeichnung verdeutlicht, daß die physikalischen Netze, durch die ein Datagramm wandert, manchmal unterschiedlich oder sogar inkompatibel sind. Rechner *A1* im Token-Ring-Netz routet das Datagramm durch Gateway *G1*, um Rechner *C1* im Ethernet zu erreichen. Gateway *G1* schickt die Daten auf dem Weg zu *C1* über ein X.25-Netz an das Gateway *G2*. Das Datagramm durchquert also drei physikalisch verschiedene Netze und kommt doch vollständig und unverfälscht bei *C1* an.

Fragmentierung von Datagrammen

Wenn ein Datagramm durch verschiedene Netze geroutet wird, muß das IP auf einem der Gateways das Paket unter Umständen in kleinere Portionen zerlegen. Das Datagramm aus dem einen Netz ist womöglich zu groß, um als Paket durch ein anderes Netz zu wandern. Dieser Fall ist jedoch nur möglich, wenn das Gateway zwei physikalisch verschiedene Netze verbindet.

Jede Art von Netz kennt eine *Maximum Transmission Unit (MTU)*, die größte Einheit, die übertragen werden kann. Die MTU gibt die maximale Länge eines Pakets an. Übergibt ein Netz einem anderen ein Datagramm, das länger ist als dessen MTU, muß das Datagramm vor der Übergabe in kleinere *Fragmente* aufgeteilt werden. Diesen Vorgang nennt man *Fragmentierung*. Stellen Sie sich einen Güterzug vor, der eine Ladung Stahl transportiert. Jeder Waggon faßt mehr Stahl als einer der Lastwagen, die das Material auf der Straße weitertransportieren sollen. Beim Verladen wird der Inhalt eines Waggons also auf mehrere Laster verteilt. Genauso wie sich das Eisenbahnnetz vom Straßennetz unterscheidet, ist ein Ethernet physikalisch anders aufgebaut als ein X.25-Netz. IP muß deshalb die verhältnismäßig großen Ethernet-Pakete in kleinere Fragmente zerlegen, damit sie über ein X.25-Netz weitergeleitet werden können.

Das Format eines Fragmente unterscheidet sich nicht vom Format eines normalen Datagramms. Das zweite Wort des Header enthält Informationen, die sich speziell auf das Fragment beziehen und die für die Wiederherstellung des ursprünglichen Datagramms benötigt werden. Das Feld *Identifikation* gibt an, zu welchem Datagramm das Fragment gehört. Das Feld *Fragmentnummer* speichert die Position eines Fragments im Datagramm. Das Feld *Flags* enthält ein Bit, an dem IP ablesen kann, ob es sich um das letzte Fragment des Datagramms handelt oder ob noch weitere folgen.

Übergabe von Datagrammen an die Transportschicht

Wenn IP ein Datagramm empfängt, das für den lokalen Rechner bestimmt ist, muß es den Datenabschnitt des Datagramms an das richtige Protokoll der Transportschicht übergeben. Dieses wird aus dem Feld *Protokollnummer* im dritten Wort des Headers ermittelt. Alle Protokolle der Transportschicht werden von IP anhand dieser eindeutigen Protokollnummer identifiziert. Wir werden darauf später noch ausführlicher eingehen.

Internet Control Message Protocol (ICMP)

Das in RFC 792 definierte *Internet Control Message Protocol* ist das zweite wichtige Protokoll der Internet-Schicht. Es benutzt die Datagramm-Dienste des IP, um seine Meldungen zu verschicken. Bei TCP/IP werden über ICMP folgende Fehler- und Steuermeldungen gesendet:

Flußkontrolle

Wenn ein Gateway oder Zielrechner eingehende Datagramme nicht schnell genug bearbeiten kann, schickt er dem Absender die ICMP-Meldung »source quench« (Überlauf). Damit wird der Absender aufgefordert, das Senden von Datagrammen vorübergehend einzustellen.

Erkennen unerreichbarer Ziele

Ist ein Ziel nicht erreichbar, schickt das System, das mit dem Problem konfrontiert wird, an den Absender des Datagramms die Meldung »destination unreachable« (Ziel nicht erreichbar). Ist ein Netz oder ein Rechner nicht erreichbar, wird diese Fehlermeldung von einem dazwischenliegenden Gateway generiert. Bei einem unerreichbaren Port schickt der Zielrechner selbst diese Meldung. Wir werden uns später noch ausführlicher mit Ports befassen.

Änderungen im Routing

Ein Gateway sendet die ICMP-Meldung »redirect«, um einem Rechner mitzuteilen, daß dieser die Datagramme für ein bestimmtes Ziel über ein anderes Gateway senden soll - etwa weil das andere Gateway eine günstigere Route bietet. Diese Meldung kann nur gesendet werden, wenn der Ursprungsrechner sowie die beiden Gateways an dasselbe physikalische Netz angeschlossen sind. Werfen Sie dazu einen Blick auf Abbildung C-6. Wenn ein Rechner im X.25-Netz ein Datagramm an Gateway *G1* schickt, könnte *G1* diesen Rechner an *G2* verweisen, da sowohl der Rechner als auch *G1* und *G2* in dasselbe physikalische Netz eingebunden sind. Im Gegensatz dazu könnte ein Rechner im Token-Ring-Netz, der ein Datagramm an *G1* schickt, nicht an *G2* verwiesen werden, weil *G2* nicht am Token-Ring angeschlossen ist.

Statusabfrage bei fernen Rechnern

Mit der ICMP-Meldung »echo« kann ein Rechner testen, ob ein anderes System über IP ansprechbar ist. Empfängt ein System diese Nachricht, schickt es dasselbe Paket zurück an den Absender. Der UNIX-Befehl *ping* verwendet diesen Mechanismus.

Transportschicht

Über der Internet-Schicht ist die *Rechner-zu-Rechner-Transportschicht* (kurz: *Transportschicht*) angesiedelt. Die wichtigsten Protokolle dieser Schicht sind das *Transmission Control Protocol (TCP)* und das *User Datagram Protocol (UDP)*. TCP stellt einen zuverlässigen Datenübertragungsdienst zwischen zwei Verbindungspunkten mit Fehlererkennung und Fehlerkorrektur bereit. UDP bietet eine verbindungslose Übertragung, die sich durch geringen Verwaltungsaufwand auszeichnet. Beide Protokolle stellen eine Schnittstelle zwischen Anwendungs- und Internet-Schicht dar. Programmierer können in ihren Anwendungen den Dienst benutzen, der sich am besten für ihre Zwecke eignet.

User Datagram Protocol (UDP)

Das *User Datagramm Protocol* gewährt Anwendungsprogrammen direkten Zugriff auf einen Datagrammtransportdienst, der dem des Internet-Protokolls IP ähnelt. Es ermöglicht Anwendungen, bei minimalem Verwaltungsaufwand Nachrichten über das Netz auszutauschen.

UDP ist ein unzuverlässiges, verbindungsloses Datagramm-Protokoll. Wie bereits erwähnt, bedeutet »unzuverlässig« lediglich, daß keine Mechanismen zur Fehlererkennung und Fehlerkorrektur vorhanden sind. Innerhalb eines Rechners überträgt UDP Daten immer korrekt. UDP benutzt die zwei 16 Bit breiten Felder *Quellport* und *Zielport* aus dem ersten Wort des Nachrichten-Headers, um die Daten dem gewünschten Anwendungsprozeß zuzustellen. Abbildung C-7 zeigt das Format einer UDP-Nachricht.

Wann wählen Anwendungsprogrammierer als Transportdienst UDP? UDP eignet sich in zahlreichen Situationen. Wenn nur kleine Datenmengen zu übertragen sind, ist der Verwaltungsaufwand für den Verbindungsaufbau und eine garantiert fehlerfreie Übertragung unter Umständen größer als der Aufwand, die gesamten Daten noch einmal zuzustellen. Bei geringem Datenvolumen ist UDP das effizienteste Protokoll der Transportschicht. Auch Anwendungen, die nach dem »Frage-Antwort-Schema« arbeiten, sind geeignete Kandidaten für UDP. Bei diesem Schema wird die Antwort als positive Bestätigung der Anfrage aufgefaßt. Trifft innerhalb eines bestimmten Zeitraums keine Antwort ein, wird einfach eine neue Anfrage losgeschickt. Andere Anwendungen sind mit einem eigenen Mechanismus zur zuverlässigen Datenübertragung ausgestattet und für die sichere Zustellung nicht auf das Protokoll der Transportschicht angewiesen. Es wäre ineffizient, diese Anwendungen mit zweifacher Verifizierung zu versehen.

Abb. C-7: Nachrichtenformat von UDP.

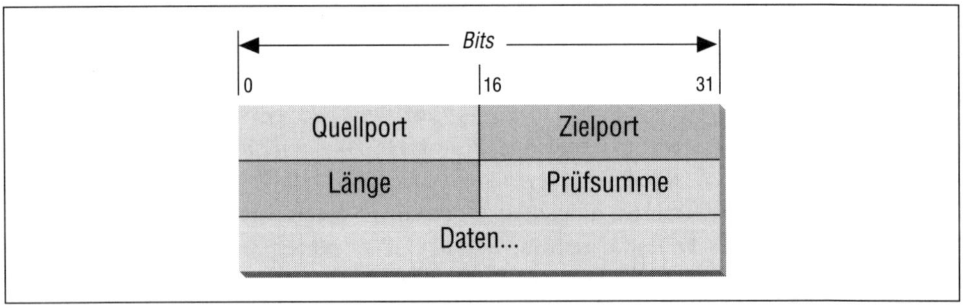

Transmission Control Protocol (TCP)

Das *Transmission Control Protocol* wird von Anwendungen eingesetzt, die darauf angewiesen sind, daß ihre Daten zuverlässig am Bestimmungsort ankommen. TCP stellt sicher, daß Daten korrekt und in der richtigen Reihenfolge über das Netz transportiert werden. Es ist ein *zuverlässiges, verbindungsorientiertes Byte-Stream-Protokoll.* Betrachten wir die drei Begriffe einmal genauer.

TCP arbeitet zuverlässig anhand eines Verfahrens namens *Positive Acknowledgement with Re-Transmission (PAR),* der positiven Bestätigung mit Übertragungswiederholung. Einfach ausgedrückt bedeutet dies, daß ein Rechner die Daten noch einmal sendet, falls die Gegenstelle den ordnungsgemäßen Empfang nicht bestätigt. Die Dateneinheiten, die kooperierende TCP-Module bei der Kommunikation austauschen, werden *Segmente* genannt (siehe Abbildung C-8). Jedes Segment enthält eine Prüfsumme, anhand derer der Empfänger überprüft, ob die Daten korrekt angekommen sind. Ist das der Fall, schickt er dem Absender eine *positive Bestätigung*. Trifft ein beschädigtes Datensegment ein, so wird es ignoriert. Nach einer angemessenen Wartezeit schickt der Absender diejenigen Segmente nochmal, für die er keine positive Bestätigung erhalten hat.

TCP arbeitet verbindungsorientiert - das Protokoll stellt eine logische Rechner-zu-Rechner-Verbindung zwischen Sender und Empfänger her. Dazu werden vor der Zustellung der eigentlichen Daten einige *Kontrollinformationen* zwischen Sender und Empfänger übertragen (das sogenannte *Handshake*), die den Dialog zwischen den beiden Kommu-

Abb. C-8: Format eines TCP-Segments.

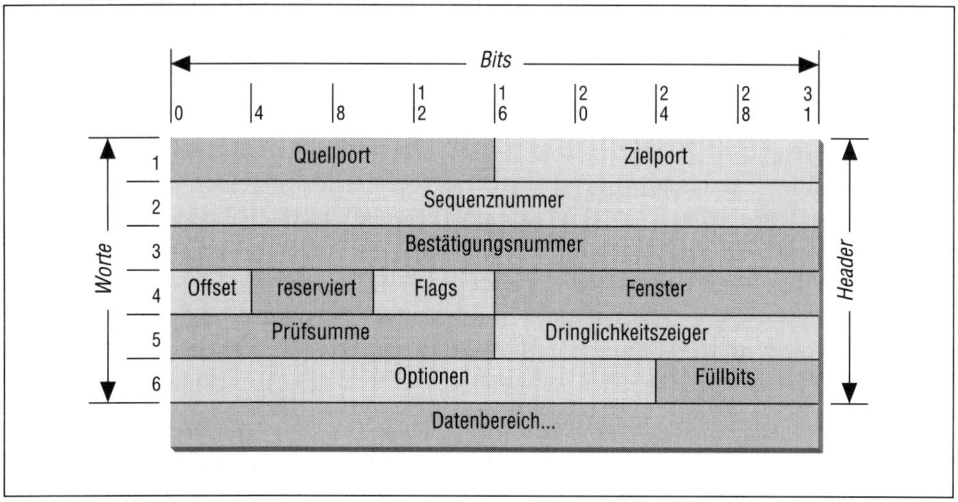

nikationspartnern einleiten. TCP kennzeichnet ein Kontrollsegment durch Setzen des entsprechenden Bits im Feld *Flags* des *Segment-Headers*.

Das von TCP benutzte Handshake wird als *3-Wege-Handshake* bezeichnet, da dazu drei Segmente ausgetauscht werden. Abbildung C-9 zeigt die einfachste Variante eines 3-Wege-Handshake. Rechner *A* beginnt mit dem Verbindungsaufbau, indem er Rechner *B* ein Segment schickt, in dem das Bit *synchronize sequence numbers (SYN)* zum Synchronisieren der Sequenznummern gesetzt ist. Dieses Segment teilt Rechner *B* mit, daß Rechner *A* eine Verbindung herstellen möchte. Außerdem ersieht er daraus, mit welcher Sequenznummer das erste Segment von Rechner *A* übertragen wird. Die Sequenznummern gewährleisten, daß die Daten in der richtigen Reihenfolge erhalten bleiben. Rechner *B* antwortet nun mit einem Segment, in dem die Bits *acknowledgement (ACK)* und *synchronize sequence numbers (SYN)* gesetzt sind. Hiermit quittiert Rechner *B* den Empfang des von *A* gesendeten Segments und übergibt gleichzeitig die Sequenznummer, mit der er sein erstes Segment versieht. Anschließend quittiert Rechner *A* den Empfang dieses Segments und beginnt mit der Übertragung der eigentlichen Daten.

Wie Abbildung C-9 zeigt, ist im jeweils ersten Paket von Sender und Empfänger das SYN-Bit gesetzt. Alle folgenden Pakete werden mit gesetztem ACK-Bit gesendet.

Nach dem Austausch der Kontrollsegmente hat Rechner *A* die Gewißheit, daß das TCP von Rechner *B* zum Empfangen von Daten bereit ist. Sobald die Verbindung hergestellt ist, kann mit der Datenübertragung begonnen werden. Nach abgeschlossener Übertragung führen die beteiligten Module einen weiteren 3-Wege-Handshake durch. Dabei werden Segmente ausgetauscht, in denen das Bit *no more data from sender (FIN)* gesetzt ist, um die Verbindung zu schließen. Dieser Datenaustausch von Rechner zu Rechner schafft die logische Verbindung zwischen zwei Systemen.

TCP betrachtet die gesendeten Daten als fortlaufenden Datenstrom und nicht als eine Reihe unabhängiger Pakete. Es sorgt deshalb dafür, daß die transportierten Daten nicht durcheinandergeraten. Mit den Feldern *Sequenznummer* und *Bestätigungsnummer* im Header des TCP-Segments werden die Bytes in der richtigen Reihenfolge gehalten.

Der TCP-Standard verlangt nicht, daß Rechner die Bytes ab einer bestimmten Zahl durchnumerieren, so daß jedes System einen eigenen Startwert wählen kann. Um die Bytes im Datenstrom in der richtigen Reihenfolge zu halten, müssen die Kommunikationspartner den Startwert der jeweils anderen Seite kennen. Um die Numerierung zu synchronisieren, werden während des Handshake SYN-Segmente ausgetauscht. Das Feld *Sequenznummer* im SYN-Segment enthält die *Initial Sequence Number (ISN)* als Startwert für die Numerierung der Bytes. Die ISN ist ein zufällig ausgewählter Wert.

Ausgehend von der ISN werden die zu den eigentlichen Daten gehörenden Bytes fortlaufend durchnumeriert – das erste Byte der Nutzdaten hat also die Sequenznummer

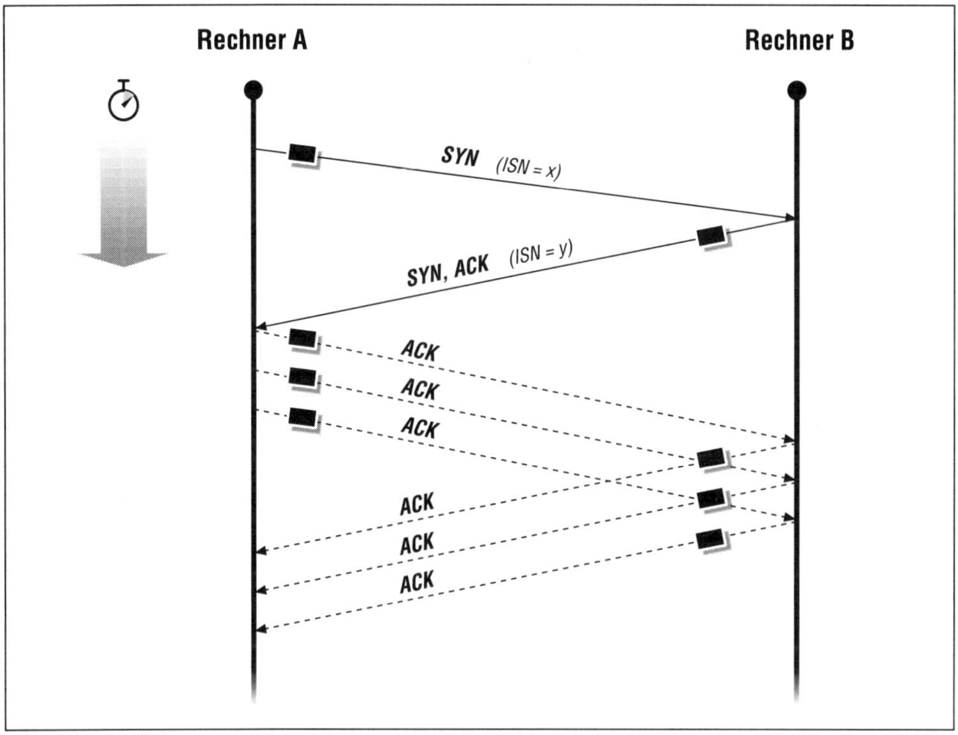

Abb. C-9: 3-Wege-Handshake.

ISN + 1. Die Sequenznummer im Header eines Datensegments kennzeichnet die Position innerhalb des Datenstromes, die das erste Datenbyte dieses Segments einnimmt. Hat das erste Byte im Datenstrom beispielsweise die Sequenznummer 1 (ISN = 0) und wurden bereits 4000 Bytes übertragen, trägt das aktuelle Segment die Sequenznummer 4001, weil das erste Byte dieses Segments das 4001. Datenbyte ist.

Das Acknowledgement-Segment (ACK) erfüllt zwei Aufgaben - *positive Bestätigung (positive acknowledgement)* und *Flußkontrolle (flow control)*. Über die Bestätigung wird dem Absender mitgeteilt, wie viele Daten bereits empfangen wurden und wieviele noch empfangen werden können. Die Bestätigungsnummer ist die Sequenznummer des letzten Bytes, das beim Empfänger angekommen ist. Der Standard schreibt nicht vor, daß jedes Paket einzeln bestätigt werden muß. Statt dessen zeigt die Bestätigungsnummer an, daß alle Bytes bis zu dieser Nummer korrekt empfangen wurden. Hat das erste übertragene Byte beispielsweise die Nummer 1 und sind bereits 2000 Bytes übertragen worden, dann ist die aktuelle Bestätigungsnummer 2000.

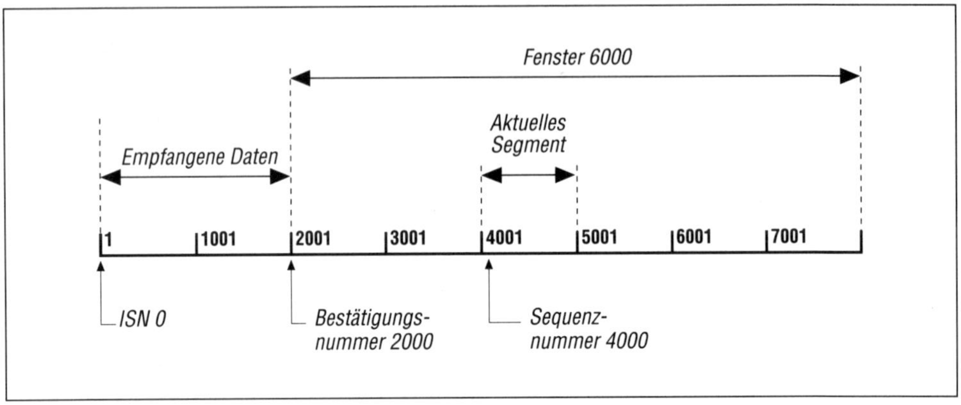

Abb. C-10: Beispiel für einen TCP-Datenstrom.

Das Feld *Fenster* des TCP-Segments enthält die Anzahl der Bytes, die der ferne Rechner noch empfangen kann. Ist der Empfänger in der Lage, 6000 weitere Bytes entgegenzunehmen, enthält das Fenster-Feld den Wert 6000. Das Fenster zeigt dem Absender an, daß er weitere Datensegmente schicken kann, solange deren Umfang die Größe des Fensters nicht überschreitet. Der Empfänger steuert also den Datenfluß, indem er die Größe des Fensters verändert. Ein Fenster mit dem Wert 0 veranlaßt den Absender, keine weiteren Daten zu schicken, bis er einen von 0 verschiedenen Wert erhält.

Abbildung C-10 zeigt einen TCP-Datenstrom, der mit ISN 0 beginnt. Der Empfänger hat bereits 2000 Bytes ordnungsgemäß entgegengenommen und bestätigt. Die aktuelle Bestätigungsnummer lautet also 2000. Da der Empfänger weitere 6000 Bytes empfangen kann, hat er den Fensterwert auf 6000 gesetzt. Der Absender schickt gerade ein 1000 Byte großes Segment, das bei der Sequenznummer 4001 beginnt. Obwohl der Absender noch keine Bestätigung für die Bytes ab 2001 erhalten hat, fährt er mit der Übertragung fort, solange die Anzahl der insgesamt übertragenen Bytes den Fensterwert nicht überschreitet. Hat er den Fensterwert erreicht und bislang keine Bestätigung über die gesendeten Daten erhalten, schickt er die Daten nach einer angemessenen Wartezeit ab dem ersten nicht bestätigten Byte nochmal. In unserem Beispiel wäre das Byte 2001, sofern in der Zwischenzeit keine weiteren Bestätigungen eingetroffen sind. Dieser Mechanismus stellt sicher, daß die Daten ihr Ziel zuverlässig erreichen.

TCP ist auch dafür verantwortlich, daß die von IP empfangenen Daten an die richtige Anwendung zugestellt werden. Diese Anwendung wird durch eine 16 Bit breite Zahl, die sogenannte *Portnummer*, dargestellt. Der *Quellport* und der *Zielport* sind im ersten Wort des Segment-Headers kodiert. Der korrekte Datenaustausch mit der Anwendungsschicht ist eine wichtige Aufgabe der Dienste in der Transportschicht.

Anwendungsschicht

Auf der obersten Ebene der TCP/IP-Protokollarchitektur befindet sich die *Anwendungsschicht (application layer)*. Diese umfaßt alle Prozesse, die zur Datenübertragung die Protokolle der Transportschicht nutzen. In der Anwendungsschicht gibt es bereits zahlreiche Protokolle, und es kommen laufend neue hinzu. Die meisten davon stellen den Benutzern Dienste direkt zur Verfügung. Sehr weit verbreitet und bekannt sind folgende Anwendungsprotokolle:

- Telnet, das Network Terminal Protocol, das es Benutzern ermöglicht, sich auf fernen Rechnern im Netz einzuloggen.
- FTP, das File Transfer Protocol, das zur interaktiven Dateiübertragung verwendet wird.
- SMTP, das Simple Mail Transfer Prtocol, das für die Zustellung elektronischer Post zuständig ist.

FTP, SMTP und Telnet sind sicher die gängigsten TCP/IP-Anwendungen. Aber als Benutzer oder Systemverwalter arbeiten Sie wohl auch mit anderen Anwendungen dieser Schicht. Andere häufig eingesetzte TCP/IP-Anwendungen sind:

Domain Name Service (DNS)
: auch *Name Service* genannt, übernimmt die Zuordnung von numerischen IP-Adressen zu Namen, die den Netzgeräten zugewiesen wurden.

Routing Information Protocol (RIP)
: Routing spielt bei TCP/IP eine wesentliche Rolle. Geräte im Netz benutzen RIP, um Routing-Informationen auszutauschen.

Network File System (NFS)
: ermöglicht Rechnern im Netz, Dateien gemeinsam zu nutzen.

Einige dieser Dienste setzen bei der Benutzerin Grundkenntnisse über Netzwerke voraus. Andere Dienste wie z.B. RIP arbeiten im Hintergrund, ohne daß Benutzer ihre Existenz überhaupt wahrnehmen. Als Systemverwalter jedoch sind Sie sich all dieser Dienste bewußt und kennen auch die Protokolle in den anderen Schichten von TCP/IP.

Abbildung C-11 zeigt, wie die Protokollhierarchie in einem mit TCP/IP vernetzten Rechner aussehen könnte. Berücksichtigen Sie bei der Betrachtung der Abbildung, daß der Protokollstack als Blockdiagramm immer nur vereinfacht dargestellt werden kann. Die Graphik soll Ihnen lediglich die Beziehungen zwischen den diversen in einem Rechner vorhandenen Protokolle verdeutlichen. Obwohl wir nicht alle der abgebildeten Protokolle besprochen haben, tragen sie doch dazu bei, einen allgemeinen Gesamteindruck zu vermitteln.

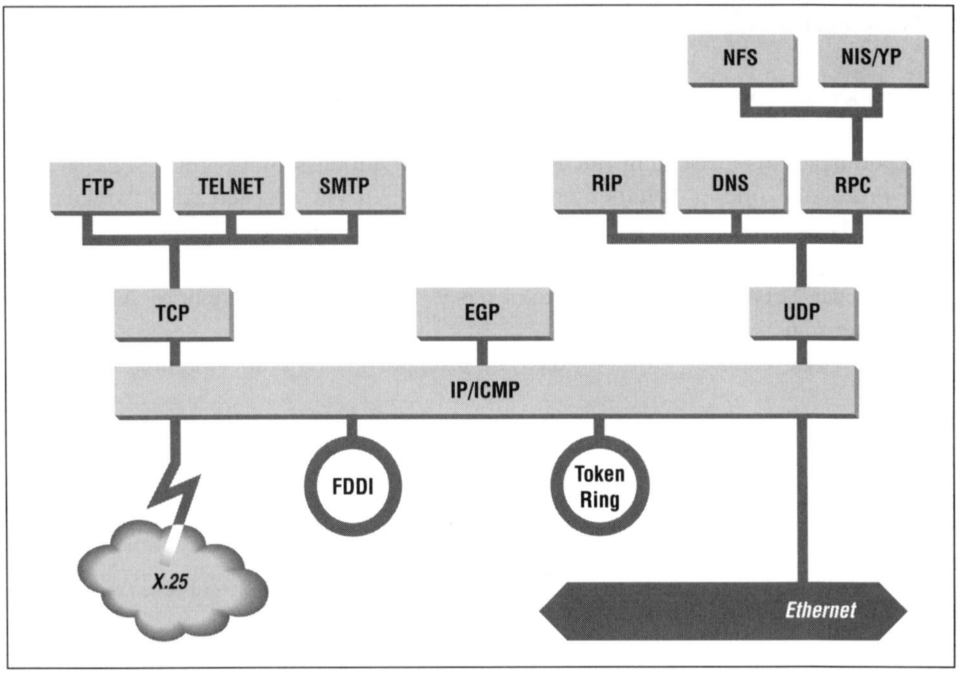

Abb. C-11: TCP/IP-Protokolle innerhalb eines Beispiel-Gateways.

Am oberen Ende des Protokollstacks finden Sie Dienste der Anwendungsschicht wie FTP und Telnet. Verbindungslinien führen von jedem Protokoll in die darunterliegende Schicht zu einem Dienst, der vom Protokoll benutzt wird. Sie sehen, daß FTP, Telnet und SMTP sich in erster Linie auf TCP stützen, während NFS, DNS und RIP meist mit UDP arbeiten. Einige wenige in der Anwendungsschicht angesiedelte Protokolle wie das Routing-Protokoll Exterior Gateway Protocol (EGP) verwenden keine Dienste aus der Transportschicht, sondern greifen direkt auf IP zu.

Unter den Anwendungen liegen die Protokolle der Transportschicht, TCP und UDP. Sie kommunizieren unmittelbar mit IP. Sämtliche ein- und ausgehenden Daten müssen die Internet-Schicht durchlaufen. IP stellt sicher, daß Daten aus den höheren Ebenen an das richtige Netz übergeben werden und Daten aus dem Netz zum beabsichtigten Transportdienst gelangen. Genauso sorgen die Transportdienste dafür, daß die von IP eintreffenden Daten bei der richtigen Anwendung ankommen.

Adressierung, Routing und Multiplexing

Zur Datenübertragung zwischen zwei Rechnern im Internet muß sichergestellt sein, daß die Daten über das Netz zum richtigen Zielrechner und dort zum richtigen Benutzer oder Prozeß gelangen. TCP/IP gewährleistet dies anhand von drei Mechanismen:

Adressierung
: Über IP-Adressen, die jeden Rechner im Internet eindeutig identifizieren, erfolgt die Zustellung an den richtigen Rechner.

Routing
: Gateways leiten die Datagramme an das richtige physikalische Netzwerk weiter.

Multiplexing
: Protokoll- und Portnummern stellen sicher, daß die Daten im Zielrechner an den richtigen Anwendungsprozeß übergeben werden.

Um Daten zwischen zwei kooperierenden Anwendungen über das Internet auszutauschen, wird jede dieser Funktionen benötigt – die Adressierung zwischen Rechnern, das Routing zwischen Netzen und das Multiplexing zwischen den Schichten. Im folgenden sehen wir uns die einzelnen Funktionen genauer an.

Um diese Konzepte an einheitlichen Beispielen zu veranschaulichen, führen wir ein imaginäres Firmennetz ein. Abbildung C-12 zeigt die Struktur (*Topologie*) dieses Netzes.

Die Symbole in der Abbildung stehen für einige wichtige Computersysteme in unserem Netz. Selbstverständlich gibt es noch andere imaginäre Rechner in unserem imaginären Netz. Sie müssen nur Ihre Phantasie ein wenig bemühen! Die meisten der folgenden Beispiele beziehen sich auf die Workstation *alice* und den Gateway-Rechner *marvin*. Der dunkle Balken bezeichnet das Ethernet unseres Rechenzentrums. Der Kreis steht für das lokale Netz, in dem die diversen Firmennetze zusammengeschlossen sind. Schließlich gibt es eine Anbindung an das MILNET, eines der wichtigsten Internet-Segmente, das in unserer Abbildung als Wolke erscheint. Was die Zahlen bedeuten, wie sie benutzt werden und wie Datagramme zugestellt werden, wird im folgenden erläutert.

IP-Adressen

IP überträgt Daten zwischen Rechnern in Form von Datagrammen. Ein Datagramm wird an die Internet-Adresse weitergeleitet, die im Feld *Zieladresse* im fünften Wort des Datagramm-Headers angegeben ist. Die Zieladresse entspricht einer 32 Bit breiten Standard-

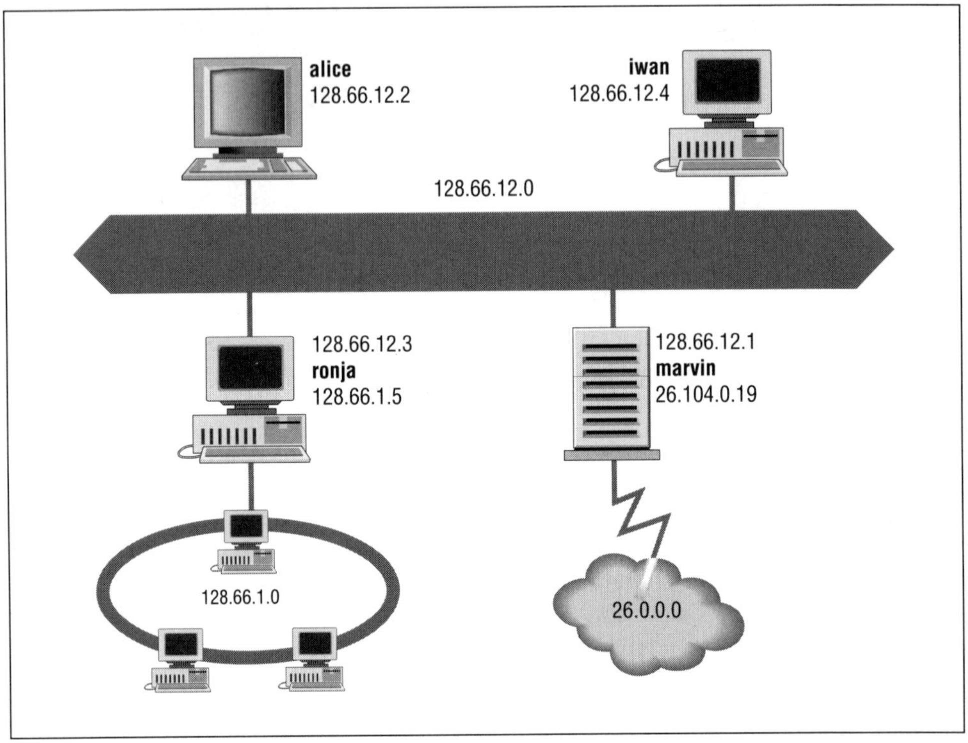

Abb. C-12: Beispielnetz.

IP-Adresse und enthält die Informationen, die zur eindeutigen Identifizierung eines Netzes sowie eines Rechners in diesem Netz notwendig sind.

Eine IP-Adresse besteht aus zwei Teilen: der *Netzadresse* und der *Rechneradresse*. Das Format dieser beiden Teile ist allerdings nicht in allen IP-Adressen gleich. Die Anzahl der für das Netz und für den Rechner vorgesehenen Bits richtet sich nach der *Klasse*, der die Adresse angehört. Die drei wichtigsten Adreßklassen sind *Klasse A*, *Klasse B* und *Klasse C*. Die folgende Tabelle zeigt die Eigenschaften der verschiedenen Klassen:

Klasse	Bits im ersten Byte	Netzadreßbereich	Netzanteil	Rechneranteil
A	0xxxxxxx	0.0.0.0 - 127.0.0.0	1 Byte	3 Byte
B	10xxxxxx	128.0.0.0 - 191.255.0.0	2 Byte	2 Byte
C	110xxxxx	192.0.0.0 - 223.255.255.0	3 Byte	1 Byte
D & E	111xxxxx	224.0.0.0 - 255.255.255.0	speziell/für Multicasting reserviert	-

Die IP-Software ermittelt aus den ersten Bits einer Adresse, zu welcher Klasse die Adresse gehört und ersieht daraus, wie sie aufgebaut ist. Zur Bestimmung der Adreßklasse geht IP nach den weiter unten beschriebenen Regeln vor.

Sie können die Anzahl der Netze wie folgt berechnen (nicht relevant für Netze der Klassen D und E):

- Klasse A: 128
- Klasse B: 64 * 256 = 16.128
- Klasse C: 32 * 256^2 = 2.097.152

Die Anzahl der Rechner pro Netz ermitteln Sie wie folgt (nicht relevant für Netze der Klassen D und E):

- Klasse A: 256^3 = 16.777.216
- Klasse B: 256^2 = 65.536
- Klasse C: 256

Die Adreßklassen haben zudem folgende Eigenschaften:

- Wenn das erste Bit einer IP-Adresse 0 ist, handelt es sich um eine Adresse der Klasse A. Das erste Bit einer Adresse der Klasse A kodiert die Adreßklasse. Die nächsten 7 Bits identifizieren das Netzwerk und die restlichen 24 Bits den Rechner innerhalb dieses Netzes. Es gibt weniger als 128 Netze der Klasse A, aber jedes davon kann aus Millionen von Rechnern bestehen.
- Wenn die ersten beiden Bits einer IP-Adresse »1 0« sind, handelt es sich um eine Adresse in einem Netz der Klasse B. Die ersten beiden Bits einer Adresse der Klasse B bestimmen die Adreßklasse. Die nächsten 14 Bits identifizieren das Netz und die übrigen 16 Bits den Rechner innerhalb dieses Netzes. Es gibt Tausende von Netzen der Klasse B und jedes davon kann aus Tausenden von Rechnern bestehen.
- Wenn die ersten beiden Bits einer IP-Adresse »1 1 0« sind, handelt es sich um eine Adresse in einem Netz der Klasse C. Die ersten 3 Bits einer Adresse der Klasse C bestimmen die Adreßklasse. Die nächsten 21 Bits identifizieren das Netz und die übrigen 8 Bits den Rechner innerhalb dieses Netzes. Es gibt Millionen von Netzen der Klasse C, aber jedes davon kann aus höchstens 254 Rechnern bestehen.
- Wenn die ersten 3 Bits einer Adresse »1 1 1« sind, handelt es sich um eine spezielle, reservierte Adresse. Diese Adressen werden manchmal als Adressen der Klasse D bezeichnet, aber sie beziehen sich eigentlich nicht auf bestimmte Netze. Die momentan in diesem Adreßbereich vergebenen Adressen sind sogenannte Multicast-Adressen. Mit einer Multicast-Adresse kann eine Gruppe von Rechnern adressiert werden, die ein gemeinsames Protokoll benutzen – im Gegensatz zur Adressierung von mehreren Rechern, die sich im gleichen physikalischen Netz befinden.

Diese Klassifizierung ist glücklicherweise nicht so kompliziert, wie es auf den ersten Blick erscheinen mag. IP-Adressen werden im allgemeinen als vier durch Punkte getrennte Dezimalzahlen geschrieben.[1]

Diese Zahlen können Werte zwischen 0 und 255 annehmen; das entspricht dem dezimalen Wertebereich, der sich in einem Byte darstellen läßt. Die Bits, die der Klassenfestlegung dienen, grenzen unmittelbar an die Bits für den Netzanteil. Sie werden deshalb normalerweise zum Netzanteil gezählt, so daß eine Adresse aus vollständigen Bytes für den Netzanteil und aus vollständigen Bytes für den Rechneranteil besteht. Im ersten Byte bedeutet demnach:

- Ein Wert kleiner 128: Adresse der Klasse A; das erste Byte entspricht der Netzwerknummer, die übrigen 3 Bytes bilden die Rechnernummer.
- Ein Wert zwischen 128 und 191: Adresse der Klasse B; die ersten beiden Bytes entsprechen der Netzwerknummer, die übrigen 2 Bytes bilden die Rechnernummer.
- Ein Wert zwischen 192 und 223: Adresse der Klasse C; die ersten 3 Bytes entsprechen der Netzwerknummer, das letzte Byte bildet die Rechnernummer.
- Ein Wert größer 223 steht für reservierte Adressen, die wir nicht weiter berücksichtigen werden.

Abbildung C-13 zeigt, wie sich die Adreßstruktur mit der Adreßklasse ändert. Die Adresse 26.104.0.19 entspricht einer Adresse der Klasse A. Das erste Bit ist 0, die Adresse wird deshalb als Rechner 104.0.19 in Netz 26 interpretiert. Das Netz wird mit einem, der Rechner mit drei Bytes festgelegt. In der Adresse 128.66.12.1 der Klasse B stehen die ersten beiden Bits auf »1 0«. Diese Adresse wird als Rechner 12.1 in Netz 128.66 gelesen. Jeweils zwei Bytes bezeichnen das Netz und den Rechner. Im letzten Beispiel mit der Adresse 192.178.16 der Klasse C sind die ersten drei Bits auf »1 1 0« gesetzt. Diese Adresse wird also als Rechner 1 in Netz 192.178.16 gedeutet. Drei Bytes legen das Netz und ein Byte den Rechner fest.

Nicht alle Netz- und Rechneradressen stehen zur freien Verfügung. Wie bereits erwähnt, sind alle Adressen reserviert, deren erstes Byte größer als 223 ist. Auch in Klasse A gibt es zwei Adressen, nämlich 0 und 127, die für spezielle Zwecke vorgesehen sind. Netz 0 legt die *Standard-Route* fest, und Netz 127 ist die *Loopback-Adresse*. Die Standard-Route dient der Vereinfachung des Routing, das von IP durchgeführt werden muß. Durch die Loopback-Adresse werden Netzwerkanwendungen vereinfacht, da der lokale Rechner auf dieselbe Art adressiert werden kann wie ein ferner Rechner. Wir benutzen diese speziellen Adressen bei der Konfiguration eines Rechners.

1. Manchmal werden die Adressen auch in anderen Formaten geschrieben, z.B. als Hexadezimalzahlen. Üblich ist aber die »Punkt«-Notation. Die Struktur der Adresse bleibt unabhängig von der Notation gleich.

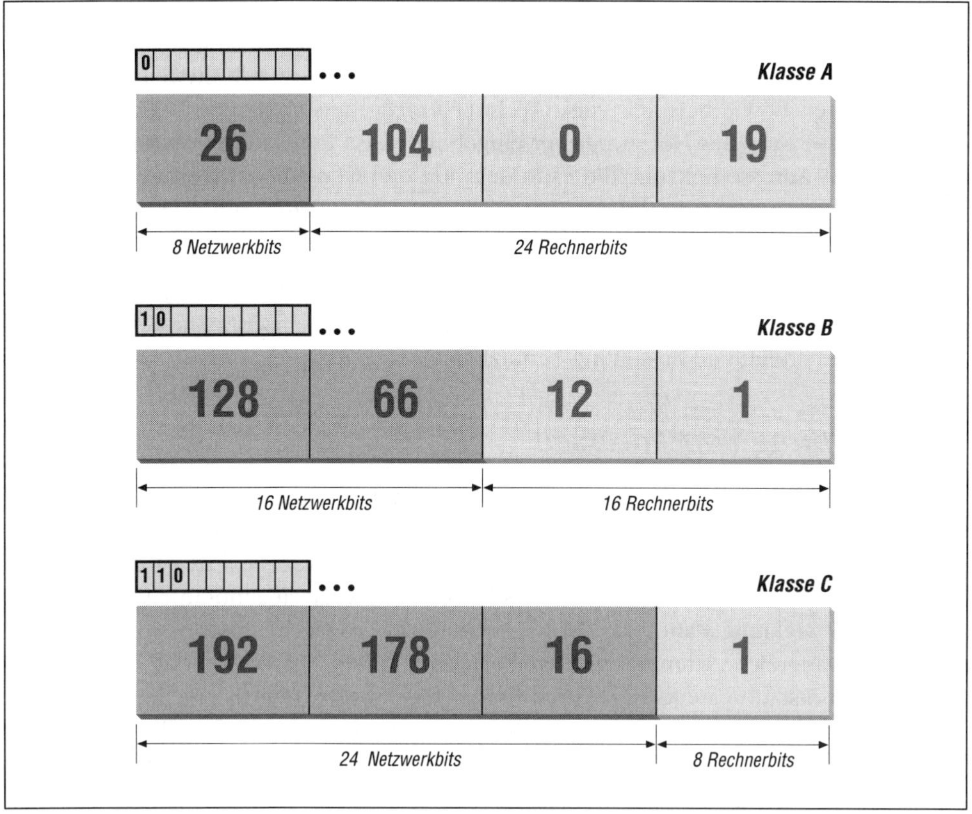

Abb. C-13: Struktur von IP-Adressen.

In allen Netzklassen gibt es außerdem die Rechnernummern 0 und 255, die für besondere Zwecke reserviert sind. Eine IP-Adresse, in der alle Rechner-Bits auf 0 gesetzt sind, bezeichnet das Netzwerk selbst. Die Adresse 26.0.0.0 beispielsweise bedeutet Netz 26, und 128.66.0.0 entspricht Netz 128.66. Adressen dieser Form werden in Routing-Tabellen verwendet, um ganze Netzwerke zu adressieren. Eine IP-Adresse, in der alle Rechnerbits auf 1 stehen, wird *Broadcast-Adresse (Rundruf-Adresse)* genannt.[1]

Mit der Broadcast-Adresse werden gleichzeitig alle Rechner eines Netzes angesprochen. Die Broadcast-Adresse für Netz 128.66 beispielsweise lautet 128.66.255.255. Ein Datagramm mit dieser Adresse wird jedem Rechner in Netz 128.66 zugestellt.

1. Leider sind die Broadcast-Adressen nicht einheitlich implementiert.

IP-Adressen werden häufig auch Host- oder Rechneradressen genannt. Diese Bezeichnung ist trotz ihrer Verbreitung etwas irreführend. IP-Adressen werden einzelnen Netzschnittstellen und nicht den Rechnern zugeordnet, in die diese Schnittstellen eingebaut sind. Ein Gateway wie beispielsweise Rechner *marvin* aus Abbildung C-12 besitzt eine eigene Adresse für jedes Netz, in das er eingebunden ist. Ein Gateway ist anderen Geräten unter der Adresse bekannt, die es in dem mit den Geräten gemeinsamen Netzwerk besitzt. Gateway *marvin* beispielsweise wird von Rechner *alice* mit 128.66.12.1 adressiert, von Rechnern aus dem Milnet dagegen mit 26.104.0.19.

Mit dem Netzwerkanteil der Adresse routet IP das Datagramm durch die Netze. Nachdem das Zielnetz erreicht ist, wird die komplette Adresse einschließlich des Rechneranteils für die endgültige Zustellung benutzt.

Verknappung von Adressen

Eines der herausragenden Merkmale der TCP/IP-Protokolle sind die IP-Adressen, die eine einheitliche Adressierung im gesamten Internet ermöglichen. Die Struktur der IP-Adressen wirft aber auch einige Probleme auf. Die Entwickler von TCP/IP haben nicht mit dem enormen Ausmaß gerechnet, den das Netz mittlerweise angenommen hat. Als TCP/IP in der Entwicklung stand, war die Vernetzung auf große Organisationen beschränkt, die sich umfangreiche Computersysteme leisten konnten. Die Vorstellung einer schnellen UNIX-Workstation auf jedem Schreibtisch schien absurd. Damals erschien eine 32 Bit breite Adresse riesig, so daß man sie in Klassen unterteilte, um Routern die Arbeit zu erleichtern – trotz der damit einhergehenden drastischen Reduzierung der verfügbaren Adressen. Ordnet man einem großen Netz beispielsweise eine einzige Adresse der Klasse B und nicht etwa sechs Adressen der Klasse C zu, so verringert das die Arbeitslast eines Routers, da er für das gesamte Netz nur eine einzige Route zu kennen braucht. Es ist jedoch sehr unwahrscheinlich, daß dieses Netz jemals auch nur annähernd 64.000 Rechner umfaßt, so daß die meisten der überlassenen Rechneradressen nie vergeben werden.

Die gegenwärtige Adreßstruktur, die Router stärker berücksichtigt als das Wachstum des Netzes, gerät durch die unerwartet schnelle Ausbreitung des Internet zunehmend unter Druck. Die drohende Verknappung der IP-Adressen ist einer der Hauptgründe für einen Wechsel von der derzeitigen IP-Version 4 auf IP-Version 6 (IPv6).

Teilnetze

Die vorgegebene Struktur einer IP-Adresse kann vom Netzverwalter lokal modifiziert werden, indem Bits aus dem Rechneranteil zur Erweiterung des Netzanteils verwendet werden. Anders ausgedrückt bedeutet das, daß die »Grenze« zwischen Rechner- und

Netzanteil einer Adresse verschoben wird. Dies schafft zusätzliche Netze, reduziert aber die in einem Netz maximal mögliche Anzahl von Rechnern. Die hinzugewonnenen Netzwerkbits definieren innerhalb des großen Netzes neue kleinere Netze, die *Teilnetze* genannt werden.

Teilnetze werden in Unternehmen gewöhnlich eingerichtet, um topologische oder organisatorische Probleme zu lösen. Mit dem Einrichten von Teilnetzen läßt sich die Verwaltung der Rechneradressen dezentralisieren. Bei der vorgegebenen Adreßstruktur ist ein einziger Netzadministrator für die Verwaltung der Rechneradressen des gesamten Netzes verantwortlich. Teilnetze ermöglichen es dem Administrator, die Adreßvergabe kleineren organisatorischen Einheiten zu überlassen. Dies kann aus firmenpolitischen Gründen angebracht oder sogar technisch notwendig sein. Wenn Sie mit der EDV-Abteilung Ihres Unternehmens nichts zu tun haben wollen, weisen Sie den Leuten ein eigenes Teilnetz zu und lassen sie es selbst verwalten.

Teilnetze sind manchmal auch geeignet, wenn unterschiedliche Hardware eingesetzt wird oder große Entfernungen zu überbrücken sind. Anhand von IP-Routern können physikalisch unterschiedliche Netze verbunden werden, allerdings nur, wenn jedes über eine eindeutige Netzadresse verfügt. Bei der Zerlegung in Teilnetze wird eine Netzadresse in viele eindeutige Teilnetzadressen unterteilt, so daß jedes physikalische Netz eine eigene Adresse erhält.

Ein Teilnetz wird definiert, indem eine Bit-Maske, die sogenannte *Teilnetzmaske*, über die IP-Adresse gelegt wird. Wenn ein Bit in der Teilnetzmaske gesetzt ist, wird das entsprechende Bit der IP-Adresse als Teil der Netzadresse interpretiert. Ist ein Bit in der Teilnetzmaske nicht gesetzt, so wird das entsprechende Bit in der IP-Adresse der Rechneradresse zugeschlagen. Ein Teilnetz ist nur lokal bekannt. Im Internet wird die Adresse als ganz gewöhnliche IP-Adresse angesehen.

Ein Netz der Klasse B beispielsweise arbeitet standardmäßig mit der Teilnetzmaske 255.255.0.0. Die am häufigsten verwendete Teilnetzmaske 255.255.255.0 erweitert den Netzwerkanteil einer Adresse der Klasse B um ein Byte. In dieser Teilnetzmaske sind alle Bits in den ersten drei Bytes auf 1 und alle Bits im letzten Byte auf 0 gesetzt. Dabei wird anhand der ersten beiden Bytes ein Netzwerk der Klasse B definiert, das dritte Byte bestimmt das Teilnetz, und das vierte Byte legt den Rechner im Teilnetz fest.

Viele Netzverwalter bevorzugen byteweise festgelegte Masken, da diese einfacher zu lesen und zu interpretieren sind. Teilnetzmasken müssen sich jedoch nicht zwangsläufig an Byte-Grenzen orientieren. Sie können bitweise definiert und auf Adressen aller Klassen angewandt werden. So könnte eine kleine Organisation ihre Klasse-C-Adresse anhand der Teilnetzmakse 255.255.255.192 in vier Teilnetze untergliedern.[1] Wendet man diese Teilnetzmaske auf eine Klasse-C-Adresse an, werden die beiden ersten Bits des vierten Bytes als Teilnetzanteil der Adresse interpretiert. Würde man dieselbe Maske auf eine

Adresse der Klasse B anwenden, erhielte man mehr als tausend Teilnetze, da zehn Bits (das ganze dritte Byte plus zwei Bits des vierten Bytes) zur Definition der Teilnetze herangezogen werden (2^{10}=1024).

Mit dem zunehmenden Einsatz von Teilnetzmasken etabliert sich eine alternative Schreibweise. Statt der aus vier Oktetten bestehenden Netzmaske wird »/bits« angegeben. »/24« beispielsweise bezeichnet eine 24-Bit Netzmaske, die 255.255.255.0 entspricht, aber einfacher zu schreiben ist. Diese neue Notation setzt voraus, daß die Netzmasken aus fortlaufenden Bits bestehen, d.h. daß Sie keine Masken der Form 255.0.255.0 verwenden. Dies ist aber sowieso unüblich.

Sie werden vielleicht auch von Platzhaltermasken gehört haben, insbesondere im Zusammenhang mit Cisco-Routern und Paketfilter-Spezifikationen. Platzhaltermasken sind im Grunde eine Umkehrung von Teilnetzmasken. Während Teilnetzmasken signifikante Bits mit Bit 1 kennzeichnen, definieren Platzhaltermasken mit Bit 1 die unerheblichen, d.h. die zu ignorierenden Bits. Folglich entpricht z.B. die Teilnetzmaske 255.255.0.0 der Platzhaltermaske 0.0.255.255, und die Teilnetzmaske 255.255.240.0 ist äquivalent zur Platzhaltermaske 0.0.15.255. Die folgende Tabelle zeigt anhand einiger Beispiele, wie sich Teilnetzmasken auf Netzadressen auswirken:

IP-Adresse	**UNIX-Teilnetzmaske**	**Entsprechender Cisco-Platzhalter**	**Maske als /bits**	**Interpretation**
128.66.12.1	255.255.255.0	0.0.0.255	/24	Rechner 1 in Teilnetz 128.66.12.0
130.97.16.132	255.255.255.192	0.0.0.63	/26	Rechner 4 in Teilnetz 130.97.16.128
192.178.16.66	255.255.255.192	0.0.0.63	/26	Rechner 2 in Teilnetz 192.178.16.64
132.90.132.5	255.255.240.0	0.0.15.255	/20	Rechner 4.5 in Teilnetz 132.90.128.0
18.20.16.91	255.255.0.0	0.0.255.255	/16	Rechner 16.91 in Teilnetz 18.20.0.0

1. Dieses Beispiel dient nur der Veranschaulichung. Eine Maske, die vier Teilnetze erzeugt, ist nicht besonders sinnvoll, da eine nur aus Einsen bestehende Teilnetzadresse sowie eine nur aus Nullen bestehende Adresse reserviert sind. Von den vier Teilnetzen wären deshalb nur zwei einsetzbar.

Routing im Internet

In der traditionellen Internet-Struktur gab es eine Hierarchie von Gateways. An dieser Hierarchie war die Geschichte des Internet ablesbar, das auf dem bereits existierenden ARPANET aufgesetzt wurde. Als das Internet eingerichtet wurde, fungierte das ARPANET als Backbone (wörtlich: Rückgrat) des Netzes. Ein Backbone ist ein zentrales Übertragungsmedium für den Datenverkehr über große Entfernungen. Dieses zentrale System wurde *Kern (core)* genannt, und die zentral verwalteten Gateways darin hießen *Kern-Gateways (core gateways)*.

Bei einer hierarchischen Struktur werden die Routing-Informationen aller im Internet vorhandenen Netze an die Kern-Gateways übergeben. Diese verarbeiten die Informationen und tauschen sie untereinander über das *Gateway to Gateway Protocol (GGP)* aus. Die Routing-Informationen werden nach der Bearbeitung an die externen Gateways zurückgegeben. Auf Ihrem lokalen Gateway setzen Sie GGP nicht ein; es wird nur von Kern-Gateways verwendet.

Außerhalb des Internet-Kerns liegen Gruppen eigenständiger Netze, die *autonome Systeme (AS)* genannt werden. Der Begriff »autonomes System« hat innerhalb des TCP/IP-Routing eine genau festgelegte Bedeutung. Er beschreibt mehr als eine Gruppe unabhängiger Netze. Ein autonomes System bezeichnet eine Einheit aus Netzen und Gateways, die einen eigenen Mechanismus zur Zusammenstellung von Routing-Informationen und deren Verteilung an andere autonome Systeme besitzen. Die Routing-Informationen, die an andere AS weitergeleitet werden, bezeichnet man als *Erreichbarkeitsinformationen (reachability information).* Diese gibt an, welche Netze über das betreffende autonome System erreicht werden können. Um solche Informationen zwischen autonomen Systemen auszutauschen, wird gegenwärtig meist das *Exterior Gateway Protocol (EGP)* eingesetzt (siehe Abbildung C-14).

Der Abschnitt *Defense Data Network (DDN)* im Internet benutzt zur Verteilung von Routing-Informationen nach wie vor das Kernmodell. Dieses hierarchische Modell hat jedoch einen entscheidenden Nachteil: Jede einzelne Route muß vom Kern bearbeitet werden, was eine enorme Belastung darstellt. Und mit dem Anwachsen des Internet wird diese Belastung immer größer. Im Netzwerk-Jargon ausgedrückt ist das hierarchische Modell schlecht »skalierbar«, d.h. schlecht zu erweitern bzw. an geänderte Bedürfnisse anzupassen. Aus diesem Grund wird an einem neuen Routing-Modell gearbeitet.

Dieses neue Routing-Modell faßt mehrere autonome Systeme zu gleichberechtigten *Routing-Domänen* zusammen. Diese Domänen tauschen Routing-Informationen über das *Border Gateway Protocol (BGP)* oder EGP aus. Jede Routing-Domäne verarbeitet die Informationen, die sie von den anderen Domänen empfängt. Anders als beim hierarchischen Modell sind die Routing-Domänen zur Berechnung der »besten« Routen nicht

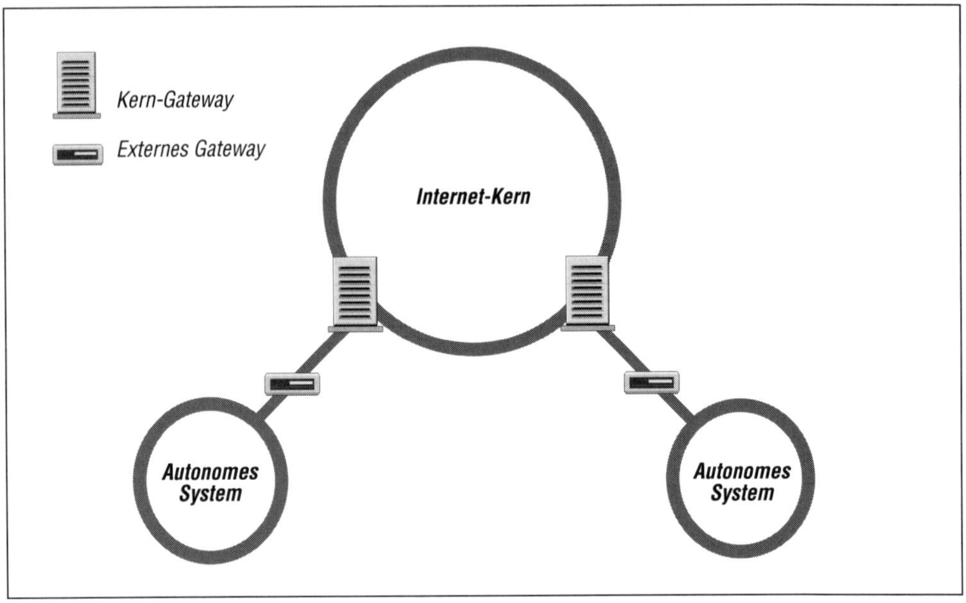

Abb. C-14: Gateway-Hierarchie.

auf ein einziges, zentrales System angewiesen. Eine Routing-Domäne erledigt diese Aufgabe selbst. Daher ist dieses Modell wesentlich besser für Erweiterungen geeignet.

Abbildung C-15 zeigt dieses Modell anhand von drei überlappenden Kreisen, wobei jeder Kreis für eine Routing-Domäne steht. Die Schnittflächen stellen Grenzgebiete dar, in denen Routing-Informationen ausgetauscht werden. Die Routing-Domänen teilen sich Informationen, stützen sich dabei aber nicht auf ein bestimmtes System, das alle Routing-Informationen bereitzustellen hat.

Woher auch immer die Routing-Informationen stammen, sie treffen schließlich an Ihrem lokalen Gateway ein, wo IP sie für seine Routing-Entscheidungen benutzt.

Routing-Tabellen

Gateways routen Daten durch die Netze; alle Netzgeräte, ob Rechner oder Gateway, müssen Routing-Entscheidungen treffen. Für die meisten Rechner ist das kein großer Aufwand:

- Befindet sich der Zielrechner im lokalen Netz, werden die Daten dem Zielrechner zugestellt.

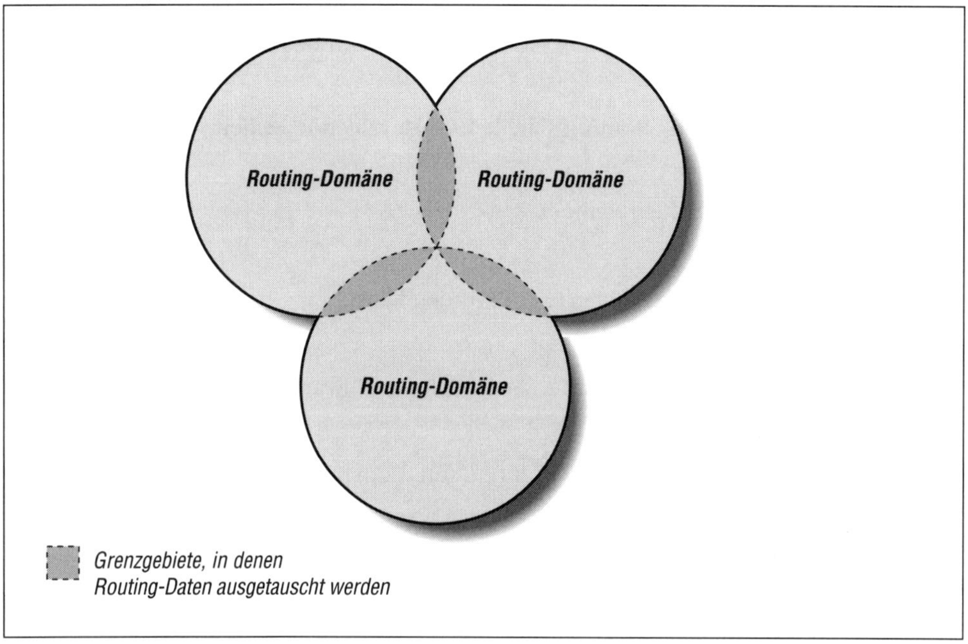

Abb. C-15: Routing-Domänen.

- Liegt der Zielrechner in einem fernen Netz, werden die Daten an ein lokales Gateway weitergeleitet.

Da Routing auf Netzwerke ausgerichtet ist, trifft IP Routing-Entscheidungen anhand des Netzwerkanteils der Adresse. IP ermittelt aus den höherwertigen Bits der Zieladresse, zu welcher Klasse die Adresse gehört. Aus der Adreßklasse ergibt sich, welcher Adreßabschnitt zur Bestimmung des Netzes herangezogen wird. Entspricht das Zielnetz dem lokalen Netz, wird die lokale Teilnetzmaske auf die Zieladresse angewandt.

Nach Ermittlung des Zielnetzes sucht IP dieses Netz in der *Routing-Tabelle.*[1] Gemäß den dortigen Angaben werden die Pakete in Richtung Zielnetz weitergeleitet. IP trifft die Routing-Entscheidungen einfach durch Nachschlagen in der Routing-Tabelle, unabhängig davon, ob diese vom Systemverwalter oder von Routing-Protokollen zusammengestellt wurde.

Auf einem UNIX-System können Sie den Tabelleninhalt mit dem Befehl *netstat -nr* anzeigen. Die Option *-r* veranlaßt *netstat* zur Ausgabe der Routing-Tabelle, und *-n* bewirkt,

1. Diese Tabelle wird auch *Forwarding-Tabelle* genannt.

daß die Adresse in numerischer Darstellung erscheint. Die numerische Anzeige ist sinnvoll, da das Ziel einer Route meist ein Netzwerk ist, das in der Regel unter seiner Netznummer angesprochen wird.

Die von *netstat* ausgegebene Routing-Tabelle enthält folgende Felder:

Destination
: Das Zielnetz (oder der Zielrechner).

Gateway
: Das Gateway, über das das Ziel erreicht werden kann.

Flags
: Die Flags beschreiben bestimmte Merkmale der Route. Möglich sind folgende Angaben:

U besagt, daß die Route eingerichtet und funktionsfähig ist.

H bedeutet, daß die Route zu einem Rechner, und nicht wie meistens zu einem Netz führt.

G zeigt an, daß die Route durch ein Gateway führt. Die Netzschnittstellen des Systems stellen Routen zu direkt angeschlossenen Netzen bereit. Alle anderen Routen verlaufen durch ferne Gateways. Dieses Flag wird bei allen Routen gesetzt, die nicht zu einem direkt angeschlossenen Netz führen.

D besagt, daß die Route durch die ICMP-Meldung »redirect« in die Tabelle aufgenommen wurde. Erfährt ein System auf diese Weise von einer neuen Route, trägt es die Route in die Routing-Tabelle ein, damit für dieses Ziel bestimmte Pakete nicht umgeleitet werden müssen.

Refcnt
: gibt an, wie oft die Route zum Verbindungsaufbau verwendet wurde.

Use
: zeigt, wie viele Pakete über die Route bisher transportiert wurden.

Interface
: enthält den Namen der Netzschnittstelle für die Route.[1]

Uns interessieren im Moment in erster Linie die Felder *Destination* und *Gateway*. Hier eine Beispieltabelle:

1. Unter Netzschnittstelle verstehen wir die Hard- und Software, die IP zur Kommunikation mit dem physikalischen Netz benutzt.

```
alice% netstat -nr
Routing tables
Destination Gateway      Flags    Refcnt  Use      Interface
127.0.0.1   127.0.0.1    UH         1         298  lo0
default     128.66.12.1  UG         2       50360  le0
128.66.12.0 128.66.12.2  U         40      111379  le0
128.66.2.0  128.66.12.3  UG         4        1179  le0
128.66.1.0  128.66.12.3  UG        10        1113  le0
127.66.3.0  128.66.12.3  UG         2        1379  le0
128.66.4.0  128.66.12.3  UG         4        1119  le0
```

Der erste Tabelleneintrag enthält die *Loopback-Route* für den lokalen Rechner. Dies ist die Loopback-Adresse, die wir bereits als reservierte Netzwerknummer erwähnt haben. Da alle Systeme die Loopback-Route benutzen, um Datagramme an sich selbst zu schikken, gibt es diesen Eintrag in jeder Routing-Tabelle. Das Flag *H* ist gesetzt, weil die Route zu einem Rechner (127.0.0.1) und nicht zu einem Netzwerk (127.0.0.0) führt.

Ein weiterer Eintrag, der in jeder Routing-Tabelle vorkommt, enthält im Feld *Destination* den Wert »default«. Dieser legt die Standard-Route fest; das Feld *Gateway* in diesem Eintrag ist mit dem Standard-Gateway besetzt. Dieses Gateway wird immer dann benutzt, wenn für eine Zieladresse keine Route in der Tabelle angegeben ist. Unsere Routing-Tabelle enthält z.B. keinen Eintrag für das Netz 192.178.16.0. Empfängt IP Datagramme für dieses Netz, leitet es sie an das Standard-Gateway 128.66.12.1 weiter.

Aus unserer Routing-Tabelle können Sie ersehen, daß der Rechner (*alice*) direkt an Netz 128.66.12.0 angeschlossen ist. Der Eintrag zu diesem Netz benennt kein externes Gateway, d.h. im Eintrag für 128.66.12.0 ist das Flag *G* nicht gesetzt. Folglich muß Rechner *alice* mit diesem Netz direkt verbunden sein.

Alle in der Routing-Tabelle erwähnten Gateways befinden sich in Netzen, an die das lokale System direkt angeschlossen ist. Für unser Beispiel heißt das, daß alle Gateway-Adressen mit 128.66.12 beginnen. *alice* ist nur an dieses Netz angeschlossen und kann daher Daten auch nur an dieses Netz direkt zustellen. Alle Gateways, die *alice* benutzt, um den Rest des Internet zu erreichen, müssen im selben Teilnetz wie *alice* liegen.

Abbildung C-16 zeigt, wie Routing in unserem imaginären Netz funktioniert. Die jeweiligen Internet-Schichten sind durch Ausschnitte aus den Routing-Tabellen ersetzt, die Zielnetze und Gateways auf dem Weg dorthin enthalten. Wenn der Ursprungsrechner 128.66.12.2 Daten an den Zielrechner 128.66.1.2 schickt, stellt er erst einmal fest, daß 128.66.1.2 die Klasse-B-Adresse des lokalen Netzes beinhaltet und wendet die Teilnetzmaske darauf an. (Netz 128.66.0.0 ist mit der Maske 255.255.255.0 in Teilnetze untergliedert; dies könnte auch als 128.66.0.0/24 geschrieben werden.) Daraus erfährt IP, daß sich der Zielrechner in Netz 128.66.1.0 befindet. Die Routing-Tabelle des Ursprungsrechners besagt, daß Daten für 128.66.1.0 über Gateway 128.66.12.3 geschickt werden sollen. Gateway 128.66.12.3 stellt die Daten über seine Schnittstelle 128.66.1.5 direkt

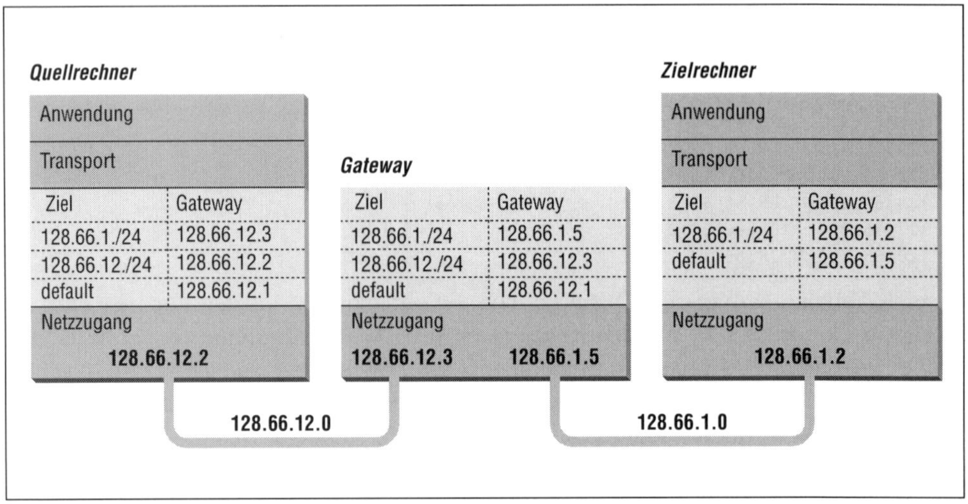

Abb. C-16: Routing anhand von Tabellen.

zu. Ein Blick auf die Routing-Tabellen zeigt, daß alle Systeme nur Gateways in Netzen anführen, an die sie direkt angeschlossen sind. Beachten Sie auch, daß 128.66.12.1 das Standard-Gateway sowohl für 128.66.12.2 als auch für 128.66.12.3 ist. Weil 128.66.1.2 das Netz 128.66.12.0 aber nicht direkt erreichen kann, ist bei ihm eine andere Standard-Route eingetragen.

Eine Routing-Tabelle enthält keine Rechner-zu-Rechner-Verbindungen. Eine Route verweist immer nur auf das nächste Gateway auf dem Weg zum Zielnetz. Der lokale Rechner ist zur Beförderung der Daten auf das lokale Gateway angewiesen, das sich wiederum auf andere Gateways verläßt. Auf seinem Weg von Gateway zu Gateway sollte ein Datagramm schließlich ein Gateway erreichen, das direkt mit dem Zielnetz verbunden ist. Dieses letzte Gateway übergibt die Daten dann an den Zielrechner.

Protokolle, Ports und Sockets

Nachdem die Daten im Zielrechner angekommen sind, müssen sie dem richtigen Anwender oder Prozeß zugestellt werden. Beim Transport der Daten durch die einzelnen Schichten von TCP/IP muß irgendein Mechanismus sicherstellen, daß die Daten an das richtige Protokoll innerhalb einer jeden Schicht übergeben werden. Dieser Mechanismus muß aus vielen Anwendungen stammende Daten in wenigen Transportprotokollen zusammenfassen und diese wiederum in das Internet-Protokoll umsetzen. Das Zusammenführen von Daten aus verschiedenen Quellen in einen einzigen Datenstrom wird *Multiplexen* genannt. Daten, die aus dem Netzwerk eintreffen, muß IP wieder *demultiplexen*, d.h. aufspalten, damit sie mehreren Prozessen zugestellt werden können. Dazu kennzeichnet IP die Transportprotokolle mit *Protokollnummern*. Die Transportprotokolle ihrerseits identifizieren die Anwendungen über *Portnummern*.

Einige Protokoll- und Portnummern sind für bekannte Dienste (*well-known services*) reserviert. Unter bekannten Diensten versteht man Standardprotokolle wie FTP oder Telnet, die im Netz weit verbreitet sind. Die Protokoll- und Portnummern dieser Dienste sind im RFC *Assigned Numbers* dokumentiert. Auf UNIX-Systemen werden Protokoll- und Portnummern in den beiden einfachen Textdateien */etc/protocols* und */etc/services* definiert.

Protokollnummern

Die Protokollnummer befindet sich in einem der Bytes im dritten Wort des Datagramm-Headers. Sie bestimmt, an welches Protokoll in der Schicht über IP die Daten zu übergeben sind.

Auf einem UNIX-System werden die Protokollnummern in der Datei */etc/protocols* definiert. Diese Datei enthält eine einfach aufgebaute Tabelle, in der die Protokollnamen mit ihren Protokollnummern aufgelistet sind. Die Tabelle besteht aus einzeiligen Einträgen, die den offiziellen Protokollnamen, die Protokollnummer sowie einen »Aliasnamen« für das Protokoll enthalten. Diese drei Angaben sind durch Leerzeichen oder Tabulatoren getrennt. Kommentare in der Tabelle beginnen mit dem Zeichen »#«. Hier ein Beispiel:

```
% cat /etc/protocols
#
# @(#)protocols 1.8 88/02/07 SMI
#
# Internet (IP) protocols #
ip      0    IP    # internet protocol, pseudo protocol number
icmp    1    ICMP  # internet control message protocol
igmp    2    IGMP  # internet group multicast protocol
ggp     3    GGP   # gateway-gateway protocol
tcp     6    TCP   # transmission control protocol
pup      12  PUP   # PARC universal packet protocol
udp      17  UDP   # user datagram protocol
```

Diese Ausgabe stammt von einem tatsächlich existierenden Rechner. Sie enthält aber bei weitem nicht alle Protokollnummern, die im RFC *Assigned Numbers* im Abschnitt *Protocol Numbers* angeführt sind. (Da dieser RFC bei jeder Aktualisierung eine andere Nummer erhält, geben wir hier keine an.) In */etc/protocols* müssen nur die Protokolle aufgeführt sein, die auch wirklich zum Einsatz kommen. Sogar die oben abgedruckte, kurze Liste enthält mehr, als der betreffende Rechner benötigt – zusätzliche Einträge schaden aber nicht.

Was genau besagt diese Tabelle? Wenn ein Datagramm eintrifft, dessen Zieladresse der lokalen IP-Adresse entspricht, wird die Internet-Schicht die Daten an eines der Protokolle in der Transportschicht übergeben. An welches Protokoll das Datagramm weitergereicht werden soll, ersieht IP aus der Protokollnummer im Datagramm-Header. Wie obige Ausgabe zeigt, übergibt IP ein Datagramm mit der Protokollnummer 6 an TCP, während ein Datagramm mit der Protokollnummer 17 an UDP geht. Wir befassen uns hier nur mit den beiden Transportprotokollen TCP und UDP, aber alle hier aufgeführten Protokolle benutzen den Datagrammdienst von IP direkt. Einige, wie ICMP und GGP, haben wir bereits erwähnt. Mit den selteneren Protokollen brauchen Sie sich nicht ausführlicher zu beschäftigen. IGMP ist eine Erweiterung des IP für Multicasting (RFC 988), und PUP ist ein Paketprotokoll ähnlich dem UDP.

Portnummern

Nach dem Empfang der Daten von IP muß das Transportprotokoll (TCP oder UDP) diese an den richtigen Anwendungsprozeß übergeben. Anwendungsprozesse (auch *Netzdienste* genannt) werden mit 16 Bit breiten Portnummern bezeichnet. Im ersten Wort eines TCP-Segments bzw. UDP-Pakets befindet sich sowohl die *Quellportnummer* als auch die *Zielportnummer*. Die Quellportnummer bezeichnet den Prozeß, der die Daten auf den Weg gebracht hat; die Zielportnummer gibt an, für welchen Prozeß die Daten bestimmt sind.

Auf UNIX-Systemen sind die Portnummern in der Datei */etc/services* gespeichert. Wie die folgende Ausgabe zeigt, gibt es viel mehr Netzanwendungen als Protokolle in der Transportschicht. Portnummern unter 256 sind für Dienste wie FTP oder Telnet reserviert und werden im RFC *Assigned Numbers* beschrieben. Portnummern zwischen 256 und 1024 werden für UNIX-typische Dienste wie z.B. *rlogin* benutzt. Diese Dienste gab es ursprünglich nur auf UNIX-Systemen, sie sind mittlerweile aber auch auf anderen Plattformen verfügbar.

Die Portnummern sind nicht über alle Protokolle der Transportschicht hinweg eindeutig, sondern nur innerhalb eines einzelnen Transportprotokolls. Das heißt, daß TCP und UDP dieselben Portnummern vergeben können, was durchaus üblich ist. Erst die Kombination aus Protokoll- und Portnummer bestimmt eindeutig den Prozeß, dem die Daten zugestellt werden sollen.

Im folgenden zeigen wir einen Ausschnitt aus der Datei */etc/services*, die der Datei */etc/protocols* recht ähnlich ist. Jeder Eintrag besteht aus einer Zeile und enthält den offiziellen Dienstnamen sowie dessen Portnummer und das verwendete Protokoll. Zur Protokollnummer muß das Transportprotokoll angegeben werden, da verschiedene Protokolle unter Umständen dieselben Portnummern verwenden. Am Ende einer Zeile können optional Aliasnamen für den offiziellen Dienstnamen angegeben werden.

```
alice% cat /etc/services
#
# @(#)services 1.12 88/02/07 SMI
#
# Network services, Internet style
#
echo          7/udp
echo          7/tcp
ftp-data      20/tcp
ftp           21/tcp
telnet        23/tcp
smtp          25/tcp          mail
time          37/tcp          timserver
time          37/udp          timserver
domain        53/udp
domain        53/tcp
#
# Host specific functions
#
finger        79/tcp
nntp          119/tcp         usenet     # Network News Transfer
ntp           123/tcp                    # Network Time Protocol
#
# UNIX specific services
#
exec          512/tcp
login         513/tcp
shell         514/tcp         cmd        # no password used
biff          512/udp         comsat
who           513/udp         whod
syslog        514/udp
talk          517/udp
route         520/udp         router routed
```

Diese Liste enthält gemeinsam mit */etc/protocols* alle Informationen, die für die Zustellung der Daten an die richtige Anwendung erforderlich sind. Ein Datagramm kommt an dem Zielort an, der durch die Zieladresse im fünften Wort des Datagramm-Headers festgelegt ist. Anhand der Protokollnummer im dritten Wort des Datagramm-Headers entscheidet IP, an welches Protokoll der Transportschicht die Daten weitergeleitet werden. Das erste Wort der an das Transportprotokoll übergebenen Daten enthält die Zielportnummer, aus der das Transportprotokoll ersieht, für welche Anwendung die Daten bestimmt sind. Abbildung C-17 zeigt diesen Vorgang.

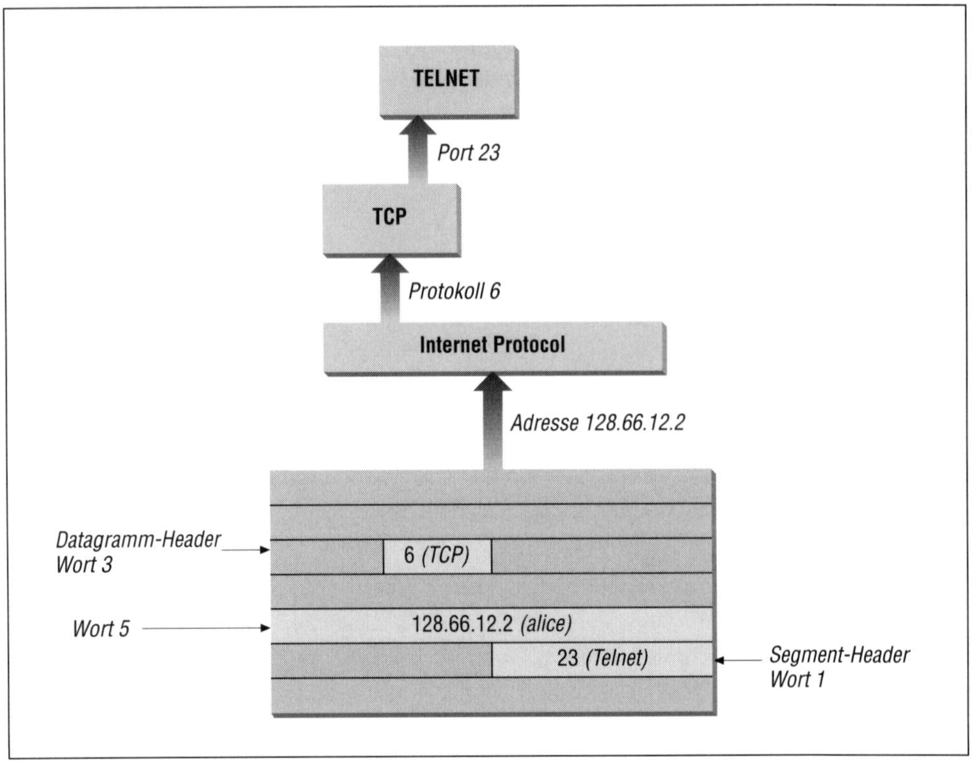

Abb. C-17: Protokoll- und Portnummern.

Sockets

Reservierte (well-known) Ports sind standardisierte Portnummern, über die ein ferner Rechner einen bestimmten Netzdienst gezielt ansprechen kann. Das vereinfacht den Verbindungsaufbau, da Absender und Empfänger im voraus wissen, daß die Daten für einen bestimmten Prozeß an einen bestimmten Port geleitet werden. Beispielsweise benutzen alle Systeme, die Telnet anbieten, dazu Port 23.

Es gibt einen weiteren Typ von Portnummern, die *dynamisch zugewiesenen Ports (dynamically allocated ports)*. Wie der Name schon sagt, werden dynamisch zugewiesene Ports nicht vorab vergeben, sondern Prozessen erst bei Bedarf zugeordnet. Dabei sorgt das System dafür, daß dieselbe Portnummer nicht mehrfach vergeben wird und die Nummern über den reservierten Portnummern liegen.

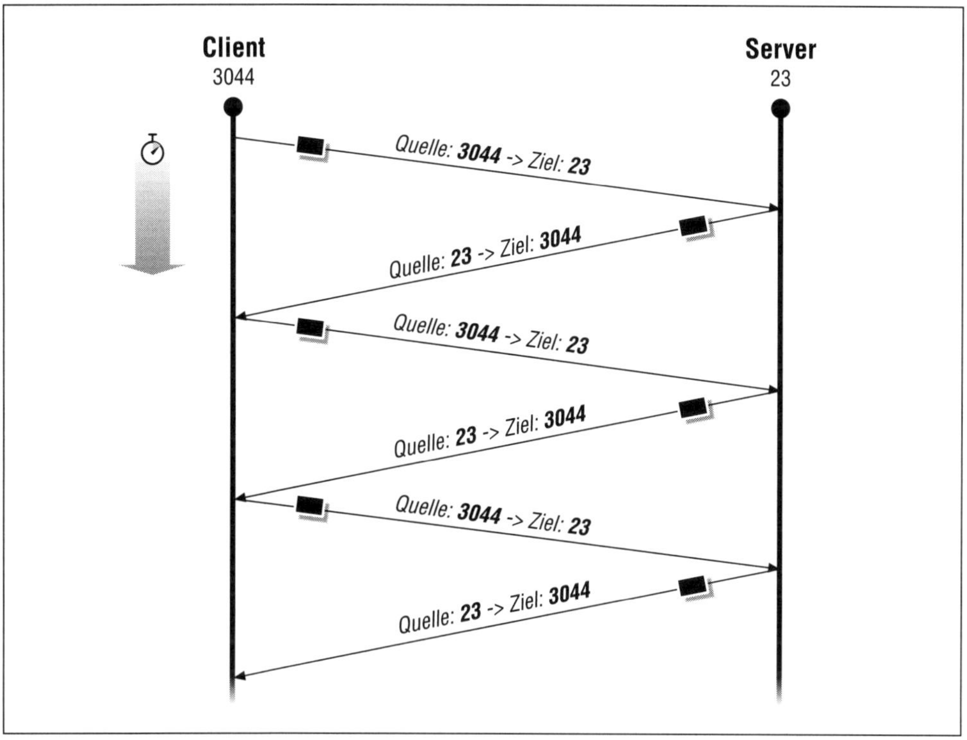

Abb. C-18: Austausch von Portnummern.

Mittels dynamisch zugewiesener Portnummern können mehrere Benutzer gleichzeitig bedient werden. Würde einem Telnet-Benutzer Portnummer 23 als Ursprungs- und auch als Zielportnummer zugeordnet, stellt sich die Frage, welche Portnummer dann ein zweiter, gleichzeitig arbeitender Telnet-Benutzer erhalten sollte. Um jede Verbindung eindeutig festzulegen, erhält der Quellport eine dynamisch zugewiesene Portnummer, während als Zielport der reservierte Port verwendet wird.

In unserem Telnet-Beispiel wird dem ersten Benutzer eine zufällig gewählte Nummer für den Quellport und für den Zielport 23 (Telnet) zugewiesen. Dem zweiten Benutzer wird eine zufällig gewählte andere Nummer für den Quellport, für den Zielport jedoch dieselbe Nummer (23) zugewiesen. Eine Verbindung wird durch eine Kombination aus diesen beiden Portnummern eindeutig identifiziert. Der Zielrechner erfährt den Quellport aus dem Segment-Header von TCP bzw. dem Paket-Header von UDP. Den Zielport kennen beide beteiligten Rechner, da er ein Standardport ist.

Abbildung C-18 zeigt, wie Portnummern während eines TCP-Handshake ausgetauscht werden. Der Ursprungsrechner generiert eine zufällige Portnummer, in unserem Bei-

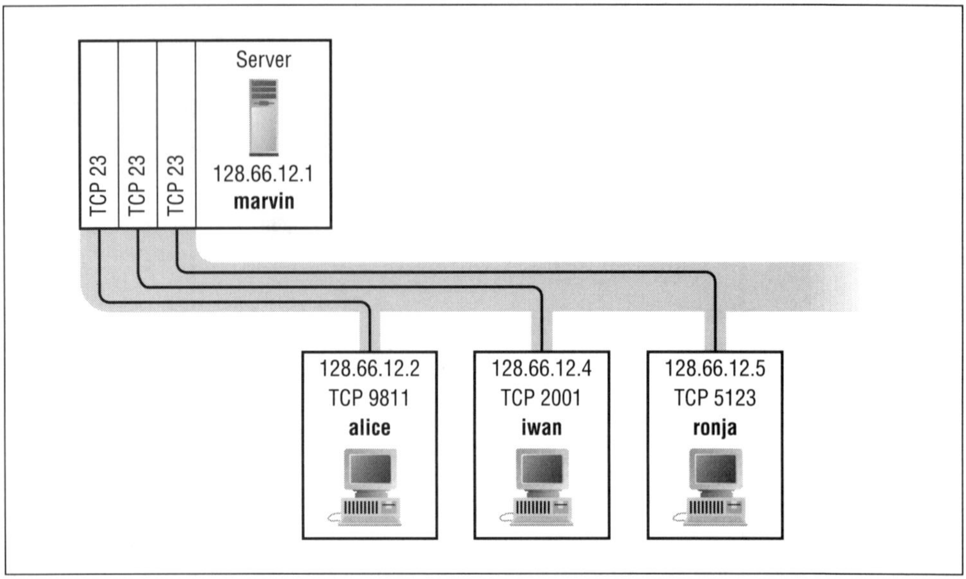

Abb. C-19: Clients verbinden sich von verschiedenen Rechnern mit demselben Port auf einem Server.

spiel 3044. Dann schickt er ein Segment mit der Quellportnummer 3044 und der Zielportnummer 23 an den Zielrechner. Dieser benutzt für seine Antwort die Quellportnummer 23 und die Zielportnummer 3044.

Die Kombination aus IP-Adresse und Portnummer hat eine besonderen Namen - sie wird *Socket* genannt. Ein Socket liefert eine im gesamten Internet eindeutige Bezeichnung für einen einzelnen Netzprozeß. Manchmal werden die Begriffe »Socket« und »Portnummer« synonym gebraucht. Ebenso werden die Standarddienste häufig als »Standard-Sockets« bezeichnet. In diesem Anhang verwenden wir den Begriff »Socket« für die Kombination aus IP-Adresse und Portnummer. Bei verbindungsorientierten Protokollen wie TCP wird eine Verbindung über einen Socket für den Ursprungsrechner und einen Socket für den Zielrechner definiert.

Dazu ein ausführliches Beispiel: Angenommen, ein Benutzer an Rechner 128.66.12.2 stellt eine Telnet-Verbindung zu Rechner 192.178.16.2 her. Rechner 128.66.12.2 ist somit der Ursprungsrechner. Die Quellportnummer, in unserem Fall 3382, wird dynamisch vergeben. Zielport ist der Telnet-Port mit der reservierten Portnummer 23. Der Socket für den Ursprungsrechner ist also 128.66.12.2.3382 (IP-Adresse 128.66.12.2 plus Portnummer 3382). Der Socket für den Zielrechner lautet 192.178.16.2.23 (IP-Adresse 192.178.16.2 plus Portnummer 23). Der Port des Zielsockets ist beiden Rechnern bekannt, da es sich um einen reservierten Port handelt. Der Port des Ursprungssockets ist

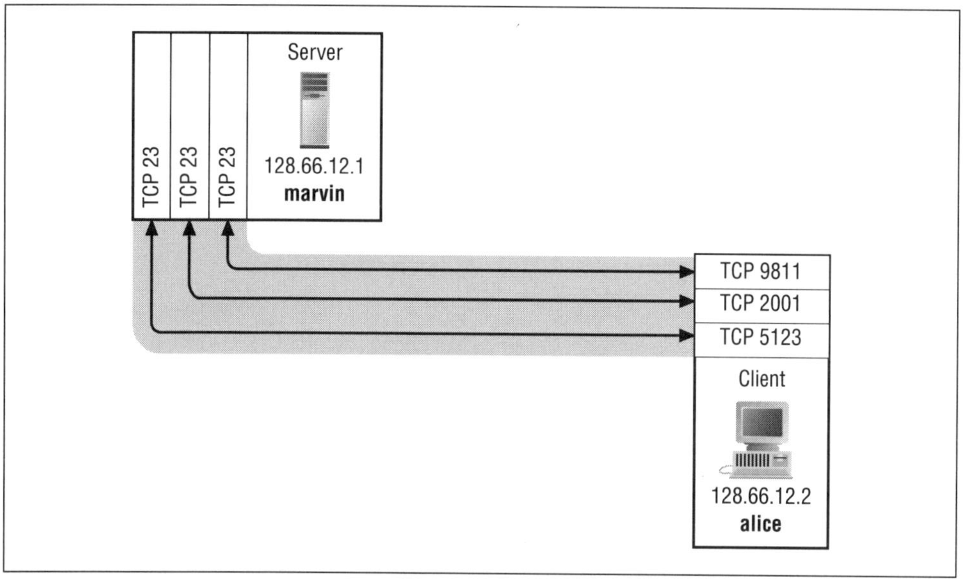

Abb. C-20: Mehrere Clients verbinden sich von einem einzigen Rechner mit demselben Port auf einem Server.

ebenfalls bekannt, da der Ursprungsrechner dem Zielrechner während des Verbindungsaufbaus die Nummer des Quellports (3382) mitgeteilt hat. Beiden Rechnern sind somit beide Sockets bekannt. Die Kombination dieser beiden Sockets legt diese Verbindung eindeutig fest; es gibt im Internet keine andere Verbindung mit diesen beiden Sockets.

Abbildung C-19 zeigt, wie sich Clients von verschiedenen Rechnern mit demselben Port auf einem Server verbinden. Der Server kann die verschiedenen Verbindungen aufgrund der unterschiedlichen fernen IP-Adressen auseinanderhalten. Auch wenn alle Verbindungen von demselben Rechner aus hergestellt würden, wie in Abbildung C-20 gezeigt, könnte der Server sie unterscheiden, da jede Verbindung auf dem fernen Rechner eine andere Portnummer bekommt.

Stichwortverzeichnis

Symbole

A

B

C

D

E

F

G

H

I

L

M

N

O

P

T

U

V

W

X

Y

Z

Über die Autoren

D. Brent Chapman lebt in der Nähe von San Francisco und ist Experte für Internet-Firewalls. Im Rahmen seiner Consulting-Tätigkeit arbeitet er für ein breites Spektrum von Kunden, für die er Internet-Firewalls mit verschiedensten Techniken und Technologien konzipiert und aufbaut. Darüber hinaus betreut er die Mailing-Liste *Firewalls*. Vor der Gründung seiner Firma Great Circle Associates war er als Manager im Finanzdienstleistungsbereich sowie für das Forschungsinstitut eines weltbekannten Unternehmens, ein Software-Unternehmen und eine Hardware-Firma tätig. Er hat einen Studienabschluß in Elektrotechnik und Informatik der University of California in Berkeley. In seiner Freizeit engagiert sich Brent ehrenamtlich als Pilot bei Rettungs- und Katastropheneinsätzen. Er arbeitet zudem als Koordinator bei der Civil Air Patrol, einem zivilen Ableger der US-Luftwaffe.

Elizabeth D. Zwicky ist leitende Systemverwalterin bei Silicon Graphics und Vorsitzende der System Administrators Guild (SAGE). Sie besitzt zehnjährige Erfahrung in der Administration großer UNIX-Netze und ist Gründungsmitglied von SAGE und BayLISA (der Vereinigung der Systemverwalter in der Gegend um San Francisco). Außerdem ist sie im Vorstand der australischen Systemverwaltervereinigung SAGE-AU. Sie hatte bereits vor dem Internet-Wurm unfreiwillig mit dem Thema Sicherheit im Internet zu tun. Wenn sie die Zeit dafür erübrigen kann, gehört sie zu den wenigen Leuten, die die Zufallsfunktion *rand* in PostScript ausgiebig nutzen. Dabei entstehen bemerkenswerte PostScript-Dokumente, die ihr Erscheinungsbild bei jedem Ausdruck ändern.

Kolophon

Die Darstellung auf dem Cover zu diesem Buch zeigt ein gotisches Portal mit aufgesetzten Zinnen. Die Gotik beginnt etwa Mitte des 12. Jahrhunderts mit dem Bau der Kirche von Saint-Denis 1141 in Paris. Ihr Architekt ist unbekannt. Obwohl sich gotische Architektur hauptsächlich in der Bauweise von Kirchen ausdrückt, ist sie im späten 13. Jahrhundert auch bei säkulären Bauwerken zu finden, z.B. bei Festungen. Die Form der Zinnen (der emporragenden Quader auf dem Portal) in der Darstellung gibt Hinweise auf Zeit und Ort der Entstehung des Portals. Die nach vorn geneigten Seiten der Zinnen lassen darauf schließen, daß das Portal im 14. Jahrhundert erbaut wurde, und die schlichte, abfallende Oberseite spricht dafür, daß es aus England oder Frankreich stammt.

Zinnen waren als Deckung für die Verteidiger einer Festung gedacht, die durch die Zwischenräume ihre Feinde beschossen. Die Größe des Eingangs und die relativ niedrigen Zinnen legen nahe, daß es sich um einen Seiteneingang handelt, der von Fußgängern benutzt wurde, für die man nicht extra das Haupttor öffnen wollte.

Edie Freedman entwarf das Cover zu diesem Buch, das von einem Stich aus dem 19. Jahrhundert des Dover Pictorial Archive übernommen wurde.

Das Buch-Layout stammt von Edie Freedman und Nancy Priest, die Abbildungen von Chris Reilly. Die deutsche Fassung wurde mit FrameMaker 5.0 für Macintosh und Windows erstellt, wobei Schriften der Familie ITC Garamond zum Einsatz kamen. Die Illustrationen entstanden ursprünglich mit Macromedia Freehand 5.0 und wurden für die deutsche Fassung mit Adobe Illustrator 5.5 bearbeitet, die Bildschirmabzüge mit Adobe Photoshop 3.0. Das Kolophon schrieb Clairemarie Fisher O'Leary.

Über die Übersetzer

Katja Karsunke ist Künstlerin zwischen Kindern und Computern, die mit dem Internet erstmalig eine Droge gefunden hat, von der sie ernsthaft abhängig zu werden droht. Nach langjähriger Tätigkeit als Software-Entwicklerin engagiert sie sich seit geraumer Zeit aktiv für den Schutz der deutschen Sprache in der Software-Literatur.

Thomas Merz ist mehr im Internet zu Hause als in seiner Wohnung. Da er sein PostScript-Archiv vor unangenehmen Überraschungen zu schützen gedenkt, kam ihm die Übersetzung dieses Buches sehr gelegen. Weil er sowieso jeden Tag PostScript-Fonts frühstückt, lag es auf der Hand, ihn auch für den Satz des Buches voll zur Verantwortung zu ziehen. Weitere Hinweise finden Sie unter *http://www.muc.de/~tm/* `:-)`.